●収録内容一覧

■2025年度中学受験用

ラ・サール中学校

10年間スーパー過去問

入試問題と解説・解答の収録内容

2024年度（令和６年度）	算数・社会・理科・国語	実物解答用紙DL
2023年度（令和５年度）	算数・社会・理科・国語	実物解答用紙DL
2022年度（令和４年度）	算数・社会・理科・国語	実物解答用紙DL
2021年度（令和３年度）	算数・社会・理科・国語	
2020年度（令和２年度）	算数・社会・理科・国語	
2019年度（平成31年度）	算数・社会・理科・国語	
2018年度（平成30年度）	算数・社会・理科・国語	
平成29年度	算数・社会・理科・国語	
平成28年度	算数・社会・理科・国語	
平成27年度	算数・社会・理科・国語	

～本書ご利用上の注意～　以下の点について，あらかじめご了承ください。

★別冊解答用紙は巻末にございます。実物解答用紙は，弊社サイトの各校商品情報ページより，一部または全部をダウンロードできます。

★編集の都合上，学校実施のすべての試験を掲載していない場合がございます。

★当問題集のバックナンバーは，弊社には在庫がございません（ネット書店などに一部在庫あり）。

JN002483

合格を勝ち取るための
『スーパー過去問』の使い方

本書に掲載されている過去問をご覧になって，「難しそう」と感じたかもしれません。でも，多くの受験生が同じように感じているはずです。なぜなら，中学入試で出題される問題は，小学校で習う内容よりも高度なものが多く，たくさんの知識や解き方のコツを身につけることも必要だからです。ですから，初めて本書に取り組むさいには，点数を気にしすぎないようにしましょう。本番でしっかり点数を取れることが大事なのです。

過去問で重要なのは「まちがえること」です。自分の弱点を知るために，過去問に取り組むのです。当然，まちがえた問題をそのままにしておいては意味がありません。

本書には，長年にわたって中学入試にたずさわっているスタッフによるていねいな解説がついています。まちがえた問題はしっかりと解説を読み，できるようになるまで何度も解き直しをしてください。理解できていないと感じた分野については，参考書や資料集などを活用し，改めて整理しておきましょう。

このページも参考にしてみましょう！

◆どの年度から解こうかな　「入試問題と解説・解答の収録内容一覧」

本書のはじめには収録内容が掲載されていますので，収録年度や収録されている入試回などを確認できます。

※著作権上の都合によって掲載できない問題が収録されている場合は，最新年度の問題の前に，ピンク色の紙を差しこんでご案内しています。

◆学校の情報を知ろう!!「学校紹介ページ」

このページのあとに，各学校の基本情報などを掲載しています。問題を解くのに疲れたら息ぬきに読んで，志望校合格への気持ちを新たにし，再び過去問に挑戦してみるのもよいでしょう。なお，最新の情報につきましては，学校のホームページなどでご確認ください。

◆入試に向けてどんな対策をしよう？「出題傾向＆対策」

「学校紹介ページ」に続いて，「出題傾向＆対策」ページがあります。過去にどのような分野の問題が出題され，どのように対策すればよいかをアドバイスしていますので，参考にしてください。

◇別冊「入試問題解答用紙編」

本書の巻末には，ぬき取って使える別冊の解答用紙が収録してあります。解答用紙が非公表の場合などを除き，（注）が記載されたページの指定倍率にしたがって拡大コピーをとれば，実際の入試問題とほぼ同じ解答欄の大きさで，何度でも過去問に取り組むことができます。このように，入試本番に近い条件で練習できるのも，本書の強みです。また，データが公表されている学校は別冊の１ページ目に過去の「入試結果表」を掲載しています。合格に必要な得点の目安として活用してください。

本書がみなさんの志望校合格の助けとなることを，心より願っています。

株式会社　声の教育社　編集部

ラ・サール中学校

所在地　〒891-0192 鹿児島県鹿児島市小松原2-10-1

電　話　099-268-3121(代)

ホームページ　http://www.lasalle.ed.jp

交通案内　市電「谷山(終点)」より徒歩5分
JR指宿枕崎線「谷山駅」より徒歩10分

くわしい情報は
ホームページへ

トピックス

★鹿児島空港から「鹿児島空港連絡バス」でのアクセスも可能です。
★学校や寮の見学も随時行えます(要電話予約)。

創立年
昭和31年

男子校

高校募集
あり

応募状況

年度	募集数	応募数	受験数	合格数	倍率
2024	160名	901名	817名	—	5.1倍
2023	160名	913名	846名	—	5.3倍
2022	160名	685名	632名	—	4.0倍
2021	160名	674名	611名	—	3.8倍
2020	160名	777名	735名	—	4.6倍

※倍率は受験数÷募集数(合格数は非公表)

2024年春の主な大学合格実績

＜国立大学・大学校＞

東京大，京都大，東京工業大，一橋大，東北大，北海道大，筑波大，横浜国立大，東京医科歯科大，九州大，鹿児島大，広島大，防衛医科大

＜私立大学＞

慶應義塾大，早稲田大，上智大，東京理科大，東京慈恵会医科大，順天堂大，昭和大，日本医科大，自治医科大，同志社大，立命館大

寮について

中学寮は１年生～３年生の８人相部屋，高校寮は全員が個室になっています。高校３年生は受験勉強の時間確保が必要なため，消灯時間のある寮を出て下宿で生活することになります。

学校説明会（※予定）

ラ・サール学園では，全国各地で定期的に学校説明会を開催しております。「ラ・サール学園とはどんな学校か？」「どんな教育をするのか？」「鹿児島での寮生活の様子は？」などの疑問に，本校教員，ＯＢ，保護者がお答えします。

【大阪】
場所：大阪新阪急ホテル
日時：７月７日　10：30～12：30
【名古屋】
例年７月に開催されています。
※詳細は学校ＨＰでご確認ください。

入試説明会（※予定）

場所：ラ・サール学園
日時：10月27日　※午前中授業参観可
＊詳細は決まり次第，学校HPに掲載予定。

2025年度入試情報

募集定員：160名
　　　　　(寮は120名前後が限度です)
出願期間：2024年12月２日～2024年12月21日
　　　　　〔インターネット出願のみ〕
試験期日：2025年１月25日
試験科目：国語・算数・社会・理科
　　　　　〔社会と理科の間に昼食あり〕
合格発表：2025年１月28日　学校HPにて
入学手続：2025年１月30日～２月５日
　　　　　〔郵送のみ，当日消印有効〕

編集部注―本書の内容は2024年6月現在のものであり，変更されている場合があります。正確な情報は，学校のホームページ等で必ずご確認ください。

算数　出題傾向＆対策

◆基本データ(2024年度)

試験時間／満点	60分／100点
問題構成	・大問数…６題 計算問題１題(３問)／応用小問１題(４問)／応用問題４題 ・小問数…16問
解答形式	解答のみを記入する形式。必要な単位などは解答用紙にあらかじめ印刷されている。
実際の問題用紙	Ｂ４サイズ
実際の解答用紙	Ｂ４サイズ

◆過去10年間の出題率トップ５

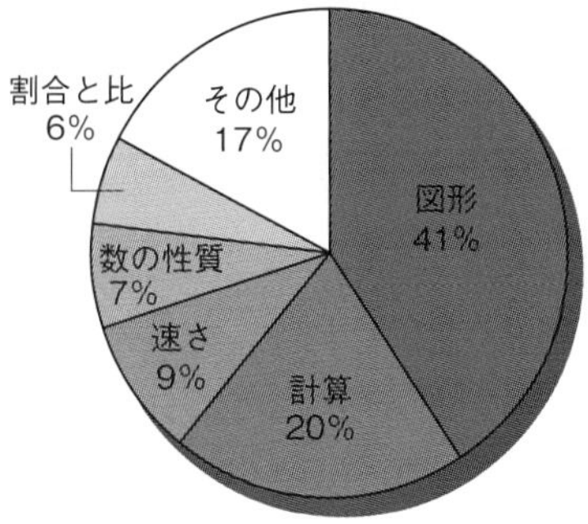

※　配点(推定ふくむ)をもとに算出

◆近年の出題内容

【　2024年度　】			【　2023年度　】		
大問	1	四則計算，逆算，計算のくふう	大問	1	四則計算，計算のくふう，逆算
	2	周期算，分数の性質，消去算，角度		2	角度，つるかめ算，整数の性質，条件の整理
	3	水の深さと体積		3	正比例と反比例，つるかめ算
	4	平面図形－相似，辺の比と面積の比		4	時計算
	5	場合の数		5	平面図形－辺の比と面積の比，相似
	6	立体図形－表面積，分割，体積		6	立体図形－分割，体積

◆出題傾向と内容

各分野の基本的な考えを組み合わせた，思考力・推理力を重視する応用問題がめだちます。

計算問題では，四則計算，逆算，単位の計算などが出されます。やや複雑なものも見られますが，落ち着いて解けば正解にたどり着けるものです。

応用小問と応用問題で取り上げられるものはほぼ決まっていて，数の性質や規則性(周期算などもふくむ)，割合と比(食塩水の濃度など)，平面図形(面積，面積比，角度など)，立体図形(体積，表面積など)，速さに関するもの(速さと比，旅人算，図形上の点の移動など)，場合の数といった分野です。

特殊算は，単独で取り上げられることもあれば，他の分野との融合というかたちで出題されることもあります。和差算，つるかめ算，旅人算(速さ)，仕事算，消去算，周期算などが取り上げられています。

◆対策～合格点を取るには？～

図形は，面積や体積ばかりでなく，長さ，角度，展開図，縮尺，相似比と面積比，体積比などの考え方や解き方をはば広く身につけ，割合や比を使ってすばやく解けるように日ごろから練習しましょう。また，図形を様々な方向から見たり分割してみたりして，図形の性質もおさえておきましょう。

数量分野では，特に数の性質，規則性，場合の数などをマスターしましょう。はじめに教科書にある重要事項を自分なりに整理し，基本的なパターンを身につけてください。

なお，全体を通していえることですが，算数では答えを導くまでの考え方や式がもっとも大切ですから，**ふだんからノートに自分の考え方，線分図，式を，後から見直しやすいようにていねいにかく習慣をつけておきましょう。**

算数 出題分野分析表

分野		2024	2023	2022	2021	2020	2019	2018	2017	2016	2015
計算	四則計算・逆算	◎	◎	◎	◎	◎	◎	◎	◎	◎	●
	計算のくふう	○	○	○	○	○	○		◎	○	
	単位の計算							○			
和と差	和差算・分配算										○
	消去算	○					○				
	つるかめ算		◎		○					○	
	平均とのべ				○						
	過不足算・差集め算										
	集まり										
	年齢算										
割合と比	割合と比				○				○		○
	正比例と反比例		○	○							
	還元算・相当算										
	比の性質			○							
	倍数算					○					
	売買損益										
	濃度								◎	○	
	仕事算										
	ニュートン算										
速さ	速さ										
	旅人算					○		○			
	通過算										
	流水算										
	時計算		○								●
	速さと比			○	○		○	○	○	○	◎
図形	角度・面積・長さ	○	○	○	○	●	●	●	○	◎	●
	辺の比と面積の比・相似	○	○	○	○	●	●	◎	●	◎	●
	体積・表面積	○	○	○	○	○	○	○	○	○	
	水の深さと体積	○							●		
	展開図								○		
	構成・分割	○	○	○	○		○	○	○	○	
	図形・点の移動					○		○			
表とグラフ											
数の性質	約数と倍数					○				○	○
	N進数										
	約束記号・文字式										
	整数・小数・分数の性質	○	○	○	○	◎	○	○			
規則性	植木算										
	周期算	○									
	数列							●		●	
	方陣算										
	図形と規則										
場合の数		○		○			○	○	○	○	
調べ・推理・条件の整理			○	○	○					○	
その他											

※ ○印はその分野の問題が1題，◎印は2題，●印は3題以上出題されたことをしめします。

社会　出題傾向＆対策

◆基本データ（2024年度）

試験時間／満点	40分／50点
問題構成	・大問数…４題 ・小問数…31問
解答形式	記号選択と用語の記入が大部分をしめているが，１行程度の記述問題も出されている。記号選択は択一式で，用語の記入には漢字指定のものも見られる。
実際の問題用紙	Ｂ４サイズ
実際の解答用紙	Ｂ４サイズ

◆過去10年間の分野別出題率

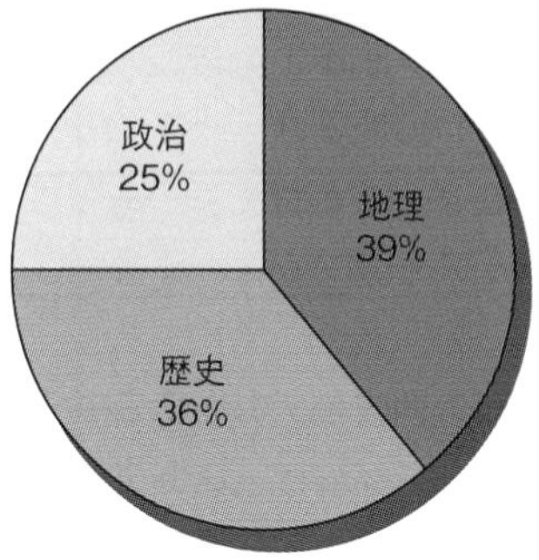

※　配点（推定ふくむ）をもとに算出

◆近年の出題内容

【　2024年度　】		【　2023年度　】	
大問	1 〔総合〕2023年のできごとを題材とした問題	大問	1 〔総合〕2022年のできごとを題材とした問題
	2 〔総合〕郵便切手を題材とした問題		2 〔地理〕日本の自然，産業，貿易
	3 〔歴史〕各時代の歴史的なことがら		3 〔政治〕日本国憲法を題材とした問題
	4 〔地理〕日本の自然，産業，防災		4 〔歴史〕日本文化を題材とした問題

◆出題傾向と内容

総合問題が中心であること，現代的・国際的な観点からの出題が多いことが特ちょうとなっています。各分野にまたがった知識と，はば広い視野とを必要とする問題がよく見られます。

地理では，国土と自然，農林水産業，鉱工業，交通・貿易の各分野からまんべんなく出題されていますが，九州を題材とした大問・小問が出されることもあります。

歴史では，政治，外交・戦争，経済・社会，文化・宗教の各分野，古代から近現代にいたる各時代の事項がはば広く問われています。年表が頭に入っていなければ正答できない問題がかならずふくまれていることがポイントです。

政治では，日本国憲法と国内の政治のしくみ，国際政治・経済，国際連合，環境問題など各分野から出題されています。教科書や参考書にものっていないような時事問題も好んで取り上げられています。

◆対策～合格点を取るには？～

各分野ごとに知識を体系的に整理し，知識のつながりや流れをしっかりとしたものにしましょう。そして，その知識を他の分野との関連を探って整理してみましょう。また，重要な地名・人名・用語は頭のなかで反復するだけでなく，正しく書けるようにしておきましょう。

地理では，地図とグラフが欠かせません。つねにこれらを参照しながら，地形と気候をまとめ，そこから資源の動きと産業のようすをまとめてください。そして，歴史的背景や政治との関連にも注意することを忘れずに，多角的な勉強をしてください。

歴史の勉強では，自分で年表をつくってみることが効果的でしょう。このとき大事なのは，漢字を使って正しく記入することです。これは，白地図を使った地理の勉強にもあてはまります。そして，年表と地図を手元において，もう一度，教科書や参考書を読んでみてください。

政治では，新聞やテレビのニュースなどに積極的に接し，“現代の動き”をつかんでおいてください。そうすれば，教科書や参考書で得た知識がいっそう深まることでしょう。

社会 出題分野分析表

分野			2024	2023	2022	2021	2020	2019	2018	2017	2016	2015
日本の地理	地図の見方									○		
	国土・自然・気候		○	○	○	○	○	○			○	○
	資源		○	○		○						
	農林水産業		○	○		○	○	○	○	○	○	○
	工業		○	○		○	○		○		○	
	交通・通信・貿易		○	○		○		○		○		○
	人口・生活・文化					○		○	○		○	
	各地方の特色		○		○							
	地理総合		★	★	★	★	★	★	★	★	★	★
世界の地理					○		○	○		○		○
日本の歴史	時代	原始～古代	○	○	○	○	○	○	○	○	○	○
		中世～近世	○	○	○	○	○	○	○	○	○	○
		近代～現代	○	○	○	○	○	○	○	○	○	○
	テーマ	政治・法律史										
		産業・経済史										
		文化・宗教史										
		外交・戦争史										
		歴史総合	★	★	★	★	★	★	★	★	★	★
世界の歴史							○					
政治	憲法		○	★		○	○	○	○		○	○
	国会・内閣・裁判所		○	○	○	○		○	○		○	○
	地方自治		○		○		○	○	○	○	○	○
	経済		○	○								○
	生活と福祉		○	○	○							
	国際関係・国際政治		○	○	○	○	○	○	○	○		○
	政治総合					★	★	★	★	★	★	★
環境問題					○	○				○		
時事問題			○		○	○	○	○	○	○	★	○
世界遺産			○			○		○				
複数分野総合			★	★	★	★	★	★	★	★		★

※　原始～古代…平安時代以前，中世～近世…鎌倉時代～江戸時代，近代～現代…明治時代以降

※　★印は大問の中心となる分野をしめします。

理科　出題傾向＆対策

◆基本データ(2024年度)

試験時間／満点	40分／50点
問題構成	・大問数…４題 ・小問数…24問
解答形式	記号選択や作図，用語・数値の記入など，バラエティーに富んでいる。記号選択では，択一式のものが中心となっている。また，記述問題は見られない。
実際の問題用紙	Ｂ４サイズ
実際の解答用紙	Ｂ４サイズ

◆過去10年間の分野別出題率

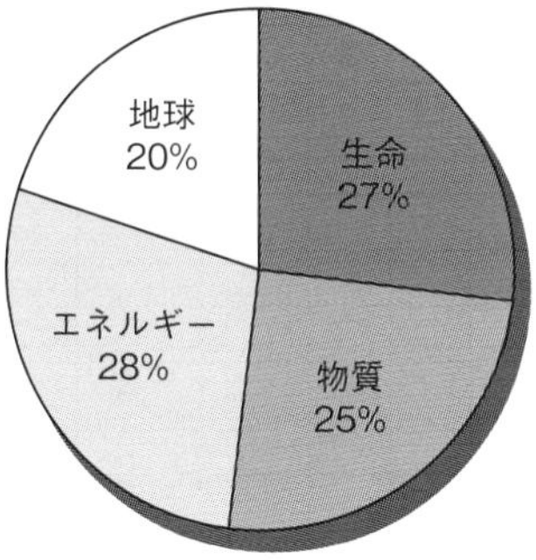

※　配点(推定ふくむ)をもとに算出

◆近年の出題内容

【　2024年度　】			【　2023年度　】		
大問	1	〔地球〕月の観察	大問	1	〔地球〕天気と気温
	2	〔生命〕心臓，血液循環		2	〔生命〕植物と水の出入り
	3	〔物質〕二酸化炭素・酸素の発生		3	〔エネルギー〕豆電球と発光ダイオードの回路，ばねと浮力
	4	〔エネルギー〕光の反射		4	〔物質〕気体の性質，ものの溶け方

◆出題傾向と内容

本校の問題は，**実験・観察を主体にして考えさせる問題が多く**，丸暗記だけでは点が取れないようにくふうされています。そして，これらの実験・観察は，ポピュラーなものが多いわりには，その結果を示すグラフや図には見慣れないものも多く，読み取りが難しいといえます(なかには，実験そのものが複雑なものもあります)。もっとも，問題自体は基本的な知識と実験の応用で解けるようになっていますから，かならずしも難問というわけではありません。

これまでに比較的よく取り上げられており，これからも登場が予想される単元をあげると，「生命」では動植物のつくりと成長，「物質」では水溶液の性質，気体の性質，ものの燃え方，「エネルギー」では力のつり合い，電気，「地球」では天体とその動き，気温・地温・水温・湿度などが考えられます。

◆対策～合格点を取るには？～

本校の理科は，実験・観察・観測をもとにした問題が中心となっています。したがって，**まずは基礎的な知識をはやいうちに身につけてしまい，そのうえで，問題集で演習をくり返す**のがよいでしょう。

「生命」は，身につけなければならない基本知識の多い分野です。動物やヒトのからだのしくみ，植物のつくりと成長などを中心に，ノートにまとめながら知識を深めましょう。

「物質」は，気体や水溶液，金属などの性質を中心に学習するとよいでしょう。また，中和や濃度，気体の発生など，表やグラフをもとに計算させる問題にも積極的に取り組みましょう。

「エネルギー」では，よく出される力のつり合いを重視しましょう。ばね，てこ，輪軸，ふりこの運動などについて，さまざまなパターンの計算問題にチャレンジしてください。

「地球」では，太陽・月・地球の動き，季節と星座の動きがもっとも重要なポイントです。また，天気と気温・湿度の変化，地層のでき方などもきちんとおさえておきましょう。

なお，環境問題や身近な自然現象に日ごろから注意をはらうことも大切です。

理科　出題分野分析表

分野＼年度		2024	2023	2022	2021	2020	2019	2018	2017	2016	2015
生命	植物		★	○	★	★			★		★
	動物			★				○		★	
	人体	★			○			★	★		
	生物と環境					★	★				
	季節と生物										
	生命総合						★				
物質	物質のすがた				★					★	
	気体の性質	★	★		○	★		○	○	★	
	水溶液の性質			★	★	★		○	★		
	ものの溶け方		★				○				
	金属の性質										
	ものの燃え方			○			★	★	★		
	物質総合						★	★			★
エネルギー	てこ・滑車・輪軸			★			★		★		★
	ばねののび方		★			★					
	ふりこ・物体の運動			★	★						
	浮力と密度・圧力		○					★			
	光の進み方	★			○		★				
	ものの温まり方										
	音の伝わり方				★						★
	電気回路		★			★				★	
	磁石・電磁石							★			
	エネルギー総合								★	★	
地球	地球・月・太陽系	★		○		★	★		★	○	★
	星と星座			○	★				○		
	風・雲と天候							★		○	
	気温・地温・湿度		★					○			
	流水のはたらき・地層と岩石									★	
	火山・地震										
	地球総合										
実験器具								○			
観察											
環境問題									○		
時事問題											
複数分野総合				★							

※　★印は大問の中心となる分野をしめします。

国語　出題傾向＆対策

◆基本データ(2024年度)

試験時間／満点	60分／100点
問題構成	・大問数…３題 文章読解題２題／知識問題１題 ・小問数…33問
解答形式	記号選択と適語の記入，本文中のことばの書きぬきのほかに，字数制限のある記述問題も見られる。
実際の問題用紙	Ｂ４サイズ
実際の解答用紙	Ｂ４サイズ

◆過去10年間の分野別出題率

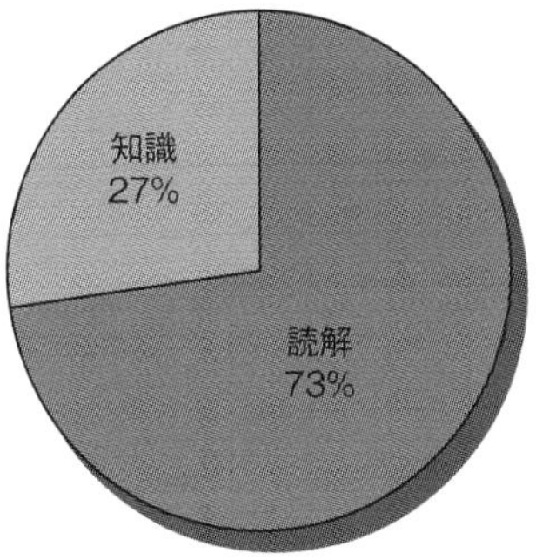

※　配点(推定ふくむ)をもとに算出

◆近年の出題内容

【　2024年度　】			【　2023年度　】		
大問	一	〔随筆〕稲葉俊郎『ことばのくすり―感性を磨き，不安を和らげる33篇』(約2500字)	大問	一	〔説明文〕二〇二二年七月二十九日付「朝日新聞」掲載の神里達博の文章(「月刊安心新聞＋」)(約2200字)
	二	〔説明文〕山口裕之『「みんな違ってみんないい」のか？―相対主義と普遍主義の問題』(約4000字)		二	〔随筆〕伊集院静『タダキ君，勉強してる？』(約2700字)
	三	〔知識〕漢字の書き取り，四字熟語の完成		三	〔知識〕漢字の書き取り

◆出題傾向と内容

長文読解に重点がおかれており，「考える力」と「感じる力」をどれだけ身につけているかがためされます。取り上げられる文章のジャンルは，１題が説明文・論説文または随筆，もう１題が小説・物語文となっています。

長文読解については，内容の読み取りに関するものが大部分をしめています。なかでも説明文・論説文では，書かれている内容を順序だてて整理し，理解する能力が問われます。一方，小説・物語文や随筆では，心情の読み取り，特に場面ごとの登場人物の心情の変化などに重点がおかれるのが特ちょうです。

知識問題については，漢字の書き取りが必ず出題されます。ただし，独特な形式で出されることがあります。つまり，文章中のカタカナをただ漢字になおすだけでなく，四字熟語を完成させたり，慣用表現中の漢字を書かせたりするなど，ことばそのものを知らなければ正答できないこともあるので要注意です。

◆対策〜合格点を取るには？〜

本校の国語は，読解力と表現力をみる問題がバランスよく出題されていますから，**まず読解力をつけ，そのうえで表現力を養う**ことをおすすめします。

読解力をつけるためには読書が必要ですが，長い作品よりも短編の方が主題を読み取りやすいので，特に国語の苦手な人は短編から入るとよいでしょう。次に表現力ですが，問題文のどの部分がどのように問われるのかを予想しながら文章を読むとよいでしょう。そうすれば，ある場面での登場人物の気持ちなどをおしはかることが自然とできるようになります。答えとして必要なポイントをいくつか書き出し，それをつなげるような練習を心がけたいものです。

なお，ことばのきまり・知識に関しては，参考書を一冊仕上げるとよいでしょう。また，漢字や熟語については，読み書きはもちろん，同音(訓)異義語，その意味についても辞書で調べるようにしましょう。

国語 出題分野分析表

分野 ＼ 年度			2024	2023	2022	2021	2020	2019	2018	2017	2016	2015
読解	文章の種類	説明文・論説文	★	★		★		★	★		★	★
		小説・物語・伝記			★	★	★	★	★	★	★	
		随筆・紀行・日記	★	★	★		★			★		★
		会話・戯曲										
		詩										
		短歌・俳句										
	内容の分類	主題・要旨		○	○							
		内容理解	○	○	○	○	○	○	○	○	○	○
		文脈・段落構成			○					○		
		指示語・接続語	○	○		○		○				
		その他	○	○	○	○	○	○	○	○	○	○
知識	漢字	漢字の読み										
		漢字の書き取り	★	★	★	★	★	★	★	★	★	★
		部首・画数・筆順										
	語句	語句の意味	○	○	○	○	○	○		○	○	
		かなづかい										
		熟語	★				○		○	○		
		慣用句・ことわざ					○	○	○	○		
	文法	文の組み立て										
		品詞・用法										
		敬語										
	形式・技法											
	文学作品の知識											
	その他											
	知識総合					★						
表現	作文											
	短文記述											
	その他											
放送問題												

※　★印は大問の中心となる分野をしめします。

2024年度 ラ・サール中学校

【算　数】（60分）〈満点：100点〉

1 次の□にあてはまる数をそれぞれ求めなさい。(12点)

(1) $1.25\div4\times5\frac{1}{3}+3.18\div9=\square$

(2) $16.6\times\frac{3}{7}-6\times\left(\square+\frac{3}{5}\right)=1.8$

(3) $59\times20.8-236\times0.7+4\times29.5=\square$

2 次の各問に答えなさい。(30点)

(1) $\frac{3}{7}$ を小数で表したとき，小数第100位の数字を求めなさい。

(2) 分母が19の分数のうち，$\frac{1}{3}$ より大きく $\frac{7}{8}$ より小さいものを考えます。このうち最も大きい分数 A を求めなさい。また，このような分数は全部で何個ありますか。

(3) いくつかの品物をまとめて会計したところ，税抜《ぬ》き価格で合計1860円だったものが税込《こ》み価格では2024円になりました。食品の消費税は８％，その他の消費税は10％です。食品の税抜《ぬ》き価格は合計いくらでしたか。

(4) 下図において，AB＝BC＝CD＝DE です。角㋐，角㋑はそれぞれ何度ですか。

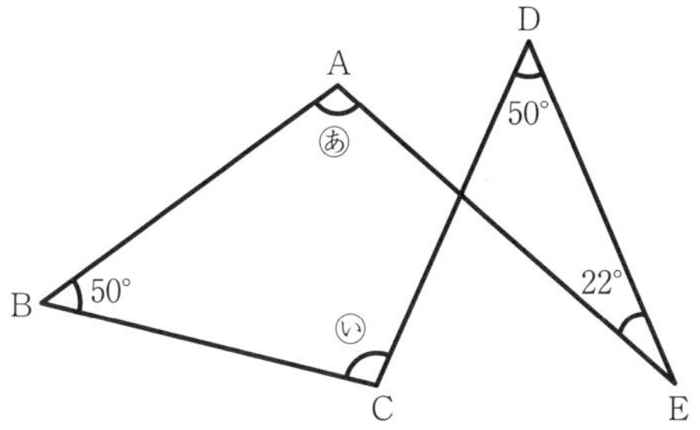

3 ２つの直方体の容器Ａ，Ｂがあり，Ａは深さ 20cm，Ｂは深さ 24cm です。この容器Ａ，Ｂそれぞれに同じ量の水を入れたところ，Ａには深さ８cm まで，Ｂには深さ 18cm まで水が入りました。次の問に答えなさい。(13点)

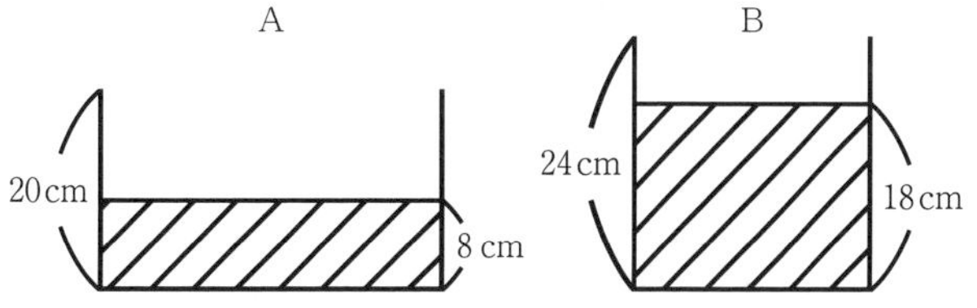

(1) この容器Ａ，Ｂの満水時の水の量の比を，最もかんたんな整数の比で表しなさい。

(2) 次に，ＢからＡへいくらか水を移して，ＡとＢの水が同じ深さになるようにしました。水の深さは何 cm になりましたか。

4　AB＝4 cm，AC＝5 cm である三角形 ABC を点Bを中心に回転させて三角形 DBE を作ると，点Dは辺 AC 上にきて，AD＝1 cm となりました。また，辺 BC と辺 DE の交点をFとするとき，次を求めなさい。(13点)

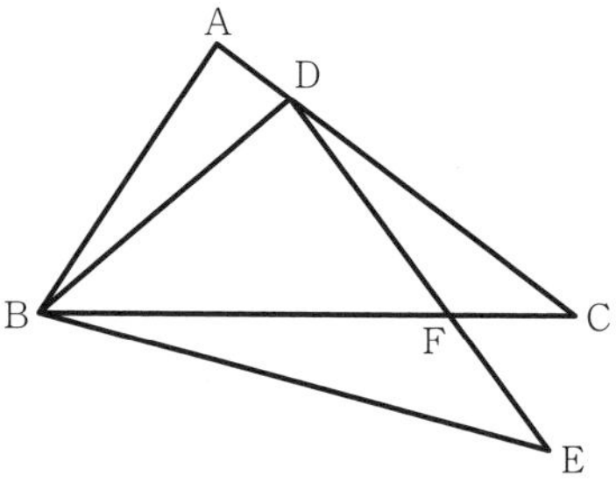

(1)　DF の長さ

(2)　三角形 ABD と三角形 BEF の面積比

5　右図のように，４つの地点A，B，C，Dが道でつながっています。Aを出発地点として同じ道を通らないように８つの道すべてを通る道順のうち，地点間の移動が次のようになる道順は何通りありますか。(16点)

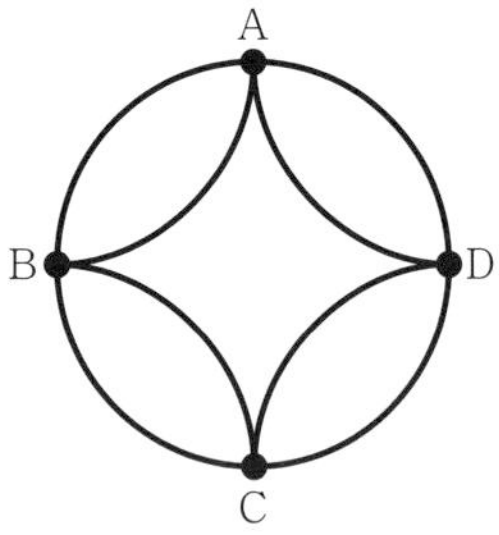

(1)　A→B→Aではじまる道順

(2)　A→B→C→D→Aではじまる道順

(3)　Aを出発地点とするすべての道順

6　３辺の長さが1 cm，1 cm，3 cm の直方体６本を図のように組み上げて１つにした立体があります。次の問に答えなさい。(16点)

(1)　この立体の表面積は何 cm^2 ですか。

(2)　この立体を３点A，B，Cを通る平面で切ると，３つの立体に分かれます。これら３つの立体の体積はそれぞれ何 cm^3 ですか。ただし，角すいの体積は (底面積)×(高さ)÷3 です。

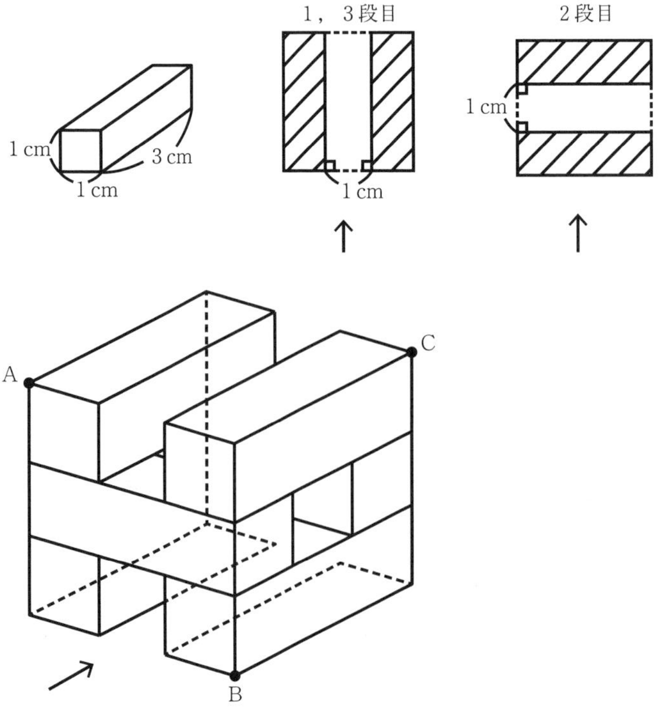

【社　会】（40分）〈満点：50点〉

1　次の文章を読んで，以下の問に答えなさい。

2023年に鹿児島県でおきたできごとを振《ふ》り返りましょう。スポーツでは，県内で国民体育大会と全国①障がい者スポーツ大会が開催《さい》されました。国民体育大会はスポーツの普及《ふきゅう》や振興が目的で，2024年からは国民スポーツ大会と改称《しょう》されます。開催する②地方公共団体の負担が増えていることや，各競技団体主催の大会が増えていることから，大会のあり方について議論されています。

経済では，円安などの影響《えいきょう》を受けて，③物価が持続的に上昇して，お金の価値が下がり続ける現象がみられました。そうした中で，９月には，県内のガソリン１リットルあたりの平均小売価格が最高値を更《こう》新しました。

政治でも動きがありました。１月には，（　１　）が馬毛島《まげしま》の米軍機訓練移転を伴《ともな》う④自衛隊基地の本体工事に着手しました。４月の鹿児島県議会議員選挙では女性議員が11人当選し，これまでの倍以上に増えました。11月には，（　２　）規制委員会が九州電力川内《せんだい》（　２　）発電所の20年運転延長を認可しました。

また，⑤水俣《みなまた》病と認定されておらず，国などによる救済の対象にもならなかった，関西などに住む熊本県と鹿児島県出身の120人余りが，国などに賠償《ばいしょう》を求めた裁判の判決がありました。大阪地方裁判所が出した判決では，原告全員を水俣病と認定し，国などにあわせておよそ３億5000万円の賠償を命じました。この判決を不服として，国などは大阪高等裁判所に（　a　）しています。

2023年は鹿児島県にとって節目の１年でもありました。６月には（　b　）が⑥世界自然遺産に登録されて30年を迎《むか》えました。また，12月には（　c　）が日本に復帰して70年を迎えました。

問１　（１）に当てはまる行政機関の名前，（２）に当てはまる語をそれぞれ漢字で答えなさい。

問２　（a）に当てはまる語として正しいものを，次の**ア**～**エ**から１つ選び，記号で答えなさい。

ア．控訴《こうそ》　**イ**．上告　**ウ**．抗告　**エ**．再審《しん》

問３　（b）・（c）に当てはまる地名の組み合わせとして正しいものを，次の**ア**～**カ**から１つ選び，記号で答えなさい。

	ア	イ	ウ	エ	オ	カ
b	奄美《あまみ》群島	奄美群島	種子島	種子島	屋久島	屋久島
c	種子島《たねがしま》	屋久島	奄美群島	屋久島	奄美群島	種子島

問４　下線部①に関連して，「障がいのある人もない人も，高齢《れい》者も若者も，たがいに支え合い，生き生きと暮らしていける社会が普通の社会であるという考え方」をノーマライゼーションといい，その実現がめざされています。ノーマライゼーションの考え方に沿った事例として**誤っているもの**を，次の**ア**～**エ**から１つ選び，記号で答えなさい。

ア．障がいの有無にかかわらず，同じ学校や同じ学級で学ぶことができるように必要な支援《えん》や配慮《りょ》を行う。

イ．障がいのある人を雇《こ》用した企《き》業に補助金を出す。

ウ．介《かい》護や看護を必要とする高齢者を家族や社会から切り離《はな》し，高齢者施《し》設へ入所させる。

エ．定年などで仕事を退職した人たちに，特技や経験を生かした仕事をお願いする。

問5　下線部②のうち，県に関する記述として正しいものを，次の**ア**～**エ**から1つ選び，記号で答えなさい。

ア．知事が予算の議決権をもつ。

イ．住民が県議会議員を選挙し，県議会議員の中から知事が選ばれる。

ウ．県が必要とするお金は，住民税や自動車税といった税金からすべてまかなっている。

エ．県議会が知事に対して不信任の議決をしたとき，知事は県議会を解散することができる。

問6　下線部③を何といいますか。カタカナで答えなさい。

問7　下線部④に関する次の**X**～**Z**の記述について，その正誤の組み合わせとして正しいものを，下の**ア**～**カ**から1つ選び，記号で答えなさい。

X．日本国憲法第9条に，日本が自衛隊をもつことが明記されている。

Y．自衛隊は，国内で大きな災害がおこったときに現地で救援や救助活動を行ってきた。

Z．自衛隊は，国連平和維《い》持活動(PKO)に参加したことがある。

ア．**X**―正　**Y**―誤　**Z**―正　　**イ**．**X**―誤　**Y**―正　**Z**―正

ウ．**X**―誤　**Y**―誤　**Z**―正　　**エ**．**X**―正　**Y**―正　**Z**―誤

オ．**X**―正　**Y**―誤　**Z**―誤　　**カ**．**X**―誤　**Y**―正　**Z**―誤

問8　下線部⑤に関連して，2013年に水俣市と熊本市で開催された外交会議において，(　　)の採掘《くつ》や使用等の包括《かつ》的な規制を定める「(　　)に関する水俣条約」が採択《たく》され，2017年に発効しました。(　)に共通して当てはまる語を漢字2字で答えなさい。

問9　下線部⑥の指定は，(あ)が行っています。また，日本の世界自然遺産として(い)などが挙げられます。(あ)・(い)に当てはまる語句の組み合わせとして正しいものを，次の**ア**～**カ**から1つ選び，記号で答えなさい。

	ア	**イ**	**ウ**	**エ**	**オ**	**カ**
あ	ユニセフ	ユニセフ	ユニセフ	ユネスコ	ユネスコ	ユネスコ
い	白神山地や知床	白神山地や富士山	知床や富士山	白神山地や知床	白神山地や富士山	知床や富士山

2　郵便切手を通して見た日本の社会に関する以下の問に答えなさい。

問1　次の切手は1947年に発行されたもので，額面は1円20(　　)です。(　)に当てはまる単位を答えなさい。

問2　日本で昨年発行された切手のうち，最も発行の多かった額面は84円，次に多かったのは(　　)円です。(　　)円は，2024年1月現在の通常はがきの国内向け送料に相当します。右の表は，はがきの送料の変化について示したものです。

1972年2月～	10円
1976年1月～	20円
1981年1月～	30円
1981年4月～	40円
1989年4月～	41円
1994年1月～	50円
2014年4月～	省略
2017年6月～	省略
2019年10月～	(　　)円

(1)　(　)に当てはまる金額を答えなさい。

(2)　1989年には１円の値上げが行われました。このような少額の値上げが行われた理由を述べなさい。

問３　日本ではこれまでにさまざまな記念切手が発行されました。次の**ア**～**エ**の切手を，発行された年の古い順に並べかえ，記号で答えなさい。

ア．婦人参政権行使50周年

イ．議会開設70年

ウ．明治100年

エ．平安建都1200年

問４　日本では，景勝地(風景のすばらしい場所)の切手が発行されたことがあります。次の(1)～(3)に示された場所について述べた文を，下の**ア**～**オ**から１つずつ選び，記号で答えなさい。

(1)　天橋立

(2)　松島

(3)　宮島

ア．太平洋側にあります。歌川広重の浮《うき》世絵「東海道五十三次」にもえがかれています。

イ．日本海側にあります。雪舟《せっしゅう》の水墨《ぼく》画にもえがかれています。

ウ．東北に位置しています。東日本大震《しん》災では津《つ》波の被《ひ》害を受けました。

エ．九州に位置しています。夕日が海にしずむ風景がとくに美しいといわれています。

オ．昨年は近くの大都市で主要国首脳会議が開かれ，各国の首脳が訪れました。

問５　日本では，産業に関する切手が発行されたことがあります。下のグラフは，鯨《げい》肉(くじらの肉)，茶葉，石炭，綿糸，木材のうち２つを選んで，日本の国内生産量と輸入量の変化を示したものです。(1)と(2)のグラフと関係する産業がえがかれた切手を，次の**ア**～**オ**から１つずつ選び，記号で答えなさい。

ア．捕鯨《ほげい》

イ．茶つみ

ウ．炭鉱夫

エ．紡《ぼう》績女工

オ．植林

(1)

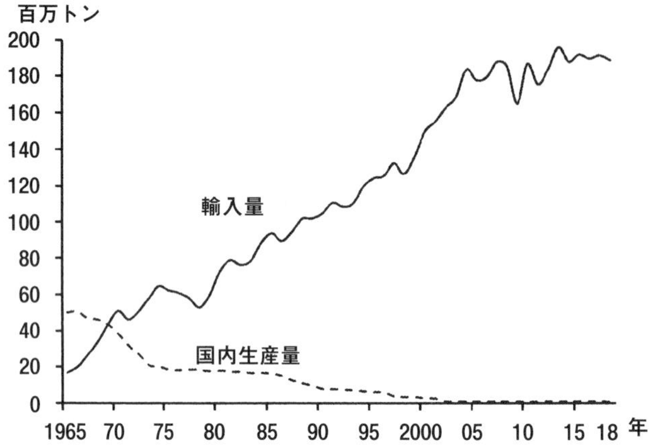

(2)

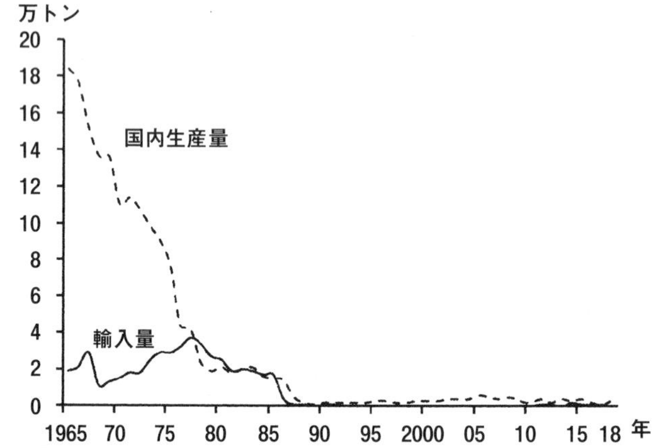

問６　右の切手は，日本で郵便番号が導入されたころに発行されたものです。

(1)　当時の郵便番号は３ケタまたは５ケタでしたが，現在の郵便番号のケタ数はいくつですか。

(2)　郵便番号が導入された理由を述べなさい。

3　日本の地理に関する以下の問に答えなさい。

問１　次の４つのグラフ**A**～**D**は，政令指定都市を少なくとも１つかかえる都道府県のうちの４つについてのものです。各都道府県における人口の多い都市上位５つが並んでおり，グラフ中の**ア**～**ク**はそれぞれの都道府県の政令指定都市を示しています。このグラフに関連して下の問に答えなさい。

2022年1月1日時点のデータ，「日本国勢図会 2023/24」より作成。
単位は万人。

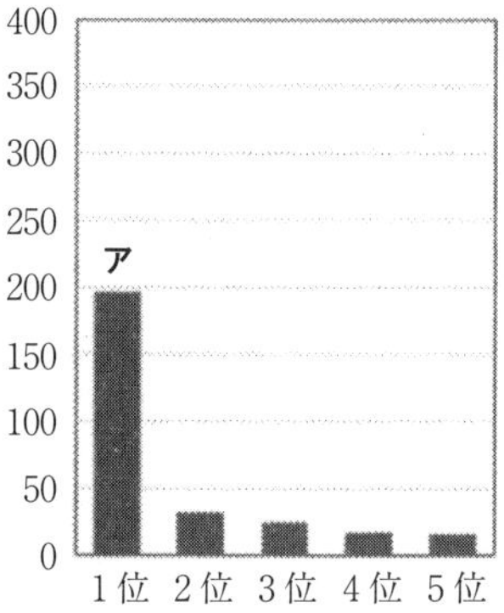

A

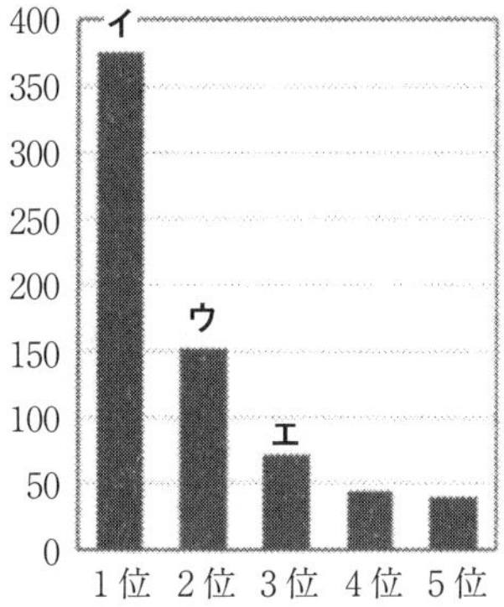

B

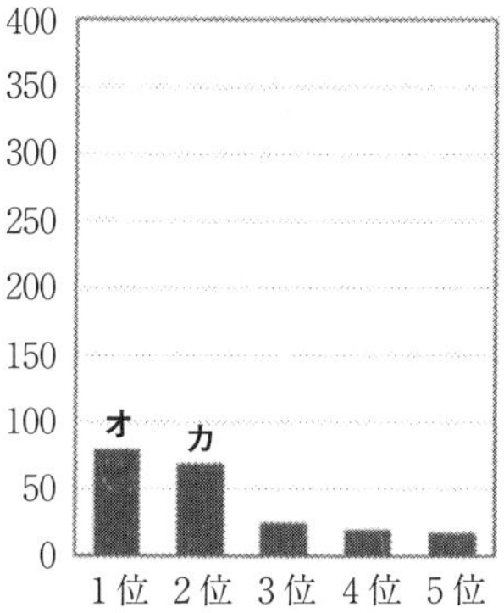

C

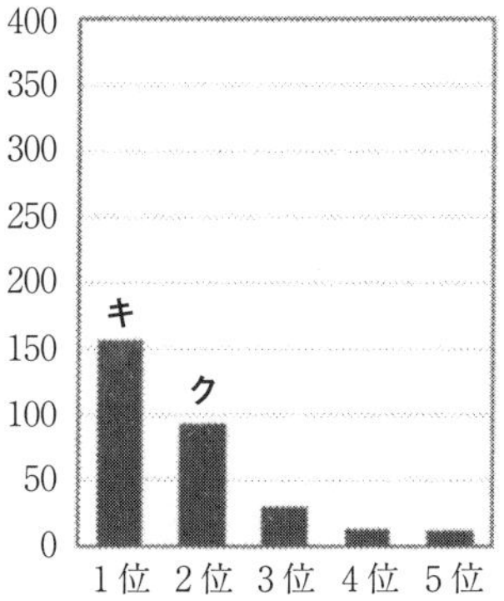

D

(1)　次の説明文①，②で述べられている都道府県について，当てはまるグラフを**A**～**D**から1つずつ選び，記号で答えなさい。

①　冬の寒さがきびしい地域であるため，断熱性の高い二重窓や，雪の積もりづらい形状の屋根を持つ家屋が多く見られます。また，47都道府県の中で面積が最大です。

②　大陸に近い場所にあり，古くから大陸諸国との交易の窓口となってきた地域です。現在でも東アジア各国との結びつきが強く，この都道府県内の都市と中国や韓《かん》国の都市との間に定期航空路があり，フェリーも就航しています。

(2)　次の説明文③，④，⑤で述べられている政令指定都市について，当てはまるものをグラフ中の**ア**～**ク**から1つずつ選び，記号で答えなさい。また，その市町村名を答えなさい。

③　楽器や輸送機械などの製造業が盛んに行われている都市として知られています。市域が南北に細長く，少子高齢《れい》化などの社会の変化に対応するため，2024年1月1日に行政区の再編が行われ，7区から3区へと整理されました。

④　かつては鉄鋼供給量が日本最大であった都市です。鉄鋼業などの重工業を中心に発展してきましたが，こうした重工業の発展が水質汚濁《おだく》や大気汚染といった公害を引き起こしました。現在では近海に国内最大規模の洋上風力発電所の建設が進みつつあるなど，再生可能エネルギーの普及《ふきゅう》が進んでいることでも知られています。

⑤　鉄道網《もう》の発達によってベッドタウン化が進み，20世紀後半に人口が急激に増加しました。三大都市圏《けん》に位置する都市の中でもっとも近年(2010年4月)に政令指定都市となり

ました。

問２　食料自給率に関連して次の問に答えなさい。

(1)　日本の食料自給率(カロリーベース，2021年)にもっとも近い値を，次の**ア**～**オ**から１つ選び，記号で答えなさい。

ア．16%　　**イ**．38%　　**ウ**．54%　　**エ**．86%　　**オ**．122%

(2)　次のグラフは，都道府県ごとの食料自給率を横軸《じく》で，米の生産量を縦軸で示したものです。グラフ中に**ア**～**エ**で示した都道府県のうち，新潟県，鹿児島県を示しているものをそれぞれ１つ選び，記号で答えなさい。

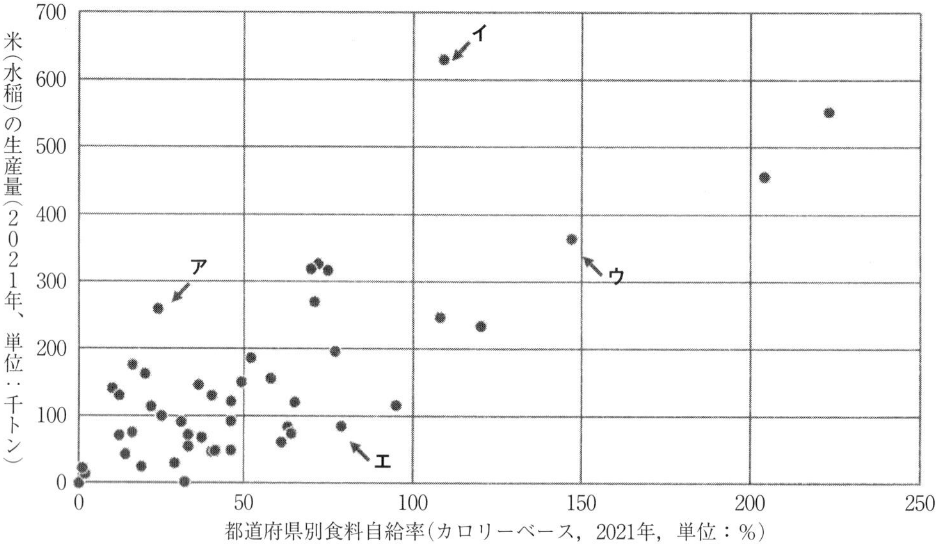

(農林水産省資料より作成)

問３　右の写真は，高知県のある場所で撮《さつ》影されたものです。関連する次の問に答えなさい。

(1)　高知県をふくむ太平洋岸の広い地域では，地震《しん》によっておこる津《つ》波の被《ひ》害を受けると予想されており，写真のような建物が建てられています。この地域でおこると予想されている地震の名前を答えなさい。

(2)　写真の建物の特徴《ちょう》を説明した文章として，**誤っているもの**を次の**ア**～**エ**から１つ選び，記号で答えなさい。

ア．コンクリート製の太くてがんじょうな柱を設けることで，津波で流されないようになっている。

イ．車で避《ひ》難してきた人々ができるだけ多くの車を駐《ちゅう》車できるように，いくつもの階層が設けられている。

ウ．身体の不自由な方やお年寄りでも自力で避難ができるよう，スロープが設けられている。

エ．太陽光パネルが設置されており，発電を行って短期間の避難生活ができるようになっている。

問4　次の地図**ア**～**エ**は，都道府県ごとのうめ，みかん，もも，りんごのいずれかの生産量の，全国の生産量に占《し》める割合を示したものです。

ア

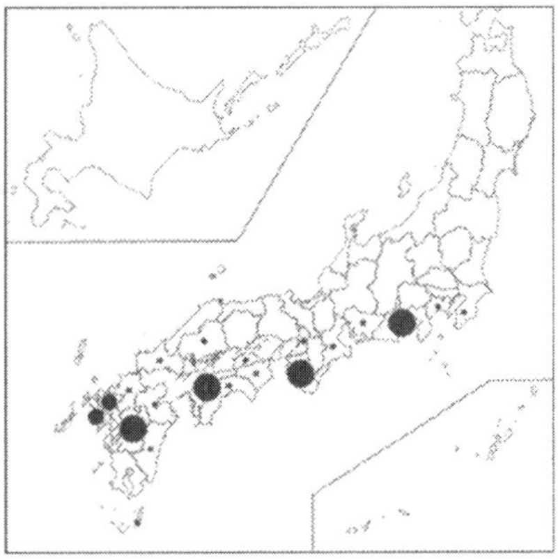

イ

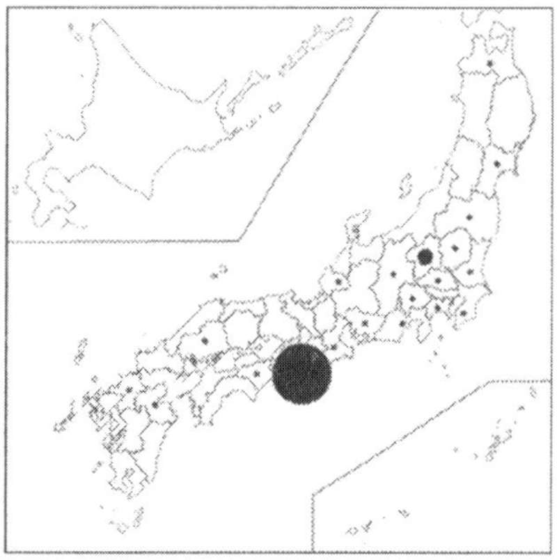

ウ

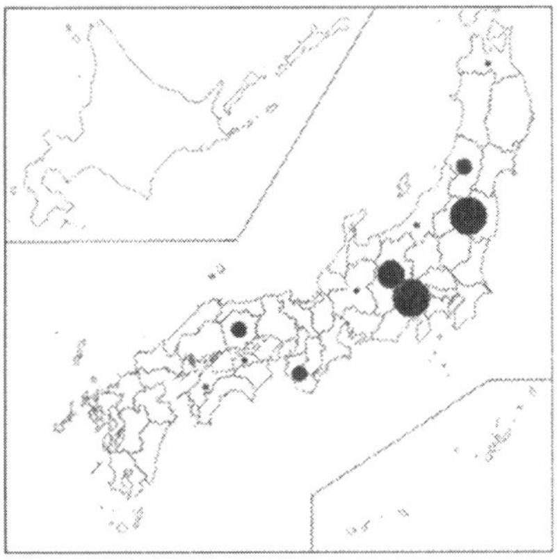

エ

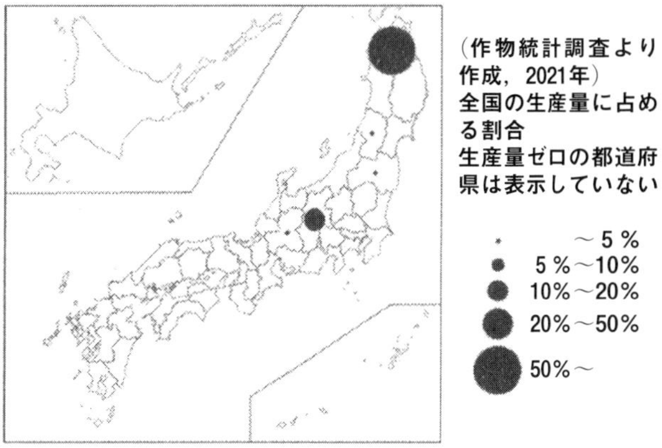

(作物統計調査より作成，2021年)

生産量ゼロの都道府県は表示していない

(1)　ももの生産量を示した地図を**ア**～**エ**から1つ選び，記号で答えなさい。

(2)　みかんの生産量を示した地図を**ア**～**エ**から1つ選び，記号で答えなさい。

4　鹿児島県内の史跡《しせき》や地名に関して述べた次の文章**A**～**E**について，以下の問に答えなさい。

A　南さつま市金峰《きんぽう》町に，①貝殻崎城跡《かいがらさきじょうあと》という史跡がある。この城は，②源平合戦のほうびとしてこの地を与えられ，関東から移ってきた鮫島《さめしま》氏という御家人《ごけにん》がつくったものである。鮫島氏は，室町《むろまち》時代の初めには島津《しまづ》氏と争ったが，15世紀になると島津氏の家臣となった。この城に立っている石碑《せきひ》の「貝殻崎城跡」という字は，鮫島氏の子孫にあたる小泉純一郎《じゅんいちろう》元首相(首相在任は③2001～2006年)が書いたものである。

B　鹿児島県国分《こくぶ》市という名前は，2005年の合併《がっぺい》によって消滅《しょうめつ》した。この市名は，741年④聖武天皇が全国に建立《こんりゅう》を命じた寺に由来する。ここには大隅《おおすみ》国の国府(国の役所)も置かれていた。ここを流れる天降《あもり》川の下流ではしばしば洪水《こうずい》の被害《ひがい》があったため，薩摩藩《さつまはん》が，1662年から4年間かけて台地を切り通して川筋を付け替《か》えた。またこの地方では，⑤たばこの栽培《さいばい》がひろがり，「国分たばこ」は全国的に有名になり，明治時代に入ると急速に生産が増えた。⑥1898年に原料のたばこを国が買い上げる制度ができたが，「国分たばこ」の買い上げ価格は全国で最も高かった。

C　鹿児島市に城山がある。⑦1600年の関ケ原《せきがはら》の戦いで敗れた島津氏は，その翌年城山の上に上《うえ》山《やま》城を，その麓《ふもと》に屋形(屋敷《やしき》)を築いた。この両方を合わせて鹿児島(鶴丸《つるまる》)城とよぶ。⑧1863年のイギリスとの戦争では，イギリスの軍艦《ぐんかん》が放った砲弾《ほうだん》が屋形の近くに着弾《ちゃくだん》した。1877年9月，政府軍はこの城山に立てこもっていた西郷隆盛《たかもり》の軍に総攻撃《そうこうげき》をかけ，半年以上続いた西南戦争を終わらせた。

D　鹿児島市の谷山駅の近くに田辺《たなべ》とよばれる地区がある。ここは，⑨1943年にできた田辺航空工業株式会社で働く人びとの社宅があった場所である。この工場は，当時5000人近くが働く鹿児島県最大の工場であり，軍用の飛行機を組み立てていたが，1945年8月の空襲《くうしゅう》で工場は大きな被害を受けた。敗戦後，新生工業株式会社と名を変えて，約600人の従業員で弁当箱，自転車や農機具などをつくった。

E　志布志湾《しぶしわん》岸の鹿児島県東串良《ひがしくしら》町には九州で3番目に大きい⑩前方後円墳《えんふん》の唐仁大塚《とうじんおおつか》古墳がある。⑪1968年，現在の鹿児島県志布志市から東串良町にかけての志布志湾沿岸を埋《う》め立てて，石油化学コンビナートなどをつくる計画が発表されたが，⑫住民の反対運動などによって計画は縮小された。

問1　下線部①の城跡は，海岸線から4kmほど離《はな》れた場所に立地していますが，縄文時代にはすぐ近くまで海がせまっていました。この城は，縄文時代に営まれた遺跡《いせき》の上に造られたもので，ここを掘《ほ》るとたくさんの貝殻が出ることからこの名が付けられました。縄文時代に営まれていたこのような遺跡を何といいますか。

問2　下線部②の源平合戦に関連する次の文章には1か所誤りがあります。どのように改めれば正しくなりますか。訂正《ていせい》した後の語句を答えなさい。

源義朝《よしとも》は，保元《ほうげん》の乱で平清盛と争い敗れた。義朝の子で伊豆《いず》国に流された頼朝《よりとも》は，1180年に伊豆の豪族《ごうぞく》北条氏や東国の武士たちとともに，平氏を倒《たお》すための兵をあげた。頼朝の弟義《よし》経《つね》の活躍《かつやく》などにより，1185年に平氏は壇ノ浦《だんのうら》で滅亡《めつぼう》した。

問3　下線部③の2001～2006年の間におこったできごととして，正しいものを次の**ア**～**エ**から1つ選び記号で答えなさい。

ア．日朝首脳会談が北朝鮮《きたちょうせん》で行われた。

イ．阪神・淡路大震災がおこった。

ウ．日本が子どもの権利条約を承認《しょうにん》した。

エ．アイヌ文化振興法が成立した。

問4　下線部④の聖武天皇が政治を行っていた時期を説明する文章として**誤っているもの**を次の**ア**～**エ**から1つ選び記号で答えなさい。

ア．「菩薩《ぼさつ》」とよばれた行基が，大仏造りに協力した。

イ．病気が広がり，地方で貴族が反乱をおこした。

ウ．都が藤原京《ふじわらきょう》から平城京へ遷《うつ》った。

エ．聖武天皇が，遣唐使のもたらした品々を愛用した。

問5　下線部⑤のたばこはある時代に日本に伝えられました。同じころに日本に入ってきたものとして正しいものを次の**ア**～**エ**から１つ選び記号で答えなさい。

ア．紙　**イ**．鉄砲《てっぽう》　**ウ**．禅宗《ぜんしゅう》　**エ**．ガス灯

問6　下線部⑥の1898年ころの日本国内外のようすを説明する文章として**誤っているもの**を次の**ア**～**エ**から１つ選び，記号で答えなさい。

ア．イギリスとの間で，治外法権をなくすことが合意されていた。

イ．日本は，大韓帝国《だいかんていこく》をめぐってロシアと対立していた。

ウ．日常生活で差別に苦しんでいた人びとが，全国水平社をつくり差別をなくす運動を始めた。

エ．栃木県選出の代議士田中正造が，足尾銅山《あしおどうざん》の鉱毒問題に取り組んでいた。

問7　下線部⑦の1600年から1700年の間のできごととして正しいものを次の**ア**～**カ**からすべて選び，年代の古い順に並べかえ記号で答えなさい。解答欄が余った場合，そこには×を付けること。

ア．国学者の本居宣長が，『古事記伝』をあらわした。

イ．島原・天草一揆《いっき》がおこった。

ウ．薩摩藩が，琉球《りゅうきゅう》に兵を送り，支配下に置いた。

エ．シャクシャインがアイヌの人びとを率いて戦いをおこした。

オ．検地と刀狩《かたながり》によって，武士と百姓《ひゃくしょう》・町人の身分が区別され，武士が世の中を支配するしくみが整った。

カ．幕府は，全国に一国一城令を出した。

問8　下線部⑧の1863年の前後５年(1858～1868年)のできごととして正しいものを次の**ア**～**カ**からすべて選び，年代の古い順に並べかえ記号で答えなさい。解答欄が余った場合，そこには×を付けること。

ア．イギリスなど４カ国の軍隊が長州藩の砲台《ほうだい》を占領《せんりょう》した。

イ．徳川慶喜《よしのぶ》が，政権を天皇に返した。

ウ．横浜と長崎でアメリカなどとの貿易が始まった。

エ．薩摩藩と長州藩の連合が密《ひそ》かに結ばれた。

オ．政府は，大名が治めていた領地と領民を天皇に返すように命じた。

カ．択捉《えとろふ》島とウルップ島の間に日本とロシアの国境が定められた。

問9　下線部⑨に関連して，1943年から1945年８月(敗戦)までの期間の人びとの生活や工場のようすを説明する文章として**誤っているもの**を，次の**ア**～**エ**から１つ選び記号で答えなさい。

ア．子どもたちは「青空教室」で勉強していた。

イ．さとうや米などの生活必需品《ひつじゅひん》は切符制《きっぷせい》・配給制となっていた。

ウ．女学生や中学生が働いている工場があった。

エ．朝鮮半島出身の労働者が働いている工場があった。

問10　下線部⑩の前方後円墳がつくられたころのようすを説明した文章として正しいものを，次の**ア**～**エ**から１つ選び記号で答えなさい。

ア．同じ時代の遺跡には，板付《いたづけ》遺跡や吉野ヶ里《よしのがり》遺跡があり，大陸から青銅器や鉄器が初めて伝えられた。

イ．巨大《きょだい》な前方後円墳は大和《やまと》(奈良県)や河内《かわち》(大阪府)に見られ，大和朝廷《ちょうてい》(大和政権)の中心に立っていた大王がこれらに葬《ほうむ》られた。

ウ．『古事記』『日本書紀』に見えるヤマトタケルノミコトは，熊本県・埼玉県で見つかった鉄刀・鉄剣《てっけん》に見えるワカタケル大王のことである。

エ．中国の隋《ずい》に使いが送られ，隋から伝えられた仏教をもとに中尊寺が建てられた。

問11　下線部⑪の計画が発表されたころの好景気が長期にわたって続く日本の経済状況《じょうきょう》を何とよびますか。漢字で答えなさい。

問12　下線部⑫に関して，計画が縮小された理由には，1970年代におこった経済的な変動によって景気が急激に悪化したこともあります。この経済的な変動を何とよびますか。

【理　科】（40分）〈満点：50点〉

注意：いくつかの中から選ぶ場合は，記号で答えなさい。特に指示のない場合は１つ答えなさい。

1　鹿児島市のラ・サール中学校で太陽や月を観察しました。次の問いに答えなさい。

(1)　太陽を観察することにより，太陽が球形であることがわかりました。その理由として最も適当なものを選びなさい。

ア．日食のとき，炎《ほのお》のような紅炎《こうえん》(プロミネンス)が見えた。

イ．同じ倍率で観察すると，太陽はほぼ月と同じ大きさに見えた。

ウ．周りよりも温度が低い黒点が太陽の表面のあちらこちらに見えた。

エ．中央部にあった黒点が周辺部に移動するにつれて形が変わって見えた。

(2)　図１は３月，６月，12月の日の出を観察したものです。Ａ～Ｃを表す組み合わせとして正しいものを選びなさい。

図１

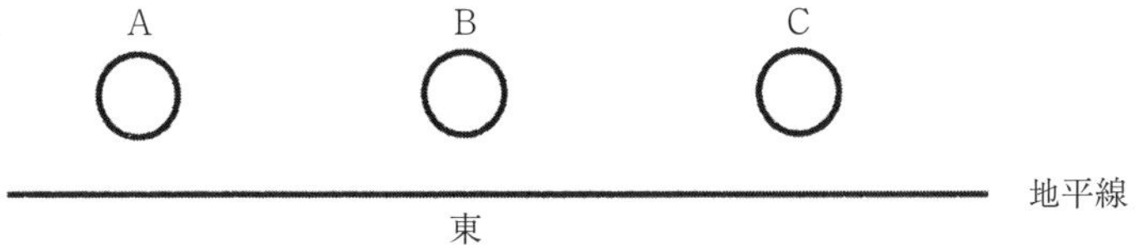

	A	B	C
ア	３月	６月	12月
イ	３月	12月	６月
ウ	６月	３月	12月
エ	６月	12月	３月
オ	12月	３月	６月
カ	12月	６月	３月

(3)　三日月から始まり再び三日月に戻《もど》るまでの，月の満ち欠けの順をあとの選択肢《し》を使って答えなさい。

三日月→(　　)→(　　)→(　　)→(　　)→三日月

ア．満月　　イ．新月　　ウ．上弦《じょうげん》の月　　エ．下弦《かげん》の月

(4)　ある日，月を観察したところ西の地平線近くに上弦の月が見えました。

①　この月はどのように見えますか。例のように光っている部分を線で囲んで，解答らんに書きなさい。右の例は満月の様子を書いたものです。

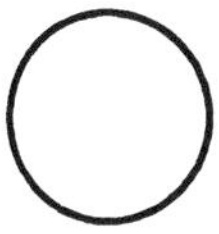
例

②　この月が見えた時間帯として正しいものを選びなさい。

ア．朝方　　イ．昼

ウ．夕方　　エ．真夜中

(5)　月を天体望遠鏡で観察すると表面は平らではなく，たくさんの円形のくぼ地があることがわかりました。

①　このくぼ地の名前を答えなさい。

②　くぼ地の凹凸《おうとつ》の影《かげ》がはっきりとわかるのは月を観察する方向に対して横から光が当たるときです。次のうち，くぼ地の凹凸の観察に適しているのはどれですか。

ア．満月　　イ．新月　　ウ．半月

③　このくぼ地はいん石の落下の跡《あと》だと考えられています。図２は，くぼ地を模式的に表したものです。くぼ地Ａ～Ｄができた順を古い順から並べて書きなさい。

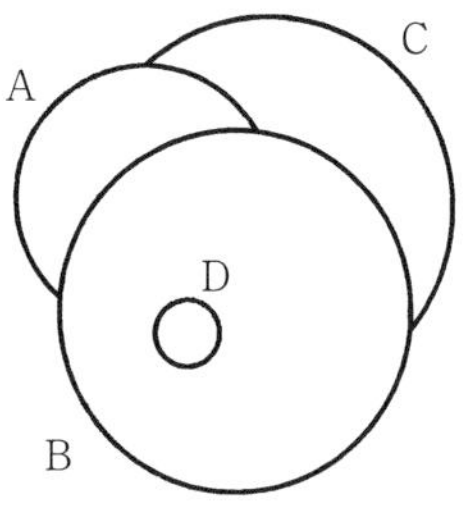

図２

⑹　月面上には，アポロ11号が設置した鏡があります。この鏡に地球の表面から光を当てたところ，発射してから2.51秒で反射された光が戻ってきました。光の速さを秒速30万 km として，地表から月面上の鏡までの距離《きょり》(万 km)を求めなさい。答えは次の例のように，小数第１位を四捨五入して，１の位まで答えなさい。

例：計算結果が25.12(万 km)であれば，答えには25(万 km)と書く。

2　図１は，ヒトの腹部の断面を足側から見たときの模式図です。

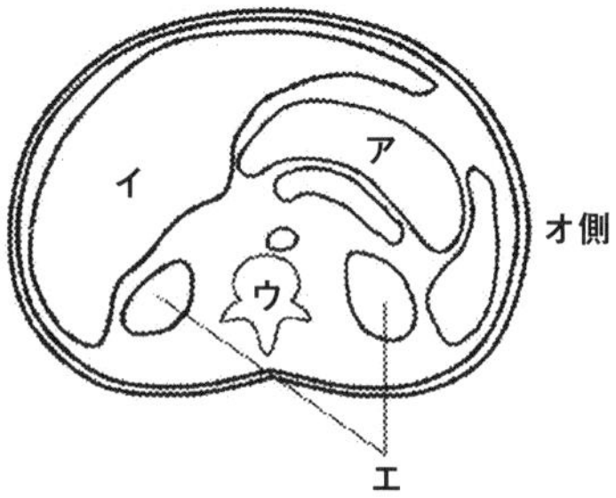

図１

⑴　①背骨，②肝臓《かんぞう》，③胃，④腎臓《じんぞう》の位置をア～エからそれぞれ選びなさい。

⑵　オ側はからだの右手側と左手側のどちらか答えなさい。

心臓と血液の流れについて，以下の問いに答えなさい。

⑶　図２はヒトを正面から見たときの心臓の位置を示したものです。心臓の位置を正しく示した図はどれですか。

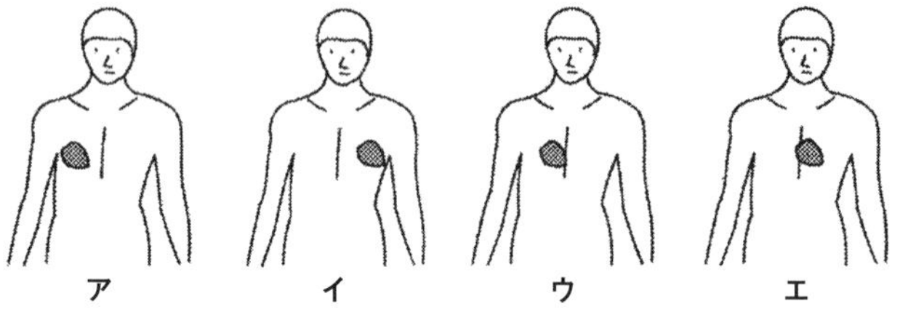

図２

⑷　図３は正面から見たときのヒトの心臓の断面と血管の関係を示した模式図です。この血管のうち，①心臓から全身へ血液が送り出される血管(大動脈)，②全身から血液が戻《もど》ってくる血管(大静脈《だいじょうみゃく》)をそれぞれ選びなさい。

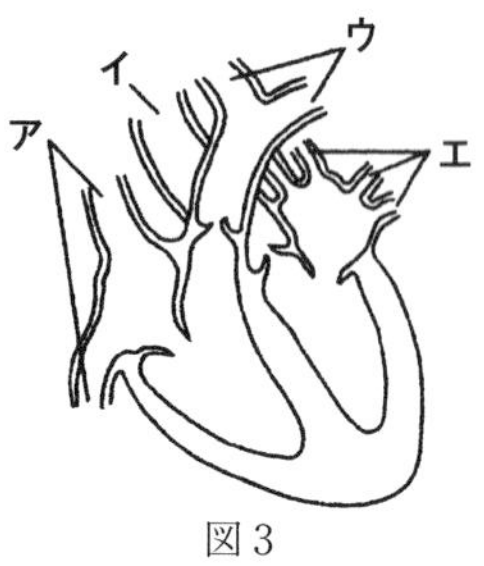

図３

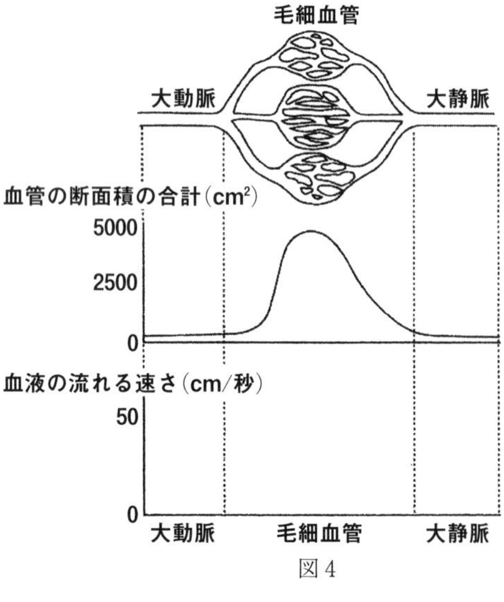

図４

⑸　大動脈へ送り出された血液は，全身の細い血管(毛細血管)を通って，大静脈へと戻ります。

図４の上のグラフは血管の各部での断面の面積(断面積)の合計を示したものです。毛細血管の断面積の合計は大動脈や大静脈の断面積の1000倍ほ

どあるといわれています。なお，グラフの横軸《よこじく》は，大動脈，毛細血管，大静脈の位置関係を示しています。

このとき，血管中を血液が流れる速さはどのようになるでしょうか。図4の下のグラフは血液の流れる速さを示そうとしたものです。このグラフに当てはまるものとして最も適当なものをア～エの中から選びなさい。

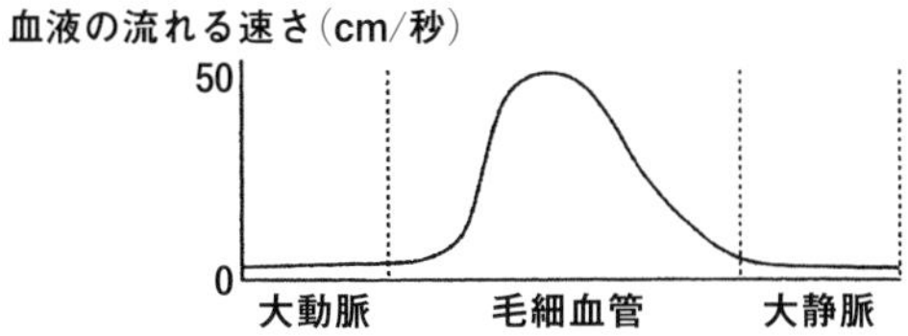

ア

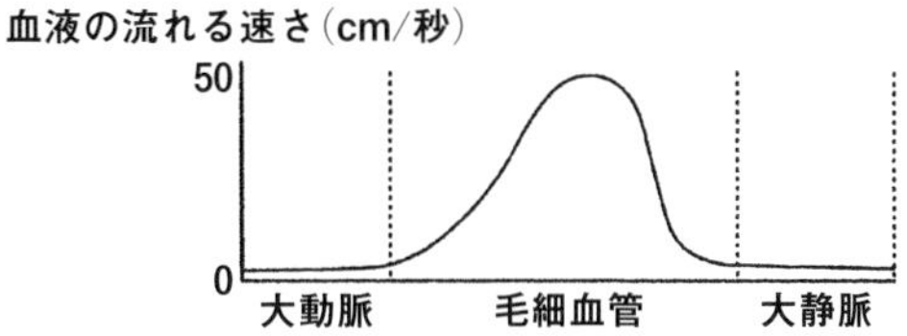

イ

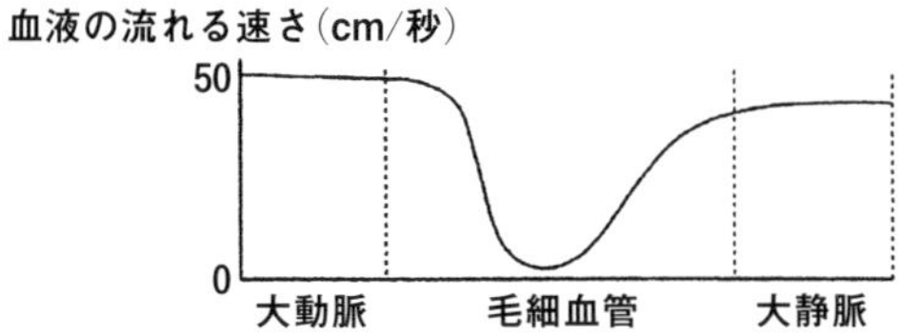

ウ

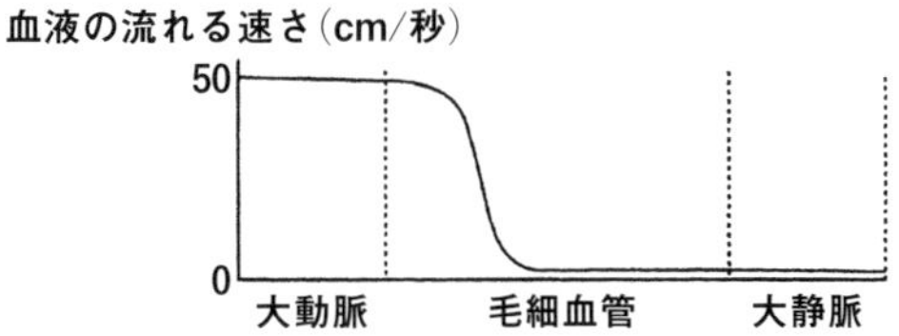

エ

あるスポーツ選手とふつうの人の運動をする前と，激しい運動をした直後の1分間に心臓から送り出される血液の量(心拍《しんぱく》出量)と，1分間あたりの心拍《しんぱく》数を特殊《とくしゅ》な方法で検査して比べました。なお，この二人の身長はほぼ同じで，体重は二人とも65kgでした。

運動をする前の1分間あたりの心拍出量はスポーツ選手もふつうの人も5.4Lで変わらず，心拍数はスポーツ選手が60回，ふつうの人が72回でした。

激しい運動をした直後の1分間あたりの心拍出量はスポーツ選手が30Lで，ふつうの人が20Lでした。心拍数はスポーツ選手が180回で，ふつうの人が190回でした。

(6) 血液の重さは体重の $\frac{1}{13}$ であるといわれています。65kgの人の血液の量は何Lですか。ただし，血液1mLの重さは1gであるとします。

(7) 以下の文章はこの実験結果を説明したものです。[ア]に入る語句と[イ]，[ウ]に当てはまる数値を答えなさい。

このスポーツ選手とふつうの人を比べるとスポーツ選手の方が一回の心拍で送り出される血液の量が[ア]く，激しい運動をした直後にスポーツ選手の場合は血液が体内を一周するのに[イ]秒間かかったのに対して，ふつうの人の場合は[ウ]秒間で体内を一周したことになります。

(8) スポーツ選手とふつうの人が激しい運動をした直後に一回の心拍で送り出される血液はそれぞれ何mLですか。なお，答えが割り切れない場合は小数第1位を四捨五入して，整数で答えなさい。

3 〈A〉 次の文を読み，後の問いに答えなさい。

二酸化炭素は，1754年にスコットランドのエディンバラ大学の科学者ジョセフ・ブラックによって発見されました。ブラックは黒板に文字を書くチョーク(石灰《かい》石にもふくまれる炭酸カルシウムで出来ている)を加熱すると気体が出て来ることを確かめ，当時ブラックはこれを

「固定空気」という名前でよびましたが，のちにこれが二酸化炭素だとわかっています。

二酸化炭素は炭酸ガスともよばれ，空気中に0.03％程度ふくまれています。近年は化石燃料の消費により，大気中の濃度《のうど》が増加傾向《けいこう》にあり，（ ① ）の原因になっています。

ブラックは次の(a)，(b)のような反応を起こす実験で，炭酸カルシウムや炭酸マグネシウムを加熱すると分解が起こり，二酸化炭素の放出がみられ，酸化カルシウム(生石灰)や酸化マグネシウムが白色粉末として残ることを確かめました。

炭酸カルシウム　→酸化カルシウム　＋二酸化炭素…(a)

炭酸マグネシウム→酸化マグネシウム＋二酸化炭素…(b)

現在では，二酸化炭素は，実験室においては，石灰石に塩酸を加えて発生させたものを②捕《ほ》集《しゅう》します。工業的には石灰石(炭酸カルシウム)を加熱して作られ，炭酸ナトリウムの製造や，固体の二酸化炭素で保冷剤《ほれいざい》として用いられる（ ③ ）の製造などに利用されています。

10gの炭酸カルシウムを加熱すると(a)の反応ですべて分解されて，4.4gの二酸化炭素が発生し，白色粉末として酸化カルシウムが（ ④ ）g残りました。また，10gの炭酸マグネシウムを加熱すると(b)の反応ですべて分解されて（ ⑤ ）gの二酸化炭素が発生し，4.8gの酸化マグネシウムが白色粉末として残りました。

(1)　(①)に入る環境《かんきょう》問題の名前と，(③)に入る物質名を答えなさい。

(2)　下線部②について，正しいものを選びなさい。

ア．二酸化炭素は，上方置換《ちかん》でしか集められない。

イ．二酸化炭素は，上方置換・水上置換どちらでも集められる。

ウ．二酸化炭素は，水上置換でしか集められない。

エ．二酸化炭素は，水上置換・下方置換どちらでも集められる。

オ．二酸化炭素は，下方置換でしか集められない。

(3)　(④)，(⑤)に当てはまる数値をそれぞれ答えなさい。

(4)　ある量の炭酸カルシウムを加熱するとすべて(a)の反応で分解されて，白色粉末が7g残りました。このとき，(A)反応させた炭酸カルシウムの重さと，(B)発生した二酸化炭素の重さはそれぞれ何gですか。

(5)　炭酸カルシウムと炭酸マグネシウムの混合物が40gあります。これを加熱すると(a)，(b)の反応ですべて分解されて白色粉末が21.2g残りました。このとき(A)二酸化炭素は何g発生していますか，また(B)混合物にふくまれていた炭酸マグネシウムは何gですか。

〈**B**〉　次の文を読み，後の問いに答えなさい。ただし，どの水溶《よう》液も1mLの重さは1gとします。また，実験はすべて同じ温度，同じ圧力のもとで行われたものとします。

薬局でオキシドールA，Bをそれぞれ購入《こうにゅう》しました。オキシドールAの成分表をみると，

体積100mL 過酸化水素を3％ふくむ

と記されていました。オキシドールA，Bを用いて次の(実験1)，(実験2)を行いました。

(実験1)　濃度3％のオキシドールAを40mLだけ取って二酸化マンガンを充分《じゅうぶん》加えたところ，酸素が発生しはじめました。二酸化マンガンを加えたときを0秒として，実験開始からの時間(秒)と発生した酸素の体積(mL)を測定しました。また，残っているオキシドー

ルＡの濃度(％)は以下の表のようになりました。

時間	0秒	70秒	120秒	190秒	240秒
発生した酸素の体積	0mL	130mL	195mL	260mL	292.5mL
残っている水溶液の濃度	3％	2％	1.5％	1％	0.75％

（実験２）　濃度４％のオキシドールＢがあります。オキシドールＢを80mLだけ取って，二酸化マンガンを充分加えて，（実験１）と同様に測定しました。

(1)　酸素の性質として正しいものを選びなさい。

ア．刺激臭《しげきしゅう》がある。　　イ．空気より軽い。　　ウ．無色の気体である。

エ．湿《しめ》らせた赤色リトマス紙に触《ふ》れると，リトマス紙が青色になる。

(2)　一般《いっぱん》に，最初の濃度の半分になるまでの時間を半減期とよびます。オキシドールに二酸化マンガンを充分加えた場合，オキシドールの液量は半減期に影響《えいきょう》を与《あた》えず，どの濃度から測定しても，元の濃度の半分になるまでの時間は同じです。つまり，オキシドールＡとＢでは，半減期が同じです。

①　オキシドールの半減期は何秒ですか。

②　オキシドールＡに二酸化マンガンを充分加えました。その瞬間《しゅんかん》からオキシドールＡの濃度が0.5％になるまでには何秒かかりますか。

③　オキシドールＢが80mLあり，そこに二酸化マンガンを充分加えました。その瞬間からオキシドールＢの濃度が１％になるまでには何秒かかりますか。また，そのときまでに発生した酸素は合計で何mLですか。

4　光には空間をまっすぐに進む性質があります。光の進みかたを図に表すとき，光が進む道筋を直線で表すことができ，これを光線といいます。光が物体に当たるとき，物体の表面ではね返される現象を光の反射といい，反射された光もまた，まっすぐに進みます。光が鏡で反射される様子は，図１のように描《えが》くことができ，鏡に垂直な線(点線)に対して光が入射する角度(○)と，反射される角度(△)は等しく，これを「反射の法則」といいます。

図１

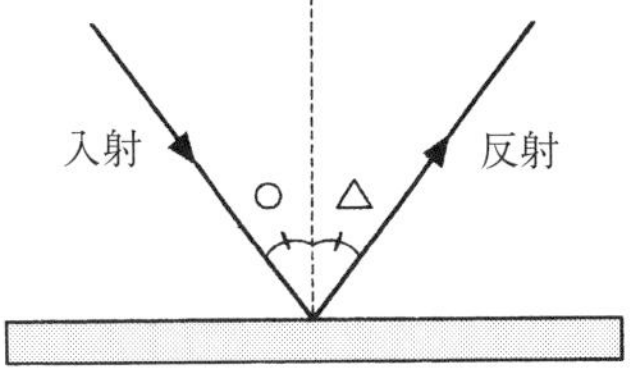

(1)　２枚の正方形の鏡(鏡１，鏡２)を用意します。鏡１を水平に置き，鏡２は鏡１に対して110°の角度をなし，かつ，たがいの一辺を共有するように組み合わせました(図２)。図２のように，鏡１に垂直な線(点線)に対して，50°の方向から入射した光が，鏡１上の点Ｌで反射された後，鏡２上の点Ｍで再び反射されて進みました。点Ｍで反射された光線と鏡２のなす角度aは何度ですか。

図２

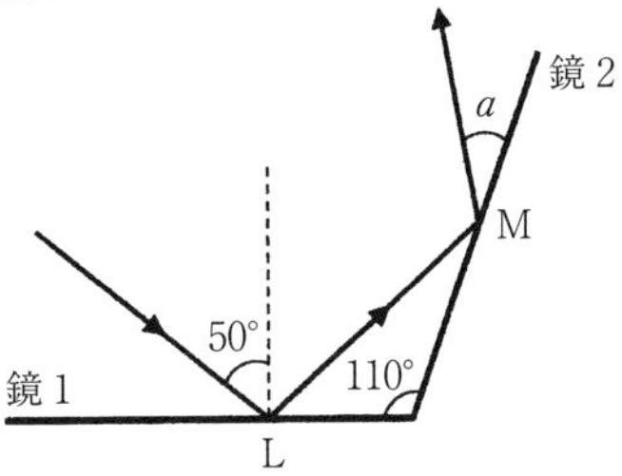

図３

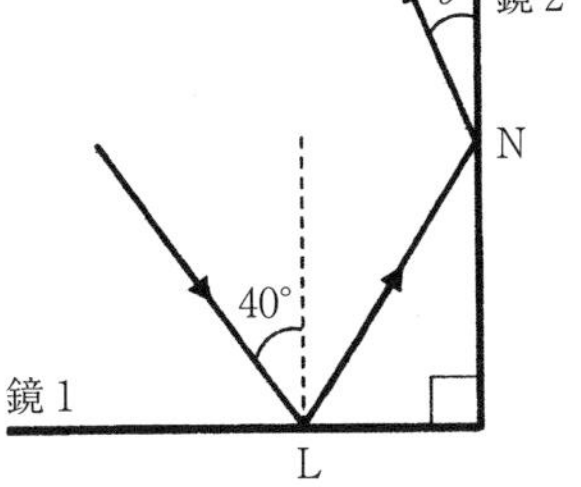

(2)　(1)の状態から，鏡１と鏡２を直角に組み合わせました(図３)。図３のように，鏡１に垂直な線(点線)に対して，40°の方向から入射した光が，鏡１上の点Lで反射された後，鏡２上の点Nで再び反射されて進みました。点Nで反射された光線と鏡２のなす角度 b は何度ですか。

次に，一辺が10cmの正方形の鏡を３枚(鏡A，鏡B，鏡C)用いて，たがいに垂直に，かつ，鏡面を内側にして，すき間なく組み合わせました(図４)。鏡Aは水平に置かれ，鏡Bと鏡Cは，鏡Aに対して垂直に立てられています。たがいに垂直に交わる３本の物差しｘ，ｙ，ｚの０cmの位置を合わせて，図４のように，各鏡の辺に沿って配置し，空間内の位置を３本の物差しの数値で表します。例えば，ｘ方向に２cm，ｙ方向に３cm，ｚ方向に４cmである位置を，(x，y，z)＝(2，3，4)と表します。

図４

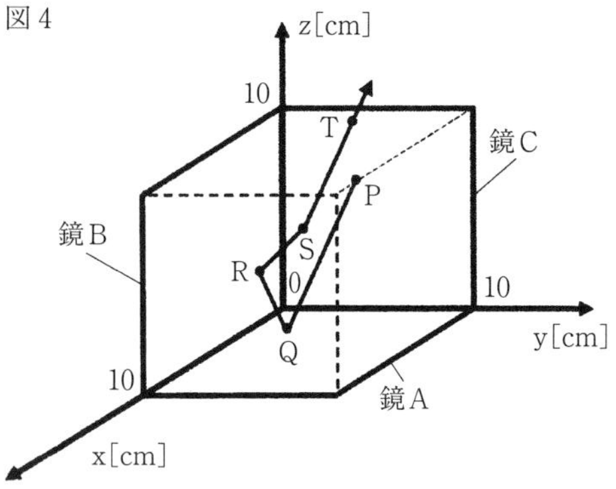

図４において，レーザーポインターを用いて，Ｐの位置(9，10，10)から鏡A上のＱの位置(1，1，0)に向けて光を照射しました。

光線を観察すると，Ｐから出た光が，鏡A上のＱで反射されて鏡Bに当たり，その後，鏡Cに当たって進むことが分かりました。この光線が鏡Bに当たる位置をR，鏡Cに当たる位置をS，そしてｚの値が10cmの高さを通過する位置をTとして，ＲとＳの位置を，以下の手順で求めます。

(3)　次の文章中の(ア)～(エ)に適する数値と，(オ)に適する語句を答えなさい。ただし，数値について，整数値以外は，もっとも簡単な分数で答えなさい。

まず，鏡B上のR(ｙの値は０)について考えます。鏡Aを正面から見ると，図５のような光線の様子になります。図中の複数の三角形に着目すると，Ｒのｘの値は(　ア　)であることが分かります。また，鏡Cを正面から見ると，図６のような光線の様子になります。同様に考えると，Ｒのｚの値は(　イ　)であることが分かります。以上より，Ｒの位置は

(x，y，z)＝((　ア　)，0，(　イ　))と表せます。

図５

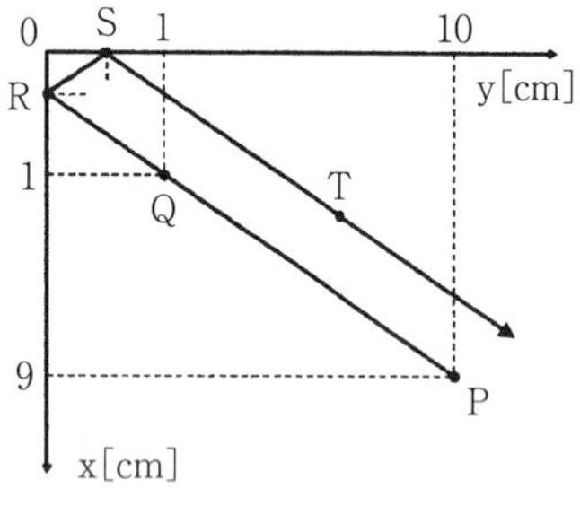

図６

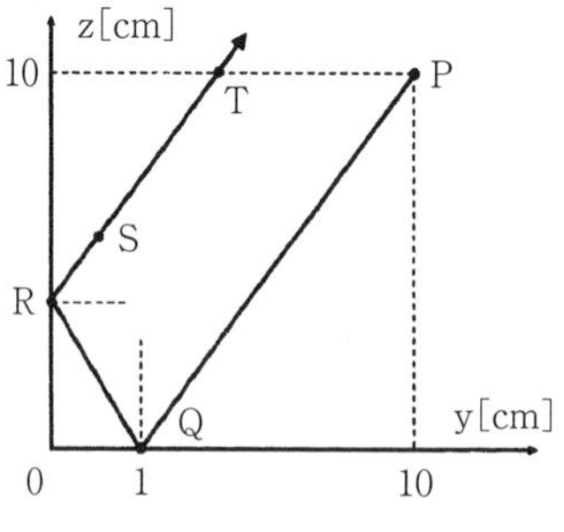

図７

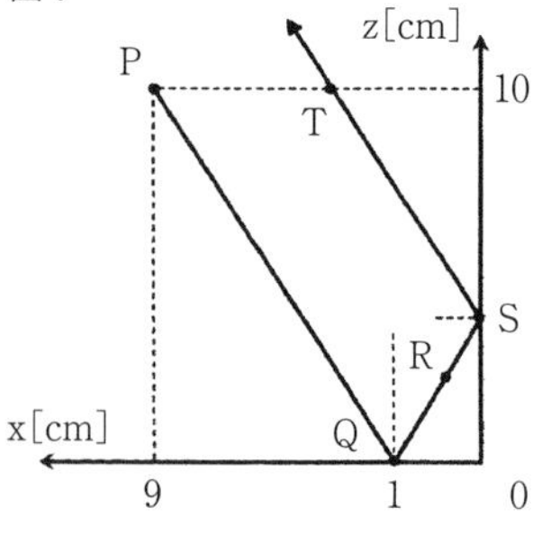

次に，鏡C上のS(ｘの値は０)について考えます。鏡Aを正面から見ると，図５のような光線の様子になります。図中の複数の三角形に着目すると，Ｓのｙの値は(　ウ　)であることが分かります。また，鏡Bを正面から見ると，図７のような光線の様子になります。同様に考えると，Ｓのｚの値は(　エ　)であることが分かります。以上より，Ｓの位置は

(x，y，z)＝(0，(　ウ　)，(　エ　))と表せます。

上記の３回の反射(Q，R，Sでの反射)の結果から考えると，図５，図６，図７のような各方向からの光線において，反射の法則が成り立ち，かつ，入射光線PQと反射光線STが(オ)になることが分かります。以上のことから，図４の空間においても，入射光線PQと反射光線STが(オ)になることが分かります。したがって，たがいに垂直に置かれた３枚の鏡に対して，どの方向から光を当てても，何回か反射して，もとの方向へ光が戻ってくることになります。このような装置をコーナーキューブといい，例えば，自転車の反射板や道路標識の表面などに利用されています。また，多数のコーナーキューブからなる反射板が月面に設置されており，それを利用して地球の表面から月の表面までの距離を測ることができます。

問一　二か所の空欄《らん》Ａに共通して入る最も適切な五文字を、本文中から抜《ぬ》き出して書きなさい。

問二　空欄Ｂに適切な漢字一字を入れ、「組織・集団などが一つにまとまっており結束が固いこと」を意味する三字熟語を完成させなさい。

問三　空欄Ｃに適切な漢字一字を入れ、四字熟語を完成させなさい。

問四　傍《ぼう》線部①「現実の世界では権力を持つ人の考えが通ってしまいます」とありますが、それはなぜですか。七十字以内で説明しなさい。

問五　傍線部②について、「科学者」が『客観的で正しい答え』を教えてくれるものではなさそうです」と筆者が考えるのはなぜですか。百二十字以内で説明しなさい。

問六　傍線部③「ではどうしたらよいのでしょうか」とありますが、この問いかけに対して筆者はどうするべきだと考えていますか。六十字以内で説明しなさい。

三

次のⅠ・Ⅱの問いに答えなさい。〈二十点〉

Ⅰ　次の①～⑮の傍《ぼう》線部のカタカナを漢字に改めなさい。

①　事件の原因についてセイサが必要だ。
②　ピアノの素晴《すば》らしいエンソウに心打たれた。
③　経済シヒョウを参考に株を買う。
④　この空港に鹿児島行きの飛行機がシュウコウする予定だ。
⑤　一族のシュクガンは思わぬ形で成し遂《と》げられた。
⑥　実情も知らない者が脇《わき》からあれこれ意見するのは愚《ぐ》のコッチョウだ。
⑦　審判がアウトをセンコクする。
⑧　ドローンをソウジュウする。
⑨　食料を十分にチョゾウする。
⑩　他人に口外しないようゲンメイが下った。
⑪　反省のベンを述べる。
⑫　その絵のラクサツ価格は目の飛び出るような額であった。
⑬　彼《かれ》はクラスの委員長としてのセキムを全《まっと》うした。
⑭　ケイテキを鳴らす。
⑮　「ユウショウの下《もと》に弱卒なし」とたたえられた最強軍団。

Ⅱ　次の①～⑤の空欄《らん》に漢字を入れて、四字熟語を完成させなさい。

①　いくら危機に直面しても社長は泰《たい》□□若《じゃく》としていた。
②　合格の秘訣《けつ》は、□□貫徹《かんてつ》の姿勢を崩《くず》さないことです。
③　彼の厚《こう》□□恥《ち》な態度には、あきれてものが言えない。
④　最後の最後でミスをして、まさに□竜《りょう》□睛《せい》を欠いた。
⑤　一心に絵筆を動かす間は、□鏡□水の心境であった。

ていないからこそ、研究が進められているのです。

　最先端の研究をしている科学者は、それぞれ自分が正しいと考える仮説を正当化するために、実験をしたり計算をしたりしています。つまり、科学者に「客観的で正しい答え」を聞いても、何十年も前に合意が形成されて研究が終了《りょう》したことについては教えてくれますが、まさしく今現在問題になっていることについては、「自分が正しいと考える答え」しか教えてくれないのです。ある意味では、「科学は A 」なのです。

　そこで、たくさんの科学者の中から、自分の意見と一致《ち》する立場をとっている科学者だけを集めることが可能になります。東日本大震《しん》災で福島第一原発が爆《ばく》発事故を起こす前までは、日本政府は「原子力推進派」の学者の意見ばかりを聞いていました（最近また、そういう時代に逆戻《もど》りしつつあるような気がしますが）。アメリカでもトランプ大統領（在任二〇一七〜二〇二一）は地球温暖化に懐《かい》疑的な学者ばかりを集めて「地球温暖化はウソだ」と主張し、経済活動を優先するために二酸化炭素の排《はい》出の規制を緩《かん》和しました。

　権力を持つ人たちは、もっと直接的に科学者をコントロールすることもできます。現代社会において科学研究の主要な財源は国家予算です。そこで、政府の立場と一致する主張をしている科学者には研究予算を支給し、そうでない科学者には支給しないようにすれば、政府の立場を補強するような研究ばかりが行われることになりかねません。

　このように考えてくると、科学者であっても、現時点で問題になっているような事柄《ことがら》について、②「客観的で正しい答え」を教えてくれるものではなさそうです。③ではどうしたらよいのでしょうか。自分の頭で考える？　どうやって？

　この本では、「正しさ」とは何か、それはどのようにして作られていくものなのかを考えます。そうした考察を踏《ふ》まえて、多様な他者と理解し合うためにはどうすればよいのかについて考えます。ここであらかじめ結論だけ述べておけば、私は、「正しさは人それぞれ」でも「真実は一つ」でもなく、人間の生物学的特性を前提としながら、人間と世界の関係や人間同士の間の関係の中で、いわば共同作業によって「正しさ」というものが作られていくのだと考えています。それゆえ、多様な他者と理解し合うということは、かれらとともに「正しさ」を作っていくということです。

　これは、「正しさは人それぞれ」とか「みんなちがってみんないい」といったお決まりの簡便な一言を吐《は》けば済んでしまうような安易な道ではありません。これらの言葉は、言ってみれば相手と関わらないで済ますための最後 C 牒《ちょう》です。みなさんが意見を異にする人と話し合った結果、「結局、わかりあえないな」と思ったときに、このように言うでしょう。「まあ、人それぞれだからね」。対話はここで終了です。

　ともに「正しさ」を作っていくということは、そこで終了せずに踏みとどまり、とことん相手と付き合うという面倒《めんどう》な作業です。相手の言い分を受け入れて自分の考えを変えなければならないこともあるでしょう。それでプライドが傷つくかもしれません。しかし、傷つくことを嫌《いや》がっていては、新たな「正しさ」を知って成長していくことはできません。

　最近、「正しさは人それぞれ」と並んで、「どんなことでも感じ方しだい」とか「心を傷つけてはいけない」といった感情尊重の風潮も広まっています。しかし、学び成長するとは、今の自分を否定して、今の自分でないものになるということです。これはたいへんに苦しい、ときに心の傷つく作業です。あえていえば、成長するためには傷ついてナンボです。若いみなさんには、傷つくことを恐《おそ》れずに成長の道を進んでほしいと思います（などと言うのは説教くさくて気が引けますが）。

のです。

そんなときには、どうすればよいでしょうか。「価値観が違う人とはわかりあえない」のであれば、どうすればよいのでしょうか。

そうした場合、①現実の世界では権力を持つ人の考えが通ってしまいます。本来、政治とは、意見や利害が対立したときに妥《だ》協点や合意点を見つけだすためのはたらきなのですが、最近は、日本でもアメリカでもその他の国々でも、権力者が力任せに自分の考えを実行に移すことが増えています。批判に対してきちんと正面から答えず、単に自分の考えを何度も繰《く》り返したり、論点をずらしてはぐらかしたり、権力を振《ふ》りかざして脅《おど》したりします。

そうした態度を批判するつもりで「正しさは人それぞれだ」とか「みんなちがってみんないい」などと主張したら、権力者は大喜びでしょう。なぜなら、もしもさまざまな意見が「みんなちがってみんないい」のであれば、つまりさまざまな意見の正しさに差がないとするなら、選択《たく》は力任せに行うしかないからです。「絶対正しいことなんてない」とか「何が正しいかなんて誰にも決められない」というのであればなおさらです。決定は正しさにもとづいてではなく、人それぞれの主観的な信念にもとづいて行うしかない。それに納得《なっとく》できない人とは話し合っても無駄《だ》だから権力で強制するしかない。こういうことになってしまいます。

つまり、「正しさは人それぞれ」や「みんなちがってみんないい」といった主張は、多様性を尊重するどころか、異なる見解を、権力者の主観によって力任せに切り捨てることを正当化することにつながってしまうのです。これでは結局、「力こそが正義」という、困った世の中になってしまいます。それは、権力など持たない大多数の人々（おそらく、この本を読んでくれているみなさんの大部分）の意見が無視される社会です。

では、どうしたらよいのでしょうか。

よくある答えは、「科学的に判断するべきだ」ということです。科学は、「客観的に正しい答え」を教えてくれると多くの人は考えています。このように、さまざまな問題について「客観的で正しい答えがある」という考え方を、普遍主義といいます。探偵《てい》マンガの主人公風に言えば、「真実は一つ！」という考え方だといってもよいかもしれません。先ほどの相対主義と反対の意味の言葉です。「価値観が多様化している」と主張する人たちでも、科学については普遍主義的な考えを持っている人が多いでしょう。「科学は［A］」などという言葉はほとんど聞くことがありません。

そして実際、日本を含《ふく》めてほとんどの国の政府は、政策を決めるにあたって科学者の意見を聞くための機関や制度を持っています。日本であれば、各省庁の審《しん》議会（専門家の委員会）や日本学術会議などです。「日本の経済発展のために原子力発電所は必要なのか」「どれぐらいの確率で事故が起こるのか、事故が起こったらどれぐらいの被害が出るのか」といった問題について、科学者たちは「客観的で正しい答え」を教えてくれそうに思えます。

ところが、実は科学は一枚［B］ではないのです。科学者の中にも、さまざまな立場や説を取っている人がいます。そうした多数の科学者が論争する中で、「より正しそうな答え」を決めていくのが科学なのです。それゆえ、「科学者であればほぼ全員が賛成している答え」ができあがるには時間がかかります。みなさんが中学や高校で習うニュートン物理学は、いまから三〇〇年以上も昔の一七世紀末に提唱されたものです。アインシュタインの相対性理論や量子力学は「現代物理学」と言われますが、提唱されたのは一〇〇年前（二〇世紀初頭）です。現在の物理学では、相対性理論と量子力学を統一する理論が探求されていますが、それについては合意がなされていません。合意がなされ

なさい。

問四　空欄**B**に入れるのに最も適切な表現を次の中から選び、符号を書きなさい。

ア　見知らぬ人ばかりの雑踏《ざっとう》の中で知人に会ったような

イ　言葉のわからない海外で、一人旅をしているような

ウ　スマホの地図と周辺の様子とを見比べているような

エ　通い慣れた通学路を友人と一緒《しょ》に歩いているような

オ　すべての通行人を観客と見立てて役者になるような

問五　傍線部**C**「感覚のリセット行為《い》」とはどうすることですか。五十字以内で説明しなさい。

問六　傍線部**D**「そうした無意識の行動自体が自分自身を縛《しば》っている」とはどういうことですか。五十字以内で説明しなさい。

問七　傍線部**E**「弱い自分」とありますが、筆者はそれをどういう自分として説明していますか。解答欄に合うように六十字以内で説明しなさい。

二

次の文章は、山口裕之『「みんな違《ちが》ってみんないい」のか？　相対主義と普遍《ふへん》主義の問題』の「はじめに」の一節です。これを読んで、後の問いに答えなさい。（字数制限のある問題は、句読点も一字に数えます。）〈四十点〉

昨今、「正しさは人それぞれ」とか「みんなちがってみんないい」といった言葉や、「現代社会では価値観が多様化している」「価値観が違う人とは結局のところわかりあえない」といった言葉が流布《るふ》しています。このような、「人や文化によって価値観が異なり、それぞれの価値観には優劣《れつ》がつけられない」という考え方を相対主義といいます。「正しさは人それぞれ」ならまだしも、「絶対正しいことなんてない」とか、「何が正しいかなんて誰《だれ》にも決められない」といったことさえ主張する人もけっこういます。

こうしたことを主張する人たちは、おそらく多様な他者や文化を尊重しようと思っているのでしょう。そういう善意はよいものではありますが、はたして「正しさは人それぞれ」や「みんなちがってみんないい」という主張は、本当に多様な他者を尊重することにつながるのでしょうか。そもそも、「正しさ」を各人が勝手に決めてよいものなのか。それに、人間は本当にそれほど違っているのかも疑問です。

たしかに、価値観の異なる人と接触《しょく》することがなかったり、異なっていても両立できるような価値観の場合には、「正しさは人それぞれ」と言っていても大きな問題は生じません。たとえば、訪ねることも難しい国の人たちがどのような価値観によって生活していても、自分には関係がありません。またたとえば、野球が好きな人とサッカーが好きな人は、スポーツのネタでは話が合わないかもしれませんが、好きなスポーツの話さえしなければ仲良くできるでしょう。サッカーが好きなのは間違っていて、すべての人は野球が好きでなければならない、なんていうことはありません。

こうした場面では、「人それぞれ」「みんなちがってみんないい」でよいでしょう。しかし、世の中には、両立しない意見の中から、どうにかして一つに決めなければならない場合があります。たとえば、「日本の経済発展のためには原子力発電所が必要だ」という意見と、「事故が起こった場合の被《ひ》害が大きすぎるので、原子力発電所は廃《はい》止すべきだ」という意見とは、両立しません。どちらの意見にももっともな点があるかもしれませんが、日本全体の方針を決めるときには、どちらか一つを選ばなければなりません。原子力発電所を維《い》持するのであれば、廃止した場合のメリットは捨てなければなりません。逆もまたしかり。「みんなちがってみんないい」というわけにはいかない

まったく知らない住宅街の中で、あたかも目的地がはっきりしているかのような歩き方をすると、どんな平凡《ぼん》な街並みでも新鮮な感覚を抱《いだ》くことができます。これは、先ほどの迷子とも少し異なる感覚です。[B]感覚が近いかもしれません。意図的に何かを得たり、偶《ぐう》然の出会いを期待したりするための手段ではありません。むしろ、「何かを予測して制御《ぎょ》する」という脳の仕組みから解放され、子どものような自由な境地を得るための、C感覚のリセット行為《い》のようなものです。

ミステリーツアーという言葉をご存じでしょうか。目的地が伏《ふ》せられた旅行のことです。実際にこれを企《き》画している旅行会社もあり、意外に好評だと聞いたことがあります。そうした旅も、先ほどのリセット行為に通じるところがないでしょうか。あらかじめ目的地がわかっていると先回りして情報を検索《さく》してしまいますが、Dそうした無意識の行動自体が自分自身を縛《しば》っていることがあるのです。その点ミステリーツアーでは、事前情報をあえて得ないことで、想像を超《こ》えた体験ができます。それこそが旅の本来的な3醍醐味《だいごみ》だろうと思います。瞬《しゅん》間瞬間の思考や即興《そっきょう》的な判断を繰《く》り返しているうち、普段使わなかった感覚が開かれてきて、世界が違って見えるようになるのです。

そんなミステリーツアーと異なり、迷子に準備は必要ありません。日本が安全な国だからこそ提案できる、奇妙《きみょう》な遊びだとも思います。私も独身時代にはよく意図的に迷子になったものでした。そうすることで、遊びながら東京の地理を肌《はだ》で学ぶこともできました。一人で休日を過ごす予定のある方には、ぜひ迷子になってみることをおすすめします。乗ったことのないバスや電車をぜひ当てずっぽうに利用してください。みずから迷子になり、不安になり、途方に暮れてみてください。きっと未知の感情や心理が湧《わ》き起こってくるでしょう。また、他人の存在のありがたみを感じ、ちょっとした優《やさ》しさに涙《なみだ》が出る場合だってあるかもしれません。私も、知らないお婆《ばあ》さんに駅までの道を教わりながら、地元の商店街で売っている唐揚《からあ》げをお土産《みやげ》として渡され、涙が溢れたことを昨日のことのように思い出せます。迷子においてはそのようにしていわば、弱い自分を発見するのです。

やがてそのうち、自宅へ帰る時間になるでしょう。今度は帰巣《そう》本能を働かせる番です。そのために必要なのは洞察《どうさつ》力と観察力、嗅《きゅう》覚や第六感などを最大限に働かせる、いわば強い自分です。

「迷子」というひとつの行為の中で、E弱い自分と強い自分とが固く手を結ぶこと。新しい自分が立ちあがってくるのは、そのような過程にあるのだと思うのです。まずは、いつもの帰り道を違うルートで帰宅してみてはいかがでしょう。

（稲葉俊郎『ことばのくすり』より）

問一　二重傍《ぼう》線部1「古□□西」の空欄《らん》に漢字を入れて四字熟語を完成させなさい。

問二　二重傍線部2「樹海」、3「醍醐味《だいごみ》」の意味を後の中から選び、それぞれ符《ふ》号を書きなさい。

2「樹海」

ア　入り江や河口付近の木々がたくさん生えている所
イ　海藻《そう》がまるで樹々《きぎ》のように繁茂《はんも》している海
ウ　ビルが林立しているコンクリートジャングル
エ　砂漠《ばく》の中で水がわき、草木が生えている緑地
オ　森林が広がり上から見ると海のように見える所

3「醍醐味」

ア　新鮮《せん》さ　イ　複雑さ　ウ　奇妙《きみょう》さ
エ　面白《おもしろ》さ　オ　大胆《たん》さ

問三　傍線部A「普通《ふ》の寄り道」とありますが、筆者が言っている「普通の寄り道」とはどうすることですか。六十字以内で説明し

2024年度

ラ・サール中学校

【国　語】（六〇分）〈満点：一〇〇点〉

一　次の随《ずい》筆（エッセイ）を読んで、後の問いに答えなさい。（字数制限のある問題は、句読点も一字に数えます。）〈四十点〉

東京に住んでいたころ、私はよく決まった用事もなく神保町《じんぼうちょう》に足を運んでいました。とりあえず適当な古書店に入ってみるのです。そこでは古書を介《かい》して、自分が予想もしなかった世界と出会うことができます。古書店ではすでに絶版となった本が溢《あふ》れており、現代の流行とまるで違《ちが》う時間が流れているようです。情報化社会の中で流行ばかりに流されそうになる時、時代を越《こ》えて大切にすべきものを確認《にん》するためにも古書店は有効なのです。

ほかにも、神保町にはレコード店も多くあるため、1古□□西の名盤《ばん》と出会うことができますし、浮世絵《うきよえ》や美術作品を取り扱《あつか》う店も存在しています。こうした店に入り浸《びた》りながら、せわしない日常と異なる時空間で遊ぶことが、私にとって最高の楽しみでした。神保町にはあらゆる専門書があり、ネジだけの専門書、マンホールだけの専門書など、奥《おく》深さを持つあらゆる古書がありました。どの世界にも進歩の歴史があり、本質を突《つ》き詰めていけば宇宙の原理原則にまで通じていくのではないか。そうした無限の可能性を古書店の森の中でいつも感じていたものです。

こうしたことはいわば、いわゆる「A普《ふ》通の寄り道」です。しかし私は、もっと「無意識的な寄り道」も好んでやっていました。無意識的な寄り道とは、あえて迷子になってみることです。例えば、目の前に到《とう》着したバスに、行先も確認せずに乗り込《こ》んでみて、適当な場所で直感的に降りてみます。するとその場は自分が意識的に寄り道した場所と違い、勝手に連れて行かれた場所となります。正式な形で、安全に迷子になれるのです（風変わりな言い方ですが）。もし山や2樹海でこうした行き当たりばったりの行動を取ると死んでしまう可能性がありますが、都市部であれば何とかして家に帰ることができるので安心してください。それでも意識的に迷子になることで、自分の野性的な勘《かん》や、普段使っていない感覚を発揮することができます。

当然ながら、どの方向に進めばいいかもわからず途《と》方に暮れながら道を歩く羽目になります。しかしそうすることで、あたかも海外で一人旅をしているような感覚にもなります。そうしたこと自体が、身体感覚としてとても新鮮《せん》なのです。私たちはどうしても何かしらの情報を先に取りこんだ上で、頭の中で予想しながら行動することが多いのですが、そうなると自分の頭の中にある情報にしか出会えなくなります。その点、迷子として歩いていると、あちこちに注意しながら移動することになります。結果、こだわりとセンスのあるお店や、面白そうな本屋さんに出会う確率が上がり、それらひとつひとつに対する感動も深くなります。あまりの感動に、店主さんに話しかけてしまうかもしれません。こんな素敵《すてき》な本屋さんには出会ったことがない、と。そうした新鮮な出会いは、互《たが》いにとって幸福なことです。

もちろん、いつも興味深い風景に出会えるわけではありません。そうした感動が何も起きないことはよくあります。ただただ困りながら疲《ひ》労するだけのこともありますが、それはそれとして後で振り返ると楽しい思い出になるものです。あるいは適当なバスに乗り込んで降りてみると、ただの住宅街だったということもあります。そういった時には、あまりキョロキョロしたりせず、さもその町の住人になったような意識で歩き続けることがコツです。

2024年度

ラ・サール中学校 ▶解説と解答

算　数　(60分)　<満点：100点>

解　答

1 (1) $2\frac{1}{50}$　(2) $\frac{2}{7}$　(3) 1180　2 (1) 5　(2) $A=\frac{16}{19}$, 10個　(3) 1100円　(4) あ 108度　い 94度　3 (1) 15：8　(2) $11\frac{1}{13}$cm　4 (1) 3.2cm　(2) 5：9　5 (1) 16通り　(2) 32通り　(3) 160通り　6 (1) 68cm²　(2) $\frac{1}{6}$cm³, $3\frac{1}{6}$cm³, $14\frac{2}{3}$cm³

解　説

1 四則計算，逆算，計算のくふう

(1) $1.25\div4\times5\frac{1}{3}+3.18\div9=\frac{5}{4}\times\frac{1}{4}\times\frac{16}{3}+\frac{318}{100}\times\frac{1}{9}=\frac{5}{3}+\frac{53}{150}=\frac{250}{150}+\frac{53}{150}=\frac{303}{150}=\frac{101}{50}=2\frac{1}{50}$

(2) $16.6\times\frac{3}{7}=\frac{166}{10}\times\frac{3}{7}=\frac{249}{35}$より，$\frac{249}{35}-6\times\left(\square+\frac{3}{5}\right)=1.8$，$6\times\left(\square+\frac{3}{5}\right)=\frac{249}{35}-1.8=\frac{249}{35}-\frac{9}{5}=\frac{249}{35}-\frac{63}{35}=\frac{186}{35}$，$\square+\frac{3}{5}=\frac{186}{35}\div6=\frac{186}{35}\times\frac{1}{6}=\frac{31}{35}$　よって，$\square=\frac{31}{35}-\frac{3}{5}=\frac{31}{35}-\frac{21}{35}=\frac{10}{35}=\frac{2}{7}$

(3) $59\times20.8-236\times0.7+4\times29.5=59\times20.8-59\times4\times0.7+4\times59\times\frac{1}{2}=59\times20.8-59\times2.8+59\times2=59\times(20.8-2.8+2)=59\times20=1180$

2 周期算，分数の性質，消去算，角度

(1) $\frac{3}{7}=3\div7=0.42857142\cdots$より，小数点以下には{4，2，8，5，7，1}の6個の数字がくり返される。よって，100÷6＝16余り4より，小数第100位の数字は小数第4位の数字と同じであり，5とわかる。

(2) $\frac{1}{3}<\frac{\square}{19}<\frac{7}{8}$にあてはまる□を考える。$\frac{1}{3}<\frac{\square}{19}$より，$\square>\frac{1}{3}\times19=6.3\cdots$となり，$\frac{\square}{19}<\frac{7}{8}$より，$\square<\frac{7}{8}\times19=16.625$とわかる。よって，□にあてはまる整数は7以上16以下なので，最も大きい分数Aは$\frac{16}{19}$である。また，□にあてはまる整数の個数は，16－7＋1＝10(個)だから，このような分数の個数も10個となる。

(3) 食品の税抜《ぬ》き価格を□円，その他の品物の税抜き価格を△円として式に表すと，右の図1のア，イのようになる。さらに，アの式の等号の両側を1.1倍するとウのようになり，ウの式からイの式をひくと，□×1.1－□×1.08＝□×(1.1－1.08)＝□×0.02にあたる金額が，2046－2024＝22(円)とわかる。よって，食品の税抜き価格(□)は，22÷0.02＝1100(円)と求められる。

図1

□× 1 ＋△× 1 ＝1860(円)…ア
□×1.08＋△×1.1＝2024(円)…イ
□× 1.1 ＋△×1.1＝2046(円)…ウ

(4) 右の図2のようにAとC，CとEをそれぞれ結ぶと，三角形BCAと三角形DCEは合同な二等辺三角形になる。

図2

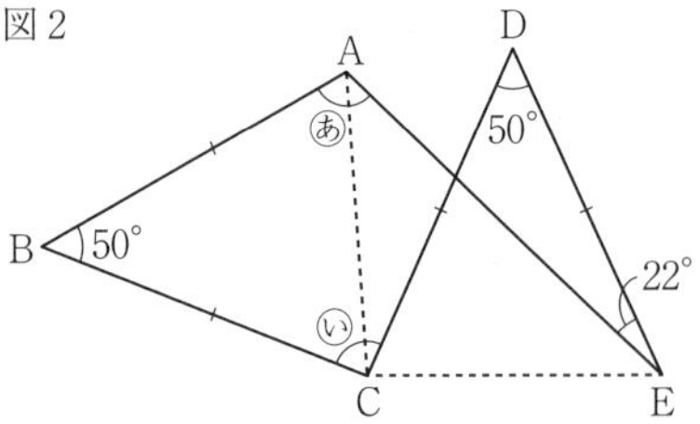

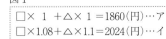

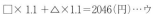

よって，CAとCEの長さは等しいので，三角形CEAも二等辺三角形とわかる。また，三角形DCE（および三角形BCA）の底角の大きさは，(180－50)÷２＝65(度)だから，三角形CEAの底角の大きさは，65－22＝43(度)となり，角あの大きさは，65＋43＝108(度)と求められる。次に，角BCAと角DCEの大きさは等しいので，両方に角ACDを加えると，角BCDと角ACEの大きさも等しくなる。したがって，角いの大きさは，180－43×２＝94(度)とわかる。

3 水の深さと体積

(1) ＡとＢに同じ量の水を入れたときの水の深さの比が，８：18＝４：９なので，ＡとＢの底面積の比は，$\frac{1}{4}$：$\frac{1}{9}$＝９：４である。また，ＡとＢの容器の深さの比は，20：24＝５：６である。よって，ＡとＢの満水時の水の量の比は，(９×５)：(４×６)＝15：８とわかる。

(2) Ａの底面積を９，Ｂの底面積を４とすると，ＡとＢに入れた水の量の合計は，９×８＋４×18＝144となる。また，ＢからＡへいくらか水を移して，ＡとＢの水が同じ深さになったとき，その深さは，底面積が，９＋４＝13である１つの容器にＡとＢの水を入れたときの深さと等しくなる。よって，その深さは，144÷13＝$\frac{144}{13}$＝$11\frac{1}{13}$(cm)と求められる。

4 平面図形―相似，辺の比と面積の比

(1) 問題文中の図で，AC＝５cm，AD＝１cmより，DC＝５－１＝４(cm)となる。よって，BA＝BD＝DC＝４cmより，三角形BDAと三角形DBCはどちらも二等辺三角形とわかる。また，三角形ABCと三角形DBEは合同だから，角CAB＝角EDB，角BCA＝角BEDとなる。したがって，右の図のように，○と●をつけた角の大きさはそれぞれ等しくなり，三角形DBFと三角形DEBは，２つの角の大きさが等しいので相似とわかる。このとき，相似比は，DB：DE＝４：５だから，DF：DB＝４：５となり，DF＝４×$\frac{4}{5}$＝3.2(cm)と求められる。

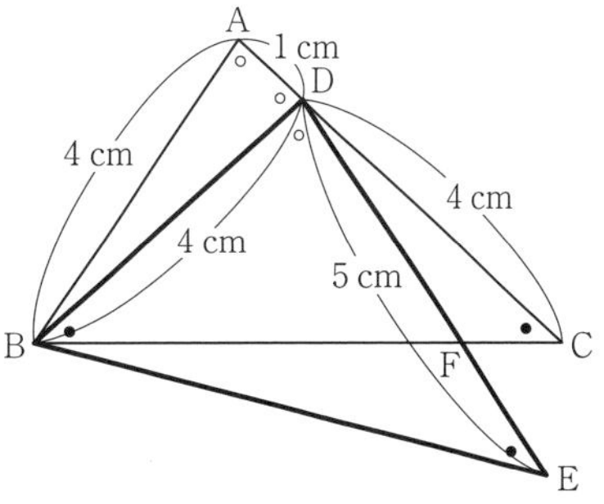

(2) 三角形ABCと三角形DBEの面積をそれぞれ１とすると，AD：DC＝１：４より，三角形ABDの面積は，１×$\frac{1}{1+4}$＝$\frac{1}{5}$となる。また，DF：FE＝3.2：(５－3.2)＝16：９より，三角形BEFの面積は，１×$\frac{9}{16+9}$＝$\frac{9}{25}$とわかる。よって，三角形ABDと三角形BEFの面積の比は，$\frac{1}{5}$：$\frac{9}{25}$＝５：９と求められる。

5 場合の数

(1) 外側の道をＰ，内側の道をＱと呼ぶことにする。Ａ→Ｂ→Ａではじまる場合，Ａ→Ｂ→Ａの道順は，行き(Ａ→Ｂ)の道の選び方はＰとＱの２通りあり，帰り(Ｂ→Ａ)の道の選び方は残りの１通りと決まるから，２×１＝２(通り)となる。この後は，Ａ→Ｄ→Ｃ→Ｂ→Ｃ→Ｄ→Ａの順に進むことになり，その道順は，行き(Ａ→Ｄ→Ｃ→Ｂ)の道の選び方はＰとＱの２通りずつあり，帰り(Ｂ→Ｃ→Ｄ→Ａ)の道の選び方は１通りに決まるので，２×２×２×１×１×１＝８(通り)となる。よって，Ａ→Ｂ→Ａではじまる道順は全部で，２×８＝16(通り)とわかる。

(2) Ａ→Ｂ→Ｃ→Ｄ→Ａではじまる場合，Ａ→Ｂ→Ｃ→Ｄ→Ａの道順は，２×２×２×２＝16(通り)となる。この後は，Ａ→Ｄ→Ｃ→Ｂ→Ａの順か，Ａ→Ｂ→Ｃ→Ｄ→Ａの順に進むことになり，どちらも道の選び方は，１×１×１×１＝１(通り)に決まる。よって，Ａ→Ｂ→Ｃ→Ｄ→Ａではじ

まる道順は全部で，16×2＝32(通り)と求められる。

(3)　A→Bではじまる場合，はじめてAにもどるまでの進み方で場合分けをすると右の図のようになり，㋐は(1)で求めた16通り，㋓は(2)で求めた32通りとわかる。㋑の場合，A→B→C→B→A→D→C→D→Aの順に進むことになる。このとき，

㋐　A→B→A
㋑　A→B→C→B→A
㋒　A→B→C→D→C→B→A
㋓　A→B→C→D→A

A→B→C→B→Aの道順と，A→D→C→D→Aの道順がそれぞれ，2×2×1×1＝4(通り)ずつあるから，4×4＝16(通り)となる。また，㋒の場合，A→B→C→D→C→B→A→D→Aの順に進むことになる。このとき，A→B→C→D→C→B→Aの道順が，2×2×2×1×1×1＝8(通り)，A→D→Aの道順が，2×1＝2(通り)あるので，8×2＝16(通り)とわかる。よって，A→Bではじまる道順は，16＋16＋16＋32＝80(通り)と求められる。同様に，A→Dではじまる道順も80通りある。したがって，Aを出発地点とするすべての道順は，80×2＝160(通り)となる。

6　立体図形―表面積，分割，体積

(1)　直方体1本の表面積は，1×1×2＋1×3×4＝14(cm^2)だから，組み上げ前の表面積の合計は，14×6＝84(cm^2)となる。また，組み上げ後の立体について，直方体が重なる部分は1辺の長さが1cmの正方形であり，これが，1段目の上の部分，2段目の下と上の部分，3段目の下の部分に4か所ずつある。よって，組み上げ後は組み上げ前よりも表面積が，1×1×4×4＝16(cm^2)減っているので，この立体の表面積は，84－16＝68(cm^2)と求められる。

(2)　切り口は右の図1の正三角形ABCであり，斜線《しゃせん》をつけた位置にある2つの立体P，Qと，それ以外の1つの立体Rに分かれる。また，各段を1辺1cmの立方体に分け，上の面の切り口を太実線，下の面の切り口を太点線で表すと，各段の切り口は下の図2のようになる。はじめに，立体Pは下の図3のような三角すいであり，その体積は，1×1÷2×1÷3＝$\frac{1}{6}$(cm^3)となる。

図1

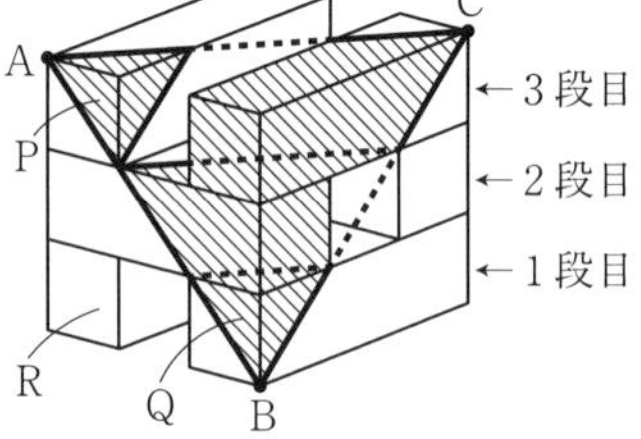

次に，立体Qをふくむ立方体は，3段目に3個，2段目に2個，1段目に1個ある。そのうち，太実線をふくむ立体は図3の三角すいなので，体積は$\frac{1}{6}$$cm^3$である。また，太点線をふくむ立体は，下の図4のように立方体から三角すいを取り除いた形の立体なので，その体積は，$1\times1\times1-\frac{1}{6}=1-\frac{1}{6}=\frac{5}{6}$($cm^3$)とわかる。さらに，太実線も太点線もふくまない(切断されていない)立方体の体積は1cm^3である。立体Qの中には，太実線をふくむ立体が3個，太点線をふくむ立体が2個，どちらもふくまない立体が1個あるから，立体Qの体積は，$\frac{1}{6}\times3+\frac{5}{6}\times2+1=\frac{19}{6}=3\frac{1}{6}$($cm^3$)と求められる。また，直方体1本の体積は，1×1×3＝3(cm^3)なので，この立体全体の体積は，3×6＝18(cm^3)とわかる。よって，立体Rの体積は，$18-\left(\frac{1}{6}+\frac{19}{6}\right)=\frac{44}{3}=14\frac{2}{3}$($cm^3$)である。

図2

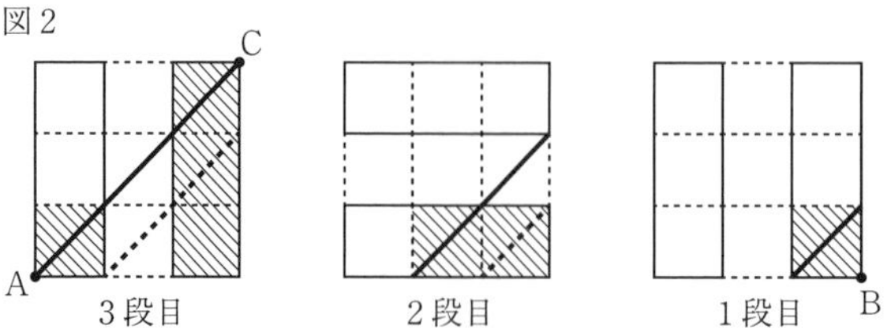

図3

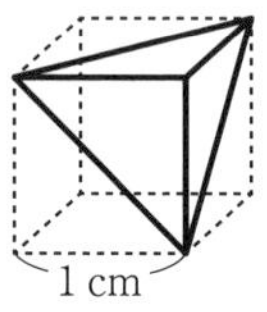

図4

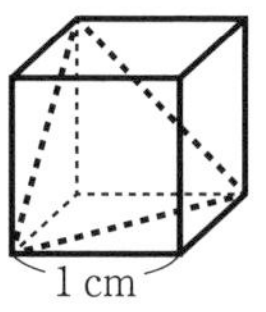

社 会 （40分）＜満点：50点＞

解 答

1 **問1** **1** 防衛 **2** 原子力 **問2** ア **問3** オ **問4** ウ **問5** エ **問6** インフレーション(インフレ) **問7** イ **問8** 水銀 **問9** エ **2** **問1** 銭 **問2** (1) 63 (2) (例) 消費税が導入されたから。 **問3** イ→ウ→エ→ア **問4** (1) イ (2) ウ (3) オ **問5** (1) ウ (2) ア **問6** (1) 7 (2) (例) 郵便物を機械で仕分けるため。 **3** **問1** (1) ① A ② D (2) ③ オ，浜松市 ④ ク，北九州市 ⑤ エ，相模原市 **問2** (1) イ (2) **新潟県**…イ **鹿児島県**…エ **問3** (1) 南海トラフ (2) イ **問4** (1) ウ (2) ア **4** **問1** 貝塚 **問2** 平治(の乱) **問3** ア **問4** ウ **問5** イ **問6** ウ **問7** ウ→カ→イ→エ→×→× **問8** ウ→ア→エ→イ→×→× **問9** ア **問10** イ **問11** 高度経済成長 **問12** 石油危機(石油ショック)

解 説

1 **2023年に鹿児島県で起きた出来事についての問題**

問1 **1** 自衛隊の管理や運営を担当する中央省庁は防衛省で，文民統制(シビリアン・コントロール)にもとづき，その最高指揮監督《しきかんとく》権は内閣総理大臣にある。なお，馬毛島《まげしま》は種子島《たねがしま》の西に位置する無人島で，自衛隊の馬毛島基地(仮称《かしょう》)の建設が進められている。 **2** 薩摩川内《さつませんだい》市に位置する九州電力川内原子力発電所は，現在国内で稼働《かどう》している数少ない原発のうちの1つである。

問2 日本の裁判では，審理《しんり》を慎重《しんちょう》に行うため，同一事件について3回まで裁判が受けられるようになっている。これを三審制といい，第一審の判決に不服で第二審の裁判所に訴《うった》えることを控《こう》訴《そ》，第二審の判決に不服で第三審の裁判所に訴えることを上告という(ア…○，イ…×)。なお，ウの抗告《こうこく》は裁判所の決定や命令に対する不服申し立ての一種，エの再審は裁判で確定した判決について再審理を行うことである。

問3 b 「世界自然遺産に登録されて30年を迎《むか》えました」とあるので，屋久《やく》島である。屋久島は，島の中央に九州最高峰《ほう》の宮之浦《みやのうら》岳がそびえており，樹齢《じゅれい》数千年におよぶ屋久杉の原生林が広がるほか，亜《あ》熱帯から亜寒帯までの植生の垂直分布が見られることから，1993年，ユネスコ(国連教育科学文化機関)の世界自然遺産に登録された。 c 「日本に復帰して70年を迎えました」とあるので，奄美《あまみ》群島である。サンフランシスコ平和条約(1951年)の発効により日本が独立を回復した後も，奄美群島，小笠原《おがさわら》諸島(東京都)，沖縄諸島(沖縄県)はアメリカ合衆国の統治下に置かれ，それぞれ1953年，1968年，1972年に日本へ返還《へんかん》された。

問4 ノーマライゼーションは，高齢者や障害のある人，外国人などもふくめ，社会で暮らす全ての人が「普通《ふつう》(ノーマル)の生活」ができることを目指すべきであるという考え方である。したがって，「高齢者を家族や社会から切り離《はな》し」は，ノーマライゼーションの考え方に沿っていない(ウ…×)。なお，ノーマライゼーションの実現には，普通の生活を送るさいに障壁《しょうへき》(バリア)となるものを取り除くことを表す「バリアフリー」や，年齢や性別，障害の有無などに関係なく全ての人が使いやすいように考えられた製品やデザインを表す「ユニバーサルデザイン」などが前提となる。

問5　地方議会が首長の不信任決議をしたとき，首長は議会を解散することができる(エ…○)。なお，予算の議決権は地方議会にある(ア…×)。首長も地方議会議員も住民の直接選挙で選ばれる(イ…×)。ほとんどの自治体は地方税などの自主財源では歳入が足りず，国から地方交付税交付金などの給付を受けている(ウ…×)。

問6　物価が上昇《じょうしょう》を続け，貨幣《かへい》の価値が下がる現象をインフレーション(インフレ)という。一方，インフレとは逆に物価が下がり続ける現象をデフレーション(デフレ)という。一般《いっぱん》に，好景気のときにはインフレになりやすく，不景気のときにはデフレになりやすい。

問7　日本国憲法第９条は平和主義について具体的に規定した条文である。自衛隊は，1950年に創設された警察予備隊が保安隊を経て改組され，1954年に設立されたもので，その存在に関する憲法の規定はない(X…誤)。自衛隊は，災害が起こったときには被災地に派遣され，救助，医療，人員や物資の輸送などの救援活動を行っている(Y…正)。自衛隊は，1992年に制定された国連平和維持《いじ》活動(PKO)協力法にもとづいて，一定の条件のもとでPKOに参加している(Z…正)。

問8　戦後の高度経済成長期(1950年代後半～1970年代初め)には公害が深刻になり，熊本県の水俣《みなまた》市周辺では有機水銀(メチル水銀)を原因とする水俣病が，新潟県の阿賀野《あがの》川流域でも有機水銀を原因とする第二(新潟)水俣病が発生した。2017年に発効した水俣条約は水銀や水銀を使用した製品(旧式の血圧計や体温計，蛍光《けいこう》灯など)の規制のルールを定めたもので，条約名には，有機水銀により深刻な被害を出した水俣病のような悲劇をくり返してはならないという決意がこめられている。

問9　あ　ユネスコ(国連教育科学文化機関)は，教育・科学・文化の分野における国際交流を通して世界平和の実現に貢献《こうけん》することを目的とする国連の専門機関で，識字率の向上，義務教育の普《ふ》及《きゅう》，世界遺産の登録・保護などを主な活動内容としている。なお，ユニセフ(国連児童基金)は，紛争《ふんそう》や飢《う》えで苦しむ発展途上国の子どもを救済《きゅうさい》することを目的とした国連の機関である。　い　日本の世界自然遺産の登録物件は，「屋久島」，「白神山地」(青森県・秋田県)，「知床《しれとこ》」(北海道)，「小笠原諸島」，「奄美大島，徳之島《とくのしま》，沖縄島北部及《およ》び西表《いりおもて》島」(鹿児島県・沖縄県)の５件であり，富士山(山梨県・静岡県)は「富士山―信仰の対象と芸術の源泉」の構成資産として，世界文化遺産に登録されている。

2　郵便切手を題材とした問題

問1　昭和時代の前半まで，日本の通貨単位には「円」のほかに「銭」もあった(１円＝100銭)。よって，この切手の額面は１円20銭である。なお，この切手の図柄《ずがら》は法隆寺(奈良県)の五重塔《とう》である。

問2　(1)　2024年１月現在，通常はがきの国内向け送料は63円となっている。　(2)　1989年，消費税が税率３％で初めて導入された。そのため，当時40円だったはがきの送料も，３％に相当する１円の値上げが行われた。

問3　日本の女性参政権は，1945年，GHQ(連合国軍最高司令官総司令部)の指示にもとづいて衆議院議員選挙法が改正され，満20歳以上の全ての男女に選挙権が認められるようになったことで実現された。アの「婦人参政権行使」は翌46年の衆議院議員総選挙のことなので，50周年は1996年である。イの議会開設は1890年の出来事なので，70年目は1960年である。ウの明治への改元は1868年の出来事なので，100年目は1968年である。エの平安京(京都府)の建都は794年の出来事なので，1200年目は1994年である。よって，発行された年の古い順にイ→ウ→エ→アとなる。

問4　(1)　天橋立《あまのはしだて》は京都府北西部の若狭《わかさ》湾岸にあり，室町時代に水墨《すいぼく》画を大成した雪舟《せっしゅう》が『天橋立図』として描《えが》いている(イ…○)。　(2)　松島は宮城県北東部の太平洋側にあり，2011年に起きた東日本大震災《だいしんさい》で津波の被害を受けた(ウ…○)。　(3)　宮島は広島県南西部の瀬戸内海に位置する島であり，2023年には近くの広島市で主要国首脳会議(G７サミット)が開かれた(オ…○)。

問5　(1)　グラフは石炭のものである(ウ…○)。石炭は鉄鋼業の原料や火力発電の燃料として重要で，輸入量はおおむね増加傾向《けいこう》にある。国内でも産出するが，掘《ほ》り出すのに費用がかかり，品質も外国産に比べて悪いため，ほぼ全ての炭鉱が閉山した。現在の自給率はわずか0.4％である(2022年)。　(2)　グラフは鯨肉《げいにく》(くじらの肉)のものである(ア…○)。かつて日本は世界有数の捕鯨《ほげい》国であったが，1980年代後半には，国際的な規制により国内生産量と輸入量がほぼゼロとなった。その後は，調査捕鯨を行うなどしていたが，2000年代に入り商業捕鯨の再開に向けた提案が受け入れられなかったことなどを理由に，日本は2019年に商業捕鯨を規制するIWC(国際捕鯨委員会)を脱退している。

問6　(1)　現在の郵便番号は７ケタで，住所の町名まで特定できるようになっている。　(2)　郵便番号は，郵便物処理(仕分け)の機械化の範囲《はんい》を拡大するために導入された。

3　日本の地理についての問題

問1　政令指定都市は内閣が定める政令により指定される人口50万人以上(実際には一定の条件を満たした人口70万人以上)の都市で，右の表の20市ある(2023年１月現在)。　(1)　①「冬の寒さがきびしい地域」「47都道府県の中で面積が最大」とあるので，北海道である。北海道は政令指定都市が道庁所在地の札幌市だけなので，Aが北海道，アは札幌市となる。　②「大陸に近い場所」「中国や韓国の都市との間に定期航空路」などから，福岡県と判断できる。福岡県の政令指定都市は福岡市，北九州市の２つである。そのうち，県庁所在地の福岡市は九州地方の政治・経済の中心地でもあり，人口が150万人を超《こ》えるので，Dが福岡県，キは福岡市，クは北九州市となる。　(2)　③「楽器や輸送機械などの製造業が盛《さか》ん」とあるので，楽器やオートバイの製造がさかんな浜松市(静岡県)とわかる。浜松市は人口が100万人に達していないが，県庁所在地の静岡市より人口が多いので，Cが静岡県，オが浜松市，カは静岡市となる。　④「かつては鉄鋼供給量が日本最大であった都市」とあるので，クの北九州市である。　⑤「三大都市圏《けん》に位置する都市のなかでもっとも近年(2010年４月)に政令指定都市となりました」とあるので，相模原《さがみはら》市(神奈川県)とわかる。神奈川県はB，イは横浜市，ウは川崎市で，エが相模原市である。

政令指定都市

北海道	札幌市
宮城県	仙台市
埼玉県	さいたま市
千葉県	千葉市
神奈川県	横浜市
	川崎市
	相模原市
新潟県	新潟市
静岡県	静岡市
	浜松市
愛知県	名古屋市
京都府	京都市
大阪府	大阪市
	堺市
兵庫県	神戸市
岡山県	岡山市
広島県	広島市
福岡県	福岡市
	北九州市
熊本県	熊本市

問2　(1)　日本の食料自給率(カロリーベース)は38％で，先進国の中では最低の水準にある。　(2)　新潟県は米の生産量が全国第１位なので，グラフ中で米(水稲)の生産量が最も多いイが当てはまる。また，鹿児島県は米の生産量が少ないので，ア～エのうちで米(水稲)の生産量が最も少ないエが選べる。鹿児島県は，ほぼ全域にシラスと呼ばれる火山灰土の台地が広がっており，シラスは水持ちが悪いことから稲作には不向きで，さつまいも・茶などの畑作や畜産《ちくさん》がさかんに行われてい

る。2021年の鹿児島県の都道府県別食料自給率（カロリーベース）が比較《ひかく》的高かったのは，高カロリーの作物（ばれいしょやさとうきびなど）の生育が順調だったためである。なお，アは千葉県，ウは山形県である。

問３ (1) 写真の施設《しせつ》は，津波避難《ひなん》タワーである。近い将来に発生すると予想されている南海トラフ地震（南海・東南海地震）は，駿河《するが》湾（静岡県）から高知県の沖合にかけて伸びる南海トラフが震源域とされている。土佐湾沿岸では，この地震が起きてから津波が到達《とうたつ》するまでの時間が短い場所が多いため，津波避難タワーが多く建設されている。 (2) 津波避難タワーは，津波の被害から人の命を救うためにある（イ…×）。

問４ (1) ももの生産量は山梨県が全国の32.2％を占《し》め，以下，福島県，長野県，山形県，和歌山県，岡山県が続く（ウ…○）。 (2) みかんの生産量は和歌山県が全国の19.7％を占め，以下，愛媛県，静岡県，熊本県，長崎県，佐賀県が続く（ア…○）。 なお，イはうめ，エはりんごである。

4 鹿児島県内の史跡《しせき》や地名をもとにした問題

問１ 古代の人々が食べ残しや動物の骨などを捨てたところは，貝殻《かいがら》が多く出土することから貝塚と呼ばれる。石器や土器，人骨なども出土することがあり，当時の人々の生活の様子を知る手がかりとなる。

問２ 源義朝《よしとも》は，平治の乱（1159年）で平清盛に敗れた。保元の乱（1156年）は崇徳《すとく》上皇と後白河天皇の対立を原因としており，義朝も清盛も天皇方について勝利者となっている。

問３ アの日朝首脳会談は2002年，イの阪神・淡路《あわじ》大震災は1995年，ウの子どもの権利条約の承認は1994年，エのアイヌ文化振興《しんこう》法の成立は1997年の出来事である（ア…○）。

問４ 710年に藤原京（奈良県）から平城京（奈良県）に都を移したのは，元明天皇である（ウ…×）。

問５ たばこは戦国時代にポルトガル，スペインとの南蛮《なんばん》貿易により日本にもたらされた。南蛮貿易は，1543年の鉄砲伝来がきっかけで始まった（イ…○）。なお，アの製紙法は飛鳥時代，ウの禅《ぜん》宗は鎌倉時代，エのガス灯は明治時代に伝えられた。

問６ 1898年ころは，明治時代後半にあたる。全国水平社の設立は，大正時代（1922年）の出来事である（ウ…×）。

問７ アの本居宣長《もとおりのりなが》の『古事記伝』の完成は1798年，イの島原・天草一揆《いっき》は1637～38年，ウの薩摩藩（鹿児島県）による琉球《りゅうきゅう》（沖縄県）への侵攻《しんこう》は1609年，エのシャクシャインの乱は1669年，オの豊臣秀吉による検地（太閤《たいこう》検地）と刀狩《かたながり》は1590年前後，カの江戸幕府による一国一城令の発布は1615年の出来事である。よって，当てはまらないア，オを除くと，年代の古い順にウ→カ→イ→エとなる。

問８ アの四国連合艦隊《かんたい》による下関砲台占領《せんりょう》は1864年，イの大政奉還は1867年，ウの欧米との貿易開始（安政の五か国条約の締結《ていけつ》）は1858年，エの薩長同盟の成立は1866年，オの版籍奉還は1869年，カの樺太《からふと》・千島交換《こうかん》条約の締結は1875年の出来事である。よって，当てはまらないオ，カを除くと，年代の古い順にウ→ア→エ→イとなる。

問９ 太平洋戦争（1941～45年）末期のアメリカ軍の空襲《くうしゅう》によって，都会では校舎が焼けおちてしまった学校が少なくなかったため，戦後，やむなく屋外で授業を行い，そのような授業の場を青空教室と呼んだ（ア…×）。

問10 板付遺跡《いたづけいせき》（福岡県）は縄文時代末期～弥生時代初期を中心とする遺跡，吉野ヶ里遺跡（佐賀県）

は弥生時代の環濠《かんごう》集落跡であり，青銅器や鉄器などの金属器が初めて伝えられたのは弥生時代である(ア…×)。大和《やまと》朝廷(大和政権)は大和国(奈良県)の有力豪族《ごうぞく》の首長を大王《おおきみ》(後の天皇)として成立したので，大和や河内《かわち》(大阪府東部)には巨大な前方後円墳が多い(イ…○)。ヤマトタケルノミコト(日本武尊)は熊襲《くまそ》や蝦夷《えみし》などを征討《せいとう》したとされる人物で，『古事記』『日本書紀』などに記述があるが，実在の人物ではないと考えられている。ワカタケル大王は5世紀後半に在位したとされる雄《ゆう》略《りゃく》天皇と推定されている(ウ…×)。仏教は百済《くだら》から伝来した。また，中尊寺は平安時代後半に平《ひら》泉《いずみ》(岩手県)に建てられた浄土教信仰《しんこう》による寺である(エ…×)。

問11　1950年代後半から1970年代初めにかけて，日本の経済は急速に発展した。これを高度経済成長という。

問12　1973年，第四次中東戦争が起こると，アラブの産油国が原油供給量の削減《さくげん》と原油価格の大幅な引き上げを行ったため，日本などの資本主義国では不況とインフレに見舞われた。これを第一次石油危機(オイルショック，石油ショック)という。また，1979年にはイラン革命の影響《えいきょう》で原油価格が再び引き上げられた。これを第二次石油危機という。第一次石油危機により高度経済成長は終わりをむかえ，1974年には日本経済は戦後初のマイナス成長となった。

理　科　(40分)　＜満点：50点＞

解　答

[1] (1) エ　(2) ウ　(3) (三日月→)ウ→ア→エ→イ(→三日月)
(4) ① 右の図　② エ　(5) ① クレーター　② ウ　③ C→A→B→D　(6) 38万km

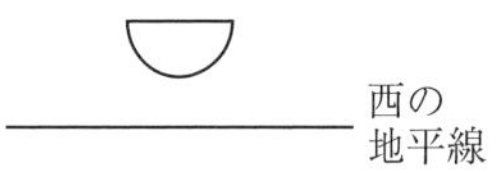

[2] (1) ① ウ　② イ　③ ア　④ エ　(2) 左手側　(3) エ　(4) ① イ　② ア　(5) ウ　(6) 5 L
(7) **ア** 多　**イ** 10　**ウ** 15　(8) **スポーツ選手**…167mL　**普通の人**…105mL

[3] 〈A〉 (1) ① 地球温暖化　③ ドライアイス　(2) エ　(3) ④ 5.6　⑤ 5.2
(4) (A) 12.5 g　(B) 5.5 g　(5) (A) 18.8 g　(B) 15 g　〈B〉 (1) ウ　(2) ① 120秒　② 310秒　③ **時間**…240秒　**体積**…780mL

[4] (1) 30度　(2) 40度　(3) **ア** $\frac{1}{9}$　**イ** $1\frac{1}{9}$　**ウ** $\frac{1}{8}$　**エ** $1\frac{1}{4}$　**オ** 平行

解　説

[1] 太陽や月の観察についての問題

(1)　太陽を観察すると，黒点がほぼ一定の周期で移動して見えることから，太陽が自転していることがわかる。また，太陽の端《はし》にいくほど黒点の形がつぶれて速さが遅《おそ》くなって見え，黒点どうしの間隔《かんかく》が狭《せま》くなって見えることから，太陽が球形であることがわかる。

(2)　春分の日(3月21日ごろ)や秋分の日(9月23日ごろ)には，太陽が真東からのぼる。また，太陽がのぼる位置は，春分の日から秋分の日にかけては真東より北寄りになり，秋分の日から春分の日にかけては真東より南寄りになる。よって，ウが選べる。

(3)　北半球に位置する鹿児島市で月を1か月ほど観察すると，右側(西側)から満ちていき，右側から欠けていく。したがって，三日月→上弦《じょうげん》の月→満月→下弦の月→新月→三日月となる。

(4)　①　上弦の月は南中しているときに右半分が光っている月で，西の地平線に沈《しず》むときに弓の弦にあたる平らな部分を上にしているため，このようによばれる。　②　西の地平線近くに上弦の月が見えるとき，太陽の光，月，地球，観測者の位置関係は下の図のようになるので，この月が見えた時間帯は真夜中である。

(5)　①　月面上に見られる，ふちが円形に盛り上がっていて，中心部がくぼんだ地形を，クレーターという。クレーターは，月にいん石などの小さな天体が衝突《しょうとつ》した跡《あと》であると考えられている。　②　上弦の月や下弦の月のような半月のときは，地球から見て横の方から太陽の光が当たるため，盛り上がったふちのかげがはっきりとわかる。

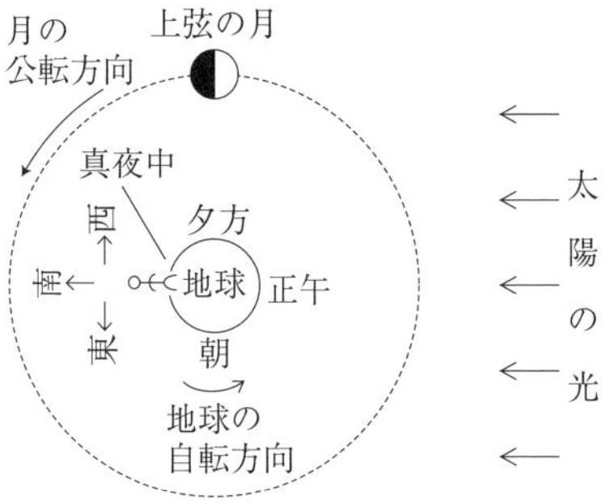

③　図２で，くぼ地Ｃはくぼ地Ａによって一部が消され，くぼ地Ａはくぼ地Ｂによって一部が消され，くぼ地Ｂの内側にくぼ地Ｄがあるので，Ｃ→Ａ→Ｂ→Ｄとなる。

(6)　地表から月面の鏡までの往復の距離《きょり》は，30万×2.51＝75.3万(km)なので，地表から月面の鏡までの距離は，75.3万÷２＝37.65万より，38万kmと求められる。

2　心臓のつくりと血液の循環《じゅんかん》についての問題

(1)，(2)　図１は，あおむけに横になっているヒトの腹部を，足側から見たときの模式図なので，オ側は左手側になる。体の右側の大きい部分を占《し》めているイは肝臓《かんぞう》，肝臓の左側にあるアは胃である。また，背中側の中央にあるウは背骨，背中側に２個あるエは腎臓《じんぞう》である。

(3)　心臓は，エのように体の中央から手の指３本分程度左にずれた位置にある。

(4)　図３で，アは大静脈，イは大動脈，ウは肺動脈，エは肺静脈である。

(5)　流れる血液の量はどこでも一定なので，血管中を血液が流れる速さは，血管の断面積の合計が大きいところでは遅くなり，血管の断面積の合計が小さいところでは速くなると考えられる。したがって，ウがふさわしい。

(6)　体重が65kgの人の血液の重さは，$65\times1000\times\frac{1}{13}$＝5000(ｇ)である。よって，この人の血液の量は，5000÷１＝5000(mL)，つまり，5000÷1000＝５(Ｌ)とわかる。

(7)　**ア**　運動をする前の一回の心拍《しんぱく》で送り出される血液の量は，スポーツ選手は，5.4÷60＝0.09(Ｌ)，ふつうの人は，5.4÷72＝0.075(Ｌ)なので，スポーツ選手の方が多い。　**イ，ウ**　激しい運動をした直後にスポーツ選手の場合は血液が体内を一周するのに，$60\times\frac{5}{30}$＝10(秒間)かかったのに対して，ふつうの人の場合は，$60\times\frac{5}{20}$＝15(秒間)で体内を一周したことになる。

(8)　激しい運動をした直後に一回の心拍で送り出される血液は，スポーツ選手は，30×1000÷180＝166.6…より，167mL，ふつうの人は，20×1000÷190＝105.2…より，105mLと求められる。

3　物質の反応と量の関係についての問題

〈Ａ〉　(1)　①　二酸化炭素は，太陽光で暖められた地面から宇宙へ放出される赤外線(熱線)を吸収してたくわえるという性質が強い。そのため，大気中に二酸化炭素が増加すると，大気に熱がこもるようになる。この様子は，ちょうど温室に似ていることから温室効果とよばれ，二酸化炭素のような気体を温室効果ガスという。地球温暖化の主な原因は，石炭や石油，天然ガスなどの化石燃料の大量消費による大気中の二酸化炭素濃度《のうど》の増加と考えられている。　③　二酸化炭素の固体をドライアイスという。ドライアイス(二酸化炭素)には固体から気体へと液体の状態を経ないで状態変化する性質がある(昇華《しょうか》という)。

(2)　水に溶《と》けない気体や溶けにくい気体は，気体を水と置き換《か》える水上置換《ちかん》で集める。水上置換には，集めた気体の体積を目で見て確かめられ，純粋《じゅんすい》な気体を集められるという利点がある。また，水に溶ける気体のうち，空気より軽い気体は上方置換，空気より重い気体は下方置換で集める。二酸化炭素は水に少し溶けるが，溶ける量が少ないので，水上置換で集めることができる。また，二酸化炭素は空気より重い(空気の約1.5倍の重さ)ので，下方置換で集めることもできる。

(3)　反応の前後で重さの合計は変わらないので，(a)の反応では，10－4.4＝5.6(g)の酸化カルシウムができ，(b)の反応では，10－4.8＝5.2(g)の二酸化炭素ができる。

(4)　10gの炭酸カルシウムをすべて分解すると，5.6gの酸化カルシウムが残り，4.4gの二酸化炭素が発生することから，7gの酸化カルシウムが残るときには，$4.4\times\frac{7}{5.6}=5.5$(g)の二酸化炭素が発生する。また，反応させた炭酸カルシウムは，7＋5.5＝12.5(g)とわかる。

(5)　40gの混合物がすべて炭酸マグネシウムだとすると，分解されたあとに残る白色粉末は，$4.8\times\frac{40}{10}=19.2$(g)となり，実際よりも，21.2－19.2＝2(g)少ない。また，炭酸マグネシウムを10g減らして炭酸カルシウムを10g増やした混合物を作って加熱すると，分解されたあとに残る白色粉末は，5.6－4.8＝0.8(g)増える。したがって，混合物にふくまれていた炭酸カルシウムは，$10\times\frac{2}{0.8}=25$(g)，炭酸マグネシウムは，40－25＝15(g)とわかる。すると，発生した二酸化炭素は，$4.4\times\frac{25}{10}+5.2\times\frac{15}{10}=18.8$(g)と求められる。

〈B〉(1)　無色無臭《むしゅう》の気体である酸素は，空気よりわずかに重い。また，水にあまり溶けず，わずかに溶けた水溶液《すいようえき》は中性を示すので，赤色，青色のどちらのリトマス紙の色も変えない。

(2)　①　実験1の表で，オキシドールAの濃度が3％から半分の1.5％になるのに120秒かかるので，半減期は120秒とわかる。　②　表で，190秒のときに濃度が1％になっているので，ここから半減期の120秒経過した，190＋120＝310(秒)のときに0.5％になる。　③　実験2で，オキシドールBの濃度は，はじめは4％で，半減期の120秒経過すると2％になり，さらに半減期の120秒経過すると1％になる。よって，二酸化マンガンを加えてからオキシドールBの濃度が1％になるまでには，120＋120＝240(秒)かかる。また，このとき反応した過酸化水素は，80×1×0.04－80×1×0.01＝2.4(g)であり，実験1より，40×1×0.03－40×1×0.02＝0.4(g)の過酸化水素が反応すると130mLの酸素が発生するので，発生した酸素は，$130\times\frac{2.4}{0.4}=780$(mL)と求められる。

4　光の反射についての問題

(1)　図2で，鏡1と鏡2の交わる点をKとすると，角MLKは，90－50＝40(度)となるので，角LMKは，180－(40＋110)＝30(度)となり，角度aも30度になる。

(2)　(1)と同様に考えると，図3の角LNKは，180－(90－40＋90)＝40(度)になるので，角度bも40度になる。

(3)　**ア**　図5で，Pから出た光は，左に，10－1＝9，上に，9－1＝8進んでQに届いているので，Qで反射した光は，左に1，上に，$1\times\frac{8}{9}=\frac{8}{9}$進んでRに届く。したがって，Rの$x$の値は，$1-\frac{8}{9}=\frac{1}{9}$となる。　**イ**　図6で，Pから出た光は，左に，10－1＝9，下に10進んでQに届いているので，Qで反射した光は，左に1，上に，$1\times\frac{10}{9}=\frac{10}{9}$進んでRに届く。よって，Rの$z$の値は，$\frac{10}{9}=1\frac{1}{9}$となる。　**ウ**　図5で，Rで反射した光は，上に$\frac{1}{9}$，右に，$\frac{1}{9}\times\frac{9}{8}=\frac{1}{8}$進んでSに届くので，Sの$y$の値は$\frac{1}{8}$となる。　**エ**　図7で，Pから出た光は，右に，9－1＝8，下に10進んでQに届いているので，Q，Rで反射した光は，右に1，上に，$1\times\frac{10}{8}=\frac{5}{4}$進んでSに届く。したがって，Sの$z$の値は，$\frac{5}{4}=1\frac{1}{4}$となる。　**オ**　たがいに垂直に置かれた3枚の鏡に対して，どの方向から光を当てても，何回か反射して，もとの方向へ光が戻《もど》ってくることになると述べられているので，図4の空間において，入射光線PQと反射光線STは平行とわかる。

国　語　(60分)＜満点：100点＞

解　答

一　**問1**　(古)今東(西)　　**問2**　**2**　オ　　**3**　エ　　**問3**　(例)　慣れた場所で，決まった用事もなく店に入って，予想もしなかった世界と出会い，せわしない日常と異なる時空間で遊ぶこと。　**問4**　オ　**問5**　(例)　事前情報をあえて得ずに，瞬間瞬間の思考や即興的な判断を繰り返す中で，普段使わない感覚を発揮すること。　**問6**　(例)　人はつい事前に情報を取りこみ，予想しながら行動するため，想像の範囲内の体験しかできないということ。　**問7**　(例)　みずから迷子になることで，不安になり，途方に暮れて，未知の感情や心理が湧き起こり，他人の存在のありがたみを感じるような(自分。)　二　**問1**　人それぞれ　**問2**　(一枚)岩　**問3**　(最後)通(牒)　**問4**　(例)　相対主義が広まっている現代社会では，意見や利害が対立しても話し合いでの決定は不可能で，権力者の主観にもとづく力任せの決定が正当化されるから。　**問5**　(例)　科学者は合意形成に長い時間を要するので，現在問題となっている事柄について各々の仮説しか持たず，また，そのため権力者が自身と同じ意見の科学者ばかり集めたり，そうした科学者にのみ予算を支給したりすることにより，科学者はコントロールされうるから。　**問6**　(例)　価値観の異なる人々と粘り強く対話し，その過程で傷つくことも恐れずに学び成長しながら，共に「正しさ」をつくっていくべきだ。　三　Ⅰ　下記を参照のこと。

Ⅱ　①　(泰)然自(若)　②　初志(貫徹)　③　(厚)顔無(恥)　④　画(竜)点(睛)　⑤　明(鏡)止(水)

●漢字の書き取り

三　Ⅰ　①　精査　②　演奏　③　指標　④　就航　⑤　宿願　⑥　骨頂　⑦　宣告　⑧　操縦　⑨　貯蔵　⑩　厳命　⑪　弁　⑫　落札　⑬　責務　⑭　警笛　⑮　勇将

解　説

一　**出典：稲葉俊郎《いなばとしろう》『ことばのくすり―感性を磨《みが》き，不安を和《やわ》らげる33篇《へん》』**。住み慣れた地域にある未知の空間に行く「普通《ふつう》の寄り道」とは違《ちが》い，「無意識的な寄り道」は知らない土地を適当に訪《おとず》れて迷子になることだが，あえて迷子になってみることで感覚がリセットされ，新しい自分を発見できる，と述べられている。

問１　「古今東西」は，“昔から今にいたるまでと，東西四方のすべて”という意味。

問２　**２**　「樹海」は，広い範囲《はんい》に森林が広がり，上から見下ろすと海のように見えるところ。

３　「醍醐味《だいごみ》」は，深い味わい，本当の楽しさということ。

問３　傍線《ぼうせん》部Ａをふくむ一文の最初に「こうしたことは」とあるので，前の部分に注目する。筆者は，「東京に住んでいたころ，私はよく決まった用事もなく神保町《じんぼうちょう》に足を運んで」「適当な古書店」や「レコード店」，「浮世絵《うきよえ》や美術作品を取り扱《あつか》う店」に入り，「自分が予想もしなかった世界と出会」い，「せわしない日常と異なる時空間で遊」んだと述べている。

問４　空欄《くうらん》Ｂには，「さもその町の住人になったような意識で歩き続ける」，「あたかも目的地がはっきりしているかのような歩き方をする」といった，事実とは異なることがらを演じるようすを表す表現が入ると考えられる。よって，「役者」にふれているオが選べる。

問５　直後の段落で，「先ほどのリセット行為《こうい》に通じるところ」がある「ミステリーツアー」について，「事前情報をあえて得ないことで，想像を超《こ》えた体験ができます」，「瞬間《しゅんかん》瞬間の思考や即《そっ》興《きょう》的な判断を繰《く》り返しているうち，普段使わなかった感覚が開かれてきて，世界が違って見えるようになる」と説明されている。

問６　「そうした無意識の行動」とは，直前の「先回りして情報を検索《けんさく》してしま」うこと。この「先回り」については，前のほうで，「私たちはどうしても何かしらの情報を先に取りこんだうえで，頭の中で予想しながら行動することが多いのですが，そうなると自分の頭の中にある情報にしか出会えなくなります」と述べられている。このような行動の仕方では，「想像を超えた体験」とは正反対の，あらかじめ想像しうるような体験しかできないのである。

問７　傍線部Ｅの「弱い自分」と直後の「強い自分」について，それぞれ二つ前の段落と直前の段落で説明されていることに注意する。「弱い自分」の特徴《とくちょう》は，「みずから迷子になり，不安になり，途方《とほう》に暮れてみてください。きっと未知の感情や心理が湧《わ》き起こってくるでしょう。また，他人の存在のありがたみを感じ，ちょっとした優《やさ》しさに涙《なみだ》が出る場合だってあるかもしれません」の部分を中心に述べられている。

二　**出典：山口裕之《やまぐちひろゆき》『「みんな違ってみんないい」のか？―相対主義と普遍《ふへん》主義の問題』**。相対主義が広まっている現代でも意見を一つに決めなければならない場合があることを指摘《してき》し，そんなときに権力者の考えが通ってしまうことを避《さ》けるためにはどうすればいいかを考察している。

問１　本文の最初で，「相対主義」は「正しさは人それぞれ」という考え方であることが説明されている。一つ目の空欄Ａをふくむ段落では，「普遍主義」は「相対主義と反対の意味の言葉」であり，「科学については普遍主義的な考えを持っている人が多いでしょう」と述べられている。空欄Ａに「人それぞれ」を入れると，段落の最後で“科学が相対主義だと考える人はほとんどいない”と述べる流れになる。二つ目の空欄Ａをふくむ段落では，「最先端《せんたん》の研究」の分野では「客観的で正しい答え」がないため「科学は人それぞれ」となることが説明されている。

問２　「一枚岩」は板のような大きな岩のことで，組織などがしっかりまとまっているようすを表す。

問３　「最後通牒《つうちょう》」は，交渉《こうしょう》相手に示す最終的な要求・提案のこと。国同士の交渉であれば，その要求・提案が受け入れられなければ，交渉は打ち切られ，実力行使が行われる。

問４　傍線部①の理由の中心は，次の段落にあるように，「さまざまな意見の正しさに差がないとするなら，選択《せんたく》は力任せに行うしかないから」というものである。「相対主義」の広まりによって，「意見や利害が対立したときに妥協《だきょう》点や合意点を見つけだす」ことが軽視されるようになると，「話し合っても無駄《むだ》だから権力で強制するしかない」という結論につながってしまうと筆者は述べている。

問5　傍線部②をふくむ一文の最初に「このように考えてくると」とあり，科学者について筆者が傍線部②のように考える理由は，前の部分で説明されている。科学者は，「研究が終了したこと」についてのみ「客観的で正しい答え」を教えることができ，「今現在問題になっていること」については「自分が正しいと考える答え」(「仮説」)を「正当化」すべく試みている段階に過ぎず，「『科学者であればほぼ全員が賛成している答え』ができあがるには時間がかか」る。さらに，権力者はこのような状況《じょうきょう》を利用し，「自分の意見と一致《いっち》する立場をとっている科学者だけを集め」「研究予算を支給し」て，「科学者をコントロール」しうる。よって，科学者に客観的な答えが期待できるとは限らないのである。

問6　傍線部③の問いかけに対してどうするべきかという筆者の考えについては，「ここであらかじめ結論だけ述べておけば」に続く部分で，「共同作業によって『正しさ』というものが作られていく」と述べられている。その「共同作業」が，「傷つくことを恐《おそ》れずに成長の道を進」む覚悟《かくご》を必要とする，「意見を異にする人」との「面倒《めんどう》な作業」であることをふまえてまとめる。

三　漢字の書き取り，四字熟語の完成

Ⅰ　①　くわしく調べること。　②　音楽を奏《かな》でること。　③　めじるし。　④　できあがった船や飛行機などが，初めて海や空の航路につくこと。　⑤　前々から持っていた強い願い。⑥　このうえないこと。「愚《ぐ》の骨頂」は，きわめて愚《おろ》かなこと。　⑦　言い渡《わた》すこと。　⑧　乗り物や機械を自分の思うとおりに動かすこと。　⑨　物をたくわえておくこと。　⑩　厳しい命令。　⑪　話すこと。　⑫　競争入札の結果，品物や権利を自分の手に入れること。⑬　責任と義務。　⑭　危険を知らせたり注意をうながしたりするために鳴らす笛。　⑮　勇ましい将軍。「勇将の下《もと》に弱卒なし」は，“大将が強ければ，その部下に弱い兵卒はいない”という意味。

Ⅱ　①　「泰然自若《たいぜんじじゃく》」は，ゆったりと落ち着いていて，ものごとに動じないようす。　②　「初志貫徹《かんてつ》」は，初めに決めた志を貫《つらぬ》き通すこと。　③　「厚顔無恥《こうがんむち》」は，厚かましく恥《はじ》知らずであるようす。　④　「画竜点睛《がりょうてんせい》」は，最後に加える大切な仕上げ。「画竜点睛を欠く」は，よくできていても肝心《かんじん》なところが欠けているという意味。　⑤　「明鏡止水」は，心にやましいところがなく，静かにすみきっているような状態のこと。

Dr.福井の
入試に勝つ！ 脳とからだのウルトラ科学

記憶に残る“ウロ覚え勉強法”とは？

人間の脳には，ミスしたところが記憶に残りやすい性質がある。順調にいっているときの記憶はあまり残らないが，まちがえて「しまった！」と思うと，その部分がよく記憶されるんだ（これは，脳のヘントウタイという部分の働きによる）。その証拠に，おそらくキミたちも「あの問題を解けたから点数がよかった」ことよりも，「あの問題をまちがえたから点数が悪かった」ことのほうをよく覚えているんじゃないかな？

この脳のしくみを利用したのが“ウロ覚え勉強法”だ。もっと細かく紹介すると，テキストの内容を一生懸命覚え，知識を万全にしてから問題に取り組むのではなく，テキストにざっと目を通した程度（つまりウロ覚えの状態）で問題に取りかかる。もちろんかなりまちがえると思うが，それを気にすることはない。まちがえた部分はよく記憶に残るのだから……。言いかえると，まちがえながら知識量を増やしていくのが“ウロ覚え勉強法”なのである。

ここで，ポイントが２つある。１つは，ヘントウタイを働かせて記憶力を上げるために，まちがえたときは「あ〜っ！」とわざとらしく驚くこと。オーバーすぎるかな……と思うぐらいでちょうどよい。

もう１つのポイントは，まちがえたところをそのままにせず，ここできちんと見直すこと（残念ながら，驚くだけでは覚えられない）。問題の解説を読んで理解するのはもちろんだが，必ずテキストから見直すようにする。そうすれば，記憶力が上がったところで足りない知識をしっかり身につけられるし，さらにその部分がどのように出題されるかもわかってくる。頭の中の知識を実戦で役立てられるようにするわけだ。

Dr.福井（福《ふく》井《い》一成《かずしげ》）…医学博士。開成中・高から東大・文Ⅱに入学後，再受験して翌年東大・理Ⅲに合格。同大医学部卒。さまざまな勉強法や脳科学に関する著書多数。

Memo

2023年度 ラ・サール中学校

【算　数】(60分)〈満点：100点〉

1　次の□にあてはまる数をそれぞれ求めなさい。(12点)

(1) $\left(1.8+7\frac{1}{8}\right)\div 0.75-189\div 33.75=$□

(2) $124\times 43+29\times 71+31\times 213-58\times 86-61\times 56=$□

(3) $\frac{8}{9}-\frac{1}{3}\times\left\{\square-\left(\frac{5}{6}-\frac{4}{5}\right)\right\}=\frac{7}{8}$

2　次の各問に答えなさい。(30点)

(1) 右の図の四角形ABCDは正方形，三角形PQRは正三角形です。あ，いの角の大きさをそれぞれ求めなさい。

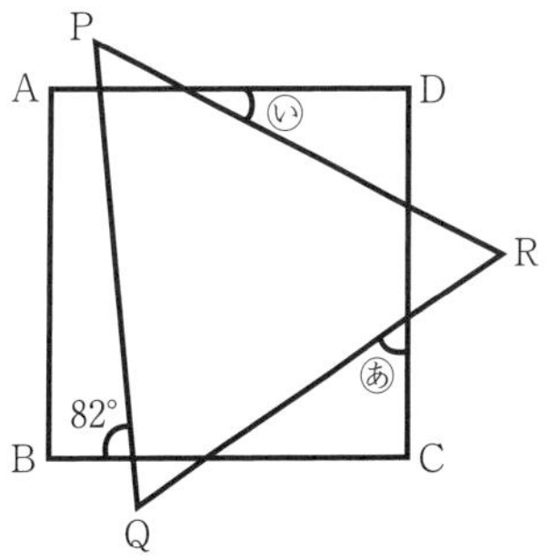

(2) ある病院で予防接種をしました。子供には0.3mL，大人には0.5mLずつワクチンを注射します。81人が予防接種を受け，ワクチンを34.5mL使いました。大人は何人受けましたか。

(3) ある整数Aがあり，このAで119，176，328のどれを割っても余りが同じ整数Bになります。ただし，Aは1ではないとします。AとBを求めなさい。

(4) 数直線上に2点A，Bがあり，それぞれのめもりは$\frac{1}{7}$，4です。ABを2等分する点をC，3等分する点をAに近い方からD，Eとし，この後同様にして4等分する点，5等分する点，……を順に作ります。

(ア) 点Eのめもりを求めなさい。

(イ) このようにして作っためもりの中に初めて1が現れるのは何等分したときですか。

3　次の問に答えなさい。(12点)

(1) 1.2倍速で観ると32分5秒かかる動画を1.4倍速で観ると何分何秒かかりますか。

(2) 標準の速さで観ると42分かかる動画を，一部は標準の速さで，残りの部分は1.4倍速で観たら33分かかりました。1.4倍速で何分何秒観ましたか。

4　ある日の，午前9時から午後3時までの1分きざみの各時刻(9時0分，9時1分，9時2分，……，2時59分，3時0分)において，時計の長針と短針が作る角の大きさについて考えます。このとき，次の問に答えなさい。(16点)

(1) 午後2時11分のとき，角の大きさは何度ですか。

(2) 角の大きさが6度以下である時刻は，午前9時台と午前10時台にそれぞれ何個ありますか。

(3) 角の大きさが６度以下である時刻は全部で何個ですか。ただし，長針と短針が重なり０度となる時刻も数えます。

5 下の図において，四角形ABCD，四角形BEFC，四角形AEFDはすべて平行四辺形です。CP：PD＝6：7，PQ：QE＝2：1，三角形CQPの面積が36 cm²のとき，次を求めなさい。(16点)

(1) 三角形QEFの面積

(2) 三角形APDの面積

(3) 五角形ABEFDの面積

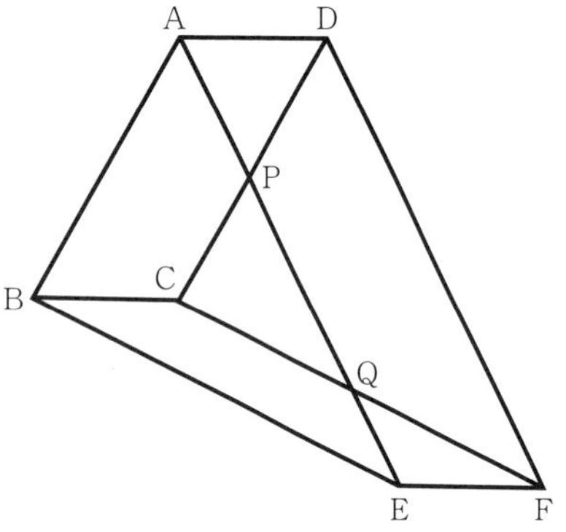

6 右の図は，ある立体を真正面から見た図と，真上から見た図です。A，B，C，D，E，Fはそれぞれこの立体の頂点で，BとEは真上から見たときに重なっています。辺BE上に点Pを，辺CF上にFQ＝1 cmの点Qをとります。このとき，次の問に答えなさい。ただし，角すいの体積は(底面積)×(高さ)×$\frac{1}{3}$です。(14点)

(1) この立体の体積を求めなさい。

(2) ３点A，P，Qを通る平面でこの立体を同じ体積となるように２つに切り分けたとき，EPの長さを求めなさい。

(3) ３点A，P，Qを通る平面でこの立体を２つに切り分けたとき，真正面から見るとA，P，Qが一直線上に並びました。このとき，Cを含む立体の体積を求めなさい。

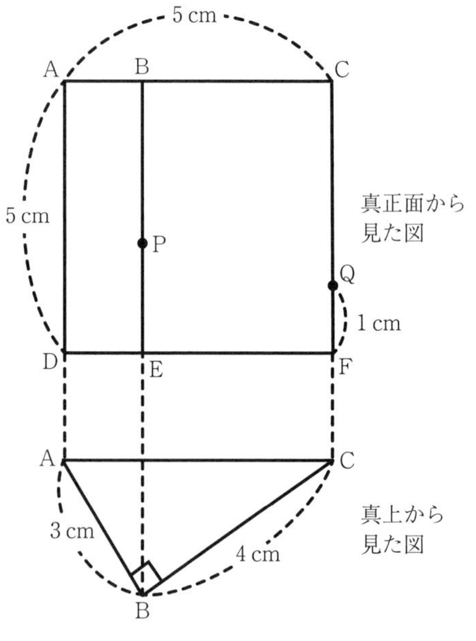

【社　会】（40分）〈満点：50点〉

1　以下の2022年に関係する文章を読み，問いに答えなさい。

◆　**2月に中国で北京《ペキン》冬季オリンピックが開催《さい》され，日本は冬季オリンピック過去最多のメダルを獲《かく》得しました。**

問1　オリンピックについて述べた次の**ア**〜**エ**のうち，誤りを含《ふく》むものを1つ選び，記号で答えなさい。

ア　次回の夏季オリンピックはフランスで，次回の冬季オリンピックはイタリアで開催されることになっている。

イ　北京では夏季オリンピックも開催されたことがある。

ウ　北京冬季オリンピックでは，ロシアの選手と，ロシアと同盟関係にあるベラルーシの選手の出場が禁止された。

エ　北京冬季オリンピックに，イギリスやアメリカ合衆国は政府関係者を派遣《けん》しなかった。

問2　日本でもかつて冬季オリンピックが2度開催されましたが，開催された2つの都市の名前を開催年の古い順に答えなさい。

◆　**2月にロシアがウクライナに軍事侵攻《しんこう》しました。この侵攻の背景には，東西冷戦時代からの西側諸国の軍事同盟である（　　）が拡大することに対するプーチン大統領の危機感と，ウクライナをロシアの影響《えいきょう》下に置きたいという思惑《おもわく》があると考えられています。**

問3　文中の（　）にあてはまる語句を答えなさい。語句はアルファベットの略称《しょう》で答えても構いません。

問4　ロシアとウクライナは，東西冷戦時には1つの国家内にありました。その国家の最後の指導者で，東西冷戦を終結に導いた人物が8月に亡くなりました。その人物の名を答えなさい。

◆　**3月から円安が急速に進み，10月には一時1ドル150円台を記録しました。この円安によって物価が上昇《しょう》し，家計や企《き》業にとって大きな負担となっています。**

問5　円安について述べた次の**ア**〜**エ**のうち，誤りを含むものを1つ選び，記号で答えなさい。

ア　外国の人々にとって日本への旅行がしやすくなる。

イ　外国から輸入する農産物やエネルギー資源の日本での価格が上昇する。

ウ　輸出を行う日本の企業にとっては，海外で品物を売りやすくなって有利に働く。

エ　1ドルが140円から120円になった場合は円安になったといえる。

◆　**4月から改正民法とその関連法案が施《し》行され，成人年齢《れい》が20歳《さい》から18歳に引き下げられました。**

問6　成人年齢引き下げについて述べた次の**ア**〜**エ**のうち，正しいものを1つ選び，記号で答えなさい。

ア　結婚《こん》できる年齢が男女ともに20歳から18歳に引き下げられた。

イ　18歳以上なら，親の同意がなくてもクレジットカードやローンなどの契《けい》約が可能になった。

ウ　7月に行われた参議院議員選挙は，18歳以上の人に選挙権が認められた初めての選挙だった。

エ　飲酒や喫煙《きつえん》の禁止年齢が18歳未満になった。

◆　**アメリカ合衆国の統治下におかれていた沖縄が日本に復帰して50年をむかえましたが，現在**

も米軍基地問題など多くの問題をかかえています。そのうち，住宅密集地にあり危険度の高い普天間《ふてんま》基地を名護市(　　)沿岸部に移設することになりましたが，移設をめぐって政府と県が対立しています。

問7　文中の(　)に適する地名を答えなさい。

問8　沖縄はかつて琉球《りゅうきゅう》王国という独立国でした。この王国の城は沖縄の観光地として人気がありましたが，2019年に火事によって焼失しました。この城の名前を漢字で答えなさい。

◆　**6月に(　1　)は2021年の日本の出生数を発表しました。出生数は過去最低で，6年連続の減少になっています。この状態が続くと，日本の経済力がおとろえ，年金や医療《りょう》保険などの社会保障制度の維《い》持が難しくなります。そのため，国や地方公共団体は子どもを育てやすい環《かん》境づくりに取り組んでいます。また，2023年4月には子どもについての諸政策の司令塔《とう》となる役所として(　2　)が発足することになっています。**

問9　文中の(**1**)にあてはまる役所名を次の**ア**～**エ**から1つ選び，記号で答えなさい。

ア　厚生労働省　　**イ**　文部科学省　　**ウ**　国土交通省　　**エ**　財務省

問10　文中の(**2**)にあてはまる役所名を答えなさい。

◆　**日本と中国(中華《か》人民共和国)の国交が正常化してから50年をむかえました。中国との国交正常化の結果，日本と台湾《わん》との国交は断絶しましたが，貿易などの経済的な関係や，民間での交流は続いています。**

問11　中国(中華人民共和国)について述べた次の**ア**～**エ**のうち，正しいものを1つ選び，記号で答えなさい。

ア　ロシアのウクライナへの侵攻を受けて，中国はウクライナに積極的に武器を供与《よ》している。

イ　日本と中国の間には，竹島をめぐる領土問題が存在している。

ウ　習近平国家主席のもと，中国は中国国民党の一党支配を強化している。

エ　日本にとって中国は，輸出額・輸入額ともに第1位(2021年)の貿易相手国である。

2　日本の自然，産業，貿易に関する次の問いに答えなさい。

問1　次の**A**～**D**の文は，日本の4つの盆《ぼん》地について述べたものです。

A　盆地の東には大雪山《たいせつざん》をのぞみます。盆地を流れるいくつかの川は，合流して，(　　)平野を流れ，日本海に注ぎます。品種改良や客土によって，稲《いな》作がさかんになりました。

B　盆地の南西には霧島《きりしま》山をのぞみます。盆地を流れる川は，大きな河川と合流して，太平洋に注ぎます。火山灰性の土が積もっており，畜《ちく》産がさかんです。

C　奥羽山脈の西に位置する盆地です。山麓《ろく》の扇《せん》状地では果物の栽培がさかんです。

D　盆地を流れる川は，合流して，河口付近では2つの政令指定都市の境になっています。この盆地が日本の政治・文化の中心となった時代もあり，古墳《ふん》や古い寺社が多く残っています。

(1)　**A**の(　)にあてはまる地名を答えなさい。

(2)　**C**と**D**の盆地には都道府県庁が所在する都市があります。その都市名をそれぞれ答えなさい。

(3)　次の図は，**A**～**D**のそれぞれで人口が最も多い市の雨温図です。このうち，①と②の雨温図は，**A**～**D**のどの盆地の市のものですか。1つずつ選び，記号で答えなさい。

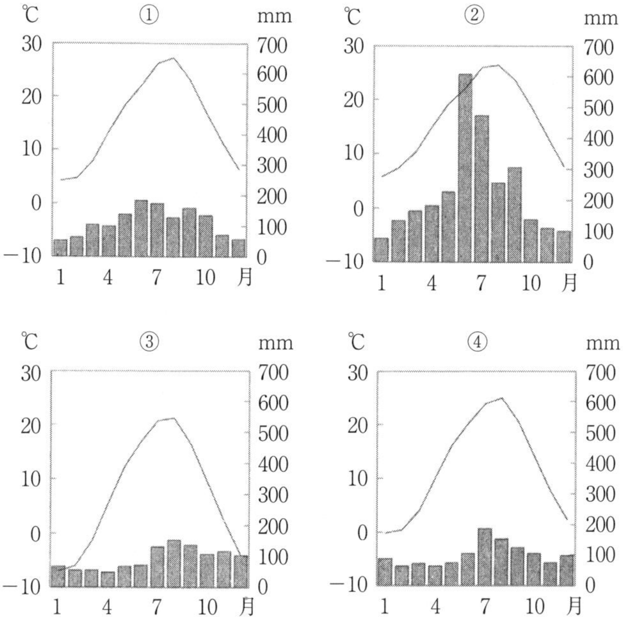

問2　右の表は，いくつかの水産物について，養殖《しょく》業生産量が多い都道府県を順に3つ示したものです。**ア**～**エ**は，うなぎ，かき類，こんぶ類，まだいのいずれかです。

単位：%

ア	北海道 75.2　岩手 21.9　(　　) 2.5
イ	広島 58.7　(　　) 13.9　岡山 9.3
ウ	愛媛 54.9　熊本 14.2　高知 10.6
エ	鹿児島 42.2　愛知 25.7　宮崎 17.3

統計年次は2021年。農林水産省の資料による。

(1)　**ア**～**エ**のうち，①うなぎ，②まだい　にあてはまるものを1つずつ選び，記号で答えなさい。

(2)　**ア**と**イ**の(　)には同じ都府県名が入ります。その都府県名を答えなさい。

問3　右の表は，再生可能エネルギーによる発電実績が多い都道府県を，発電方法別に順に3つ示したものです。**カ**～**ケ**は，水力，太陽光，地熱，風力のいずれかです。

単位：%

カ	(　　) 41.8　秋田 20.3　鹿児島 19.1
キ	青森 16.9　北海道 15.2　秋田 12.5
ク	富山 10.8　岐阜 10.3　長野 8.6
ケ	福島 8.1　茨城 7.2　岡山 7.1

統計年次は2021年度。
資源エネルギー庁の資料による。

(1)　太陽光と風力の正しい組合せを，次の**1**～**4**から1つ選び，番号で答えなさい。

1　太陽光ー**カ**　風力ー**ケ**　　**2**　太陽光ー**キ**　風力ー**ク**

3　太陽光ー**ク**　風力ー**カ**　　**4**　太陽光ー**ケ**　風力ー**キ**

(2)　**カ**の(　)にあてはまる都府県名を答えなさい。

問4　右の表は，いくつかの工業製品について，製造品出荷額等が多い都道府県を順に3つ示したものです。**サ**～**セ**は，鉄鋼，石油・石炭製品，パルプ・紙・紙加工品，情報通信機械器具のいずれかです。

単位：%

サ	(　　) 24.9　神奈川 14.8　大阪 11.1
シ	長野 16.0　神奈川 13.2　埼玉 7.2
ス	愛知 14.2　兵庫 11.1　(　　) 9.2
セ	静岡 11.5　愛媛 7.6　埼玉 6.9

統計年次は2020年。経済産業省の資料による。

(1)　**サ**～**セ**のうち，①鉄鋼，②情報通信機械器具　にあてはまるものを1つずつ選び，記号で答えなさい。

(2) **サ**と**ス**の(　)には同じ都道府県名が入ります。その都道府県名を答えなさい。

問5　日本は多くの産品を輸入しています。右の表は，いくつかの品目について，輸入額が多い相手国・地域を順に3つ示したものです。**タ**～**テ**は，液化天然ガス，えび，集積回路，鉄鉱石のいずれかです。

単位：%

タ	台湾《わん》 57.5	アメリカ合衆国 10.6	中国 9.4
チ	(　　) 52.3	ブラジル 29.6	カナダ 7.1
ツ	(　　) 40.2	マレーシア 13.2	カタール 11.3
テ	ベトナム 21.4	インド 20.3	インドネシア 16.7

統計年次は2020年。　　日本国勢図会《え》による。

(1) **タ**～**テ**のうち，①えび，②集積回路　にあてはまるものを1つずつ選び，記号で答えなさい。

(2) **チ**と**ツ**の(　)には同じ国名が入ります。その国名を答えなさい。

3　次の文章を読み，あとの問いに答えなさい。

日本国憲法は，平和主義・国民主権・基本的人権の尊重を基本原則として制定された。

$_a$国民主権について，憲法前文は，国民が正当に選挙された国会における代表者を通じて行動すること，国民が主権をもつこと，主権者である国民が憲法を制定することなどを定めている。大日本帝《てい》国憲法で主権者だった天皇については，日本国および日本国民統合の象徴《ちょう》と位置付け，その地位が主権をもつ日本国民の総意に基《もと》づくとしている(第1条)。

基本的人権については，第3章「国民の権利及《およ》び義務」に規定がある。ここでは，思想の自由や学問の自由などが広く保障されている。

人権を保障するためには，権力分立が必要である。憲法は，第4章「国会」，第5章「内閣」，第6章「司法」において，権力相互《ご》の関係を規定している。

$_b$国会は，法律の制定などの仕事を行う。国会は，衆議院および参議院で構成され，$_c$両議院は「全国民を代表する$_d$選挙された議員」で組織される(第43条第1項《こう》)。

行政権は，内閣に属する。$_e$内閣は，「首長たる$_f$内閣総理大臣及びその他の国務大臣」で組織され(第66条第1項)，「行政権の行使について，国会に対し連帯して責任を負う」(同条第3項)。

$_g$裁判所について，憲法は，司法権が，「最高裁判所及び法律の定めるところにより設置する下級裁判所に属する」としている(第76条第1項)。また，$_h$裁判官については，「その良心に従い独立してその職権を行い，この憲法及び法律にのみ拘《こう》束される」と定めている(同条第3項)。

問1　下線部aについて，国民主権に関連する記述として誤っているものを，次の**ア**～**エ**から1つ選び，記号で答えなさい。

ア　日本に居住する外国人が地方公共団体の首長や議員の選挙権をもたないことについて，最高裁判所は，憲法に違《い》反しないと判断したことがある。

イ　憲法は，国会議員などの選挙について，成年者による普《ふ》通選挙を保障している。

ウ　憲法改正は，国会が発議した憲法改正案に対して，国民投票を行い，そこで投票総数の過半数の賛成があったときに成立する。

エ　外国に居住する日本国民が最高裁判所裁判官の国民審《しん》査権をもたないことについて，最高裁判所が，憲法に違反すると判断したことはない。

問2　下線部bに関連して，国会または国会議員についての記述として誤っているものを，次の

ア～**エ**から１つ選び，記号で答えなさい。

ア　通常国会について，憲法および法律は，毎年１回召《しょう》集すること，原則として，１月中に召集し，会期は150日間とすることなどを定めている。

イ　国会は，予算案を作成する。

ウ　国会議員は，法律の定める一定の場合を除いて，国会の会期中逮捕《たいほ》されないことになっている。

エ　国会は，外国と結ぶ条約を承認する。

問３　下線部ｃについての記述として誤っているものを，次の**ア**～**エ**から１つ選び，記号で答えなさい。

ア　両議院は，それぞれ国政に関する調査を行い，これに関して証人の出頭や証言などを要求することができる。

イ　両議院は，それぞれ会議の手続きや内部の規律に関して規則を定めることができる。

ウ　内閣提出の法律案は，先に衆議院に提出しなければならない。

エ　両議院で議案を審議または議決するとき，委員会では委員の２分の１以上の出席がなければならず，本会議では総議員の３分の１以上の出席がなければならない。

問４　下線部ｄに関連して，参議院議員通常選挙についての記述として誤っているものを，次の**ア**～**エ**から１つ選び，記号で答えなさい。ただし，選択肢《たくし》の記述に「本件選挙」とあるのは，2022年７月10日に実施《し》された選挙を指しています。

ア　選挙人は，比例代表区では，政党名または政党が作成した名簿《ぼ》に記載《さい》がある候補者の名前を書いて投票する。

イ　比例代表区では，全国を11に分けて選挙が行われる。

ウ　本件選挙で，比例代表区において一番多い得票数を獲《かく》得した野党は，日本維《い》新の会であった。

エ　自由民主党は，本件選挙で議席を増やしたが，非改選の議席と合わせたとき，１党で参議院の定数の過半数には達しなかった。

問５　下線部ｅについての記述として誤っているものを，次の**ア**～**エ**から１つ選び，記号で答えなさい。

ア　憲法は，内閣が，国会および国民に対して，定期的に，少なくとも毎年１回，国の財政状況《きょう》について報告しなければならないとしている。

イ　内閣は，法律の規定を実施するために政令を制定する。

ウ　憲法は，「外交関係を処理すること」を内閣の事務としている。

エ　内閣は，臨時国会を召集するが，その会期について，法律は７日間としている。

問６　下線部ｆについての記述として誤っているものを，次の**ア**～**エ**から１つ選び，記号で答えなさい。

ア　内閣総理大臣は，国務大臣を任命するが，その過半数は国会議員の中から選ばれなければならない。

イ　内閣総理大臣については，国会が指名して，天皇が任命する。

ウ　衆議院の解散は，内閣総理大臣の権限であり，閣議決定はいらない。

エ　法律は，内閣総理大臣について，「内閣を代表して自衛隊の最高の指揮監督《かんとく》権を有する」

と定めている。

問7　下線部gに関連して，裁判員裁判についての記述として誤っているものを，次の**ア**～**カ**から1つ選び，記号で答えなさい。

ア　訴《うった》えられた人が有罪か無罪かの判断を裁判員だけで行い，有罪の場合にどのような刑《けい》を科すかの判断を裁判官だけで行う。

イ　裁判員は，選挙権をもつ者の中からくじで選ばれる。

ウ　重い病気やけがにより裁判所に行くことが困難など，一定の条件を満たす人は，裁判所に申し立ててそれが認められれば，裁判員を辞退することができる。

エ　裁判官や検察官など法律が定める職業にある者は，裁判員になることができない。

オ　裁判員も，裁判官と同様に，証人や被《ひ》告人に質問することができる。

カ　法廷《てい》は，原則として，裁判官3人，裁判員6人によって構成される。

問8　下線部hの選出に関する次の記述①～③の正誤の組合せとして正しいものを，あとの**ア**～**カ**から1つ選び，記号で答えなさい。

①　内閣は，最高裁判所長官を指名し，天皇が任命する。

②　内閣は，長官以外の最高裁判所裁判官を指名し，国会が任命する。

③　最高裁判所は，下級裁判所の裁判官を指名し，内閣が任命する。

ア	①	正	②	誤	③	誤	**イ**	①	誤	②	正	③	誤
ウ	①	誤	②	誤	③	正	**エ**	①	誤	②	正	③	正
オ	①	正	②	誤	③	正	**カ**	①	正	②	正	③	誤

4　2022年に，東京国立博物館で『国宝　東京国立博物館のすべて』という特別展が行われました。次の文は，特別展のホームページに載《の》っている「開催趣旨《さいしゅし》」の一部です。これを読み，あとの問いに答えなさい。なお問題では「東京国立博物館」やその前身にあたる博物館を「当館」と記します。

> 東京国立博物館(東博)は，令和4年(2022)，創立150年を迎《むか》えました。①明治5年(1872)の発足《ほっそく》以来，日本でもっとも長い歴史をもつ博物館として，かけがえのない文化財の保存と公開とを両立させながら，②日本の文化を未来へ，そして世界へ伝えていく役割を果たしてきました。
>
> 本展は，この大きな節目を記念して開催するものです。150年の間に積み重ねられた約12万件という膨《ぼう》大な所蔵品の中から，③国宝89件すべてを含《ふく》む名品と，④明治から令和にいたる150年の歩みを物語る関連資料を通して，東京国立博物館の全貌《ぼう》を紹介《しょうかい》します。

問1　下線部①に関連する，以下の問いに答えなさい。

◆　**当館ができた明治時代の初め頃《ごろ》，社会は大きく変わりました。**

(1)　明治時代初め頃の社会の変化について述べた次の**ア**～**エ**のうち，3つは正しく，1つは誤りを含んでいます。その誤りを含む文を探し，その文が正しい内容になるように一カ所を訂《てい》正して，訂正した後の語句を答えなさい。記号を答える必要はありません。

ア　大名はそれまで治めていた土地を版籍奉還《はんせきほうかん》により天皇に返すことになり，そのあとに廃藩《はいはん》置県が行われて，各県には政府の役人が送りこまれ，政府の方針がいきわたるようになった。

イ　政府は大名などを華《か》族，武士を士族，百姓《ひゃくしょう》や町人を平民とした。戦う仕事については，徴《ちょう》兵令に基づき，士族に限らず20歳以上の男子に兵役の義務を定めた。

ウ　政府は収入を安定させるために，これまでの年貢《ぐ》に代えて，土地の価格の３％を現金で納めるように税制を改めた。これを地租《そ》改正と呼んでいる。

エ　政府は経済の面でも欧《おう》米に追いつくため殖《しょく》産興業政策を進め，政府がお金を出して，輸出品として重要な綿糸を作る富岡製糸場などの官営工場を造った。

◆　**当館の館長を務めた人物の一人に，明治・大正時代の作家として有名な森鷗外《もりおうがい》がいます。**

(2)　明治・大正時代の文化や社会について述べた次の**ア**～**エ**から，誤りを含むものを１つ選び，記号で答えなさい。

ア　文明開化の風潮の中，福沢諭吉《ふくざわゆきち》は新しい時代にふさわしい生き方を『学問のすゝめ』などで紹介した。

イ　破傷風の治療《りょう》方法を発見した北里柴三郎《しばさぶろう》が作った研究所からは，赤痢菌《せきりきん》を発見した志賀潔《きよし》などが育った。

ウ　『たけくらべ』を著《あらわ》した与謝野晶子《よさのあきこ》や，戦争に反対する詩を書いた樋口《ひぐち》一葉など，女性作家が活躍《やく》した。

エ　女性が働く場が増える一方，女性の地位向上を求めて，平塚《ひらつか》らいてうなどが運動を始めた。

問２　下線部②に関連する，以下の問いに答えなさい。

◆　**当館は，「未来の国宝展」と題して，当館スタッフがこれから国宝になるかも知れないと考えている優《すぐ》れた文化財を紹介する展覧会も開きました。そこで，浮世絵《うきよえ》を始めた菱川《ひしかわ》師宣《もろのぶ》が描《えが》いた「見返り美人図」が取り上げられました。**

(1)　浮世絵の絵描《えか》きでない人物を次の**ア**～**エ**から１人選び，記号で答えなさい。

ア　東洲斎《とうしゅうさい》写楽　　**イ**　葛飾北斎《かつしかほくさい》　　**ウ**　近松門左衛門《もんざえもん》　　**エ**　歌川広重《ひろしげ》

◆　**当館は，「未来の博物館」と題して，最先端《たん》のデジタル技術や細かいところまで復元した複製品を使って，文化財の新しい見方や楽しみ方を示す取り組みも行いました。そこで「土偶《どぐう》」が取り上げられました。**

(2)　土偶が作られたのと同じ時代について述べた文を，次の**ア**～**エ**から１つ選び，記号で答えなさい。

ア　石包丁を使って稲《いね》の穂《ほ》を刈《か》り取り，高床《たかゆか》の倉庫に蓄《たくわ》えた。

イ　竪穴《たてあな》住居に住み，狩《か》りや漁をしたり，木の実などを採集したりして暮らしていた。

ウ　鉄器や青銅器を使って仕事や祭りを行った。

エ　うすくてかたく，文様《もんよう》などが入っていない土器を使った。

◆　**当館では現在（2023年１月29日まで）「150年後の国宝展」と題した展示を行っていますが，その150年後の国宝候補の一つとして「令和３年度大学入学者選抜《ばつ》に係る大学入学共通テスト受験票」があげられています。**

(3)　さまざまな時代の試験に関して述べた次の文**ⅰ**～**ⅲ**について，年代の古い順に正しく並べたものを，あとの**ア**～**カ**から１つ選び，記号で答えなさい。

ⅰ　内閣のしくみができてまもなく，政府の役人には文官高等試験に合格した者をあてることが決められた。その後決まりが変えられ「帝《てい》国大学の卒業者は試験を受けずに役人になれる」という例外がなくなった。

ii　豪《ごう》族が支配していた土地が国のものになり，都を中心に全国を支配するしくみが作られた。地方の支配を担《にな》う役人には，それまでその地方で力をもっていた豪族だけでなく，役所の試験に合格した者も登用された。

iii　大きな飢饉《ききん》を背景に一揆《いっき》や打ちこわしがしばしば起こる中で政治改革を図《はか》った人物が，「学問吟《ぎん》味」という試験を始めて，試験の成績が優秀《しゅう》な武士をより高い地位に就《つ》けるようにした。

ア　**i→ii→iii**　　**イ**　**i→iii→ii**　　**ウ**　**ii→i→iii**

エ　**ii→iii→i**　　**オ**　**iii→i→ii**　　**カ**　**iii→ii→i**

◆　**当館や日本はさまざまな文化を世界に発信していますが，一方でさまざまな文化や品物がさまざまな時期に世界から入ってきました。**

(4)　次の**ア**～**キ**を，日本に入ってきた順に並べかえたときに，５番目に当たるものの記号を答えなさい。

ア　オランダ語の医学書　　**イ**　水墨《ぼく》画　　**ウ**　自動車　　**エ**　仏教

オ　瑠璃杯《るりのつき》　　**カ**　鉄道　　**キ**　鉄砲《ぼう》

問３　下線部③に関連する，以下の問いに答えなさい。

◆　**国宝に指定されている美術工芸品902件のうち，当館は89件を所蔵し，それらが今回の特別展ですべて展示されました。その中に『平治物語絵巻』と『秋冬《しゅうとう》山水図』がありました。**

(1)　Ａ：『秋冬山水図』や『天橋立《あまのはしだて》図』(京都国立博物館所蔵)を描いた人物は誰《だれ》ですか。

Ｂ：『平治物語絵巻』が描かれてから『秋冬山水図』が描かれるまでの間に起こったできごとを，次の**ア**～**オ**から１つ選び，記号で答えなさい。なお，平治物語絵巻は，乱から数十年後までに描かれたと考えられています。

ア　源義家《みなもとのよしいえ》が東北で戦った。

イ　金閣が造られた。

ウ　安土《あづち》城が造られた。

エ　束帯や十二単《ひとえ》が用いられ始めた。

オ　検地が行われた。

(2)　(1)にあげたような絵画は長くても２週間くらいしか展示されず，それ以外のときには温度や湿《しつ》度が一定に保たれた収蔵庫に保管されています。このように展示期間を限る目的を，最初の「開催趣旨」の文を参考にして，「展示期間を限ることで」という書き出しで説明しなさい。

◆　**国宝は建築，絵画，書道，工芸，彫《ちょう》刻とさまざまな分野にわたり，2023年１月１日時点で全国で1132件あります(ただし，古文書《こもんじょ》など数万点が「１件」として数えられている例もあるので，点数はこれよりはるかに多くなります)。**

(3)　次の**ア**～**オ**は，その一部または全部が国宝に指定されている建築物と，それと関係の深い人物についてのものです。

ア　徳川家光は日光東照宮《とうしょうぐう》を造らせた。

イ　平清盛は厳島《いつくしま》神社の建物を整えた。

ウ　大正天皇が皇太子だったときにその住まいとして首都に造られた建物は，現在は迎賓《げいひん》館と呼ばれている。

エ　平城京から都がうつされた頃，最澄《さいちょう》が延暦《えんりゃく》寺を開いた。

オ　関ヶ原の戦いの直後に姫路《ひめじ》城を任された池田輝政《てるまさ》は，現在も残る天守閣などを整えた。

Ａ：人物を基準として，これらを年代順に並べかえたときに３番目になるものを記号で答えなさい。

Ｂ：建物を西から東の順に並べかえたときに３番目になるものを記号で答えなさい。

問４　下線部④に関連する，以下の問いに答えなさい。

◆　**1908年には「表慶《ひょうけい》館」が完成しました。皇太子（後の大正天皇）の結婚《こん》を祝って建てられたものです。**

(1)　その後の一時期，当館のほかの建物で展示ができなくなったため表慶館だけで展示が行われたことがあります。その理由と考えられるできごとを**ア**～**エ**から，そのできごとが起こった年代を**オ**～**ク**から，それぞれ１つずつ選んで記号で答えなさい。

ア　東日本大震《しん》災　**イ**　二・二六事件　**ウ**　関東大震災　**エ**　東京大空襲《しゅう》

オ　1920年代　**カ**　1930年代　**キ**　1950年代　**ク**　1990年代

◆　**1940年には正倉院の宝物《ほうもつ》が当館に運ばれて展示されました。人々の関心も高く，17日間で41万人あまりが入場しました。**

(2)　次の**ア**～**エ**から，1940年頃の人々のくらしについて述べたものを１つ選び，記号で答えなさい。

ア　都市では，デパートができ，バスの運行が始まり，ガスや水道，電気を使う生活が広がった。

イ　授業は「青空教室」と呼ばれた校庭で行われ，教科書は戦争や軍事に関する内容を墨《すみ》で消して使われた。

ウ　生活に必要な品物が足りなくなり，国の命令で取引が制限され，住民が互《たが》いを監《かん》視するしくみもできた。

エ　工業が発達し，中学校を卒業して都会の工場などに集団で就職する人々が「金の卵」と呼ばれた。

◆　**1964年には，法隆《ほうりゅう》寺から皇室に納められた宝物を保存するための法隆寺宝物館が造られました。**

(3)　法隆寺は厩戸王《うまやどのおう》と関係が深いとされます。次の**ア**～**オ**は厩戸王と同じく，さまざまな時代の政治を担った人々に関するものですが，その中から内容に誤りがあるものを１つのぞき，他を時代の古い順に並べかえたときに４番目にあたる人物の名前を答えなさい。

ア　源氏の力を借りて，東北地方で長く続いた合戦で勝利を収めた。その後平泉に拠《きょ》点を移し，中尊寺を建てた。

イ　政治の中心人物として大きな力をもち「望月《もちづき》の歌」をよんだ。その人の娘《むすめ》の家庭教師を，紫式部《むらさきしきぶ》が務めた。

ウ　邪馬台国《やまたいこく》の中心人物として倭国《わこく》の内乱をしずめ，魏《ぎ》に使いを送り，魏の皇帝《てい》から倭の王として認められた。

エ　源氏の将軍がとだえた後に起こった承久《じょうきゅう》の乱に際して，演説を行って御家人《ごけにん》をまとめ，幕府側が勝つきっかけを作った。

オ　中臣鎌足《なかとみのかまたり》とともに蘇我《そが》氏を倒《たお》し，中国から帰ってきた行基《ぎょうき》などとともに，天皇を中心とする新しい政治を進めた。

【理　科】（40分）〈満点：50点〉

注意：いくつかの中から選ぶ場合は，記号で答えなさい。特に指示のない場合は１つ答えなさい。

1　秋のある日，ダイ吉君，ソラ男君，クウ太君の３人がおしゃべりをしています。

クウ太「今日の鹿児島の天気は，晴れ一時くもり，最高気温25℃，最低気温12℃，降水確率20％と天気予報で言っていたよ。」

ソラ男「１日中，ほぼ晴れている，と考えてもいいよね。」

クウ太「いや，わからないよ。『晴れ一時くもり』というのは(　①　)ということだから。」

ソラ男「今日の朝は寒かったけど，12℃だったんだ。」

クウ太「晴れの日はくもりの日に比べて(　②　)やすいんだよ。」

ソラ男「へえ，そうなんだ。晴れている日は何時ごろの気温が最も高くなるのかな。」

クウ太「午後２時ごろと言われているよ。気温を測るときの注意としては，風通しの良い(　③　)というのがあるよね。」

ソラ男「④気温が最も高くなるのは，太陽が南中する12時ではないんだね。それと，降水確率20％とはどういう意味？」

ダイ吉「(　⑤　)ということだよ。」

ソラ男「今年の夏は暑かったけど，秋になってずいぶん涼《すず》しくなったよね。」

クウ太「夏が暑いのは，太陽の(　⑥　)，南から熱い湿《しめ》った空気が吹きこむ，(　⑦　)ことなどが原因だよね。」

ソラ男「今は空気が乾《かわ》いていてさわやかだけど，夏はムシ暑かったよね。空気が湿っていると，同じ気温でもより暑さを感じるのはなぜなのだろう。」

クウ太「(　⑧　)だよ。」

ソラ男「夏，公園の芝生《しばふ》の上はハダシで遊べたけど，アスファルトの道路は熱くてとてもハダシにはなれないよね。」

クウ太「芝生は(⑨)をふくんでいるし，アスファルトに比べて太陽光を(⑩)しにくいことなどで温度が上がりにくいんだよね。」

ソラ男「ところで，ダイ吉，今日は元気がないね。どうかしたの？」

ダイ吉「実は…ぼく…転校することになったんだ…」

ソラ男「え‼　…もう会えないの。うそだろ！」

クウ太「そうだ，いい考えがあるよ。寮のあるラ・サールに，みんなで行こうよ！」

(1)　①に当てはまる説明は，次のどれですか。

ア．晴れとくもりが約１時間ごとに現れる

イ．予報期間の約半分の時間は晴れ，約半分の時間はくもり

ウ．予報期間の $\frac{1}{4}$ 未満の時間がくもり，それ以外の時間は晴れ

エ．予報期間の $\frac{1}{4}$ 未満の時間が晴れ，それ以外の時間はくもり

オ．午後１時ごろを中心にくもりとなる

(2)　②に当てはまる説明は，次のどれですか。

ア．最低気温は低くなり，最高気温は高くなり，１日の気温差が大きくなり

イ．最低気温は高くなり，最高気温は低くなり，１日の気温差が小さくなり

ウ．最低気温，最高気温ともに低くなり，涼しい１日になり

エ．最低気温，最高気温ともに高くなり，暑い１日になり

(3) ③に当てはまる説明は，次のどれですか。

ア．日なたのひざの高さで測る

イ．日なたの目の高さで測る

ウ．日かげのひざの高さで測る

エ．日かげの目の高さで測る

(4) 下線部④について，気温が最も高くなるのはなぜ12時ではないのか，説明しなさい。

(5) ⑤に当てはまる説明は，次のどれですか。

ア．鹿児島の20％の地域で雨が降る

イ．同じような場合が100回あれば，20回は雨になる

ウ．予報期間の20％の時間，雨が降る

エ．どしゃ降りの20％程度の弱い雨になる

オ．20％の人々が雨に気づく

(6) ⑥に当てはまる説明は，次のどれですか。

ア．地球からのきょりが近くなる

イ．表面温度が上がる

ウ．高度が高くなる

エ．表面積が大きくなる

(7) ⑦に当てはまる，夏が暑くなるもう一つの原因を答えなさい。

(8) ⑧に当てはまる説明は，次のどれですか。

ア．水は熱を伝えにくいから

イ．あせが乾きにくいから

ウ．あせをかきにくいから

エ．水が太陽からの熱をさえぎるから

(9) ⑨，⑩に当てはまる適当な語句を入れなさい。

2 ある日，Ｌ君は水やりを忘れた植物がしおれているのを見て，植物と水の出入りの関係を調べることにしました。

(1) 根から吸われた水は，茎《くき》を通り葉から放出されます。葉から水が放出される現象を何といいますか。

(2) 葉から水が放出される現象は葉の表面にある穴から水蒸気が出ていくことで起こります。この穴を何といいますか。

Ｌ君は葉の表面にある穴を観察するために，顕《けん》微鏡《びきょう》を用いることにしました。

(3) 顕微鏡の入っている箱を開けたところ，本体から接眼レンズと対物レンズが外してありました。レンズを本体に取り付ける順序について最も適当なものを次のア～ウより選びなさい。

ア．本体に接眼レンズと対物レンズのどちらを先に取り付けてもよい。

イ．本体に接眼レンズを取り付けた後に対物レンズを取り付ける。

ウ．本体に対物レンズを取り付けた後に接眼レンズを取り付ける。

(4)　スライドガラスの上に葉の皮をはぎ取ったものを乗せて，カバーガラスで覆《おお》いました。このように，顕微鏡で観察できるようにしたサンプルを何といいますか。

(5)　顕微鏡のステージを左上に動かしたときに，顕微鏡を通して見るとサンプルはどの方向に動いたように見えますか。

(6)　下の図１は顕微鏡で見た葉のサンプルをスケッチしたものです。葉の表面にある(2)の穴をすべて塗《ぬ》りつぶしなさい。

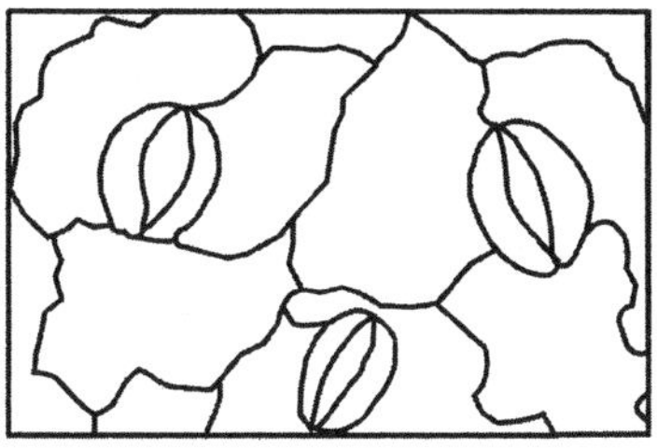

図１

非接触式の温度計を使うと葉の温度が測れることが分かりました。葉の温度に興味を持ったＬ君は以下のような実験を行いました。

図２

［実験１］　乾《かわ》くと透明《とうめい》になる木工用ボンドをある植物の葉の右半分のおもて側と裏側の両面に図２のように塗って乾かして屋外に置き，葉の右半分と左半分で，葉の温度がどのように変化するのかを観察しました。なお，葉は植物についた状態で温度変化を観察しました。

(7)　右のグラフ１は葉の左半分での温度の変化を点線で示しています。葉の右半分での温度変化を実線で表したものとして最も適当なものを次のア～エから選びなさい。

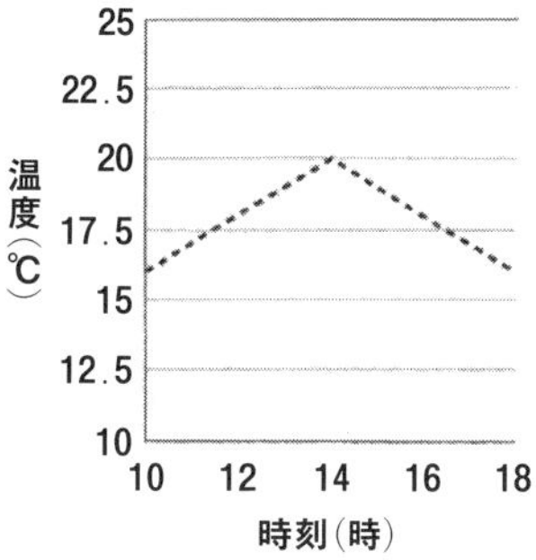

グラフ１

ア

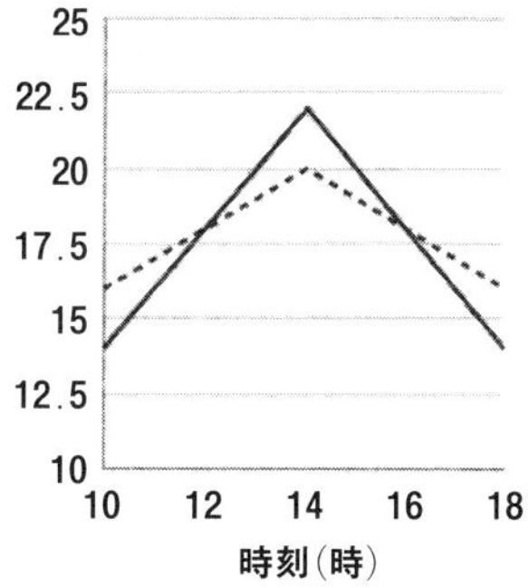

イ

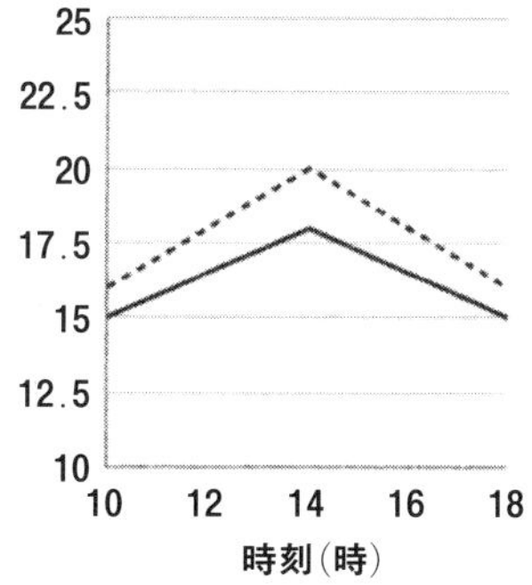

ウ

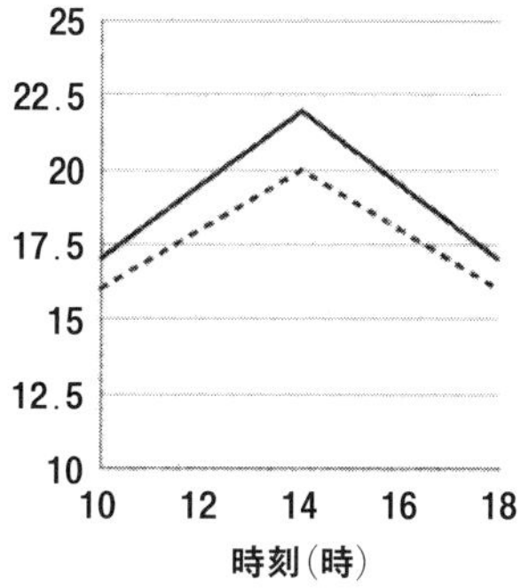

エ

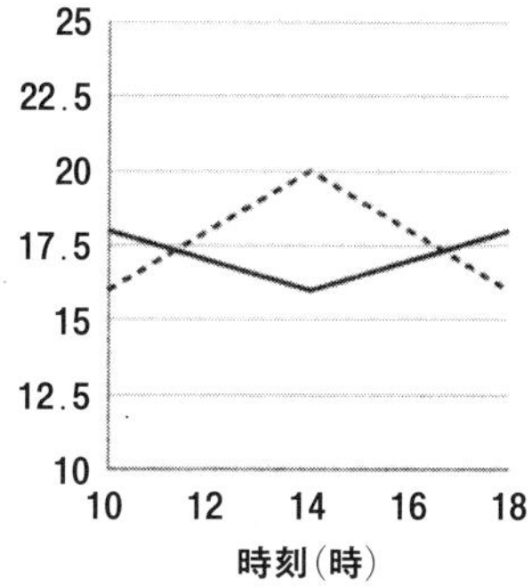

［**実験２**］　日中に葉が植物についた状態で，A薬のおもて側右半分にのみボンドを塗ったものとB薬の裏側右半分にのみボンドを塗ったものを乾かした後にしばらく屋外に置きました。ＡとＢの葉の右半分と左半分の温度を測り，その差がどうなっているかを観察しました。なおＡとＢとの間で明るさなどに差はありませんでした。

(8)　ＡとＢのそれぞれの葉において，左右の温度差について最も適当なものを選びなさい。

ア．Ａの方がＢより，左右の温度差が大きかった。

イ．Ｂの方がＡより，左右の温度差が大きかった。

ウ．ＡとＢでは，左右の温度差に違いが見られなかった。

(9)　葉の表面上の(2)の穴は開閉しており，これは気温や明るさなどの要因で調節されています。下のグラフ２は一日の「気温」や「明るさ」と，ある植物の「水の放出量」の変化を示したものです。このグラフから葉の表面上の穴の開閉には「**気温**」と「**明るさ**」とのいずれの方がより大きな役割を持っていると考えられるか答えなさい。なお，「明るさ」と「水の放出量」についてはそれぞれの最大値を100としたときの値で示しています。

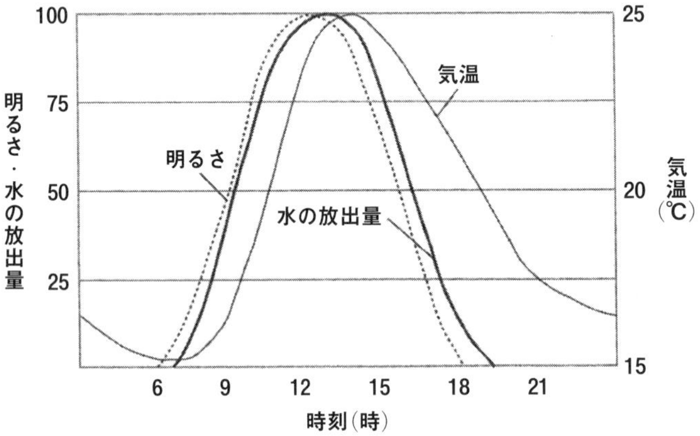

グラフ２

3　〈**A**〉　図１のように，箱の外に４つの端子《たんし》Ａ～Ｄを取り付け，その中に豆電球，発光ダイオード，電池などを使った回路を組み込《こ》んだ装置をつくります。なお，図２のように発光ダイオードを電池につなぐと発光ダイオードは光りますが，図３のように電池につなぐと発光ダイオードは光りません。

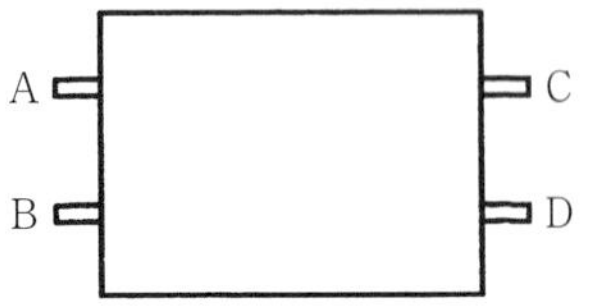

図１

図２

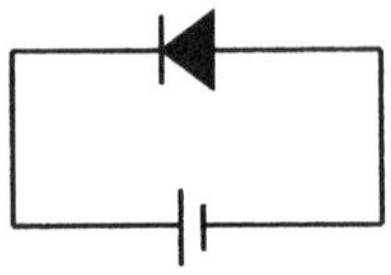
図３

この装置を用いて［**実験Ⅰ**］，［**実験Ⅱ**］を行いました。これらの実験について，以下の問いに答えなさい。

［**実験Ⅰ**］　箱の中に３個の同じ豆電球Ｐ～Ｒを使った回路を組み込んだところ，次の①～③の結果がわかりました。

①　ＡとＢを電池につなぐと，Ｐ～Ｒのすべてが光りました。

② ＡとＣを電池につなぐと，Ｐのみ光りました。

③ ＡとＤを電池につなぐと，Ｐ，Ｑのみ光りました。

(1) ［**実験Ⅰ**］で用いた装置の中の回路は次のどれかでした。最も適当なものを選びなさい。

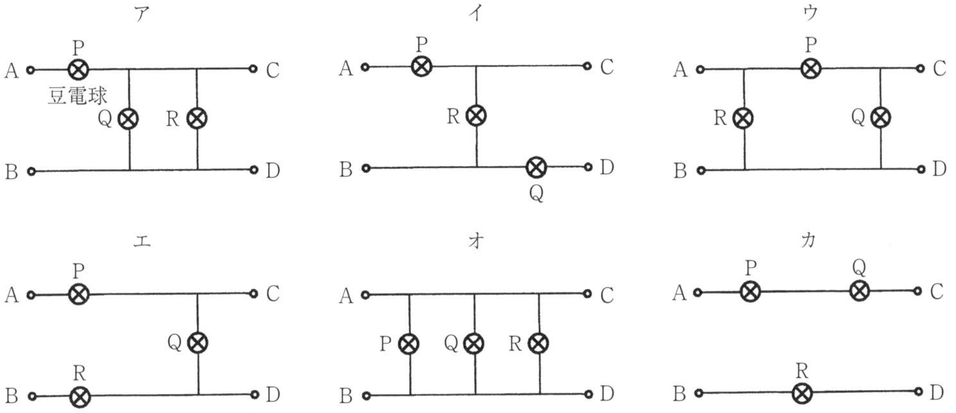

(2) この装置のＣとＤを電池につなぐと，どの豆電球が光りますか。Ｐ～Ｒからすべて選びなさい。

(3) この装置の豆電球Ｐが切れたとき，豆電球Ｑ，Ｒのうち少なくとも１つを光らせるためには，Ａ～Ｄのうちどの端子とどの端子を電池につなげばよいですか。その組み合わせとして適当なものを，ア～カからすべて選びなさい。

ア．ＡとＢ　　イ．ＢとＣ

ウ．ＣとＤ　　エ．ＡとＣ

オ．ＢとＤ　　カ．ＡとＤ

(4) ［**実験Ⅰ**］①～③のうち，この装置の豆電球Ｐが最も明るくなるものはどれですか。①～③から選びなさい。ただし，①～③で用いた電池は同じものとします。

［**実験Ⅱ**］ 次に，箱の中に２個の同じ発光ダイオードＳ，Ｔとそれぞれ１個の豆電球，電池を使った回路を組み込んだところ，次の④～⑥の結果がわかりました。

④ ＡとＢをリード線でつなぐと，Ｓと豆電球のみ光りました。

⑤ ＡとＤをリード線でつなぐと，Ｔと豆電球のみ光りました。

⑥ ＣとＤをリード線でつなぐと，Ｔのみ光りました。

(5) ［**実験Ⅱ**］で用いた装置の中の回路は次のどれかでした。最も適当なものを選びなさい。

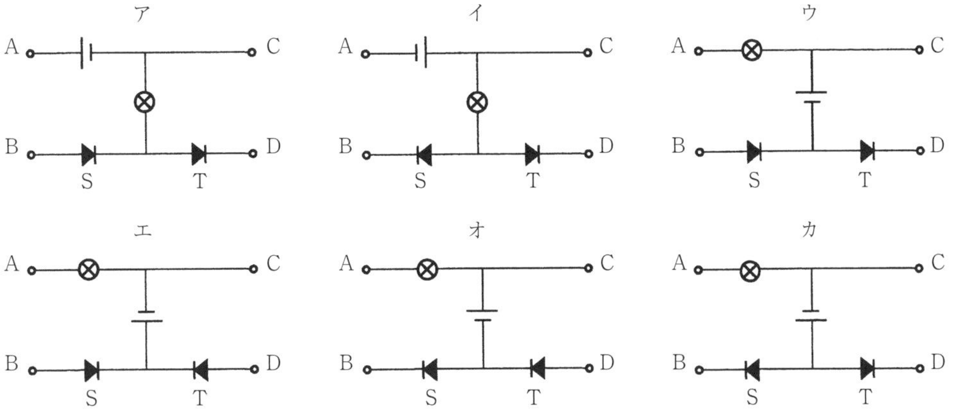

〈**B**〉 重さ100gの金属の板と，重さの無視できるばねがあります。ばねの長さの変化量(伸《の》びまたは縮み)は取り付けるおもりの重さに比例し，図1のグラフのような特徴《とくちょう》を持っています。また，以下で使用する板とばねはすべて同じ形状・性質を持ちます。

図1

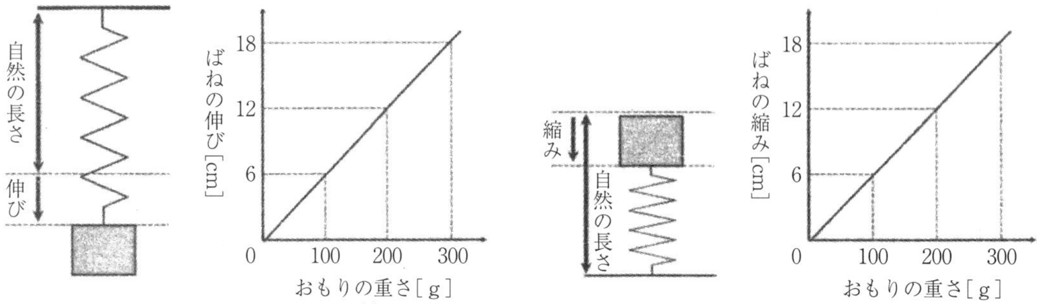

(1) 板2枚とばね3本を，水平な床《ゆか》の上で図2のように組むと，2枚の板は水平になって，3本のばねは床に対して垂直になって静止しました。このとき，ばね1は自然の長さから何cm縮んでいますか。

図2

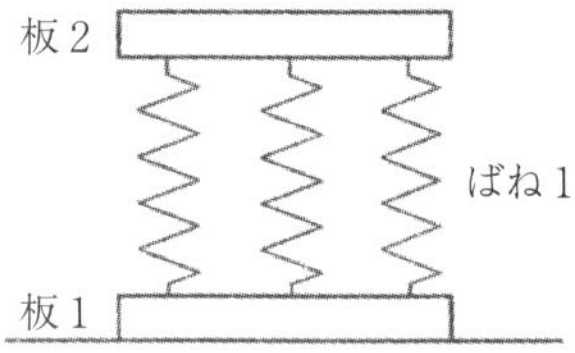

図3

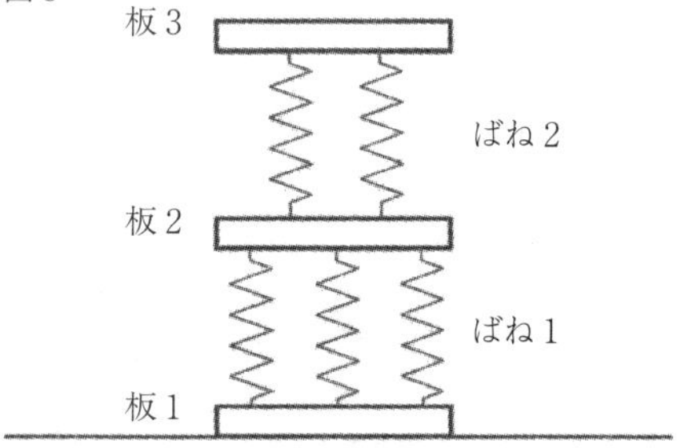

(2) 次に，板を1枚，ばねを2本追加して，図3のように組むと，すべての板は水平になって，すべてのばねは縮んだ状態で床に対して垂直になって静止しました。ばね1とばね2は自然の長さから何cm縮んでいますか。それぞれ答えなさい。

(3) (2)の後，図4のように，板3の上部にばね3を付けて，板3をゆっくりと引き上げたところ，すべての板は水平になり，すべてのばねは垂直になって静止しました。ばね3が自然の長さから9cmだけ伸びているとき，ばね1，ばね2は自然の長さから何cm変化していますか。それぞれの変化した長さを答え，ばねの状態を〔**ア**．伸びている　**イ**．縮んでいる　**ウ**．変化していない〕から選び記号で答えなさい。ただし，**ウ**を選んだ場合は変化した長さを0cmと答えなさい。

図4

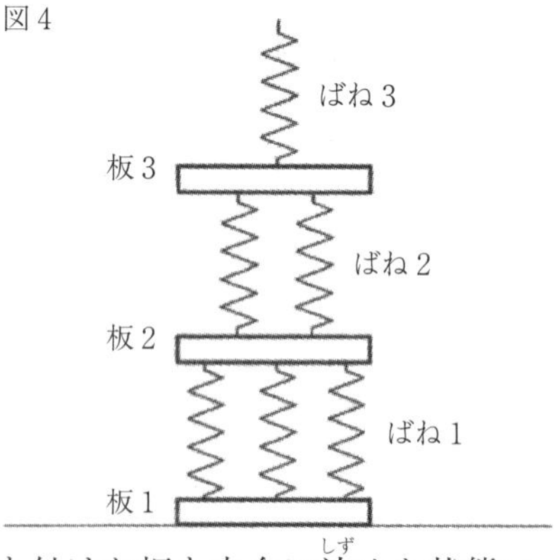

(4) ① 図5のように，容器に入った水の中に，1本のばねを付けた板を完全に沈《しず》めた状態で，ばねの端《はし》を手で持ち，板が水平になるように支えたところ，どの深さで測っても，ばねの伸びが3.6cmでした。このときに手が感じる板の重さは何gですか。ただし，板は容器の底についていないものとします。

図5

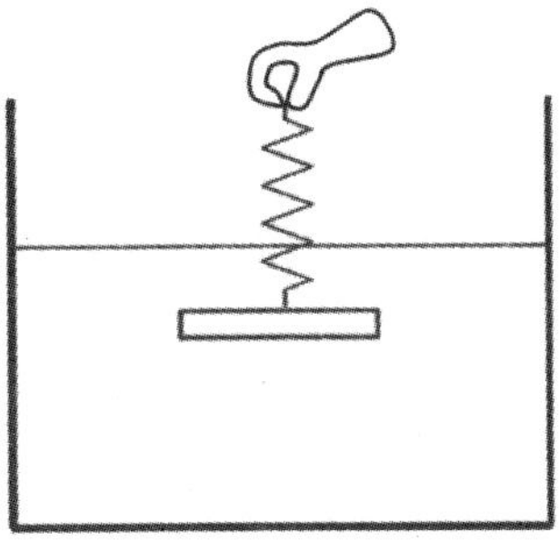

図6

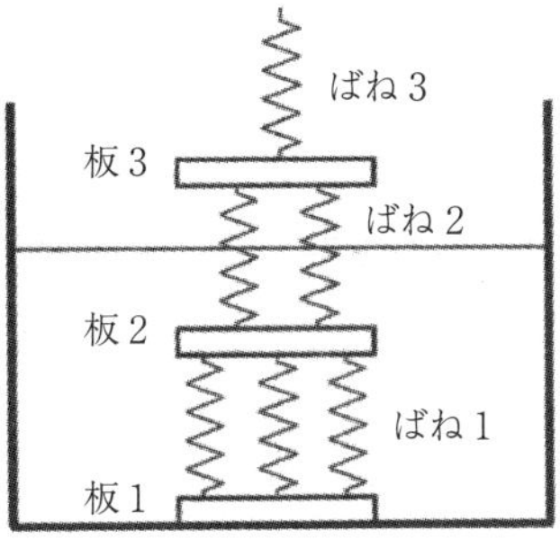

② 図4の装置を，容器に入った水の中に板1が容器の底につくまで沈めたところ，図6のように，すべての板が水平になり，すべてのばねが垂直になって静止しました。このとき，板1と板2は水の中に完全に沈んでおり，かつ板3は水の外に完全に出ていました。ばね3の伸びが12cmのとき，ばね1，ばね2は自然の長さから何cm変化していますか。それぞれの変化した長さを答え，ばねの状態を〔**ア**．伸びている　**イ**．縮んでいる　**ウ**．変化していない〕から選び記号で答えなさい。ただし，**ウ**を選んだ場合は変化した長さを0cmと答えなさい。

4 〈**A**〉 次の文を読み以下の問いに答えなさい。

二又《また》試験管を用いると気体を発生させたり，気体の発生を止めたりすることができます。下図の二又試験管のAの部分，Bの部分に入れる固体や水溶《よう》液の組み合わせを変えて気体を発生させ，気体を一定量集めた後，気体の発生を止めました。あとの表に発生した気体の性質と気体の集め方をまとめました。

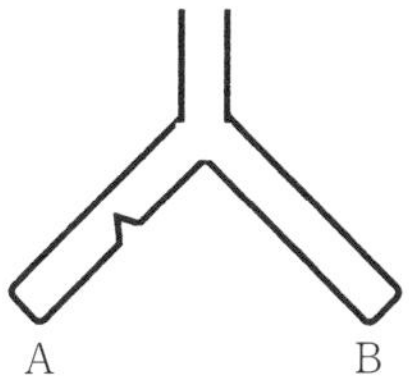

	発生した気体の性質	気体の集め方
気体①	空気中の約20%をしめ，助燃性がある。	(X)置換
気体②	最も軽い気体で，可燃性である。	(X)置換
気体③	水に少し溶《と》けて酸性を示す。 「(Y)水」が白くにごる。	下方置換

(1) 気体①～③の発生のために用いた固体と水溶液は次のア～コのいずれかの組み合わせでした。二又試験管(Aの部分，Bの部分)に入れる物質の組み合わせとして適当なものを次からそれぞれ選びなさい。ただし，下線部を考りょして選びなさい。

	二又試験管のAの部分	二又試験管のBの部分
ア	石灰《かい》石	塩酸
イ	塩酸	石灰石
ウ	アルミニウム	水酸化ナトリウム水溶液
エ	水酸化ナトリウム水溶液	アルミニウム
オ	塩酸	銅
カ	銅	塩酸
キ	二酸化マンガン	オキシドール
ク	オキシドール	二酸化マンガン
ケ	水酸化ナトリウム水溶液	石灰石
コ	石灰石	水酸化ナトリウム水溶液

(2) 表の空らん(X)，(Y)に当てはまる語句を書きなさい。

(3) 気体①の助燃性を確かめる実験操作，およびそのとき得られる結果を簡単に書きなさい。

(1)で気体①，②，③を発生させるために用いた固体をそれぞれ固体①～固体③，用いた水溶液をそれぞれ水溶液①～水溶液③と呼ぶ。次の実験(あ)～実験(う)を見て(4)，(5)の問いに答えなさい。

実験(あ) 水溶液①100mLに固体①5gを加えたところ固体が残り，発生した気体①の総量は100mLであった。

実験(い) 水溶液②100mLに固体②5gを加えたところ固体が残らず，発生した気体②の総量は6000mLであった。

実験(う) 固体③5gに水溶液③を少しずつ加えていき100mLを加えたところで，ちょうど固体がすべてなくなり，発生した気体③の総量は1000mLであった。

(4) 次の実験A～実験Cを行った場合，もとの実験(あ)～実験(う)で発生した気体のそれぞれの総量と比べどうなることが予想できるか。最も適当なものをア～エよりそれぞれ選びなさい。

実験A 実験(あ)で水溶液①の体積だけを増やす。

実験B 実験(い)で固体②の質量だけを増やす。

実験C 実験(う)で固体③の質量だけを減らす。

ア．この実験だけからは予想できない。

イ．発生する気体の総量は変化しないと予想できる。

ウ．発生する気体の総量はもとの実験より増えると予想できる。

エ．発生する気体の総量はもとの実験より減ると予想できる。

(5) 固体③5gに実験(う)で用いた水溶液③の2倍の濃《こ》さの水溶液100mLを加えた。このとき発生した気体③の総量は何mLになるか答えなさい。

〈**B**〉 次のグラフは，100gの水に溶ける結晶《けっしょう》の重さ[g](溶解度という)の温度による変化を硝《しょう》酸《さん》カリウム，塩化カリウム，塩化ナトリウムについて示したものです。これを見て問いに答えなさい。割り切れない場合は小数第1位を四捨五入して整数で答えなさい。

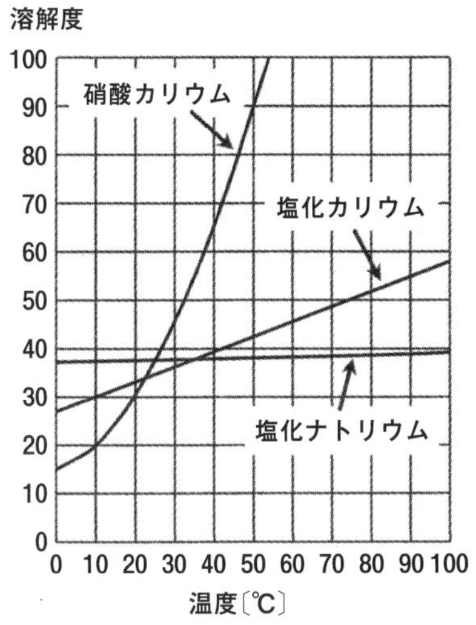

(1)　硝酸カリウムは100gの水に20℃のとき30g溶けます。20℃の硝酸カリウム飽和水溶液の濃度は何％ですか。

(2)　硝酸カリウムは100gの水に30℃のとき45g溶けます。30℃の硝酸カリウム飽和水溶液400gには，何gの硝酸カリウムが含《ふく》まれていますか。

(3)　60℃で20％の硝酸カリウム水溶液が200gあります。これを少しずつ冷やしていったとき，硝酸カリウムの結晶が出始めるのはおよそ何℃のときですか，最も適切な温度を選びなさい。

ア．10℃　　イ．15℃　　ウ．25℃　　エ．30℃　　オ．35℃　　カ．45℃

(4)　塩化カリウムは100gの水に10℃のとき30g，80℃のとき52g溶けます。80℃の塩化カリウム飽和水溶液400gを10℃まで冷却《きゃく》すると，何gの結晶が出てきますか。

(5)　少量の不純物を含む物質を高温で水に溶かして作った飽和水溶液を(4)のように冷やすと，不純物が取り除かれた純粋《すい》な結晶だけが出てきて，不純物から分離《り》することができる方法があり，この操作を再結晶といいます。しかし塩化ナトリウムでは，この再結晶が適しません。それはなぜか。理由を答えなさい。

三　次の①～⑮の傍《ぼう》線部のカタカナを漢字に直しなさい。〈十五点〉

① 帝《てい》国が武力でハントを広げようとした。

② 農村が国土の大半を占《し》めるため、その国は大陸のコクソウ地帯と呼ばれている。

③ 世界情勢はコンメイを極《きわ》めた。

④ コロナ禍《か》により、様々なシュクサイが中止になった。

⑤ 体育大会がジュンエンになった。

⑥ 楽しみにしていたモーツァルトのカゲキを三年ぶりに鑑《かん》賞することができた。

⑦ ある芸人は久々に、シュウジン環視の中で見事な技を披露《ひろう》することができた。

⑧ ユウビンの到着に時間がかかるようになった。

⑨ メディアではシタサキ三寸で耳目《じもく》を集める者もいる。

⑩ 彼の発言はシヨウ末節にこだわったものばかりで、本質を理解しているとは言えない。

⑪ 彼は時代のチョウリュウに乗ってもてはやされている。

⑫ トップに立つ人の朝令ボカイに振《ふ》りまわされる。

⑬ カイトウ乱麻《ま》を断《た》つ見事な課題解決はとても期待できない。

⑭ 組織の長として指導力をハッキすることが求められる。

⑮ キウ壮《そう》大な計画を立てて世の中を良くして欲《ほ》しいものだ。

オ　急なことに驚《おどろ》いて

問二　傍《ぼう》線部①「そんな前歴」とはどのようなものか、説明しなさい。

問三　傍線部②「母はすべてを悟っていたのだろう」とあるが、それはどういうことか。その説明として最も適切なものを次の中から選び、符号を書きなさい。

ア　ガミガミ叱っても何も変わらない「私」をいったん親と引き離《はな》してみるのが良いと高木先生は考えていたが、下関までわざわざ絵を描《か》きに連れていくと聞いた母は高木先生の「私」をなんとかしてやろうという強い情熱を感じ、この先生に任せるしかないのだということに気がついたのだろうということ。

イ　いつもは恐ろしい高木先生が優《やさ》しい笑顔を見せてわざわざ日曜日に「私」を引き取り、絵を描きに連れ出してくれたため、母は何も分かっていない「私」をなんとか救おうとする高木先生が、少年たちの複雑な事情に配慮《りょ》しつつ指導に当たってくれていることに気がついたのだろうということ。

ウ　フジワラ君は父親が人殺しだと噂されていたが、ヤンチャな「私」を持て余していた母は、そんなフジワラ君と一緒に「私」が高木先生に連れられてスケッチに行くことになったと聞いたことで、先生が複雑な事情を抱えた少年たちと向き合い、なんとかしようとしてくれていることに気がついたのだろうということ。

エ　母は大人の言うことを聞かない「私」に絶望し、ついに棄てられるのかと恐れおののく「私」の姿を見てあきれ果てていたが、高木先生がフジワラ君とともに「私」を列車で連れて行くということを聞き、特殊な事情を抱えたフジワラ君とであれば「私」が評価されることもある可能性に気がついたのだろうということ。

オ　学校というものを理解できない「私」の行状に手を焼いていた母は、高木先生が「私」を絵のとてもうまいフジワラ君とともに連れ出すということを聞いて、フジワラ君との交流をきっかけに、「私」の持つ絵の才能が引き出され、学校にも適応できるようになるかもしれないと気がついたのだろうということ。

問四　傍線部③「市内のデパートに展示されたその絵」とあるが、次の中から「その絵」を再現したものとして最も適切なものを選び、符号を書きなさい。

ア

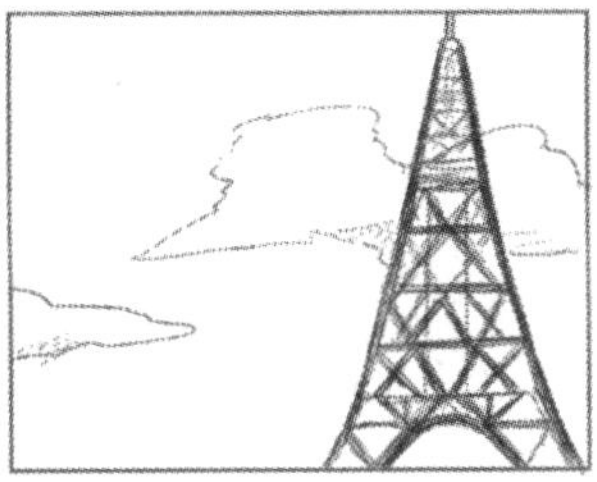

イ

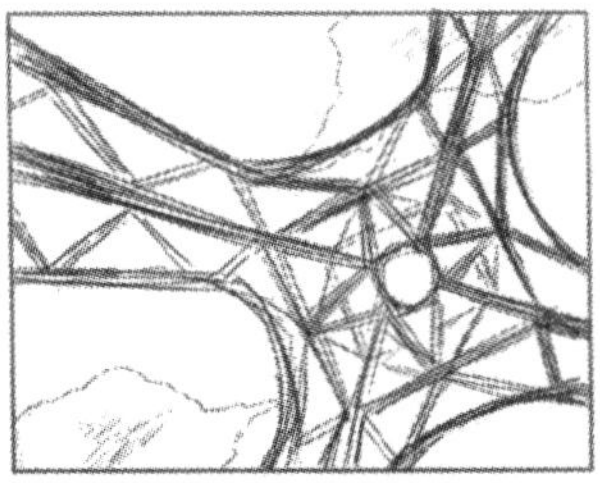

ウ

エ

オ

問五　傍線部④「それは間違いなくあなたのおかげですよ」とあるが、ここでの「私」の心情を百字以内で説明しなさい。

フジワラ君は海を、私は空を、そうして一日中描き続けた。

高木先生は、私たちの傍《そば》で、それを見守っていた。

面白いな。うまいね。自分のすることを他人から褒《ほ》められたのは、人生で、このときがはじめてだった。

この日描いた空の絵は、のちに市の美術展に出品され、私は銀賞を受けた。③市内のデパートに展示されたその絵を、私は母たちと観《み》に行き、その前で誇《ほこ》らしげに写真まで撮《と》った。

このこともあって、図画工作の成績は、次の学期には1から3に上がり、私はオール1の不名誉《よ》から、何とか脱《だっ》することができた。

D弾《はず》みがついて絵に目覚めた私は、それから一心不乱に描き始め、図画工作の成績は、最終的に最高の5にまで上り詰《つ》めたが、そのせいでのちに思いもかけない弊《へい》害が出ることになる。だが、それはまた別の話である。

要するに、高木先生は、フジワラ君と私を贔屓《ひいき》したのである。それぞれに複雑な事情を抱《かか》えた少年たちに、絵を描く楽しみを教えることが、生きていく上でよすがになるかもしれないとでも考えたのであろう。

昨今の平等主義からすると、特別扱いは憎《にく》むべきものかもしれない。しかし、この頃《ころ》は、こういう思いやりが生きていた。いい時代だった、ということなのだろう。

フジワラ君とはその後、クラスが分かれ、親しく接する機会はなかった。彼《かれ》が絵を描き続けたか、そして、どんな人生を送ったかは、わからない。

その日のことを、私はのちに、自伝的小説の一場面に書いた。たまたまそれを読んだ高木先生の娘《むすめ》さんが、「これ、お父さんのことじゃないの」と先生に告げた。後日、高木先生から私の元へ、一通の手紙が届いた。

あのニシヤマ君が、たいへんな出世をなさって。

手紙には、そんなふうに書かれていた。

④それは間違《ちが》いなくあなたのおかげですよ、と、私は胸の内でつぶやいた。

（伊集院　静『タダキ君、勉強してる?』より）

問一　波線部A～Dの語句の意味として最も適切なものを、それぞれ後の選択肢《たくし》から選び、符《ふ》号を書きなさい。

A「咎めだて」
ア　必要以上に強く非難し
イ　疑い深く問いただし
ウ　念入りに調べて回り
エ　度を越《こ》して心を痛め
オ　指導をしすぎて悪化させ

B「普請」
ア　破壊《かい》　イ　申請《しんせい》　ウ　査定
エ　巡《じゅん》回　オ　工事

C「むべなるかな」
ア　あんまりなことかなあ
イ　もっともなことだなあ
ウ　どうでもいいのかなあ
エ　やるせないことだよ
オ　どうしようもないのか

D「弾みがついて」
ア　やる気に水を差されて
イ　だんだん楽しくなって
ウ　負けん気に火がついて
エ　より一層勢いがついて

母が、ことあるごとに私に訊《き》く。
「うーん」と、私は答え、一応、考えるふりをする。
そのうち、いつもの面々がやってくる。
「タダキくーん、あーそーぼっ！」
途端《とたん》、「はぁーい！」と飛び出していく。
オール1も C むべなるかな、である。
そこから私を掬《すく》い上げてくれたのが、当時の担任教師の高木幸忠《たかぎゆきただ》先生であった。
普《ふ》段は、鬼《おに》のような先生であった。うるさくしていると、チョークを投げる。反抗《こう》すると、出席簿で頭を殴《なぐ》る。ヤンチャ坊主《ぼうず》の私が目をつけられるのは当然で、最初に座《すわ》っていた窓際《ぎわ》の席から教壇《だん》の真ん前に移動させられ、授業中を通して監《かん》視される憂《う》き目にも遭《あ》った。
そんな典型的な鬼教師ではあったが、実は絵の好きな、芸術家肌《はだ》の一面があった。
「スケッチに行こう」
夏休みが終わったある日、高木先生は私にそう言った。
私だけではなかった。もうひとり、クラスメートのフジワラ君にも、声がかけられていた。
指定されたのは、日曜日であった。絵は好きだった。しかし、なぜ休みの日にわざわざ、クラスの中で私たちふたりだけを連れ出そうとしたのか、そのときは、まったくわからなかった。
わからないまま、誘《さそ》われたことを、私は母に告げた。
約束の日曜日がきた。
朝、私は母に連れられて、駅へ赴《おもむ》いた。駅には、高木先生と、フジワラ君が待っていた。
母から私を引き取ると、いつもは恐《おそ》ろしい高木先生が「大丈夫《じょうぶ》。大丈夫ですよ」と言って、笑顔《えがお》を見せた。
よろしくお願いします、と母は深々と頭を下げた。その瞬《しゅん》間、母の眼《め》から、パタパタッと、大粒《つぶ》の涙《なみだ》がこぼれ落ちたのが見えた。私は、びっくりして立ちすくんだ。そして、こう思った。
もしかして、俺《おれ》は棄《す》てられるのか？
フジワラ君は、母子家庭の少年だった。父親はいるが、家にはいない。噂《うわさ》では、人を殺して刑《けい》務所に入っているという話だった。おとなしい少年で、絵がとてもうまかった。
対して、オール1の劣等生の私である。町内でも目立つ一家の、その特殊《しゅ》な事情も、もちろん先生はわかっている。
フジワラ君と一緒《しょ》に。
私にこう聞かされたときから、②母はすべてを悟《さと》っていたのだろう。
プラットホームで母と別れ、私は先生とフジワラ君と一緒に、列車に乗った。
人前で涙を見せることなどなかった母は、先生が自分の息子《むすこ》を思いやり、はじめてまともに扱《あつか》ってくれたことに、思わず感極《きわ》まったのだろう。
列車が動き出した。母は、まだ泣いていた。
行き先は、下関《しものせき》だった。海岸べりの丘《おか》の上、そこにあったテレビ塔《とう》の足元に陣《じん》取ったフジワラ君と私は、スケッチブックを広げ、絵を描《えが》き始めた。
丘の上からは、関門海峡《きょう》が見渡《わた》せた。フジワラ君は、その風景を丁寧《ねい》に描いていた。私は、なぜか海峡には目もくれず、蜘蛛《くも》の巣のように張ったテレビ塔を真下から見上げ、その向こうに見える空とともに描いた。
何を描いているんだ、とスケッチブックを覗《のぞ》き込《こ》んだ高木先生は、「へぇ、面《おも》白い構図だな」と言い、フジワラ君を呼び寄せた。
フジワラ君も「うまいね」と言った。

ウ　検討中である　　　　**エ**　善処します

オ　分からない

問四　傍線部**C**「現代のリスクマネジメントの抱える問題」に対してどうするべきだと筆者は言っていますか。七十五字以内で説明しなさい。

問五　空欄**D**に入れるのに最も適切なものを次の中から選び、符号を書きなさい。

ア　問い合わせに対して、当局は噴火しないと回答した

イ　当局が火山性地震を観測したが、ほどなく収まった

ウ　予兆現象があったのに、当局がそれを生かせなかった

エ　自主的に避難する人々を、当局が引き留めようとした

オ　当局の判断は違法であると、地方裁判所が認めた

問六　傍線部**E**「『オオカミ少年』扱いになってしまう」とはどういうことですか。本文に即《そく》して四十字以内で説明しなさい。

問七　傍線部①～⑤のカタカナを漢字に直しなさい。

二　次の文章を読んで、後の問いに答えなさい。（字数制限のある問題については、句読点も一字と数えます。）〈四十点〉

ずっと、劣《れっ》等生だった。

このことは、ことあるごとに話し、あるいは書いてきたので、ご存じの方も多いと思う。

まず、幼稚《ち》園には、ほとんど行っていない。

正確にいうと、一日で行くのを止めた。

登園した最初の日、私を含《ふく》む子どもたちは、皆《みな》で切り紙をさせられた。鋏《はさみ》で紙を切り、広げると何かの模様になるという、あれである。

私には、初めての体験だった。紙は手元で、みるみるうちにボロボロになった。

それを見た隣《となり》の少女が、ひと言、私にこう言った。

「あんた、バカね」

その場で、席を立った。

「女子どもにバカと言われて、平気でいる男がいるか」

父の言葉を思い出した私は、それを実践《せん》したのだ。それからは、近所の悪ガキたちと野っ原を駆《か》け回って遊んだりと、好きなことだけをして過ごした。父も母も、そんな私の行状を、とくに**A**咎《とが》めだてたりはしなかった。

①そんな前歴があったから、小学校への通学も危《あや》ういものだった。

二日目から、家は出たものの、授業が始まる時刻になっても学校に辿《たど》り着かない。家の者たちが捜《さが》しに行くと、通学路の途《と》中にある鍛冶《かじ》屋の前で、鍛冶屋の親父《おやじ》の仕事の手元を飽《あ》かず眺《なが》めていたという。家の**B**普請《ふしん》中は、やはり大工の手元に夢中になっていた。

それが私、西山忠来《にしやまただき》という少年だった。

そんな調子であったから、一学期、最初の学期末にもらった通信簿《ぼ》の評定は、はたしてオール1であった。

「タダキ君は、学校というものが何なのか、まったく理解できていません」「毎日来るようにはなりましたが、くれぐれもご家庭でよくよくご指導ください」と、添《そ》え書きがしてあった。

さすがに、大人たちも怒《おこ》り出した。

「おまえ、何考えてるんだ」

「義務教育なのよ」

「こんなふうでは、とてもまともな社会人にはなれません」

しかし私自身は、ガミガミ叱《しか》られたところで「何を言ってるんだろう」くらいにしか思っていなかった。

「タダキ君、勉強してる？」

避難に成功した、２０００年の北海道有珠山《うすざん》の噴火のケースは、例外的と言うべきだろう。有珠山の場合は毎回、有感地震の直後に噴火し、また周期が短く、かなり正確に繰《く》り返すといった、良い条件があった。

　しかし、15年の桜島におけるレベル4発令の際は、直接の噴火は起きていない。このような、前兆がありながら噴火が起きないケースは、決してまれではない。

　一方、63人もの死者・行方《ゆくえ》不明者を出した戦後最悪の火山災害、14年の御嶽山《おんたけさん》の噴火では、前兆現象は必ずしも明確ではなかった。

　御嶽山は07年3月にもごく小規模の噴火をしているが、その時は4カ月前から山体膨《ぼう》張や火山性地震など、色々な予兆が把握《はあく》されている。だが14年の噴火では、その2週間前に火山性地震が観測されたものの、ほどなく収まっていた。

　ただし、膨張を示すデータが2日前に見られるなど、予兆と考えられる現象も観測されている。

　今月13日、御嶽山噴火の⑤イゾクらが国と長野県に損害賠償《ばいしょう》を求めた裁判の判決が、長野地裁松本支部であった。前兆現象とみられるデータの検討を尽《つ》くさないで、噴火警戒レベルを1に据《す》え置いた気象庁の判断は違《い》法であると、裁判所は認めた。しかし、レベルを引き上げていても被害を防げたとはいえないとして原告の請《せい》求については棄《き》却《きゃく》している。

　御嶽山噴火は、大正桜島噴火のちょうど１００年後に起きた事件だが、［　D　］という点で、両者は共通する。では、このような科学的不確実性の高いリスク課題に、行政や専門家はどう向きあうべきなのか。

　たとえばもし、警告を出したのに「空振《ぶ》り」が続けば、予報への信頼が低下するだろう。E「オオカミ少年」扱《あつか》いになってしまう。一方で市民を守ることは、当然、行政の役目である。命はかけがえのないものだ。

　私はやはり、できる限り科学的な対応を重ね、しかし最後の不確実な部分については「一般《ぱん》の人々にとって、後悔《かい》の残らない道」を選択《たく》すべきだと考える。

　そして私たちの側も、できれば「空振り」を責めないようにしたい。行政や専門家を萎《い》縮させず、また妄《もう》信せず、適切に活用していくことが、安全で民主的な社会を形作るための、前提条件なのである。

（神里達博「月刊安心新聞プラス」朝日新聞　２０２２・７・２９）

（注）リスクマネジメント…危機管理

問一　次の**ア**～**オ**について、本文の内容と合致《がっち》しているものには○を、合致しないものには×を、それぞれ解答欄《らん》に書きなさい。

ア　桜島の噴火警戒レベルが最高の５（避難）に引き上げられたのは２回目である。

イ　２０００年の北海道有珠山の噴火の場合、例外的に予知ができ、住民の避難に成功した。

ウ　15年の桜島の噴火警戒レベル４発令の際は、前兆がありながら噴火は小規模であった。

エ　14年の御嶽山の噴火では、山体膨張を示すデータが見られたが、噴火警戒レベルを変えなかった。

オ　07年の御嶽山では山体膨張や火山性地震など色々な予兆があったが、噴火はしなかった。

問二　傍《ぼう》線部**A**「どういう背景で、このような文面になったのだろうか」とあるが、その「背景」となった出来事を百字以内でまとめなさい。

問三　空欄**B**に入れるのに最も適切な言葉を次の中から選び、符《ふ》号を書きなさい。

ア　桜島は噴火する　　**イ**　今すぐ避難せよ

2023年度 ラ・サール中学校

【国　語】〈六〇分〉〈満点：一〇〇点〉

一　次の文章を読んで、後の問いに答えなさい。（字数制限のある問題については、句読点も一字と数えます。）〈四十五点〉

24日、桜島が噴《ふん》火し、噴火警戒《かい》レベルは最高の5（避《ひ》難）に引き上げられた。この評価方法が導入された2007年以来、全国で2例目となる。桜島は15年8月にレベル4（避難準備）が発令されたことがあるが、今回はそれを上回った。

近年で最も大きな噴火は、約60人の犠牲《ぎせい》者を出した1914年1月の大正噴火である。日本においては20世紀最大の火山噴火であり、大きな地震《しん》も伴《ともな》ったことで被《ひ》害が①カクダイした。また、この噴火で桜島は大隅《おおすみ》半島と地続きになったのである。

今回の噴火については、27日夜にレベルが3（入山規制）に引き下げられたが、しばらくは注意したい。

さて、大正噴火で被災した地域では、後世に教訓を伝えるための石碑《ひ》が多数建立《こんりゅう》された。その一つ、東桜島小学校の敷《しき》地内に立つ碑文には、「住民は理論を信頼《らい》せず、異変を感じた時には避難の用意をすることが最も肝《かん》要だ」という趣旨《しゅし》のことが書かれている。Aどういう背景で、このような文面になったのだろうか。

桜島は江戸《えど》時代の18世紀後半にも大きな噴火を起こしていて、予兆のことは民間伝承として知られていたようだ。実際、大正噴火が始まる数日前から桜島では、地面が熱くなったり、地震が起きたりしていた。そのため、住民は各々《おのおの》の判断で島を船で脱《だっ》出し始めたのである。その数は最終的に2万人を超《こ》えたという。

一方、東桜島村（当時）役場の川上福次郎《ふくじろう》村長たちも不安を感じていた。そこで、その前年に島に開通した文明の②リキ「電話」を使い、測候所（現在の鹿児島地方気象台）に何度も連絡《らく》をとった。すると測候所側はその都度「桜島は噴火しない」と回答した。村長らは安心し、自主的に避難をする村民を引き留めようとさえしたという。村長らはいわば村の「知識③カイキュウ」に属し、科学への信頼が厚かったのだろう。

その結果、逃《に》げ遅《おく》れたのは村長たちだった。すでに船は一隻《せき》もなく、村長らは仕方なく海に飛び込《こ》み、帆柱《ほばしら》などを抱《かか》え泳いで対岸に渡《わた》ろうとした。だが冬の海は冷たく、村の収入役や書記が途《と》中で命を落とした。

噴火の直後から、測候所は世間に激しく非難された。これに対し、自分たちの任務は気象観測であり、火山は業務外であるとか、そもそも噴火の予知は技術的に無理であった、などと反論している。これを④シジする東京の専門家なども現れた。

とはいえ、もし業務外というのならば、問い合わせには「　B　」と答えるべきだっただろう。

一方、辛《かろ》うじて生き残った川上村長は、自分が測候所の判断を信じたことで犠牲者が出たことに責任を感じ、その事実を碑文に残したいと考えた。だが、それを果たす前に村長は亡《な》くなり、後継《けい》の野添八百《のぞえやお》蔵《ぞう》村長が噴火の10年後に先ほどの碑文を建立した。その「理論を信頼せず」の言葉から、「科学不信の碑文」と呼ばれることもあるが、当初は「測候所を信頼せず」とする予定だったらしい。

この話は、C現代のリスクマネジメントの抱える問題とも、地続きであるといえるだろう。

まず、そもそも現在でも噴火の予知は非常に難しい。住民の適切な

2023年度

ラ・サール中学校 ▶解説と解答

算　数 (60分)＜満点：100点＞

解　答

[1] (1) 6.3　(2) 5590　(3) $\frac{3}{40}$　[2] (1) あ 52度　い 22度　(2) 51人　(3) *A* 19　*B* 5　(4) (ア) $2\frac{5}{7}$　(イ) 9等分したとき　[3] (1) 27分30秒　(2) 22分30秒　[4] (1) 0.5度　(2) **9時台**…3個，**10時台**…2個　(3) 13個　[5] (1) $21cm^2$　(2) $28cm^2$　(3) $351cm^2$　[6] (1) $30cm^3$　(2) $1\frac{1}{2}$cm　(3) $10\frac{22}{25}cm^3$

解　説

[1] 四則計算，計算のくふう，逆算

(1) $\left(1.8+7\frac{1}{8}\right)\div0.75-189\div33.75=\left(\frac{9}{5}+\frac{57}{8}\right)\div\frac{3}{4}-189\div33\frac{3}{4}=\left(\frac{72}{40}+\frac{285}{40}\right)\div\frac{3}{4}-189\div\frac{135}{4}=\frac{357}{40}\times\frac{4}{3}-189\times\frac{4}{135}=\frac{119}{10}-\frac{28}{5}=11.9-5.6=6.3$

(2) $124\times43+29\times71+31\times213-58\times86-61\times56=124\times43+29\times71+31\times3\times71-58\times2\times43-61\times56=124\times43+29\times71+93\times71-116\times43-61\times56=(124-116)\times43+(29+93)\times71-61\times56=8\times43+122\times71-61\times56=8\times43+61\times2\times71-61\times56=8\times43+61\times142-61\times56=8\times43+61\times(142-56)=8\times43+61\times86=8\times43+61\times2\times43=8\times43+122\times43=(8+122)\times43=130\times43=5590$

(3) $\frac{5}{6}-\frac{4}{5}=\frac{25}{30}-\frac{24}{30}=\frac{1}{30}$より，$\frac{8}{9}-\frac{1}{3}\times\left(\square-\frac{1}{30}\right)=\frac{7}{8}$，$\frac{1}{3}\times\left(\square-\frac{1}{30}\right)=\frac{8}{9}-\frac{7}{8}=\frac{64}{72}-\frac{63}{72}=\frac{1}{72}$，$\square-\frac{1}{30}=\frac{1}{72}\div\frac{1}{3}=\frac{1}{72}\times\frac{3}{1}=\frac{1}{24}$　よって，$\square=\frac{1}{24}+\frac{1}{30}=\frac{5}{120}+\frac{4}{120}=\frac{9}{120}=\frac{3}{40}$

[2] 角度，つるかめ算，整数の性質，条件の整理

(1) 右の図1で，○印の角の大きさは82度，●印の角の大きさは60度であり，三角形の外角はそれととなり合わない2つの内角の和に等しいから，アの角の大きさは，82+60=142(度)，あの角の大きさは，142−90=52(度)とわかる。すると，×印の角の大きさも52度なので，イの角の大きさは，52+60=112(度)となり，いの角の大きさは，112−90=22(度)と求められる。

図1

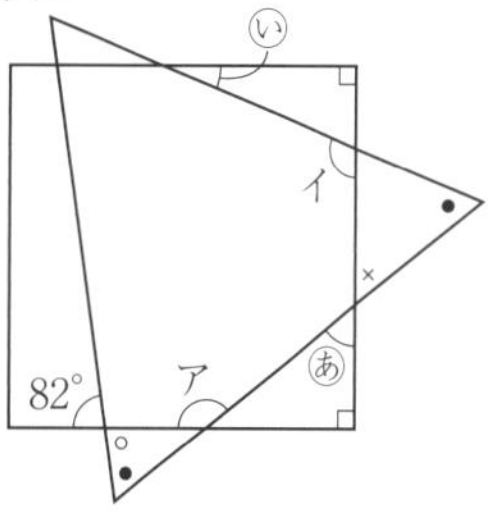

(2) 右下の図2のようにまとめることができる。子供だけが81人受けたとすると，0.3×81=24.3(mL)使うから，実際に使った量よりも，34.5−24.3=10.2(mL)少なくなる。そこで，子供と大人を1人ずつ交換《こうかん》すると，使う量は，0.5−0.3=0.2(mL)ずつ多くなるから，大人の人数は，10.2÷0.2=51(人)とわかる。

図2

子供(1人0.3mL)｝合わせて
大人(1人0.5mL)｝81人で34.5mL

(3) 下の図3のように表すことができ，太線部分は*A*の倍数になるので，アとイの部分も*A*の倍数になる。また，ア=328−119=209，イ=328−176=152だから，*A*は209と152の公約数とわかる。

図3

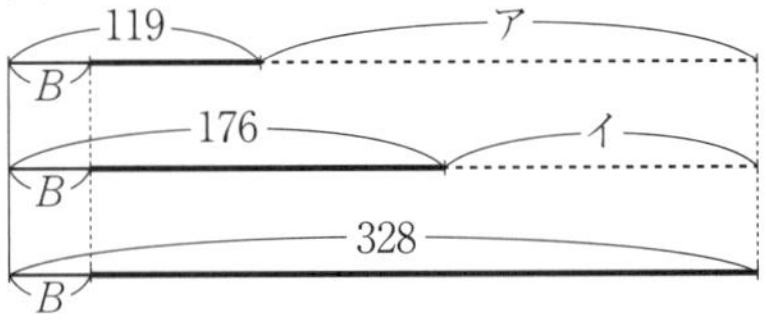

図4

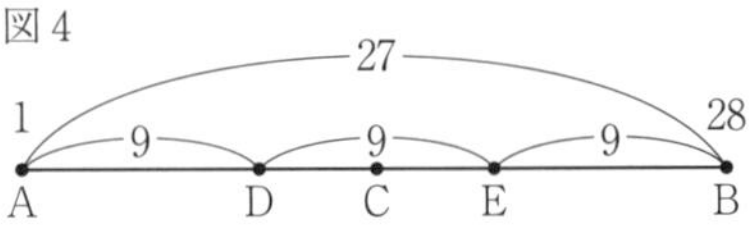

さらに，209と152の最大公約数は19なので，公約数は｛1，19｝となり，条件に合うAは19と決まる。よって，119÷19＝6余り5より，Bは5とわかる。

(4)　(ア)　すべてのめもりを7倍にして考える。すると，右下の図4のように，点Aのめもりは，$\frac{1}{7}\times7=1$，点Bのめもりは，$4\times7=28$になるので，ABの長さは，28－1＝27とわかる。よって，ABを3等分するとき，1つ分の長さは，27÷3＝9になるから，点Eのめもりは，28－9＝19と求められる。したがって，7倍にする前のめもりは，$19\div7=\frac{19}{7}=2\frac{5}{7}$である。　(イ)　初めて，1×7＝7のめもりが現れるときを求める。めもりが7の点をXとすると，AXの長さは，7－1＝6となり，これはABの長さの，$\frac{6}{27}=\frac{2}{9}$にあたることがわかる。よって，点XはABを9等分したときの2つめの点なので，初めて1が現れるのは9等分したときである。

3　正比例と反比例，つるかめ算

(1)　動画を観る速さが2倍，3倍，…になるのにともなって，動画を観るのにかかる時間は$\frac{1}{2}$倍，$\frac{1}{3}$倍，…になる。つまり，動画を観る速さとかかる時間は反比例する。よって，観る速さの比が，1.2：1.4＝6：7のとき，観る時間の比は，$\frac{1}{6}:\frac{1}{7}=7:6$になるから，1.4倍速で観るときにかかる時間は，$32\frac{5}{60}\times\frac{6}{7}=27\frac{1}{2}$(分)と求められる。これは，$60\times\frac{1}{2}=30$(秒)より，27分30秒となる。

(2)　標準の速さを「1分あたり1の動画を観る速さ」とすると，この動画の長さは，1×42＝42となり，右の図のようにまとめることができる。標準の速さで33分観たとすると，1×33＝33しか観ることができないので，実際よりも，42－33＝9少なくなる。そこで，標準の速さのかわりに1.4倍速で観ると，1分あたり，1.4－1＝0.4多く観ることができるから，1.4倍速で観た時間は，9÷0.4＝22.5(分)と求められる。これは，60×0.5＝30(秒)より，22分30秒となる。

(標準)　1分あたり1　｝合わせて
(1.4倍速) 1分あたり1.4　｝33分で42

4　時計算

(1)　2時ちょうどに長針と短針が作る角の大きさは，360÷12×2＝60(度)である。また，長針は1分間に，360÷60＝6(度)，短針は1分間に，360÷12÷60＝30÷60＝0.5(度)動くから，長針は短針よりも1分間に，6－0.5＝5.5(度)多く動く。よって，11分では，5.5×11＝60.5(度)多く動くので，2時11分までに長針は短針を追いこし，長針と短針が作る角の大きさは，60.5－60＝0.5(度)になる。

(2)　下の図で，アの角の大きさは，30×9＝270(度)である。長針が短針を追いこす前にアの角の大きさが6度になるのは，長針が短針よりも，270－6＝264(度)多く動いたときだから，264÷5.5＝48(分後)とわかる。また，長針が短針を追いこした後に角の大きさが6度になるのは，長針が短針よりも，270＋6＝276(度)多く動いたときなので，$276\div5.5=50\frac{2}{11}$(分後)となる。よって，9時台で6度以下になる時刻は｛48分，49分，50分｝の3個ある。同様に考えると，イの角の大きさは，30×10＝300(度)だから，追いこす前は，$(300-6)\div5.5=53\frac{5}{11}$(分後)，追いこした後は，$(300+6)\div5.5=55\frac{7}{11}$(分後)と求められる。したがって，10時台は｛54分，55分｝の2個ある。

(3)　11時台は長針が短針を追いこす前だけが考えられる。ウの角の大きさは，30×11＝330(度)だ

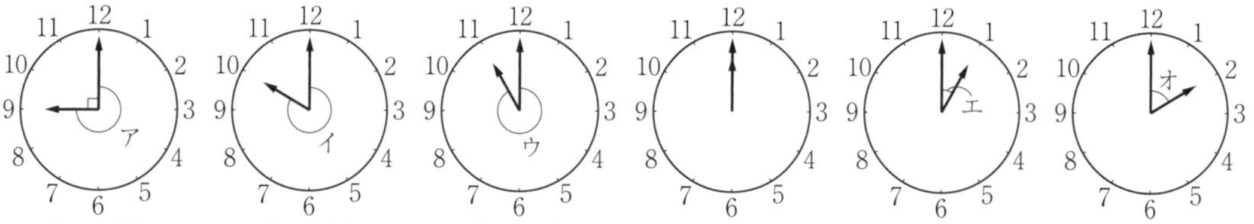

（9時台）　（10時台）　（11時台）　（0時台）　（1時台）　（2時台）

から，11時台で追いこす前は，(330－6)÷5.5＝$58\frac{10}{11}$(分後)となり，11時台は｛59分｝の1個だけになる。また，0時ちょうどには長針と短針が重なっていて，長針と短針の作る角の大きさが6度になるのは，6÷5.5＝$1\frac{1}{11}$(分後)なので，0時台は｛0分，1分｝の2個とわかる。さらに(2)と同様に考えると，エの角の大きさは30度だから，(30－6)÷5.5＝$4\frac{4}{11}$(分後)，(30＋6)÷5.5＝$6\frac{6}{11}$(分後)より，1時台は｛5分，6分｝の2個，オの角の大きさは，30×2＝60(度)なので，(60－6)÷5.5＝$9\frac{9}{11}$(分後)，(60＋6)÷5.5＝12(分後)より，2時台は｛10分，11分，12分｝の3個とわかる。よって，午前9時から午後3時までには全部で，3＋2＋1＋2＋2＋3＝13(個)ある。

5 平面図形―辺の比と面積の比，相似

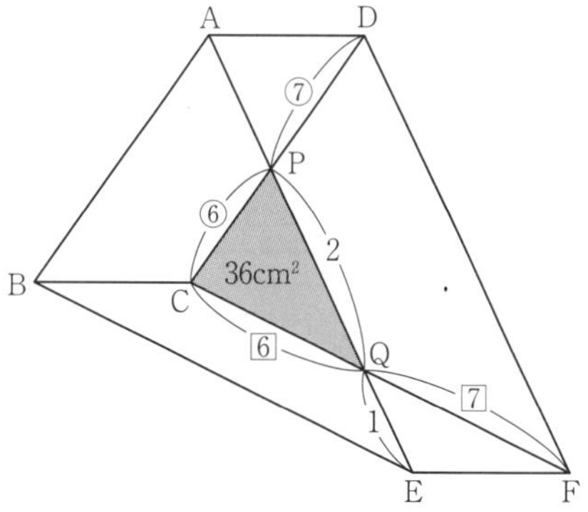

(1)　右の図で，AEとDFが平行だから，CQ：QF＝CP：PD＝6：7となる。三角形CQPと三角形QEFを比べると，底辺の比は，PQ：QE＝2：1，高さの比は，CQ：QF＝6：7なので，面積の比は，(2×6)：(1×7)＝12：7とわかる。よって，三角形QEFの面積は，$36\times\frac{7}{12}$＝21(cm²)と求められる。

(2)　三角形CQPと三角形CFDは相似であり，相似比は，CP：CD＝6：(6＋7)＝6：13だから，FD＝$2\times\frac{13}{6}$＝$\frac{13}{3}$となる。すると，AE＝$\frac{13}{3}$，AP＝$\frac{13}{3}$－(1＋2)＝$\frac{4}{3}$となり，AP：PQ＝$\frac{4}{3}$：2＝2：3と求められる。よって，三角形APDと三角形CQPを比べると，底辺の比は，AP：PQ＝2：3，高さの比は，DP：PC＝7：6なので，面積の比は，(2×7)：(3×6)＝7：9とわかる。したがって，三角形APDの面積は，$36\times\frac{7}{9}$＝28(cm²)と求められる。

(3)　三角形CQPと三角形CFDの面積の比は，(6×6)：(13×13)＝36：169だから，三角形CFDの面積は，$36\times\frac{169}{36}$＝169(cm²)となり，四角形PQFDの面積は，169－36＝133(cm²)とわかる。よって，平行四辺形AEFDの面積は，133＋21＋28＝182(cm²)と求められる。また，三角形BEAは三角形CFDと合同なので，その面積は169cm²とわかる。したがって，五角形ABEFDの面積は，182＋169＝351(cm²)である。

6 立体図形―分割，体積

(1)　この立体は，下の図1のような三角柱である。底面積は，3×4÷2＝6(cm²)，高さは5cmだから，体積は，6×5＝30(cm³)となる。

(2)　3点A，P，Qを通る平面で図1の三角柱を同じ体積となるように2つに切り分けたとき，四角すいA－PQCBの体積は，30÷2＝15(cm³)になる。よって，(台形PQCBの面積)×3×$\frac{1}{3}$＝15(cm³)より，台形PQCBの面積は，15÷$\frac{1}{3}$÷3＝15(cm²)とわかるので，台形QPEFの面積は，5×

4 −15＝5 (cm^2) となる。したがって，EPの長さを□cmとすると，(1＋□)×4÷2＝5 (cm^2) より，□＝5×2÷4−1＝$1\frac{1}{2}$(cm) と求められる。

(3) 切り口は右の図2の太線のようになる。図2で，○印と●印をつけた角の大きさはそれぞれ等しいから，三角形ABGと三角形BCGは相似になる。このとき，相似比は，AB：BC＝3：4なので，面積の比は，(3×3)：(4×4)＝9：16となる。また，この2つの三角形はAG，GCを底辺としたときの高さ(GB)が等しいから，AG：GC＝9：16になる。つまり，AB：BC＝9：16となる。次に，三角形APBと三角形AQCは相似であり，相似比は，AB：AC＝9：(9＋16)＝9：25なので，BPの長さは，$4\times\frac{9}{25}=\frac{36}{25}$(cm) とわかる。よって，Cを含《ふく》む立体，つまり，四角すいA－PQCBの体積は，$\left(\frac{36}{25}+4\right)\times4\div2\times3\times\frac{1}{3}=10\frac{22}{25}$(cm^3) と求められる。

図1

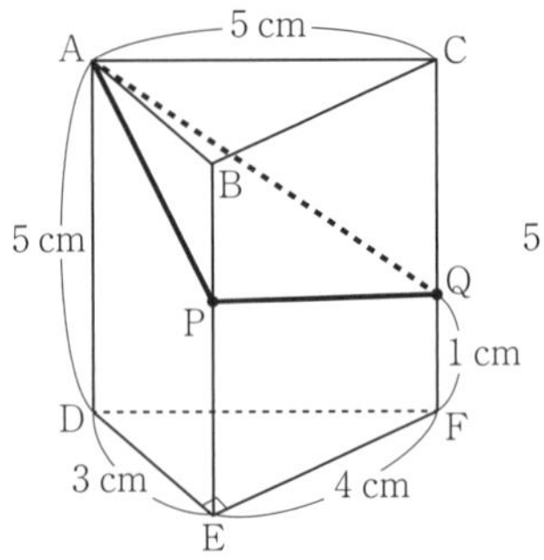

図2

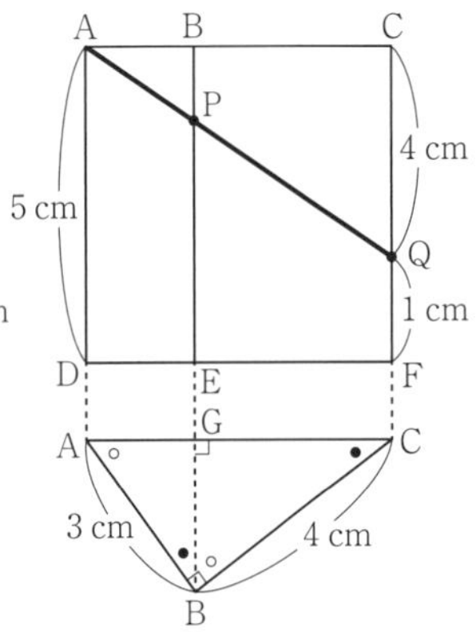

社 会 (40分) ＜満点：50点＞

解 答

1 **問1** ウ **問2** 札幌，長野 **問3** 北大西洋条約機構(NATO) **問4** ゴルバチョフ **問5** エ **問6** イ **問7** 辺野古 **問8** 首里城 **問9** ア **問10** こども家庭庁 **問11** エ 2 **問1** (1) 石狩 (2) **C** 山形 **D** 奈良 (3) ① D ② B **問2** (1) ① エ ② ウ (2) 宮城 **問3** (1) 4 (2) 大分 **問4** (1) ① ス ② シ (2) 千葉 **問5** (1) ① テ ② タ (2) オーストラリア 3 **問1** エ **問2** イ **問3** ウ **問4** イ **問5** エ **問6** ウ **問7** ア **問8** オ 4 **問1** (1) 生糸 (2) ウ **問2** (1) ウ (2) イ (3) エ (4) ア **問3** (1) **A** 雪舟 **B** イ (2) (例) (展示期間を限ることで)絵がいたむことを防ぎ，絵を長く保存するため。 (3) **A** オ **B** エ **問4** (1) **理由**…ウ **年代**…オ (2) ウ (3) 北条政子

解 説

1 2022年のできごとを題材とした問題

問1 北京《ペキン》冬季オリンピックは2月4日〜20日に開催され，大会終了後の2月24日にロシアがウクライナに侵攻した。よって，ロシアとベラルーシの選手もこの大会に参加していたので，ウが誤っている。ただし，ロシアはドーピング問題により，国の代表としてではなく個人の資格で参加した。

問2 日本で開催された冬季オリンピックは，1972年の札幌大会と1998年の長野大会である。

問3 東西冷戦の厳しかった1949年，西側陣営の軍事同盟として北大西洋条約機構(NATO)が発足した。加盟国はアメリカ，カナダとヨーロッパの計30か国で，世界最大の軍事同盟となっている。これは1989年の冷戦終結と1991年のソ連(ソビエト連邦)崩壊《ほうかい》により，かつて東側だった国々が次々に加盟したことがその背景にある。さらに，ロシアのウクライナ侵攻で危機感を持ったフィンランドとスウェーデンも，NATOへの加盟を申請《しんせい》している(2022年末現在)。

問4　ロシアとウクライナはどちらも，東西冷戦時にはソ連の構成国であった。ゴルバチョフはソ連最後の最高指導者で，1989年にアメリカのブッシュ(父)大統領とマルタ会談を行い，冷戦の終結を宣言したことで知られる。

問5　「円安」とは，外国為替《かわせ》相場において日本通貨の円の価値が下がることで，円とドルを交換《こうかん》するときに，それまでよりも多くの円を支払わなければ同じだけのドルと交換できなくなる状態を指す。よって，エが誤っている。

問6　ア　これまでは親の同意があれば男性は満18歳，女性は満16歳で結婚できたが，この規定は変更され，男女とも満18歳以上に統一された。　イ　契約についての説明として正しい。　ウ　選挙権年齢が満18歳以上になってから初めての参議院議員通常選挙は，2016年に行われた。　エ　飲酒や喫煙は，健康面への影響《えいきょう》や非行防止，青少年保護等の観点から，これまでと変わらず満20歳にならないとできない。

問7　沖縄県宜野湾《ぎのわん》市にあるアメリカ軍の普天間《ふてんま》飛行場は，日本に返還されることで日本政府とアメリカ政府が同意している。しかし，基地の移転先とされる同じ沖縄県の名護《なご》市辺野古《へのこ》については，県が建設に反対しており，日本政府との間で対立が続いている。

問8　琉球《りゅうきゅう》王国の王城は首里城(那覇《なは》市)で，首里城跡は「琉球王国のグスク及《およ》び関連遺産群」(グスクは城のこと)の構成資産の１つとして，ユネスコ(国連教育科学文化機関)の世界文化遺産に登録されている。その首里城跡に再現されていた正殿などの建物が，2019年の火災で焼失した。

問9　出生数や死亡数などについての人口動態調査は，厚生労働省が担当している。

問10　子どもを取りまくさまざまな課題に対応するため，2023年４月，「こども家庭庁」が創設された。

問11　ア　ウクライナ情勢について，中国(中華人民共和国)はおおむね中立の姿勢を維持している。　イ　「竹島」(島根県)ではなく「尖閣《せんかく》諸島」(沖縄県)が正しい。竹島をめぐる領土問題が存在しているのは，韓国(大韓民国)との間である。　ウ　「中国国民党」ではなく「中国共産党」が正しい。中国国民党は，中国共産党が内戦で破った相手である。　エ　現在，中国は日本にとって輸出金額の22.1％，輸入金額の25.7％を占《し》める最大の貿易相手国となっている。統計資料は『日本国勢図会』2022／23年版，『データでみる県勢』2022年版などによる(以下同じ)。

2　日本の自然，産業，貿易についての問題

問1　(1)　大雪山《だいせつざん》は北海道中央部にある火山群なので，Aは上川盆地があてはまる。上川盆地は石《いし》狩《かり》川上流にあり，下流に広がる石狩平野とともに稲作がさかんで，北海道の米どころとなっている。
(2)　**C**　奥羽山脈の西に位置する山形盆地には，山形県の県庁所在地である山形市がある。山形盆地は最上《もがみ》川流域にあり，おうとう(さくらんぼ)などの果樹栽培がさかんである。　**D**　奈良県北部に位置する奈良盆地には，奈良県の県庁所在地である奈良市があり，かつては平城京などが置かれていた。奈良盆地から西に流れる大和《やまと》川は大阪府に入り，大阪市と堺市の境をなして大阪湾に注ぐ。この両市は政令指定都市である。　なお，Bは小林盆地(宮崎県)。　(3)　冬の降水量(降

雪量)が多い日本海側の気候の特徴《とくちょう》がややみられる③，④のうち，気温がより低い③は上川盆地に位置する札幌市，もう一方の④は山形市と判断できる。残った①，②のうち，年間降水量がより少ない①は内陸性の気候に属する奈良市，もう一方の②は太平洋側の気候に属する小林市(小林盆地の中心都市)となる。

問2　(1)，(2)　アはこんぶ類，イはかき類で，空欄《くうらん》には宮城県が入る。また，ウはまだい，エはうなぎである。

問3　(1)　太陽光はケである。福島県が上位にあるのは，津波災害や福島第一原子力発電所の事故による住民の避難が続く浜通りを中心に，大規模太陽光発電所(メガソーラー)が急増したためである。また，風力はキである。北海道や北東北のおもに日本海側には，強い季節風を利用して，風力発電用の風車が多く設置されている。なお，カは地熱，クは水力である。日本の水力発電所はダムがある山間部に建設されることが多いので，山間部の多い県が水力の上位を占めている。　(2)　大分県は地下から噴出する熱水や水蒸気を利用した地熱発電がさかんで，八丁原《はっちょうばる》には出力が国内最大の地熱発電所がある。

問4　(1)　サは石油・石炭製品，シは情報通信機械器具，スは鉄鋼，セはパルプ・紙・紙加工品である。　(2)　千葉県の東京湾岸に発達した京葉工業地域は，埋《う》め立て地に製鉄所や石油化学コンビナートが建設されており，化学工業や金属工業の割合が大きい。

問5　(1)　①　えびの輸入先は，ベトナム，インド，インドネシアなど，アジアの熱帯地域が中心なので，テがあてはまる。　②　集積回路(IC)の輸入先は台湾が中心なので，タがあてはまる。なお，チは鉄鉱石，ツは液化天然ガス(LNG)の輸入先。　(2)　オーストラリアは日本にとって鉄鉱石，液化天然ガス，石炭などの資源の最大の輸入先で，このほか牛肉などの食料品の輸入も多い。

3　日本国憲法についての問題

問1　外国に居住する日本人に国民審査権を認めないのは憲法に違反するという判決を，2022年に最高裁判所が下した。よって，エが誤っている。

問2　予算案を作成するのは内閣なので，イが誤っている。国会はこれを審議し予算を決定する。

問3　衆議院には予算の先議権があるが，法律案はどちらの議院が先に審議入りしてもよいことになっている。よって，ウが誤っている。

問4　参議院議員通常選挙の比例代表選挙は，全国を１つの単位(全国区)とするので，イが誤っている。なお，全国を11のブロックに分けるのは，衆議院議員総選挙の比例代表選挙である。

問5　臨時国会(臨時会)の会期は，そのつど国会が決定し，２回まで延長できることが，国会法で定められている。よって，エが誤っている。

問6　衆議院の解散を決定する権限は内閣に属するため，解散をするさい，内閣総理大臣は閣議を開き，すべての国務大臣の署名を集める。よって，ウが誤っている。なお，報道などで「解散は内閣総理大臣の専権事項」のような言い方がされることがあるのは，署名を拒否《きょひ》する大臣がいたとしても，内閣総理大臣はその大臣を罷免《ひめん》すること(辞めさせること)ができるからである。

問7　重大な刑事事件の第一審(地方裁判所)で行われる裁判員裁判では，被告人が有罪か無罪かだけでなく，有罪の場合には量刑(刑の重さ)も，裁判官と裁判員の合議で多数決で決めることになっている。よって，アが誤っている。

問8　①と③は正しい。②について，長官以外の最高裁判所の裁判官は，下級裁判所の裁判官をふくめ，内閣が任命する。

4　東京国立博物館を題材とした問題

問1　⑴　エは「綿糸」ではなく「生糸」が正しい。なお，製糸業は蚕の繭《まゆ》から絹織物の原材料となる生糸を製造する工業であり，綿花から綿糸をつくる工業は紡績《ぼうせき》業とよばれる。　⑵　『たけくらべ』は樋口一葉《ひぐちいちよう》の小説である。また，与謝野晶子《よさのあきこ》は歌集『みだれ髪《がみ》』を代表作とする歌人で，日露戦争を批判する詩を発表した。よって，ウが誤っている。

問2　⑴　近松門左衛門《ちかまつもんざえもん》は，江戸時代前半の元禄《げんろく》文化を代表する人形浄瑠璃《じょうるり》・歌舞伎《かぶき》の脚本家である。なお，ほかの3人は江戸時代後半の浮世絵《うきよえ》師で，アの東洲斎写楽《とうしゅうさいしゃらく》は役者絵，イの葛飾北斎《かつしかほくさい》とエの歌川広重《ひろしげ》は風景画で知られる。　⑵　土偶《どぐう》は縄文時代につくられた，まじないに使われたと考えられている土製の人形である。この時代の人々は，竪穴《たてあな》住居をすまいとし，おもに狩猟や採集で食料を得ていたので，イが選べる。なお，ア，ウ，エは弥生時代について述べた文である。

⑶　iは「内閣のしくみができてまもなく」とあるので明治時代，iiは「豪族が支配していた土地が国のものになり」と公地公民制について述べているので飛鳥時代，iiiは「大きな飢饉《ききん》を背景に一《いっ》揆《き》や打ちこわしがしばしば起こる」とあるので江戸時代と判断できる。よって，年代の古い順にii→iii→iとなる。なお，iiiは天明の大飢饉と，寛政《かんせい》の改革を行った老中松平定信について述べた文。

⑷　アのオランダ語の医学書は江戸時代，イの水墨《すいぼく》画は鎌倉時代，ウの自動車は明治時代後半，エの仏教は古墳時代，オの瑠璃杯《るりのつき》は奈良時代，カの鉄道は明治時代初め，キの鉄砲は戦国時代に伝えられた。よって，年代の古い順にエ→オ→イ→キ→ア→カ→ウとなる。

問3　⑴　**A**　『秋冬山水図』や『天橋立図《あまのはしだてず》』は水墨画で，雪舟《せっしゅう》の代表作である。水墨画は宋や元の時代の中国で発達した絵画で，当初は禅《ぜん》の精神を表すものとして禅僧たちによって描かれ，のちには山水画とよばれる風景画も広まった。室町時代後半，禅僧であった雪舟は明(中国)にわたって水墨画を学び，帰国すると山口に住居を構え，日本風の水墨画を大成した。　**B**　平安時代末期，平清盛は平治の乱(1159年)で政治の実権をにぎり，平氏政権の基盤《きばん》をつくった。『平治物語絵巻』は平治の乱を題材とした軍記物語『平治物語』を絵巻化したもので，「乱から数十年後までに描かれたと考えられています」とあるように，鎌倉時代に成立した。金閣(鹿苑《ろくおん》寺)は室町幕府の第3代将軍足利義満が建てたので，イが選べる。なお，アとエは平安時代，ウとオは安土桃山時代のできごと。　⑵　「開催趣旨《かいさいしゅし》」に「かけがえのない文化財の保存と公開とを両立させながら」とあり，設問に「絵画は長くても2週間くらいしか展示されず，それ以外の時には温度や湿度が一定に保たれた収蔵庫に保管されています」とあることから，絵がいたむことを防ぎ，長く保存するために，展示期間を限っているのだと考えられる。　⑶　**A**　アの徳川家光は江戸幕府の第3代将軍，イの平清盛は平安時代末期の人物，ウの大正天皇が皇太子だったのは明治時代，エの最澄《さいちょう》は平安時代初期の人物，オの関ヶ原の戦いは安土桃山時代末期のできごとである。よって，年代の古い順にエ→イ→オ→ア→ウとなる。　**B**　アの日光東照宮は栃木県，イの厳島《いつくしま》神社は広島県，ウの迎賓館《げいひんかん》は東京都，エの延暦寺《えんりゃくじ》は滋賀県，オの姫路城は兵庫県にある。よって，西から順に3番目までは，イ→オ→エとなる。

問4　⑴　アの東日本大震災は2011年，イの二・二六事件は1936年，ウの関東大震災は1923年，エの東京大空襲は1945年のできごとである。よって，イとカ，またはウとオという組み合わせになるが，二・二六事件は陸軍の一部の部隊による反乱であり，表慶《ひょうけい》館だけで展示が行われる理由にはならないと考えられるので，ウとオが選べる。　(2)　1937年に日中戦争が始まると，翌38年に国家総動員法が制定され，政府は議会の議決なしに物資の生産，配給，輸送など，経済や国民生活全般にわたる統制を行うことが認められた。そして，戦争のため軍需《ぐんじゅ》物資の生産が優先された結果，食料品や日用品が不足し，配給制や切符制がしかれるようになった。また，1940年，政府は国民を互いに監視《かんし》させるため，隣組《となりぐみ》を制度化した。よって，ウがあてはまる。なお，アはおおむね大正時代，イは第二次世界大戦(1939～45年)直後，エは高度経済成長期(1950年代後半～1970年代初め)。
(3)　オは飛鳥時代に大化の改新とよばれる政治改革を行った中大兄《なかのおおえの》皇子(のちの天智天皇)についての文だが，「行基」は奈良時代に東大寺(奈良県)の大仏づくりに協力した渡来人系の僧なので，この文はのぞく(「行基」ではなく「僧旻《みん》」などが正しい)。アは平安時代末期に後三年の役で勝利を収めた藤原清衡《きよひら》，イは平安時代後半に摂関《せっかん》政治の全盛期を築いた藤原道長，ウは弥生時代に邪馬《やま》台国《たいこく》の女王であった卑弥呼《ひみこ》，エは鎌倉時代に承久《じょうきゅう》の乱(1221年)で活躍《かつやく》した北条政子についての文である。よって，時代の古い順にウ→イ→ア→エとなる。

理　科　(40分)＜満点：50点＞

解　答

1　(1)　ウ　(2)　ア　(3)　エ　(4)　(例)　地面，空気の順に暖まるため，気温が上がるまでに時間が必要だから。　(5)　イ　(6)　ウ　(7)　(例)　昼の時間が長くなる　(8)　イ　(9)　⑨　水　⑩　吸収　2　(1)　蒸散　(2)　気孔　(3)　イ　(4)　プレパラート　(5)　右下　(6)　右の図　(7)　ウ　(8)　イ　(9)　明るさ　3

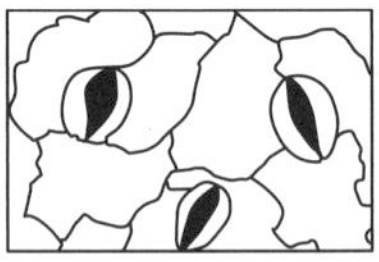

〈A〉　(1)　エ　(2)　Q　(3)　イ，ウ，オ　(4)　②　(5)　カ
〈B〉　(1)　2 cm　(2)　**ばね1**…4 cm　**ばね2**…3 cm　(3)　**ばね1の変化した長さ**…1 cm　**ばね1の状態**…イ　**ばね2の変化した長さ**…1.5cm　**ばね2の状態**…ア　(4)　①　60 g　②　**ばね1の変化した長さ**…0.8cm　**ばね1の状態**…ア　**ばね2の変化した長さ**…3 cm　**ばね2の状態**…ア　4　〈A〉　(1)　**気体①**…キ　**気体②**…ウ　**気体③**…ア　(2)　**X**　水上　**Y**　石灰　(3)　(例)　**実験操作**…火のついた線香を近づける。　**結果**…激しく燃える。　(4)　**実験A**…ウ　**実験B**…ア　**実験C**…エ　(5)　1000mL　〈B〉　(1)　23%　(2)　124 g　(3)　イ　(4)　58 g　(5)　(例)　冷却しても溶ける量がほとんど減少せず結晶が出てこないから。

解　説

1　天気と気温についての問題

(1)　「晴れ一時くもり」は，くもりの時間が予報期間の$\frac{1}{4}$未満で，それ以外の時間は晴れと予想されるときに発表される。なお，「晴れ時々くもり」は，くもりの時間が予報した期間の$\frac{1}{4}$以上$\frac{1}{2}$未満と予想されるときに発表される。
(2)　晴れている日は，夜の間に熱が地球上から宇宙に出て行きやすいので，最低気温は低くなる。

昼間は直射日光が地面に当たるので，最高気温が高くなり，1日の気温差が大きくなる。逆に，くもりの日や雨の日は，直射日光が地面に当たらないので，気温の変化は小さくなる。

(3) 気温を測るときは，建物から離《はな》れた風通しのよい場所で，温度計に直射日光を当てないように注意して，地面から1.2〜1.5mの高さに温度計を保った状態で測る。したがって，エがふさわしい。

(4) 太陽の熱はまず地表を暖め，その後，地表からの熱によって空気が暖められる。そのため，晴れた日の地温は太陽の南中時刻(12時ごろ)より遅《おく》れて午後1時ごろ最高になり，気温はさらに少し遅れて午後2時ごろ最高になる。

(5) 降水確率は，予報区内で一定の時間内に1mm以上の降水がある確率で，0％から100％まで10％刻みの値で発表される。降水確率20％とは，この予報が100回発表されたとき，20回は雨になるという意味である。

(6)，(7) 夏は冬よりも太陽高度が高く，同じ面積に当たる光の量が多いので，地面は多くの熱を受け取る。また，昼の時間が長く，地面が太陽の光に当たっている時間も長い。そのため，地温や気温が高く，暑くなる。

(8) あせが蒸発するときには，体から熱がうばわれる。空気が湿《しめ》っていると，あせが蒸発しにくくなるので，暑く感じる。

(9) ⑨ 芝生《しばふ》の芝は植物なので，体内に水分を含《ふく》んでいる。また，この水分が蒸散作用により水蒸気になるので，芝生の温度はアスファルトに比べて上がりにくい。 ⑩ 芝の葉には光沢《こうたく》があるので，太陽の光を反射し，太陽の熱を吸収しにくい。一方，アスファルトは黒っぽいので，太陽の熱を吸収しやすく温度が上がりやすい。

2 植物と水の出入りの関係についての問題

(1)，(2) 植物は，根から吸収した水を水蒸気にして，体の表面にある気孔《きこう》という穴から空気中に放出している。このはたらきを蒸散という。蒸散は，体内の水分量の調節のほか，根から吸い上げる水の量を増やしたり，体温を下げたりするのに役立っている。気孔は葉の裏に多くあり，光合成や呼吸にともなう酸素や二酸化炭素などの気体の出入りも気孔を通して行われる。

(3) 顕微鏡《けんびきょう》は，鏡筒《きょうとう》にゴミが入らないようにするため，接眼レンズを取り付けた後，対物レンズを取り付ける。

(4) 顕微鏡で観察するものをのせる長方形のガラス板をスライドガラス，観察するものを押《お》しつぶしてかぶせる正方形のうすいガラス板をカバーガラスという。また，観察するものをスライドガラスとカバーガラスの間にはさみ，観察できるようにしたものをプレパラートという。

(5) ふつうの顕微鏡は上下左右が逆に見える。そのため，顕微鏡のステージ(またはプレパラート)を左上に動かしたときには，顕微鏡を通してみるとサンプルが右下に動いたように見える。

(6) 気孔は孔辺細胞《さいぼう》という三日月形をした細胞で囲まれたすき間である。孔辺細胞は葉緑体という緑色の粒《つぶ》をふくんでおり，光合成などのはたらきによって孔辺細胞内の水分が多くなると変形し，気孔が開く。

(7) 木工用ボンドを葉の右半分のおもて側と裏側の両面に塗《ぬ》ると，その部分にある気孔がふさがれるので，蒸散ができなくなる。そのため，葉の右半分は左半分より温度が高くなると考えられるので，ウがふさわしい。

(8) 気孔は葉の裏側に多いので，Bの方がAより蒸散の量が減り，左右の温度差が大きくなる。

(9)　グラフ２を見ると，水の放出量のグラフは，明るさのグラフに少し遅れて同じように変化していることが分かる。よって，気孔の開閉には明るさの方がより大きな役割を持っていると考えられる。

3　豆電球と発光ダイオードを使った回路，ばねと力についての問題

〈A〉　(1)　①にはア，ウ，エ，オが，②にはア，イ，エが，③にはエがあてはまるので，エとなる。

(2)　(1)のエの回路の端子《たんし》Cと端子Dを電池につなぐと，C→Q→Dと電流が流れ，豆電球Qだけが光る。

(3)　(1)のエの回路の豆電球Pが切れた場合について考える。ア，エ，カは，端子Aから電流が流れないため，豆電球Q，豆電球Rのどちらも光らない。イは豆電球Qと豆電球Rが，ウは豆電球Qが，オは豆電球Rが光る。

(4)　(1)のエの回路について，②で豆電球Pに流れる電流の大きさを１とする。①では，豆電球P，豆電球Q，豆電球Rが直列に電池につながるので，それぞれの豆電球に流れる電流の大きさは$\frac{1}{3}$になる。③では，豆電球P，豆電球Qが直列に電池につながるので，それぞれの豆電球に流れる電流の大きさは$\frac{1}{2}$になる。したがって，豆電球Pが最も明るくなるものは②とわかる。

(5)　④にはア，イ，ウ，カが，⑤にはイ，オ，カが，⑥にはオ，カがあてはまるので，カとなる。

〈B〉　(1)　図１より，ばねは１ｇの力で，$6\div100=0.06$(cm)縮む。図２では，板２の重さを３本のばね１で支えているので，１本のばね１には，$100\div3=\frac{100}{3}$(ｇ)の力がかかり，ばね１は，$0.06\times\frac{100}{3}=2$(cm)縮んでいる。

(2)　図３では，板３の重さを２本のばね２で支えているので，１本のばね２には，$100\div2=50$(ｇ)の力がかかり，ばね２は，$0.06\times50=3$(cm)縮んでいる。また，板３と板２の重さを３本のばね１で支えているので，１本のばね１には，$(100+100)\div3=\frac{200}{3}$(ｇ)の力がかかり，ばね１は，$0.06\times\frac{200}{3}=4$(cm)縮んでいる。

(3)　図４では，ばね３が板３を，$9\div0.06=150$(ｇ)の力で引き上げているので，２本のばね２は板３に，$150-100=50$(ｇ)の力で引かれている。つまり，１本のばね２は，$50\div2=25$(ｇ)の力で引かれているので，$0.06\times25=1.5$(cm)伸《の》びている。また，２本のばね２が板２を50ｇの力で引き上げているので，３本のばね１は板２を，$100-50=50$(ｇ)の力で支えている。つまり，１本のばね１には，$50\div3=\frac{50}{3}$(ｇ)の力がかかり，$0.06\times\frac{50}{3}=1$(cm)縮んでいる。

(4)　①　図５で，ばねが引かれる力は，$3.6\div0.06=60$(ｇ)なので，手が感じる板の重さは60ｇとなる。　②　図６では，ばね３が板３を，$12\div0.06=200$(ｇ)の力で引き上げているので，２本のばね２は板３に，$200-100=100$(ｇ)の力で引かれている。つまり，１本のばね２は，$100\div2=50$(ｇ)の力で引かれているので，$0.06\times50=3$(cm)伸びている。また，①より，板２の水中での重さは60ｇであり，２本のばね２が板２を100ｇの力で引き上げているので，３本のばね１は板２に，$100-60=40$(ｇ)の力で引かれている。つまり，１本のばね１は，$40\div3=\frac{40}{3}$(ｇ)の力で引かれているので，$0.06\times\frac{40}{3}=0.8$(cm)伸びている。

4　気体を発生させる実験，固体の溶解《ようかい》度についての問題

〈A〉　(1)　二又《ふたまた》試験管では，固体をくぼみのある側（Aの部分），液体をくぼみのない側（Bの部分）に入れる。二又試験管をAの側に傾《かたむ》けると液体がAの部分に入り反応が始まる。反応を止めたいときは，二又試験管をBの側に傾ける。そうすると，くぼみに固体が引っかかるため，液体のみをBの部分に入れることができ，反応を止めることができる。よって，発生した気体の性質から，気体①は酸素だからキがふさわしい。また，気体②は水素なのでウ，気体③は二酸化炭素なのでアが選べる。

(2)　**X**　水に溶《と》けにくい酸素や水素などの気体は，気体を水と置き換《か》える水上置換《ちかん》(法)で集める。水上置換には，集めた気体の体積を目で見て確かめられ，純粋《じゅんすい》な気体を集められるという利点がある。　**Y**　石灰水は水酸化カルシウムの水溶液で，石灰水に二酸化炭素を通すと，水酸化カルシウムと二酸化炭素が反応して，水に溶けにくい炭酸カルシウムができ，その粒が液に広がるために白くにごる。

(3)　酸素には，自分自身は燃えないが，ほかの物が燃えるのを助ける性質がある。このような性質を助燃性という。助燃性を確かめるには，集気びんに酸素を入れて，この中に火のついた線香を入れると，炎《ほのお》をあげて激しく燃えることで確かめられる。

(4)　**実験A**…実験(あ)では，オキシドールに溶けている過酸化水素が分解して，酸素と水ができる。このとき，二酸化マンガンは過酸化水素が分解するのを助けるはたらきをするだけで，それ自身は変化しない(このようなものを触媒《しょくばい》という)。よって，オキシドールを増やすと，発生する酸素の体積が増えるので，ウがあてはまる。　**実験B**…実験(い)では，アルミニウムが残らなかったので，アルミニウム5gと過不足なく反応する量以上の水酸化ナトリウム水溶液が入っていたことがわかる。しかし，ちょうど反応する量は不明である。したがって，アとなる。　**実験C**…実験(う)では，塩酸を少しずつ加えていき，石灰石がなくなるところまで反応させているので，塩酸100mLと石灰石5gが過不足なく反応している。よって，石灰石を減らすと，発生する気体の体積が減るので，エがあてはまる。

(5)　実験(う)より，石灰石5gと塩酸100mLが過不足なく反応すると，二酸化炭素が1000mL発生する。したがって，石灰石5gに実験(う)で用いた塩酸の2倍の濃《こ》さの塩酸100mLを加えると，石灰石5gと，100÷2＝50(mL)の塩酸が反応して二酸化炭素が1000mL発生し，塩酸が，100－50＝50(mL)残る。

〈B〉　(1)　水溶液の濃度《のうど》(%)は，(溶けているものの重さ)÷(水溶液全体の重さ)×100で求められる。よって，30÷(100＋30)×100＝23.0…より，23%となる。

(2)　硝酸《しょうさん》カリウムは100gの水に30℃のとき45g溶けて，このとき飽和《ほうわ》水溶液が，100＋45＝145(g)できる。したがって，$45\times\frac{400}{145}=124.1\cdots$より，30℃の硝酸カリウム飽和水溶液400gには，124gの硝酸カリウムが含まれている。

(3)　20%の硝酸カリウム水溶液200gには，$200\times\frac{20}{100}=40$(g)の硝酸カリウムと，200－40＝160(g)の水が含まれているので，水100gあたりに溶けている硝酸カリウムは，$40\times\frac{100}{160}=25$(g)となる。グラフより，硝酸カリウムの溶解度が25gになるのはおよそ15℃とわかるので，水溶液を少しずつ冷やしていったときには，およそ15℃で硝酸カリウムの結晶《けっしょう》が出始める。

(4)　$400\times\frac{52}{100+52}=136.8\cdots$より，80℃の塩化カリウム飽和水溶液400gには137gの塩化カリウムと，400－137＝263(g)の水が含まれている。また，$30\times\frac{263}{100}=78.9$より，塩化カリウムは263gの水に10℃のとき79g溶ける。よって，冷却《れいきゃく》すると，137－79＝58(g)の結晶が出てくる。

⑸　グラフを見ると，塩化ナトリウムは温度による溶解度の変化が小さいので，飽和水溶液を冷却しても結晶があまり出てこない。そのため，塩化ナトリウムを取り出すさいには再結晶は適さない。

国　語　（60分）＜満点：100点＞

解　答

一　**問1**　ア　×　　イ　○　　ウ　×　　エ　○　　オ　×　　**問2**　（例）　大正噴火の数日前から予兆があり，多くの住民は桜島を脱出した。東桜島村の村長たちも不安を感じ，測候所に何度も電話をしたが，「噴火しない」と言われ，科学を信頼していた村長たちは逃げ遅れて，犠牲者が出た。　**問3**　オ　**問4**　（例）　行政や専門家はできる限り科学的な対応を重ね，不確実であっても警告を出して市民の命を守る道を選び，予報が外れても市民はそれを責めないようにするべきだ。　**問5**　ウ　**問6**　（例）　行政や専門家による災害の予報が外れ続けて，市民から信用されなくなること。　**問7**　下記を参照のこと。　二　**問1**　A　ア　B　オ　C　イ　D　エ　**問2**　（例）「私」が幼稚園にはほとんど行かず，好きなことだけをしていたという前歴。　**問3**　ウ　**問4**　イ　**問5**　（例）　複雑な事情を抱えひどい劣等生だった小学生の時に，高木先生の特別な思いやりで絵を描く楽しみを教えられ，すくい上げてもらったことが，作家として生活している現在につながっていると考え，感謝している。

三　下記を参照のこと。

●漢字の書き取り

一　**問7**　①　拡大　②　利器　③　階級　④　支持　⑤　遺族　三　①　版図　②　穀倉　③　混迷　④　祝祭　⑤　順延　⑥　歌劇　⑦　衆人　⑧　郵便　⑨　舌先　⑩　枝葉　⑪　潮流　⑫　暮改　⑬　快刀　⑭　発揮　⑮　気宇

解　説

一　**出典は2022年7月29日付「朝日新聞」朝刊掲載《けいさい》の「〈月刊安心新聞plus《プラス》〉リスク課題　科学的な対応重ね，最後は『後悔《こうかい》残らない道』の選択《せんたく》を（神里達博《かみさとたつひろ》著）」による。**大正桜島噴火《ふんか》をはじめとするさまざまな噴火の事例を紹介《しょうかい》し，市民を守るための災害の予報のあり方について考察している。

問1　**ア**　「桜島は15年8月にレベル4（避難《ひなん》準備）が発令されたことがあるが，今回はそれを上回った」とあるので，桜島でレベル5になったのは「24日」が初めてとわかる。　**イ**　「住民の適切な避難に成功した，2000年の北海道有珠《うす》山の噴火のケースは，例外的と言うべきだろう」と述べられている。　**ウ**　「15年の桜島におけるレベル4発令の際は，直接の噴火は起きていない」と述べられている。　**エ**　「14年の御嶽《おんたけ》山の噴火」では，「膨張《ぼうちょう》を示すデータが2日前に見られ」たが，気象庁は「噴火警戒《けいかい》レベルを1に据《す》え置いた」と述べられている。　**オ**　「御嶽山は07年3月にもごく小規模《きぼ》の噴火をしているが，その時は4カ月前から山体膨張や火山性地震《じしん》など，色々な予兆が把握《はあく》されている」と述べられている。

問2　「文面」の「背景」となったできごとについては，続く六つの段落で説明されている。「大正噴火」のさいの「住民」と「村長たち」の行動の違《ちが》いとその理由，それぞれの人々がどのような結末になったのかを中心にまとめる。

問3　前に「もし業務外というのならば」とあるので，否定的な言葉が入ると考えられる。よって，オの「分からない」があてはまる。

問4　後のほうの「科学的不確実性の高いリスク課題に，行政や専門家はどう向きあうべきなのか」は，傍線《ぼうせん》部Cについて具体的に述べた内容である。これについて筆者は，最後の三つの段落で，「行政や専門家」の役目だけでなく，「市民」の側が持つべき心構えについても説明している。

問5　14年の「御嶽山噴火」では，「予兆《よちょう》と考えられる現象」が観測されていたのに，気象庁は「噴火警戒レベルを1に据《す》え置いた」。また，「大正桜島噴火」では，「地面が熱くなったり，地震が起きたり」といった噴火の予兆があったのに，測候所は「桜島は噴火しない」と判断していた。よって，ウがふさわしい。

問6　「オオカミ少年」はイソップの寓話《ぐうわ》に出てくる羊飼いの少年で，いつも「オオカミが出た」と嘘《うそ》をついて村人を騒《さわ》がせていたため，本当にオオカミが出たときに信用されず，羊を食べられてしまう。傍線部Eでは，噴火などの災害がオオカミに，行政や専門家がオオカミ少年に，予報を受け取る市民が村人にたとえられている。

問7　①　広げて大きくすること。　②　便利な道具や品物。　③　ある社会の中で，同じような地位・財産などを持つ人たちの集団。「知識階級」は，高等教育を受けて知的労働にたずさわる人々。インテリゲンチャ。　④　ある意見や主張に賛成して協力すること。　⑤　人が死んだ後に残された家族・親族。

二　**出典は伊集院静《いじゅういんしずか》の『タダキ君，勉強してる？』による。**ずっと劣等《れっとう》生だった「私」(西山忠来《にしやまただき》)は，小学校の担任だった高木《たかぎ》先生のおかげで絵に興味を持つようになる。

問1　**A**　「咎《とが》めだてる」は，必要以上に強く責めたてること。　**B**　「普請《ふしん》」は，建築工事・土木工事のこと。　**C**　「むべなるかな」は，ものごとに納得《なっとく》したり感心したりする気持ちを表す言葉。“なるほど，それはそうだなあ”という意味。　**D**　「弾《はず》みがつく」は，“さらに勢いがつく”という意味。

問2　続く部分に「小学校への通学も危《あや》ういものだった」とあるので，それ以前の，集団行動が苦手な「私」のようすをまとめる。

問3　少し後に「まともに扱《あつか》ってくれた」とあるので，これを「向き合い」と表現しているウが選べる。

問4　「蜘蛛《くも》の巣のように張ったテレビ塔《とう》を真下から見上げ，その向こうに見える空とともに描《えが》いた」とあるので，イが合う。

問5　「私」は「複雑な事情を抱《かか》えた少年」で，「ずっと，劣等生だった」が，高木先生の「贔屓《ひいき》」のおかげで「絵を描く楽しみ」を知り，それが現在の小説家としての自分につながっていると感じている。このことに感謝する心情が，傍線部④には表れている。

三　**漢字の書き取り**

①　国の領土。　②　穀物をたくわえる倉。「穀倉地帯」は，穀物の生産量が非常に多い地域。　③　複雑に入りまじって，わけがわからなくなること。　④　あることを祝うための祭り。　⑤　順々に期日を延ばすこと。　⑥　歌を中心として展開する舞台《ぶたい》劇。オペラ。　⑦　多くの人々。「衆人環視《かんし》」は，大勢の人が周囲を取り囲んで見ていること。　⑧　手紙や荷物などを送

り届ける通信制度。また，その手紙や品物。　⑨「舌先三寸」は，心のこもっていない，うわべだけの言葉。　⑩「枝葉末節」は，ものごとの主要ではない部分。　⑪ 潮の流れ。転じて，時勢のなりゆき。　⑫「朝令暮改」は，方針や命令が次々に変わって定まらないこと。⑬「快刀乱麻(を断つ)」は，こみいった問題をてきぱきと処理すること。　⑭ 持っている力を出すこと。　⑮「気宇壮大《そうだい》」は，“心意気が雄大《ゆうだい》で，度量や発想が非常に大きい”という意味。

Memo

Memo

2022年度　ラ・サール中学校

〔電　話〕（0992）68－3121
〔所在地〕〒891-0114　鹿児島市小松原2－10－1
〔交　通〕「鹿児島中央駅」より市電・「谷山駅」下車徒歩3分

【算　数】（60分）〈満点：100点〉

1　次の $\square$ にあてはまる数をそれぞれ求めなさい。（12点）

(1)　$1.7\times3.09+4.9\times1.03+1.7=\square$

(2)　$\left\{4\times\left(2.1-\frac{5}{6}\right)-4\frac{1}{6}\right\}\div\left(4\frac{2}{5}-1.025\right)=\square$

(3)　$8\frac{7}{11}\div(0.2+\square)\div2\frac{3}{11}=17$

2　次の各問に答えなさい。（30点）

(1)　290を割ると18余り，212を割ると8余る整数をすべて求めなさい。

(2)　はじめ，りんごとみかんの個数の比は2：7でした。ここから，りんご1個とみかん3個を1セットにして何人かに配っていきます。残ったりんごの個数がはじめの2割となったとき，みかんは33個残りました。はじめにあったりんごとみかんの個数はそれぞれいくつですか。

(3)　右の図のように，正三角形ABCと正五角形ADEFGが重なっており，頂点Eは辺BC上にあります。このとき，(あ)の角と(い)の角の大きさを求めなさい。

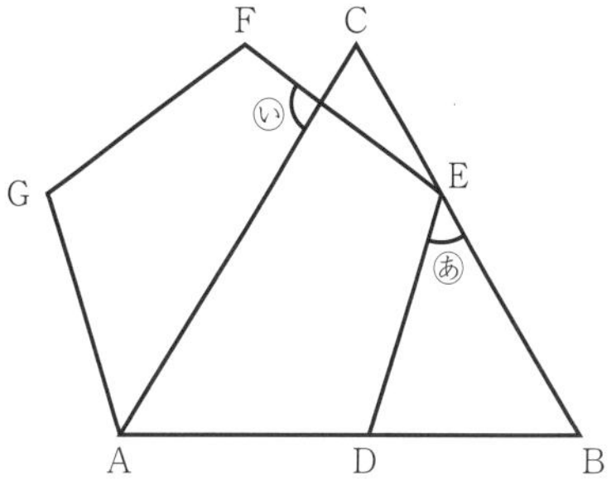

(4)　1辺の長さが a cmの正方形の中に，たて7 cm，横9 cmの長方形①を図1のように重なることなくできるだけたくさんしきつめていくと，48枚並びました。次に，たて7 cm，横5 cmの長方形②を図2のように同じくしきつめていくと，96枚並びました。考えられる整数 a をすべて求めなさい。

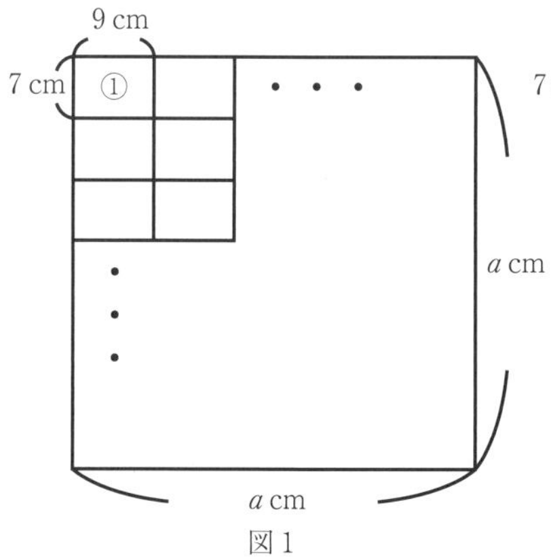

図1

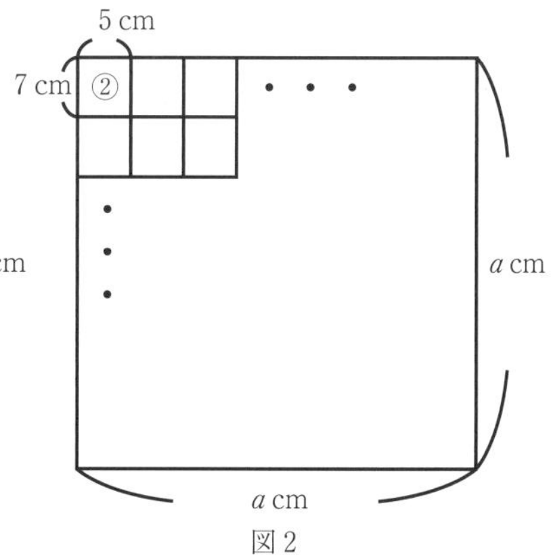

図2

3　2つの時計AとBがあります。Aを午前7時の時報に合わせたところ，その日の正午には午後0時6分を指していました。同じ日，午前7時の時報のとき，Bは午前7時7分を指していましたが，午後5時の時報のときには午後4時55分を指していました。次の問に答えなさい。（14点）

(1)　このあと，Aがはじめて午前0時を指すとき，正しい時刻は午後何時何分ですか。

(2)　この日，Bが正しい時刻を指したのは午後何時何分ですか。

(3)　この日，AとBが同じ時刻を指したとき，正しい時刻は午前何時何分ですか。

4　たて4 cm，横6 cm の長方形を図のように1辺の長さが1 cm の正方形24個に区切ります。そして，点Aから点Bへ至る最短経路で長方形の面積を2等分することを考えます。図の太線はその1例です。次の問に答えなさい。（16点）

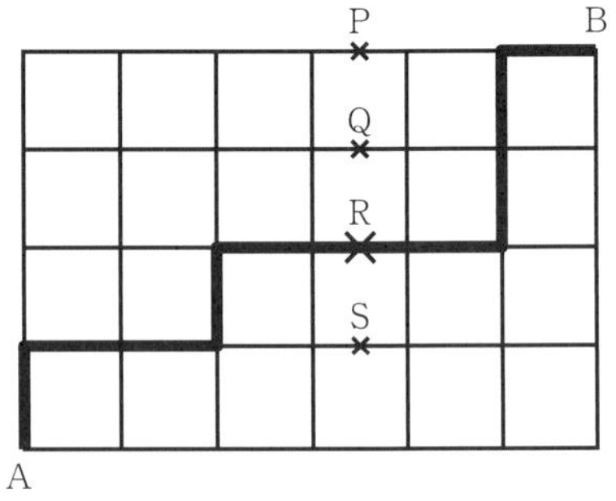

(1)　点Pを通るものと，点Sを通るものはそれぞれ1通りです。それらを解答用紙に書きなさい。

(2)　点Qを通るものは何通りありますか。

(3)　全部で何通りありますか。

5　図の三角形ABCにおいて，点D，E，Fはそれぞれ辺AB，AC，BC上の点で，点GはDEとAFが交わる点です。さらに，三角形ADGの面積は$10cm^2$，三角形AGEの面積は$2 cm^2$，三角形DBGの面積は$5 cm^2$，三角形CEGの面積は$3 cm^2$です。このとき，次を求めなさい。（14点）

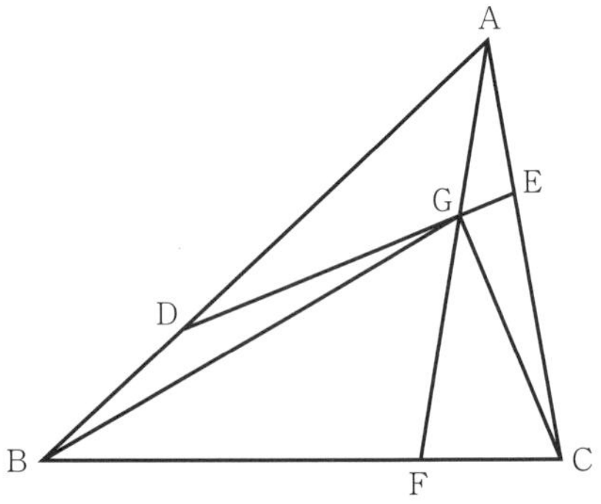

(1)　長さの比 BF：FC

(2)　三角形GBCの面積

(3)　長さの比 AG：GF

6　図のように，底面がAB＝AC＝6 cm の直角二等辺三角形で，高さが10cm の三角柱があります。AFとCDの交点をO，辺ACのまん中の点をPとし，辺CF上に点Qをとります。次の問に答えなさい。ただし，角すいの体積は，(底面積)×(高さ)×$\frac{1}{3}$ です。（14点）

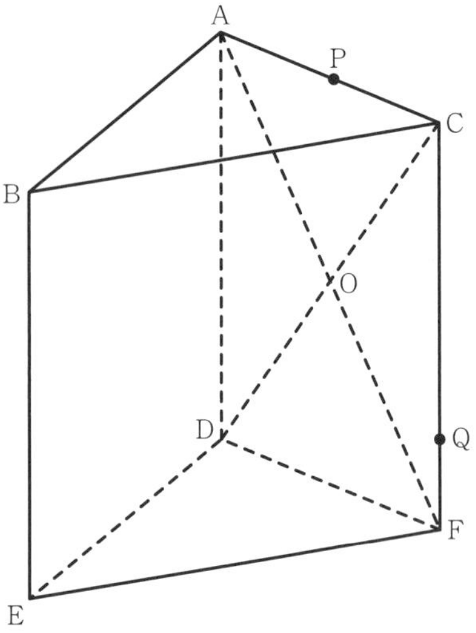

(1)　この三角柱を3点E，O，Pを通る平面で切ったとき，点Fを含む立体の体積は何cm^3ですか。

(2)　FQ＝2 cm のとき，この三角柱を3点E，O，Qを通る平面で切ると，点Fを含む立体の体積は何cm^3ですか。

(3)　この三角柱を3点E，O，Pを通る平面と3点E，O，Qを通る平面で切ると，点Fを含む立体の体積が$16cm^3$になるとき，FQの長さは何cm ですか。

【社　会】（40分）〈満点：50点〉

1　以下の文章を読み，問いに答えなさい。

◆火事が発生したとき(　　)番に電話をすると，まず通信指令室につながります。通信指令室では，火事の情報をもとに現場に近い消防署や病院，警察署などに連絡《らく》し，協力して消火を目指します。

問１　文中の(　)に適する数字を答えなさい。

問２　消防活動について述べた次の文ア～エのうち，誤りを含《ふく》むものを１つ選び，記号で答えなさい。

ア　消防署員は，夜間の火事などに対応するために原則24時間交代で勤務する。

イ　住宅には，火災警報器を取り付けることが法律で定められている。

ウ　消火活動をしやすくするため，道端《ばた》のあちこちには消火栓《せん》が設置されている。

エ　消防団員は防火の呼びかけなどを行うが，消火栓などの消防施《し》設の点検は行うことができない。

◆わたしたちが出したごみは，分別され，種類に応じて処理施設に運ばれて処理されます。もえるごみは清掃《そう》工場に運ばれて燃やされ，残った灰が処分場に廃棄《はいき》されます。またガラス瓶《びん》やペットボトルなどはリサイクル施設に送られて再利用されています。

問３　ごみ処理について述べた次の文ア～エのうち，誤りを含むものを１つ選び，記号で答えなさい。

ア　処分場が運ばれた灰で一杯《ぱい》になると，その処分場はそれ以上使うことが出来なくなるため，新しい処分場を建設しなければならない。

イ　もえるごみを燃やして出た灰の一部は，エコスラグとして道路工事の材料などにも使われることがある。

ウ　一部の清掃工場では，ごみを燃やした熱を利用して工場内で使用する電気をつくっている。

エ　右図のリサイクルマークにある数字の１はアルミを表している。

問４　ごみの“3R”のうち，“リユース”とは使用済み製品を繰《く》り返し使用すること，“リサイクル”とは廃棄されたものを原材料やエネルギー源として有効利用することを言います。あと１つの“R”の内容を簡潔に説明しなさい。その際に“R”で始まる言葉を答える必要はありません。

◆2021年３月，中国の国会にあたる全国人民代表大会が<u>香港《ホンコン》</u>の選挙制度変更《こう》を決定しました。

問５　文中の下線に関して，香港の位置として適当なものを，右の地図中ア～オから１つ選び，記号で答えなさい。

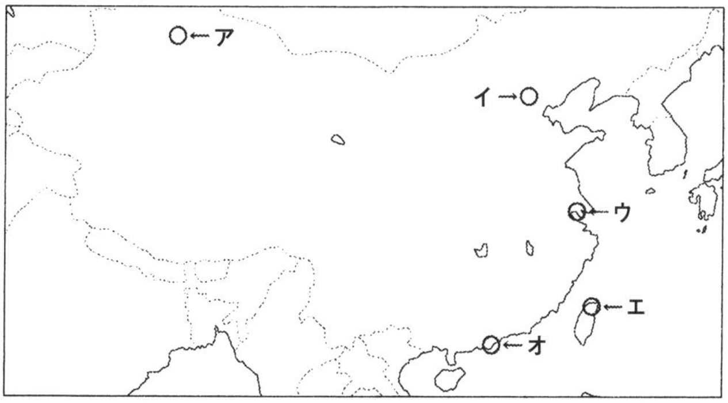

問６　次の文ア～エのうち，2021年に香港で起こったできごととして正しいものを１つ選び，記号で答えなさい。

ア　選挙結果を不服とする一部

の人々が暴徒化し，一時香港の議会を占拠《せんきょ》した。

イ　国軍がクーデターを起こし，当時の香港の最高指導者を拘《こう》束した。

ウ　共産党を批判していた香港の新聞が廃《はい》刊となった。

エ　主要７か国首脳会議（Ｇ７サミット）で香港に関する首脳宣言が採択《たく》された。

問７　日本も歴史上，中国と様々な関《かか》わりを持ってきました。日本と中国の歴史的関わりについて述べた次の文ア～エを年代の古い順に並べかえて３番目となる文を選び，その文中の（　）に適する語句を答えなさい。ア～エの記号を解答する必要はありません。

ア　卑弥呼が中国の皇帝《こうてい》に使いを送り，（　　）の称《しょう》号や鏡などを授けられた。

イ　中国の唐王朝にならった（　　）と呼ばれる法律が作られ，新しい社会のしくみが生まれた。

ウ　３代将軍の足利義満が中国の（　　）王朝との間に貿易を行い，そこで得た利益が幕府の収入の一部になった。

エ　中国や朝鮮半島などから移り住んだ（　　）と呼ばれる人々が，漢字や仏教などの文化を日本に伝えた。

◆2021年には日本やアメリカ合衆国，ドイツなどで首脳の交代がありました。このうちドイツでは12月，長年にわたって首相を務めた（　　）氏が退任しました。

問８　文中の空らんに適する人名を答えなさい。

問９　日本とアメリカ合衆国の首脳やその選出のしくみについて述べた次の文ア～エのうち，誤りを含むものを１つ選び，記号で答えなさい。

ア　アメリカ合衆国では，共和党のトランプ候補を破った民主党のバイデン候補が，１月に合衆国大統領に就任した。

イ　アメリカ合衆国の大統領は，連邦《ぽう》議会上院・下院それぞれの投票によって指名を受けた者が就任する。上院と下院の投票結果が異なった場合は，下院の決定を優先する。

ウ　日本では10月に自由民主党の菅《すが》内閣が総辞職し，新たに岸田内閣が発足した。

エ　日本の内閣総理大臣は，衆議院・参議院それぞれの投票によって指名を受けた者が就任する。衆議院と参議院の投票結果が異なった場合は，衆議院の決定を優先する。

2　次の文章を読んで，以下の問いに答えなさい。

１年の世相を漢字ひと文字で表す「今年の漢字」が清水寺で毎年発表されています。2021年の「今年の漢字」として「金」が選ばれました。日本漢字能力検定協会は，選ばれた理由の一つとして，①東京都などで2021年７月23日から８月８日までの17日間開催《さい》されたオリンピック，そして８月24日から９月５日までの13日間開催された［　１　］で日本人選手が多くの金メダルを獲《かく》得したことを挙げています。

オリンピックは，４年に１度開催される，世界的なスポーツの祭典です。スポーツを通して世界の国々が交流し，②平和な社会をつくることを目的として，夏季大会と冬季大会を行っています。③フランスのクーベルタンが古代オリンピックの復興を提唱し，1896年にはギリシアのアテネで第１回の近代オリンピックが開催されました。2016年には［　ａ　］のリオデジャネイロで夏季大会，2018年には［　ｂ　］の平昌《ピョンチャン》で冬季大会が開催されました。2022年２月には，［　２　］で冬季大会が開催される予定です。

［ 1 ］は，④障がい者を対象にした国際スポーツ大会です。オリンピックと同じ年・同じ場所で開催されています。競技のルールは基本的にオリンピックと同じですが，障がいの種類や程度によって細かいクラス分けが行われています。

問1　［1］にあてはまる語句，［2］にあてはまる都市名をそれぞれ答えなさい。

問2　［a］にあてはまる国の説明として正しいものを，次のア～エから1つ選び，記号で答えなさい。

ア　赤道が通っていない。

イ　コーヒー豆の生産量が世界第1位である。

ウ　公用語は英語とフランス語である。

エ　アメリカ合衆国や中華人民共和国よりも面積が広い。

問3　［b］にあてはまる国の説明として正しいものを，次のア～エから1つ選び，記号で答えなさい。

ア　日本とともにサッカーワールドカップを開催したことがある。

イ　近年まで「一人っ子政策」を行っていた。

ウ　核《かく》実験や弾《だん》道ミサイルの実験を繰《く》り返している。

エ　ASEAN(東南アジア諸国連合)に加盟している。

問4　下線部①の開会式では，天皇が開会宣言を行いました。また，内閣総理大臣や東京都知事が出席しました。これに関連して，次の(1)(2)の問いに答えなさい。

(1)　天皇に関する記述として正しいものを，次のア～エから1つ選び，記号で答えなさい。

ア　日本国憲法では，万世一系の天皇が日本を統治すると規定している。

イ　最高裁判所の長官を任命することは，天皇の国事行為《い》に含まれる。

ウ　衆議院や参議院を解散することは，天皇の国事行為に含まれる。

エ　天皇が被《ひ》災地を訪問することは，日本国憲法に規定されていないため，認められない。

(2)　内閣総理大臣や都道府県知事に関する次のX～Zの記述について，その正誤の組合せとして正しいものを，下のア～カから1つ選び，記号で答えなさい。

X　内閣総理大臣は，国務大臣との会議である閣議を主宰《さい》する。閣議では，国の政治の進め方を話し合う。

Y　内閣総理大臣は，自衛隊の最高指揮監督《かんとく》権をもつ。そのため，現職の自衛官が内閣総理大臣になることが認められている。

Z　都道府県知事は，都道府県議会の議員の中から選ばれる。都道府県議会は一院制で，予算の審《しん》議や条例の制定を行う。

ア　X－正　Y－誤　Z－正　　イ　X－誤　Y－正　Z－正

ウ　X－誤　Y－誤　Z－正　　エ　X－正　Y－正　Z－誤

オ　X－正　Y－誤　Z－誤　　カ　X－誤　Y－正　Z－誤

問5　下線部②をつくるために，多くの国際組織が活動しています。これに関連する記述として正しいものを，次のア～エから1つ選び，記号で答えなさい。

ア　国際連合の活動の一つにPKO(平和維《い》持活動)があり，日本は1951年以降毎年この活動に参加している。

イ　2017年には国際連合で核兵器禁止条約が採択《たく》され，日本はこの条約に賛成の立場をとっている。

ウ　ユネスコは，教育・科学・文化を通じて国家どうしが協力することを目的としている。

エ　WHOは，発展途《と》上国の児童の生活や教育の向上を図ることを目的としている。

問6　下線部③の国で2015年に採択された協定の内容として正しいものを，次のア～エから1つ選び，記号で答えなさい。

ア　協定を結んだ国が，共同して国連環《かん》境計画を設立する。

イ　協定を結んだ先進国が，温室効果ガス排《はい》出量削《さく》減の義務を負う。

ウ　協定を結んだすべての国が，人体や環境に悪影響《えいきょう》をあたえる水銀の製造や輸出入を禁止する。

エ　協定を結んだすべての国が，温室効果ガス排出量削減の目標を5年ごとに国際連合に提出する。

問7　下線部④や高齢《れい》者への配慮《りょ》を特に目的とした取り組みとして最も適切なものを，次のア～エから1つ選び，記号で答えなさい。

ア　自動販《はん》売機のボタンを間違《ちが》って押《お》さないよう，商品を選ぶボタンの位置を高くする。

イ　電車のドアが開いたらすぐに乗車できるよう，駅のホームドアを撤《てっ》去する。

ウ　建物のドアを，力を入れずに簡単に開閉できるよう，引き戸から開き戸に変更《こう》する。

エ　安全に利用できるよう，手すりをつけて床《ゆか》面積を広くした多目的トイレを設置する。

3　世界遺産は，「世界の文化遺産及《およ》び自然遺産の保護に関する条約」に基《もと》づいて世界遺産リストに登録された，文化財，景観，自然など，人類が共有すべき「顕《けん》著な普遍《ふへん》的価値」を持つ物件のことで，移動が不可能な不動産が対象となっています。現在日本には20の文化遺産と5つの自然遺産，あわせて25の世界遺産があります。これに関する次の文章を読んで，下の問いに答えなさい。

日本では，1993年に「法隆《りゅう》寺地域の①仏教建造物」・「②姫《ひめ》路城」が世界文化遺産に，「③屋久島」・「白神山地」が世界自然遺産に初めて登録されました。そして，2021年には「北海道・北東北の(　　)遺跡《せき》群」が世界文化遺産に，「奄美《あまみ》大島，徳之《の》島，④沖縄島北部及び西表島」が世界自然遺産に登録されました。

世界遺産に選ばれた文化財(構成資産)の内容を年代的にみると，最も古い時代のものは「⑤北海道・北東北の(　　)遺跡群」で，2番目に古いものは「『神宿る島』宗像《むなかた》・⑥沖《おき》ノ島と関連遺産群」と「⑦百舌鳥《もず》・古市古墳《ふん》群」です。最も新しいものは「ル・コルビュジエの建築作品」のひとつである⑧国立西洋美術館本館(1959年開館)で，2番目に新しいものは「原爆《ばく》ドーム」です。

このほか，宗教・信仰《こう》に関《かか》わるものとして，「古都京都の文化財」・「⑨厳島《いつくしま》神社」・「古都奈良の文化財」・「日光の社寺」・「⑩紀伊《きい》山地の霊場《れいじょう》と参詣《けい》道」・「⑪平泉－仏国土(浄《じょう》土)を表す建築・庭園及び考古学的遺跡群」・「富士山－信仰の対象と芸術の源泉－」・「長崎と天草地方の潜伏《せんぷく》キリシタン関連遺産」などがあり，産業に関わるものとして，「石見銀山遺跡とその文化的景観」・「富岡《おか》製糸場と絹産業遺産群」・「⑫明治日本の産業革命遺産」，生活に関わるものとして，「⑬白川郷・五箇山《ごかやま》の合掌造《がっしょうづく》り集落」があります。

問1　上の文章の(　)に適当な語を漢字で入れなさい。

問2　下線部①の仏教建造物に関連して，次のア～エの写真の建造物を，年代の古い順に並べかえ，３番目に来る建造物の名前を答えなさい。

ア

イ

ウ

エ

問3　現在の下線部②の大天守が完成した1609年に，下線部④にあった王国が，ある藩《はん》の攻撃《こうげき》をうけてその支配下に入りました。それは何藩ですか。

問4　下線部③に関連する次の文章の(ａ)(ｂ)に入る語の組み合わせとして正しいものを，あとのア～オから１つ選び，記号で答えなさい。

屋久杉《やくすぎ》が，(　ａ　)の命令で大仏づくりのために京都に送られました。(　ａ　)は，大仏づくりを目的に掲《かか》げて(　ｂ　)を命じました。

ア　ａ＝豊臣秀吉　ｂ＝検地　　　イ　ａ＝豊臣秀吉　ｂ＝刀狩《がり》
ウ　ａ＝織田信長　ｂ＝楽市・楽座　エ　ａ＝徳川家光　ｂ＝武家諸法度《はっと》
オ　ａ＝徳川家光　ｂ＝キリスト教禁止

問5　下線部⑤に関して，北海道白老《しらおい》町に2020年に国立の博物館・公園・慰霊施《いれいし》設などからなるウポポイが開業しました。これに関する次の文の(　)に適当な語を入れなさい。

ウポポイは，日本の貴重な文化でありながら存立の危機にある(　　)文化の復興・発展のための拠《きょ》点となっています。

問6　下線部⑥では，日本と朝鮮半島との間の航海の安全を祈《いの》るお祭りが行われました。朝鮮半島に存在した国と日本との関係に関する次の文章ア・イの正誤を判定し，正しければ○，誤っていれば×を記しなさい。

ア　高麗《こうらい》の軍勢が元の軍勢とともに，九州北部に２度にわたって攻《せ》めてきた。執《しっ》権北条時宗は，御家人《ごけにん》たちを動員し，折からの暴風雨もあって，これをしりぞけた。

イ　日本は，明を征《せい》服する手始めとして，２度にわたり朝鮮に大軍を送った。大名たちは，朝鮮から技術者を連れてきて，有田焼などの焼物をつくらせた。

問７　下線部⑦に関連して，前方後円墳の形や規模，分布をみると，全国に同じ形のものがあって，近畿《き》に規模の大きなものが，地方にはそれを縮小したものが分布しています。これからどのようなことがわかりますか。大王，豪《ごう》族という語を使って20字以内で答えなさい。

問８　下線部⑧の国立西洋美術館本館が開館した1959年よりあとのできごとを次のア～エから１つ選び，記号で答えなさい。

ア　日米安全保障条約が初めて結ばれた

イ　小笠原《おがさわら》諸島が日本に復帰した

ウ　日本が国際連合に加盟した

エ　奄美群島が日本に復帰した

問９　下線部⑨⑩⑪は共通して12世紀の日本の歴史や文化を知る上でも重要な世界遺産です。12世紀の日本の歴史や文化に関する次の文章ア・イの正誤を判定し，正しければ○，誤っていれば×を記しなさい。

ア　平清盛は，後白河天皇（のち上皇）と結び，保元《ほうげん》の乱・平治の乱で勝利をおさめた。平清盛ら平氏の一族は，航海の守り神とされた厳島神社を厚く敬った。

イ　源頼朝《よりとも》は，平氏を滅《ほろ》ぼすと守護・地頭を置き，その後朝廷から征夷《せいい》大将軍に任命された。しかし，幕府の実権は，平氏滅亡直後から執権が握《にぎ》っていた。

問10　下線部⑫は，岩手県から鹿児島県までの８つのエリア，23の構成資産からなっています。これらの構成資産のうち，日清戦争の賠償《ばいしょう》金をもとにつくられたものを答えなさい。

問11　下線部⑬には，江戸《えど》時代にたてられた建物も含《ふく》まれています。江戸時代の人々の生活に関連する文として誤っているものを次のア～オから１つ選び記号で答えなさい。

ア　幕府は，百姓《ひゃくしょう》に対して，村ごとに年貢《ねんぐ》を納めさせ，五人組のしくみをつくり，共同で責任をおわせた。

イ　歌舞伎《かぶき》や人形浄瑠璃《じょうるり》が人気を集め，伊勢《いせ》参りなど，信仰と楽しみをかねた旅が流行した。

ウ　寺子屋では，武士の浪人《ろうにん》や神主《かんぬし》・僧《そう》などが先生となり，町人や百姓の子どもたちに読み書きそろばんを教えた。

エ　百姓たちは，五街道《ごかいどう》などを通って，陸路で「天下の台所」である大阪に年貢を納めなければならなかった。

オ　江戸の町では，古着屋，紙くず買い，鋳掛《いかけ》屋，下駄《げた》の歯入れ屋など，今で言うとリサイクルやリユースに携《たずさ》わる人々がたくさんいた。

4　日本の国土のひろがりに関する次の問いに答えなさい。

問１　次の文章に関する下の問いに答えなさい。

日本の国土は南北に長く，札幌市と那覇市の直線距離《きょり》は約（　１　）kmもあります。北海道は冬の寒さが厳しいですが，各地のスキー場や，（　２　）沿岸におしよせる流氷などを目的に，冬も観光客が訪れます。北海道の家屋には，寒さに対応するために，窓ガラスを二重にしたり暖房《ぼう》用の燃料タンクを備えるなどの特徴《ちょう》がみられます。一方，温暖な沖縄では，サンゴ礁《しょう》が発達する美しい海や亜《あ》熱帯性の植物が，観光客を引きつけてきました。沖縄は（　　３　　）ので，伝統的な家屋には屋根のかわらをしっくいでかためるなどの工夫がみられます。

⑴　文章中の（１）にあてはまる数値に最も近いものを，次のア～エから１つ選び，記号で答えなさい。

ア　2200　　イ　3300　　ウ　4400　　エ　5500

⑵　文章中の（２）にあてはまる海の名前を答えなさい。

⑶　文章中の（３）にあてはまる内容を考えて，10字以内で答えなさい。

⑷　次の図は，日本国内や外国の６つの地点の雨温図です。このうち，①札幌市と②那覇市の雨温図を１つずつ選び，記号で答えなさい。

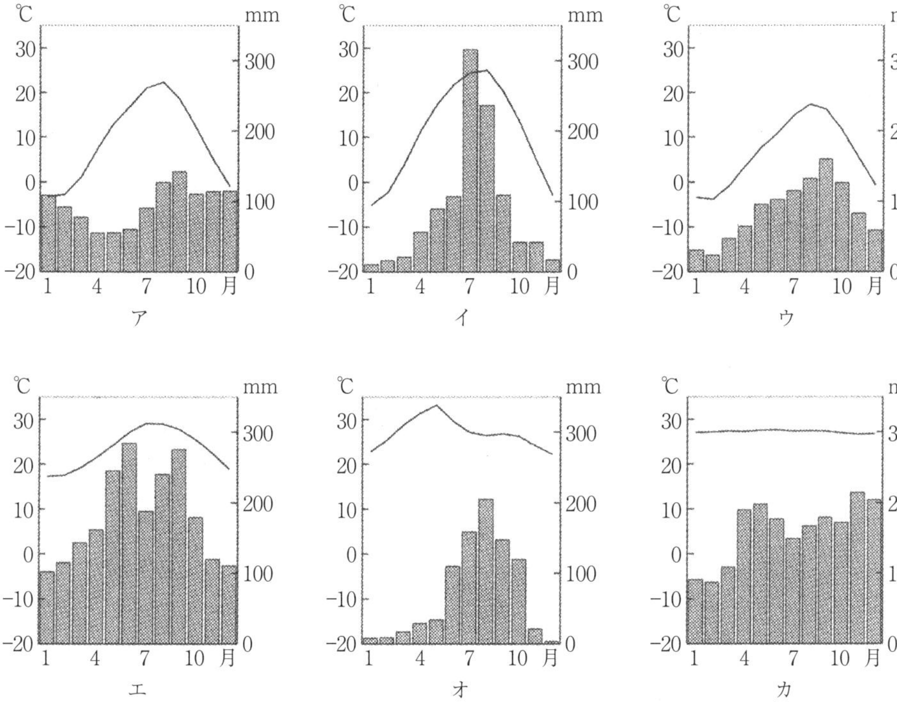

⑸　右のグラフは，５つの都道府県について，延べ宿泊《はく》者数にしめる外国人の宿泊者の割合と，延べ宿泊者数にしめる同じ都道府県在住者の宿泊者の割合を示したものです。また，円の大きさは，延べ宿泊者数の多さを示しています。グラフ中のア～オは，北海道，沖縄県，東京都，京都府，福島県のいずれかです。①北海道と②沖縄県にあてはまるものをア～オから１つずつ選び，記号で答えなさい。

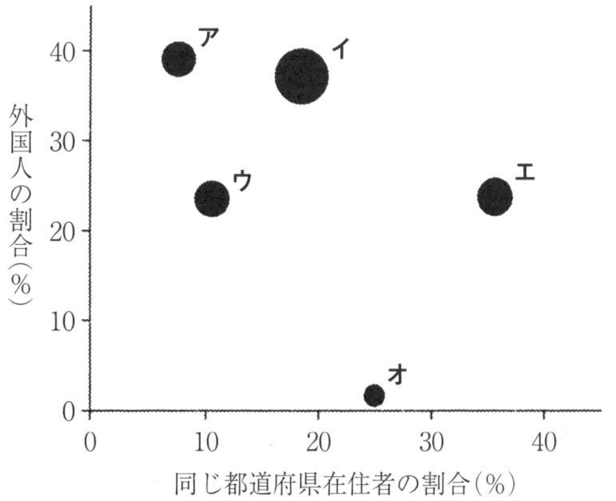

統計年次は2019年。
観光庁『宿泊旅行統計調査』による。

問２　日本の国土は東西にも広く，東端《たん》と西端の経度差は20度以上もあります。次のページの図は，５本の経線が，日本のどの都道府県を通過するのかを示したものです。①～⑮は都道府県を示しています。この図に関する下の問いに答えなさい。

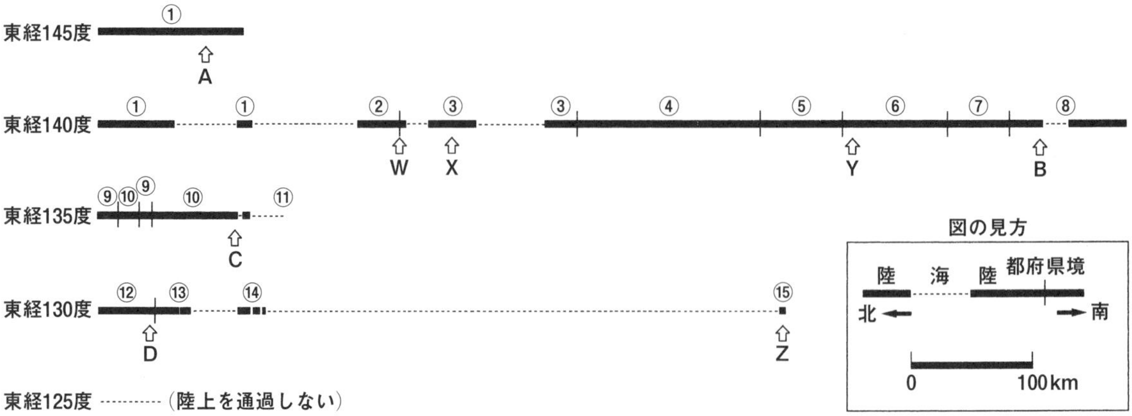

(1) ④と⑩の都道府県名を答えなさい。

(2) 次の文は，図中のA，B，C，Dのいずれかの付近に位置する市町村について述べたものです。AとDにあてはまる文をア～エから1つずつ選び，記号で答えなさい。

ア　牧場が広がり，人口より牛の飼育頭数のほうが多い町です。酪《らく》農が盛んで，生乳の生産量は日本一です。

イ　海峡《きょう》に面し，20世紀のおわりごろにはこの海峡に橋が架《か》けられました。タイやタコなどの漁業や大都市に向けた野菜の栽培《さいばい》が盛んなほか，酒づくりも地場産業として知られています。

ウ　茶の栽培や温泉で知られています。現在，市内には鉄道が通っていませんが，まもなく新幹線が開通し，市内にも駅が設置されることが決まっています。

エ　県庁所在都市ではなく，政令指定都市でもないものの，大都市のベッドタウンとして成長し，現在の人口は60万人をこえます。住宅地が広がり，市内各地に大型商業施設もみられます。

(3) 次の文は，図中のW，X，Y，Zのいずれかの付近について述べたものです。XとZにあてはまる文を1つずつ選び，それぞれの文中の下線が示すものを具体的に答えなさい。選んだ文の記号を答える必要はありません。

ア　付近の畑で栽培されている作物の多くは，近くの製糖工場で加工されます。

イ　かつては湖がありましたが，戦後の開発により陸地になり，低平な農業地域が広がっています。

ウ　付近の山地は落葉広葉樹の原生林が広がり，世界遺産に登録されています。

エ　火山のすそ野が広がり，付近には皇族の避《ひ》暑地もあります。

(4) 東経125度線は，日本付近では，先島諸島の間を通過します。

① 先島諸島を構成する島のうち，面積が150km²以上の島は3つあります。このうち1つをあげなさい。

② 東経125度線に沿って日本付近から南へ向かうと，最初に到《とう》達する陸地は，どこの国に属していますか。次のア～エから1つ選び，記号で答えなさい。

ア　オーストラリア　　イ　ニュージーランド

ウ　フィリピン　　　　エ　ベトナム

【理　科】（40分）〈満点：50点〉

注意：いくつかの中から選ぶ場合は，記号で答えなさい。特に指示のない場合は１つ答えなさい。

1　冬のある日，Ｌ君は林を散歩していると，体長が２cm ほどのきれいな赤いカメムシが$_A$木の上で集団で冬眠《とうみん》しているのを見つけました。家に帰って図鑑《ずかん》を調べてみると，ベニツチカメムシという種類であることが分かりました。さらに生活についても以下のようなことが書いてありました。

「$_B$ベニツチカメムシの幼虫はボロボロノキと呼ばれる植物の実しか食べません。メスは森の中の落ち葉の下に巣を作り産卵《さんらん》します。母親は卵がふ化した後，幼虫のためにボロボロノキの実を歩いて採集に出かけ，適当な実を見つけると巣に歩いて持ち帰ります。図１のように巣から出て実を探すときには数ｍから，長い場合は数十ｍを歩き回りますが，巣に帰るときは巣の近くまではまっすぐ帰ることができます。」

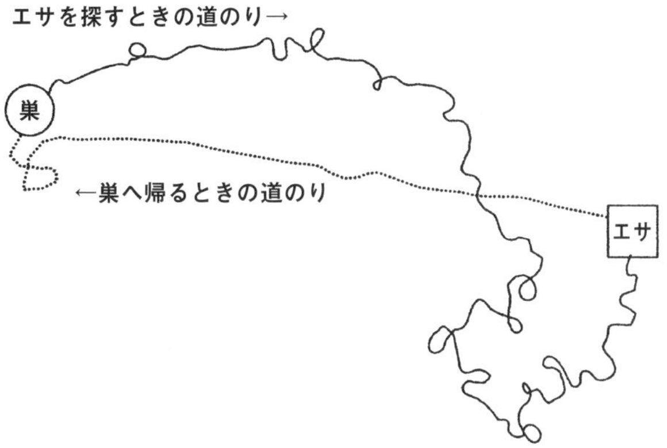

図１

(1)　下線部Ａについて，カメムシは成虫のままで冬を過ごします。次の中から①成虫のまま冬を越《こ》す昆虫《こんちゅう》と，②卵で冬を越す昆虫をそれぞれ選びなさい。

ア．ナナホシテントウ

イ．カブトムシ

ウ．オオカマキリ

エ．アゲハ

(2)　カメムシは成長過程においてセミやカマキリと同じ特徴《とくちょう》を持ちます。また，チョウやカブトムシはこの特徴を持ちません。どのような特徴か答えなさい。

(3)　下線部Ｂについて，以下の昆虫の幼虫が食べるエサについて正しいものをそれぞれ選びなさい。

昆虫：①　ゲンジボタル

②　ギフチョウ

③　アゲハ

④　カイコガ

エサ：ア．カンアオイ

イ．クワ

ウ．カラタチ(ミカン類)

エ．カワニナ(巻貝類)

(4)　カメムシの成虫は一般《いっぱん》に植物の汁を吸って栄養をとりますが，カメムシは鳥などに食べられます。このような生物の食う・食われる関係のつながりをなんというか答えなさい。

春を待ってＬ君は再びベニツチカメムシを探し，次のような実験を行いました。

[実験と結果]

図2のように巣から出てエサを探しているカメムシの前にエサの実を置くと，エサを持って巣へ帰り始めました。その直後，段ボール板にカメムシを乗せて×印まで運んでいきました。すると，カメムシは C エサを与えた地点から見た巣の方向に歩き，巣からエサを与えた地点までの直線距離《きょり》とほぼ同じだけ歩くと，グルグルと巣を探しまわりました。

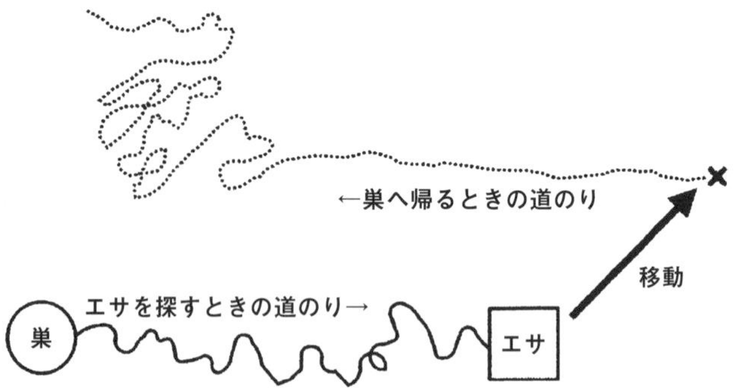

図2

(5) 下線部Cについて，カメムシが直線的に巣に帰る際に，その方向を決定する方法として考えられる最も適当なものを選びなさい。

ア．巣よりもずっと遠くにある手がかりを使って位置を定めている。

イ．カメムシ自身のすぐ近くにある手がかりを使って位置を定めている。

ウ．巣にいる幼虫が目印となる物質を出している。

エ．エサを探すときに歩行しながら道しるべとなる物質を落ち葉につけている。

(6) 下線部Cについて，巣からエサを与えた地点までの直線距離とほぼ同じだけ歩いたという結果に関して考えられる最も適当なものを選びなさい。

ア．歩きながら近くの景色を記憶《きおく》しており，エサを発見した場所から巣に戻る際にその記憶をたどる。

イ．自身がつけた道しるべ物質をたどっているが，道しるべ物質が消失するまでの時間に歩いた距離が一定となる。

ウ．巣にいる幼虫の出す目印となる物質の濃さから距離を計算している。

エ．歩いた方向と距離から巣とエサを発見した地点の間の直線距離を推定できる。

(7) この実験から分かることについて最も適当なものを選びなさい。

ア．実を探したり，巣へ帰ったり，幼虫のためにエサを運ぶことは，生まれつき持った行動ではない。

イ．巣へ帰る際，直線的に歩くときと，その後の巣に入るときとで用いる手がかりが違《ちが》う。

ウ．巣から出た際に複雑な歩き方をするのは，森の中の地面に障害物が多いからであり，障害物がなければ直線的にエサに向かう。

エ．エサを発見したときに，エサの周囲の落ち葉を取り除くと，道しるべ物質の位置が乱れるので巣へ帰れなくなる。

2 〔A〕 おもちゃの自動車XとYが同じ位置から出発し，同じ向きにまっすぐ進みます。図1，図2のようにXが出発してからの経過時間とともに，自動車XとYの速さを調整しながら実験を行いました。ここで，速さの単位には[cm/秒]を用いますが，例えば2[cm/秒]は毎秒2cm進む速さ(秒速)を示します。

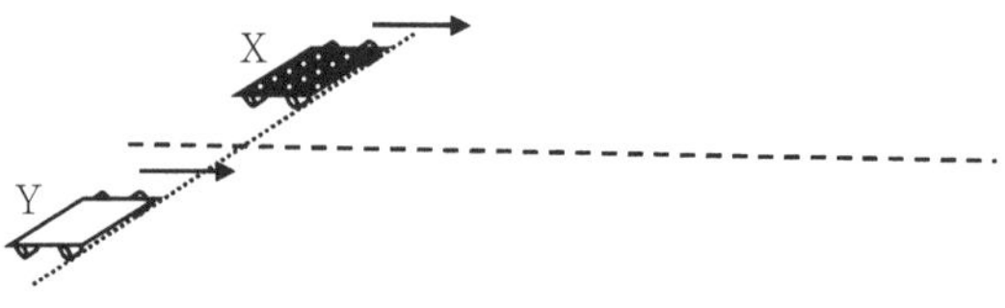

なお，各問いの時間はXが出発してからの経過時間を表します。

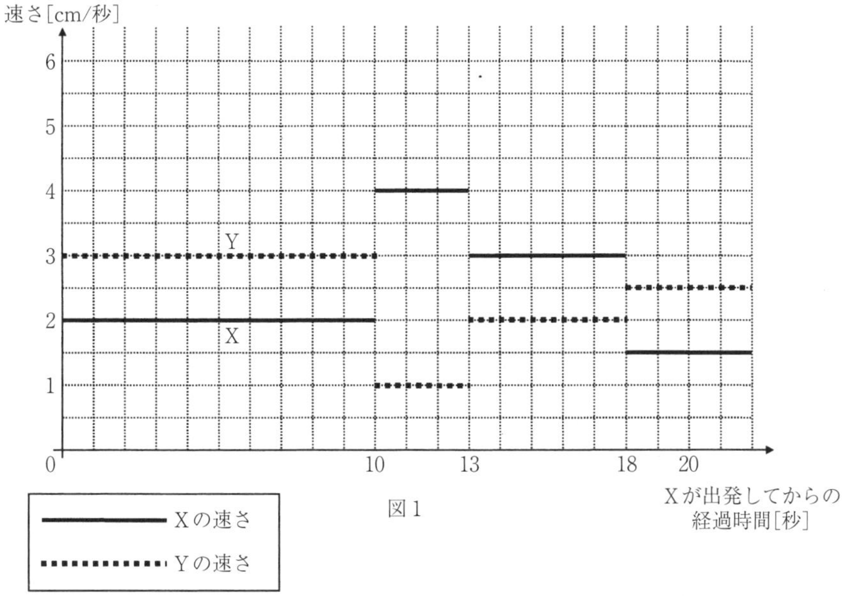

図1

まず，XとYが同時に出発する**図1の場合**について考えます。ただし，図1における経過時間10秒，13秒，18秒のときには，速さの変化にかかる時間は無視できるものとします。

(1)　5秒後にはXとYのどちらが，もう一方の何cm先を進んでいますか。

(2)　13秒後までの間に，XとYの進んだ距離の差が最も大きくなるときがあります。その距離の差は何cmですか。

(3)　13秒後から20秒後の間に，XあるいはYはもう一方の車に追いつきます。それはどちらで，Xが出発してから何秒後ですか。

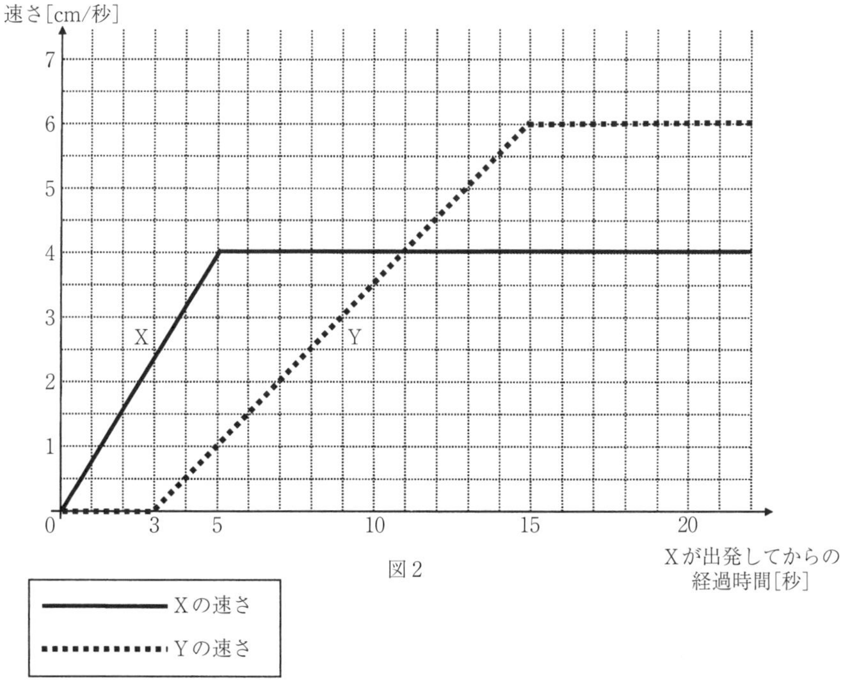

図2

次に，XよりYが遅《おく》れて出発する**図2の場合**について考えます。

(4) 5秒後にXは10cm進んでいます。この間，Xが一定の速さで進んでいたと考えると，その速さは秒速何cmに相当しますか(この速さを，0秒から5秒の間の平均の速さとよびます)。

(5) 15秒後にはXとYのどちらが，もう一方の何cm先を進んでいますか。

(6) 15秒後以降にXあるいはYはもう一方の車に追いつきます。それはXが出発してから何秒後ですか。

〔B〕 図1の装置は2つの円板を中心が重なるようにはり合わせて，その中心を軸《じく》にして一体となって回転できるようにしたもので，輪軸とよばれます。輪軸に関する次の問いに答えなさい。ただし，糸の重さは無視できるものとします。

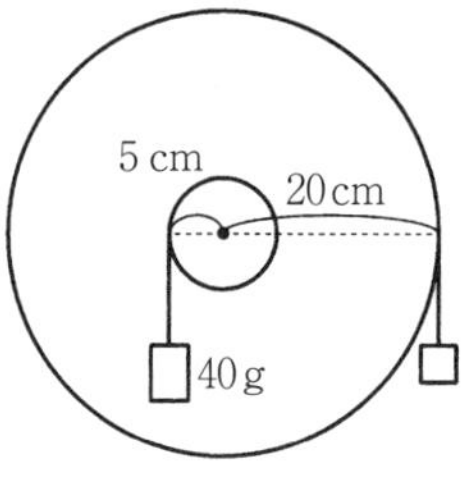

図1

(1) 図1のように，半径5cmと半径20cmの円板をはり合わせた輪軸を使い，内側の円板に40gのおもりをつるしました。輪軸を静止させるには，外側の円板に何gのおもりをつるしたらよいですか。

図1の輪軸と同じものを2つ用意して，図2のように接した円板の縁《ふち》どうしがすべらないようにした装置を作ります。図2のように，40gのおもりを2つつるすと輪軸はどちらも回転しませんでした。2つの輪軸を組み合わせたものに関する以下の問いに答えなさい。ただし，図3以降の装置についても，すべて図1の輪軸を使い，円板の縁はすべらず，糸の重さは無視できるものとします。

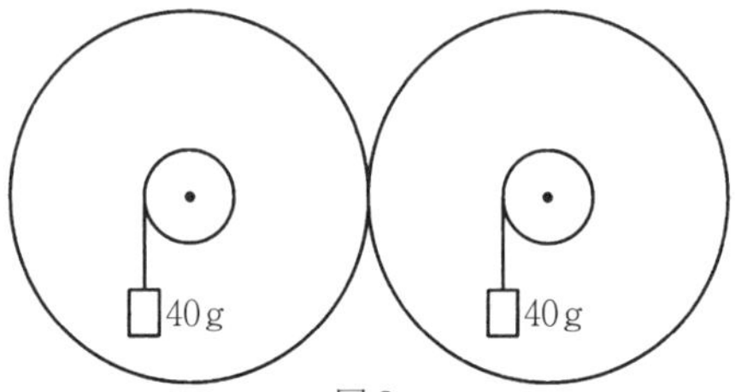

図2

(2) 図3のような装置を作りました。右の輪軸の大きな円板に矢印の向きに力を加えると，2つの輪軸は静止したままでした。このとき，加えた力の大きさは何gの重さに相当しますか。

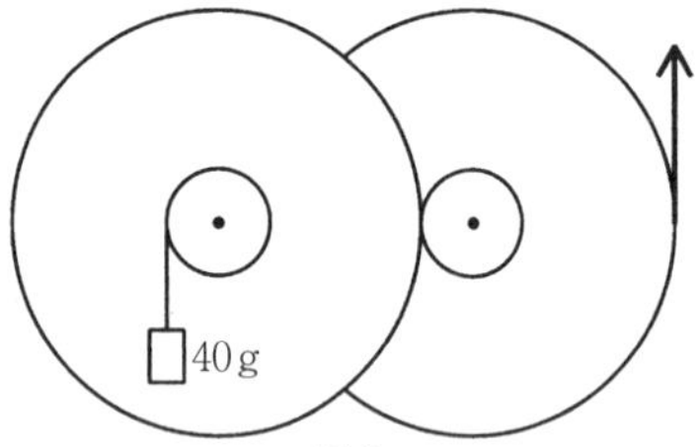

図3

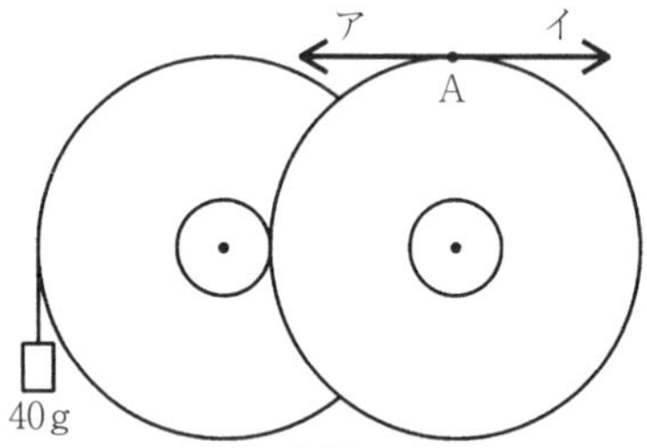

図4

(3) 図4のような装置を作りました。2つの輪軸を静止させるためには，図4の点Aにどのような力を加えればよいですか。力の向きをアまたはイから選びなさい。また，その力の大きさは何gの重さに相当しますか。

(4) 図5のように40gと480gのおもりをつるし，2つの輪軸を手でおさえて動かないようにしました。輪軸から手を静かにはなすと40gのおもりはどのような動きをしますか。正しいものを選びなさい。

ア．静止したまま。

イ．上向きに動き始める。

ウ．下向きに動き始める。

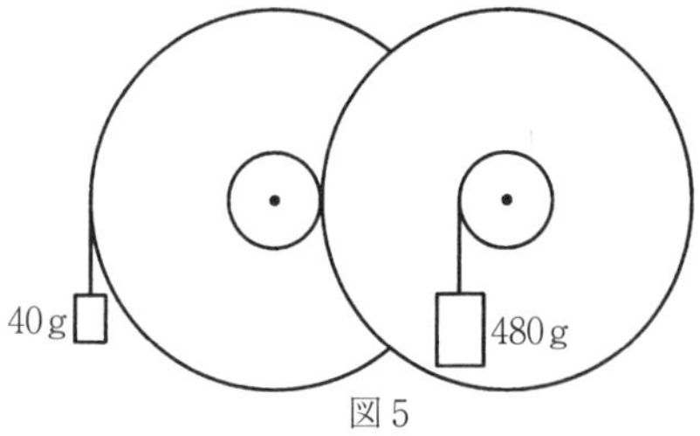

図5

3　夏休み，ダイ吉君の一家は山にキャンプに出かけました。キャンプ場について，荷物を整理して，今から晩ご飯の準備に取りかかるところです。

モ　　モ「お母さん，今日の晩ご飯は何？」

お母さん「今日の夜はバーベキューよ。」

ダ イ 吉「ぼくが野菜を切ってあげるよ。」

と言って，ダイ吉君はお母さんといっしょに①タマネギ，ピーマン，にんじん，なす，かぼちゃを持って炊《すい》事場に向かいました。

ダ イ 吉「タマネギを切るとき目が痛くなるね。」

お母さん「②タマネギを半分に割って水につけてから切ると，目が痛くならないのよ。」

お父さんは③炭に火を付けていますが，なかなか火が付かず，炭から白いけむりがたくさん上がっています。

モ　　モ「お父さん，この白いけむりの正体は何？」

お父さん「これは(④)の粒《つぶ》だよ。」

30分ほどで完全に火が付き，食べることができるようになりました。

お父さん「肉は強火で焼くとおいしいんだよ。」

モ　　モ「なんで？」

お母さん「お肉は先に表面を強く焼くと，お肉にふくまれる(⑤)が固まって肉汁《じゅう》が出にくくなるから，おいしく食べられるのよ。」

バーベキューを始めたときはまだ明るかった空も，すっかり暗くなっていました。

ダ イ 吉「あっ，北斗七星が見える。この間，学校で⑥北斗七星を使って北極星を見つける方法を習ったよ。」

モ　　モ「こっちには夏の大三角が見える。夏の大三角はベガ，デネブ，(⑦)の３つの星からなるのよね。」

夜がふけるまで，星をながめながら，４人でいろいろな話をしました。

翌朝，目が覚めるととても良い天気です。今日は予定通りにケンタ山に登ります。五合目まで登ったところで休けいをしました。今まで登ってきた登山道が眼下に見えています。

ダ イ 吉「お父さん，登山道ってなんでクネクネと大きく曲がっているの？」

お父さん「それは(　　⑧　　)ためだよ。」

さらに30分ほど歩くと頂上に着きました。

モ　　モ「やっと着いた～。つかれた～。」

ダ イ 吉「でも，がんばって登ったからこの景色が見られるんだよ。よかっただろう。ところで，山に登るとなぜ遠くまで見えるのかな。」

お父さん「それは，⑨地球が球だからさ。」

と言って，お父さんは地面に図をかいて説明してくれました。

ダ イ 吉「へえ，そうなんだ。ところで，おなかがすいたね。」

お父さん「お昼になって，⑩太陽が南に来たら食べることにしよう。」

ダ イ 吉「それはひどい。もう，おなかがペコペコだよ。」

お母さん「はいはい。早いけど，お昼ご飯にしましょう。」

(1)　下線部①について，タマネギ，ピーマン，にんじん，なす，かぼちゃのなかで，土の中でできるものをすべて選びなさい。

(2) 下線部②について，半分に割ったタマネギを水につけておくと，切るときに目が痛くならないのはなぜですか。

ア．タマネギの目を痛くする成分が，水に溶《と》け出すから。

イ．タマネギに水がしみこみ，目を痛くする成分が出にくくなるから。

ウ．タマネギの表面を水でおおうことで，目を痛くする成分が出にくくなるから。

エ．タマネギの目を痛くする成分が，水によって固まるから。

(3) 下線部③について，炭の作り方として正しいものはどれですか。

ア．木を水素を加えた空気の中で燃やすとできる。

イ．木を酸素の多い空気の中で燃やすとできる。

ウ．木を酸素のほとんど無い空気の中で熱するとできる。

エ．木を水蒸気で蒸しながら熱するとできる。

(4) (④)に当てはまるものはどれですか。

ア．酸素

イ．二酸化炭素

ウ．水素

エ．炭素

オ．水

(5) (⑤)に適切な栄養素の名前を入れなさい。

(6) 下線部⑥について，右図で，北斗七星の形と北極星の位置関係を正しく表しているものはどれですか。

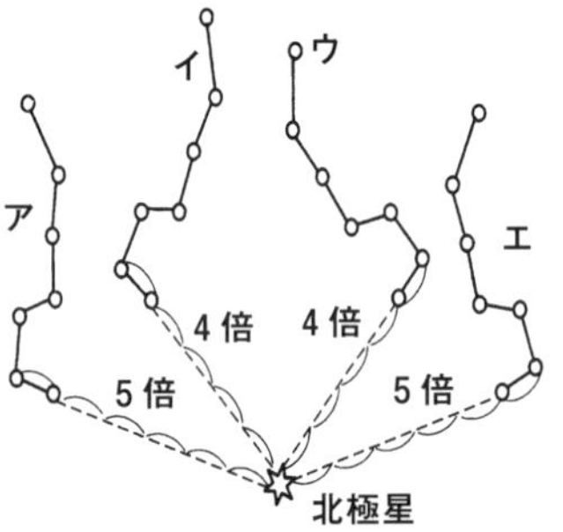

(7) (⑦)に適切な星の名前を入れなさい。

(8) (⑧)に入る説明として，適当なものはどれですか。

ア．いろいろな風景が見えるようにする

イ．大きな岩場をよけて道を作っている

ウ．こう配をゆるやかにして登りやすくする

エ．強い日差しをさけるため，木々の間に道を作る

(9) 下線部⑨について，山のふもとのA地点からはア～オのどの点も見ることができません。では，山頂のB地点からはア～オのどの点まで見ることができますか。最も遠くの点を答えなさい。また，そのように考えた理由を解答らんの図を使って説明しなさい。

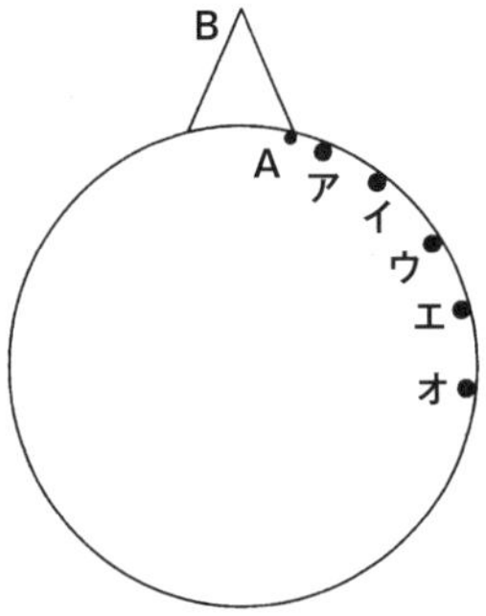

(10) 下線部⑩に関連して，アナログ式(針式)うで時計を使って，およその南の方角を知ることができます。南の方角の求め方として正しいものはどれですか。なお，文章と図の記号が対応しています。

ア．短針を太陽の方角に向けたとき，12時の方角が南になる。

イ．短針と長針のまん中を太陽の方角に向けたとき，長針の方角が南になる。

ウ．短針を太陽の方角に向けたとき，短針と長針のまん中の方角が南になる。

エ．短針を太陽の方角に向けたとき，短針と12時のまん中の方角が南になる。

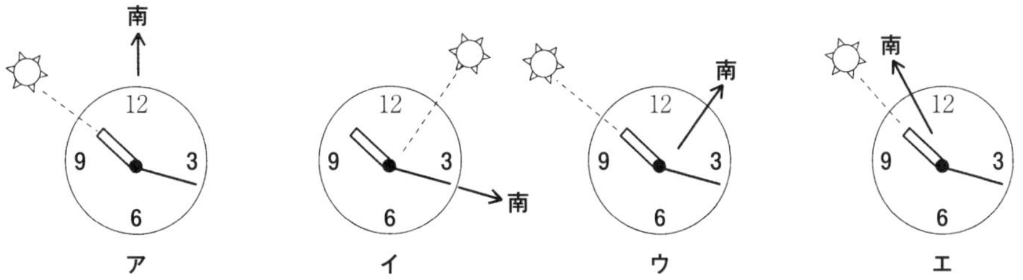

4 〔A〕 固体A～Gは次のいずれかです。実験1～4を読み，後の問いに答えなさい。

銅　　鉄　　アルミニウム　　石灰《かい》石　　砂糖　　食塩　　重そう

実験1　A，B，Cを塩酸に入れたところ，AとBは溶けて同じ気体①だけが生じたが，Cは溶けなかった。

実験2　D，E，F，Gを水に入れたところ，E，Fは溶けたが，D，Gは溶けなかった。D，Gを水酸化ナトリウム水溶《よう》液に入れたところ，Dは溶けて気体②を生じたが，Gは溶けなかった。

実験3　Eを蒸発皿にのせて強く加熱すると黒くなった。

実験4　AとBの混合物a～eを用意して，十分な量の塩酸にそれぞれ入れたところ，すべて溶けた。混合物中のAとBのそれぞれの重さと，生じた気体①の体積を測定したところ，表1のようになった。

表1

	混合物a	混合物b	混合物c	混合物d	混合物e
A	1g	2g	3g	4g	5g
B	5g	4g	3g	2g	1g
気体①	1395mL	1440mL	1485mL	(Z)mL	1575mL

(1) 気体①と気体②はそれぞれ何ですか。

(2) 気体①について，当てはまらないものを選びなさい。

ア．刺げき臭がする。　　イ．無色である。

ウ．石灰水に吹《ふ》きこむと白くにごる。　　エ．空気より重い。

(3) C，F，Gは，それぞれ何ですか。

(4) 表の(Z)に当てはまる数を答えなさい。

(5) A，B，Cだけをふくむ混合物Xが12gあります。これを十分な量の塩酸に入れたところ，気体①が2592mL生じて，Cが2g残りました。混合物X中にふくまれていたAの重さの割合は何%ですか。小数第1位を四捨五入して整数で答えなさい。

〔B〕 酸性水溶液の塩酸とアルカリ性水溶液の水酸化ナトリウム水溶液を混ぜ合わせると，互いの性質を打ち消しあって中性の塩化ナトリウムを生じます。このような反応を中和反応とよんでいます。水酸化ナトリウム水溶液Aと塩酸Bを用いて，下記の実験1～6を行いました。

実験1　50mLの水酸化ナトリウム水溶液Aをとって，加熱して水分をすべて蒸発させると水酸化ナトリウムの固体が4g残った。

実験2　水酸化ナトリウム水溶液AにBTB液を数滴加えると，(あ)色になった。

実験3　実験2のあと，さらに塩酸Bを40mL加えたが，溶液の色は(あ)色のままであった。

実験4　実験3のあと，混合水溶液を蒸発皿に移して，加熱して水分をすべて蒸発させると，水酸化ナトリウムと塩化ナトリウムの混合物が5.6g残った。

実験5　実験4で残った混合物をビーカーに移し，水を入れて50mLとした。これに塩酸Bを70mL加えたところで，BTB液を数滴加えると水溶液は黄色になった。

実験6　実験5の混合水溶液を蒸発皿に移して，加熱して水分をすべて蒸発させると，蒸発皿に白色の固体が6g残った。

(1)　文中の(あ)に適する色を答えなさい。

(2)　塩酸が入った試験管と水酸化ナトリウム水溶液が入った試験管を区別する方法として，誤っているものを選びなさい。

ア．青色リトマス試験紙をつけてみる。　イ．鉄の粒を加える。

ウ．フェノールフタレイン液を加える。　エ．食塩水を加える。

オ．加熱して水を蒸発させる。

(3)　実験4で残った混合物5.6gにふくまれる水酸化ナトリウムの重さは何gですか。

(4)　50mLの水酸化ナトリウム水溶液Aに塩酸Bを加えたとき，水酸化ナトリウム水溶液Aと塩酸Bがどちらもあまることなく反応するのは，塩酸Bを何mL加えたときですか。

(5)　50mLの水酸化ナトリウム水溶液Aに，塩酸Bを25mL加えた場合，①反応後の溶液中に生じた塩化ナトリウムの重さと②残った水酸化ナトリウムの重さはそれぞれ何gですか。

(6)　25mLの塩酸Bに水酸化ナトリウム水溶液Aを加えていった場合，反応後の溶液中に生じた塩化ナトリウムと残った水酸化ナトリウムの重さの比が1：2になるのは水酸化ナトリウム水溶液Aを何mL加えたときですか。

さい。

問四　傍線部②「ねえ、友梨の家って、お父さんが主夫してるって本当？」とありますが、この質問に友梨はどのような気持ちを読み取っているか、五十字以内で説明しなさい。

問五　傍線部③「そのとき彼が言った言葉は、ずっともやもやしたまま残っている」とありますが、友梨はどういう気持ちを抱《いだ》いているのか、百三十字以内で説明しなさい。

問六　傍線部④「なんだか居心地が悪かった」とありますが、このときの友梨の気持ちの説明として最も適切なものを次の中から選び、符号を書きなさい。

ア　芽依がお父さんの話をしてしまったせいで、自分の弁当の彩りが鮮やかだったりめずらしい野菜を使っていたりする本当の理由を丸山に説明できなくなり、少し引け目を感じている。

イ　弁当のレベルの高さでライバルだとみなしている丸山の視線を感じ、自分の弁当を作っているのが本当は父親なのだということが知られてしまうのではないかと不安になっている。

ウ　友梨が作ったことになっている弁当が丸山の弁当とともにクラスのトップレベルだと評価される中で、丸山に視線を向けられ、うそをついていることにいたたまれなさを感じている。

エ　女子に人気がある丸山から注目してもらえて少し嬉《うれ》しく思ってはいるものの、自分で作っているわけではない弁当を使って不正に自分の評価を上げているような気がして、後ろめたくなっている。

オ　丸山の弁当をじっと見つめていたことが気づかれてしまったのだと思い、レベルの高い弁当を持ってくる丸山なら自分の秘密に気がついてしまうのではないかと少し恐《こわ》くなってきている。

三

次の①～⑮の傍線部のカタカナを漢字に改めなさい。〈十五点〉

① ヒガンの初優勝を成し遂《と》げた。
② 特別キュウフ金による支援《えん》が決定した。
③ にぎやかなパーティーにショウタイされた。
④ SDGsの達成に向けた、具体的な行動シシンを示す。
⑤ ショウソクを絶った旅客《かく》機は無事見つかった。
⑥ 祇園精舎《ぎおんしょうじゃ》の鐘《かね》の声、ショギョウ無常の響《ひび》きあり。
⑦ 新年を迎《むか》えても、受験の準備にヨネンがない。
⑧ ガンカには、雄《ゆう》大な景色が広がっていた。
⑨ キせずして、自分に有利に事が進んだ。
⑩ 様々なジュッサクを施《ほどこ》して相手と戦う。
⑪ 敵チームの弱点を、一目でカンパすることができた。
⑫ コウミョウ心にはやり、結果として失敗した。
⑬ 農村の、ボッカ的な風景を収めた写真。
⑭ あのコンビは、二人で出演料をセッパンしているそうだ。
⑮ 坂本龍《りょう》馬はトウジのため、鹿児島《かごしま》の温泉にやって来た。

らうのは抵抗《ていこう》がないか、オネエ言葉なのかとまで、物珍《めずら》しいからとあれこれ訊かれるのもうんざりだった。

芽依は、友梨が秘密にしてと言ったことも、自分がほかの人に話してしまったことも忘れたのか、みんなといっしょになって、友梨に“主夫”の話題を振《ふ》ることもあった。

そのうえ、D主夫になってみたい？と、わざわざ男子生徒に訊くなんて、どういうつもりだったのだろう。その男の子は、友梨と同じ図書委員で、話すことも多かったけれど、べつに意識したこともないただのクラスメイトだったのに。③そのとき彼《かれ》が言った言葉は、ずっともやもやしたまま残っている。

えー、おれはやだよ、女は働かなくてもいいけどさ。

主婦をしているお母さんはたくさんいるのに、主夫のお父さんはめったにいない。だから友梨も、父親が家にいるということが恥《は》ずかしい。でも、めったにいないからって恥ずかしいのはどうしてだろう。

ひいおばあちゃんの家に引っ越《こ》して、お父さんは農業をはじめようとしている。それも、みんなの家のお父さんとは違《ちが》っている。なのに引っ越してからのお父さんは、以前よりずっと生き生きしている。今のところ家庭菜園に毛が生えたような収穫《かく》しかなく、友梨たちは相変わらず母の収入に頼っているが、お父さんは食事をつくり、掃除をする。毎日、家族が快適に暮らせるようⅢ心を砕《くだ》いている。お父さんがそれを楽しんでいて一生懸《けん》命なのだから、否定するのはおかしいと、友梨自身理解しているのに、周囲には知られたくないのだ。いったい、お父さんのことをどう受け入れればいいのか、いまだにわからない。

E「友梨のと、丸山のが、お弁当ツートップだね」

いつの間にか、丸山のことが話題にのぼっていたらしい。みんなが深く頷《うなず》くのを横目に、友梨は丸山太貴《たいき》のほうを見た。よく日焼けした彼はフットサル部で、がさつでぶっきらぼうだけれど、わりと女子には人気がある。そして彼が持参するお弁当は、友梨のお弁当みたいに華《はな》やかというわけではないが、料理自体に手が込んでいて、エビのフリッターとかミートローフとかラザニアとか、ちょっとお店で出てきそうなものだったりする。彼の母親は、かなり料理が上手なようだ。

じっと見ていると、視線を感じたのか丸山が振《ふ》り向いた。友梨はあわてて目をそらす。目をそらしても、彼がこちらを見ているのを感じて、④なんだか居心地《いごこち》が悪かった。

（谷　瑞恵『神さまのいうとおり』より）

問一　波線部A～Eを時系列（起こった順序）で並べなさい。

問二　二重傍《ぼう》線部Ⅰ～Ⅲのここでの意味を後の中から選び、それぞれ符《ふ》号を書きなさい。

Ⅰ　勘ぐる

ア　嫌《いや》らしく追従《しょう》すること
イ　意地悪く推量すること
ウ　突《とっ》発的に直感すること
エ　鮮やかに想像すること
オ　しつこく追及すること

Ⅱ　小耳にはさんだ

ア　ちらりと聞いた　イ　噂《うわさ》を調べた
ウ　心に留《とど》めておいた　エ　悩《なや》ましく思った
オ　いらだちを覚えた

Ⅲ　心を砕いている

ア　気を移している　イ　気を紛《まぎ》らしている
ウ　気を許している　エ　気を配っている
オ　気を落としている

問三　傍線部①「ちっともえらくなんかない」とありますが、「えらくなんかない」と友梨が思うのはなぜか、五十字以内で説明しな

二　次の文章を読んで、後の問いに答えなさい。（字数制限のある問題は、句読点も一字に数えます。）〈四十点〉

友梨《ゆうり》の家では、お弁当はお父さんがつくる。会社を辞《や》めたお父さんが家事全般《ぱん》を担《にな》うことになったのは三年前だが、友梨がお弁当を持参するようになったのは、高校に入った今年からだ。

お弁当作りがお父さんの担当になったのは当然といえばそうだが、友梨にとっては憂鬱《ゆううつ》だった。というのも、お父さんの料理は力が入っていたからだ。

野菜にこだわりがあるからか、彩《いろど》りも鮮《あざ》やかで目を引く。最近は特に、めずらしい野菜を使いたがるので、カフェご飯みたいになっていて、教室でクラスメイトに覗《のぞ》かれるのだ。

A「それ、もしかしてきんぴら？　友梨のお弁当って、何でもおいしそうに見えるよね」

単なるきんぴらゴボウでも、赤みの強いニンジンや金色のゴマで、不思議と見栄《ば》えがよくなっている。

友梨のお母さんって料理上手なんだね。センスあるね。しかし、母が専業主婦ではないとわかると、本当にお母さんがつくっているのか、とⅠ勘《かん》ぐる子もいたため、友梨はあせり、自分でつくったと言ってしまった。お父さんがつくったことは、どうしても知られたくないからだ。だからクラスでは、友梨は家庭的な子だと思われている。

「新鮮《せん》な野菜があるから。ご近所は農家ばかりだし、お裾《すそ》分けをもらったりしてさ」

「でもさ、通学に時間がかかるのに、お弁当も自分でつくって、友梨はえらいよ」

①ちっともえらくなんかないから、ご飯を口の中に詰《つ》め込《こ》む。返事をしなくてすむし、クラスメイトたちの話題は、すぐ別のことに移る。

お父さんの手作りがいやで、みんなにうそをつくくらいなら、本当に自分でつくればいいのだけれど、友梨は相変わらず、お父さんの手作り弁当を持参している。結局、言い訳なのだ。自分でつくるとなると、もっと早起きしなければならないし大変だし、親に頼《たよ》っているくせに、不満だなんて甘《あま》えているのはわかっている。それに、本当言うと不満なのかどうかよくわからない。お父さんの料理はおいしいし、栄養のバランスを考えて野菜をたくさん使っているのもいい。見た目だって文句のつけようがない。

なのに、友梨は、お父さんのことが認められない。働くのがきらいだなんてわがまま、子供みたいだと思ってしまう。いや、お父さんは怠《なま》けているわけじゃない。家にいるときは料理も掃除《そうじ》も洗濯《たく》も、あらゆる家事をこなしている。母親が専業主婦の家庭はいくらでもあるのだから、お父さんが家にいて家事をやっていたっていいではないか。

認められないのは、周囲の反応が気になるからだ。

「②ねえ、友梨の家って、お父さんが主夫してるって本当？」

高校に入ってからもそんなふうに訊《き》かれるたびに、どきりとする。友梨と同じ中学にいた子からⅡ小耳にはさんだのだろう。

B「ふつうに働いてるけど。どうして？」

めずらしいから、単なる興味本位で訊いているだけ。だからそう返すと、興味を失って立ち去る。けれどその興味本位の質問に、〝父親が無職だなんてかわいそう〟という気持ちが潜《ひそ》んでいるのを友梨は感じてしまう。実際、「大変だね」と言われることも多い。

中学のとき、お父さんが自宅にいることを友梨が話したのは、一番仲がよかった立花芽依《めい》だ。C彼《かの》女だけに打ち明けたのに、いつの間にかクラス中に広まってしまった。

昼間からスーパーで買い物をしている中年男性を見かけたら、友梨のお父さんじゃない？　と言われたり、お父さんに部屋を掃除してもることだからだ。

有力な解を思いつかず、足を速めて、自宅へ直行した。そう、家に着けば、ネットの世界で先行論文を検索《さく》して、科学の先人たちの知恵《え》を誰《だれ》でも③ハイシャクできるのだ。急いでパソコンを開き、検索してみた。すると、日本の大学の研究成果の※プレスリリースがいくつか見つかった。

B僕は仰《ぎょう》天した。答えは、僕の専門の物理学に帰着するからだ。その生物学研究では、植物が緑色の光を吸収しないのは、太陽からの様々な色の光のうち緑色の光が強すぎるからだ、と④シュチョウされていた。つまり、あまりにも光を吸収しすぎるとダメージがあるため、最も強い緑色の光はなるべく吸収しない仕組みになっているという。

この説を信用するとすれば、原因は太陽の光の構成にある、ということになる。実は、太陽の光は「黒体輻射《ふくしゃ》」と呼ばれるルールで構成されている。黒体輻射は温度だけで決まる光だ。太陽の表面温度はおよそ6000度だと習った記憶《おく》がある。手元のメモ用紙で計算する。黒体輻射の数式に表面温度を代入し、最も強い光の波長を計算すると、約500※ナノメートル。おお、これは、緑色を示す波長ではないか！

僕はベランダからぼんやり、家の周りの木々を眺めた。そうか、C花が綺麗なのは、太陽のせいか。D他の恒《こう》星系に生まれていたら、生物の色も全く違っていただろう。黒体輻射の公式の発見から量子《りょうし》の世界を⑤ミチビいたドイツの物理学者マックス・プランクに想いを馳《は》せながら、僕は、木々の緑の美しさにまた心を奪《うば》われていった。

（橋本幸士『物理学者のすごい思考法』より）

〈語注〉演繹…一般《ぱん》的な原理を、個別の事柄《がら》に当てはめて考えること。
プレスリリース…官庁や企《き》業などが広報として報道関係者に行う公式発表。またそのときに配布する資料。
ナノメートル…長さの単位で十億分の一メートル。

問一　筆者は散歩をしながら様々な疑問を持って考えを進めています。その中でも特に重要な三つの疑問を、文章に出てくる順に書きなさい。

問二　傍《ぼう》線部A「くっそう、僕は科学者なのに、こんな毎日の問いにも答えられないボンクラなのか」とありますが、このときの筆者の気持ちを五十字以内で説明しなさい。

問三　傍線部B「僕は仰天した」とありますが、筆者はなぜ「仰天した」のですか。七十字以内で説明しなさい。

問四　傍線部C「花が綺麗なのは、太陽のせい」とありますが、「太陽のせい」で「花が綺麗」であるとはどういうことですか。本文全体を踏《ふ》まえて百二十字以内でわかりやすく説明しなさい。

問五　傍線部D「他の恒星系に生まれていたら、生物の色も全く違っていただろう」とありますが、なぜですか。その説明として最も適切なものを次の中から選び、符《ふ》号を書きなさい。

ア　進化の仕方が太陽系とは異なるから。
イ　光合成の仕組みが地球と異なるから。
ウ　恒星の表面温度が太陽と異なるから。
エ　他の恒星系では全ての色の光を反射するから。
オ　他の恒星系では全ての色の光を吸収するから。

問六　この文章全体を踏まえた見出しとして最も適切なものを次の中から選び、符号を書きなさい。

ア　木々の緑の美しさ　**イ**　植物の光合成
ウ　太陽の黒体輻射　**エ**　緑の散歩道と科学
オ　量子の世界と物理学者

問七　傍線部①〜⑤のカタカナの語を漢字に改めなさい。

二〇二二年度　ラ・サール中学校

【国語】（六〇分）〈満点：一〇〇点〉

一　次の文章を読んで、後の問いに答えなさい。（字数制限のある問題は、句読点も一字に数えます。）〈四十五点〉

朝の散歩は心地《ここち》いい。散歩道のほとりには、色々な花が咲《さ》いている。黄色い花やピンクの花。綺麗《きれい》だな、と眺《なが》めているうち、ふと思った。なぜ僕《ぼく》は花を綺麗だと思うのだろう。

そんな素朴《ぼく》な疑問が頭をよぎったが最後、ボケーッと歩いていた心地いい散歩は、一風違《ちが》う、論理※演繹《えき》の散歩に変わる。お楽しみの、科学の時間だ。そう、なぜ僕は花を綺麗だと思うのだろうか、その理由が知りたくてたまらなくなる。

花には様々な色がある。そうか、花が目立つのは、葉っぱが全部緑でつまらないからなのではないか。そうに違いない。

「花がムッチャ綺麗なんは、葉っぱが綺麗ちゃうからやんなぁ」と、散歩で隣《となり》を歩く妻に話しかけた。すると「はぁ？　なにゆうてんの？　葉っぱも綺麗やんか」と怒《おこ》られてしまった。

確かに、僕は葉の緑も好きである。けれども、現在の問題は好き嫌《きら》いではなく、花をなぜ綺麗だと感じるのかという問題である。僕は妻の意見を無視し、「葉っぱの色が単調すぎる」説をさらにたどってみることにした。

つまり、花がなぜ綺麗なのか、という問題の答えは、葉っぱが全部緑色で単調すぎるから、と自分を納得《なっ》させたのだが、すると次の問題がやってくるのである。なぜ、すべての葉っぱは緑なのか？

答えはもちろん、中学校の理科で学んだように、植物は光合成でエネルギーを作り出すのであり、光合成を行うのは、葉っぱの中にある葉緑体だからである。

ここで注意すべきは、光の反射の性質である。物が緑色に見えるという時には、実はその物は、他の色の光を吸収しているのだ。これも中学校の理科で学ぶのだが、太陽の光は、赤や青、緑、といった様々な色の光が重なっていて、全部で白くなっている。その光が葉っぱに当たった時、赤や青が葉っぱに吸収されて、緑だけが吸収されない。だから、緑の光だけが反射されて、葉っぱは緑色に見えるのだ。葉緑体は、もっぱら、赤や青といった、緑ではない色の光を吸収して光合成をしているのだ。

それではなぜ、植物は緑色の光を吸収しないのだろうか？　光合成を行うには、どの色も吸収すれば①ツゴウがよいだろう。それなのに、なぜ緑色だけは特別に、吸収しないことになっているのだろうか？

それさえ解ければ、花がなぜ綺麗なのかという大問題に一つの答えが見つかるのに、と苦心しながらの散歩が続いた。容赦《しゃ》なく、目には木々の美しい緑が飛び込《こ》んでくる。**A**くっそう、僕は科学者なのに、こんな毎日の問いにも答えられないボンクラなのか。

色々な解を頭の中で検討し始めた。どうせ、僕のよく理解していない光合成の複雑な仕組みのせいだろう。化学反応のエネルギー②コウリツの特殊《しゅ》性に帰着されるんじゃないか。それなら化学だから、僕は物理学者だし、わからなくても仕方がない。

いやいや、これには生物の進化的な理由があるんじゃないか。たまたま緑が選ばれて、偶《ぐう》然の産物だから、説明などできないんじゃないか。進化は生物学、僕は知らないから、わからないのも当たり前だ。

こんな風に、自分が答えを思いつかない理由すら探し始める始末だ。でも実は楽しい。なぜなら、知らないということは、一番ワクワクす

2022年度
ラ・サール中学校 ▶解説と解答

算　数　(60分)＜満点：100点＞

解　答

$\boxed{1}$ (1) 12　(2) $\frac{4}{15}$　(3) $\frac{2}{85}$　$\boxed{2}$ (1) 34，68　(2) **りんご**…30個，**みかん**…105個　(3) ㋐ 48度　㋑ 96度　(4) 60，61，62　$\boxed{3}$ (1) 午後11時40分　(2) 午後０時50分　(3) 午前９時55分　$\boxed{4}$ (1) 解説の図１，図３を参照のこと。　(2) ６通り　(3) 18通り　$\boxed{5}$ (1) ３：１　(2) 25cm^2　(3) ４：５　$\boxed{6}$ (1) 90cm^3　(2) 60cm^3　(3) $\frac{1}{3}$cm

解　説

$\boxed{1}$ 四則計算，計算のくふう，逆算

(1) $1.7\times3.09+4.9\times1.03+1.7=1.7\times3\times1.03+4.9\times1.03+1.7=5.1\times1.03+4.9\times1.03+1.7=(5.1+4.9)\times1.03+1.7=10\times1.03+1.7=10.3+1.7=12$

(2) $\left\{4\times\left(2.1-\frac{5}{6}\right)-4\frac{1}{6}\right\}\div\left(4\frac{2}{5}-1.025\right)=\left\{4\times\left(\frac{21}{10}-\frac{5}{6}\right)-\frac{25}{6}\right\}\div(4.4-1.025)=\left\{4\times\left(\frac{63}{30}-\frac{25}{30}\right)-\frac{25}{6}\right\}\div3.375=\left(4\times\frac{38}{30}-\frac{25}{6}\right)\div3\frac{3}{8}=\left(\frac{76}{15}-\frac{25}{6}\right)\div\frac{27}{8}=\left(\frac{152}{30}-\frac{125}{30}\right)\div\frac{27}{8}=\frac{27}{30}\times\frac{8}{27}=\frac{4}{15}$

(3) $8\frac{7}{11}\div(0.2+\square)\div2\frac{3}{11}=17$より，$8\frac{7}{11}\div(0.2+\square)=17\times2\frac{3}{11}=17\times\frac{25}{11}=\frac{425}{11}$，$0.2+\square=8\frac{7}{11}\div\frac{425}{11}=\frac{95}{11}\times\frac{11}{425}=\frac{19}{85}$　よって，$\square=\frac{19}{85}-0.2=\frac{19}{85}-\frac{1}{5}=\frac{19}{85}-\frac{17}{85}=\frac{2}{85}$

$\boxed{2}$ 整数の性質，比の性質，角度，条件の整理

(1) 290を割ると18余るから，290－18＝272を割ると割り切れる。同様に，212を割ると８余るので，212－８＝204を割ると割り切れる。また，割る数は余りよりも大きいから，あてはまる数は18よりも大きい。よって，求める数は，272と204の公約数のうちの18よりも大きい数である。右の図Ⅰより，272と204の最大公約数は，２×２×17＝68とわかり，68の約数は{1，2，4，17，34，68}なので，求める数は34，68となる。

図Ⅰ

2)	272	204
2)	136	102
17)	68	51
	4	3

(2) はじめのりんごの個数を$\boxed{2}$個，みかんの個数を$\boxed{7}$個とすると，残ったりんごの個数は，$\boxed{2}\times0.2=\boxed{0.4}$(個)だから，配ったりんごの個数は，$\boxed{2}-\boxed{0.4}=\boxed{1.6}$(個)とわかる。また，配ったりんごとみかんの個数の比は１：３なので，配ったみかんの個数は，$\boxed{1.6}\times\frac{3}{1}=\boxed{4.8}$(個)となる。よって，残ったみかんの個数は，$\boxed{7}-\boxed{4.8}=\boxed{2.2}$(個)であり，これが33個にあたるから，$\boxed{1}$にあたる個数は，33÷2.2＝15(個)と求められる。したがって，はじめにあったりんごの個数は，15×２＝30(個)，みかんの個数は，15×７＝105(個)である。

図Ⅱ

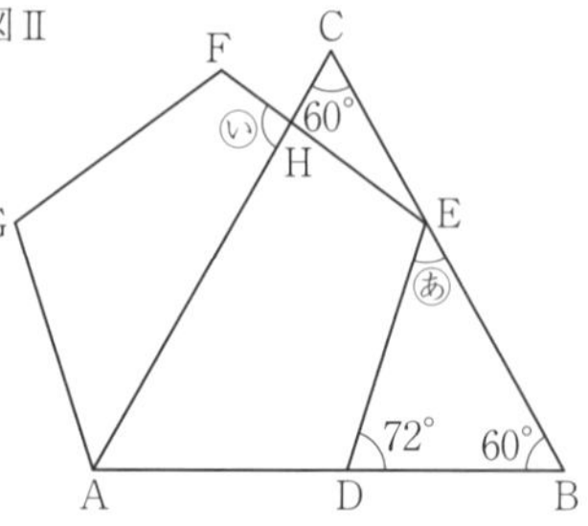

(3) 多角形の外角の和は360度なので，正五角形の１つの外角は，

360÷５＝72(度)である。よって，上の図Ⅱで，角EDBの大きさは72度だから，(あ)の角の大きさは，180－(72＋60)＝48(度)とわかる。また，角DEFの大きさは，180－72＝108(度)なので，角CEFの大きさは，180－(48＋108)＝24(度)と求められる。したがって，角EHCの大きさは，180－(24＋60)＝96(度)だから，(い)の角の大きさも96度である。

(4)　問題文中の図２の正方形の面積は，７×５×96＝3360(cm^2)以上なので，57×57＝3249，58×58＝3364より，aは58以上とわかる。次に，図２の正方形の中にしきつめられる長方形②の最大の枚数を求める。a＝58とすると，58÷７＝８余り２，58÷５＝11余り３より，８×11＝88(枚)となるから，あてはまらない(a＝59のときも同様)。a＝60とすると，60÷７＝８余り４，60÷５＝12より，８×12＝96(枚)となるので，あてはまる(a＝61，62のときも同様)。a＝63とすると，63÷７＝９，63÷５＝12余り３より，９×12＝108(枚)となるから，あてはまらない(aが64以上のときも同様)。また，a＝60のとき，問題文中の図１の正方形の中にしきつめられる長方形①の最大の枚数を求めると，＿＿の計算と，60÷９＝６余り６より，８×６＝48(枚)となるので，あてはまる(a＝61，62のときも同様)。よって，考えられる整数aは60，61，62である。

3　速さと比，正比例と反比例

(1)　条件を図に表すと，右のようになる。アとイの時間の比は，(12時－７時)：(12時６分－７時)＝５時間：５時間６分＝300分：306分＝50：51である。つまり，正しい時計と時計Aが動く速さの比は50：51だから，時計Aが，24時－７時＝17時間動く間に，正しい時計は，$17\times\frac{50}{51}=16\frac{2}{3}$(時間)動く。これは，$60\times\frac{2}{3}=40$(分)より，16時間40分となるので，時計Aが24時(＝午前０時)を指すときの正しい時刻は，午前７時＋16時間40分＝午後11時40分と求められる。

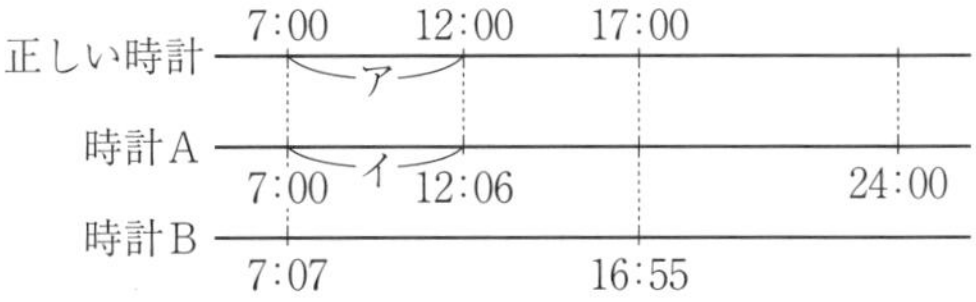

(2)　時計Bは，７時には正しい時計よりも７分すすんでいて，17時には正しい時計よりも５分おくれているから，17－７＝10(時間)で，７＋５＝12(分)おくれたことがわかる。よって，１時間あたり，12÷10＝1.2(分)おくれるから，７分おくれるのにかかる時間は，$7\div1.2=5\frac{5}{6}$(時間)と求められる。これは，$60\times\frac{5}{6}=50$(分)より，５時間50分となるので，午前７時から５時間50分たったときに，ちょうど正しい時刻を指したことがわかる。したがって，時計Bが正しい時刻を指したのは，午前７時＋５時間50分＝午後０時50分である。

(3)　時計Aは，12時－７時＝５時間で正しい時計よりも６分すすむので，１時間あたり，６÷５＝1.2(分)すすむ。よって，時計Aが指す時刻と時計Bが指す時刻の差は，１時間あたり，1.2＋1.2＝2.4(分)変化するから，７分変化するのにかかる時間は，$7\div2.4=2\frac{11}{12}$(時間)と求められる。これは，$60\times\frac{11}{12}=55$(分)より，２時間55分となるので，時計Aと時計Bが同じ時刻を指すのは，正しい時刻で，午前７時＋２時間55分＝午前９時55分である。

4　場合の数

(1)　太線の右下側の正方形の個数が，24÷２＝12(個)になるようにすればよいので，点Pを通る場合は下の図１のようになる。次に，点Sを通る場合，下の図２の太線を必ず通る。すると，Aからアまでとイから Bまでは，それぞれかげの部分を通ることになる。また，太線の右下側には必ず斜《しゃ》線《せん》部分の３個の正方形が含《ふく》まれるので，残りの正方形の個数が，12－３＝９(個)になるようにすればよい。そのためには，かげの部分をすべて含む必要があるから，下の図３の１通りだけが考えられる。

図１　図２　図３　図４

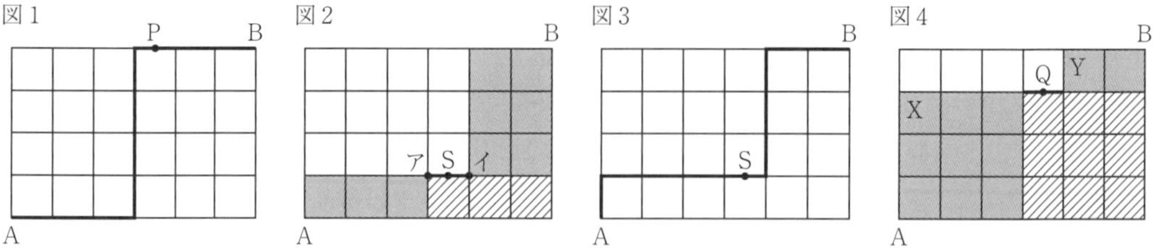

⑵　点Ｓを通る場合と同様に考える。上の図４で，太線の右下側に斜線部分の９個の正方形は必ず含まれるから，かげの部分ＸとＹに含まれる正方形の個数の合計を，12－９＝３(個)にすればよい。また，Ｘに含まれる正方形の個数が３個の場合は下の図５の３通り，２個の場合は下の図６の２通り，１個の場合は下の図７の１通りの区切り方がある。どの場合も，Ｙの部分の区切り方は下の図８のいずれか１通りに決まるので，全部で，３＋２＋１＝６(通り)と求められる。

図５　図６　図７　図８

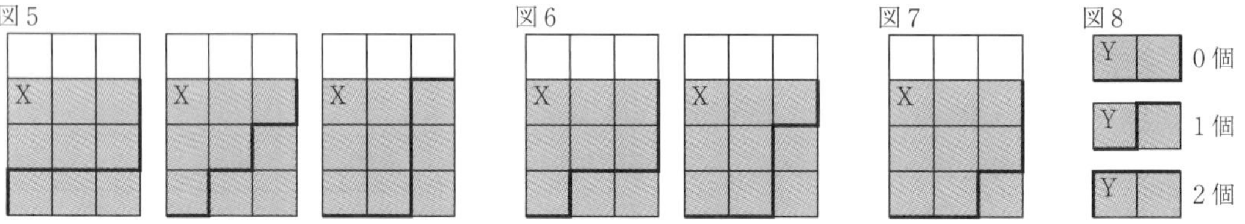

⑶　同様にして，右の図９のようにＲを通る場合を求める。このとき，ＸとＹに含まれる正方形の個数の合計を，12－６＝６(個)にすればよい。Ｘ，Ｙのそれぞれについて調べると下の図10，図11のようになるから，Ｒを通る場合は，１×１＋１×１＋２×２＋２×１＋２×１＝10(通り)と求められる。また，図９のＴを通る場合はないので，⑴，⑵の場合を合わせると，１＋１＋６＋10＝18(通り)となる。

図９

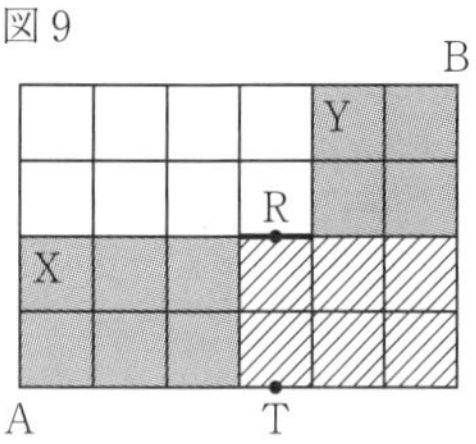

図10　図11

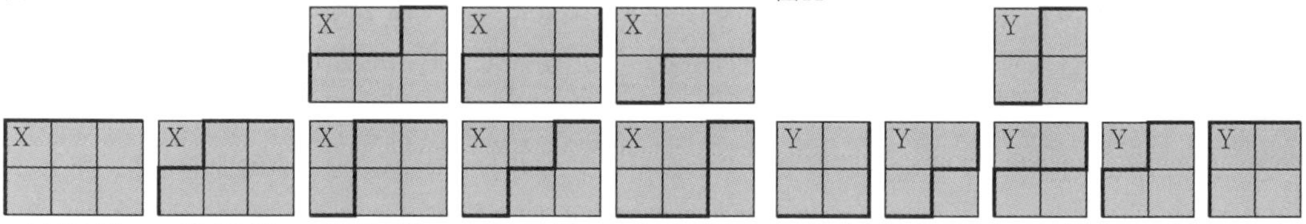

(Ｘが６個)　(Ｘが５個)　(Ｘが４個)　(Ｘが３個)　(Ｘが２個)　(Ｙが０個)　(Ｙが１個)　(Ｙが２個)　(Ｙが３個)　(Ｙが４個)

5　平面図形―辺の比と面積の比

⑴　右の図で，三角形ADGと三角形DBGの面積の比は，10：５＝２：１だから，AD：DB＝２：１となり，三角形AGEと三角形CEGの面積の比は２：３なので，AE：EC＝２：３となる。次に，三角形ABGと三角形ACGの底辺をAGとすると，この２つの三角形の高さの比はBFとFCの長さの比と等しくなる。よって，BF：FCは三角形ABGと三角形ACGの面積の比と等しいから，BF：

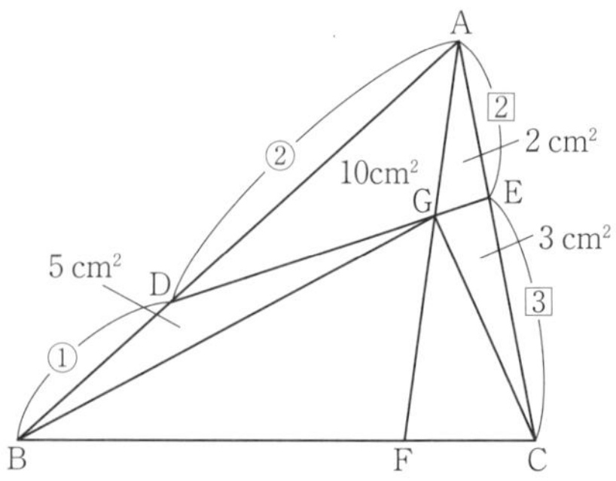

FC＝(10＋5)：(2＋3)＝3：1とわかる。

(2) 三角形ADEの面積は三角形ABCの面積の，$\frac{2}{2+1}\times\frac{2}{2+3}=\frac{4}{15}$(倍)である。これが，10＋2＝12(cm^2)なので，三角形ABCの面積は，$12\div\frac{4}{15}=45$(cm^2)と求められる。よって，三角形GBCの面積は，45－(12＋5＋3)＝25(cm^2)とわかる。

(3) (1)，(2)より，三角形CGFの面積は，$25\times\frac{1}{3+1}=\frac{25}{4}$(cm^2)とわかる。よって，三角形CAGと三角形CGFの面積の比は，$(2+3):\frac{25}{4}=4:5$だから，AG：GF＝4：5となる。

6 立体図形―分割，体積

(1) 下の図1のように，POを延長した直線がDFと交わる点をGとすると，三角形AOPと三角形FOGは合同なので，GはDFのまん中の点になる。また，三角形BCPの面積は，3×6÷2＝9(cm^2)である。よって，点Fを含む立体，つまり，三角柱BCP－EFGの体積は，9×10＝90(cm^3)とわかる。

(2) 下の図2のように，QOを延長した直線がADと交わる点をHとすると，三角形FQOと三角形AHOは合同だから，AHの長さは2cmになる。ここで，HDの長さは，10－2＝8(cm)だから，台形FQHDの面積は，(2＋8)×6÷2＝30(cm^2)となる。よって，点Fを含む立体，つまり，四角すいE－FQHDの体積は，$30\times6\times\frac{1}{3}=60$(cm^3)と求められる。

図1

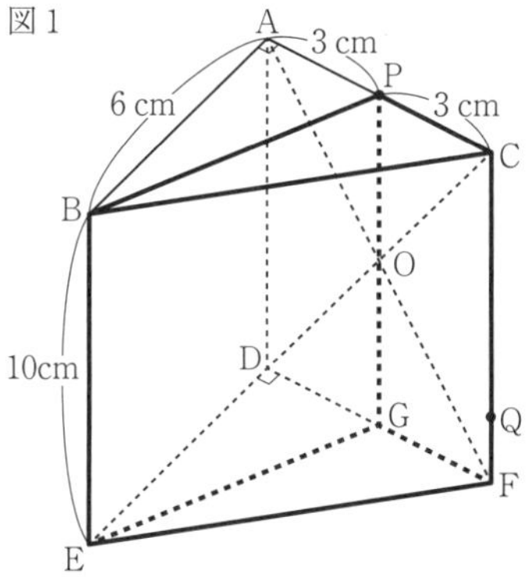

図2

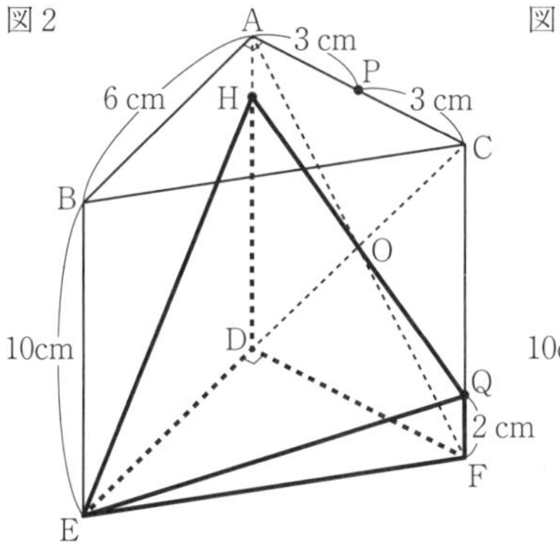

図3

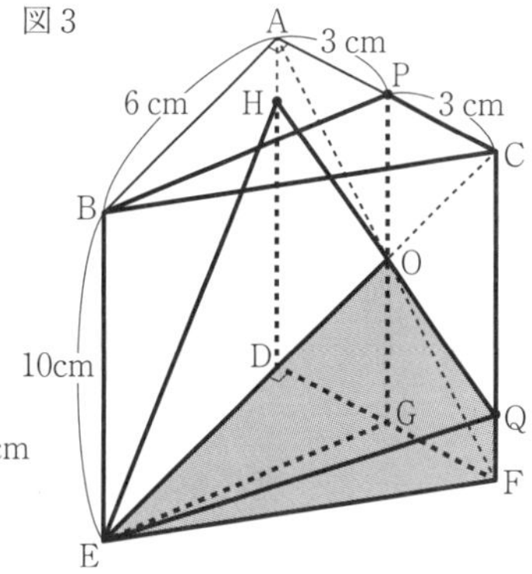

(3) E，O，Pを通る平面とE，O，Qを通る平面で切ったとき，点Fを含む立体は上の図3のかげをつけた四角すいE－FQOGになる。OGの長さは，10÷2＝5(cm)であり，FQの長さを□cmとすると，$(□+5)\times3\div2\times6\times\frac{1}{3}=16$(cm^3)と表すことができるので，$□=16\div\frac{1}{3}\div6\times2\div3-5=\frac{1}{3}$(cm)と求められる。

社　会 (40分) ＜満点：50点＞

解　答

1 **問1** 119 **問2** エ **問3** エ **問4** (例) 製品をつくるときに使う資源の量を少なくすること。(廃棄物の発生を少なくすること。) **問5** オ **問6** ウ **問7** 律令 **問8** メルケル **問9** イ 2 **問1** 1 パラリンピック 2 北京 **問2** イ **問3** ア **問4** (1) イ (2) オ **問5** ウ **問6** エ **問7** エ 3 **問1**

縄文　**問２**　平等院鳳凰堂　**問３**　薩摩(藩)　**問４**　イ　**問５**　アイヌ　**問６**　ア　○　イ　○　**問７**　(例)　近畿の大王が地方の豪族を従えていたこと。　**問８**　イ　**問９**　ア　○　イ　×　**問10**　八幡製鉄所　**問11**　エ　**[4]**　**問１**　(1)　ア　(2)　オホーツク海　(3)　(例)　台風がしばしば来る　(4)　①　ア　②　エ　(5)　①　エ　②　ウ　**問２**　(1)　④　山形県　⑩　兵庫県　(2)　**A**　ア　**D**　ウ　(3)　**X**　(八郎潟の)干拓　**Z**　さとうきび　(4)　①　西表島(石垣島，宮古島)　②　ウ

解　説

[1] 消防，ごみ，2021年のできごとを題材とした総合問題

問１　火事・救命・救急車に関する通報をするさいは，119番に電話する。なお，このほかのおもな緊急《きんきゅう》通報用電話番号としては，警察に事件・事故の通報をする110番や，海上での事件・事故を通報する118番などがある。

問２　消火栓《せん》などの消火設備の点検も消防団員の仕事なので，エが誤っている。なお，イについて，火災警報器の設置はどのような住宅に対しても義務づけられているが，設置をしていなくても罰則《ばっそく》は設けられていない。

問３　図はペットボトルのリサイクルマークの一部なので，エが誤っている。ペットボトルやアルミ缶のリサイクルマークは，それぞれ右の図のようになっている。なお，イについて，製鉄や鉱石の精錬《せいれん》のさいに出るかすをスラグといい，小石や砂などとともにアスファルトやコンクリートなどに加えられる。これと同様に，近年はもえるごみを燃やして出た灰の一部が，エコスラグとして使われることがある。

問４　限りある資源を有効に利用しながら，持続可能な形で資源を利用していく社会を循環《じゅんかん》型社会という。その実現のためには，ごみの量を減らす「リデュース」，同じ物を繰《く》り返し使用する「リユース」，廃品や資源を再生利用する「リサイクル」(この３つをまとめて「３Ｒ」という)の順で取り組むことが大切である。

問５　中国南部(地図中オ)に位置する香港《ホンコン》は，アヘン戦争(1840～42年)をきっかけとして清(中国)からイギリスに譲《ゆず》り渡され，以後，イギリス領となっていたが，1997年に中国に返還された。しかし，香港は資本主義，中国は社会主義と社会体制が異なるため，返還から50年間はそれまでの体制を維持することが認められた(一国二制度)。近年，中国は香港を本土と同じ体制にするため，強権を発動して民主派を弾圧するなどしていることから，国際的な非難を浴びている。なお，アはウルムチ，イは北京《ペキン》，ウは上海《シャンハイ》，エは台北《タイペイ》である。

問６　中国共産党に批判的な記事をしばしば掲載《けいさい》するなど，自由な報道で知られてきた香港の日刊紙「リンゴ日報」は，香港国家安全維持法を根拠《こんきょ》として会社の幹部などが多数逮捕《たいほ》され，経営が困難になったとして，2021年６月，廃刊に追いこまれた。したがって，ウが正しい。なお，アはアメリカ(合衆国)，イはミャンマーで起こったできごと。エは2021年６月に起こったできごとだが，会議はイギリスで開かれたので，「香港で起こったできごと」にはあてはまらない。

問７　アは３世紀，イは８世紀，ウは15世紀，エは４～７世紀ごろのできごとなので，３番目はイになり，あてはまる語句は「律令(大宝律令)」となる。なお，アは「親魏倭王《しんぎわおう》」，ウは「明」，エは

「渡来人」があてはまる語句となる。

問8　2005年からドイツの首相を務めていたアンゲラ・メルケルは，2021年に退任し，政界から引退した。

問9　アメリカなど，大統領制がとられている国では，国民が投票する直接選挙で大統領が選ばれるので，イが誤っている。ただし，アメリカの場合，州ごとに選挙人を選び，その選挙人が大統領を選ぶという形式をとっている。なお，日本など，内閣が国会の信任にもとづいて成立し，国会に対して連帯責任を負うという議院内閣制がとられている国では，内閣総理大臣(首相)が国会議員の中から国会の指名で選ばれる。

2　オリンピックを題材とした問題

問1　**1**　オリンピックのあとには，障がい者のためのスポーツの祭典であるパラリンピックが，オリンピックと同じ場所で開かれる。　**2**　2022年，中国の首都北京でオリンピック・パラリンピック冬季大会が開かれた。

問2　aにあてはまる国はブラジルで，南アメリカ大陸最大の国である。リオデジャネイロはブラジルの南東部に位置する都市で，国連環境開発会議(地球サミット)の開催地となったさいに，「環境と開発に関するリオ宣言」が調印されたことなどで知られる。ブラジルは，コーヒー豆の生産量・輸出量が世界第1位となっている。なお，アについて，赤道はブラジルの国土の北部(アマゾン川の河口付近)を通っている。ウについて，ブラジルはポルトガルから独立したため，公用語はポルトガル語である。エについて，ブラジルの国土面積はロシア，カナダ，アメリカ，中国について世界第5位である。統計資料は『日本国勢図会』2021／22年版による(以下同じ)。

問3　bにあてはまる国は韓国(大韓民国)で，2002年のサッカー・ワールドカップは，日本と韓国による共催で行われた。なお，イは中国，ウは北朝鮮(朝鮮民主主義人民共和国)にあてはまる。エのASEAN《アセアン》(東南アジア諸国連合)は，タイやインドネシアなど東南アジア諸国が参加する地域的経済協力機構である。

問4　(1)　ア　「天皇が日本を統治する」，つまり天皇主権の規定があったのは，大日本帝国憲法である。日本国憲法は国民主権を原則としており，天皇は「日本国の象徴《しょうちょう》であり日本国民統合の象徴」とされている。　イ　日本国憲法のもとでは天皇に政治的な権限はなく，憲法に定められた国事行為《こうい》を内閣の助言と承認にもとづいて行うものと定められている。最高裁判所長官の任命は，そうした国事行為の1つである。　ウ　参議院に解散はない。　エ　天皇が行う行為としては，日本国憲法に規定された国事行為のほか，新年に皇居で行う一般参賀のような「公的行為」と，宮中祭祀《さいし》のような「その他の行為」があるとされている。天皇が被災地を訪問することはこのうちの「公的行為」にあたり，憲法上に規定はないが，認められている。　(2)　X　閣議の説明として正しい。　Y　日本国憲法第66条2項で「内閣総理大臣その他の国務大臣は，文民でなければならない」と定められている。また，軍事的な重要事項について決定する権限を，軍人ではない文民(シビリアン)が持つという原則を文民統制(シビリアン・コントロール)という。この原則により，自衛隊の最高指揮監督《かんとく》権は文民である内閣総理大臣が持っている。　Z　都道府県知事は，住民による直接選挙で選出される。

問5　ア　日本が国連のPKO(平和維持活動)に参加するようになったのは，1992年に「国連PKO協力法」が制定されてからのことである。同年に自衛隊をカンボジアに派遣したのが，初めての参加であった。　イ　あらゆる核兵器の開発や保有を禁止する核兵器禁止条約は，2017年，国連総会で122か国の賛成により成立した。しかし，アメリカなどの核保有国はこれには参加せず，日本をふくめ，核保有国と同盟関係にある国々の多くも参加しなかった。　ウ　ユネスコ(国連教育科学文化機関)の説明として正しい。　エ　WHO(世界保健機関)は国連の専門機関の１つで，伝染病の予防や世界の人々の健康増進を目的に活動している。発展途上国などの児童の生活や教育の向上を目的とする国連の機関は，ユニセフ(国連児童基金)である。

問６　2015年，フランスの首都パリで開かれた気候変動枠組《わくぐみ》条約(地球温暖化防止条約)第21回締約《ていやく》国会議(COP《コップ》21)で，地球温暖化対策のための新しい協定が結ばれた。これは「パリ協定」とよばれるもので，エがその内容として正しい。なお，アの「国連環境計画」(UNEP《ユネップ》)は，1972年に開かれた国連人間環境会議での提言をもとに創設された国連の機関。イは1997年に開かれたCOP３(京都会議)で採択《さいたく》された「京都議定書」の内容，ウは2013年に調印された「水銀に関する水俣《みなまた》条約」の内容である。

問７　ア，エ　障がい者や高齢者には車椅子《いす》を利用する人も多いので，自動販売《はんばい》機のボタンは低い位置にあるほうがよい。また，多目的トイレのほうが，ふつうのトイレよりも使いやすく設計されている。　イ　ホームドアはホームからの転落を防ぐための設備なので，撤去《てっきょ》すべきではない。　ウ　開き戸は引き戸に比べて身体的に大きな動きが必要なので，適切でない。

3 世界遺産を題材とした総合問題

問１　2021年，三内丸山遺跡(青森県)などをふくむ北海道と青森・岩手・秋田３県の縄文時代の遺跡が，「北海道・北東北の縄文遺跡群」としてユネスコの世界文化遺産に登録された。

問２　アは東大寺(奈良県)の正倉院で奈良時代，イは平等院鳳凰《ほうおう》堂(京都府)で平安時代，ウは銀閣(京都府)で室町時代，エは法隆寺(奈良県)で飛鳥時代を代表する建築物である。したがって，年代の古い順にエ→ア→イ→ウとなる。

問３　1609年，琉球《りゅうきゅう》王国(沖縄県)は薩摩《さつま》藩(鹿児島県)の侵攻《しんこう》をうけ，その支配下に入ることとなった。薩摩藩による琉球支配は，明治時代初めの1871年まで続いた。

問４　1588年，豊臣秀吉は京都方広寺に建てる大仏の「くぎ」や「かすがい」に使うとして，農民から鉄砲や刀などの武器を取り上げる刀狩《かたながり》を行った。刀狩の真の目的は農民による一揆《いっき》の防止で，農民から武器を取り上げることで武士との区別をはっきりさせ，兵農分離を進めることにあった。

問５　2019年，アイヌ民族を先住民族と認めたうえで，アイヌ文化を守り育てることを国や地方自治体の責務とすることなどを定めた「アイヌ新法」が制定された。そのための政策の一環として，北海道白老《しらおい》町に国立アイヌ民族博物館を中心とする「民族共生象徴空間(ウポポイ)」が建設され，2020年７月に開業した。なお，ウポポイとは「大勢で歌うこと」を意味するアイヌ語である。

問６　アは鎌倉時代に起きた元寇《げんこう》(文永の役，弘安の役)について，イは豊臣秀吉による朝鮮出兵(文禄《ぶんろく》の役，慶長《けいちょう》の役)について述べた文で，ともに内容も正しい。

問７　前方後円墳は，近畿地方に規模の大きなものが分布し，地方にはそれを縮小したものが分布している。このようすから，近畿の大王《おおきみ》が地方の豪族を従えていたことがわかる。

問８　アは1951年，イは1968年，ウは1956年，エは1953年のできごとである。

問９　**ア**　平氏政権についての記述で，内容も正しい。　**イ**　北条氏が執権《しっけん》の地位を独占して鎌倉幕府の実権を握《にぎ》るようになったのは，源頼朝の死後のことである。

問10　世界文化遺産「明治日本の産業革命遺産　製鉄・製鋼，造船，石炭産業」の構成資産には，八幡製鉄所がふくまれている。鉄鋼の国内自給をめざしていた明治政府は，日清戦争(1894～95年)で得た賠償《ばいしょう》金の一部を使い，多額の政府資金をつぎこんで，現在の北九州市(福岡県)に官営の八幡製鉄所を建設した(1901年に操業開始)。

問11　百姓たちはそれぞれの土地の領主に年貢を納めていたので，エが誤っている。なお，江戸時代，商業の中心地であった大阪には，各藩が蔵屋敷《くらやしき》を建てて年貢米や特産物などを納めさせ，出入りの商人に売りさばかせた。このように，全国から集められた産物がここで売りさばかれていったことから，大阪は「天下の台所」とよばれた。

4　日本の国土や産業などについての問題

問１　(1)　日本の北端の択捉《えとろふ》島(北海道)から西端の与那国《よなぐに》島(沖縄県)までの距離は約3000kmなので，アが選べる。なお，東京～根室《ねむろ》(北海道)間や東京～鹿児島間がともに約1000kmであることも手がかりになる。　(2)　北海道のオホーツク海沿岸では，冬に流氷が観測される。　(3)　台風に襲《おそ》われることが多い沖縄県では，平屋建ての住居のまわりを樹木や石垣《いしがき》で囲み，屋根のかわらをしっくいで固めるなど，台風の被害をさけるための工夫をした伝統的な住居がみられる。なお，「しっくい」は消石灰《せっかい》にのりやすさ(麻，わら，紙などの細片)などを混ぜて練り上げた，白いコンクリート状のものである。　(4)　①　札幌市のある北海道は亜《あ》寒帯の気候に属するので，１・２月の平均気温が０℃以下になっているア～ウのいずれかである。また，北海道は梅雨の影響をほとんど受けないので，６～７月の降水量が少ない。よって，アがふさわしい。　②　那覇《なは》市のある沖縄県は亜熱帯の気候に属するので，一年を通して気温が高いエ～カのいずれかである。沖縄県は，オのような雨期・乾期はなく，一年を通して降水量が多い。また，カのように一年を通して高温ではなく，気温の変化がある。よって，エがあてはまる。　(5)　延べ宿泊者数の最も多いイが東京都で，最も少ないオが福島県とわかる。また，外国人の宿泊者の割合が高いアは，インバウンド(外国人が日本を訪れる旅行)の旅行者に人気がある京都府である。さらに，残った２つのうちのウが沖縄県，エが北海道と判断できる。沖縄県は，第３次産業(商業・サービス業など)の就業人口の割合が高く，観光業に力を入れているので，ほかの都道府県からの観光客が多い。そのため，延べ宿泊者数に占《し》める同じ都道府県在住者の宿泊者の割合が低くなっている。

問２　(1)　東経135度の経線が日本の標準時子午線であることや，秋田県の大潟村(八郎潟干拓《かんたく》地)のほぼ中央で東経140度の経線と北緯40度の緯線が交差していることなどが手がかりとなる。また，東経125度の経線は琉球諸島(沖縄県)付近を，東経130度の経線は九州地方西部を，東経145度の経線は知床《しれとこ》半島(北海道)を，それぞれ通過する。よって，東経145度の経線は①の北海道だけを通り，東経140度の経線は北から順に①の北海道，②の青森県，③の秋田県，④の山形県，⑤の福島県，⑥の栃木県，⑦の茨城県，⑧の千葉県を通る。そして，東経135度の経線は⑨の京都府と⑩の兵庫県を通ったあと，⑪の和歌山県の友ヶ島の西端付近を通過する。さらに，東経130度の経線は⑫の佐賀県，⑬の長崎県，⑭の熊本県を通過したあと，東シナ海や太平洋の海上を南下し，⑮の鹿児島県の喜界島を通る。　(2)　ア　Ａは酪農《らくのう》のさかんな根釧《こんせん》台地に位置する別海町で，生乳の生産量が日本一である。根釧台地は火山灰の台地で，また沖合を流れる寒流の千島海流(親潮)の影響で夏に濃霧《のうむ》が発生して日光が届かず気温が低いため，作物の栽培には適さず原野が広がっていた。しかし，第二次世界大戦後，パイロットファームとよばれる実験農場や別海町を中心とする「新酪農村計画」などにより，酪農地帯となった。　イ　Cは明石《あかし》市(兵庫県)で，淡路《あわじ》島(兵庫県)との間に明石海峡がある。本州四国連絡橋のうちの「神戸—鳴門《なると》ルート」にあたるこの海峡には明石海峡大橋が建設され，1998年に開通した。また，明石市の西部には酒造業がさかんな地域があり，神戸市の「灘《なだ》」に対して「西灘」とよばれている。　ウ　Dは嬉野《うれしの》市(佐賀県)で，隣接《りんせつ》する武雄《たけお》市とともに温泉地として知られ，2022年に武雄温泉駅～長崎駅間で開業する西九州新幹線に嬉野温泉駅が設けられる。また，嬉野茶は本格的な釜炒《かまい》り茶として知られる。　エ　Bは船橋市(千葉県)で，東京湾の北岸に位置する。人口は約64万人で，県庁所在地で政令指定都市となっている千葉市(約97万人)につぐ人口を持つ。　(3)　ア　Zの喜界島ではさとうきびが栽培されており，きび砂糖などに加工される。なお，さとうきびは気候の温暖な地域で栽培される作物で，日本では南西諸島(沖縄県や鹿児島県など)だけで栽培されている。　イ　Xは大潟村(八郎潟干拓地)である。八郎潟は，かつては琵琶湖(滋賀県)につぐ日本第2位の面積を持つ湖であったが，1950～70年代に行われた干拓工事により，大部分が陸地化された。干拓地には大潟村が建設され，機械を用いた大規模農業が行われている。　ウ　Wは白神山地(青森県・秋田県)で，ぶなの原生林など貴重な自然が残り，世界自然遺産に登録されている。　エ　Yは那須《なす》岳(栃木県)で，その南東側のふもとの那須町には御用邸《ごようてい》(皇族の別荘)がある。　(4)　①　先島諸島(沖縄県)の島々のうち，面積が大きいのは宮古列島の宮古島と，八重山《やえやま》列島の石垣島，西表《いりおもて》島の3つである。　②　東経125度の経線に沿って日本から南に向かうと，太平洋の海上を進んだあと，フィリピンのミンダナオ島などの島々を通過する。なお，東経135度の経線は，ニューギニア島西部(インドネシア)やオーストラリア中央部を通過する。

理　科　(40分) ＜満点：50点＞

解　答

1　(1)　①　ア　②　ウ　(2)　(例)　サナギをつくらない。　(3)　①　エ　②　ア　③　ウ　④　イ　(4)　食物連鎖　(5)　ア　(6)　エ　(7)　イ　2　〔A〕　(1)　Y，5cm　(2)　10cm　(3)　Xが14秒後に追いつく　(4)　秒速2cm　(5)　X，14cm　(6)　22秒後　〔B〕　(1)　10g　(2)　2.5g　(3)　ア，160g　(4)　ウ　3　(1)　タマネギ，にんじん　(2)　ア　(3)　ウ　(4)　オ　(5)　たんぱく質　(6)　ア　(7)　アルタイル　(8)　ウ　(9)　イ／(例)　右の図のように，Bから円に接する線を引いたとき，接する点(×)より遠くにあるウ，エ，オは見えないから。　(10)　エ　4　〔A〕　(1)　①　二酸化炭素　②　水素　(2)　ア　(3)　C　銅　F　食塩　G　鉄　(4)　1530　(5)　63％　〔B〕　(1)　青色　(2)　エ　(3)　0.8g　(4)　50mL　(5)　①　3g　②　2g　(6)　100mL

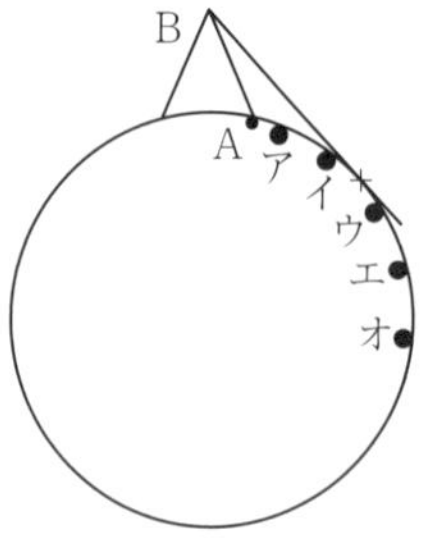

解　説

1　自然界の昆虫《こんちゅう》，カメムシの生態についての問題

(1)　ナナホシテントウなどのテントウムシのなかまは，カメムシと同じように，落ち葉の下などで

成虫が集団になって冬を越《こ》すものが多い。また，オオカマキリなどのカマキリのなかまは，木の枝などに産みつけられた卵鞘《らんしょう》（泡《あわ》のかたまりのようなもの）の中で，卵で冬を越す。なお，カブトムシは幼虫の姿で，アゲハはさなぎの姿で冬を越す。

(2)　セミやカマキリなどは，卵→幼虫→成虫の順に成長し，サナギの時期がない。このような育ち方を不完全変態という。一方，チョウやカブトムシなどは，卵→幼虫→サナギ→成虫の順に成長する。このような育ち方を完全変態という。

(3)　ゲンジボタルの幼虫はカワニナなどの巻貝類を，ギフチョウの幼虫はカンアオイの葉を，アゲハの幼虫はカラタチなどのミカン類の植物の葉を，カイコガの幼虫はクワの葉を食べて成長する。

(4)　生物どうしが「食べる―食べられる」の関係でたがいに鎖《くさり》のようにつながっている関係を食物連鎖《れんさ》という。一般《いっぱん》に，食物連鎖の始まりは光合成によって養分を作り出すことのできる植物で，植物を食べて生活する草食動物，ほかの動物を食べて生活する肉食動物とつながっている。

(5)　段ボール板にカメムシを乗せて移動しているので，イとエは考えられない。また，カメムシが×印の地点から巣ではない方向に歩き始めたことから，ウも考えられない。アはカメムシが直線的に巣に帰るさいの動き方の説明としてあてはまる。

(6)　アやイが正しいならば，カメムシは×印の地点で迷ってしまうはずである。またウが正しいならば，カメムシは巣に直線的に帰れるはずである。エは下線部Cの結果と合う。

(7)　実験の結果から，巣から離《はな》れた場所での直線的な帰巣行動と，巣の近くで巣を探す行動では，その手がかりとなるものが違《ちが》うことがわかる。

2　物体の運動，輪軸《りんじく》についての問題

〔A〕 (1)　5秒後までに，Xは，$2\times5=10$(cm)進み，Yは，$3\times5=15$(cm)進むので，5秒後にはYがXの，$15-10=5$(cm)先を進んでいる。

(2)　10秒後にはYがXの，$3\times10-2\times10=10$(cm)先を進んでいるが，10秒後～13秒後はXの方が速くなるので，13秒後までのXとYの進んだ距離《きょり》の最大の差は10cmとわかる。

(3)　13秒後にはYがXの，$10-(4-1)\times(13-10)=1$(cm)先を進んでいるが，13秒後～18秒後はXの方が，$3-2=1$(cm/秒)速いので，$13+1\div1=14$(秒後)にYに追いつく。

(4)　5秒間に10cm進んだので，この間の平均の速さは，$10\div5=2$(cm/秒)と求められる。なお，この速さは0秒後の速さ(0cm/秒)と5秒後の速さ(4cm/秒)の平均になっている。

(5)　Xは15秒後までに，$10+4\times(15-5)=50$(cm)進む。一方，YのXが出発してから3秒後～15秒後の平均の速さは，$(0+6)\div2=3$(cm/秒)なので，YはXが出発してから15秒後までに，$3\times(15-3)=36$(cm)進む。したがって，15秒後にはXがYの，$50-36=14$(cm)先を進んでいる。

(6)　15秒後以降はYがXに，$6-4=2$(cm/秒)の速さで近づくので，YがXに追いつくのはXが出発してから，$15+14\div2=22$(秒後)とわかる。

〔B〕 (1)　輪軸のつり合いは，支点を中心とした輪軸を回そうとするはたらき(以下，モーメントという)で考える。モーメントは，(加わる力の大きさ)×(支点からの距離)で求められ，左回りと右回りのモーメントが等しいときに輪軸が静止する。図1で，外側の円板に□gのおもりをつるしたとすると，$40\times5=\square\times20$が成り立ち，$\square=40\times5\div20=10$(g)と求められる。

(2)　(1)より，図3で，2つの輪軸が接する点には10gの力がかかっている。よって，右の輪軸の大きな円板に□gの力を加えたとすると，$\square\times20=10\times5$が成り立ち，$\square=10\times5\div20=2.5$(g)とわかる。

(3) 図4で，点Aに力を加えなければ，左の輪軸は反時計回りに回転し，右の輪軸は時計回りに回転する。したがって，2つの輪軸を静止させるために加える力の向きはアである。また，2つの輪軸が接する点に□gの力がかかっているとすると，40×20＝□×5が成り立ち，□＝40×20÷5＝160(g)となるので，点Aに加える力の大きさも160gとなる。

(4) 図5で，輪軸から手をはなしたとき，(3)より，左の輪軸から右の輪軸には160gの力がかかる。一方，右の輪軸から左の輪軸に□gの力がかかるとすると，480×5＝□×20が成り立ち，□＝480×5÷20＝120(g)となる。よって，左の輪軸から右の輪軸にかかる力のほうが大きいので，左の輪軸は反時計回りに動き始める(つまり，40gのおもりは下向きに動き始める)。

3 身の回りの自然現象，天体の観察についての問題

(1) タマネギはおもに地下の鱗茎《りんけい》(短い茎《くき》を厚い葉が取り囲んで球状になったもの)を食用としている。また，にんじんはおもに土の中にのびた根を食用としている。なお，ピーマン，なす，かぼちゃは，おもに地上にできる果実を食用としている。

(2) アはその後タマネギを切っても目を痛くする成分が出てこないと考えられるので，あてはまる。なお，半分に切ったタマネギを水につけておいても，タマネギに水がしみこむようすは見られないので，イはふさわしくない。また，ウとエは，その後タマネギを切ると，新たな切り口から目を痛くする成分が出てくると考えられるので，あてはまらない。

(3) 新しい空気(酸素)をさえぎって物質を加熱することを，蒸し焼き(乾留《かんりゅう》)という。木を蒸し焼きにすると，木をつくっている成分が分解して，木ガス(水素やメタンなどの可燃性の気体や二酸化炭素など)をふくむ白いけむりや液体(木さく液，木タールなど)がぬけ出し，固体成分は燃えることなく黒い炭(木炭)となって残る。

(4) 炭は，内部に細かいすき間がたくさんあるため，さまざまな物質を吸い取る性質がある。炭になかなか火がつかなかったのは，炭が水を多くふくんでいたからである。また，炭から上がった白いけむりは，炭にふくまれていた水分が空気中で冷やされ細かな水の粒《つぶ》となったものである。

(5) 肉に多くふくまれる栄養素は，たんぱく質である。たんぱく質は，熱を加えると固まる性質があり，いったん固まると元にもどらない。

(6) 北斗《ほくと》七星はおおぐま座の尾の部分にあたり，北極星との位置関係はアが正しい。なお，右の図のように，北極星の位置は北斗七星のほか，カシオペヤ座からも見つけることができる。

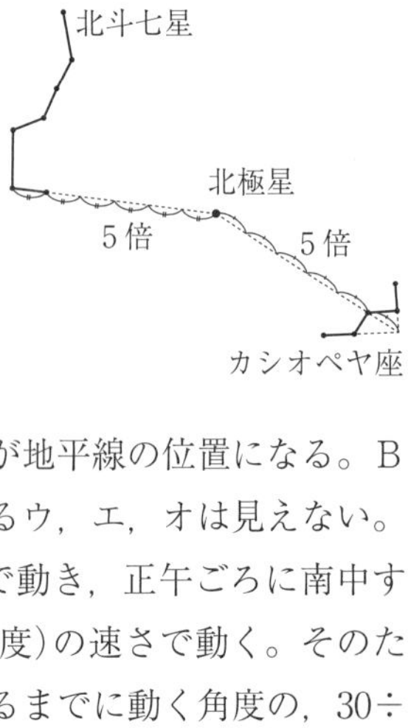

(7) 夏の大三角は，こと座のベガ，はくちょう座のデネブ，わし座のアルタイルの3つの星を結んだ三角形である。

(8) 山頂に向けてまっすぐ登ろうとすると，こう配が急で歩きにくい。そのため，道のりは長くなっても，ジグザグに登った方が歩きやすい。

(9) 解答の図のように，Bから円(地球)に接する線を引くと，接する点が地平線の位置になる。Bからは，地平線より近くにあるア，イは見えるが，地平線より遠くにあるウ，エ，オは見えない。

(10) 太陽は，南の空を右向きに1時間あたり，360÷24＝15(度)の速さで動き，正午ごろに南中する。一方，アナログ時計の短針は右回りに1時間あたり，360÷12＝30(度)の速さで動く。そのため，午前中に短針を太陽の方角に向けると，12時の方角は太陽が南中するまでに動く角度の，30÷

15＝2(倍)だけ西寄りになるので，短針と12時のまん中の方角が南になる。また，午後に短針を太陽の方角に向けると，12時の方角は太陽が南中後に動いた角度の2倍だけ東寄りになるので，午前中と同様に，短針と12時のまん中の方角が南になる。

4 いろいろな固体の性質，中和反応についての問題

〔A〕 (1) 実験2で，固体Dは水に溶《と》けず，水酸化ナトリウム水溶液《すいようえき》に溶けて気体②を発生したので，固体Dはアルミニウム，気体②は水素である。また，実験1ではこの水素とは異なる気体①が発生したので，固体Aと固体Bの一方は石灰石，もう一方は重そうで，これらに塩酸を加えて発生した気体①は二酸化炭素とわかる。

(2) 二酸化炭素は無色・無臭《むしゅう》で空気より重く，石灰水に吹《ふ》きこむと液が白くにごる。

(3) 固体Eは，実験2で水に溶け，実験3で黒くなったので，砂糖である。すると，実験2で水に溶けた固体Fは食塩と決まる。さらに，実験1で塩酸に溶けなかった固体Cは銅であり，残った固体Gは鉄とわかる。

(4) 表1で，混合物中の固体Aを1g増やして固体Bを1g減らすごとに，気体①(二酸化炭素)の体積が，1440－1395＝45(mL)ずつ増える。したがって，Zにあてはまる数は，1485＋45＝1530となる。

(5) 表1より，固体A 0gと固体B 6g(つまり固体Bだけ)を塩酸に溶かすと気体①が，1395－45＝1350(mL)発生するので，固体B 1gを塩酸に溶かすと気体①が，1350÷6＝225(mL)発生する。すると，混合物aの結果より，固体A 1gを塩酸に溶かすと気体①が，1395－225×5＝270(mL)発生する。また，固体C(銅)は塩酸と反応しないので，固体Aと固体Bの重さの合計は，12－2＝10(g)である。仮に，混合物X中の固体Aが0g，固体Bが10gだとすると，発生する気体①は，225×10＝2250(mL)となり，実際よりも，2592－2250＝342(mL)少なくなる。そこで，固体Aと固体Bを1gずつ入れかえると，発生する気体①は，270－225＝45(mL)ずつ増える。よって，混合物X中の固体Aの重さは，$1\times\frac{342}{45}=\frac{38}{5}=7.6$(g)であり，その割合は，7.6÷12×100＝63.3…より63%と求められる。

〔B〕 (1) BTB液は，酸性で黄色，中性で緑色，アルカリ性で青色を示す。水酸化ナトリウム水溶液は，アルカリ性の水溶液である。

(2) ア 青色リトマス試験紙は，酸性の水溶液をつけると赤色に変化するが，中性やアルカリ性の水溶液をつけても青色のままで変化しない。 イ 鉄の粒を塩酸に加えると溶けて水素を発生するが，水酸化ナトリウム水溶液に加えても反応は起こらない。 ウ フェノールフタレイン液は，酸性や中性では無色のままで，アルカリ性では赤色を示す。 エ 塩酸，水酸化ナトリウム水溶液のどちらも，食塩水を加えたときに変化は見られない。 オ 塩酸は気体の塩化水素の水溶液で，塩酸を加熱すると，塩酸に溶けている気体の塩化水素は空気中に逃《に》げてしまい，水を蒸発させても後には何も残らない。一方，水酸化ナトリウム水溶液を加熱すると，水が蒸発した後に水酸化ナトリウムの白い固体が残る。

(3) 水分をすべて蒸発させた後の重さは，50mLの水酸化ナトリウム水溶液Aだけでは4gで，50mLの水酸化ナトリウム水溶液Aがすべて塩酸Bと反応すると，6－4＝2(g)増える。したがって，実験4では，5.6－4＝1.6(g)増えているので，4gの水酸化ナトリウムのうち，$4\times\frac{1.6}{2}=3.2$(g)が塩酸と反応し，4－3.2＝0.8(g)が残っている。

⑷　⑶より，50mLの水酸化ナトリウム水溶液Aと塩酸Bが過不足なく反応するのは，塩酸Bを，$40\times\frac{2}{1.6}=50$(mL)加えたときとわかる。

⑸　⑷より，水酸化ナトリウム水溶液Aと塩酸Bは，50：50＝1：1の体積比で過不足なく反応する。50mLの水酸化ナトリウム水溶液Aに25mLの塩酸Bを加えると，25mLの水酸化ナトリウム水溶液Aと25mLの塩酸Bが過不足なく反応して塩化ナトリウムが，$6\times\frac{25}{50}=3$(g)でき，残った，50－25＝25(mL)の水酸化ナトリウム水溶液Aから水酸化ナトリウムが，$4\times\frac{25}{50}=2$(g)生じる。

⑹　⑸より，25mLの水酸化ナトリウム水溶液Aと25mLの塩酸Bが過不足なく反応すると，塩化ナトリウムが3gできる。よって，反応後の溶液中に残った水酸化ナトリウムは，$3\times\frac{2}{1}=6$(g)であり，これは，$50\times\frac{6}{4}=75$(mL)の水酸化ナトリウム水溶液Aにふくまれている。したがって，水酸化ナトリウム水溶液Aを，25＋75＝100(mL)加えたときに，溶液中に生じた塩化ナトリウムと残った水酸化ナトリウムの重さの比が1：2になる。

国　語　(60分)＜満点：100点＞

解　答

一　**問1**　**1つ目**…(例)　なぜ花を綺麗だと思うのだろうか。　**2つ目**…(例)　なぜ，すべての葉っぱは緑色なのか。　**3つ目**…(例)　なぜ植物は緑色の光を吸収しないのか。　**問2**　(例)　日常的な疑問にも答えられない力不足を悔しく感じながら，知らないことについて考えるのを楽しんでいる。　**問3**　(例)　たぶん化学や生物学に関係することだからわからなくても仕方がないと思っていた疑問が，自分の専門の物理学で説明できることだとわかったから。

問4　(例)　太陽の最も強い光は緑色である。光合成のさいに光を吸収しすぎるとダメージがあるので，植物の葉っぱは強すぎる緑色の光を吸収せずに反射している。そのため葉っぱは全部緑色に見えて，単調に感じ，様々な色のある花が目立って綺麗に思えるということ。　**問5**　ウ　**問6**　エ　**問7**　下記を参照のこと。　二　**問1**　C→D→B→A→E　**問2**　Ⅰ　イ　Ⅱ　ア　Ⅲ　エ　**問3**　(例)　自分で弁当をつくったというのはうそで，早起きをして，大変なお弁当づくりをしているのは父親だから。　**問4**　(例)　主夫がめずらしくて興味を持つ気持ちと，父親が無職である友梨をかわいそうに思う気持ち。　**問5**　(例)　父親は主夫を楽しんでいて一生懸命なのだから主夫を否定した男子生徒の言葉はおかしいと友梨は理解しているが，父親がめったにいない主夫であることが恥ずかしく，周囲には知られたくないとも思っており，いまだに父親のことをどう受け入れればよいかわからないでいる気持ち。　**問6**　ウ

三　下記を参照のこと。

●漢字の書き取り

一　**問7**　①　都合　②　効率　③　拝借　④　主張　⑤　導(いた)

三　①　悲願　②　給付　③　招待　④　指針　⑤　消息　⑥　諸行　⑦　余念　⑧　眼下　⑨　期(せず)　⑩　術策　⑪　看破　⑫　功名　⑬　牧歌　⑭　折半　⑮　湯治

解　説

一　出典は橋本幸士《はしもとこうじ》の『物理学者のすごい思考法』による。物理学者である筆者が，朝の散歩の中で思った「なぜ僕《ぼく》は花を綺麗《きれい》だと思うのだろう」という疑問を手がかりに，さまざまに疑問を加え，それを楽しみながら解決していくようすがえがかれている。

問1　まず，大前提となるのは「なぜ僕は花を綺麗だと思うのだろう」という疑問である。その疑問に対して筆者は，「花が目立つのは，葉っぱが全部緑でつまらないからなのではないか」という仮説を立てて，さらに検証していく。その過程で筆者は，「なぜ，すべての葉っぱは緑なのか？」，「なぜ，植物は緑色の光を吸収しないのだろうか？」という疑問にたどり着いている。

問2　「ボンクラ」は，頭の働きがぼんやりとしていてものごとを見通すことができない人のこと。この言葉には，「こんな毎日の問いにも答えられない」自分の力不足を悔《くや》しく思う筆者の気持ちがこめられている。その一方で，筆者がこの状況《じょうきょう》を「でも実は楽しい。なぜなら，知らないということは，一番ワクワクすることだからだ」と楽しんでいることもおさえる。

問3　「なぜ，植物は緑色の光を吸収しないのだろうか？」という疑問の答えが「僕の専門の物理学に帰着するから」仰天《ぎょうてん》したというのである。それまでは，その答えは「化学」や「生物学」に帰着するのではないかと考えていたので，そうであるなら「僕は物理学者だし，わからなくても仕方がない」と思っていたのだが，意外にも自分が専門とする「物理学に帰着する」ことを知ったために仰天したのである。

問4　「花が綺麗」に見える理由について，筆者は「葉っぱが全部緑でつまらないからなのではないか」という仮説を立てていた。そして，「葉っぱが全部緑」なのは光合成のさいに「緑の光だけが反射」されるためだと気づき，最終的に，「なぜ，植物は緑色の光を吸収しないのだろうか？」という疑問にたどり着いている。その疑問に対する答えは，植物は太陽の光を吸収するが「あまりにも光を吸収しすぎるとダメージがあるため，最も強い緑色の光はなるべく吸収しない仕組みになっている」というものであり，これを理解したため筆者は，「花が綺麗なのは，太陽のせいか」と思っている。

問5　直前の二つの段落で，「太陽からの様々な色の光のうち緑色の光が強すぎる」のは，「表面温度」が原因だと述べられている。よって，「表面温度」にふれているウが選べる。「他の恒星《こうせい》系」ならば，恒星の表面温度が太陽の表面温度(およそ6000度)とは異なるだろうから，最も強い光の波長は緑色以外になり，植物の葉の色も緑色以外になるだろうというのである。

問6　筆者は，「散歩」のときに「緑」に対して抱《いだ》いた疑問をもとに，「科学」的に思考を深めているので，エがよい。

問7　①　ぐあい。事情。　②　労力に対する成果の度合い。　③　借りることをへりくだっていう言葉。　④　自分の意見を強く言い張ること。　⑤　音読みは「ドウ」で，「導入」などの熟語がある。

二　出典は谷瑞恵《たにみずえ》の『神さまのいうとおり』による。周囲の反応が気になる友梨《ゆうり》は，自分の父親が「主夫」であることをかくそうとする。

問1　本文では，高校生の友梨がクラスメイトと「お弁当」を食べるようすと，そのときに思い出した過去のできごとが描《えが》かれている。CとDは「中学のとき」，Bは「高校に入ってから」のできごとで，AとEは「お弁当」を食べながらのクラスメイトの発言なので，C→D→B→A→Eとなる。

問2　Ⅰ　「勘《かん》ぐる」は，“相手が何かかくしごとをしているのではないかと意地悪く推量し，あれこれ気をまわして考える”という意味。　Ⅱ　「小耳にはさむ」は，“意図したわけではなく，何かの折にたまたま情報を耳にする”という意味。　Ⅲ　「心を砕《くだ》く」は，“いろいろと気配りをする”という意味。

問3　友梨が弁当を「自分でつくった」というのは「うそ」で，実際に朝早くからお弁当をつくっているのは父親である。そのため友梨は良心がとがめ，「えらくなんかない」と思っている。

問4　続く部分に「めずらしいから，単なる興味本位で訊《き》いているだけ」，「けれどその興味本位の質問に，“父親が無職だなんてかわいそう”という気持ちが潜《ひそ》んでいるのを友梨は感じてしまう」とあるので，「めずらしい主夫に興味を持つ気持ちと，無職の父親を持つ友梨をかわいそうに思う気持ち」のようにまとめる。

問5　彼《かれ》が言った「えー，おれはやだよ，女は働かなくてもいいけどさ」には，男性が「主夫」でいるのはおかしいという考え方が表れている。このような考え方に対して友梨は，「お父さんがそれを楽しんでいて一生懸命《けんめい》なのだから，否定するのはおかしい」と「理解している」が，「周囲には知られたくない」，「お父さんのことをどう受け入れればいいのか，いまだにわからない」とも感じている。

問6　「友梨のと，丸山のが，お弁当ツートップだね」，「目をそらしても，彼がこちらを見ているのを感じて」とあるので，ウがふさわしい。

三　漢字の書き取り

①　ぜひとも成しとげたいと強く思う願い。　②　金品を支給したり交付したりすること。　③　客として招くこと。　④　ものごとを進めるときの基本的な方針。　⑤　どのように暮らしているかということや，ようすを伝えるための手紙や連絡《れんらく》のこと。　⑥　「諸行無常」は，世の中の一切《いっさい》のものはつねに変化していて，永久に不変なものはないという仏教の教え。　⑦　「余念がない」は，よけいなことは考えず，一つのことに熱中すること。　⑧　高いところから見下ろした辺り一帯。　⑨　「期せずして」は，“思いがけず”“偶然に”という意味。　⑩　ものごとがうまくゆくように，前もって考えた手段や方法。　⑪　本質などを見破ること。　⑫　手柄《てがら》を立てて，名をあげること。　⑬　「牧歌的」は，素朴《そぼく》でのどかなようす。　⑭　お金などを半分ずつに分けること。　⑮　温泉に入って病気やけがなどを治療《ちりょう》すること。

2021年度　ラ・サール中学校

〔電　話〕(0992) 68—3 1 2 1
〔所在地〕〒891-0114　鹿児島市小松原 2—10—1
〔交　通〕「鹿児島中央駅」より市電・「谷山駅」下車徒歩 3 分

【算　数】（60分）〈満点：100点〉

1　次の□にあてはまる数をそれぞれ求めなさい。(12点)

(1)　$82\times17-111\times9+76\times11-43\times27+82\times5=\square$

(2)　$3.5\div1\frac{1}{5}-\left\{12\times\left(\frac{1}{3}-0.3\right)-0.15\right\}=\square$

(3)　$\left\{14+\left(3\times\square-1\frac{1}{4}\right)\div\frac{3}{7}\right\}\times0.8=21$

2　次の各問に答えなさい。(28点)

(1)　下図において，AD と BC は平行で，AE＝BE，BC＝BD です。角㋐，角㋑はそれぞれ何度ですか。

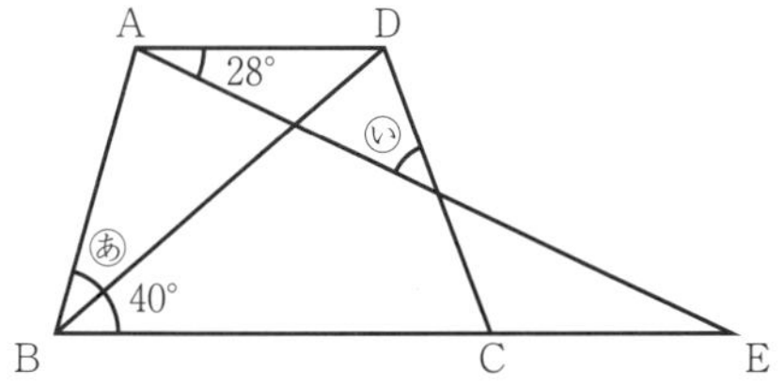

(2)　下の表は10点満点のテスト40人分の結果をまとめたものです。平均が7.3点のとき表のア，イにあてはまる数を求めなさい。

得点	0	1	2	3	4	5	6	7	8	9	10	計
人数	0	0	0	0	1	4	ア	10	イ	8	2	40

(3)　$3\frac{4}{7}$ 倍しても $\frac{1}{5}$ をたしても整数となる数で最小のものを求めなさい。

(4)　A中学，B中学の部活動への加入者数は等しく，加入率はそれぞれ $\frac{2}{3}$，$\frac{3}{5}$ です。A中学，B中学を合わせた全体での加入率を分数で表しなさい。

3　A地からB地の方へ 1320m はなれたC地をP君が出発し，一定の速さで歩いてB地へ向かいます。P君がC地を出発して 5 分後に車がA地を出発し，時速 36km でB地へ向かいます。車は，AB 間の $\frac{1}{3}$ を進んだ地点でP君を追いこしました。そしてP君は車より54分遅れてB地へ着きました。

このとき，次の問に答えなさい。(14点)

(1)　P君の歩く速さは分速何mですか。

(2)　AB 間は何 km ですか。

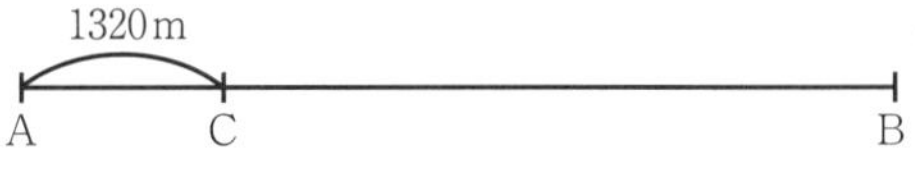

4　図の五角形ABCDEにおいて，四角形ABCDは長方形，三角形ADEは四角形ABCDと面積が等しい正三角形です。次の問に答えなさい。（16点）

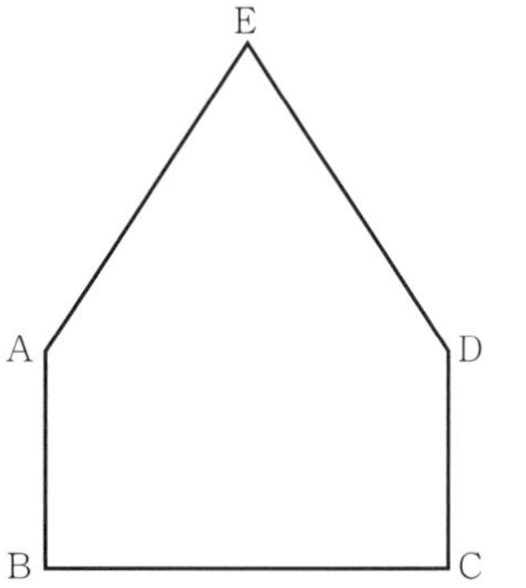

⑴　直線EBでこの五角形はどのような面積比に分けられますか。

⑵　辺DEのまん中の点をMとすると，直線MBでこの五角形はどのような面積比に分けられますか。

⑶　次のア，イ，ウを正しくうめなさい。

「⑵の点Mと五角形の辺［　ア　］を［　イ　］：［　ウ　］に分ける点を通る直線は，この五角形の面積を二等分します。」

5　下図のような1辺6cmの立方体から直方体を切りとった形の立体があります。後の問に答えなさい。（14点）

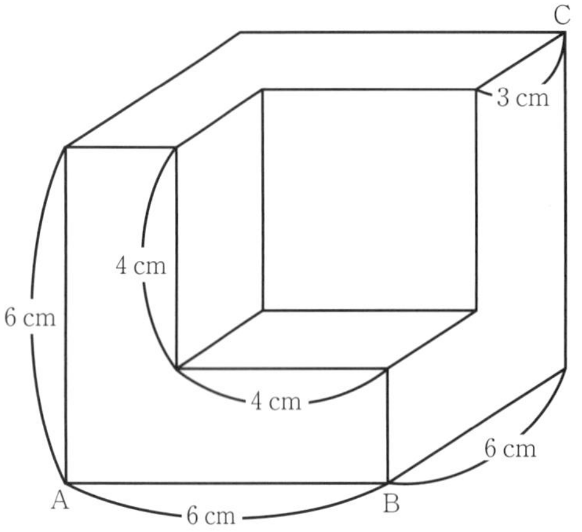

⑴　この立体の体積を求めなさい。

⑵　この立体を3点A，B，Cを通る平面で切って2つに分けたとき，2つの立体の体積を求めなさい。

6　1からAまでの整数を左から小さい順に並べます。これらをつなげてひとつの長い数字の列を作りました。

123456789101112……

次のとき2021という数字の並びは何回あらわれますか。（16点）

⑴　$A=99$

⑵　$A=9999$

⑶　$A=99999$

【社　会】（40分）〈満点：50点〉

1　以下の文章を読み，問いに答えなさい。

◆現在世界中で，石油に依存《いぞん》した社会からの脱却《だっきゃく》に向け，様々な取り組みが行われています。日本で2020年７月１日から始まった(　　)有料化もそういった運動の一つです。一方で，まだまだ石油に依存した社会から完全に脱却することは難しいのが現状です。

問１．文中の(　)に適する語を答えなさい。

問２．石油について述べた以下のア～エのうち，誤りを含《ふく》むものを１つ選び記号で答えなさい。ただし，統計は2018年の経済産業省の資料にもとづいています。

ア．日本において，燃料となる石油の割合は，自動車用が航空機用よりも高い。

イ．日本の石油輸入の大半は，中東地域からのものである。

ウ．日本の火力発電に用いられる燃料は，ほとんどが石油である。

エ．石油を燃やした時に排《はい》出される二酸化炭素は，地球温暖《だん》化の原因になる。

◆20の国と地域(G20)の農業を担当する閣僚《りょう》による会合がテレビ会議で開かれ，新型コロナウイルス感染拡大を踏《ふ》まえた食料の安定的な供給について話し合いが行われました。日本も様々な食料を外国からの輸入に頼《たよ》っています。

問３．下線部に当てはまる国・地域名を，**アメリカ合衆国・イギリス・フランス・ドイツ・日本・イタリア・カナダ・EU・ロシアを除いて**２つあげなさい。国名等は通称《しょう》でかまいません。

問４．日本の食料供給について述べた以下のア～エのうち，誤りを含むものを１つ選び記号で答えなさい。ただし，自給率の統計は2017年の農林水産省の資料にもとづいています。

ア．日本・アメリカ合衆国・フランス・オーストラリアのうち，最も食料自給率が高いのはアメリカ合衆国で，最も低いのは日本である。

イ．日本における品目別の自給率を比べたとき，米・野菜・肉類・大豆のうち，最も自給率が高いのは米で，最も低いのは大豆である。

ウ．日本向けエビの養殖《しょく》のため，インドネシアでマングローブ林が伐《ばっ》採されるなど，日本向けの食料生産が現地の環《かん》境破壊《かい》につながる場合もある。

エ．カボチャは日本では夏から秋が生産の時期だが，それ以外の時期でもニュージーランドやメキシコなどから輸入するので，一年を通じて買うことができる。

◆中国の全国人民代表大会で香港《ホンコン》国家安全維《い》持法が成立しました。その後，香港の民主活動家の逮捕《たいほ》が相次いで「一国二制度」は動揺《よう》しています。

問５．香港は19世紀からある国によって統治されており，1997年に中国に返還《かん》されました。そのため香港には1997年以後は中国本土とは異なる制度が適用されていました。このある国とはどこか答えなさい。国名は通称でかまいません。

問６．右の絵は，1890年前後の東アジア情勢を描《えが》いた風刺《し》画です。この風刺画の中で魚の［　　］部分(矢印部分)にはある国名が書かれていますが，その国名を答えなさい。国

名は通称でかまいません。

◆私たちの健康で安全な暮らしを支えるために社会には様々なしくみが存在しています。安全な水を作るためのしくみもそのうちの一つです。

問7．水やダムについて述べた以下のア～エのうち，誤りを含むものを1つ選び記号で答えなさい。

ア．浄《じょう》水場には沈殿《ちんでん》池や濾《ろ》過池などの施《し》設があり，薬で水を消毒したり，活性炭を使って有害物質を取り除いたりしている。

イ．日本の政府や企業が，外国の浄水場や海水を真水にする施設の建設に協力したり，井戸を掘《ほ》る支援《えん》をしたりしている。

ウ．河川にダムを建設すると計画的に配水を行うことができるだけでなく，発電などにも利用することができる。

エ．2000年以降，日本では浄水場の水質が向上したため，ミネラルウォーターの生産量は減り続けている。

問8．水源の森について述べた下の文中の，(　)に適する語を漢字1字で答えなさい。

水源の森は，雨水を蓄《たくわ》える働きがあることから「(　　)のダム」と呼ばれることがある。

2　以下の文章を読み，問いに答えなさい。

近代憲法は，国民の権利や自由を保障することを目的としています。そして，そのために権力を制限しています。権力の制限の具体的な形が，統治機構における三権分立です。

日本国憲法も近代憲法の特徴《ちょう》を備えています。憲法は，第1章「a天皇」，第2章「戦争の放棄《き》」の後，第3章を「国民の権利及《およ》び義務」として，基本的人権や義務について規定しています。統治機構については，第4章以下で，国会，内閣，裁判所について定めています。

b法律の制定など，国の運営のきまりを決める機関が国会です。国会は，衆議院および参議院によって構成され，両議院は，全国民を代表するc選挙された議員で組織されます。構成員全員が選挙によって選ばれる国会は，3つの権力のなかで，最もd国民主権の原則を忠実に反映した機関です。

税金の徴収や道路の建設など，私たちの生活に直接かかわっているのは行政です。e内閣は法律に基《もと》づいて行政を行います。憲法は内閣について，「首長たるf内閣総理大臣及びgその他の国務大臣でこれを組織する」と定めています(第66条第1項《こう》)。内閣は，行政権の行使について，国会に対して責任を負うことになっています。

争いごとを裁いたり，犯罪が発生したときに罪のあるなしを決めたりするのが裁判所の仕事です。h裁判は公正に行われる必要があります。それを実現するために，憲法は，裁判官の権限の独立や身分保障について定めています。

問1．下線部aに関連して，天皇が行う国事行為《い》についての記述として誤っているものを，以下のア～エから1つ選び，記号で答えなさい。

ア．憲法改正や法律などを公布するが，最高裁判所規則について天皇による公布は行われない。

イ．国会が指名した最高裁判所長官を任命する。

ウ．外国の大使に会う。

エ．国会議員の選挙を公示するが，地方公共団体の長や地方議会議員の選挙について天皇による公示は行われない。

問２．下線部ｂに関連する記述として誤っているものを，以下のア～カから１つ選び，記号で答えなさい。

ア．内閣提出の法律案については，委員会の審《しん》査を経ずに直接，本会議で審議する。

イ．衆議院で可決し，参議院で否決した法律案について，衆議院で出席議員の３分の２以上の多数で再び可決したときは，法律が成立する。

ウ．法律案については，先に衆議院に提出しても参議院に提出してもかまわない。

エ．議員が法律案を提出するとき，１人ではできず，法律が定める人数の賛成者が必要である。

オ．内閣総理大臣は，内閣が決定した法律案を，内閣を代表して国会に提出する。

カ．衆議院で可決した法律案を参議院が否決したとき，衆議院は両院協議会を開くことを求めることができる。

問３．下線部ｃに関連する記述として誤っているものを，以下のア～カから１つ選び，記号で答えなさい。

ア．衆議院議員総選挙において，選挙人は，小選挙区選挙では候補者の氏名，比例代表選挙では政党の名称《しょう》をそれぞれ書いて投票する。

イ．参議院議員の比例代表選挙において，選挙人は，政党が届け出た名簿《ほ》に載《の》っている候補者個人の氏名か，または政党の名称か，どちらか一方を書いて投票する。

ウ．法律は，衆議院議員の定数を465人，参議院議員の定数を242人と定めている。

エ．比例代表制の導入の時期は，衆議院より参議院の方が早かった。

オ．参議院議員の任期は６年で，３年ごとに議員の半数が改選される。

カ．2015年に法律が改正され，2016年の選挙から選挙人の年齢《れい》資格が，20歳《さい》から18歳になった。

問４．下線部ｄまたはそれを実現するための制度についての記述として誤っているものを，以下のア～エから１つ選び，記号で答えなさい。

ア．憲法改正は国民投票によって承認《にん》されるが，憲法改正案を発議する権限は国会がもっている。

イ．国民は，その属する地方公共団体の長や議員について，選挙することができる。

ウ．国民は，その属する地方公共団体の条例について，制定または改正や廃《はい》止を請《せい》求することができる。

エ．最高裁判所の裁判官に対する国民審査は，衆議院議員および参議院議員の選挙のときに行われる。

問５．下線部ｅに関連する記述として誤っているものを，以下のア～エから１つ選び，記号で答えなさい。

ア．内閣は予算案を作成して国会に提出し，国会の議決を経て予算が成立する。

イ．内閣は，法律などを実施《し》するために政令を制定する。

ウ．内閣の意志は閣議によって決まるが，閣議決定は出席した内閣構成員の過半数で行われる。

エ．内閣は臨時国会の召《しょう》集を決定することができるが，その決定をするときに国会の承認はいらない。

問6．下線部ｆに関連する記述として誤っているものを，以下のア～エから１つ選び，記号で答えなさい。

ア．内閣総理大臣の指名について，衆議院と参議院とが異なった指名をした場合に，両院協議会を開いても意見が一致《ち》しないときは，衆議院の指名した者が内閣総理大臣になる。

イ．内閣総理大臣は，閣議で決定した方針に基づいて，行政各部を指揮監督《かんとく》する。

ウ．内閣総理大臣が辞職した場合，内閣は総辞職しなければならない。

エ．内閣総理大臣は，閣議の決定に基づいて，国務大臣を任命する。

問7．下線部ｇに関連する記述として誤っているものを，以下のア～エから１つ選び，記号で答えなさい。

ア．国務大臣は，全員が，各省の長として各省を担当する大臣である。

イ．国務大臣の過半数は，国会議員のなかから任命されなければならない。

ウ．国務大臣は，議院に議席をもたない場合であっても，議案について発言するため議院に出席することができる。

エ．国務大臣は，議案を内閣総理大臣に提出して，閣議の開催《さい》を求めることができる。

問8．下線部ｈに関連して，裁判または裁判所についての記述として誤っているものを，以下のア～エから１つ選び，記号で答えなさい。

ア．高等裁判所は，全国で８か所設置されている(支部を除く)。

イ．最高裁判所には，大法廷《てい》と小法廷があり，大法廷は15人の裁判官によって，小法廷は５人の裁判官によって構成される。

ウ．高等裁判所の法廷は，３人または５人の裁判官によって構成される。

エ．法律などが憲法に違《い》反するかどうかの裁判ができるのは，最高裁判所だけであり，下級裁判所にその権限はない。

3　日本人の姓《せい》や苗《みょう》字(名字)，名前に関する以下の文章を読み，問いに答えなさい。

◆「田中」という苗字を持つ人はとても多い。日本で稲《いな》作が始まってから，日本の各地に田中という地名が生まれ，そこに住んだ人々が田中を名乗ったと考えられる。

問1．以下のうち，稲作と直接関係する道具を１つ選び，記号で答えなさい。

ア．銅鐸《どうたく》　　イ．銅剣　　ウ．石皿　　エ．石包丁

◆平安時代，特に女性は自分の本当の名前を他人に教えないことがふつうだった。そのため女流文学の作者の本当の名前は分からない。

問2．歴史上活躍《やく》した女性についての以下の文のうち，内容に誤りを含むものを１つ選び，記号で答えなさい。

ア．卑弥呼《ひみこ》は，うらないによって人々を導いた。魏《ぎ》に使いを送り，その皇帝《てい》から倭《わ》王と認められた。

イ．清少納言《せいしょうなごん》は，天皇のきさきだった藤原道長《ふじわらのみちなが》のむすめに仕え，『枕草子《まくらのそうし》』をあらわした。

ウ．北条政子は，源頼朝のご恩の大きさを説いて御家人《ごけにん》をまとめ，幕府を承久《じょうきゅう》の乱での勝利に導いた。

エ．津田《つだ》梅子は，大久保利通らが参加した使節団とともにアメリカに渡《わた》って学び，帰国後，女子英学塾《じゅく》を開いた。

◆「加藤《かとう》」など，藤の字がつく苗字がいろいろある。「藤」は藤原氏に，もう一字は朝廷の役職や土地にちなむ。例えば加賀国《かがのくに》の役人をしていた藤原氏の一族が「加藤」と名乗ったと考えられる。

問３．明治時代に内閣総理大臣を務めた人物の中で「藤」の字がつく苗字を持つ人物の名を漢字で答えなさい。

◆土地を持つ武士は自らが支配している土地の名にちなんで苗字を名乗った。

問４．日本の土地のしくみの変化について述べた以下の文を時代の古い方から順にならべかえ，記号で答えなさい。

ア．小作農家のほとんどが自分の農地を持てるようになった。

イ．田からとれる米の量や耕す人の名を調べて記録し，農民には土地を耕す権利を認めた。

ウ．土地に値段をつけ，それを基準にお金で税を納めさせて，国の収入を安定させた。

エ．豪《ごう》族がそれぞれ持っていた土地はすべて国のものとされ，その土地が改めて農民に貸しあたえられた。

◆武士の社会では，元服(成人)するときに，主人など偉《えら》い人の名前から一字もらって自分の名前にすることが多かった。

問５．岡山藩主の池田光政や福岡藩主の黒田光之《ゆき》などに自分の名前の一部をあたえた人物の名を答えなさい。

◆仕事にちなんだ苗字が名乗られることもあった。国の役所で税を扱う仕事をしていたことから「税所《さいしょ》」と名乗る人が現れ，また鎌倉幕府の問注所《もんちゅうじょ》の代表を長年勤めたことから「問注所」と名乗る人が現れた。

問６．さまざまな時代の税や役職について述べた以下の文に，一カ所だけ誤りがあります。それを訂《てい》正した語句を答えなさい。記号を答える必要はありません。

ア．米の形で納める税は，奈良時代には調と呼ばれ，江戸時代には年貢《ぐ》と呼ばれた。

イ．京都には，鎌倉時代には六波羅《ろくはら》探題が，江戸時代には京都所司代が，それぞれ置かれた。

ウ．将軍の補佐《さ》を行うのは，鎌倉時代は執権であり，江戸時代は大老や老中だった。

エ．都の警備は，奈良時代には全国の農民が，鎌倉時代には御家人が，それぞれ行うことになっていた。

◆庶《しょ》民は平安時代の終わりごろから，公《おおやけ》には苗字を名乗らなくなった。

問７．その後，日本ですべての庶民に苗字を名乗ることが義務づけられるのは何世紀のことですか。数字で答えなさい。

◆足利氏は代々，名前に同じ字を含めた。足利尊氏の息子の義詮《よしあきら》以後，将軍は皆「義」という字を名前に含む。

問８．足利氏が幕府を動かした時代の政治や文化について述べた以下の文のうち，内容の正しいものを１つ選び，記号で答えなさい。

ア．足利義満《よしみつ》は各地の守護大名を従えて強い権力を持ち，京都の北山に三層の金閣を建て，書院造を用いた。

イ．京都の町衆は織物などの伝統的な手工業を復活させ，町を立て直し，応仁《にん》の乱でとだえた祇園祭《ぎおんまつり》も復活させた。

ウ．水墨《ぼく》画を学んだ雪舟《せっしゅう》は，中国に渡って技能を高め，帰国後は各地を歩いて『洛中洛外《らくちゅうらくがい》図屏風《ずびょうぶ》』など美しい自然をえがいた。

エ．田植えの際に演じられた猿楽《さるがく》や，祭りで演じられた田楽をもとに，観阿弥《かんあみ》・世阿弥《ぜあみ》が足利義政の保護のもと，能を完成させた。

◆豊臣秀吉《ひでよし》は，「羽柴《はしば》」や「豊臣」という苗字や姓を新たにつくり，それを有力な大名にわけあたえて，一族に準じるあつかいをした。

問９．大名と，天下統一をなしとげた後の秀吉とは，どのような関係にあるのか説明しなさい。

◆明治時代の作家二葉亭四迷《ふたばていしめい》は，「くたばってしまえ」と叱《しか》られたことからこのペンネームをつけた。

問10．明治時代やそれ以降の文化について述べた以下の文の中に，１つだけ明治時代とはちがう時代についての文があります。それを選び，記号で答えなさい。

ア．夏目漱石《そうせき》や樋口《ひぐち》一葉が小説で有名になり，詩や短歌・俳句では与謝野晶子《よさのあきこ》や正岡子規《まさおかしき》がすぐれた作品を発表した。

イ．北里柴三郎《しばさぶろう》は破傷風の治療《りょう》法を開発し，伝染病の研究所をつくり，野口英世や志賀潔《しがきよし》がここから育った。

ウ．教育の目的は平和な国家や社会をつくる国民を育てることだとされ，義務教育が小学校６年，中学校３年とされた。

エ．政府は学校のしくみを整えたが，授業料の負担が重く，就学率はなかなかのびなかった。

◆明治時代の民法は，女性が結婚《こん》したら夫の苗字を名乗ることを定め，現在の民法は，結婚の際に夫または妻の苗字を選んでともに名乗ることを定めている。しかし現在，夫《ふう》婦が同じ苗字を名乗らなくてもよいのではないかという議論がなされている。

問11．この問題は男女平等の実現とも関係があります。それについて述べた以下の文に，誤りを含むものが１つあります。それを除いた３つを，時代の古い方から順にならべかえ，記号で答えなさい。

ア．女性の参政権が認められ，それにもとづいた初めての衆議院議員総選挙で，女性の国会議員が誕生した。

イ．平塚《ひらつか》らいてう（らいちょう）は，女性の地位向上を求める運動を起こし，全国水平社をつくった。

ウ．男女雇《こ》用機会均等法がつくられ，就職や職場の待遇《ぐう》などに関する女性への差別の防止がはかられた。

エ．軍需《じゅ》工場では，男性労働者が不足して女子生徒が動員された。沖縄の女子生徒には，陸軍病院に動員され戦争にまきこまれた人もいた。

◆1942年から1945年まで「勝」は男の子につけられた名前の１位だったが，1946年にはベスト10から消えた。

問12．この名前がベスト10から消えた理由となるできごとは何ですか。漢字２字で答えなさい。

4 次の５つの都道府県(島は省略している)について，以下の問いに答えなさい。なお，図中の◎は都道府県庁所在地を表しており，太線は海岸線です。また，縮尺は同じで，上が北の方向です。

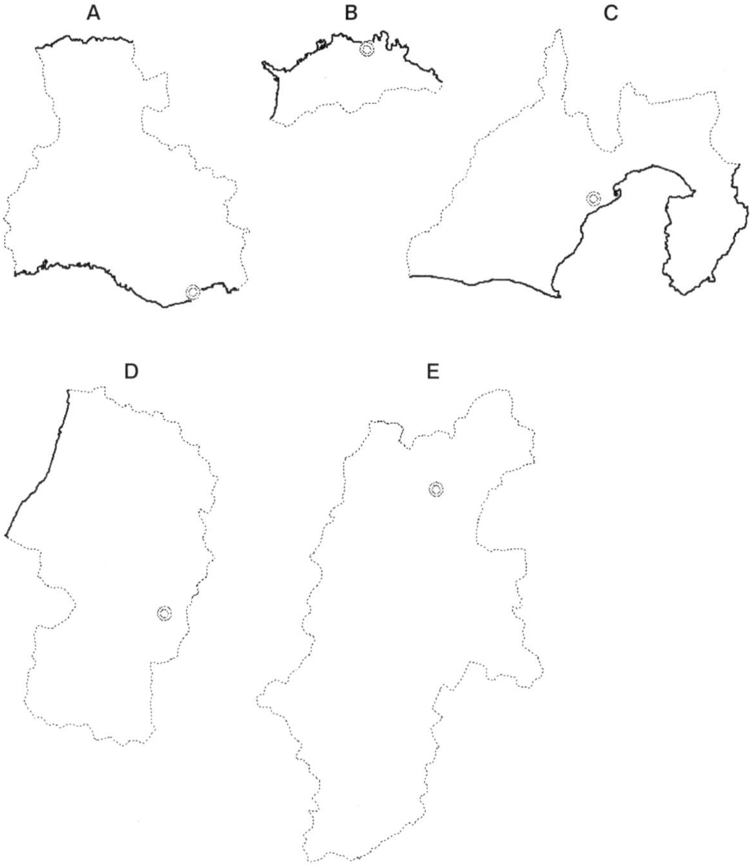

問１．**A**～**E**のうち，都道府県名と都道府県庁所在地名が異なるものが２つあります。その２つの都道府県庁所在地名を答えなさい。

問２．**A**～**E**のうち，新幹線が通っていない都道府県をすべて選び，記号で答えなさい。

問３．**A**～**E**のうち，世界遺産がある都道府県をすべて選び，記号で答えなさい。また，選んだ都道府県にある世界遺産のうち，もっとも西に位置する世界遺産の名称《しょう》を答えなさい。

問４．次の表は，**A**～**C**の都道府県庁所在地の人口を１とした時に，それぞれの都道府県の人口上位５都市(都道府県庁所在地も含《ふく》む)の人口の割合を示したものです。アとイにあてはまるものを**A**～**C**から１つずつ選び，記号で答えなさい。

	第１位都市	第２位都市	第３位都市	第４位都市	第５位都市
ア	1.15	1	0.36	0.28	0.24
イ	1	0.35	0.32	0.30	0.20
ウ	1	0.26	0.15	0.14	0.12

(統計年次は2019年。『日本国勢図会 2020/21』より作成)

問５．はなれた土地から，自分の生まれた故郷や応援《えん》したい自治体に寄付をし，そのことで自分の住んでいる自治体への税金の負担が軽くなる制度があります。

(1)　このような制度を何というか答えなさい。

(2)　この寄付に対して，名産品などが返礼品としてもらえる場合があります。次の**X**・**Y**は**A**～**E**のいずれかの都道府県の返礼品の一部です。それぞれどの都道府県の返礼品か1つずつ選び，記号で答えなさい。

X　さくらんぼ，ブランド米，牛肉，ラフランス(洋なし)

Y　茶，わさび，ウナギ，しらす，桜エビ

問6．日本には政令指定都市を2都市以上含む都道府県が4つあります。下の表はそれらの4つの都道府県の製造品別出荷《か》額を表しています。ア～エの都道府県を，**A**～**E**の都道府県の場合は記号で，それ以外の場合は都道府県名で答えなさい。

(単位：億円)

	食品	繊維《せんい》	パルプ・紙	印刷	化学	※窯《よう》業	金属	輸送用機械	その他
ア	13156	2676	3410	4438	40661	1767	36743	7761	65002
イ	21034	879	8575	1475	27611	1077	13815	44711	56217
ウ	13468	503	900	1801	10203	3380	11499	35459	25164
エ	19134	312	1916	1787	44853	2584	12493	41495	59856

※窯業とは，粘《ねん》土などの鉱物質原料を窯《かま》や炉《ろ》で高熱処理をして，陶《とう》磁器・かわら・ガラス・セメントなどを製造する工業。

(統計年次は2018年。『経済産業省工業統計』より作成)

問7．**E**の都道府県は野菜の栽培《さいばい》がさかんです。この地域の野菜栽培の特色を簡単に説明しなさい。

【理　科】（40分）〈満点：50点〉

注意：いくつかの中から選ぶ場合は，記号で答えなさい。特に指示のない場合は1つ答えなさい。

1　図1はオオムギの種子の構造を示したものです。種子の表面の皮(種皮)の下には白い層(糊粉《こふん》層)があり，この内側に葉や茎《くき》や根のもとになる胚《はい》，養分を貯《た》める胚乳が入っています。Aさんは発芽の仕組みを調べるために水を吸わせたオオムギの胚乳にヨウ素液をかけて顕微鏡《けんびきょう》で観察しました。すると青い粒《つぶ》が見え，デンプンが含《ふく》まれていることが分かりました。しかし，発芽後の種子でおなじ実験をしたところ，青い粒は観察できなくなっていました。Aさんはさらに次の[実験1]を行いました。

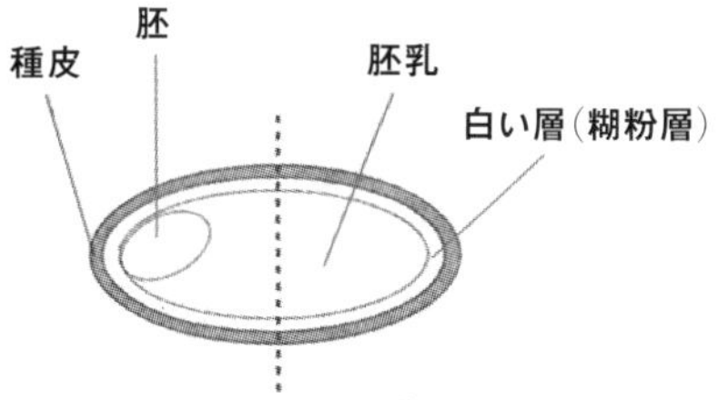

図1

[実験1]　水を吸わせたオオムギの図1の点線の部分で種子を半分に切り，胚の入っている部分と入っていない部分に分けました。図2のように，デンプンを含んだ寒天を二つ作り，片方には種子の胚の入った部分を，もう片方には胚の入っていない部分を，それぞれ種子の切り口を下にして置きました。数日後，種子を取り除いた寒天にヨウ素液をかけ，切り口を置いた部分とそれ以外の部分で色の違《ちが》いがあるかどうかを観察したところ，以下のような結果になりました(図3)。

・胚の入っている部分を置いた寒天では，種子の切り口を置いた部分以外が青く染まりました。

・胚の入っていない部分を置いた寒天では，寒天の全体が青く染まりました。

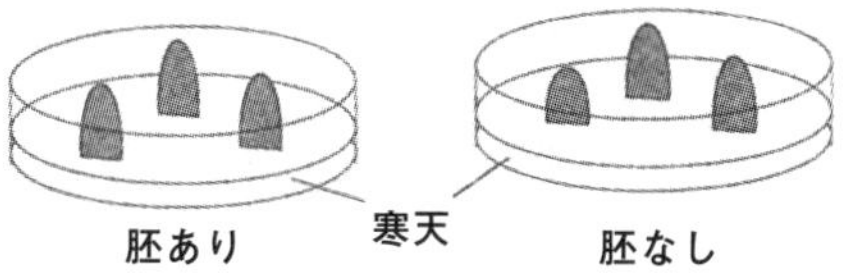

図2

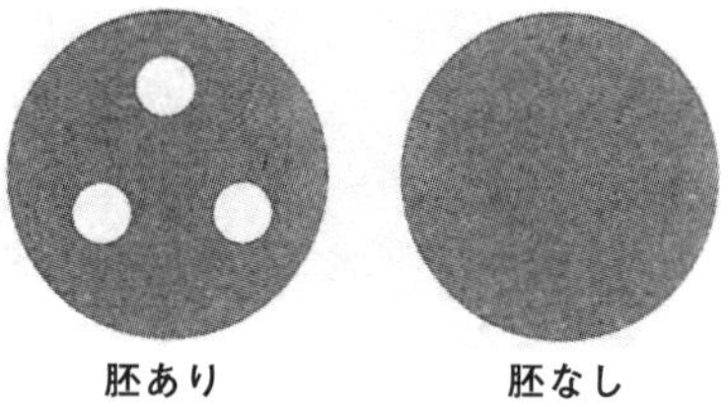

図3

(1)　オオムギの養分を貯める部分は胚乳ですが，インゲンマメの種子の中で養分を貯める部分の名前を答えなさい。

(2)　種子が発芽するために一般《ぱん》的に必要な条件を3つ答えなさい。

(3)　図3のヨウ素液に青く染まらなかった部分ではデンプンが分解されて何ができましたか。

(4)　ヒトでデンプンを分解するはたらきがある消化液の名前を答えなさい。

(5)　デンプンには，デンプンの分解物と比べて種子内に留まるために有利な性質があります。どのような性質でしょうか。簡単に説明しなさい。

発芽中の種子の胚の周辺からジベレリンという物質が発見されました。Aさんはジベレリンがオオムギの発芽に関係するのではないかと考え，以下の[実験2]を行いました。

[実験2]　図1の点線部分で半分に切った種子の胚の入っていない側から糊粉層と胚乳を分け，それぞれにジベレリンを溶《と》かした水を加えて数日置きました。数日後，この溶《よう》液にデンプンを加えて1時間置き，ヨウ素液をかけて色の変化を調べたところ，以下のような結果になりました。

・糊粉層にジベレリンを加えたものでは，溶液が青く染まりませんでした。

・胚乳にジベレリンを加えたものでは，溶液が青く染まりました。

(6)　Aさんはこれらの実験をもとに発芽の仕組みを考えました。以下の空らんにあてはまる語句を以下のア～エから選びなさい。

「(①)からジベレリンが分泌《ぴつ》され，これが(②)に働きかけます。(②)でデンプンを分解する物質が合成され，(③)のデンプンを分解します。そして，デンプンの分解物を使ってオオムギは発芽します。」

ア．種皮　　イ．胚　　ウ．胚乳　　エ．糊粉層

(7)　植物の種子の中には発芽に用いるおもな養分として

ア．デンプンを貯めるもの

イ．脂《し》質(脂肪《しぼう》)を貯めるもの

ウ．タンパク質を貯めるもの

があります。以下の植物①～④の種子はア～ウのどれにあてはまりますか。

①　ダイズ　　②　イネ　　③　ゴマ　　④　ラッカセイ

2　ダイ吉君とお父さんが星について話しています。

ダイ吉「北の空の中心といえば，北極星だよね。」

お父さん「これは(図1)，昨夜，カメラのシャッターを(①)時間開けたままにしてとった，北極星周辺の星の写真だよ。②星が時間とともに移動する様子がよくわかるだろう。」

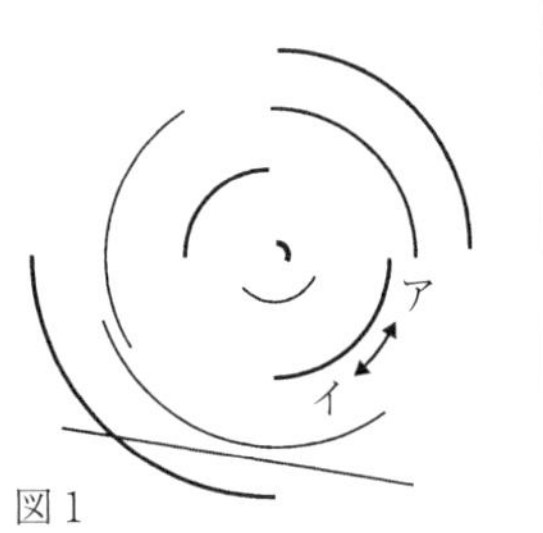

図1

ダイ吉「ところで，このまっすぐな線は何？　飛行機かな？」

お父さん「いやいや飛行機や人工衛星のような人工物だったら，線がとぎれないはずだよ。」

ダイ吉「ということは，(③)だね。ところで北極星はなぜほとんど位置を変えないの？」

お父さん「それは地球が自転するときの軸《じく》である地軸を延長した方向に北極星があるからだよ。」

ダイ吉「なるほど。北極星は，宇宙の中心にあるとか，特別の星ではないんだね。南半球のオーストラリアでも，北極星は北を示す星として役に立っているのかな？」

お父さん「残念ながら，オーストラリアでは北極星は(　④　)，1年を通じて見ることができないんだよ。」

ダイ吉「反対に，日本で季節に関係なく1年中見える星もあるの？」

お父さん「北極星やその近くにある星の多くはそうだよ。詳しく調べるためには，北極星の北の地平線からの高度が必要だけど，この高度は，その場所の緯度《いど》(北緯)とほぼ等しいんだ。」

ダイ吉「ということは，鹿児島，東京，仙台，札幌で，しずむことなく，1年中見ることのできる星の数を比べると，(⑤)が一番多いということだよね。ところで，北極星は大昔から北を示す星として利用されていたのかな？」

お父さん「ところがそうではないんだよ。かたむいたコマがこのような(図2)首ふり運動をするように，かたむいて自転している地球の地軸も同様の運動をしているんだ。地軸を北に延長した空の点を天の北極と呼んでいるけど，天の北極は720年ごとに10°ずつ位置を変えながら，このように(図3)円をえがきながら反時計回りに星座の中を動いていくんだ。」

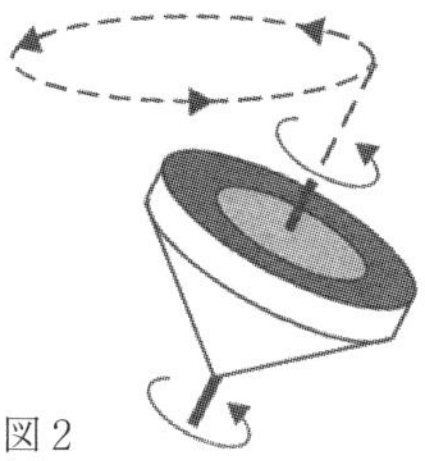

図２

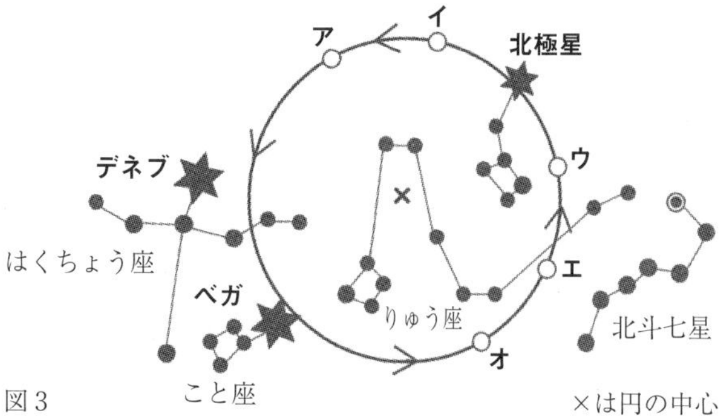

図３

ダ イ 吉「ということは，エジプトでピラミッドが造られていた紀元前3000年ころは，(⑥)の位置に天の北極があったわけで，今の北極星は北とは関係ないふつうの星だったんだね。信じられないな！」

お父さん「およそ(⑦)年後は，こと座のベガが北極星に代わる星になると予想されているよ。」

ダ イ 吉「そのときは鹿児島から見える星空の様子も変わっているのだろうね。」

お父さん「現在鹿児島では，夏にデネブ，ベガ，北斗七星はよく見えるけど，冬になって高度が低くなると，デネブとベガは全く見えなくなり，北斗七星は図３の二重丸の星以外は地平線の下にしずんで見えなくなる時期があるんだ。(⑦)年後，デネブは(　⑧　)，北極星は(　⑨　)となっているはずだよ。」

ダ イ 吉「今の北極星はもう二度と北を示す星になることはないの？」

お父さん「天の北極が空を一周する(⑩)年後には，再び北極星と呼ばれているはずだ。」

ダ イ 吉「そうか，よかった。星を見るのもそれなりに楽しいけど，早く友だちと外で思いっきり遊びたいな。」

(1)　①にあてはまる数字を次から選びなさい。

〔2　　4　　6　　8〕

(2)　②の移動する向きは，図１のア，イのどちらですか。

(3)　③にあてはまる言葉を入れなさい。

(4)　④にあてはまる説明を次から選びなさい。

ア．常に太陽と同じ方向にあって　　イ．常に月の裏側にかくれていて

ウ．常に北の地平線の下にあって　　エ．常に南の地平線の下にあって

(5)　⑤にあてはまる地名を次から選びなさい。

ア．鹿児島　　イ．東京　　ウ．仙台　　エ．札幌

(6)　⑥の位置を図３のア～オから選びなさい。

(7)　⑦にあてはまる数字として適当なものを次から選びなさい。

ア．3000　　イ．7000　　ウ．13000　　エ．18000

(8)　⑧，⑨にあてはまる説明として適当なものを次から選びなさい。

ア．１年を通じて見ることのできる星

イ．季節によって見えたり見えなかったりする星

ウ．１年を通じて全く見ることのできない星

(9)　⑩にあてはまる数字を百の位を四捨五入した数で答えなさい。

3　〔A〕 −20℃の氷を200gとってビーカーに入れたものを，発泡《はっぽう》スチロール容器に入れて熱が逃《に》げないようにして，１分間あたりに与える熱の量を一定に保ちながら加熱しました。このときの加熱時間と温度の関係をグラフに示してあります。

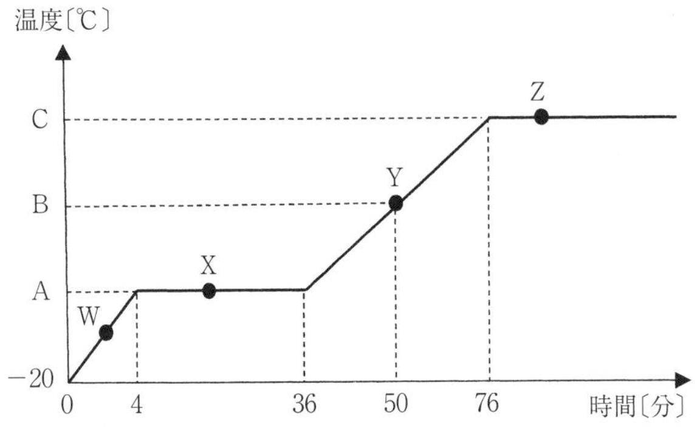

(1)　A，Cの温度はそれぞれ何℃ですか。

(2)　固体と液体の水が共存しているのは，点W，X，Y，Zのうちどれですか。

(3)　Bの温度は何℃ですか。

(4)　１gの「氷」の温度を１℃上昇《しょう》させるのに必要な熱の量は，１gの「液体の水」の温度を１℃上昇させるのに必要な熱の量の何倍ですか。

(5)　下線部の条件を「−10℃の氷100g」に変更《こう》して，同じ実験を開始した場合，80℃に達するのにかかる時間は何分ですか。

〔B〕 水溶《よう》液A～Fは次のいずれかです。実験１～実験３を読んで後の問いに答えなさい。

炭酸水，食塩水，ミョウバン水，アンモニア水，塩酸，石灰《かい》水

実験１　BTB液を黄色に変化させた溶液は，水溶液A，B，Cであった。

実験２　水溶液A～Fを熱したところA，B，Fからは水蒸気以外の気体が出てきた。また水溶液Aから出てきた気体を水溶液Eに通じたところ白くにごった。

実験３　水溶液B 4g，8g，12g，16gを入れた４本の試験管を準備し，それぞれに石灰《かい》石を２gずつ入れて出てきた気体の体積をはかった。その結果を下の表に示した。ただし，この実験で使用した水溶液Bはすべて３％の濃さであった。

水溶液B[g]	4g	8g	12g	16g
出てきた気体[mL]	180mL	360mL	*X*mL	400mL

(1)　BTB液を青色に変化させる溶液を次からすべて選びなさい。

ア．酢　　イ．水酸化ナトリウム水溶液　　ウ．重そう水　　エ．砂糖水

(2)　水溶液D，Fは何ですか。

(3)　実験３に関する次の文章を読んで後の問いに答えなさい。

　実験３は石灰石に含まれる炭酸カルシウムという物質が水溶液Bに溶《と》けている（ あ ）と反応して気体の（ い ）を発生する現象である。たとえば10gの純粋《じゅんすい》な炭酸カルシウムに気体が出なくなるまで水溶液Bを加えると，4.4gの気体が出てくることが知られている。また，（ い ）の気体は100mLあたり0.2gである。石灰石に含まれる炭酸カルシウム以外の成分

は水溶液Bと反応しないものとする。

① 上の文章の(あ)(い)にあてはまる物質の名前を書きなさい。

② 表のXにあてはまる数を答えなさい。

③ 実験3で用いた石灰石に含まれる炭酸カルシウムは何％ですか。答えが割り切れないときは小数第1位を四捨五入して整数で答えなさい。

(4) 3％の水溶液Bを水でうすめて水溶液Yを作りました。ある重さの石灰石に水溶液Yを3g加えたときに，出てきた気体が90mLでした。さらに水溶液Yを5g加えたときに出てきた気体は150mLで，合計240mLになりました。水溶液Yの濃さは何％ですか。

4 〔A〕 ふりこが往復する時間をふりこの長さを変えて調べ，その結果を以下の表1にまとめました。表1にはふりこの長さ，ふりこが10往復したときの時間を3回はかったもの，その3回を平均した時間，その平均した時間を10で割った1往復する時間をのせています。なお，3回の平均の値が割り切れなかった場合，小数第2位を四捨五入し小数第1位まで表すことにします。以下の問いに答えなさい。

表1

長さ(cm)	1回目(秒)	2回目(秒)	3回目(秒)	3回の平均(秒)	1往復する時間(秒)
10	6.3	6.1	6.5	6.3	0.63
19	8.9	8.5	8.8	8.7	0.87
40	12.9	12.5	12.4		①
76	17.2	17.4	17.7		②
90	19.1	18.7	18.9		

(1) 表1の①，②にあてはまる値を答えなさい。

(2) ふりこの1往復について考えます。図1のア，イ，ウの位置のうちおもりはどこで一番速く動いていますか。

図1

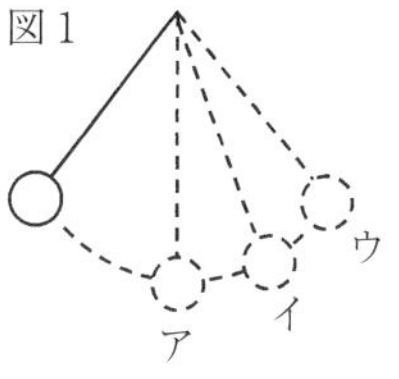

図2

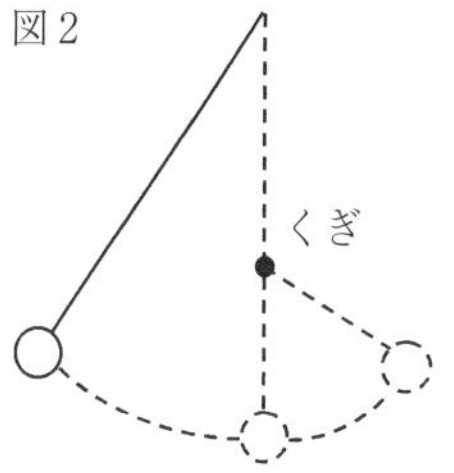

(3) 図2のようにくぎを打ち，ふりこがゆれるときに糸がくぎにかかるようにしました。手を放して元の位置にもどるまでの時間はくぎを打たないときと比べてどうなりますか。以下のア～ウから選びなさい。

ア．短くなる　イ．変わらない　ウ．長くなる

(4) ロサンゼルスにあるグリフィス天文台には長さ12mの大きなふりこ時計があります。ふりこの長さと1往復の時間には一定の関係性があります。表1からその関係性を推測し，それを用いてグリフィス天文台のふりこ時計の1往復の時間として最も近いものを以下のア～キの中から選びなさい。

ア．2秒　イ．4秒　ウ．7秒　エ．19秒　オ．28秒　カ．38秒　キ．49秒

〔B〕 次の文章を読み，以下の問いに答えなさい。

【I】 現在多くの国では，長さの単位としてメートル(m)を使用しています。メートルはフランスが1791年に定めた単位で，パリを通過する経線の北極点から赤道までの長さの1000万分の1を1mと決めました。これをもとにすると，経線に沿って地球を1周した距離《きょり》は

(あ)万kmです。

かつて，日本では長さの単位として尺という単位を日常的に使っていました。1尺をメートル法で書くとどのように書けるでしょうか。「アルプス一万尺，小槍《こやり》の上で……♪」の歌詞から推測してみましょう。小槍とは槍ヶ岳山頂付近にある岩で，アルプスとは北アルプス(飛驒《ひだ》山脈)のことです。その山々の山頂の標高は約3000mです。一万尺を約3000mとして計算すると1尺は約(い)とわかります。

【Ⅱ】 光の速さは，真空中であっても空気中であっても秒速30万kmであることが知られています。つまり，光が真空中で1秒間に伝わる距離は地球(う)周分の距離に等しいです。

また，太陽から地球までの距離は1.5億kmであることが知られています。これより，太陽から出た光は(　　え　　)で地球に到達することがわかります。

【Ⅲ】 風のないときの空気中の音の速さ(音が1秒間に伝わる距離(m))は気温(℃)によって変わり，次の式で書けることが知られています。

空気中の音の速さ＝332＋0.6×気温(℃)

この式より気温30℃で風がないときの，空気中の音の速さは秒速(お)mとわかります。

この状態で，100m走のタイムをストップウオッチで計測することを考えてみましょう。出発係(出発のピストルをうつ係)は選手からはなれたところにいて，出発係と計測係との距離は95mです。95mを光が伝わる時間は(か)秒で，音が伝わる時間は(き)秒です。これらの間に時間差があるので，計測係はピストルの白いけむりが見えたときに出発のストップウオッチを押し，選手が100mを走っている時間(真の値)にできるだけ近い時間を測定します。

(1) (あ)にあてはまる数字を答えなさい。

(2) (い)にあてはまる値を以下のア～オから選びなさい。

ア．3mm　　イ．3cm　　ウ．30cm　　エ．3m　　オ．30m

(3) (う)にあてはまる数字を答えなさい。

(4) (え)にあてはまる時間は何分何秒ですか。

(5) (お)にあてはまる数字を答えなさい。

(6) (か)にあてはまる数字について，0でない数字が初めて現れるのは小数第何位ですか。

(7) (き)にあてはまる数字を小数第3位を四捨五入して小数第2位まで答えなさい。

たから。

ニ　ケガをした直後なのに、それを気にすることなく高みを目指そうとする朔の言葉が、いかにも朔が発言しそうなものだったから。

ホ　朔がレース参加に前向きであることが分かり、しばらく出場していなかったレースに、久しぶりに参加できるという実感が湧《わ》いてきたから。

問四　傍線部③「すげー恥《は》ずかしかったよ」とありますが、朔がこのように感じたのはなぜですか。百三十字以内で説明しなさい。

問五　二重傍線部「自分は伴走者に向いていない」とありますが、新がこのように考えるのはなぜですか。八十字以内で説明しなさい。

問六　朔は自分の伴走者についてどのように考えていますか。本文全体の内容をふまえて九十字以内で説明しなさい。

たい。笑って、顔をあげて、たくさん見えるものがあるよって、言えるようになっていたい」
「……それと走ることと、どう関係あるの」
朔はふっと息をついた。
「見たいんだよ、オレは。世の中にあるもの、なんだって見たい」
「…………」
「できなかったことができるようになることも、わからないことがわかるようになることも、知らない世界を知ることも、全部、オレにとっては見ることなんだ」
ゔぅぅぅぅと、扇《せん》風機の微《かす》かな風音が朔の声に混じる。
「見るって、目に映るものだけじゃないんだよ」
朔は柔《やわ》らかく **c** 目を細めた。
「オレにとって、走るってそういうこと。新はオレにいろんなものを見せてくれる」

（いとうみく『朔と新』より）

注1　境野…朔の通っていた盲学校の陸上部コーチ。
注2　厄介になってた寺…盲学校が休みの時、家に帰りたくなかった朔は、寺にお世話になっていた。

問一　波線部**a**～**c**の意味を、後の中からそれぞれ一つずつ選び、符《ふ》号を書きなさい。

a「かぶりを振《ふ》った」
イ　うなずいた
ロ　とまどった
ハ　否定した
ニ　不思議に思った
ホ　驚《おどろ》いた

b「たどたどしい」
イ　くせが強い
ロ　ぎこちない
ハ　かわいらしい
ニ　間違《ちが》っている
ホ　整っている

c「目を細めた」
イ　眉《まゆ》根を寄せた
ロ　じっと見つめた
ハ　反論した
ニ　理解を示した
ホ　笑《え》みを浮《う》かべた

問二　傍《ぼう》線部①「ちょうどいい」とありますが、
(1)　朔《さく》は、何を「ちょうどいい」と言っているのですか。十五字以内で答えなさい。
(2)　新《あき》は、朔が何を「ちょうどいい」と言っていると思ったのですか。十五字以内で答えなさい。

問三　傍線部②「新はふっと笑った」とありますが、それはなぜですか。その説明として最も適切なものを次の中から選び、符号を書きなさい。
イ　伴《ばん》走者としての自信を失っていた新だったが、彼《かれ》を肯《こう》定的に受け入れてくれる朔の発言に、伴走者としての自信を取り戻《もど》したから。
ロ　初めてブラインドマラソンの大会に参加するのに、なぜか自信満々に入賞を目指したいと言う朔の言動を、滑稽《こっけい》なものに感じたから。
ハ　一年前に視力を失うという事故に遭《あ》い、生きる気力を失っていた朔が前向きな発言をしていることに、喜ばしい思いを抱《いだ》い

「これって」
「あのバスに乗ってた女の子がくれた」
「…………」
朔と事故のことについて話すのは初めてだった。
「その女の子、バスの中でも絵を描いていたんだろうな。で、クレヨンを落としちゃったんだ。水色のクレヨン。それがオレの席のそばに転がってきて、手を伸《の》ばしたんだけど拾えなくて。で、シートベルトを外して通路に出たとき、事故が起きた。あとのことは覚えてないけど、たぶん吹っ飛んで、頭を打ったんだと思う」
あの事故で大きなケガや亡《な》くなった人は、シートベルトをしていなかったと聞いた覚えがある。けれど朔はシートベルトをしていなかった理由を言わなかったし、両親も朔を問うようなことはしなかった。
「タイミングが悪かったんだよ」
机のイスを引いて、朔は腰《こし》かけた。
「もちろんオレがこうなったのは、その子のせいなんかじゃない。オレが勝手に拾おうとしただけで、頼まれたわけでもない。でも、めぐちゃん、あ、その女の子の名前だけど。めぐちゃんは事故のショックでしゃべれなくなっちゃって。四ヵ月たって声が出るようになって。それでお母さんにオレのことを話したんだって」
朔は淡々《たんたん》と話を続けた。
「めぐちゃんのお母さんたち、いろいろ調べたんだろうな。オレのこと知って、去年の夏頃《ごろ》かな、うちに手紙くれたらしくて。要は、オレに会いたいってことだったんだけどさ。母さんは反対したらしいけど、父さんがオレのいるとこを教えたんだって。で、そのときオレが注2厄介《やっかい》になってた寺に来てくれて、めぐちゃんから、それもらった。めぐちゃん、お母さんと一緒に点字で書いてくれてたんだよ。でもオレさ、そのとき点字なんてまったくわからなくて」
そう言ってふっと笑った。
「③すげー恥《は》ずかしかったよ。めぐちゃんは一年生になったばっかりでさ。そんな小さい子が一生懸《けん》命書いてオレんとこ来てくれたのに、オレはなにやってんだろうなって。きっと、来るまで怖《こわ》かったと思うんだ。お母さんにしてもめぐちゃんをオレに会わせること、悩《なや》んだと思う。うん、絶対悩んで、迷ったと思う。でも来てくれて」
朔は膝に肘《ひじ》を当て、手のひらを組んだ。
「あの頃《ころ》、オレぜんぜんダメで、盲《もう》学校に行ったのだって、ただ逃《に》げただけだと思う。みっともないだろ」
ううん、と新は唇を噛んでかぶりを振った。
「めぐちゃんからもらった画用紙にも、なにが書いてあるのかわからなくて。でもそれをめぐちゃんに聞くこともできなくて。そりゃそうだろ、めぐちゃんはお母さんと勉強して、点字打ってくれたんだよ。それをオレが読めないって。で、自分で読めるようになろうと思って勉強始めたんだ。事故にあってから初めてオレ、自分でなにかしようって思った」
新はじっと画用紙を見た。
朔らしき男の子の顔の上に、横書きでｂたどたどしいひらがなが書いてある。

――おにいちゃんえ
もういたくないですか
おにいちゃんがいっぱい
みえるようになりますように

その文字の上にも、盛り上がった小さな点、点字記号が並んでいる。
「この先、もしもどこかでめぐちゃんに会ったら、ちゃんと笑ってい

「どうって、十キロならもう余裕《ゆう》だよ」

「うん。そこはオレも心配してない。完走はできる。でもどうせやるなら入賞を目指したい」

真っすぐに言い切る朔を見つめて、②新はふっと笑った。おかしいとか嬉《うれ》しいというのではない。もちろんバカにしているわけでも呆《あき》れているわけでもない。ただ笑ってしまった。

やっぱり朔は朔だ。

「いいんじゃないの。可能性はあるよ」

新が言うと、朔は安堵《ど》したように表情を緩《ゆる》めた。

「でも、それならやっぱり伴走者は代えたほうがいい」

朔がぴくりと動き、それから頭をかいた。

「なんか、う～ん、そんなこと言い出すような気がしてた」

驚《おどろ》いて新が視線をあげると、朔は唇をこすった。

「今日転んだこと、気にしてるんだろ」

新はすっと視線を床《ゆか》に落とした。

「おまえってわかりやすいっていうか、マジで単純だよな」

「人をバカみたいに言うなよ」

ぼそりと新がつぶやくと、朔は目元にかかった髪《かみ》に息を吹《ふ》きかけた。

「オレさ、ブラインドマラソンを始めたとき、オレと新はチームなんだって思った。ほら、伴走者ってガイドともいうけど、パートナーともいうだろ、そっちの感覚。でも実際走ってると、やっぱりオレは新に支えられているだけで、パートナーっていう関係にはなれていないんだってずっと思ってた」

「ダメなの？」

「ダメじゃない。ガイドっていう考えかたが間違《ちが》ってるとも思ってない。ただ、オレはそれじゃあおもしろくないなって」

「…………」

「今日さ、転ぶ直前、あれってあきらかにオレのペースじゃなかっただろ。焦《あせ》ったし、無理だって思ったし、まあ実際ついていけなくて転んだんだけど。でも、怖《こわ》いとかそういうんじゃなかった。なんていうか、高揚《よう》したっていうか。一瞬《しゅん》だけど、知らない世界に足突《つ》っ込《こ》んだっていうか」

新は a かぶりを振《ふ》った。

「ランナーのペースに合わせるのが伴走者の仕事で、その逆はない」

「それはわかってる。新の言ってることは正しいよ。伴走者はランナーを導いていくガイドだ」

そう、伴走者はガイドだ――。

新は膝《ひざ》の上でぎゅっとこぶしを握《にぎ》った。ランナーの目になり、的確な指示を出して安全に確実にゴールまで導いていく。伴走者が走るのはランナーのためだ。自分のためじゃない。

オレには、伴走者として朔の隣《となり》で走る覚悟《ご》も自信も、資格もない――。

「あのさ、転んだの今日が初めてだからな。毎日走っているのに、一度もなかったんだぞ。新がいつも神経張って伴走してくれてることは、オレが一番わかってるつもりだけど」

「でもケガさせた」

朔は大きく息をつくと、「ちょっと待ってろ」と部屋を出ていき、筒《つつ》状になっている画用紙を持って戻《もど》ってきた。

「見てみな」

戸惑《まど》いながら新はそれを受け取ると、ゴムを外して画用紙を開いた。

画面に大きく、笑顔《えがお》の男の子の顔が描《か》いてある。世辞にもうまいとはいえない。けれどよく見ると、絵に沿って小さな盛り上がった点がついていることに気がついた。

「その絵、点を指でなぞるとオレにもちゃんと見える」

《語群》　ソラ　ドク　コク　エン　ヒ　チ
レキ　メ　ユ　ミャク　ドウ　オウ
フシ

三　次の文章を読んで、後の問いに答えなさい。（字数制限のある問題は、句読点も一字に数えます。）〈四十五点〉

新《あき》は、ブラインドマラソン（視覚に障がいのある人が参加するマラソン）を始めてまもない兄の朔《さく》の伴《ばん》走者をつとめている。一年前、朔と新が乗る予定だったバスの便を新の都合で変更《こう》したが、そのバスが事故を起こし朔は視力を失った。中学時代、長距離《きょり》走者として注目を浴びていた新だったが、兄が視力を失ったことに責任を感じ、事故以降、選手として走ることをやめてしまっていた。

「まあいいや、で、メールどう思った？」
新は唇《くちびる》を噛《か》んだ。
まだ見ていなかった。というより見られなかった。
数時間前注1境野《さかの》に代わりの伴走者を見つけてほしいと頼《たの》んだときは本気だった。それはうそではない。自分は伴走者に向いていないし、これから続ける自信もなかった。代わりを探してくれと頼んだのも、それを望んだのも新自身だ。なのに、いざとなると胸がざわついた。
新はベッドの上に腰《こし》かけて、静かに息をついた。
「朔のしたいようにするのがいいと思う」
「マジで？」
新は頷《うなず》いた。
「境野さんもいいと思ったから朔に勧《すす》めてくれたんだろうし」
「そりゃそうだろ。オレにちょうどいいって思ったんじゃないかな」
①ちょうどいいって、なにがだよ――。
じりっと首元から流れた汗《あせ》を、新は手の甲《こう》で拭《ぬぐ》った。
「だったら、オレに相談する必要とかないと思うけど」
「なんで？」
「決めるのは朔だろ！　オレには関係ないし」
思わず新が声を荒《あら》げると、朔は顔をしかめた。
「関係ないってことは」
「……ないよ」
朔はため息をついた。
「新がそんなんじゃ、大会なんて出らんないだろ」
「そんなことオレには……大会？」
「十二月の。おまえ、なんの話だと思ってたの？　つーかメール読んだんだよな」
「………」
「読んでないのかよ！」
朔はちっと舌打ちして、早く読めとばかりにあごをあげた。
〈境野です。十二月に神宮外苑《じんぐうがいえん》チャレンジフェスティバルという大会があります。この大会は障がいがあるランナーも一般《ぱん》ランナーも一緒《しょ》に参加できます。距離は十キロと五キロ。十キロの制限時間は八十分。君たちなら問題なく十キロで参加できるはずです。神宮球場からスタートして神宮外苑を周回するというコースです。出てみませんか？〉
大会の概《がい》要と参加を誘《さそ》うひと言が書いてあるだけのあっさりとした内容だった。
「どう思う？」
読み終わったタイミングで朔に問われて、新はどきりとした。

ハ　踏まれれば踏まれるほどに、へこたれないで復元していこうとするあり方。

ニ　劣《れつ》悪な環境になじんでいって、光を浴びなくても生き抜《ぬ》こうとするあり方。

ホ　踏まれることは受け入れた上で、種子を残していくことに力を注ぐあり方。

ヘ　派手な成長は避《さ》けることで、出来るだけ踏まれないようにしていくあり方。

問二　空欄《らん》［**B**］と［**C**］には対《つい》になる言葉が入ります。適切な言葉を次の中からそれぞれ選び、符号を書きなさい。

イ　無機　**ロ**　利他　**ハ**　相対　**ニ**　現実

ホ　利己　**ヘ**　空想　**ト**　絶対　**チ**　有機

問三　傍線部**D**「踏まれる場所の雑草は、本当にこの競争に参加しなくても大丈夫《じょうぶ》なのでしょうか。もちろん、大丈夫です」とありますが、なぜ「踏まれる場所の雑草」は「大丈夫」だといえるのですか。五十字以内で説明しなさい。

問四　二重傍線部「『踏まれても踏まれても立ち上がる』それが、雑草のイメージですよね」とありますが、なぜ人間はそのようなイメージを抱《いだ》いてしまうのですか。六十字以内で説明しなさい。

問五　筆者は本文のしばらく後で次のように述べています。そこに波線部「そんなことを教えられます」とありますが、雑草に「教えられ」ることとはどのようなことですか。本文の内容に即《そく》して百字以内で説明しなさい。

　踏まれた雑草は立ち上がりません。踏まれた雑草は上にも伸《の》びません。そもそも、立ち上がらなければならないのでしょうか。そもそも、上に伸びなければならないのでしょうか。踏まれて生きる雑草を見ていると、そんなことを教えられます。

二　次のⅠ・Ⅱの問いに答えなさい。〈二十点〉

Ⅰ　次の①～⑮の傍《ぼう》線部のカタカナを漢字に改めなさい。

① 新しい技法をタイトクする。
② 目標達成はシナンの業《わざ》だ。
③ 忠臣たちが没《ぼっ》落した主家のサイコウを図《はか》った。
④ カダンな行動により危機を脱《だっ》した。
⑤ 国の指導者としてのキリョウに乏《とぼ》しい。
⑥ セキヒン洗うがごとし。
⑦ グローバリズムは、文化のキンシツ化を招く側面がある。
⑧ セイトウ派ラブロマンスからB級ホラーまで様々な映画を見る。
⑨ 古い友人が訪ねて来たので、オウセツ間に通した。
⑩ 大河ドラマの時代コウショウを受け持つ。
⑪ 最近のニュースは同じ話題ばかりで、いささかショクショウ気味だ。
⑫ 論者の主張にキョウメイする。
⑬ 審《しん》判にイを唱えた監督《かんとく》が退場になった。
⑭ 政策にギギをはさむ。
⑮ 神よ、どうかこの惨《さん》劇をショウランあれ。

Ⅱ　次の⑯～⑳の空欄《らん》に、例にならって漢字を一字補うことで文意が通るようにしなさい。それぞれの空欄に入る字は後の語群のカタカナを漢字に改めて答えること。

例　［　］々しいお世辞を言うな。→　空々《そらぞら》

⑯ 会合には各界のお［　］々が集まっていた。
⑰ 二度あることは［　］々にして三度あるものだ。
⑱ 朝から［　］々と続く雪かきに苦しんでいる。
⑲ 昔の失敗を思い出すと、心が［　］々に乱れてしまう。
⑳ 感染が拡大しており、［　］々しき事態だ。

んな曲がったり、傾《かたむ》いたりしながら成長しています。まっすぐに伸びている雑草は一つもないのです。

横に伸びたり、斜《なな》めに伸びたり、何度も曲がったり、雑草の伸び方はそれぞれです。そんな複雑な成長を測る事は大変です。そのため人間は植物を「高さ」で評価します。人間の持っているものさしは、まっすぐなものさしです。そのため、まっすぐな高さで測ることしかできないのです。「高さで評価される」ということは、皆《みな》さんにとっては成績や偏《へん》差値という言葉が当てはまるかもしれません。「高さ」という尺度は大切な尺度です。「高さ」で測ることはダメなことではありません。成績は悪いより良いほうがいいに決まっていますし、成績が良い人はほめられるべきです。しかし、それだけのことです。それはたった一本のものさしで測ったたった一つの尺度に過ぎません。大切なことは、高さで測れることは、成長を測るたった一つの尺度でしかないと知ることです。雑草の成長がそうであるように、「何が大切か?」を考えれば、「高さ」がすべてではありません。まっすぐなものさしで、すべての成長を測ることはできません。そしておそらく、本当に大切なことは、ものさしでは測ることのできないものなのです。

人々が行きかう歩道の隙《すき》間に、雑草が生えているのを見かけます。あるものは茎を横に伸ばしていたり、あるものは大きくなることなく、身を縮ませています。そんな雑草を見て、何だかかわいそうと思ってしまうかもしれません。地べたで暮らす雑草たちを惨《みじ》めに思ってしまうかもしれません。しかし、本当にそうでしょうか。確かに他の植物たちが、天に向かって高々と伸びようとしているのと比べると、踏まれている雑草は成長していないように見えます。他の植物が高く高くと縦に伸びているのに、踏まれる場所の雑草は本当に縦に伸びることをあきらめてしまって良いのでしょうか。植物が上に向かって伸びようとするのには、理由があります。先にも説明しましたが、植物が成長するためには、光を浴びて光合成をしなければなりません。光を浴びるためには、他の植物よりも高い位置に葉をつけなければなりません。もし、他の植物よりも低ければ、他の植物の陰《かげ》で光合成をしなければならなくなります。有利に光合成をするためには、他の植物よりも少しでも高く伸びなければならないのです。光を求める植物たちにとって、自分がどれだけ伸びたのかという［B］的な高さは、じつは重要ではありません。光を浴びるために大切なのは、他の植物よりも、少しでも高く伸びるという［C］的な高さです。そして、他の植物よりも少しでも上に葉を広げようと上へ上へと伸びるのです。植物たちはこうして激しい競争を繰《く》り広げています。D踏まれる場所の雑草は、本当にこの競争に参加しなくても大丈夫《じょうぶ》なのでしょうか。もちろん、大丈夫です。よく踏まれる場所には、上へ上へと伸びようとする植物は生えることができません。上へ伸びても踏まれて折れてしまうからです。そのため、草高がゼロの横に伸びる雑草も、小さな小さな雑草も、広げた葉っぱいっぱいに太陽の光を存分に浴びています。こんなに光を独占《せん》している植物は、他の場所ではなかなか見られません。

（稲垣栄洋『はずれ者が進化をつくる
生き物をめぐる個性の秘密』より）

（出題に際し、原文の改行を小見出しごとに詰めています。）

問一　傍《ぼう》線部A「本当の雑草魂《だましい》」とありますが、筆者は雑草のどのようなあり方に「本当の雑草魂」を見出《いだ》していますか。次の中から最も適切なものを選び、符《ふ》号を書きなさい。

イ　名のある草花に負けないようにと、同じ環《かん》境でも競《せ》り勝とうとするあり方。

ロ　人に踏《ふ》まれる経験を糧《かて》にして、花を美しく咲《さ》かせることを優先するあり方。

二〇二一年度 ラ・サール中学校

【国語】〈六〇分〉〈満点：一〇〇点〉

一　次の文章を読んで、後の問いに答えなさい。（字数制限のある問題は、句読点も一字に数えます。）〈三十五点〉

「雑草は踏《ふ》まれても～」こんな言葉をよく聞きます。「雑草は踏まれても［　　　］」この空欄《らん》には、どんな言葉が入るでしょう。もしかすると、あなたは、「立ち上がる」という言葉を思いついたかもしれません。「踏まれても踏まれても立ち上がる」それが、雑草のイメージですよね。しかし、それは間違《ちが》いです。じつは、雑草は踏まれると立ち上がらないのです。「雑草は踏まれても立ち上がらない」これが、A本当の雑草魂《だましい》です。確かに一度踏んだくらいなら、立ち上がってくるかもしれません。しかし、何度も踏まれると雑草は立ち上がることはないのです。何だか、情けないと思うかもしれません。「せっかく雑草のように頑張《がんば》ろうと思っていたのに」とがっかりしてしまった人もいるかもしれません。しかし、そうではありません。じつは、踏まれたら立ち上がらないことこそが、雑草のすごいところなのです。

雑草は踏まれたら、立ち上がりません。どうして、立ち上がろうとしないのでしょうか。考え方を少し変えてみることにしましょう。そもそも、どうして踏まれたら立ち上がらなければならないのでしょうか？　植物にとって、もっとも大切なことは何でしょうか？　それは花を咲《さ》かせて、種を残すことです。そうだとすれば、踏まれても踏まれても立ち上がろうとするのは、かなり無駄《だ》なエネルギーを使っていることになります。そんな余計なことにエネルギーを割《さ》くよりも、踏まれながらも花を咲かせることのほうが大切です。踏まれながらも種を残すことにエネルギーを注がなければなりません。だから雑草は、踏まれても踏まれても立ち上がるような無駄なことはしないのです。踏まれる場所で生きて行く上で、一番大切なことは、立ち上がることではありません。踏まれたら立ち上がらなければならないというのは、人間の勝手な思い込《こ》みなのです。もちろん、踏まれっぱなしという訳ではありません。踏まれて、上に伸《の》びる事ができなくても、雑草は決してあきらめることはありません。横に伸びたり、茎《くき》を短くしたり、地面の下の根を伸ばしたり、なんとかして花を咲かせようとします。もはや、やみくもに立ち上がることなどどうでも良いかのようです。雑草は花を咲かせて、種を残すという大切なことを忘れはしません。大切なことをあきらめることもありません。だからこそ、どんなに踏まれても、必ず花を咲かせて、種を残すのです。「踏まれても踏まれても大切なことを見失わない」これこそが、本当の雑草魂なのです。

植物の成長を測る方法に「草高《くさだか》」と「草丈《くさたけ》」があります。この二つの言葉は、よく似ていますが、意味するところは違います。草高は「根元からの植物の高さ」を言います。一方、草丈は「根元からの植物の長さ」を言います。何だ、同じじゃないかと思うかもしれませんが、そうではありません。確かに上に伸びる植物にとっては、草高と草丈は同じです。しかし、踏まれながら横に伸びている雑草はどうでしょうか。横に伸びてゆくので、草丈は大きくなっても、上に伸びることはないので、草高はゼロのままです。アサガオが二階まで伸びましたと喜んでみたり、もうこんなに伸びたからそろそろ草を刈《か》ろうかと言ってみたり、人間は、植物の成長を「高さ」で測りたがります。それが一番、簡単な方法だからです。しかし、まっすぐ上に伸びる事だけが成長ではありません。身の周りの雑草を見てみてください。み

2021年度

ラ・サール中学校　▶解説と解答

算　数　(60分) ＜満点：100点＞

解　答

1 (1) 480　(2) $2\frac{2}{3}$　(3) $2\frac{1}{6}$　2 (1) あ 36度　い 42度　(2) ア 7　イ 8　(3) $2\frac{4}{5}$　(4) $\frac{12}{19}$　3 (1) 分速60m　(2) 5.4km　4 (1) 1：7　(2) 7：9　(3) ア…BC，イ：ウ…1：7　5 (1) 168cm^3　(2) 62cm^3，106cm^3　6 (1) 1回　(2) 4回　(3) 43回

解　説

1 四則計算，計算のくふう，逆算

(1) 82×17－111×9＋76×11－43×27＋82×5＝82×17＋82×5＋76×11－(111×9＋43×27)＝82×(17＋5)＋38×2×11－(37×3×9＋43×27)＝82×22＋38×22－(37×27＋43×27)＝(82＋38)×22－(37＋43)×27＝120×22－80×27＝40×3×22－40×2×27＝40×66－40×54＝40×(66－54)＝40×12＝480

(2) $3.5\div1\frac{1}{5}-\left\{12\times\left(\frac{1}{3}-0.3\right)-0.15\right\}=3.5\div1.2-\left\{12\times\left(\frac{1}{3}-\frac{3}{10}\right)-\frac{15}{100}\right\}=\frac{3.5}{1.2}-\left\{12\times\left(\frac{10}{30}-\frac{9}{30}\right)-\frac{3}{20}\right\}=\frac{35}{12}-\left(12\times\frac{1}{30}-\frac{3}{20}\right)=\frac{35}{12}-\left(\frac{2}{5}-\frac{3}{20}\right)=\frac{35}{12}-\left(\frac{8}{20}-\frac{3}{20}\right)=\frac{35}{12}-\frac{5}{20}=\frac{35}{12}-\frac{1}{4}=\frac{35}{12}-\frac{3}{12}=\frac{32}{12}=\frac{8}{3}=2\frac{2}{3}$

(3) $\left\{14+\left(3\times\square-1\frac{1}{4}\right)\div\frac{3}{7}\right\}\times0.8=21$より，$14+\left(3\times\square-1\frac{1}{4}\right)\div\frac{3}{7}=21\div0.8=21\div\frac{4}{5}=21\times\frac{5}{4}=\frac{105}{4}$，$\left(3\times\square-1\frac{1}{4}\right)\div\frac{3}{7}=\frac{105}{4}-14=\frac{105}{4}-\frac{56}{4}=\frac{49}{4}$，$3\times\square-1\frac{1}{4}=\frac{49}{4}\times\frac{3}{7}=\frac{21}{4}$，$3\times\square=\frac{21}{4}+1\frac{1}{4}=\frac{21}{4}+\frac{5}{4}=\frac{26}{4}=\frac{13}{2}$　よって，$\square=\frac{13}{2}\div3=\frac{13}{2}\times\frac{1}{3}=\frac{13}{6}=2\frac{1}{6}$

2 角度，平均とのべ，つるかめ算，整数の性質，割合と比

(1) 右の図1で，ADとBEは平行だから，角AEBの大きさは角DAEの大きさと等しく28度になる。また，AE＝BEより，三角形EABは二等辺三角形なので，角ABEの大きさは，(180－28)÷2＝76(度)となり，角あの大きさは，76－40＝36(度)とわかる。次に，BC＝BDより，三角形BCDは二等辺三角形だから，角BCDの大きさは，(180－40)÷2＝70(度)である。さらに，三角形FCEで，三角形の外角はそれととなり合わない2つの内角の和に等しいので，角EFCの大きさは，70－28＝42(度)と求められる。よって，角いの大きさも42度になる。

図1
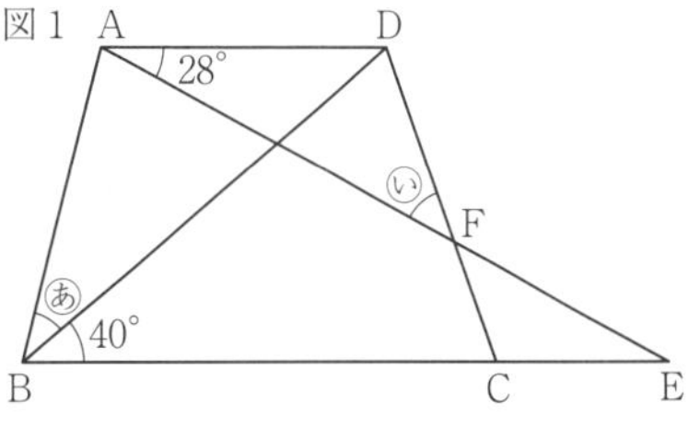

(2) 6点の人と8点の人を除いた人数の合計は，1＋4＋10＋8＋2＝25(人)だから，6点の人と8点の人の人数の合計は，40－25＝15(人)となる。また，(平均点)＝(合計点)÷(人数)より，(合計点)＝(平均点)×(人数)となるので，40人の合計点は，7.3×40＝292(点)とわかる。そのうち，

図2

6点(ア人)｝合わせて
8点(イ人)｝15人で106点

6点の人と8点の人を除いた25人の合計点は，4×1＋5×4＋7×10＋9×8＋10×2＝186(点)である。よって，6点の人と8点の人の合計点は，292－186＝106(点)となり，右の図2のようにまとめることができる。8点の人が15人いたとすると，15人の合計点は，8×15＝120(点)となり，実際よりも，120－106＝14(点)多くなる。8点の人と6点の人を1人ずつ取りかえると，合計点は，8－6＝2(点)ずつ少なくなるから，6点の人は，14÷2＝7(人)と求められる。したがって，アは7，イは，15－7＝8である。

(3) $\frac{1}{5}$をたすと整数になる数は，$1-\frac{1}{5}=\frac{4}{5}$に整数を加えた数，つまり，$\frac{4}{5}$，$\frac{4}{5}+1=\frac{9}{5}$，$\frac{9}{5}+1=\frac{14}{5}$，…である。また，$3\frac{4}{7}=\frac{25}{7}$(倍)すると整数になる分数の分母は25の約数(1，5，25)で，分子は7の倍数(7，14，21，…)である。よって，$3\frac{4}{7}$倍しても$\frac{1}{5}$をたしても整数となる数で最小のものは，$\frac{14}{5}=2\frac{4}{5}$とわかる。

(4) (A中学の生徒数)$\times\frac{2}{3}=$(B中学の生徒数)$\times\frac{3}{5}$と表すことができるから，A中学とB中学の生徒数の比は，$\frac{3}{2}:\frac{5}{3}=9:10$である。よって，A中学，B中学の部活動への加入者数はどちらも比の，$9\times\frac{2}{3}=6$にあたり，2つの中学の生徒数の合計は比の，9＋10＝19にあたるので，2つの中学を合わせた全体での加入率は，(6＋6)÷19＝$\frac{12}{19}$と求められる。

3 速さと比

(1) P君と車の進行のようすをグラフに表すと，下の図1のようになる。ただし，Dは車がP君を追いこした地点で，AD間とDB間の道のりの比は，$\frac{1}{3}:\left(1-\frac{1}{3}\right)=1:2$である。次に，図1のP君の進行を表す直線と横軸《よこじく》をそれぞれ延長すると下の図2のようになり，かげをつけた2つの三角形は相似になる。このとき，相似比はAD間とDB間の道のりの比と等しく1：2だから，□＝54×$\frac{1}{2}$＝27(分)とわかる。このことから，仮にP君がA地点からC地点まで歩いたとすると，27－5＝22(分)かかることがわかるので，P君の速さは分速，1320÷22＝60(m)と求められる。

図1

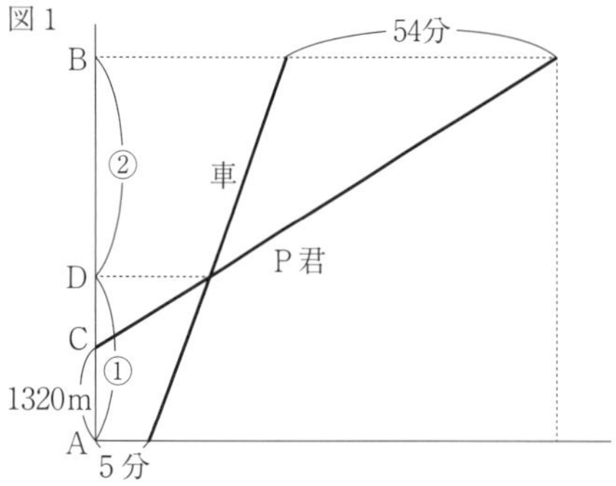

図2

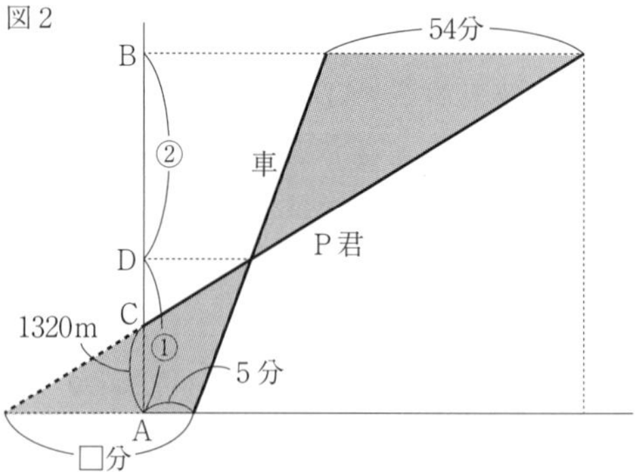

(2) 車の速さは分速，(36×1000)÷60＝600(m)なので，P君と車の速さの比は，60：600＝1：10となる。よって，P君と車がDB間にかかった時間の比は，$\frac{1}{1}:\frac{1}{10}=10:1$であり，この差が54分だから，車がDB間にかかった時間は，54÷(10－1)×1＝6(分)と求められる。したがって，DB間の道のりは，600×6＝3600(m)なので，AB間の道のりは，3600÷2×(2＋1)＝5400(m)，つまり，5400÷1000＝5.4(km)とわかる。

4 平面図形─辺の比と面積の比

(1) 右の図1で，長方形ABCDのたての長さを□，横の長さを△とすると，長方形ABCDの面積は(□×△)となる。よって，三角形ADEは，面積が(□×△)，底辺が△だから，高さは，$\square\times\triangle\times2\div\triangle=\square\times2$と表すことができる。また，五角形ABCDEの面積は(□×△×2)となる。次に，三角形EABは，底辺(AB)が□，高さ(FA)が$\frac{\triangle}{2}$なので，面積は，$\square\times\frac{\triangle}{2}\times\frac{1}{2}=\square\times\triangle\times\frac{1}{4}$となる。よって，三角形EABと五角形の面積の比は，$\left(\square\times\triangle\times\frac{1}{4}\right):(\square\times\triangle\times2)=\frac{1}{4}:2=1:8$だから，五角形の面積は直線EBで，1：(8－1)＝1：7に分けられる。

図1

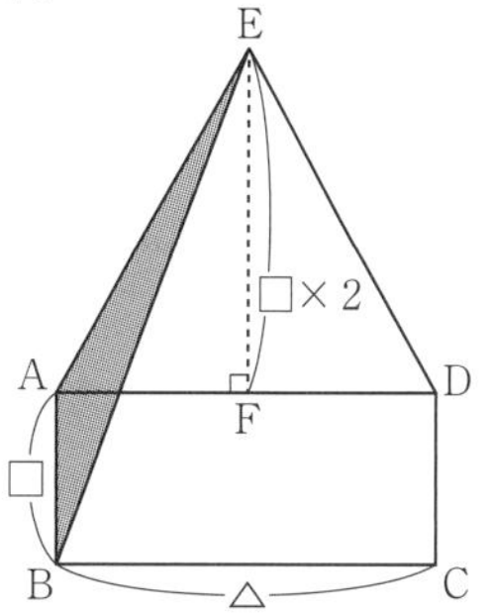

(2) 右の図2のように，MからBCと直角に交わる線MNを引くと，MGの長さはEFの長さの半分なので□となり，GD(NC)の長さはFDの長さの半分だから，$\frac{\triangle}{2}\times\frac{1}{2}=\frac{\triangle}{4}$となる。よって，台形MNCDの面積は，$(\square+\square+\square)\times\frac{\triangle}{4}\times\frac{1}{2}=\square\times3\times\frac{\triangle}{8}=\square\times\triangle\times\frac{3}{8}$と表すことができる。また，$BN=\triangle-\frac{\triangle}{4}=\triangle\times\frac{3}{4}$，$MN=\square+\square=\square\times2$なので，三角形MBNの面積は，$\triangle\times\frac{3}{4}\times\square\times2\times\frac{1}{2}=\square\times\triangle\times\frac{3}{4}$と表すことができる。したがって，四角形MBCDの面積は，$\square\times\triangle\times\frac{3}{8}+\square\times\triangle\times\frac{3}{4}=\square\times\triangle\times\left(\frac{3}{8}+\frac{3}{4}\right)=\square\times\triangle\times\frac{9}{8}$となるから，四角形MBCDと五角形の面積の比は，$\left(\square\times\triangle\times\frac{9}{8}\right):(\square\times\triangle\times2)=\frac{9}{8}:2=9:16$であり，五角形の面積は直線MBで，(16－9)：9＝7：9に分けられる。

図2

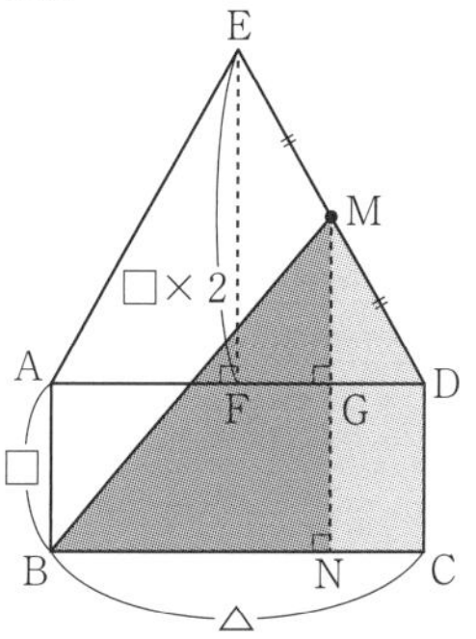

図3

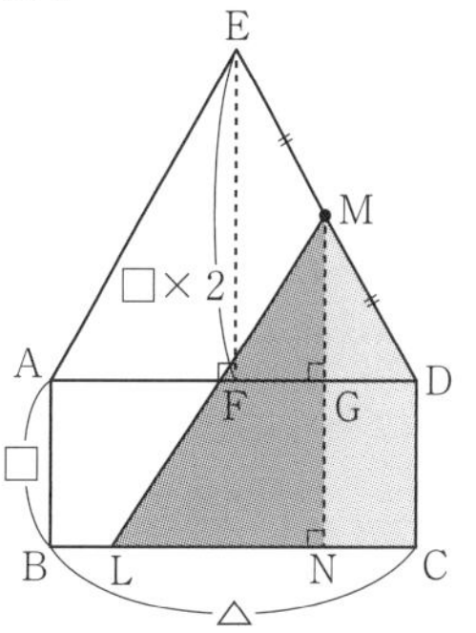

(3) 右上の図3のように，辺BC上に点Lをとり，四角形MLCDの面積が(□×△)になるようにすればよい。つまり，三角形MLNの面積を，$\square\times\triangle-\square\times\triangle\times\frac{3}{8}=\square\times\triangle\times\left(1-\frac{3}{8}\right)=\square\times\triangle\times\frac{5}{8}$にすればよい。ここで，図2の三角形MBNと図3の三角形MLNの高さは等しいから，底辺の比は面積の比と等しくなる。よって，$BN:LN=\left(\square\times\triangle\times\frac{3}{4}\right):\left(\square\times\triangle\times\frac{5}{8}\right)=\frac{3}{4}:\frac{5}{8}=6:5$なので，BL：BN＝(6－5)：6＝1：6となり，$BL=\triangle\times\frac{3}{4}\times\frac{1}{6}=\triangle\times\frac{1}{8}$と求められる。したがって，$BL:LC=\left(\triangle\times\frac{1}{8}\right):\left(\triangle-\triangle\times\frac{1}{8}\right)=\left(\triangle\times\frac{1}{8}\right):\left(\triangle\times\frac{7}{8}\right)=\frac{1}{8}:\frac{7}{8}=1:7$だから，点Lは辺BC(…ア)を1：7(…イ，ウ)に分ける点とわかる。

5 立体図形─体積，分割

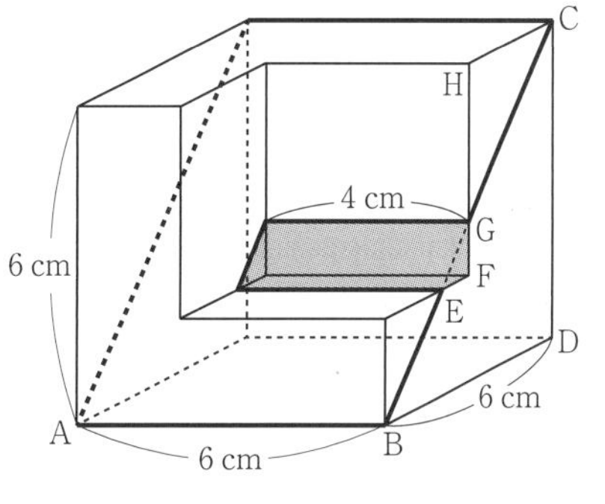

(1) もとの立方体の体積は，6×6×6＝216(cm^3)である。また，切りとった直方体の体積は，(6－3)×4×4＝48(cm^3)である。よって，この立体の体積は，216－48＝168(cm^3)とわかる。

(2) 切り口は右の図の太線部分になり，点Dをふくむ立体は，三角形CBDを底面とする高さ6cmの三角柱(…

Ⅰ)から，三角形GEFを底面とする高さ4cmの三角柱(…Ⅱ)をとり除いたものである。Ⅰは，もとの立方体を半分にしたものなので，その体積は，216÷2＝108(cm^3)である。また，三角形GEF，GCHはどちらも直角二等辺三角形であり，HGは3cm，GFは，4－3＝1(cm)だから，Ⅱの体積は，$1\times1\times\frac{1}{2}\times4=2$(cm^3)である。よって，点Dをふくむ立体の体積は，108－2＝106(cm^3)，点Dをふくまない立体の体積は，168－106＝62(cm^3)と求められる。

6 条件の整理

(1) A＝99のとき，つまり，1から99までの整数を並べたとき，20と21が続く部分で2021ができ，ほかにできる部分はないので，1回となる。

(2) A＝9999のとき，つまり，1から9999までの整数を並べたとき，100から999までの整数を並べた部分に2021があらわれるとすると，右の図1の①～③の場合が考えられるが，いずれの場合も条件に合わない。次に，1000から9999までの整数を並べた部分に2021があらわれるとすると，右上の図2の④～⑦の場合が考えられ，④の場合は2021と2022，⑤の場合は1202と1203，⑥の場合は2120と2121を並べた部分に2021があらわれ，⑦の場合は条件に合わない。よって，(1)の場合をふくめると，全部で4回とわかる。

図1

□□□／□□□
① 202／1□□
② □20／21□
③ □□2／021

図2

□□□□／□□□□
④ 2021／□□□□
⑤ □202／1□□□
⑥ □□20／21□□
⑦ □□□2／021□

(3) A＝99999のとき，つまり，1から99999までの整数を並べたとき，10000から99999までの整数を並べた部分に2021があらわれるとすると，右の図3の⑧～⑫の場合が考えられる。また，これらは連続する整数なので，それぞれ右上の図4のようになる。図4で，⑧の場合はアに0～9の10個，⑨の場合はイに1～9の9個，⑩の場合はウに0～9の10個，⑪の場合はエに0～9の10個の数字を入れたときに2021があらわれ，⑫の場合は条件に合わない。よって，(2)の場合をふくめると，全部で，4＋(10＋9＋10＋10)＝43(回)と求められる。

図3

□□□□□／□□□□□
⑧ 2021□／□□□□□
⑨ □2021／□□□□□
⑩ □□202／1□□□□
⑪ □□□20／21□□□
⑫ □□□□2／021□□

図4

□□□□□／□□□□□
⑧ 2021ア／202□□
⑨ イ2021／イ2022
⑩ 1ウ202／1ウ203
⑪ 21エ20／21エ21
⑫ 021□2／021□3

社 会 (40分)＜満点：50点＞

解 答

1 **問1** レジ袋 **問2** ウ **問3** (例) 中華人民共和国，大韓民国(インド，インドネシア，サウジアラビア，トルコ，南アフリカ共和国，オーストラリア，メキシコ，ブラジル，アルゼンチン) **問4** ア **問5** イギリス **問6** 朝鮮 **問7** エ **問8** 緑

2 **問1** イ **問2** ア **問3** ウ **問4** エ **問5** ウ **問6** エ **問7** ア **問8** エ **3** **問1** エ **問2** イ **問3** 伊藤博文 **問4** エ→イ→ウ→ア **問5** 徳川家光 **問6** 租 **問7** 19(世紀) **問8** イ **問9** (例) 秀吉が主人で，大名が家来という関係にある。 **問10** ウ **問11** エ→ア→ウ **問12** 敗戦(終戦)

4 **問1** 神戸市，高松市　**問2** B　**問3** **記号**…A，C　**名称**…姫路城　**問4** **ア** C　**イ** A　**問5** (1) ふるさと納税　(2) **X** D　**Y** C　**問6** **ア** 大阪府　**イ** C　**ウ** 福岡県　**エ** 神奈川県　**問7** (例) 高原の夏のすずしい気候を利用して出荷時期を遅らせる栽培。

解説

1 環境と国際社会についての問題

問1 近年，海洋プラスチックごみによる汚染が国際問題になっていることを受け，日本でも2020年７月からレジ袋の有料化が開始された。なお，レジ袋は国内で年間に出るプラスチックごみの２%程度とみられており，海洋プラスチックごみに占《し》める割合は少ないと考えられている。

問2 日本の火力発電の燃料消費量は石炭が最も多く，LNG(液化天然ガス)がこれにつぎ，石油(重油や原油)は少ない。よって，ウが誤りをふくんでいる。統計資料は『日本国勢図会』2020／21年版などによる(以下同じ)。

問3 主要20か国・地域(G20)は，アメリカ合衆国・イギリス・フランス・ドイツ・日本・イタリア・カナダのＧ７，ロシア連邦，EU(ヨーロッパ連合)と，新興国11か国である。新興国は，アジアでは中国(中華人民共和国)・韓国(大韓民国)・インド・インドネシア・サウジアラビア・トルコ，アフリカでは南アフリカ共和国，中南米ではメキシコ・ブラジル・アルゼンチン，オセアニアではオーストラリアになる。なお，EUはヨーロッパの27か国が加盟する地域的協力組織。

問4 食料自給率(カロリーベース)について，日本は37%，アメリカ合衆国は130%，フランスは127%，オーストラリアは223%となっており，この４か国のうちではオーストラリアが最も高いので，アが誤りをふくんでいる。

問5 中国南部に位置する香港《ホンコン》は，アヘン戦争(1840～42年)をきっかけとして清(中国)からイギリスに譲《ゆず》り渡され，以後，イギリス領となっていたが，1997年に中国に返還された。しかし，香港は資本主義，中国は社会主義と社会体制が異なるため，返還から50年間はそれまでの体制を維持することが認められた(一国二制度)。しかし近年，中国は香港を本土と同じ体制にするため，強権を発動して民主派を弾圧するなどしていることから，国際的な非難を浴びている。

問6 資料は，明治時代の日本で活躍《かつやく》したフランス人画家のビゴーが描いた風刺《ふうし》画である。日清戦争直前の朝鮮半島の支配をめぐる日本，清，ロシアの対立を風刺したもので，「朝鮮」と書かれた魚を日本(左側の人物)と清(右側の人物)が釣《つ》り上げようと争い，すきあらばその魚を「ロシア」と書かれた帽子をかぶった橋の上の人物が横取りしようとねらっているようすを表している。

問7 ミネラルウォーターの生産量は増加傾向《けいこう》にあり，2020年には生産量が過去最高を記録した。よって，エが誤りをふくんでいる。

問8 森林は，雨水を地下に蓄《たくわ》え，わき水として少しずつ流すことで，土砂くずれや洪水《こうずい》などの災害を防ぎ，水を安定して供給する働きをしている。このため，森は「緑のダム」ともよばれる。

2 近代憲法と三権のしくみについての問題

問1 天皇は，国会が指名した内閣総理大臣と，内閣が指名した最高裁判所長官を任命する。よって，イが誤っている。

問2 法律案は内閣か国会議員から国会に提出され，衆参両議院とも，委員会審議を経て本会議で議決される。よって，アが誤っている。

問３　法律では，衆議院の議員定数は465名，参議院の議員定数は248名とされている。よって，ウが誤っている。ただし，参議院議員は2021年時点では245名で，2022年の通常選挙で248名となる。

問４　最高裁判所の裁判官の国民審査は，任命後初めて行われる衆議院議員総選挙のときと，その後10年を経て行われる衆議院議員総選挙のときごとに行われる。よって，エが誤っている。

問５　閣議の意思決定は出席者全員の賛成を原則としているので，ウが誤っている。

問６　国務大臣の任命と罷免《ひめん》(やめさせること)は，ともに内閣総理大臣の役割である。よって，エが誤っている。

問７　内閣を構成する国務大臣には，各省の長となる大臣のほかに内閣官房長官や内閣府特命担当大臣などもふくまれるので，アが誤っている。

問８　違憲立法審査権はすべての裁判所，つまり最高裁判所および下級裁判所(高等裁判所，地方裁判所，家庭裁判所，簡易裁判所)が持っているので，エが誤っている。なお，最終的な判断を下すのは最高裁判所であることから，最高裁判所は「憲法の番人」ともよばれている。

3　日本人の姓《せい》や苗字《みょうじ》を題材とした歴史の問題

問１　エの石包丁は，稲の穂先をつみ取るのに用いられた弥生時代の石器である。なお，アの銅鐸《どうたく》とイの銅剣は祭りごとのとき，ウの石皿は穀物や木の実をすりつぶすときに用いられた道具。

問２　イは「道長」ではなく「道隆」(道長の兄)が正しい。なお，道長のむすめの彰子《しょうし》と道隆のむすめの定子《ていし》はどちらも一条天皇のきさきで，長編小説『源氏物語』を著した紫式部《むらさきしきぶ》は彰子に仕えたことで知られる。

問３　明治時代に内閣総理大臣に就任した人物は，伊藤博文《ひろぶみ》・黒田清隆《きよたか》・山県有朋《やまがたありとも》・松方正義《まさよし》・大《おお》隈重信《くましげのぶ》・桂《かつら》太郎・西園寺公望《さいおんじきんもち》の７人である。よって，苗字に「藤」がつくのは伊藤博文だけである。

問４　アは昭和時代(第二次世界大戦後)の農地改革，イは安土桃山時代の豊臣秀吉による太閤《たいこう》検地，ウは明治時代の地租改正，エは飛鳥時代の公地公民について述べた文である。よって，時代の古い順にエ→イ→ウ→アとなる。

問５　「藩」は江戸時代の大名が支配した領域と支配機構を指す言葉で，池田光政と黒田光之はどちらも名前に「光」が入っているので，江戸幕府の第３代将軍徳川家光と考えられる。

問６　アは「調」ではなく「租」が正しい。律令制度のもと，農民は朝廷から口分田を支給され，租・庸《よう》・調などの税や労役・兵役を負担した。租(収穫の約３％にあたる稲)は地方の役所に納め，庸(都での労役のかわりに麻布などを納めるもの)と調(各地の特産物を納めるもの)は，自分たちで中央(都)の役所(九州は大宰府《だざいふ》)まで運んで納めなければならなかった。

問７　江戸時代，苗字を名乗れるのは武士だけであったが，明治時代になると，四民平等によって誰でも苗字を名乗れるようになり，19世紀後半の1875年にはこれが義務づけられた。

問８　ア　「書院造」ではなく「寝殿造と禅宗様(唐《から》様)」が正しい。なお，書院造は室町幕府の第８代将軍足利義政が京都の東山に建てた銀閣(慈照《じしょう》寺)に用いられた建築様式として知られる。

イ　京都の町衆とよばれる富裕な町人について述べた文として正しい。なお，「織物」とは京都府の伝統的工芸品となっている「西陣織《にしじんおり》」のことで，生産の中心地である「西陣」の地名は，応仁の乱(1467～77年)のさいに西軍の陣地がこの地に置かれたことによる。　　ウ　「洛中《らくちゅう》洛外図屏風《びょうぶ》」

は京都の市中と郊外の風景や庶民《しょみん》の生活を描いた極彩色《ごくさいしき》の絵画で，狩野《かのう》派によるものがよく知られている。雪舟《せっしゅう》は水墨画《すいぼくが》(墨《すみ》一色で自然などを描く絵画)を大成した人物である。　エ 「義政」ではなく「義満」が正しい。

問9　羽柴《はしば》秀吉は，1585年に朝廷から関白に任命され，翌86年には豊臣の姓をあたえられて太政《だいじょう》大臣となった。そして，1590年には小田原(神奈川県)の北条氏を屈服《くっぷく》させて天下統一をはたした。秀吉は，大名を宮中に連れていくさいに必要な官位のための苗字として，羽柴や豊臣の姓を大名たちにあたえて従わせた。

問10　義務教育が小学校６年，中学校３年とされたのは，1947(昭和22)年に出された教育基本法と学校教育法による。よって，ウがあてはまらない。

問11　平塚らいて《(ちょ)》うがつくったのは女性団体の青鞜《せいとう》社と新婦人協会で，全国水平社は部落解放のための組織なので，イが誤りをふくんでいる。アは第二次世界大戦後，エは大戦末期について述べた文で，ウの男女雇用機会均等法は1985年に出されたものなので，イを除いた３つを時代の古い順に並べるとエ→ア→ウとなる。

問12　1942～45年は太平洋戦争(1941～45年)が行われていた時期にあたるので，戦争に勝つという意味から男の子の名前に「勝」が入れられることが多かったと考えられる。したがって，それが1946年にベスト10から消えたのは，日本の敗戦(終戦)が影響したと判断できる。

4　５つの都道府県についての問題

問１　県名・県庁所在地名は，Ａが兵庫県・神戸市，Ｂが香川県・高松市，Ｃが静岡県・静岡市，Ｄが山形県・山形市，Ｅが長野県・長野市である。

問２　兵庫県には山陽新幹線，静岡県には東海道新幹線，山形県には山形新幹線，長野県には北陸新幹線が通っているが，香川県には新幹線が通っていない。

問３　兵庫県には姫路城，静岡県には山梨県との県境に富士山があり，いずれもユネスコ(国連教育科学文化機関)の世界文化遺産に登録されている。

問４　**ア**　県庁所在地の人口が第２位なので，静岡県と判断できる。静岡県の都市の人口は，県庁所在地の静岡市が約70万人，浜松市が約80万人となっている。　**イ**　ウは，イに比べて第１位都市に人口が集中している(第２位以下の都市の人口が少ない)ので，県の面積が小さい香川県と考えられる。よって，イが兵庫県となる。

問５　(1) 「ふるさと納税」は，自分の出身地など特定の地方公共団体に寄付することで，寄付した分のほぼ全額が税額免除される制度で，ほとんどの自治体で寄付の見返りとして返礼品を贈っている。寄付を受けた自治体にとっては財政面で貴重な収入となるが，実際に住んでいる自治体への納税額は減ることになるので，ほかの住民との間で不公平が生じるとする意見もある。　(2)　**Ｘ**　さくらんぼとラフランス(洋なし)が入っているので，山形県と判断できる。山形県はさくらんぼ(おうとう)と西洋なしの生産量が全国第１位である。　**Ｙ**　茶，ウナギ，桜エビが入っているので，静岡県とわかる。静岡県は茶の生産量が全国第１位で，浜名湖のウナギの養殖《ようしょく》や駿河《するが》湾で漁《ぎょ》獲《かく》される桜エビがよく知られている。

問６　政令指定都市を２つ以上持つ都道府県は，神奈川県(横浜市・川崎市・相模原《さがみはら》市)，静岡県(静岡市・浜松市)，大阪府(大阪市・堺市)，福岡県(福岡市・北九州市)の４つである。　**ア**　繊《せん》維《い》の出荷額がほかの県より多いので，大阪府とわかる。大阪府は綿糸・綿織物の生産がさかんである。　**イ**　パルプ・紙の出荷額がほかの府県より多いので，静岡県と判断できる。静岡県はパルプ・紙の出荷額が全国第1位である。　**ウ**，**エ**　エは，化学と輸送用機械の割合が比較《ひかく》的高いことから，神奈川県となる。残ったウは福岡県である。

問7　長野県の野辺山原などの山間部では，夏でもすずしい高原の気候を利用し，収穫時期を通常よりも遅くする野菜(レタス，キャベツ，はくさいなど)の抑制《よくせい》栽培(高冷地農業)がさかんに行われている。ほかの産地の露地《ろじ》栽培のものの出荷量が減って価格が高くなる夏から秋にかけて，「高原野菜」として首都圏《けん》などに出荷し，大きな利益をあげている。

理　科　(40分)＜満点：50点＞

解　答

1 (1) 子葉　(2) 水，空気，適温　(3) 糖　(4) (例) だ液　(5) (例) 水に溶けにくい性質。　(6) ① イ　② エ　③ ウ　(7) ① ウ　② ア　③ イ　④ イ　2 (1) 6　(2) ア　(3) 流れ星　(4) ウ　(5) エ　(6) エ　(7) ウ　(8) ⑧ ア　⑨ イ　(9) 26000　3〔A〕(1) **A**　0℃　**C**　100℃　(2) X　(3) 35℃　(4) 0.5倍　(5) 33分　〔B〕(1) イ，ウ　(2) **D**　食塩水　**F**　アンモニア水　(3) ① **あ**　塩化水素　**い**　二酸化炭素　② 400　③ 91%　(4) 2%　4〔A〕(1) ① 1.26　② 1.74　(2) ア　(3) ア　(4) ウ　〔B〕(1) 4　(2) ウ　(3) 7.5　(4) 8分20秒　(5) 350　(6) 小数第7位　(7) 0.27

解　説

1 種子に貯《た》められている養分についての問題

(1) 発芽のための養分を胚乳《はいにゅう》に貯めている種子を有胚乳種子といい，発芽のための養分を子葉に貯めている種子を無胚乳種子という。インゲンマメなどマメ科の植物やヒマワリは無胚乳種子，イネ，ムギ，トウモロコシは有胚乳種子である。

(2) 種子が発芽するために必要な条件はふつう，水，空気(酸素)，適当な温度の3つである。

(3) ヨウ素液はもともと薄い褐色《かっしょく》(こげ茶色)であるが，デンプンがあると青色(青むらさき色)に変化する。図3で，ヨウ素液の色が変化しなかった部分は，種子の活動によってデンプンが分解されて糖ができている。

(4) デンプンはだ液やすい液に含《ふく》まれる消化酵素《こうそ》のアミラーゼによって糖(麦芽《ばくが》糖)に分解され，その後，すい液や小腸の壁《かべ》の消化酵素によってブドウ糖に変えられる。

(5) デンプンは，高温の水には溶《と》けるが，常温の水には溶けにくい性質がある。そのため，種子のまわりに水があっても，デンプンが溶け出すことはなく，種子の中に留まることができる。

(6) ①「発芽中の種子の胚の周辺からジベレリンという物質が発見されました」と述べられているので，胚がふさわしい。　② 実験2の結果より，糊粉《こふん》層にジベレリンを加えるとデンプンが分解されるが，胚乳にジベレリンを加えてもデンプンは分解されないことがわかる。よって，胚で分泌《ぶんぴつ》されたジベレリンが糊粉層に働きかけ，これによりデンプンを分解する物質が合成され，その物質によって胚乳にあるデンプンが分解されていると考えられる。

(7) 発芽に用いられるおもな養分は，ダイズはタンパク質，イネはデンプン，ゴマやラッカセイは脂質《ししつ》(脂肪《しぼう》)である。

2 天の北極と星の動きについての問題

(1) 地球は24時間に1回転するように自転しているため，夜空の星は1時間に，360÷24＝15(度)ずつ円をえがくように動いて見える。図1では，星の動きを撮影《さつえい》した弧《こ》と，円の中心とを結んでできるおうぎ形の中心角が，どれもおよそ90度となっていることから，90÷15＝6(時間)分の星の動きだとわかる。

(2) 地球は西から東に自転しているため，北の空に見られる星は，北極星を中心に反時計回りの円をえがくように動いて見える。

(3) 地球の引力によって落下する宇宙をただようちりなどは，地球の大気との摩擦《まさつ》によって燃えて発光し，短時間に直線的な動きをする流れ星となる。図1で，まっすぐな線がとぎれているのは，流れ星の燃え始めから燃え終わりまでが撮影されているからである。

(4) 北極星は，北側の地軸《ちじく》を延長したところにある。つまり，南半球の地点からは常に北の地平線の下にあるので，一年中見ることができない。

(5) 夜空を1晩中観測する場合，北極星の高度が高い観測地点ほど，北極星から離れている星もしずまずに観測できる。さらに，北極星の高度は，観測地点の緯度(北緯)とほぼ等しいと述べられている。したがって，ア～エのうちで緯度が最も高い札幌《さっぽろ》が選べる。

(6) 紀元前3000年から西暦2021年までは，3000＋2021＝5021(年)あるため，その間に天の北極は，$10\times\frac{5021}{720}=69.7\cdots$(度)だけ位置を変えている。よって，図3で，北極星から時計回りに約70度もどったエがふさわしい。

(7) 図3で，こと座のベガは北極星から約180度移動した位置にあるので，$720\times\frac{180}{10}=12960$(年)より，ウが選べる。

(8) 北斗《ほくと》七星について，現在鹿児島では二重丸の星は1年中見え，ほかの星は見えなくなる時期があるので，北極星を中心として，二重丸の星までの長さ(これをAとする)を半径とする円をかいたときに，円の内側にある星は1年中見え，円の外側にある星は季節によって見えたり見えなかったりする。したがって，およそ13000年後に天の北極がベガに変わった場合，ベガを中心としてAを半径とする円をかいたときに，円の内側にあるデネブは1年中見え，円の外側にある北極星は季節によって見えたり見えなかったりする。

(9) 天の北極は720年ごとに10度ずつ位置を変えるので，$720\times\frac{360}{10}=25920$より，天の北極が空を一周する約26000年後には，北極星が再び天の北極になる。

3 氷を加熱する実験，二酸化炭素の発生についての問題

〔A〕 (1)，(2) 0℃より低い温度の氷を加熱していくと，氷の温度はしだいに上昇《じょうしょう》していくが，0℃になると，加えられた熱は氷がとけることに使われるため，氷がすべてとけるまで温度は上昇せず，0℃の氷と0℃の水が混じった状態になる。氷が全部とけると，水の温度は上昇し，100℃になると，加えられた熱は水が水蒸気に変化することに使われるため，水がすべて水蒸気になるまで温度は上昇せず，100℃のままとなる。

(3) 1分間あたりに与《あた》える熱の量を一定に保ちながら加熱したので，実験を開始してから36分～76分の間は1分間あたり，100÷(76－36)＝2.5(℃)ずつ温度が上昇している。よって，Bの温度は，

0＋2.5×(50−36)＝35(℃)と求められる。

(4)　実験を開始してから4分までの間は1分間あたり，20÷4＝5(℃)ずつ温度が上昇している。したがって，この実験では200gの氷と液体の水の温度を1℃上昇させるのにそれぞれ，1÷5＝0.2(分)，1÷2.5＝0.4(分)かかっているので，1gの氷の温度を1℃上昇させるのに必要な熱の量は，1gの液体の水の温度を1℃上昇させるのに必要な熱の量の，0.2÷0.4＝0.5(倍)とわかる。

(5)　氷の重さが下線部のときの，100÷200＝0.5(倍)なので，氷のときは1分間あたり，5÷0.5＝10(℃)ずつ温度が上昇し，0℃の氷と0℃の水が混じった状態が続く時間は0.5倍になり，水のときは1分間あたり，2.5÷0.5＝5(℃)ずつ温度が上昇する。よって，80℃に達するのにかかる時間は，10÷10＋(36−4)×0.5＋80÷5＝33(分)となる。

〔B〕　(1)　BTB液は，酸性で黄色，中性で緑色，アルカリ性で青色を示す。酢《す》は酸性，水酸化ナトリウム水溶液と重そう水はアルカリ性，砂糖水は中性の水溶液である。

(2)　実験1より，水溶液A，B，Cは酸性，水溶液D，E，Fは中性またはアルカリ性とわかる。また，実験2の1つ目の文より，水溶液A，B，Fは気体が溶けた炭酸水，アンモニア水，塩酸のいずれかであり，また，2つ目の文より，水溶液Aは炭酸水，出てきた気体は二酸化炭素，水溶液Eは石灰水と判断できる。さらに，実験1とあわせて考えると，酸性の水溶液Bは塩酸，アルカリ性の水溶液Fはアンモニア水と決まり，残った水溶液C，Dについて，酸性のCはミョウバン水，もう一方のDは中性の食塩水となる。

(3)　①　石灰石に含まれる炭酸カルシウムが，塩酸に溶けている塩化水素と反応すると，気体の二酸化炭素を発生し，塩化カルシウム水溶液ができる。　②　実験3の結果の表で，180÷4＝45(mL)，360÷8＝45(mL)，400÷16＝25(mL)より，出てきた気体(二酸化炭素)の体積は，水溶液B(塩酸)の重さが4g，8gのときには塩酸の重さに比例して増えているが，16gのときには比例して増えていない。これは，塩酸の重さが4g，8gのときには塩酸がすべて反応したが，塩酸の重さが16gのときには2gの石灰石がすべて反応し，塩酸が余ったからである。したがって，2gの石灰石と過不足なく反応する塩酸の重さは，$4\times\frac{400}{180}=8\frac{8}{9}$(g)とわかるので，塩酸の重さが12gのときには塩酸が余り，Xは400mLとなる。　③　400mLの二酸化炭素の重さは，$0.2\times\frac{400}{100}$＝0.8(g)なので，2gの石灰石に含まれていた炭酸カルシウムの重さは，$10\times\frac{0.8}{4.4}=\frac{20}{11}$(g)と求められる。よって，$\frac{20}{11}\div2\times100=90.9\cdots$より，実験3で用いた石灰石に含まれる炭酸カルシウムは91％である。

(4)　90÷3＝30(mL)，240÷(3＋5)＝30(mL)より，1gの水溶液Yから発生する二酸化炭素の体積は3％の水溶液Bの，$30\div45=\frac{2}{3}$(倍)とわかる。したがって，水溶液Yの濃《こ》さは，$3\times\frac{2}{3}=2$(％)と求められる。

4　ふりこの運動，光と音の伝わる速さについての問題

〔A〕　(1)　①　ふりこの長さが40cmのときの3回の平均の時間は，(12.9＋12.5＋12.4)÷3＝12.6(秒)なので，周期(1往復する時間)は，12.6÷10＝1.26(秒)となる。　②　(17.2＋17.4＋17.7)÷3＝17.43…より，ふりこの長さが76cmのときの3回の平均の時間は17.4秒なので，周期は，17.4÷10＝1.74(秒)と求められる。

(2)　ふれ始めたふりこは，速さがしだいに速くなって最下点で最も速くなり，その後はしだいにお

そくなり，最高点(ふれ始めと同じ高さ)で一瞬《いっしゅん》止まってから，ふれ始めの位置にもどって一瞬止まるという動きをくり返す。

⑶　ふりこの周期は，ふりこの長さだけに関係し，ふりこの長さが短いほど周期が短い。図２のふりこは，くぎの右側では元の長さより短いふりことしてふれるので，手を放して元の位置にもどるまでの時間が，くぎを打たないときに比べて短くなる。

⑷　表１で，長さが90cmのふりこの周期は，(19.1＋18.7＋18.9)÷３÷10＝1.89(秒)となる。そして，長さが10cmのふりこと40cm，90cmのふりこの長さと周期をそれぞれ比べると，長さが，40÷10＝４＝２×２(倍)のとき周期が，1.26÷0.63＝２(倍)，長さが，90÷10＝９＝３×３(倍)のとき周期が，1.89÷0.63＝３(倍)より，ふりこの長さが(□×□)倍になると，周期が□倍になると推測できる。また，グリフィス天文台のふりこの長さは，長さが10cmのふりこの，12×100÷10＝120(倍)である。よって，11×11＝121より，グリフィス天文台のふりこの周期はおよそ，0.63×11＝6.93(秒)と求められるので，ウが最も近い。

〔B〕⑴　経線に沿って地球を１周した長さは，経線の北極点から赤道までの長さの４倍にあたるので，地球１周の距離《きょり》は，１×1000万×４÷1000＝４万(km)と求められる。

⑵　10000尺が約3000mにあたるので，その１万分の１にあたる１尺は，3000÷10000＝0.3(m)，つまり，0.3×100＝30(cm)になる。

⑶　光が１秒間に伝わる距離は，地球，30万÷４万＝7.5(周)分の距離に等しい。

⑷　太陽から地球までの距離は1.5億km，つまり，1.5×10000＝15000万(km)なので，15000万÷30万＝500(秒)，500÷60＝８余り20より，太陽から出た光は８分20秒で地球に到達《とうたつ》する。

⑸　与えられた式より，気温が30℃のときの音の速さは秒速，332＋0.6×30＝350(m)と求められる。

⑹　95mは，95÷1000＝0.095(km)なので，この距離を秒速30万kmで進むと，0.095÷300000＝0.000000316…(秒)で伝わる。したがって，０でない数字が初めて現れるのは，小数第７位である。

⑺　95÷350＝0.271…より，「き」にあてはまる数字は0.27となる。

国　語　(60分)＜満点：100点＞

解　答

一　**問１**　ホ　　**問２**　B　ト　　C　ハ　　**問３**　(例)　上へ伸びる植物は踏まれて折れてしまうため，上に伸びなくてもよい雑草だけが太陽の光を独占できるから。　**問４**　(例)　人間は植物を「高さ」で評価しがちで，雑草はどんな状況でも上に伸びようとすると勝手に思い込んでいるから。　**問５**　(例)　人間も成績や偏差値などの「高さ」で評価されがちだが，成長を測る基準は様々であり，大切な価値は簡単には測れないところにもあるのだから，一つの尺度にしばられない様々な生き方があるのだということ。　二　Ⅰ　下記を参照のこと。　Ⅱ　⑯　歴(々)　⑰　往(々)　⑱　延(々)　⑲　千(々)　⑳　由(々)　三　**問１**　a　ハ　b　ロ　c　ホ　**問２**　⑴　(例)　十二月のマラソン大会のレベル。　⑵　(例)　新に代わる朔の伴走者。　**問３**　ニ　**問４**　(例)　幼い少女が，自らのためにしてくれた行動で目が見えなくなった相手に一生懸命点字でメッセージを書き，勇気を出して会いに来てくれたのに，自分はその点字がわからず，年長者なのに何も行動を起こそうとせず目が見えなくなった後，現実から逃げ続けていた自分に気づかされたから。　**問5**　(例)　伴走者とは相手のペースに合わせて走り，目が見えないランナーを安全に確実にゴールに導く存在であるはずなのに，自分のペースで走り，朔にケガをさせてしまったから。　**問6**　(例)　自分にとって伴走者とは，自分の実力を超えたレベルを体験させることで，目が見えない自分を知らない世界に導いてくれる存在であるので，新こそが自分の伴走者にふさわしいと考えている。

●漢字の書き取り

二　Ⅰ　①　体得　②　至難　③　再興　④　果断　⑤　器量　⑥　赤貧　⑦　均質　⑧　正統　⑨　応接　⑩　考証　⑪　食傷　⑫　共鳴　⑬　異　⑭　疑義　⑮　照覧

解　説

一　**出典は稲垣栄洋《いながきひでひろ》の『はずれ者が進化をつくる　生き物をめぐる個性の秘密』による。**どんなに踏《ふ》まれても種を残そうとする雑草の生き方にふれ，人間にも一つの尺度にしばられないさまざまな生き方があるはずだと述べている。

問1　次の段落の最後の部分に，「雑草は花を咲《さ》かせて，種を残すという大切なことを忘れはしません～これこそが，本当の雑草魂《だましい》なのです」とあるので，「種子を残していくこと」にふれているホがよい。

問2　空らんCには「他の植物」と比較《ひかく》したときの高さを示す言葉が入るので，ものごとの価値や評価がほかとの比較で決まるようすを表す「相対」が合う。すると，空らんBには「相対」と対《つい》になる「絶対」が入る。「絶対」は，ほかに比較するものがないようす。

問3　傍線《ぼうせん》部Dに続く四文で，「踏まれる場所の雑草」が「大丈夫《だいじょうぶ》」だといえる理由が説明されているので，「上へ伸《の》びる植物が踏まれて折れることで，小さな雑草だけが成長に必要な太陽の光を独占《どくせん》できるから」のようにまとめる。

問4　人間が雑草に抱《いだ》くイメージについては，二つ目の段落で「踏まれたら立ち上がらなければならないというのは，人間の勝手な思い込《こ》みなのです」，三つ目の段落で「人間は，植物の成長を『高さ』で測りたがります」と述べられている。人間が雑草に対して，人間自身に対する評価と同じようなイメージを勝手に抱きがちであるという点をふまえてまとめる。

問5　波線部の「そんなこと」は，直接には直前の二文の「そもそも，立ち上がらなければならないのでしょうか。そもそも，上に伸びなければならないのでしょうか」を指す。四つ目の段落で筆者は，人間は「植物を『高さ』で評価」するのと同じように，人間自身に対しても「成績や偏差《へんさ》値《ち》」などの「高さ」で評価しがちだと述べている。このような評価のしかたに対して，「大切なことは，高さで測れることは，成長を測るたった一つの尺度でしかないと知ること～本当に大切なことは，ものさしでは測ることのできないものなのです」と筆者が反論していることをふまえてまとめる。

二　**漢字の書き取り，熟語の知識**

Ⅰ　①　知識や技などを十分に自分のものにすること。　②　「至難の業《わざ》」は，この上なく難しいこと。　③　おとろえていたものを再び興《おこ》すこと。　④　思い切ってすること。　⑤　あることをするのにふさわしい能力や人としての徳。　⑥「赤貧洗《せきひんあら》うがごとし」は，ひどく貧乏《びんぼう》であること。　⑦ 性質や成分などにむらがないこと。　⑧ 正しい系統や血すじ。　⑨「応接間」は，来客に面会するための部屋。　⑩「時代考証」は，映画や演劇などで，服装や生活などがその時代のものとして適切かどうかを，当時の書物などで調べること。　⑪ 同じ食べ物や同じようなことのくり返しで，うんざりすること。　⑫ 他人の考えに同感すること。⑬「異を唱える」は，反対の意見を言うこと。　⑭「疑義をはさむ」は，疑問に思うこと。⑮ 神や仏がご覧になること。　Ⅱ ⑯「お歴々」は，地位の高い人々。　⑰「往々にして」は，よくあるようす。　⑱「延々」は，どこまでも続くようす。　⑲「千々《ちぢ》に」は，さまざまに。　⑳「由々《ゆゆ》しい」は，そのままにはしておけないほど重大なようす。

三 **出典はいとうみくの『朔《さく》と新《あき》』による。**視力を失ってブラインドマラソンを始めた兄の朔を転ばせてしまった新は，自分は伴走者《ばんそうしゃ》に向かないと考えるが，朔は新と知らない世界を見たいと言う。

問1　**a**「かぶり」は頭で，「かぶりを振《ふ》る」は，頭を左右に振って否定の気持ちを表す表現。**b** 動作や話し方などがなめらかでなく，ぎこちないようす。　**c**「目を細める」は，ほほえましいようすなどを見聞きしてうれしそうにすること。

問2　(1) 境野《さかの》はメールで朔と新に「十二月」の「大会」への参加を勧《すす》め，「君たちなら問題なく十キロで参加できるはずです」と言っている。よって，朔はそのマラソン大会のレベルが自分に「ちょうどいい」と言っていることになる。　(2) 新は数時間前に，自分に代わる伴走者を朔のために見つけてほしいと境野に頼《たの》んでいた。そのため，境野からのメールには新しい伴走者が見つかったと書かれているものと思い，朔がその伴走者は自分に「ちょうどいい」と言ったのだと誤解したものと考えられる。

問3　イ，ホ　後のほうに「オレには，伴走者としての朔の隣《となり》で走る覚悟《かくご》も自信も，資格もない」とあるので，「伴走者としての自信を取り戻《もど》した」や「レースに，久しぶりに参加できるという実感が湧《わ》いてきた」は合わない。　ロ，ハ　続く部分に「おかしいとか嬉《うれ》しいというのではない。もちろんバカにしているわけでも呆《あき》れているわけでもない」とあるので，「滑稽《こっけい》」や「喜ばしい」はふさわしくない。　ニ　前後の「でもどうせやるなら入賞を目指したい」や「やっぱり朔は朔だ」などと合う。

問4　朔が「恥《は》ずかしかった」のは，小さな「めぐちゃん」が勇気を出して自分に会いに来てくれたことで，事故で視力を失った後の自分が現実から「逃《に》げ」ていたことに気づかされたからである。また，「めぐちゃん」がくれた絵に書かれた「点字」は，朔が「自分でなにかしようって思った」きっかけとなっている。これらの内容をまとめる。

問5　「伴走者」のあるべき姿について新が考えている内容が，波線部aに続く部分に描《えが》かれている。「ランナーのペースに合わせるのが伴走者の仕事」，「ランナーの目になり，的確な指示を出して安全に確実にゴールまで導いていく。伴走者が走るのはランナーのためだ。自分のためじゃない」とあり，このような基本を守れなかったために朔に「ケガさせた」のだから，「自分は伴走者に向いていない」と新は考えている。

問6　視力を失った現実から逃げていた朔は，めぐちゃんとの出会いをきっかけに前進しなければならないと気づかされ，できなかったことをできるようになったり，知らない世界を知ったりしてたくさんのものを見ようと思うようになった。最後で朔が「新はオレにいろんなものを見せてくれる」と言っているとおり，朔にとって新は，自分の実力以上のレベルを体験させることで，目の見えない自分を知らない世界に導いてくれる存在なので，新こそが自分の伴走者にふさわしいと朔は考えている。

Dr.福井の
入試に勝つ！ 脳とからだのウルトラ科学

復習のタイミングに秘密あり！

算数の公式や漢字，歴史の年号や星座の名前……。勉強は覚えることだらけだが，脳は一発ですべてを記憶することができないので，一度がんばって覚えても，しばらく放っておくとすっかり忘れてしまう。したがって，覚えたことをしっかり頭の中に焼きつけるには，ときどき復習をしなければならない。

ここで問題なのは，復習をするタイミング。これは早すぎても遅すぎてもダメだ。たとえば，ほとんど忘れてしまってから復習しても，最初に勉強したときと同じくらい時間がかかってしまう。これはとっても時間のムダだ。かといって，よく覚えている時期に復習しても何の意味もない。

そもそも復習とは，忘れそうになっていることを見直し，記憶の定着をはかる作業であるから，忘れかかったころに復習するのがベストだ。そうすれば，復習にかかる時間が一番少なくてすむし，記憶の続く時間も最長になる。

では，どのタイミングがよいか？　さまざまな研究・発表を総合して考えると，1回目の復習は最初に覚えてから1週間後，2回目の復習は1か月後，3回目の復習は3か月後――これが医学的に正しい復習時期だ。復習をくり返すたびに知識が海馬《かいば》（脳の，知識をためる倉庫みたいな部分）にだんだん強くくっついていくので，復習する間かくものびていく。

この計画どおりに勉強するには，テキストに初めて勉強した日付と，その1週間後・1か月後・3か月後の日付を書いておくとよい。あるいは，復習用のスケジュール帳をつくってもよいだろう。もちろん，計画を立てたら，それをきちんと実行することが大切だ。

ちなみに，記憶量と時間の関係を初めて発表したのがドイツのエビングハウスという学者で，「エビングハウスの忘却《ぼうきゃく》曲線」として知られている。

えーと
1週間後
あ，そうだった！
1ヵ月後
あ，思い出した！
3ヵ月後
もう，覚えてるよ

Dr.福井（福井《ふくい》一成《かずしげ》）…医学博士。開成中・高から東大・文Ⅱに入学後，再受験して翌年東大・理Ⅲに合格。同大医学部卒。さまざまな勉強法や脳科学に関する著書多数。

Memo

2020年度　ラ・サール中学校

〔電　話〕（0992）68－3121
〔所在地〕〒891-0114　鹿児島市小松原2－10－1
〔交　通〕「鹿児島中央駅」より市電・「谷山駅」下車徒歩3分

【算　数】（60分）〈満点：100点〉

1　次の□にあてはまる数をそれぞれ求めなさい。（12点）

(1)　57×15.2－114×2.6＋4×3.25＝□

(2)　$\frac{1}{8}\times\left(2\frac{7}{9}+\frac{9}{11}-\frac{25}{81}\right)-\frac{9}{88}=$□

(3)　19.9－1.4×（2.7＋□）＝10.8

2　次の各問に答えなさい。（28点）

(1)　ある整数を27でわると，商と余りが等しくなりました。このような整数のうち，3けたで最小のものと最大のものを求めなさい。

(2)　A君とB君の所持金の比は5：3でしたが，A君には2400円の収入が，B君には720円の支出があったので，所持金の比は7：3となりました。はじめのA君の所持金を求めなさい。

(3)　下の図1のような，面積が6 cm^2 の正六角形があって，AB＝BC＝CDです。斜線部分の面積を求めなさい。ただし，A，B，C，Dは一直線上です。

図1

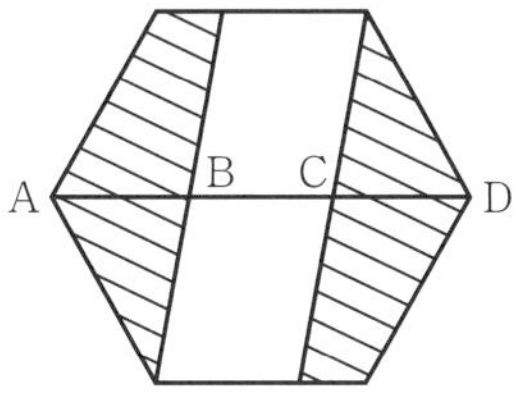

図2

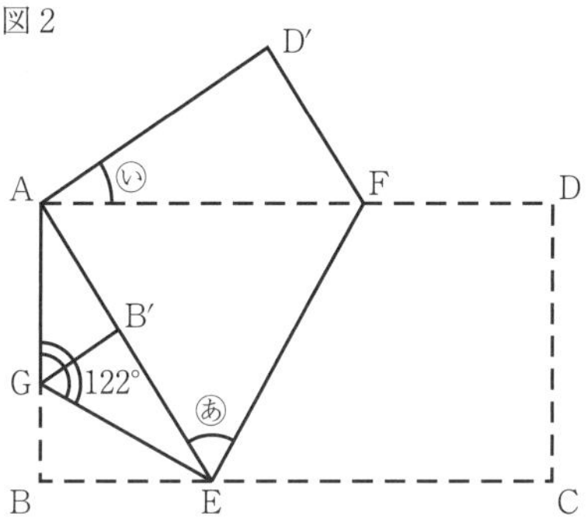

(4)　上の図2は，長方形ABCDの点Cが点Aに重なるようにEFで折り，さらに点Bが直線AE上にくるようにGEで折ったものです。AG，GEのあいだの角が122°のとき，図の角㋐と角㋑はそれぞれ何度ですか。

3　右の図のように，直方体を3つの頂点B，E，Fを通る平面で切ってできる立体について，次の問に答えなさい。（12点）

(1)　この立体の体積は何 cm^3 ですか。ただし，角すいの体積は（底面積）×（高さ）÷3です。

(2)　辺BCのまん中の点Mを通り，面ABEに平行な平面でこの立体を2つに切り分けたとき，それぞれの体積を求めなさい。

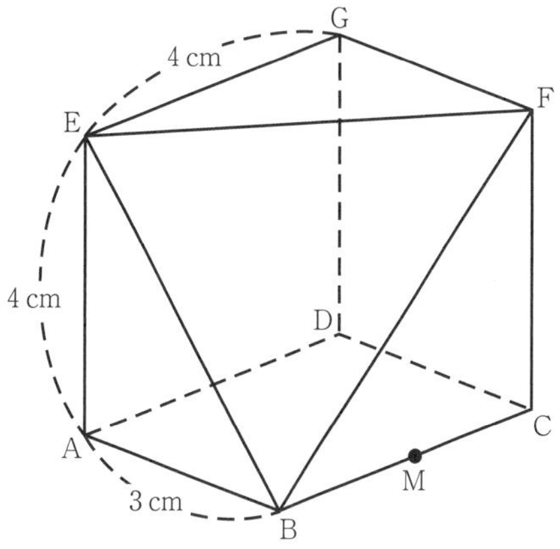

4　2020と整数Aの積について，次の問に答えなさい。（16点）

⑴　Aが６けたの数333333のとき，

㋐　何けたになりますか。

㋑　各位の数のうち，数字３は何回あらわれますか。

⑵　Aが100けたの数333…333のとき，

㋐　何けたになりますか。

㋑　各位の数の和はいくつですか。

5　右の図のような一周48cmの円があって，ABは直径です。２点P，Qが同時に点Aをスタートして，この円周上を次のように動いています。

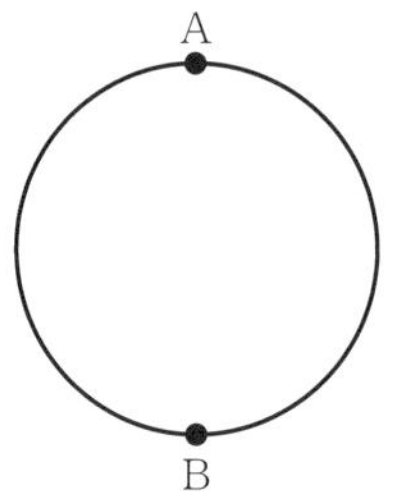

点P：毎秒３cmで時計まわりにまわりつづける。

点Q：毎秒８cmで時計まわりにBまで進むとすぐ反時計まわりにAまで戻る。そのあと同じ動きでAB間を往復しつづける。

このとき，次の問に答えなさい。（16点）

⑴　スタートしたあと，はじめて２点P，Qが点Aで重なるのは何秒後ですか。

⑵　スタートしたあと，はじめて２点P，Qが点Aで重なるまでのあいだに途中何回P，Qは重なりますか。

⑶　２点P，Qが重なったときから次に重なるまでの最短の時間は何秒ですか。

6　右の図の三角形ABCで，AB＝６cm，BC＝４cmです。辺BC上の点で，BP＝１cmとなる点Pを中心として，三角形ABCを回転させると，AはDに，BはEに，CはFにうつって，Fは辺AC上，BはDE上となりました。辺ABとDFの交点をQとして，次の問に答えなさい。（16点）

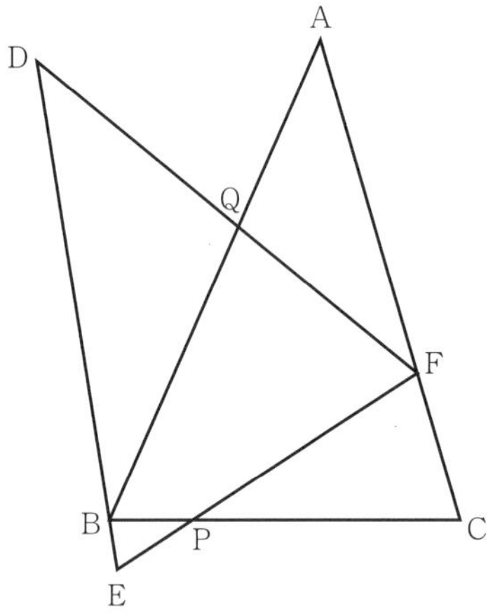

⑴　AFは何cmですか。

⑵　AQは何cmですか。

⑶　三角形ABCと四角形BEFQの面積比を最も簡単な整数の比で表しなさい。

【社　会】（40分）〈満点：50点〉

1　2019年に世界や日本で起きたできごとについて，以下の問いに答えなさい。

◆1月，ブラジルのミナスジェライス州で，鉱山のダムが決壊《かい》し，250人以上の人が亡くなりました。この州では以前にもダムの決壊事故が起きており，さらにこうした事故が起こるのではないかという不安が高まりました。

問1　ブラジルで使用される主要な言語を，次の**ア**～**エ**から1つ選び，記号で答えなさい。

ア　フランス語　　**イ**　オランダ語　　**ウ**　スペイン語　　**エ**　ポルトガル語

◆3月，ニュージーランドで，イスラム教の礼拝所で銃《じゅう》が乱射され，51人が亡くなるという事件が起きました。犯人は，イスラム教徒に強い憎《にく》しみをもっていました。宗教的な差別が少ないといわれているニュージーランドでこのような事件が起こったことに，大きな悲しみと怒《いか》りが広がりました。

問2　イスラム教では，(1)礼拝所のことを何といいますか。また(2)イスラム教の聖典を何といいますか。

◆4月，政府は2024年に紙幣《へい》のデザインを一新すると発表しました。紙幣に使われる肖《しょう》像は，一万円札は渋沢栄一《しぶさわえいいち》，五千円札は津田梅子《つだうめこ》，千円札は北里柴三郎《きたざとしばさぶろう》になるということです。

問3　北里のもとで勉強した野口英世《ひでよ》は，アフリカに渡《わた》り研究を行いました。しかし，研究していた病気に感染し亡くなりました。その病気の名前を，次の**ア**～**エ**から1つ選び，記号で答えなさい。

ア　破傷風　　**イ**　結核《かく》　　**ウ**　黄熱病　　**エ**　赤痢《り》

◆5月，平成の天皇が退位し，新たな天皇が即《そく》位しました。これにあわせて元号が「令和」となりました。「令和」は『万葉集』から引用されています。

問4　『万葉集』は奈良時代に成立しました。奈良時代の都である平城京は，ある都市をモデルにして造られました。その都市の名前を漢字で答えなさい。

◆6月，香港《ホンコン》で大規模なデモが発生しました。きっかけは香港政府が容疑者の引き渡しに関する条例を改正しようとしたことですが，香港政府や中国政府に不満をもつ人々は，警察と衝突《しょうとつ》をくり返し，混乱は収まろうとしませんでした。

問5　香港は，1997年にイギリスから中国に返還《かん》されました。その時中国政府は，「中国の一部となっても，香港には今から50年間，高度な自治を認める」と約束しました。この約束した内容を何といいますか。漢字5字で答えなさい。

◆8月，インド政府は，北部にあるジャンム・カシミール州の自治権をなくすことを決めました。そのため住民から強い反発が起き，治安が悪化するのではないかという不安が高まりました。

問6　このあたりはカシミール地方といいます。カシミール地方は，インドとその隣《りん》国が領有を争っているところです。この隣国とはどこですか。次の**ア**～**エ**から1つ選び，記号で答えなさい。

ア　アフガニスタン　　**イ**　パキスタン　　**ウ**　スリランカ　　**エ**　バングラデシュ

◆10月，ノーベル化学賞に，吉野彰《よしのあきら》さんとアメリカの研究者2人が選ばれました。リチウムイオン電池の開発に貢献《こうけん》したことが，受賞の理由です。

問7　ノーベル賞は，ノーベルが亡くなる前に「人類のために最大の貢献をした人に，自分が遺《のこ》した財産から賞金を与えるように」と遺《ゆい》言したことから始まりました。ノーベルは何を発明することによって，財産を築きましたか。発明したものを答えなさい。

◆11月，アメリカ合衆国は，地球温暖化対策の国際的枠《わく》組み「パリ協定」から離脱《りだつ》すると発表しました。地球の温暖化で森林の面積が縮小したり，食糧《りょう》不足が深刻化するなど，自然や人間への悪影響が心配されているなか，アメリカ合衆国の発表は国際社会に大きな失望を与えました。

問8　地球温暖化対策について，1997年に国際社会の「行動の枠組み」が採択《たく》された都市はどこですか。

◆12月，イギリスで総選挙が行われ，EUからの離脱を訴えるジョンソン首相の保守党が勝利しました。しかしイギリスの国内は依《い》然として，離脱と残留の意見に分かれています。

問9　イギリスの人たちがEUから離脱したい，あるいはEUに残留したいと考える理由を述べた文として，内容が適切でないものを，次の**ア**～**エ**から１つ選び，記号で答えなさい。

ア　EUに残留すると，EUの命令をきかなければならず，イギリス独自の政策がやりにくいので，離脱すべきだ。

イ　EUに残留すると，移民がたくさん入ってきて，この人たちがイギリス人の仕事をとってしまうから，離脱すべきだ。

ウ　EUを離脱すると，EUの国々との自由な貿易がやりにくくなるので，残留すべきだ。

エ　EUを離脱すると，現在の通貨ユーロとは異なる通貨を導入しないといけなくなって不便だから，残留すべきだ。

2　Ｌ小学校では，グループに分かれて社会科見学を行いました。今日はその報告会です。報告会の内容を読んで，以下の問いに答えなさい。

◆メイさん「わたしたちのグループは市役所へ行きました。市役所では，地域の住民の声を受けて，住民のためにさまざまな仕事を行っていることがわかりました。また，a障がいや年令，性別，国籍《せき》などに関係なく，だれもが安心して幸せに生活できることが大切だと感じました。」

問１　市役所に関する説明として誤っているものを，次の**ア**～**エ**から１つ選び，記号で答えなさい。

ア　市役所では，戸籍や住民票などに関する手続きを行うことができる。

イ　市役所では，ハザードマップを作るなどの防災活動を行っている。

ウ　市で子育て支援《えん》を行うときは，市役所が計画を立て，市議会が議決する。

エ　市で公共事業を行うときは，市役所を通さずに，事業者同士の話し合いで工事を行う事業者を決める。

問２　下線部ａに関連して，現在の日本では多目的トイレや幅《はば》の広い改札の設置などが進んでいます。このようなすべての人にとって使いやすい形や機能を考えたデザインのことを（　　）デザインといいます。（　）にあてはまる語をカタカナで答えなさい。

◆ハルトくん「ぼくたちのグループは市議会へ行きました。市議会では，市の仕事を進めていくために必要なことを話し合っていることがわかりました。」

問３　市議会に関する説明として正しいものを，次の**ア**～**エ**から１つ選び，記号で答えなさい。

ア　市議会議員の選挙に立候補できる年令は，30歳《さい》以上である。

イ　市議会では，政令を制定，改正，廃《はい》止することができる。

ウ　市の仕事が正しく運営されているかを確認することは，市議会の役割の一つである。

エ　国がすべての市町村の予算を決めるため，市議会で予算を決めることはない。

◆ヒマリさん「わたしたちのグループは税務署へ行きました。税金が，わたしたちのくらしのさまざまなところに使われていることがわかりました。」

問４　税金に関する説明として正しいものを，次の**ア**～**カ**から２つ選び，記号で答えなさい。

ア　憲法は，納税の義務について規定している。

イ　税金の種類の一つに消費税がある。2019年10月から，食料品のみ税率が８％から10％へ引き上げられた。

ウ　税金の種類の一つに所得税がある。これは，年間200万円以上の所得がある人だけが支払《はら》う税金のことである。

エ　小・中学校は義務教育であるため，教科書や給食，修学旅行などにかかるお金はすべて税金でまかなわれている。

オ　警察や消防の仕事にかかる費用には，税金が使われている。

カ　国の税収をみてみると，消費税による税収がいちばん多く，次いで所得税，法人税となっている。

◆ソウタくん「ぼくたちのグループは b地方裁判所へ行きました。裁判所では，争いごとや犯罪に巻きこまれたときに c法律にもとづいて問題を解決し， d国民の権利を守る仕事をしていることがわかりました。」

問５　下線部ｂに関連して，地方裁判所は全国に（ ① ）か所あります。また，2009年からは国民が裁判に参加する（ ② ）制度が始まりました。(①)・(②)にあてはまる語の組み合わせとして正しいものを，次の**ア**～**エ**から１つ選び，記号で答えなさい。

ア　①　50　②　裁判員　　**イ**　①　50　②　陪審《ばいしん》員

ウ　①　438　②　裁判員　　**エ**　①　438　②　陪審員

問６　下線部ｃ「法律」の一つに，国民の祝日に関する法律があります。これに関連して，2020年において，祝日がある月として正しいものを，次の**ア**～**エ**から１つ選び，記号で答えなさい。

ア　６月　　**イ**　８月　　**ウ**　10月　　**エ**　12月

問７　下線部ｄ「国民の権利」の一つとして，（ ① ）で（ ② ）的な生活を営む権利である（ ③ ）権が，憲法25条によって認められています。(①)～(③)にあてはまる語の組み合わせとして正しいものを，次の**ア**～**エ**から１つ選び，記号で答えなさい。

ア　①　健康　②　文化　③　勤労

イ　①　健康　②　文化　③　生存

ウ　①　勤勉　②　能動　③　勤労

エ　①　勤勉　②　能動　③　生存

◆ハナさん「わたしたちのグループは日本語学校へ行きました。 e外国から日本に来た人たちが，日本語の読み書きを勉強していました。いろんな国の人がいて， f日本とつながりのある国が多いことがわかりました。」

問８　下線部ｅに関連して，次の表は，いくつかの国・地域について，2019年の訪日外国人旅行者を月ごとに示したものであり，**A**～**E**は，アメリカ合衆国，韓《かん》国，台湾《わん》，中国，香港《ホンコン》のいずれかです。**A**と**B**にあてはまる国・地域名を，下の**ア**～**オ**から１つずつ選び，記号で答えなさい。

(単位：千人)

国・地域	1月	2月	3月	4月	5月	6月	7月	8月	9月	10月	*11月	*12月
A	754	724	691	726	756	881	1,050	1,001	819	731	751	710
B	779	716	586	567	603	612	562	309	201	197	205	248
C	387	400	402	403	427	461	459	420	376	414	392	348
D	154	179	171	195	189	209	217	190	156	181	200	250
E	103	93	177	170	157	175	157	118	127	153	149	145

＊推計値。台湾・香港は中国に含《ふく》めない。　　日本政府観光局(JNTO)の資料による。

ア　アメリカ合衆国　　**イ**　韓国　　**ウ**　台湾　　**エ**　中国　　**オ**　香港

問９　下線部ｆに関する説明として正しいものを，次の**ア**～**エ**から１つ選び，記号で答えなさい。

ア　日本は，サウジアラビアから多くの石炭を輸入している。

イ　日本は，アメリカ合衆国へ機械製品や航空機，農産物を中心に輸出している。

ウ　ブラジルには，明治時代以降，たくさんの日本人が仕事を求めて移り住んだ。

エ　韓国は日本に近い国の一つである。日本と韓国の間では，北方領土をめぐる対立がある。

3　昨年2019年は，新しい天皇が即《そく》位するなどいろいろなできごとがありました。次の**A**～**N**は，2019年から50年ずつさかのぼった年に起こったできごとなどを選び，年代の新しい順に並べたものです。これに関して，下の問いに答えなさい。

A　1969年，佐藤栄作首相とニクソン大統領の会談で，1972年に①沖縄を返還《かん》することが約束されました。

B　1919年，第１次世界大戦を終わらせるための講和会議がパリで行われました。この時設立されることが決まった(　　)に日本は常任理事国として加盟することになりました。

C　1869年，首都が東京に移されました。

D　1719年，将軍徳川吉宗《よしむね》は，生活に苦しむ旗本や御《ご》家人の借金に関する訴《うった》えを取り上げないことにしました。

E　1669年，②蝦夷地《えぞち》でアイヌの人々がシャクシャインを指導者として蜂《ほう》起しました。

F　1569年，宣教師のフロイスが京都で織田信長と面会しました。

G　③1469年，京都の清水《きよみず》寺や建仁《けんにん》寺が焼失しました。

H　1369年，明《みん》の皇帝《てい》が，日本に使いを送ってきて，海賊《ぞく》(倭寇《わこう》)の取り締《し》まりを求めてきました。

I　1219年，鎌倉幕府の３代将軍源実朝《さねとも》が，甥《おい》の公暁《くぎょう》によって，鶴岡八幡《つるがおかはちまん》宮で暗殺されました。

J　1119年，奥《おう》州藤原氏の藤原清衡《きよひら》が，紺《こん》色の紙に金色と銀色の文字で写された経典を④中尊寺に納めました。

K　919年，律令制度がうまくいっていないことを天皇に伝えた三善清行《みよしきよゆき》という学者が亡くなりました。

L　819年，最澄《さいちょう》が，比叡《ひえい》山に戒壇《かいだん》(僧《そう》に戒律を授けるための施《し》設)をつくる許可を朝廷《てい》に求めました。

M　719年，皇太子(後の聖武天皇)が，初めて朝廷の政治に参加しました。

N　619年，推古天皇，聖徳太子と蘇《そ》我馬子が協力して政治を行っていました。

問１　下線部①に関連する文として誤っているものを次の**ア**～**エ**から１つ選び，記号で答えなさい。

ア　琉《りゅう》球では，15世紀前半に尚《しょう》氏が，首里を都とし，沖縄島を統一しました。

イ　江戸時代，琉球王国は，薩摩藩《さつまはん》の支配下にあり，中国との貿易の利益の多くを薩摩藩が取り上げました。

ウ　明治時代に入ると，政府は，軍隊を派遣《けん》して琉球王国を攻《せ》め滅《ほろ》ぼして，琉球藩を置きました。

エ　沖縄戦では，日米の兵士だけでなく，多くの沖縄県民も命を失いました。

問２　**A**と**B**の間のできごとに関する次の**ア**～**エ**の文を，年代の古い方から順に並べかえなさい。

ア　アメリカ合衆国は，日本に対する石油の輸出を禁止しました。

イ　差別に苦しんできた人々は，全国水平社をつくり，差別をなくす運動に立ち上がりました。

ウ　斎藤隆夫《さいとうたかお》は，衆議院本会議で，軍人による大臣殺害事件を取り上げ，軍人の横暴をいましめる演説を行いました。

エ　20歳《さい》以上の男女による衆議院議員の選挙が始まりました。

問３　**B**の(　)にあてはまる語を漢字で答えなさい。

問４　次の**ア**～**エ**から，内容的に正しくて，なおかつ**C**と**D**の間に入れるのにふさわしいものを１つ選び，記号で答えなさい。

ア　葛飾北斎《かつしかほくさい》が，各地の風景を「東海道五十三次」「富嶽《ふがく》三十六景」などの浮世絵《うきよえ》に描《えが》いて人気を得ました。

イ　松尾芭蕉《ばしょう》は，自然をたくみによみこんだ味わい深い俳句を，数多くつくりました。

ウ　本居宣長は，キリスト教や儒《じゅ》学が伝わる前の日本人の考え方を明らかにしようとして『古事記伝』を著しました。

エ　伊能《いのう》忠敬は，幕府の命令を受けて，西洋の天文学や測量術をもとに全国を歩き，正確な日本地図をつくりました。

問５　下線部②に関連する文として誤っているものを次の**ア**～**エ**から１つ選び，記号で答えなさい。

ア　松前藩は，蝦夷地を支配し，幕府からアイヌの人々と交易する権利を認められていました。

イ　この蜂起は，米が不作なのに，年貢《ぐ》の取り立てがきびしかったことによって起こりました。

ウ　蝦夷地の函館《はこだて》は，日米和親条約によって開港され，日米修好通商条約によって貿易港とされました。

エ　2019年，アイヌ民族を先住民族として位置付けた法律が成立しました。

問６　次の**ア**～**エ**から，内容的に正しくて，なおかつ**E**と**F**の間に入れるのにふさわしいものを１つ選び，記号で答えなさい。

ア　織田信長は，桶狭間《おけはざま》の戦いで，駿河《するが》(静岡県)の大名である今川義元を破りました。

イ　豊臣秀吉は，明を征《せい》服しようとして，２度にわたり朝鮮《せん》に大軍を送りましたが，暴風雨によって引きあげました。

ウ　徳川家康は，関ヶ原の戦いで，石田三成ら関東地方の豊臣方の大名と戦い，勝利しました。

エ　キリスト教の信者が中心となり，重い年貢に反対する人々も加わって，島原の乱を起こしました。

問７　下線部③に関して，清水寺や建仁寺が焼失した理由を簡単に答えなさい。

問８　次の**ア**～**エ**から，内容的に正しくて，なおかつ**H**と**I**の間に入れるのにふさわしいものを１つ選び，記号で答えなさい。

ア　鉄砲《てっぽう》が，ポルトガル人によって伝えられ，堺《さかい》や国友で大量に生産されるようになりました。

イ　雪舟《せっしゅう》は，中国へ渡《わた》って修業し，中国の形式をきちんとまもった水墨《ぼく》画を広めていきました。

ウ　足利義満は，京都の北山に金閣を建て，１層目は書院造りとし，２層目・３層目には金箔《ぱく》をはりました。

エ　承久の乱に勝利した幕府は，執《しっ》権北条氏のもとで，御成敗式目などを定め，支配力を強めました。

問９　下線部④に関して，1124年に完成した中尊寺金色堂には，南西諸島(多くは奄美《あまみ》群島以南)で多くとれる貴重なヤコウガイ(夜光貝)が大量に装飾《しょく》に用いられました。これからどのようなことがわかりますか。「奥州藤原氏は,」に続けて，「遠方」と「財力」という言葉を使って説明しなさい。

問10　**M**と**N**の間に入るできごとに関する次の**ア**～**エ**を，年代の古い方から順に並べかえなさい。

ア　はじめて遣唐《とう》使が派遣されました。

イ　藤原京という都がつくられました。

ウ　『古事記』が完成しました。

エ　蘇我氏がたおされ，天皇を中心とする国づくりが始まりました。

問11　次の**ア**～**エ**の焼き物・うつわのうち，**N**より古い時期のものをすべて選び，古い順に並べかえなさい。

ア

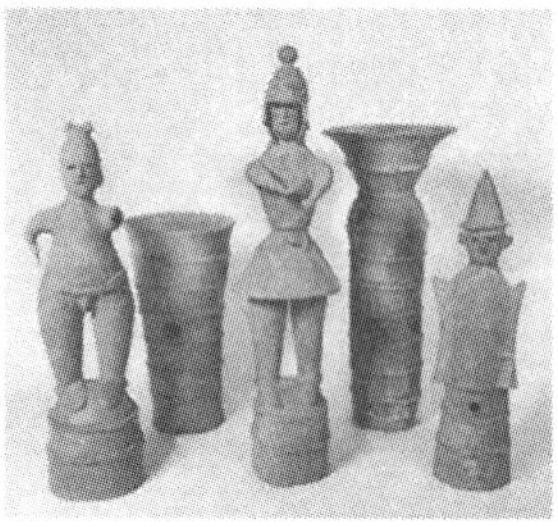

イ

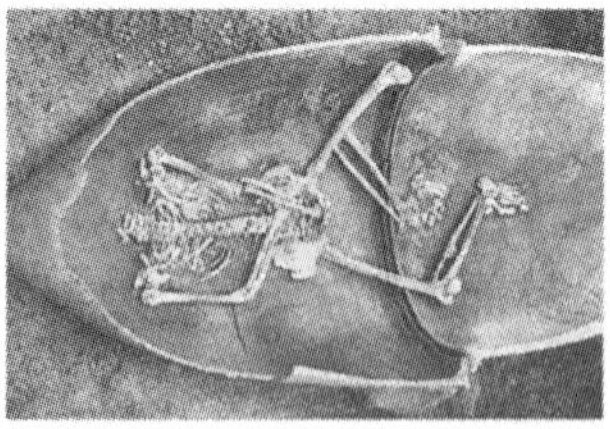

ウ

エ

問12　次の**ア**～**ウ**から内容的に正しいものを１つ選び，それを上の**A**～**N**のどこに入れるのが適当か，「○と○の間」というかたちで答えなさい。(**ア**～**ウ**の記号を答える必要はありません。)

ア　ノルマントン号事件で，国民の不満が高まったため，政府は条約を改正しました。

イ　平清盛は，保元の乱で，後白河天皇の勢力をやぶりました。

ウ　東大寺の大仏が完成し，その式典で用いられた品々は正倉院に納められました。

4 日本の地理に関する次の問いに答えなさい。

問1　日本は多くの島で構成されている国です。次の地図は，日本の島のうちから４つを選び，島の形や標高を示したものです。それぞれの地図の横には，地図中に○で示した地点の雨温図も示しています。下の文**ア**～**エ**は，①～④のいずれかの島について述べたものです。

①

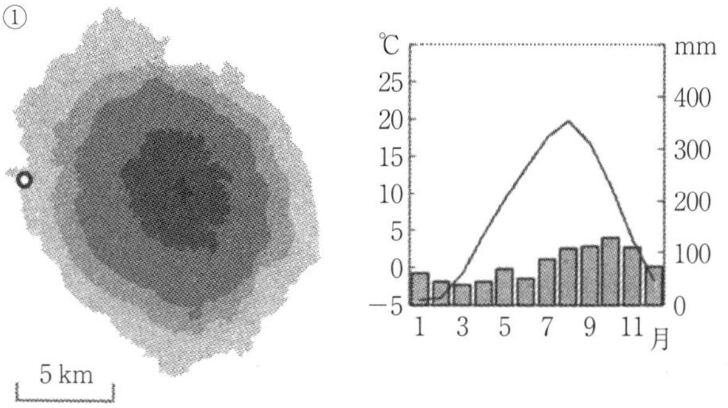

②

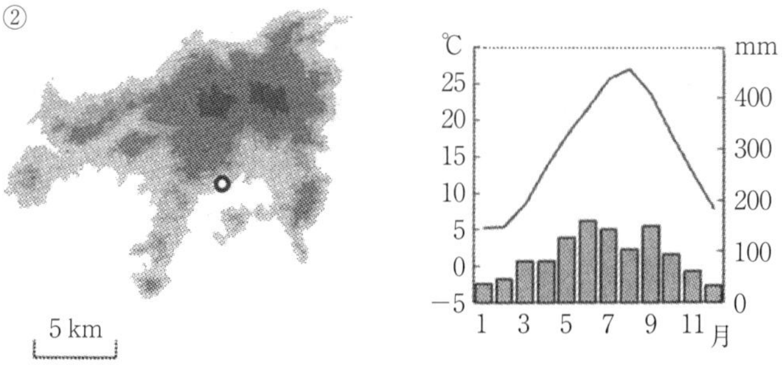

③

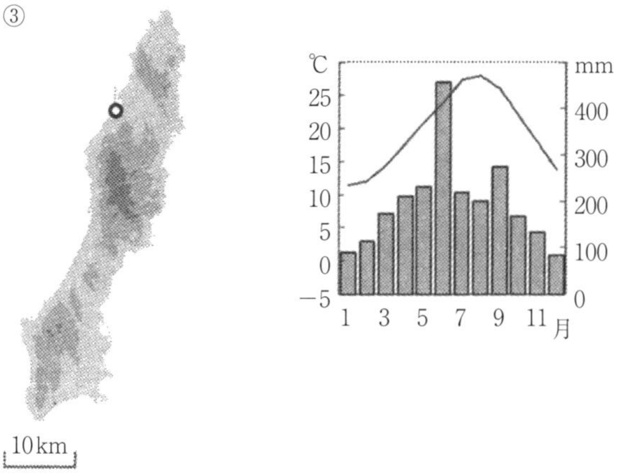

④

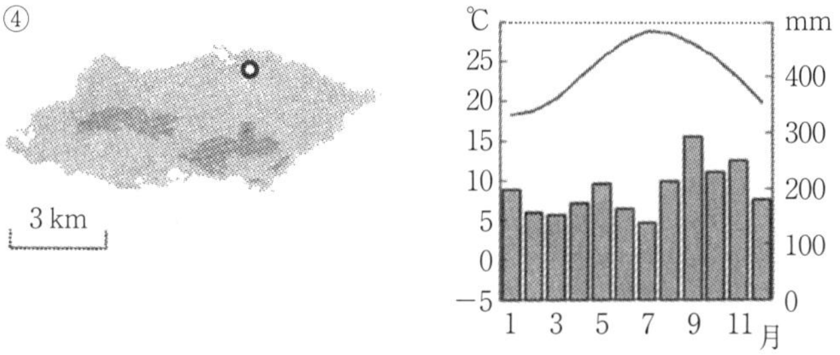

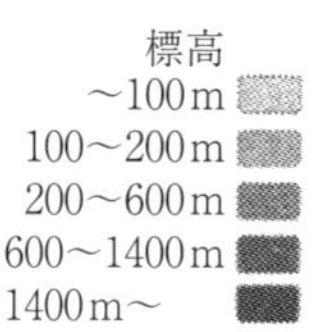

地理院地図(国土地理院)を加工。

ア　日本の国土の端《はし》にあたります。小型の馬の放牧が行われてきました。

イ　島の中央部にある火山は形が富士山に似ています。水産業が盛んで，昆《こん》布やウニの生産で知られています。

ウ　瀬《せ》戸内海で２番目に大きい島です。しょうゆやそうめんの生産が盛んです。

エ　宇宙センターが置かれ，ロケット打ち上げの基地になっています。サツマイモやサトウキビの栽培《さいばい》が盛んです。

(1)　①と④にあてはまる文を**ア**～**エ**から１つずつ選び，記号で答えなさい。

(2)　②が属する都道府県名を答えなさい。

(3)　③の島名を漢字で答えなさい。

(4)　下の図中の**A**～**D**は，①～④の島のいずれかについて，各都道府県面積にしめる島の面積の割合と，都道府県庁と島との直線距離《きょり》を示したものです。①と②にあてはまるものを**A**～**D**から１つずつ選び，記号で答えなさい。

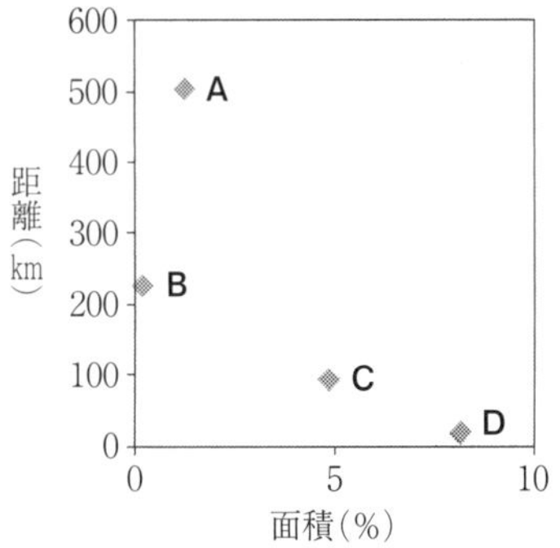

問２　日本には47の都道府県があります。次の⑤～⑦は，２つの県庁所在都市(○と▲)の組み合わせを３つ作ったものです。

⑤　○　新潟市，▲　水戸市

⑥　○　福井市，▲　甲府市

⑦　○　福岡市，▲　宮崎市

(1)　○と▲の市の人口(2019年)を比べたとき，最も差が大きいものはどれですか。⑤～⑦から１つ選び，番号で答えなさい。

(2)　次の図は，⑤～⑦のいずれかについて，２市間の直線上の標高の変化を示した地形断面図です。いずれも２市間の直線距離はほぼ同じで，図中の○と▲は，⑤～⑦の○と▲に対応しています。⑤と⑥にあてはまる地形断面図を**カ**～**ク**から１つずつ選び，記号で答えなさい。

カ

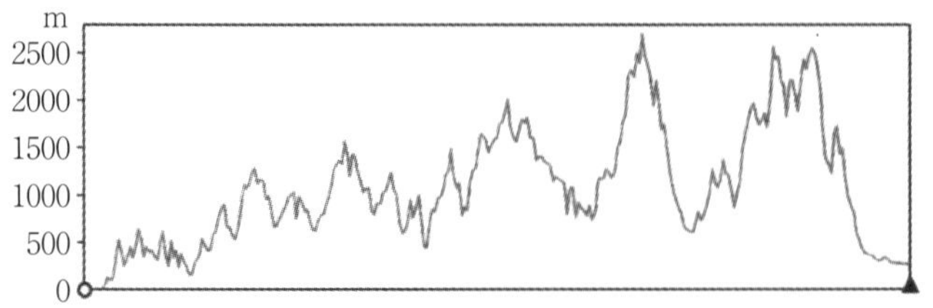

キ

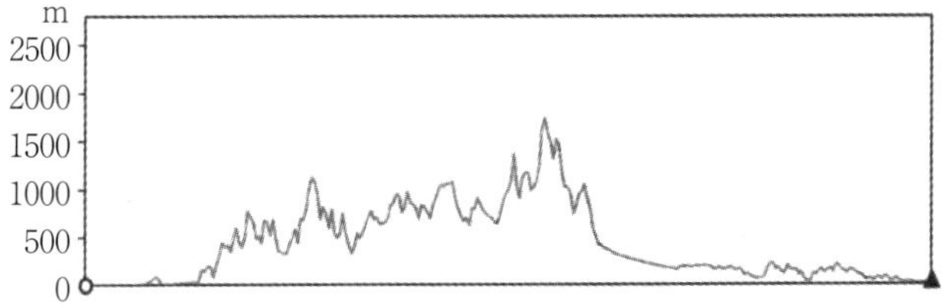

ク

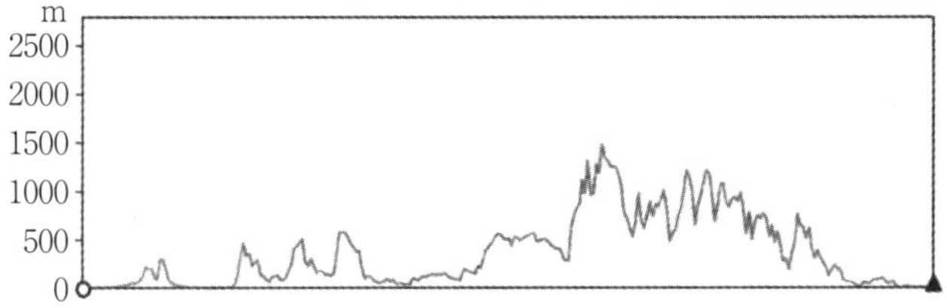

(3)　下の表は，⑤～⑦の○と▲が属する県の農業に関するものであり，各県の農業産出額にしめる米，果実，野菜，畜《ちく》産の割合を示しています。表中の**サ～ス**は⑤～⑦のいずれか，また**E～G**は果実，野菜，畜産のいずれかです。⑤にあてはまるものを**サ～ス**から１つ選び，記号で答えなさい。また，果実にあてはまるものを**E～G**から１つ選び，記号で答えなさい。

（単位：%）

		米	E	F	G
サ	○	64.3	18.2	9.9	1.9
	▲	6.7	13.6	8.6	63.3
シ	○	57.0	14.1	20.8	3.2
	▲	17.5	41.7	26.9	2.7
ス	○	19.4	36.2	17.9	10.9
	▲	5.1	19.8	64.1	3.7

統計年次は2017年。
生産農業所得統計(農林水産省)による。

(4)　次の表は，⑤～⑦の○と▲が属する県の製造業に関するものであり，各県の製造業出荷額等にしめる繊維《せんい》工業，化学工業，*電子部品・デバイス・電子回路製造業，輸送用機械器具製造業の割合を示しています。表中の**タ～ツ**は⑤～⑦のいずれかです。⑤と⑥にあてはまるものを**タ～ツ**から１つずつ選び，記号で答えなさい。

＊電子部品・デバイス・電子回路…電気機器や情報通信機器の部品

（単位：%）

		繊維工業	化学工業	電子部品・デバイス・電子回路製造業	輸送用機械器具製造業
タ	○	11.4	11.1	16.0	8.4
	▲	1.4	1.4	8.5	4.0
チ	○	1.6	12.8	7.6	5.0
	▲	0.5	13.1	2.3	7.5
ツ	○	0.5	4.6	2.0	34.7
	▲	5.1	9.9	10.9	3.1

従業員４人以上の事業所に関する統計。
統計年次は2017年。　　工業統計表(経済産業省)による。

問3　次の図は，日本のある地方都市(人口約5万2千人)の中心付近における施《し》設の場所を示したもので，**ナ**～**ヌ**は，コンビニエンスストア，小学校，仏教寺院のいずれかです。(1)コンビニエンスストアと(2)小学校にあてはまるものを**ナ**～**ヌ**から1つずつ選び，記号で答えなさい。

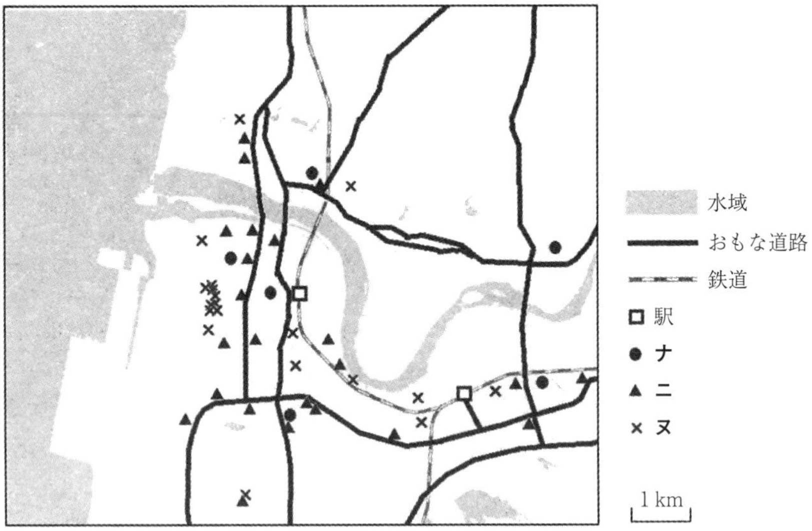

地理院地図(国土地理院)を加工。

施設の場所はGoogle Map(2020年1月閲《えつ》覧)による。

【理　科】（40分）〈満点：50点〉

注意：いくつかの中から選ぶ場合は，記号で答えなさい。特に指示のない場合は1つ答えなさい。

1　①～⑮の(　)に適する数字や語を入れ，{　}からは適する語を選びなさい。なお，時刻を答える際には午前，午後は使わずに，24時間制で答えなさい。

12月のある日のことです。

ダイ吉「お父さん，近ごろは日が短くなったせいか，時間が速く進むように感じるよ。」

お父さん「そう感じるのはわかるけど，時間の長さはいつでも同じだよ。」

ダイ吉「そうだよね。ところで，時間や時刻はどうやって決めているのだろう。」

お父さん「太陽が南中したときを正午とし，正午から正午までの間を(①)等分した時間の長さが1時間だよ。ただ，いろいろな地域で太陽が南中したときを正午とすると，日本全国でたくさんの正午ができてしまうので，東経135°にある兵庫県の(②)市で太陽が南中したときを，日本では一律に正午と決めているんだ。」

ダイ吉「ということは，鹿児島では正午には太陽が真南ではなく，真南より③{**東**　　**西**}にあり，日の出，日の入りも(②)より④{**早く**　　**おそく**}なるということだね。」

お父さん「そうだよ。ところで，時刻を決める基準となる経度は，国によってちがっているよ。中国やフィリピンでは東経120°，タイやベトナムでは東経105°が基準となる経度だよ。」

ダイ吉「正午のタイミングは国が違えば変わってくるわけだね。ところで，基準の経度が15°刻みになっているのは？」

お父さん「太陽は(⑤)時間に15°ずつ西に動くので，基準の経度を15°刻みにすると，国ごとの時刻の差が考えやすくなるからさ。」

ダイ吉「ということは，日本が正午のとき，中国やフィリピンの時刻は(⑥)時，タイやベトナムの時刻は(⑦)時ということだね。」

お父さん「ところで，12月10日14時に日本を出発した飛行機が，0°を基準の経度とするイギリスに13時間後にとう着したとき，イギリスは何月何日の何時だかわかるかな？」

ダイ吉「イギリスは太陽の南中が日本より(⑧)時間おくれるので…わかった！　12月(⑨)日の(⑩)時だね。」

お父さん「では，12月10日14時に日本を出発した飛行機が，西経120°を基準の経度とするロサンゼルスに10時間後にとう着したとき，ヨーロッパまわりで時刻を考えてごらん。ロサンゼルスは何月何日の何時だかわかるかな？」

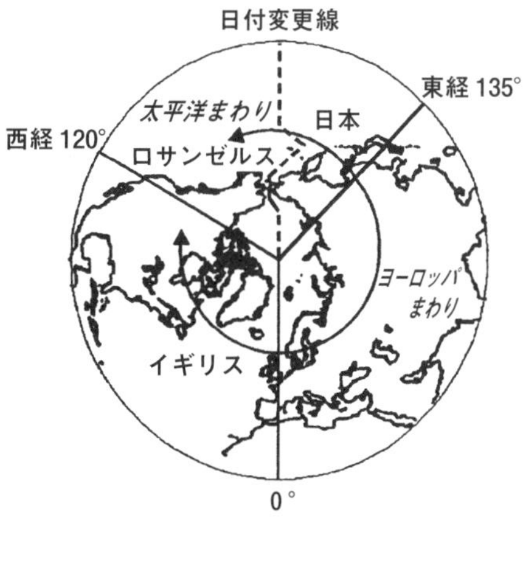

ダイ吉「ロサンゼルスは太陽の南中が日本より(⑪)時間おくれるので…，12月(⑫)日の(⑬)時だね。でも，不思議だよ。タイムマシンに乗っているみたいだね。」

お父さん「確かに不思議だけど，海外旅行に行くと，時々あることなんだ。」

ダイ吉「あれれ，ロサンゼルスに着く時刻をヨーロッパまわりではなく，太平洋まわりで考えてみたら，違う答えが出たよ。」

お父さん「良いところに気づいたね。180°の経線に沿って，日付変更線《へんこうせん》というのが設定されているが，この線はその問題を解消するためにあるんだよ。」

ダイ吉「というと…」

お父さん「日付変更線を西から東にまたいで考えたときは，日付を１日⑭{**進める　もどす**}。東から西にまたいで考えたときは，日付を１日⑮{**進める　もどす**}。そうすると，ヨーロッパまわりも，太平洋まわりも同じ答えになるんだ。」

ダイ吉「なるほど。うまくできているね。そうだ！　昼が短いのを忘れていた。ちょっと友だちの所へ行ってくるね。」

2　〔A〕　３本のゴムひもA，B，Cがあります。これらのゴムひもは重さを考えなくてよいものとします。以下の文章では，「ゴムひもA」を「A」とし，ゴムひもB，Cも同様にします。

おもりをつるしていないときのゴムひもの長さはAとBはともに40cmで，Cは36cmでした。

また，これらのゴムひもにそれぞれおもりをつるし，おもりが静止したところでゴムひもの長さを測りました。そのとき，「おもりの重さ」と「ゴムひもの伸《の》びた分の長さ」との関係は【図１】のようになりました。

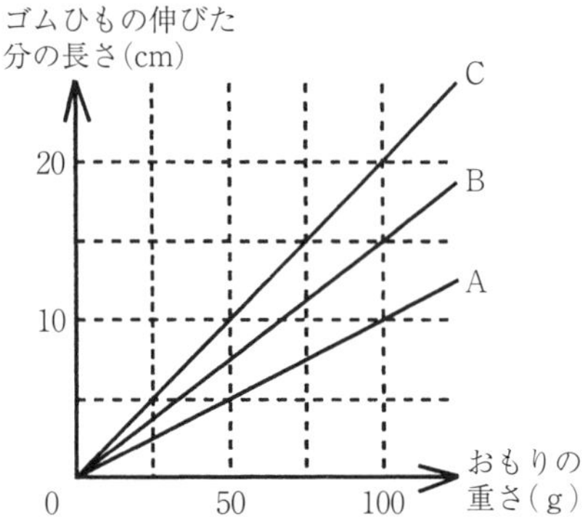

【図１】

以下の【図２】～【図７】ではおもりは静止しているものとし，棒および糸の重さは考えないものとします。次の問いに答えなさい。

(1)　同じ重さのおもりをつるしたときの，AとBの伸びた分の長さの比はいくらですか。最も簡単な整数比で答えなさい。

(2)　【図２】は50gのおもりをAでつるした様子を表したものです。Aの伸びた分の長さは何cmですか。

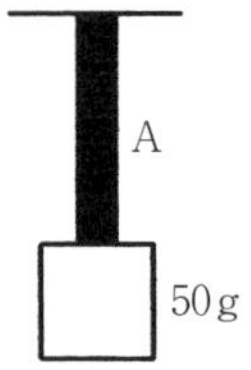

【図２】

(3)　【図３】のように，50gのおもりをAにつけてなめらかな斜面《しゃめん》におきました。次の文のうち正しいものをア～ウより選びなさい。

ア．Aの伸びた分の長さは【図３】と【図２】で等しい。

イ．Aの伸びた分の長さは【図３】が【図２】より小さい。

ウ．Aの伸びた分の長さは【図３】が【図２】より大きい。

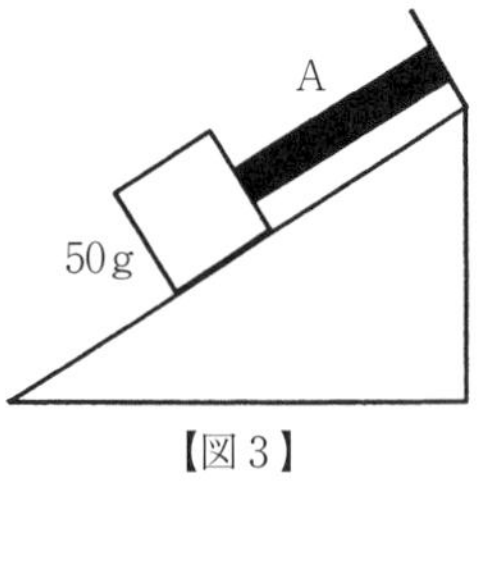

【図３】

(4)　AとBを使い，【図4】のように2つのおもりをつるしました。AとBの伸びた分の長さはそれぞれ何 cm ですか。

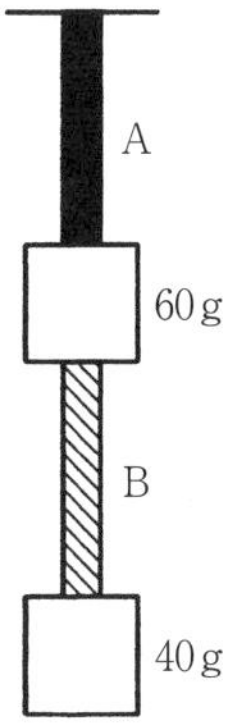

【図4】

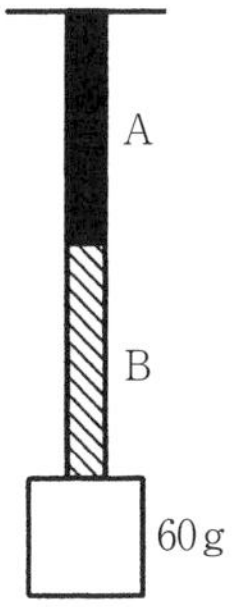

【図5】

(5)　【図5】は，AとBをつないだもので60gのおもりをつるした様子を表したものです。AとBの伸びた分の長さはそれぞれ何 cm ですか。

(6)　【図6】のように，棒の両端《りょうたん》にAとBを取り付け，棒に糸を結びつけておもりXをつるしたところ，2つのゴムひもはそれぞれ全体の長さが43cmになり，棒が水平になりました。このとき，おもりXは何gですか。

(7)　【図7】のように，棒の両端にAとCを取り付け，棒の中央に糸を結びつけておもりYをつるしたところ，AとCの長さが等しくなり，棒が水平になりました。このとき，Cの全体の長さは何 cm ですか。また，おもりYは何gですか。

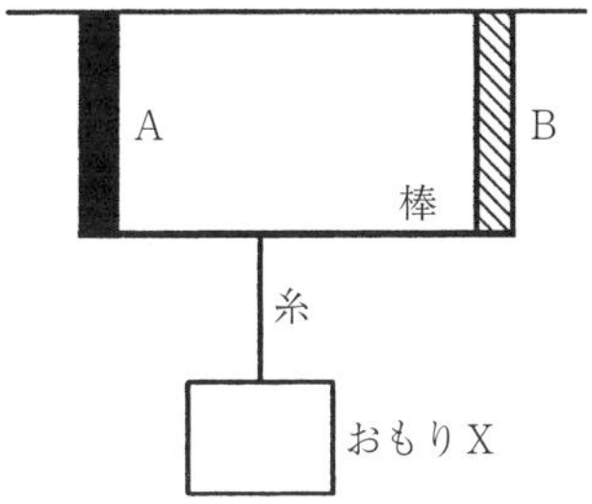

【図6】

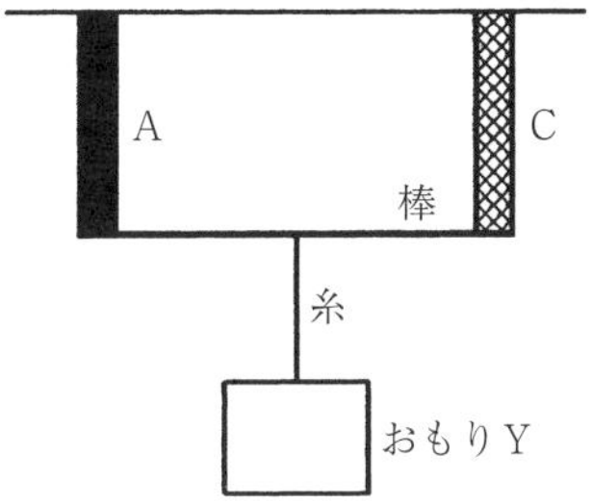

【図7】

〔B〕　図1のように二つの同じ乾電池《かんでんち》を直列にして電流計と電熱線につなぎ回路を作りました。電熱線の太さや長さ，乾電池の数やつなぎ方を変え，1分間あたりの電熱線の発熱の量の違いを調べました。以下の問いに出てくる乾電池はすべて同じものとします。

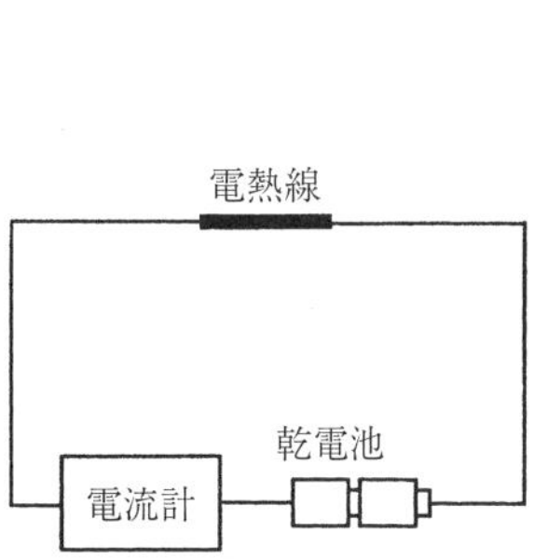

図1

(1)　図1から条件を変え，電熱線の発熱の量の違いを調べたところ，回路を流れる電流が増えたときに発熱の量は大きくなっていました。以下の文中の①～③の(　)について適する語を選びなさい。

・図1の回路で電熱線の太さのみを変えた場合，①(**細い**　　**太い**)電熱線のほうが図1のときに比べ発熱の量は大きくなる。

・図1の回路で直列につながっている乾電池の数を②(**減らした**　　**増やした**)場合，図1のときに比べ発熱の量は大きくなる。

・図1の回路で二つの乾電池を並列にしてつなぎかえた場合，図1のときに比べ発熱の量は

③(**小さくなる　大きくなる　変わらない**)。

・図1の回路で電熱線の長さのみを変えた場合，短い電熱線のほうが図1のときに比べ発熱の量は大きくなる。

(2) 以下の回路において，電熱線の発熱の量が最も大きいものをア～カから選びなさい。ただし，電熱線の太さについては，ア・エ・カは同じ太さで，イ・ウ・オは同じ太さです。また，電熱線の長さについては，ア・イ・オ・カは同じ長さで，ウ・エは同じ長さです。

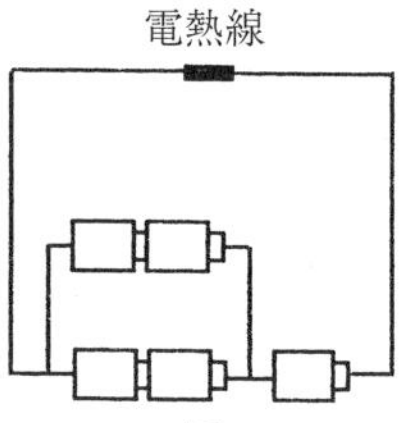

ア

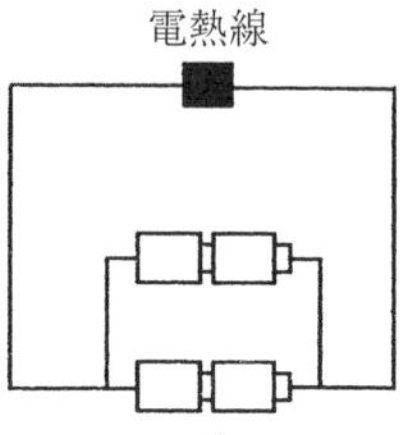

イ

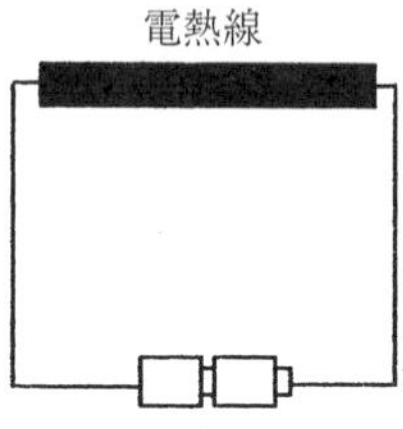

ウ

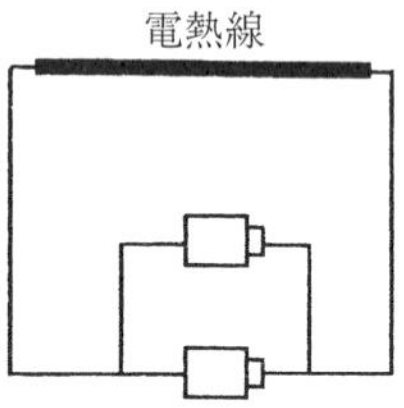

エ

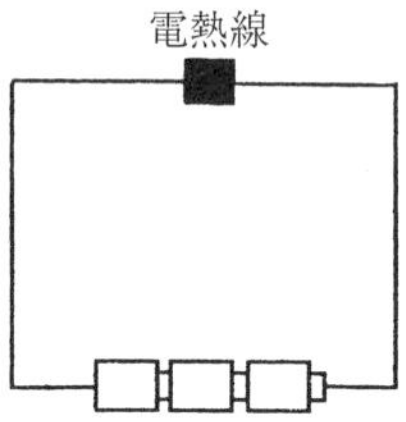

オ

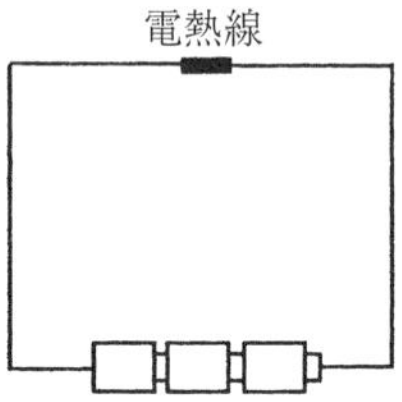

カ

3　〔A〕 塩酸Xと水酸化ナトリウム水溶液《すいようえき》Yの混合液に，アルミニウムを十分に加えたとき，発生した気体Aの体積を調べました。表は，混合液①～⑥を作ったときの塩酸Xおよび水酸化ナトリウム水溶液Yの体積と，それぞれの混合液に十分な量のアルミニウムを加えたときに，発生した気体Aの体積をまとめたものです。

	①	②	③	④	⑤	⑥
塩酸Xの体積[mL]	100	100	100	100	100	200
水酸化ナトリウム水溶液Yの体積[mL]	100	150	200	300	400	(ア)
気体Aの体積[mL]	56	28	0	168	336	56

(1) 気体Aは何ですか。

(2) アルミニウムを加える前の混合液①～⑤のそれぞれにBTB溶液を加えました。青色に変化するものを①～⑤より2つ選びなさい。

(3) 100mLの塩酸Xに十分な量のアルミニウムを加えると，気体Aは何mL発生しますか。

(4) 100mLの水酸化ナトリウム水溶液Yに十分な量のアルミニウムを加えると，気体Aは何mL発生しますか。

(5) 200mLの塩酸Xに，(ア)mLの水酸化ナトリウム水溶液Yを加えた混合液⑥に，十分な量のアルミニウムを加えたら，気体Aが56mL発生しました。(ア)に当てはまる可能性のある体積をすべて答えなさい。割り切れないときは，小数第1位を四捨五入して整数で答えなさい。

〔B〕 図1のような水槽《すいそう》を用意し，円筒《えんとう》形容器に水素と酸素の合計の体積が150mLになるように混合した気体を入れました。次に，混合気体中で電気で火花を飛ばし点火すると，装置内の水素と酸素が反応して液体の水を生じて，気体の体積が減少しました。円筒形容器の底は開いていて，減少した気体の量に応じて図２のように水が入り込《こ》みます。

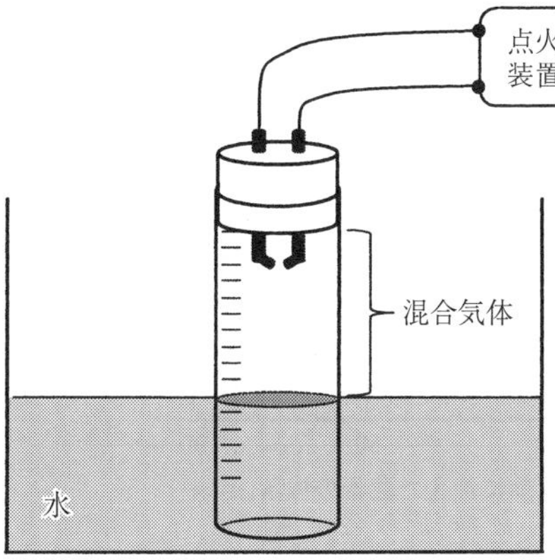

図１

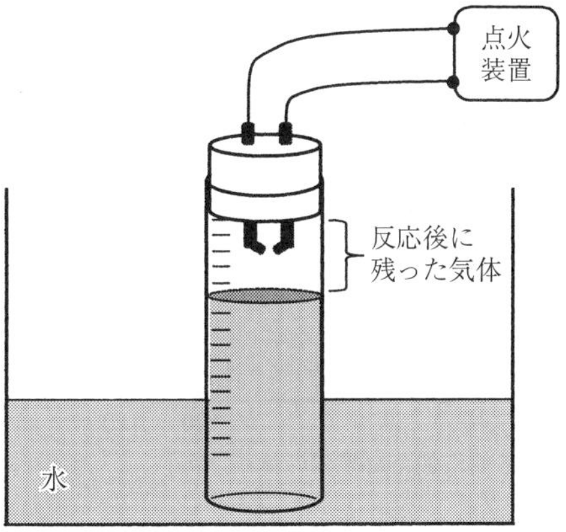

図２

体積の合計が150mLになるように，混合する水素と酸素の割合を変えながら，反応後に残った気体の体積を測定した結果を図３のグラフに示してあります。グラフの横軸《よこじく》は「反応前に加えた酸素の体積」で，縦軸《たてじく》は「反応後に残った気体の体積」を表しています。

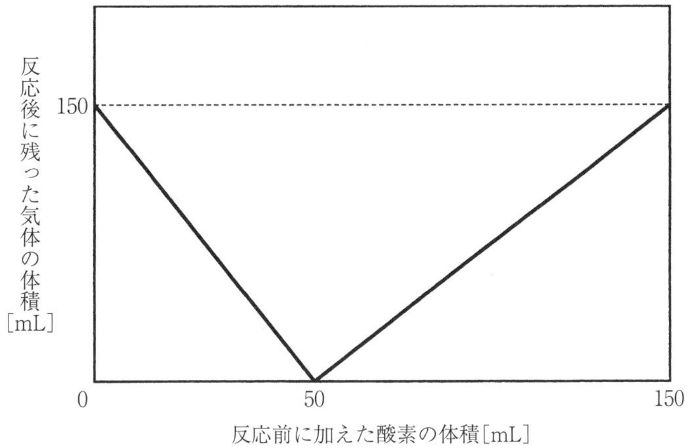

図３

(1)　どちらの気体も残ることなく反応するとき，反応前に加えた水素と酸素の体積の比はいくらですか。最も簡単な整数比で答えなさい。

(2)　反応前に加えた酸素を30mLにして実験したとき，どちらの気体が何mL残りますか。

(3)　反応前に加えた酸素を90mLにして実験したとき，どちらの気体が何mL残りますか。

(4)　下線部を『水素と酸素の合計の体積が120mL』にかえて，同じ実験を行いました。「反応前に加えた酸素の体積」と「反応後に残った気体の体積」の関係はどのようになりますか。解答用紙のグラフに記入しなさい。

(5)　下線部を『水素と酸素のほかに，窒素《ちっそ》も60mL加えて，合計の体積が150mL』にかえて，同じ実験を行いました。「反応前に加えた酸素の体積」と「反応後に残った気体の体積」の関係はどのようになりますか。解答用紙のグラフに記入しなさい。

(6)　(5)の実験において，反応後に残った気体の体積の50％を酸素が占《し》めるのは，反応前に酸素を何 mL 加えたときですか。

下書き用

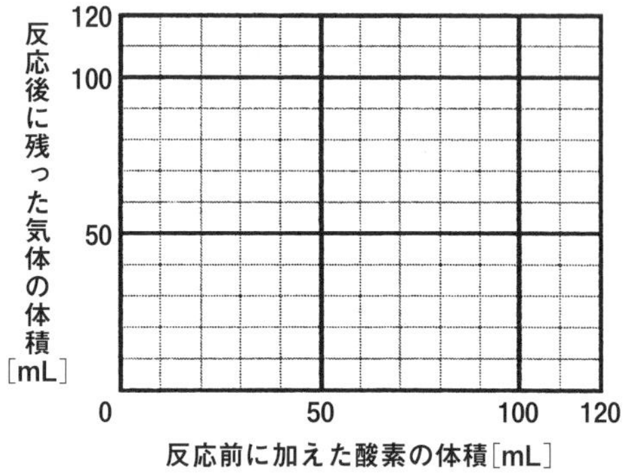

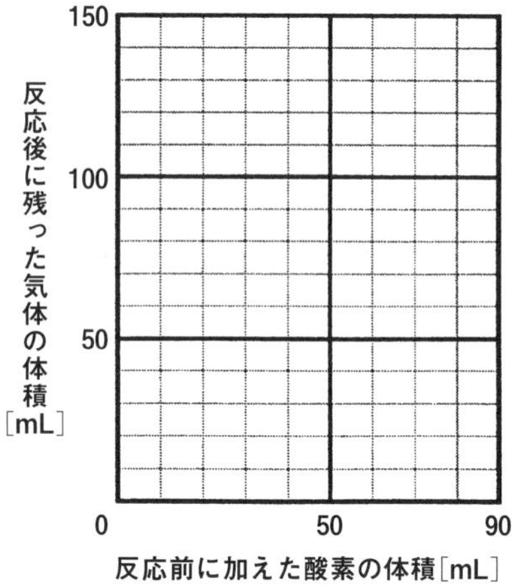

4 〔A〕 植物の根・茎《くき》・葉について，次の問いに答えなさい。

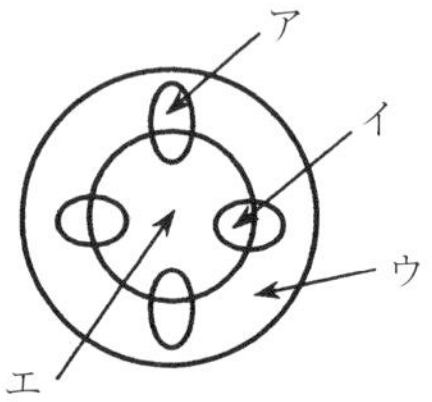

(1) 単子葉植物では，茎のつけ根に同じくらいの太さのたくさんの根がついています。このような根をもつ植物の組み合わせを選び，記号で答えなさい。

ア.「エンドウ　　ダイコン」　イ.「アサガオ　イネ」

ウ.「トウモロコシ　ムギ」　　エ.「ソラマメ　ヒマワリ」

(2) 葉のついているホウセンカの茎を赤色のインク水の入った試験管にさしておくと茎や葉に赤色がつきます。ホウセンカの茎を輪切りにした様子が右図です。赤色がつく部分は，ア～エのどの部分ですか。

ある植物の葉のついている茎を水を入れた試験管にさしておくと，吸いあげられた水は，葉や茎の表面から蒸発します。水の蒸発する量を調べるために，葉のついている茎のいろいろな部分にワセリンを塗《ぬ》って水を入れた試験管にさし，風通しの良い日かげに10時間放置した後，水の減少量を測定しました。その結果を表にまとめました。なお，ワセリンは水や空気を通しません。また，実験で用いた植物の葉の数と面積，茎の太さは同じものとします。あとの問いに答えなさい。

	試験管A	試験管B	試験管C	試験管D	試験管E
ワセリンを塗った部分	なし	葉の表	葉の裏表	葉の裏表と茎の全面	葉の裏
水の減少量(g)	6.8	6.2	0.4	0.1	(a)

(3) この実験において最も多く水が蒸発する部分はどこですか。

ア. 葉の表　　イ. 葉の裏　　ウ. 茎　　エ. 試験管の水面

(4) (3)を顕微鏡《けんびきょう》で観察したら，表面に小さなすきまがたくさんあいていました。このすきまを何といいますか。

(5) 試験管Eについて，表の(a)に当てはまる水の減少量を答えなさい。

(6) 次の文の(　)に適する語を選びなさい。

「植物の表面から蒸発する水の量が増加すると植物の表面の温度が①(**上がり**　　**下がり**)，根から吸収する水の量が②(**増える**　　**減る**)。」

〔B〕 図1～3は，ある地域に生息する生物の分布を模式的に示したものです。この分布は生物の行動の特徴《とくちょう》と大きな関係があります。

図1 （一様分布）

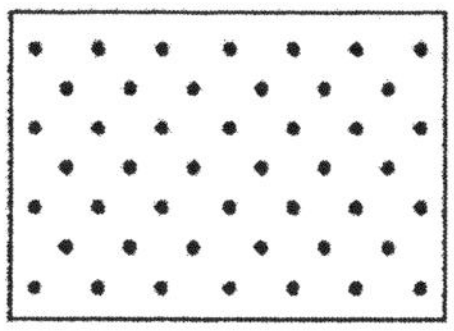

図2 （ランダム分布）

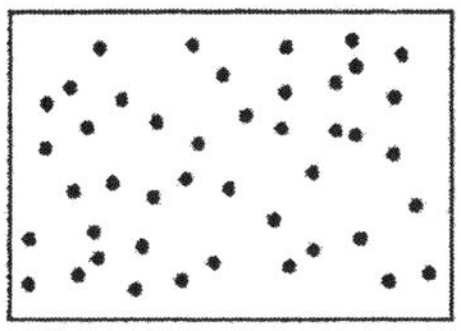

図3 （集中分布）

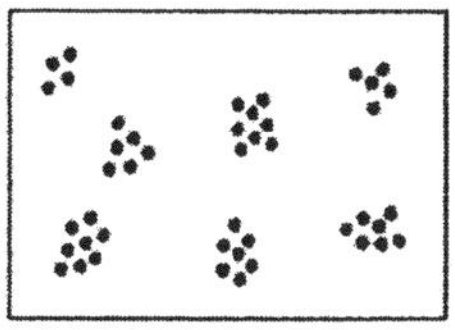

(1) 図1～3のような分布になる生物の行動の特徴を説明したものを次のア～ウよりそれぞれ選びなさい。

ア．他の個体を引きつける何らかの要因があり，巣や群れを作る。

イ．他の個体の影響《えいきょう》を受けず，他の個体の位置とは無関係になる。

ウ．個体間で食物などをめぐる競争があり，互いに一定の距離《きょり》を保《たも》ち合う。

ある地域に移動能力の高い生物が一様分布もしくはランダム分布している時，その生物の全体の個体数は次の手順によって推定することができます。

1．わなを仕掛《しか》け，複数の個体を生け捕《ど》りにします。

2．生け捕りにした全ての個体に印をつけ，再び放します。

3．印がついた個体とそうでない個体が混ざり合ったころに再びわなを仕掛け，2回目に生け捕りにした個体数と，その中にいる印をつけた個体（2回連続で捕《つか》まえた個体）の数をもとに，全体の個体数を次の式を用いて計算します。

$$\text{全体の個体数}=\frac{(\text{最初に捕まえた個体数})\times(\text{2回目に捕まえた個体数})}{(\text{2回連続で捕まえた個体数})}$$

(2) 上の式で全体の個体数を推定することができない生物を選びなさい。

ア．ゲンゴロウ　　イ．ザリガニ　　ウ．カブトムシ　　エ．イワガキ　　オ．フナ

(3) ある池にランダム分布して生息しているブラックバスの個体数を推定するために，池に網《あみ》をしかけて，45匹《ひき》のブラックバスを捕まえました。捕まえたブラックバスに小さな印をつけて再び池の中に放しました。10日後に再び網をしかけ，50匹のブラックバスを捕まえました。捕まえた50匹中，印をつけたブラックバスは9匹でした。この池に生息するブラックバスの全体の個体数を推定しなさい。

三

次のⅠ・Ⅱの問いに答えなさい。〈十五点〉

Ⅰ 次の①～⑩の傍《ぼう》線部のカタカナを漢字に改めなさい。

① 観光業を国のキカン産業に育てていく。
② リーグ戦を勝ち抜《ぬ》き、シュクガンであったベスト8進出を果たした。
③ 彼《かれ》がのこした功績は、マイキョにいとまがない。
④ 町工場のロウレンな技術者達《たち》が力を結集した。
⑤ 創業以来のロゴマークをサッシンする。
⑥ カキュウの用件で、先方から呼び出される。
⑦ 店の理念を毎朝全員でショウワしている。
⑧ 多様な人間関係の中でショセイ術を身に付ける。
⑨ 「お父様はソクサイでいらっしゃいますか」ときかれた。
⑩ 前会長のセンオウな振《ふ》る舞《ま》いを、長年許してきてしまった。

Ⅱ 次の⑪～⑮が、下の四つの言葉全てと似通った意味の語になるように、空欄《らん》を漢字一字で埋《う》めなさい。

⑪ 青二□―《ひよっこ・駆《か》け出し・若造・ビギナー》
⑫ 理想□―《常若《とこわか》の国・楽園・極《ごく》楽・ユートピア》
⑬ 徒□―《ただ働き・無駄《だ》足・骨折り損・シジフォスの岩》
⑭ 発□―《興起・猛《たけ》り立つ・張り切る・ハッスル》
⑮ 動□―《動因・理由・きっかけ・モチーフ》

さみしげに植わっている花に、どうも気持ちがすっきりしない。③心の中でどんどん、もやもやしたものがふくらんでいく。

たかが植物なのに、そう思えない。どこか自分に似ているような気がして、ぼくは花を単なるモノとして見ることができなかった。

《注》※アレルギーで、ハウスダストとかもダメなんです－この発言は嘘《うそ》であり、実際は「ぼく」にアレルギーはない。

問一　空欄《らん》[A]～[C]にあてはまる最も適切な言葉を、次の中からそれぞれ一つずつ選び、符《ふ》号を書きなさい。

イ 胸　**ロ** 眉《まゆ》　**ハ** 頭　**ニ** 肩《かた》

ホ 腰《こし》　**ヘ** 腹　**ト** 耳　**チ** 口

問二　波線部**a**～**c**の意味を、後の中からそれぞれ一つずつ選び、符号を書きなさい。

a 「鵜呑《うの》みにした」

イ うまい言葉にだまされた
ロ よく考えずそのまま受け入れた
ハ 疑いながらも聞き入れた
ニ 気分を害さないようにした
ホ 意見を認めつつ批判した

b 「相づちを打った」

イ 言葉をさえぎった
ロ こびを売った
ハ 調子を合わせた
ニ 口答えをした
ホ つつしんで答えた

c 「言葉をにごした」

イ 意見に同調した
ロ 暴言をはいた
ハ 相手を無視した
ニ 落ち着きを失った
ホ うやむやにした

問三　空欄[①]にあてはまる言葉として最も適切なものを次の中から一つ選び、符号を書きなさい。

イ あつかましい優越《えつ》感　**ロ** ちっぽけな違《い》和感
ハ でたらめな罪悪感　**ニ** ゆがんだ距離《きょり》感
ホ うすっぺらい正義感

問四　傍《ぼう》線部②「ぼくの背中にひやっとしたものが走る」とありますが、これはなぜですか。その説明として最も適切なものを次の中から一つ選び、符号を書きなさい。

イ 買い主は買ったモノになにをしてもいいのだという先輩《ぱい》の意見を聞き、その傲慢《ごうまん》さに驚《おどろ》いたから。
ロ 挿《さ》し芽を育てるにはつぼみを切るべきだ、という先輩の知識は間違《ちが》っていることに気づいたから。
ハ 先輩の行為は、これから咲《さ》こうとしていたつぼみの命を勝手に奪《うば》う、ひどいものだと思ったから。
ニ ためらうことなくつぼみを切る先輩の様子を見て、栽培《さいばい》委員会に入ったことを後悔《かい》し始めたから。
ホ 今から花が咲くつぼみを切ると、さみしげな花壇《だん》の様子が、さらにさみしげになってしまうから。

問五　傍線部③「心の中でどんどん、もやもやしたものがふくらんでいく」とありますが、ここでの「ぼく」の心情を、百二十字以内で説明しなさい。

問六　「ぼく」が「マスク」をつけているのは何のためですか。四十字以内で説明しなさい。

が張るから、そしたら、花壇に植えるんだって」

「へえー」と、みんなの声が重なった。

ほんわかせんぱいは、持っていたジョウロを花壇の脇に置いた。

「予算は限られているから、いろいろ工夫《ふう》しないとね」

「さ、どんどん植えてこう！」

川口センパイが花壇の縁《ふち》に足をかけたそのとき、ふとまゆセンパイが正門から出てきた。花壇を見て、目をかがやかせる。

「おー、いいじゃん。おれも植えたい」

「しかたがないなあ」

川口センパイは笑いながら、ふとまゆセンパイにペチュニアのビニールポットを手わたした。ふとまゆセンパイが茶《さ》道の作法のように、ビニールポットを回して眺める。

「かわいいー。この子はやさしげな感じだから、優花にしよう」

「ちょっとお、その子はうちの子なんだから、勝手に名前をつけないでよ」

川口センパイが **A** をとがらせると、ふとまゆセンパイは、

「名前をつけたって、いいじゃんねー？」

と、そばにいたぼくに同意を求めた。

えっ、ぼくにふるの？

ぼくはどぎまぎして「あ、はあ」と、(c)言葉をにごした。

「んじゃ、植えよっか」

ふとまゆセンパイがしゃがんで、移植ゴテで土を掘《ほ》りだした。ぼくもとなりにしゃがんで穴を掘る。ふとまゆセンパイはビニールポットから苗を出して、掘った穴に置いた。「地面と水平になっているよね？」と、ぼくに聞く。

「あ、はい。なっていると思います」

「よっしゃ」と言って、ふとまゆセンパイは苗のまわりに土をかけた。仕上げに手でそっと土をおさえる。同じように、ぼくも苗を穴に置いて土をかけた。

「うん、いいんじゃない？」

ふとまゆセンパイが顔を上げて、ぼくを見た。マスクに目をとめる。

「それ、花粉症《しょう》？」

「あ、はい。※アレルギーで、ハウスダストとかもダメなんです」

ふとまゆセンパイがうなずいた。

「そっかあ。園芸作業は花粉とか土ぼこりとか吸うことになるから、気をつけなきゃな。つらいときは遠慮《りょ》しないで、作業をやめていいからね」

ぼくは、マスクの中でぽかんと口を開けた。

こんなことを言われたのは、はじめてだった。「つらいときは、やめていい」という言葉が、じわじわと胸の奥にしみていく。

「水、くんできました」

近藤先輩の声に、ぼくははっと我にかえった。

ふとまゆセンパイが立ちあがって言う。

「じゃんじゃん撒《ま》いちゃって」

ふとまゆセンパイにならって、ぼくも歩道に下がった。水を撒く近藤先輩やしんちゃん先輩を見守る。

花壇は夕焼けのオレンジ色に染まっていた。全体的に土の面積が広くて、花はちょぼちょぼっという感じだけど、こんな状態でいいんだろうか？

ほんわかせんぱいは花壇を眺めて、満足そうにうなずいた。

「育つのが、楽しみだね」

うんうんと、川口センパイたちもうなずく。

本当に見栄《ば》えがよくなるほど育つの？　育たなかったら、ぼくたちのせいだよな。

袋《ふくろ》を持った。変に力を入れたせいで、歩き始めてすぐ腕と肩が痛くなる。

ぼくは信号で立ちどまるたびに袋をのぞいて、花びらの無事を確かめた。

「木下くん、ずいぶん慎《しん》重だねえ」

川口センパイに言われて、見られていたんだと、少しはずかしくなった。

「あ、えと、花がつぶれたら、まずいかと思って」

言い訳するようにもごもご答えると、川口センパイが笑った。

「そんなに気を遣《つか》うことないって。平気だよ」

「はあ」

ぼくはb相づちを打ったものの、腕の力をゆるめることができなかった。

ぼくたちが正門に着くと、花壇《だん》で作業をしていたしんちゃん先輩と近藤《こんどう》先輩、マジショー先輩が立ちあがった。

「肥料、混ぜたから、植えつけしていいよ」

しんちゃん先輩の言葉に、ほんわかせんぱいがうなずく。

「ありがとう。じゃあ、苗のポットを置いて、レイアウトを確認《にん》しようね」

川口センパイの指示で、ぼくたちは苗の入ったビニールポットを土の上に置いていった。正門向かって右側の花壇はピンク系とし、奥《おく》に星型のペンタスを四株、手前にアサガオ型の淡《あわ》いピンクのペチュニアを四株置く。左側の花壇はブルー系として、奥に白のペンタスを四株、手前に青紫のペチュニアを四株置いた。

しんちゃん先輩が「うーん」と、腕を組んだ。

「なんか、さみしげだなあ」

「大丈《じょう》夫。ペチュニアは摘心《てきしん》で大きく育つし、ペチュニアもペンタスも挿《さ》し芽で増やせるんだよ」

ほんわかせんぱいはマジショー先輩に、からのビニールポット四つに赤玉土を入れるよう頼《たの》んだ。

「お母さんがやってたんだけど、摘心っていって、脇《わき》芽が出ている枝を切ると、本体の枝が増えて花が多く咲くようになるんだって。その切った枝は、挿し芽にするの」

と言いながら、剪《せん》定バサミでペチュニアの枝を五センチメートルほど切った。

「つぼみも切っておいたほうがいいんだって」

あっと思った瞬《しゅん》間、パチンッと挿し芽のつぼみが切られた。②ぼくの背中にひやっとしたものが走る。

「あの、なんでつぼみを切ると、いいんですか？」

思わず聞くと、ほんわかせんぱいが顔を上げた。

「つぼみがあると、花を咲かすほうに栄養が使われるの。挿し芽を育てるには根を伸《の》ばすほうに栄養をまわしたいから、つぼみをのぞくんだって」

「はあ……」

ぼくはあいまいにうなずいた。本当はそんな答えを聞きたかったわけじゃない。

この花は突《とつ》然、ここに連れてこられた。そのうえ、これから咲こうとしていたつぼみの命まで勝手に奪《うば》われた。ちょっとひどくないか？買い主は買ったモノに対して、なにをしてもいいのか。この花を、そのまま育ててやるわけにはいかないのか。

ほんわかせんぱいは同じようにいくつか枝を切ると、マジショー先輩が用意したビニールポットに枝を挿して、ジョウロでたっぷり水をかけた。

「これを明るい日陰に置いて育てるの。だいたい二週間か三週間で根上級生のチクリをa鵜呑《うの》みにしたコーチにも、なまいきなやつってレッテル貼《は》られてさ。おまえは脳まで筋肉だから、勢いで行動して失敗するんだよ！」

ミニバスケットボールクラブで起きた、トラブルのことだろう。阪田はまくしたてるように言い放つと、技術室を出ていった。

阪田はぼくに言ったわけじゃない。わかっているけど、ざくっとBに刺《さ》さった。クラスで不要とされた記憶《おく》がよみがえり、鼓《こ》動が速くなる。

菊池さんはうつむいて、こぶしをにぎりしめていた。あのころのぼくを見ているようで、直視できない。

わざわざ指摘《てき》すんなよ。わかってんだよ。だれのせいでもない、自分が悪いんだって。自分で勝手にからまわりして、孤《こ》立した。

ぼくはマスクに触《ふ》れた。マスクに守られているのを、確かめたかった。

菊池さんが消えそうな声でつぶやいた。

「ごめん、わたしも帰る」

バタバタと技術室を出ていく。遠ざかる足音を聞きながら、ぼくはCを落とした。

学校からホームセンターまでは、歩いて十八分ほどだった。

外の木製デッキに、黒いビニールポットに入った植物が並んでいる。植物を眺《なが》めてまわっていると、ピンクの小さな星が集まっているような花が目にとまった。

そばにあった札に「ペンタス」184円、置き場「日なた」、耐《たい》寒温度「5℃」、開花時期「5月〜11月」、「多年草」と、記されている。

ほかの札にも、それぞれ名前と価格、置き場などの説明があった。

そうかと、札に見入る。

いまさらだけど、植物ってみんな同じ場所と季節で育つわけじゃないんだよな。日なたがいい植物もあれば、日陰《かげ》がいい植物もある。同じ四月に咲《さ》き始めても、夏前に終わるものがあれば、秋まで咲き続けるものもある。

ふと、ぼくたちに重なるように思えた。

どんな環《かん》境でも順応できる人もいれば、ぼくみたいに、うまく順応できないやつもいる。きっと、菊池さんもそうだ。これまで菊池さんみたいに意見をはっきり言えるタイプは、どこでも自分の居場所をつくっていけるものだと思ってきた。けど、そうでもないようだ。

育つ環境が合わなかったら、枯《か》れてしまうのかな……。

「あー、これもいいね。長く咲くし、安い！」

と、背後ではずんだ声がした。

後ろにいたのは、川口センパイだった。

「涼音《すずね》ー、これ、寄せ植えにいいんじゃない？」

呼ばれて、ほんわかせんぱいがやってきた。

「ペンタス。うん、いいね。白とピンクの両方を買って、ペチュニアと合わせようか」

ミッキー先輩《ぱい》もやってきて、「いいですね」と、うなずいた。

先輩たちは、ペチュニアのピンクと青紫《むらさき》の苗《なえ》、ペンタスのピンクと白の苗を、それぞれ四株ずつ十六株買った。

「木下さん、これ持ってくれる？」

ほんわかせんぱいに渡《わた》されたのは、二つのビニール袋《ぶくろ》。どちらも背の低いやわらかそうな葉の上に、アサガオを小ぶりにしたような花がいくつか見える。ぴらぴらしたペチュニアの花びらは頼《たよ》りなく、ちょっと触れただけで傷つきそうだ。

弱々しくても、がんばって咲いたんだな……。

ぼくは自分の体に花びらがあたってつぶれないよう、両腕《うで》を広げて

ヘ　自分から「バリア」のポーズをして、皆をさけていたから。

問四　傍線部C「手、つながないでいいよ」と言ったのは、彼女がどのように思ったからだと考えられますか。七十字以内で説明しなさい。

問五　傍線部D「思慮《りょ》深さは伴《ともな》わず」とありますが、具体的にはどうであったことをそう言っているのですか。次の中から最も適切なものを一つ選び、符号を書きなさい。

イ　くさくなるけど別にいいじゃないかと思って手をつないだこと。

ロ　好きな人に断られたショックでやけになって手をつないだこと。

ハ　友人たちから色々なことを言われ、反発して手をつないだこと。

ニ　自分が無視されていた辛《つら》い経験を思いだして手をつないだこと。

ホ　ルールを守らないで怒《おこ》られるのが嫌《いや》なだけで手をつないだこと。

ヘ　皆に嫌がられているのをかわいそうに思って手をつないだこと。

問六　傍線部E「『バリア』と簡単に断絶しないことで成立する対話」とありますが、それはどういうものですか。八十字以内で説明しなさい。

問七　傍線部①〜⑤のカタカナを漢字に改めなさい。

二　次の文章は、ささきありの小説『天地ダイアリー』の一節です。中学一年生の「ぼく」は、栽培《さいばい》委員会に所属しています。これを読んで、後の問いに答えなさい。（字数制限のある問題は、句読点も一字に数えます。）〈四十五点〉

菊池《きくち》さんは、ぼくと阪田《さかた》の顔を見た。

「買い出し、行くよね？」

ぼくは「え……」と、言葉をつまらせた。

正直に言うと、帰りたい。

中学校生活は、あれもこれも慣れないことばかり。アンテナをたてて集中をきらさないようにして、もうへとへとだった。けど、ここで足並みを乱すようなことをしたら、まずいよな。

ぼくは気が乗らないながらも、うなずいた。

「うん、行こうかな」

ところが、阪田はあっさり断った。

「おれは帰る」

菊池さんが[A]をとがらせた。

「えー、なんで？」

「全員参加じゃないんだから、いいだろ」

「そういうの、よくないよ。みんながやっているんだから、いっしょにやろうよ」

阪田は菊池さんから目をそらして、舌打ちした。

「ったく、めんどくせえな。[①]を押《お》しつけんなよ。そんなだから、ハブられるんだろっ」

菊池さんがびくっと、肩《かた》をふるわせる。

「おまえ、選抜《ばっ》メンバーに責められたうちの姉ちゃんをかばおうとして、上級生に食ってかかったんだろ。それで上級生にハブられたうえ、キするような気もしますが、うまくペアをつくれない人にとっては全く楽しいことではありません。僕も、6年間想《おも》いを寄せ続けた人に X を決してペアを申し込《こ》みましたが、「星野は1番じゃないんだな……」というなんだか曖昧《あいまい》な言い方で、はっきりと断られました。これで指針を失い、くよくよしているうちにクラスで一人だけ余ってしまい、結局他のクラスで余った人とペアになることになりました。その相手というのが先ほどの、B皆から遠ざけられている女子でした。友人たちからは色々なことを言われました。「バリア」のポーズをしてくる人たちもやはりいましたが、僕としては彼女に対する印象は先ほど書いた通りだったので、ペアになったことが悲しくも嬉《うれ》しくもありませんでした。

　きもだめしが始まります。彼女とは一度も同じクラスになったことがなかったし、嫌だと思っていなかったといっても周りからの目も意識せずにはいられず、どう接したらよいのかわからなくて緊《きん》張したのを覚えています。いざ出発の④ダンカイになると「C手、つながないでいいよ」と彼女が言いました。でも僕としてはそういうルールだし、なぜそんなことを言うのかその時は分かりませんでした。「え……」なんて言いながら僕が返答を探していると彼女は「私、くさいし」と続けました。でも、くさくありません。多分僕は、とにかく何か言わないといけないと思って「くさくないし怒《おこ》られちゃうから手をつなごう」という内容のことを言い、手をつないで林間を歩きました。その時の僕にとっては、ただ「くさくない」と感じたことと、ルールを守らないために「怒られたくない」と思っただけの行動だったと思います。でも、きもだめしが終わった時、彼女に「ありがとう」と言われました。それで何というか、心が動いたのを覚えています。うまく言葉にできませんが、「感動」と定義される状態の、もっとずっとささやかなものだったと思います。なぜその状態になったのか。何かをしてあげたという種類の気持ちはないか、あったとしてもわずかだったと思うので、例えば診《しん》察で状態が良くなった患《かん》者さんが僕にお礼を言ってくれた時の喜びとは多分違います。でも、では何だろう。もしかしたら、彼女から言葉とともに発せられた気持ちのようなものに心が動いたのかもしれません。手をつながなくていいという彼女に対して、D思慮深さは伴《ともな》わずとはいえ、僕は手をつなぐという行動で返答しました。その時の彼女の気持ちを想像すると、きっと小さくはない心の動きがあったのだろうと今では思えます。そしてその動きが「ありがとう」に乗って、僕も心を動かされたのではないでしょうか。この、相手の何かしらに対して反応をし、その反応に対してまた相手から反応が返ってくる形は「対話」の形です。

　大昔のこの出来事を通して、E「バリア」と簡単に断絶しないことで成立する対話の形を、僕は初めて体感しました。この体感は⑤イコウの自分の人生の静かな分岐《き》点となっているような気がします。

（星野概念『静かな分岐点』）

問一　傍《ぼう》線部A「それに同調してポーズをとることはできませんでした」とありますが、それはなぜですか。六十字以内で説明しなさい。

問二　空欄《らん》 X に入る適切な漢字一字を書きなさい。

問三　傍線部B「皆《みな》から遠ざけられている女子」とありますが、彼《かの》女が遠ざけられていた理由を現在の筆者はどう考えていますか。次の中から最も適切なものを一つ選び、符《ふ》号を書きなさい。

イ　「あいつを無視しよう」という誰《だれ》かの言葉に反発したから。

ロ　家が貧しく、毎日同じ服装なので、汚《きたな》くてくさかったから。

ハ　「バリア」のポーズをされても、平気で無視していたから。

ニ　やむをえぬ事情で、クラスの中で大多数と違《ちが》っていたから。

ホ　自分勝手で、言動が乱暴で、人の話を少しも聞かないから。

二〇二〇年度 ラ・サール中学校

【国語】（六〇分）〈満点：一〇〇点〉

一 次の文章を読んで、後の問いに答えなさい。（字数制限のある問題は、句読点も一字に数えます。）〈四十点〉

　僕《ぼく》が小学生の時は些《さ》細なことが理由で、もしくは理由なく、小さないじめが比較《かく》的多くありました。「あいつを無視しよう」と誰《だれ》かが言い、それに皆《みな》が同調してしばらくの期間口をきかず、しばらくすると何もなかったように元に戻《もど》るというようなものです。僕もその対象になった経験があって、ある日突《とつ》然、誰も口をきいてくれなくなりました。具体的な出来事は覚えていませんが、戸惑《まど》いが整理できないまま押《お》し寄せてくる不安や、悲しい気持ちの感触《しょく》は今も残っています。ただ、僕がいた小学校では、対象を変えてこのようなことは年に数件①テイドは発生していたので、僕を無視したことを鮮《せん》明に覚えている当時のクラスメイトはいないと思います。僕も無視する側となったことがありますが、その対象が誰で、その時自分がどんな気持ちだったかはもう思い出せません。自分が無視の対象となった時の辛《つら》い感触は残っているというのに。

　もっと長く続いていたいじめもありました。その対象になっていた女子は、毎日同じ服装をしていて、それが皆から嫌《いや》がられてしまう主な原因でした。ご家庭の経済的な事情か、それ以外の事情かは分かりません。でもなんにせよ、小学生であるその女子は、自分ではコントロールできない何かしらの事情によって、クラスという社会において、大多数と違《ちが》いを持つ忌《い》むべき存在と認《にん》識されてしまっていました。毎日同じ服装をしているので、「汚《きたな》い」、「くさい」と言われ、「口をきくとフケツがうつる」とも言われていました。僕は違うクラスだったので、クラスの中でどれほどの状態だったか詳《くわ》しくは知りませんが、違うクラスの僕でもその女子に対する周りからの認識を把《は》握《あく》しているくらいでした。

　例えば、彼《かの》女と廊《ろう》下ですれ違った時、友人によってはそれだけで「フケツがうつった」と言って、「バリア」を意味するポーズをとる人もいました。そんな友人と一緒《しょ》に彼女とすれ違うと、当然のように「バリア」のポーズをしてきます。でも、なぜだか僕には、**A**それに同調してポーズをとることはできませんでした。②ゼンジュツした、自分が無視されたという辛い経験がどこかで重なったからかもしれない、なんて今は考えそうになるのですが、そんな思慮《りょ》深さが当時の自分にあったとは思えません。ただ覚えているのは、彼女とすれ違った時にくさいと感じなかったことと、くさくないのに「くさい」とか「フケツ」と言っていいのかな？という疑問のようなものです。疑問のようなもの、というのは、当時これが言葉になるに③イタらない直観でしかなく、実際は「バリアしないとお前もフケツだぞ」と言う友人に対しては「いいじゃん別に」としか答えなかったと思うからです。今でも僕は人から「ゆるい」と言われますが、小学生の時は自分の中でよく分からないことに対して「いいじゃん別に」と答える癖《くせ》があったので「いいじゃん別に人間」というあだ名がついていました。だからその時もそう答えて、いつものように「出たよ、いいじゃん別に人間！」と言われていたはずなのです。

　小学校6年の時には林間学校という初めての泊《と》まり行事があり、そこでの最も大きなイベントはきもだめしでした。男女2人のペアになって手をつないで夜の林間を歩くのですが、そのペアづくりは生徒同士で自由に決めるというものでした。この自由なペアづくりはドキド

2020年度

ラ・サール中学校　▶解説と解答

算　数　(60分) ＜満点：100点＞

解　答

[1] (1) 583　(2) $\frac{25}{81}$　(3) 3.8　[2] (1) **最小**…112, **最大**…728　(2) 10200円
(3) $3\frac{1}{3}$cm^2　(4) あ 58度　い 26度　[3] (1) 40cm^3　(2) 17cm^3, 23cm^3
[4] (1) (ア) 9けた　(イ) 3回　(2) (ア) 103けた　(イ) 318　[5] (1) 48秒後　(2)
7回　(3) $\frac{48}{55}$秒　[6] (1) 4 cm　(2) $2\frac{4}{7}$cm　(3) 63：31

解　説

[1] 計算のくふう，逆算

(1) 57×15.2－114×2.6＋4×3.25＝57×15.2－57×2×2.6＋13＝57×15.2－57×5.2＋13＝57×(15.2－5.2)＋13＝57×10＋13＝570＋13＝583

(2) $\frac{1}{8}\times\left(2\frac{7}{9}+\frac{9}{11}-\frac{25}{81}\right)-\frac{9}{88}=\frac{1}{8}\times2\frac{7}{9}+\frac{1}{8}\times\frac{9}{11}-\frac{1}{8}\times\frac{25}{81}-\frac{9}{88}=\frac{1}{8}\times\frac{25}{9}+\frac{9}{88}-\frac{1}{8}\times\frac{25}{81}-\frac{9}{88}=\frac{1}{8}\times\frac{25}{9}-\frac{1}{8}\times\frac{25}{81}=\frac{1}{8}\times\left(\frac{25}{9}-\frac{25}{81}\right)=\frac{1}{8}\times\left(\frac{225}{81}-\frac{25}{81}\right)=\frac{1}{8}\times\frac{200}{81}=\frac{25}{81}$

(3) 19.9－1.4×(2.7＋□)＝10.8より，1.4×(2.7＋□)＝19.9－10.8＝9.1，2.7＋□＝9.1÷1.4＝6.5　よって，□＝6.5－2.7＝3.8

[2] 整数の性質，倍数算，面積，相似，角度

(1) ある整数をPとし，等しくなった商と余りをQとすると，P÷27＝Q余りQ(ただし，Qは26以下)と表せるから，P＝27×Q＋Q＝27×Q＋1×Q＝(27＋1)×Q＝28×Qとなる。よって，100÷28＝3.5…より，Pのうちで3けたで最小のものは，28×4＝112となる。また，Pのうちで最大のものは，28×26＝728であり，この数は3けたなので，あてはまる。

(2) はじめのA君，B君の所持金をそれぞれ⑤円，③円とすると，収入や支出があった後のA君の所持金は(⑤＋2400)円，B君の所持金は(③－720)円だから，(⑤＋2400)：(③－720)＝7：3と表せる。また，P：Q＝R：Sのとき，P×S＝Q×Rとなるので，(⑤＋2400)×3＝(③－720)×7となる。よって，(⑤＋2400)×3＝⑤×3＋2400×3＝⑮＋7200(円)と，(③－720)×7＝③×7－720×7＝㉑－5040(円)が等しいから，上の図1より，㉑－⑮＝⑥(円)が，7200＋5040＝12240(円)にあたる。したがって，①＝12240÷6＝2040(円)なので，はじめのA君の所持金は，⑤＝2040×5＝10200(円)と求められる。

図1

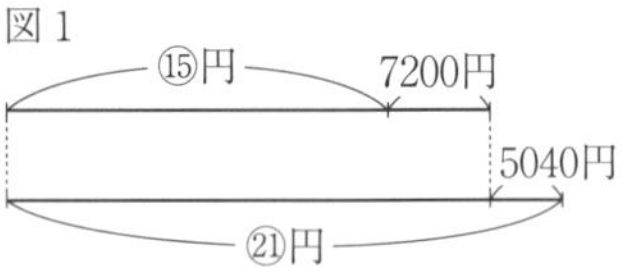

図2

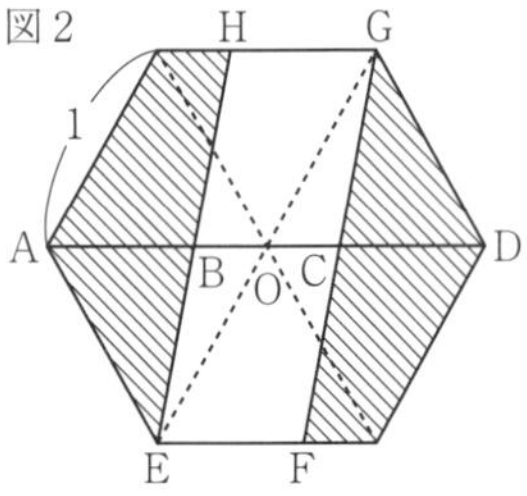

(3) 右の図2のように，正六角形を6つの正三角形に分けると，正三角形1個の面積は，6÷6＝1(cm^2)となる。また，正六角形の1辺の長さ(正三角形の1辺の長さ)を1とすると，ADの長さは2だから，

AB，BC，CDの長さはそれぞれ，$2\div3=\frac{2}{3}$となる。よって，BOの長さは，AO－AB＝$1-\frac{2}{3}=\frac{1}{3}$である。つまり，BOの長さはAOの長さの$\frac{1}{3}$倍なので，三角形BOEの面積は，$1\times\frac{1}{3}=\frac{1}{3}(\text{cm}^2)$とわかる。さらに，三角形BOEと三角形HGEは相似であり，相似比は，EO：EG＝１：２だから，面積比は，（１×１）：（２×２）＝１：４となり，三角形HGEの面積は，$\frac{1}{3}\times4=\frac{4}{3}(\text{cm}^2)$とわかる。同様に，三角形FEGの面積も$\frac{4}{3}\text{cm}^2$である。したがって，斜線《しゃせん》部分の面積は，$6-\frac{4}{3}\times2=3\frac{1}{3}$$(\text{cm}^2)$と求められる。

⑷　右の図３の三角形GBEで，三角形の外角はそれととなり合わない２つの内角の和に等しいから，角GEB＝122－90＝32(度)となる。また，三角形GEBと三角形GEB′はGE(折り目)について線対《たい》称《しょう》なので，角GEB′＝角GEB＝32度である。よって，角AEC＝180－32×２＝116(度)だから，角あ＝角FECより，角あ＝116÷２＝58(度)とわかる。さらに，三角形AGEで，角GAE＝180－(122＋32)＝26(度)となる。したがって，角EAF＝90－26＝64(度)であり，角D′AEは直角だから，角い＝90－64＝26(度)と求められる。

図３

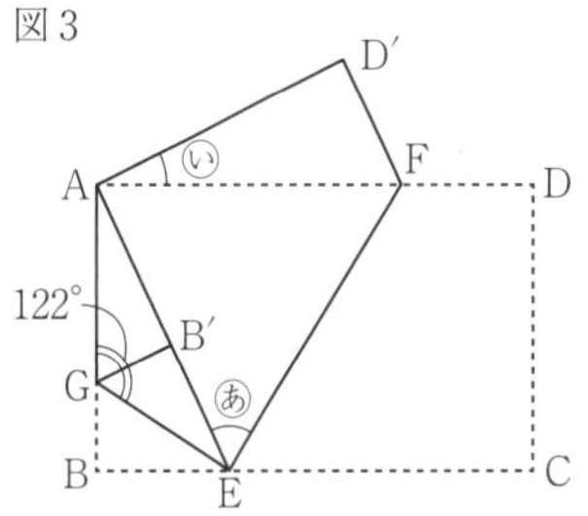

３　立体図形―体積，相似

⑴　問題文中の図の立体は，右の図の直方体ABCD－EHFGから三角すいB－EHFを切り取った立体である。直方体ABCD－EHFGの体積は，$3\times4\times4=48(\text{cm}^3)$である。また，三角すいB－EHFは，底面を三角形EHF，高さをBHとみると，底面積は，$4\times3\div2=6(\text{cm}^2)$，高さは４cmなので，体積は，$6\times4\div3=8(\text{cm}^3)$となる。よって，この立体の体積は，$48-8=40(\text{cm}^3)$と求められる。

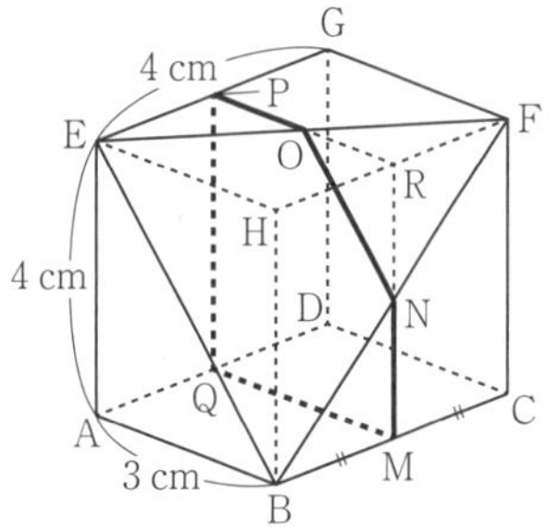

⑵　点Mを通り，面ABEに平行な平面で切ると，切り口は五角形MNOPQ(太線部分)になる。よって，切り分けてできる２つの立体のうち，頂点Ｆを含《ふく》む方の立体は，直方体CFGD－MRPQから三角すいN－ORFを切り取った立体とみることができる。ここで，三角すいN－ORFと三角すいB－EHFは相似であり，相似比は，FR：FH＝１：２だから，体積比は，（１×１×１）：（２×２×２）＝１：８となる。よって，三角すいN－ORFの体積は，$8\times\frac{1}{8}=1(\text{cm}^3)$であり，直方体CFGD－MRPQの体積は，直方体ABCD－EHFGの体積の半分の，$48\div2=24(\text{cm}^3)$なので，切り分けてできる立体のうち，頂点Ｆを含む方の立体の体積は，$24-1=23(\text{cm}^3)$と求められる。さらに，もう１つの，頂点Ｂを含む方の立体の体積は，⑴の立体の体積から頂点Ｆを含む方の立体の体積をひいて，$40-23=17(\text{cm}^3)$となる。

４　整数の性質

⑴　㋐，㋑　*A*が６けたの数333333のとき，2020との積を筆算で求めると，右の図１のようになる。この積は，２＋６＋１＝９(けた)で，各位の数のうち３は，あの部分に３回あらわれる。

図１

　　３３３３３３
×　　　２０２０
　　６６６６６６
６６６６６６
６７３３３２６６０
（あ）

図２

100けた
　　３３３………３３３
×　　　　　２０２０
　　６６６………６６６
６６６………６６６
６７３………３３２６６０
（い）

⑵　㋐　*A*が100けたの数333…333のとき，

2020との積を筆算で求めると，上の図2のようになる。この積は，2＋100＋1＝103(けた)である。

(イ)　この積の㋑の部分には3が，100－3＝97(個)ある。よって，この積の各位の数の和は，6＋7＋3×97＋2＋6＋6＋0＝318と求められる。

5 旅人算，倍数

(1)　点Pは，48÷3＝16(秒)ごとに点Aに戻《もど》る。また，円の一周の半分は，48÷2＝24(cm)なので，点Qは半周するのに，24÷8＝3(秒)かかり，3×2＝6(秒)ごとに点Aに戻る。よって，はじめて2点P，Qが点Aで重なるのは，16と6の最小公倍数の48秒後とわかる。

(2)　2点P，Qが動くようすは，下のグラフのように表すことができる。スタートしてから48秒後までに，2点P，QはC～Iの7回重なる。

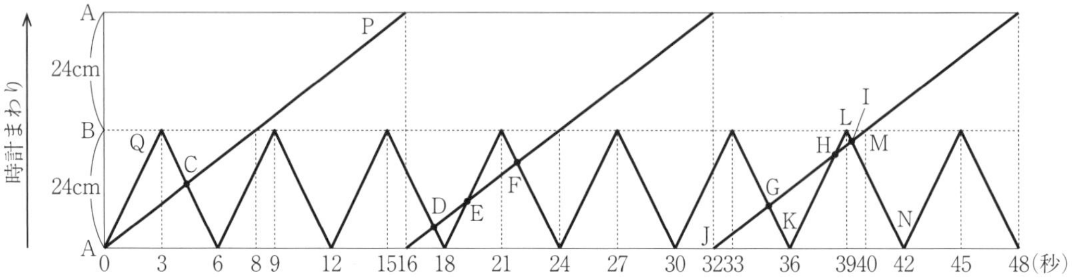

(3)　グラフより，HからIまでの時間が最短とわかる。三角形HJKと三角形HMLは相似であり，相似比は，JK：ML＝(36－32)：(40－39)＝4：1なので，KH：HL＝4：1であり，Hの時間は，$36+(39-36)\times\frac{4}{4+1}=38.4$(秒)となる。同様に，三角形IJNと三角形IMLは相似であり，相似比は，JN：ML＝(42－32)：1＝10：1なので，JI：IM＝10：1であり，Iの時間は，$32+(40-32)\times\frac{10}{10+1}=39\frac{3}{11}$(秒)となる。よって，HからIまでの時間は，$39\frac{3}{11}-38.4=\frac{48}{55}$(秒)と求められる。

6 平面図形―図形の移動，長さ，相似，辺の比と面積の比

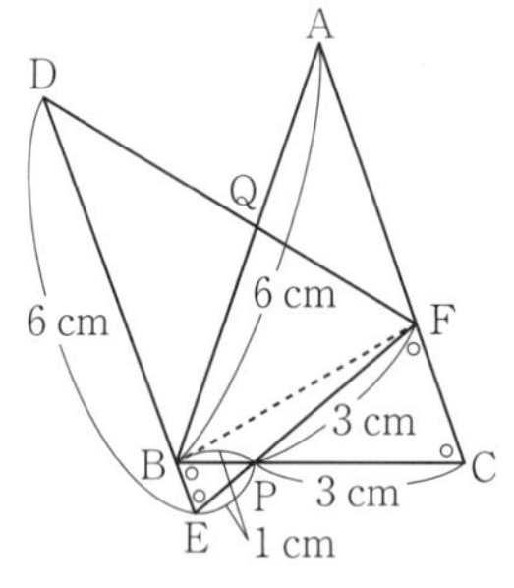

(1)　右の図で，点Pを中心として三角形ABCを回転させるとBはEに，CはFにうつったから，EP＝BP＝1 cm，FP＝CP＝4－1＝3(cm)である。また，角BPE＝角CPFである。よって，三角形PBEと三角形PCFは相似な二等辺三角形なので，○印をつけた4つの角の大きさはすべて等しくなる。さらに，三角形ABCと三角形DEFは合同だから，角ABC＝角BEPとなる。すると，角ABC＝角ACBとなるので，三角形ABCは，AB＝AC＝6 cmの二等辺三角形とわかる。このとき，三角形ABCと三角形PCFも相似な二等辺三角形となり，AB：AC：BC＝6：6：4＝3：3：2だから，PC：PF：CF＝3：3：2となる。したがって，$CF=3\times\frac{2}{3}=2$(cm)なので，AF＝6－2＝4(cm)と求められる。

(2)　角BEP＝角CFPより，DEとACは平行である。よって，三角形AQFと三角形BQDは相似だから，AQ：BQ＝AF：BDとなる。ここで，三角形PBEと三角形PCFの相似より，PB：PE：BE＝3：3：2だから，$BE=1\times\frac{2}{3}=\frac{2}{3}$(cm)であり，$BD=6-\frac{2}{3}=\frac{16}{3}$(cm)とわかる。したがって，AQ：BQ＝AF：BD＝4：$\frac{16}{3}$＝3：4となるので，$AQ=6\times\frac{3}{3+4}=2\frac{4}{7}$(cm)と求められる。

(3)　三角形DEFと四角形BEFQの面積比を求めればよい。まず，三角形DBFと三角形DEFの面積比は，DB：DE＝$\frac{16}{3}$：6＝8：9だから，三角形DBFの面積は三角形DEFの面積の$\frac{8}{9}$倍である。また，三角形AQFと三角形BQDの相似より，FQ：DQ＝AQ：BQ＝3：4なので，三角形DBQと三角形DBFの面積比は，DQ：DF＝4：(4＋3)＝4：7となる。よって，三角形DBQの面積は，三角形DEFの面積の，$\frac{8}{9}\times\frac{4}{7}=\frac{32}{63}$(倍)だから，三角形DEF(三角形ABC)と四角形BEFQの面積比は，1：$\left(1-\frac{32}{63}\right)$＝63：31である。

社 会 (40分) ＜満点：50点＞

解 答

1 **問1** エ **問2** (1) モスク (2) コーラン(クルアーン) **問3** ウ **問4** 長安 **問5** 一国二制度 **問6** イ **問7** ダイナマイト **問8** 京都市 **問9** エ

2 **問1** エ **問2** ユニバーサル **問3** ウ **問4** ア，オ(カ) **問5** ア **問6** イ **問7** イ **問8** **A** エ **B** イ **問9** ウ

3 **問1** ウ **問2** イ，ウ，ア，エ **問3** 国際連盟 **問4** エ **問5** イ **問6** エ **問7** (例) 応仁の乱が起こったから。 **問8** エ **問9** (例) (奥州藤原氏は，)遠方でとれるヤコウガイを入手できるほどの財力を持っていたということ。 **問10** ア，エ，イ，ウ **問11** エ，イ，ア **問12** L(と)M(の間)

4 **問1** (1) ① イ ④ ア (2) 香川県 (3) 種子島 (4) ① B ② D **問2** (1) ⑦ (2) ⑤ キ ⑥ カ (3) シ，G (4) ⑤ チ ⑥ タ **問3** (1) ニ (2) ナ

解 説

1 2019年のできごとを題材とした問題

問1 ブラジルは南アメリカ大陸の北東部に位置する国で，北部には世界最大の流域面積を持つアマゾン川が流れている。ポルトガルから独立した国であるため，公用語はポルトガル語である。なお，南アメリカ大陸のほかの国々の多くはスペインから独立したため，公用語はスペイン語となっている。

問2 (1) イスラム教は，7世紀にムハンマド(マホメット)が開いた宗教で，唯一《ゆいいつ》の神であるアッラーを崇拝《すうはい》する。信者はモスク(イスラム教の礼拝所)などで1日5回，聖地メッカ(サウジアラビア)に向かって礼拝する。 (2) イスラム教の聖典は，ムハンマドがアッラーから受けた啓示の記録「コーラン(クルアーン)」である。

問3 野口英世《ひでよ》は福島県出身の細菌《さいきん》学者で，北里柴三郎《しばさぶろう》が創設した伝染病研究所に入り，その後アメリカ合衆国に渡って研究を進めた。さらに，黄熱病の研究のためアフリカにおもむいたが，同病に感染して亡くなった。なお，北里は破傷風の治療《ちりょう》法(血清療法)を発見したことで知られる。

問4 平城京は710年に元明天皇が遷都《せんと》(都を遷《うつ》すこと)した奈良の都で，唐(中国)の都の長安(現在の西安《シーアン》)を手本として建設された。都の北部には大内裏《だいだいり》(皇居)があり，東西南北に碁盤《ごばん》の目のように整備された道が特色の条坊《じょうぼう》制が採用された。

問5 1997年，長くイギリス領であった香港《ホンコン》が中国(中華人民共和国)に返還された。しかし，香港

は資本主義，中国は社会主義と社会体制が異なるため，返還から50年間はそれまでの体制を維持することが認められた。これを「一国二制度」という。

問6　カシミール地方はインド北部に位置し，インドおよび西に隣接《りんせつ》するパキスタンがその領有を主張している。

問7　19世紀に活躍《かつやく》したスウェーデンの化学者・実業家ノーベルは，ダイナマイトや無煙火薬を発明して莫大《ばくだい》な財産を築いたが，それらが戦争の道具として使われたことを悔やみ，人類の幸福に貢《こう》献《けん》した人々に報いるための賞を設立することを遺言として残した。ノーベルの遺産を基金として設立されたのがノーベル賞で，物理学，化学，生理学・医学，平和，文学，経済学の６つの分野における功労者に毎年授与される。

問8　1997年，気候変動枠組《わくぐみ》条約(地球温暖化防止条約)の第３回締約《ていやく》国会議(COP３)が京都市で開かれ，地球温暖化の原因となる二酸化炭素などの温室効果ガスの削減《さくげん》などに関する「京都議定書」が採択《さいたく》された。また，2015年，気候変動枠組条約の第21回締約国会議(COP21)がパリ(フランス)で開かれ，地球温暖化対策に関する新しい国際的な取り決めとして「パリ協定」が採択された。アメリカ合衆国は，京都議定書とパリ協定のどちらも，採択後に離脱《りだつ》している。

問9　イギリスはEU(ヨーロッパ連合)に加盟していたが，共通通貨であるユーロは採用せず，独自通貨であるポンドを使用していた。よって，エが適切でない。

2　社会科見学を題材とした問題

問1　市で公共事業を行うときは，市役所が競争入札などを行って事業者を決めることになっており，談合(事業者同士の話し合い)は禁止されているので，エが誤っている。

問2　都市設計や商品などについて，障がいや年齢などに関係なく，すべての人が使いやすく快適に暮らすことができるようにするデザインのことを，ユニバーサルデザインという。容器の表面に凹凸《おうとつ》の印をつけ，さわっただけで区別できるようにしたシャンプーとリンス(コンディショナー)などが代表的な例として知られる。

問3　ア　市議会議員など地方議会議員の被選挙権は満25歳以上である。　イ　「政令」ではなく「条例」が正しい。なお，政令は法律の執行に必要な細則を定めたもので，内閣が制定する。　ウ　市議会は市民の直接選挙で選ばれた代表で構成され，市の仕事が正しく運営されているかどうかをチェックする機能を持つ。よって，正しい。　エ　市町村の予算は市町村議会が決める。

問4　ア　日本国憲法では納税の義務，子どもに普通教育を受けさせる義務，勤労の義務の３つが国民の義務として明記されている。よって，正しい。　イ　消費税は2019年10月から税率が10％に引き上げられたが，酒類と外食をのぞく飲食料品と定期購読《こうどく》の新聞代については，税率を８％のままとする軽減税率の制度が取り入れられた。　ウ　「200万円以上の」ではなく「103万円を超《こ》える」が正しい。　エ　公立の小・中学校の教科書代は無償《むしょう》であるが，副教材や給食，課外授業や修学旅行などにかかる費用は各家庭が負担する。なお，日本国憲法第26条２項では「義務教育は，これを無償とする」と定められているが，ここでいう「無償」とは，公立の小・中学校においては授業料を徴収《ちょうしゅう》しないことを意味する。　オ　警察や消防の仕事にかかる費用は，地方自治体の税金でまかなわれる。よって，正しい。　カ　国の税収は現在，所得税が30.3％と最も多く，消費税が27.9％とこれにつぐ(2018年度当初予算)。ただし，今回の消費税増税で，消費税が最も多くなる可能性が高い。統計資料は『日本国勢図会』2019／20年版による(以下同じ)。

問5　①　最高裁判所以外の裁判所を下級裁判所といい，高等裁判所(全国に8か所)，地方裁判所・家庭裁判所(全国に50か所)，簡易裁判所(全国に438か所)がある。　②　重大な刑事事件について審理する裁判で，地方裁判所で行われる第一審に，事件ごとに満20歳以上の有権者の中からくじで選ばれた裁判員が参加するしくみを，裁判員制度という。裁判では3名の裁判官と6名の裁判員が話し合って有罪か無罪かを判断し，有罪の場合には刑の重さも決めることになっている。なお，陪審《ばいしん》(員)制度はアメリカ合衆国などで採用されており，裁判員制度とは異なり，評決は陪審員だけで決定され，有罪か無罪かだけが判断される。

問6　ア　6月に国民の祝日はない。　イ　8月11日は「山の日」となっている(2020年は10日に変更)。よって，正しい。　ウ　10月第2月曜日の「体育の日」は，2020年から「スポーツの日」という名称に変更された。ただし，2020年のみ，2020東京オリンピック・パラリンピックの開会式が行われる予定だった7月24日に移された。　エ　2018年まで12月23日が「天皇誕生日」だったが，新天皇の即位《そくい》により2月23日に変更された。

問7　日本国憲法第25条は生存権についての規定で，「すべて国民は，健康で文化的な最低限度の生活を営む権利を有する」としている。よって，イが正しい。

問8　1月をのぞくすべての月で最多となっているAは中国。また，1月に最多で2月～7月に中国についで多かったBは韓国(大韓民国)で，8月以降に大きく減っているのは日本政府と韓国政府の関係悪化の影響による。なお，Cは台湾，Dは香港，Eはアメリカ合衆国。

問9　ア　「石炭」ではなく「石油(原油)」が正しい。なお，石油の輸入先上位3か国はサウジアラビア，アラブ首長国連邦，カタール，石炭の輸入先上位3か国はオーストラリア，インドネシア，ロシア。　イ　航空機や農産物は，日本がアメリカ合衆国からおもに輸入している品目である。ウ　ブラジルには明治時代末から多くの日本人が移民として渡ったことから，現在も多くの日系人がいる。　エ　北方領土とよばれるのは千島列島南部にある択捉《えとろふ》島，国後《くなしり》島，歯舞《はぼまい》群島，色丹《しこたん》島で，その返還をめぐる対立があるのはロシア連邦との間である。なお，日本と韓国の間には，島根県隠岐《おき》諸島の北西に位置する竹島(韓国名「独島《トクド》」)をめぐる対立がある。

3　各時代の歴史的なことがらについての問題

問1　明治政府は1872年に琉球《りゅうきゅう》王国を廃止して琉球藩を置いたのち，1879年に軍隊・警察を派遣したうえで沖縄県として日本に編入した(琉球処分)。琉球王国は攻め滅《ほろ》ぼされていないので，ウが誤っている。

問2　アは1941年，イは1922年，ウは1936年，エは1946年のできごとである。よって，年代の古い順にイ→ウ→ア→エとなる。なお，ウの「軍人による大臣殺害事件」とは，二・二六事件(1936年)のこと。

問3　1919年，第一次世界大戦(1914～18年)の講和会議がフランスのパリで開かれ，アメリカ合衆国大統領ウィルソンの提唱により，国際平和をめざす国際連盟規約が結ばれた。そして翌20年，国際連盟が発足し，日本は常任理事国として加盟した。

問4　ア　「東海道五十三次」は，歌川(安藤)広重が描いた浮世絵《うきよえ》版画集である。　イ　松尾芭《ば》蕉《しょう》は江戸時代前半の元禄《げんろく》文化を代表する俳人である。元禄文化が栄えたのは，第5代将軍徳川綱《つな》吉《よし》の時代(元禄時代)なので，Dの第8代将軍吉宗の時代よりも前である。　ウ　「キリスト教や儒学《じゅがく》」ではなく「仏教や儒教」が正しい。　エ　伊能忠敬《いのうただたか》が1800～16年に行ったことの説明として正しい。

問5　シャクシャインの戦い(1669年)は，蝦夷《えぞ》地(北海道)に置かれた松前藩が，アイヌに対して不当な交易を強いることに対抗《たいこう》して起こった。よって，イが誤っている。なお，北海道で稲作が本格的に行われるようになったのは，明治時代以降である。

問6　ア　桶狭間《おけはざま》の戦いが起こったのは1560年で，Fの時代よりも前である。　イ　豊臣秀吉による2度にわたる朝鮮出兵(1592～93年の文禄の役と，1597～98年の慶長《けいちょう》の役)は，1598年に秀吉が死去したことで中止された。　ウ「関東」ではなく「関西」が正しい。　エ　1637年に起こった島原の乱(島原・天草一揆《いっき》)の説明として正しい。

問7　1467年，室町幕府の第8代将軍足利義政の後継《あとつ》ぎをめぐる争いに，守護大名であった細川氏と山名氏の対立などがからんで応仁の乱が起こった。戦いは，諸国の守護大名が東西両軍に分かれ，京都を中心に11年も続いたため，京都の町はすっかり荒れはててしまった。清水《きよみず》寺や建仁《けんにん》寺も，その被害を受けて焼失した。

問8　ア　日本に初めて鉄砲が伝えられたのは1543年である。当時の日本は戦国時代であったため，鉄砲はまたたく間に各地に広がった。　イ　画僧の雪舟《せっしゅう》は応仁の乱が起こった1467年に明(中国)に渡って水墨画《すいぼくが》の技法をみがき，帰国後は，当時，日明貿易(勘合《かんごう》貿易)の実権をにぎっていた周防《すおう》国(山口県)の守護大名大内氏の保護のもとで作画にはげみ，日本の水墨画を大成した。　ウ「書院造り」ではなく「寝殿造り」が正しい。　エ　鎌倉幕府は承久《じょうきゅう》の乱(1221年)に勝利すると，1232年には第3代執権《しっけん》北条泰時《やすとき》が最初の武家法である御成敗式目《ごせいばいしきもく》(貞永《じょうえい》式目)を制定したことで，武家による全国支配の体制を確立した。

問9　平泉(岩手県)にある中尊寺の金色《こんじき》堂は全面に金箔《きんぱく》が貼《は》られており，奥州藤原氏の栄華《えいが》のようすを今に伝えている。南西諸島という遠方でとれるヤコウガイを大量に装飾《そうしょく》に使えたのも，大きな財力を持っていたためである。

問10　アは630年，イは694年，ウは712年，エは645年のできごとである。よって，年代の古い順にア→エ→イ→ウとなる。

問11　Nは飛鳥時代で，アは古墳時代の埴輪《はにわ》とよばれる素焼きの土製品，イは弥生時代のかめ棺《かん》とよばれる棺《ひつぎ》，エは縄文時代の土器である。また，ウはペルシア(現在のイラン)製の水差し(漆胡《しっこ》瓶《へい》)で，奈良時代に遣唐使によりもたらされた。聖武天皇の愛用品として東大寺(奈良県)の正倉院に納められていた宝物である。よって，ウをのぞき，年代の古い順にエ→イ→アとなる。

問12　ア　ノルマントン号事件(1886年)が起こると，国内で不平等条約改正の世論が高まったが，治外法権(領事裁判権)の撤廃《てっぱい》は1894年，関税自主権の回復は1911年まで待たなければならなかった。よって，この文は正しくない。　イ　保元の乱(1156年)は天皇方と上皇方の争いで，平清盛が味方した後白河天皇が勝利した。よって，この文は正しくない。　ウ　内容的に正しい。東大寺の大仏が完成したのは752年なので，LとMの間に入る。

4　日本の地理についての問題

問1　(1)～(3)　①　雨温図を見ると，気温が低く，冬は0度を下回る。よって，亜《あ》寒帯の気候に属する利尻《りしり》島(北海道)とわかり，イがあてはまる。島の中央部にある利尻山は，形が富士山に似ているため「利尻富士」ともよばれる。　②　雨温図を見ると，降水量が少なく温暖である。よって，瀬戸内の気候に属する小豆《しょうど》島(香川県)と考えられ，ウが選べる。小豆島は瀬戸内海で淡路《あわじ》島(兵庫県)についで大きい。　③　南北に細長い特徴的な形から種子島《たねがしま》(鹿児島県)と判断でき，エがふさわしい。　④　雨温図を見ると，気温が高く降水量が多い。よって，亜熱帯の気候に属する与《よ》那国《なぐに》島(沖縄県)とわかり，アがあてはまる。与那国島は日本の最西端にあたる。　(4)　各都道府県面積に占《し》める島の面積の割合が最小のBは利尻島で，最大のDは小豆島である。都道府県別の面積第1位が北海道，最下位が香川県であることから判断できる。残ったAとCのうち，都道府県庁と島との直線距離が長いAは，各島が点在している沖縄県に属する与那国島，もう一方のCが種子島である。なお，都道府県庁所在地は，①の北海道が札幌市，②の香川県が高松市，③の鹿児島県が鹿児島市，④の沖縄県が那覇《なは》市。

問2　(1)　それぞれの都市の人口は，⑤の○新潟市が約80万人，▲水戸市(茨城県)が約27万人。⑥の○福井市が約27万人，▲甲府市(山梨県)が約19万人。⑦の○福岡市が約153万人，▲宮崎市が約40万人。よって，人口の差が最も大きいのは⑦である。　(2)　⑤　○新潟市から福島県，栃木県を経由し，広い関東平野の北東部にある▲水戸市にいたる。よって，断面図はキがあてはまる。

⑥　○福井市と▲甲府市の間には「日本アルプス」の木曽山脈(中央アルプス)と赤石山脈(南アルプス)があり，2000mを超える山々が多く見られる。よって，断面図はカがあてはまる。　なお，⑦の断面図はクで，1500m付近は九州山地にあたる。　(3)　新潟県や福井県は水田単作地帯(東北地方の日本海側の地域や北陸地方)に属するので，米の割合が高いサの○とシの○は，一方が新潟県，もう一方が福井県と考えられる。また，甲府市の属する山梨県は果実の生産がさかんで，宮崎市の属する宮崎県は畜産がさかんである。よって，サは⑥(○は福井県で▲は山梨県)でGは果実，スは⑦(▲は宮崎県)でFは畜産，シは⑤(○は新潟県)という順で考えるとあてはまり，Eは野菜となる。　(4)　表を見ると，タの○の繊維《せんい》工業とツの○の輸送用機械器具製造業の割合の高さが目立つ。また，⑤～⑦の○と▲が属する県のうち，北陸工業地域に属する福井県は繊維工業がさかんで，福岡県は中国への自動車の輸出がさかんである。よって，タは⑥(○は福井県)，ツは⑦(○は福岡県)と判断でき，残ったチが⑤となる。

問3　(1)　コンビニエンスストアはふつう，人通りの多い駅前や自動車などの交通量の多い道路沿いにつくられるので，▲(ニ)があてはまる。　(2)　中央に位置する駅の西側に，×(ヌ)が集中している。小学校は校舎や校庭など広い敷地が必要で，このように集中することはないので，×(ヌ)は仏教寺院と考えられる。よって，●(ナ)が小学校となる。

理　科　(40分) <満点：50点>

解　答

[1]　①　24　②　明石　③　東　④　おそく　⑤　1　⑥　11　⑦　10　⑧　9　⑨　10　⑩　18　⑪　17　⑫　10　⑬　7　⑭　もどす　⑮　進める　[2]　〔A〕 (1)　2：3　(2)　5cm　(3)　イ　(4)　A　10cm　B　6cm　(5)　A　6cm　B　9cm　(6)　50g　(7)　44cm，80g　〔B〕 (1)　①　太い　②　増やした　③　小さくなる　(2)　オ　[3]　〔A〕 (1)　水素　(2)　④，⑤　(3)　112mL　(4)　168mL　(5)　300，433　〔B〕 (1)　2：1　(2)　水素が60mL　(3)　酸素が60mL　(4)　下の図①

(5) 下の図② (6) 70mL 4 〔A〕 (1) ウ (2) イ (3) イ (4) 気孔 (5) 1g (6) ① 下がり ② 増える 〔B〕 (1) **図1**…ウ **図2**…イ **図3**…ア (2) エ (3) 250匹

図①

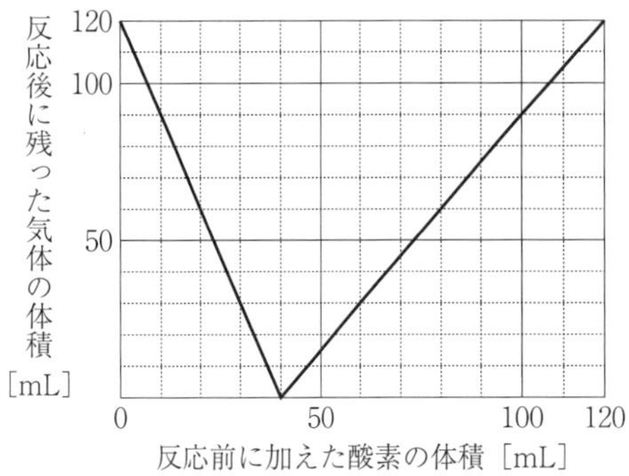

図②

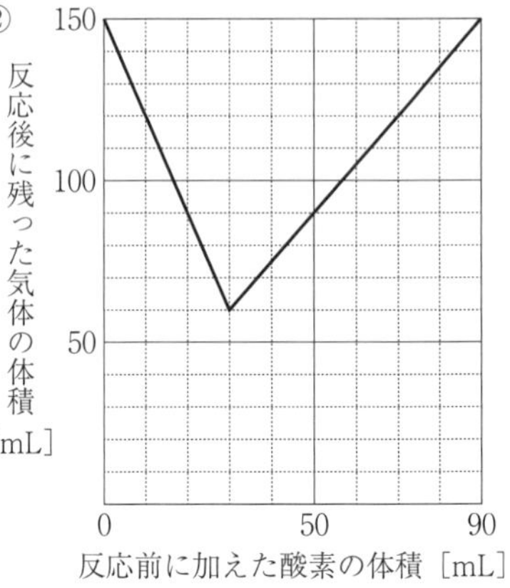

解 説

1 地球の自転と時差についての問題

① 1日(正午から正午までの間)は24時間なので，その時間を24等分したものが1時間といえる。 ② 日本は兵庫県明石《あかし》市を通る東経135度の経線を標準時子午線としており，正午にはこの経線上の地域で太陽が南中する。 ③ 明石市で太陽が南中する正午のとき，明石市よりも西の地域(鹿児島市など)では太陽が真南より東にあり，明石市よりも東の地域では太陽が真南より西にある。 ④ 地球は西から東に自転しているため，明石市よりも西の地域では，正午のときに真南より東にある太陽が南中するまで，しばらく待つ必要がある。そのため，太陽の南中時刻が正午よりもおそくなる。同様に，日の出・日の入りの時刻も，明石市よりおそくなる。なお，明石市よりも東の地域では逆に，南中時刻や日の出・日の入りの時刻が正午よりも早くなる。 ⑤ 地球は24時間で1回自転しているので，太陽は，$24\times\frac{15}{360}=1$(時間)に15度ずつ西に動く。 ⑥ 中国やフィリピンの標準時子午線は日本標準時子午線の，135−120＝15(度)西にあるので，日本が正午のとき，中国やフィリピンの時刻は，12−1＝11(時)となる。 ⑦ タイやベトナムの標準時子午線は日本標準時子午線の，135−105＝30(度)西にあるので，日本が正午のとき，タイやベトナムの時刻は，12−30÷15＝10(時)となる。 ⑧ イギリスは，首都ロンドン郊外の旧グリニッジ天文台を通る0度の経線を標準時子午線としている。この経線は，全世界の経度や時刻の基準となっているため，本初子午線(世界標準時子午線)とよばれる。本初子午線は日本標準時子午線の135度西にあるので，イギリスは太陽の南中が日本より，135÷15＝9(時間)おくれる。 ⑨，⑩ 14−9＝5より，飛行機が日本を出発した日時はイギリス時間の12月10日5時である。したがって，5＋13＝18より，飛行機がイギリスにとう着した日時はイギリス時間の12月10日18時である。 ⑪ ロサンゼルスの標準時子午線は日本標準時子午線の，135＋120＝255(度)西にあるので，ロサンゼルスは太陽の南中が日本より，255÷15＝17(時間)おくれる。 ⑫，⑬ 14＋24−17＝21より，飛行機が日本を出発した日時はロサンゼルス時間の12月9日21時である。よって，21＋10−24＝7より，飛行機がロサンゼルスにとう着した日時はロサンゼルス時間の12月10日7時である。 ⑭，⑮ 太平洋

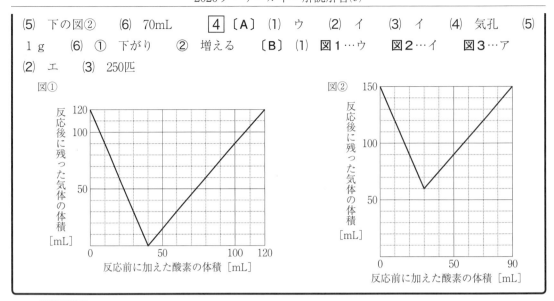

まわりで考えると，ロサンゼルスの標準時子午線は日本標準時子午線の，360－255＝105(度)東にあるので，ロサンゼルスは太陽の南中が日本より，105÷15＝７(時間)早くなる。すると，14＋７＝21より，飛行機が日本を出発した日時はロサンゼルス時間の12月10日21時となり，ヨーロッパまわりで考えたときの12月９日21時とちょうど１日違う(進んだ)答えが出る。このように，日付変更線を西から東にまたいで考えたときは，日付を１日もどすと，ヨーロッパまわりも太平洋まわりも同じ答えになる。逆に，日付変更線を東から西にまたいで考えたときは，日付を１日進めればよい。

2 ゴムひもの伸《の》び，電熱線の発熱についての問題

〔A〕 (1) 図１より，おもりの重さが100ｇのとき，Ａは10cm伸び，Ｂは15cm伸びる。したがって，同じ重さのおもりをつるしたときの，ＡとＢの伸びた分の長さの比は，10：15＝２：３と求められる。

(2) 図１より，Ａに50ｇのおもりをつるすと５cm伸びることがわかる。

(3) 図２では，50ｇのおもりの重さのすべてがＡにかかる。一方，図３では，50ｇのおもりの重さの一部を斜面《しゃめん》が支えるので，そのぶんＡにかかる力が小さくなり，Ａの伸びも図２のときより小さくなる。

(4) Ａには，60＋40＝100(ｇ)の力がかかるので，Ａは10cm伸びる。一方，Ｂには40ｇの力がかかるので，Ｂは，$15\times\frac{40}{100}=6$(cm)伸びる。

(5) Ａ，Ｂのどちらにも60ｇの力がかかるので，Ａは，$10\times\frac{60}{100}=6$(cm)伸び，Ｂは，$15\times\frac{60}{100}=9$(cm)伸びる。

(6) Ａ，Ｂはどちらも，43－40＝３(cm)伸びているので，Ａには，$100\times\frac{3}{10}=30$(ｇ)，Ｂには，$100\times\frac{3}{15}=20$(ｇ)の力がかかっている。よって，おもりＸは，30＋20＝50(ｇ)とわかる。

(7) Ｃの自然長(おもりをつるしていないときの長さ)はＡの自然長よりも，40－36＝４(cm)長い。また，100ｇの力を加えると，ＣはＡよりも，20－10＝10(cm)多く伸びる。したがって，図７ではＡとＣに，$100\times\frac{4}{10}=40$(ｇ)ずつの力がかかっているので，おもりＹは，40＋40＝80(ｇ)である。そして，Ｃの全体の長さは，$36+20\times\frac{40}{100}=44$(cm)と求められる。

〔B〕 (1) ① 電熱線の太さのみを変えると，太い電熱線の方が大きな電流が流れて，発熱量が大きくなる。　② 直列につなぐ乾《かん》電池の数を増やすと，回路に流れる電流が大きくなるため，電熱線の発熱量が大きくなる。　③ ２つの乾電池を並列につないだときは，回路に流れる電流が乾電池１個のときと同じになるため，図１よりも回路に流れる電流が小さくなり，電熱線の発熱量が小さくなる。

(2) 乾電池１個の電圧(電流を流そうとするはたらき)を１とすると，ア，オ，カの電圧は３，イ，ウの電圧は２，エの電圧は１となる。ア，オ，カのうち，抵抗《ていこう》(電流の通しにくさ)が最も小さいオの発熱の量が最も大きい。また，イは，抵抗はオと同じだが電圧がオよりも小さいので，オよりも発熱の量が小さい。そして，ウとエは，抵抗がオよりも大きく電圧がオよりも小さいので，オよりも発熱の量が小さい。よって，発熱の量が最も大きいのはオである。

3 水溶液《すいようえき》の中和，混合気体の燃焼についての問題

〔A〕 (1) アルミニウムは塩酸にも水酸化ナトリウム水溶液にも溶《と》けて水素を発生する。

(2) ③にアルミニウムを加えても水素が発生していないのは，塩酸と水酸化ナトリウム水溶液が過

不足なく中和して食塩と水ができ，アルミニウムが反応しなくなったためである。また，BTB溶液は，酸性で黄色，中性で緑色，アルカリ性で青色を示す。したがって，①～⑤にBTB溶液を加えると，中性になっている③は緑色，水酸化ナトリウム水溶液Ｙが③よりも少ないため酸性になっている①と②は黄色，水酸化ナトリウム水溶液Ｙが③よりも多いためアルカリ性になっている④と⑤は青色に変化する。

(3)　③より，塩酸Ｘと水酸化ナトリウム水溶液Ｙは，100：200＝１：２の体積比で過不足なく中和する。①では，100mLの水酸化ナトリウム水溶液Ｙと，100×$\frac{1}{2}$＝50(mL)の塩酸Ｘが中和して，塩酸Ｘが，100－50＝50(mL)残り，その塩酸Ｘがすべてアルミニウムと反応して56mLの水素を発生している。よって，100mLの塩酸Ｘに十分な量のアルミニウムを加えると，56×$\frac{100}{50}$＝112(mL)の水素が発生する。

(4)　④では，100mLの塩酸Ｘと200mLの水酸化ナトリウム水溶液Ｙが中和して，水酸化ナトリウム水溶液Ｙが，300－200＝100(mL)残り，その水酸化ナトリウム水溶液Ｙがすべてアルミニウムと反応して168mLの水素を発生している。したがって，100mLの水酸化ナトリウム水溶液Ｙに十分な量のアルミニウムを加えると，168mLの水素が発生する。

(5)　⑥で56mLの水素が発生するのは，アルミニウムを加える前のときに，50mLの塩酸Ｘが残っている場合(…Ⓐ)と，100×$\frac{56}{168}$＝$\frac{100}{3}$(mL)の水酸化ナトリウム水溶液Ｙが残っている場合(…Ⓑ)のどちらかである。Ⓐの場合，中和した塩酸Ｘは，200－50＝150(mL)なので，(ア)は，150×$\frac{2}{1}$＝300(mL)となる。Ⓑの場合，中和した水酸化ナトリウム水溶液Ｙは，200×$\frac{2}{1}$＝400(mL)なので，400＋$\frac{100}{3}$＝433.3…より，(ア)は433mLとなる。

〔Ｂ〕 (1)　図３より，50mLの酸素と，150－50＝100(mL)の水素が過不足なく反応するので，100：50＝２：１と求められる。

(2)　反応前には水素が，150－30＝120(mL)あり，そのうちの，30×$\frac{2}{1}$＝60(mL)が酸素と反応するので，反応後には水素が，120－60＝60(mL)残る。

(3)　反応前には水素が，150－90＝60(mL)あり，この水素がすべて，60×$\frac{1}{2}$＝30(mL)の酸素と反応するので，反応後には酸素が，90－30＝60(mL)残る。

(4)　水素と酸素の合計の体積が120mLになるようにしたときには，反応前に加えた酸素の体積を，120×$\frac{1}{2+1}$＝120×$\frac{1}{3}$＝40(mL)にしたときに，水素と酸素が過不足なく反応して，反応後に残った気体の体積が０mLとなる。また，反応前に加えた酸素の体積を０mLにしたときと120mLにしたときは，点火しても反応が起こらないので，反応後に残った気体の体積が120mLになる。よって，グラフは解答の図①のようになる。

(5)　60mLの窒素《ちっそ》は反応しないので，150－60＝90(mL)の気体について，反応前に加えた酸素の体積を，90×$\frac{1}{3}$＝30(mL)にしたときに，水素と酸素が過不足なく反応して，反応後に残った気体の体積が60mLとなる。また，反応前に加えた酸素の体積を０mLにしたときと90mLにしたときは，点火しても反応が起こらないので，反応後に残った気体の体積が150mLになる。したがって，グラフは解答の図②のようになる。

(6)　窒素の体積(60mL)は反応の前後で変化しない。そして，反応後に残った気体の体積の50％を酸素が占《し》めるとき，窒素の割合は，100－50＝50(％)となる。よって，反応後に残った気体の体積は，60÷0.5＝120(mL)であり，反応後に酸素が残るのは反応前に酸素を30mLより多く加えたときなので，図②より，このようになるのは反応前に酸素を70mL加えたときとわかる。

4 植物の蒸散作用，動物の分布についての問題

〔A〕 (1) 種子をつくる種子植物のうち，胚珠《はいしゅ》が子房《しぼう》に包まれているものを被子《ひし》植物という。被子植物は，発芽のときに１枚の子葉が出る単子葉植物と，２枚の子葉が出る双《そう》子葉植物に分類される。イネ，トウモロコシ，ムギなどは単子葉植物，エンドウ，ダイコン，アサガオ，ソラマメ，ヒマワリ，ホウセンカなどは双子葉植物である。また，植物の根・茎《くき》・葉には，根から吸い上げた水などの通り道である道管と，葉でつくられた養分の通り道である師管が通っていて，道管の集まりと師管の集まりが束《たば》になっているものを維管束《いかんそく》という。葉脈は葉を通る維管束がすじのように見えるものである。単子葉植物は，葉に平行脈(およそ平行な葉脈)が見られ，根は茎のつけねから細い根が多数出ているひげ根というつくりになっており，茎の断面では維管束が不規則に散らばっている。一方，双子葉植物は，葉に網《もう》状脈(網目《あみめ》状の葉脈)が見られ，根は主根とよばれる太い根と，主根から分かれてのびる側根とでできており，茎の断面では維管束が輪状に並んでいる。

(2) 葉のついているホウセンカの茎を赤色のインク水の入った試験管にさしておくと，イの道管が赤くそまる。

(3) 水が蒸発(蒸散)する部分を○，蒸発しない部分を×で表すと，右の表のようにまとめることができる。蒸発する水の量は，Dより，試験管の水面では0.1gであり，CとDを比べると，茎では，0.4－0.1＝0.3(g)とわかる。

	葉の表	葉の裏	茎	試験管の水面	水の減少量
A	○	○	○	○	6.8g
B	×	○	○	○	6.2g
C	×	×	○	○	0.4g
D	×	×	×	○	0.1g
E	○	×	○	○	(a)

同様に，BとCを比べると，葉の裏では，6.2－0.4＝5.8(g)となり，AとBを比べると，葉の表では，6.8－6.2＝0.6(g)となる。したがって，最も多く水が蒸発する部分は葉の裏である。

(4) 植物のからだの表皮のところどころには，気孔《きこう》とよばれるすき間があいており，気孔のまわりには気孔を開けたり閉めたりする孔辺細胞《さいぼう》がある。気孔はふつう葉の裏側に多くあり，植物は体内の水分や温度の調節，地中からの水や養分の吸い上げなどのために，水蒸気を気孔から空気中に放出する蒸散を行っている。なお，光合成や呼吸にともなう酸素や二酸化炭素などの気体の出入りも，気孔を通して行われる。

(5) Eは葉の裏から水が蒸発しないので，(a)は，6.8－5.8＝１(g)と求められる。

(6) 植物の表面からたくさんの水が蒸発するとき，気化熱として多くの熱がうばわれていくため，植物の表面の温度が下がる。また，１本のつながった道管の中で気孔から水が蒸発してなくなると，毛細管現象によって根から吸収されていく水の量が増える。

〔B〕 (1) 巣や群れを作るアは図３，他の個体の位置とは無関係になるイは図２，互《たが》いに一定の距《きょ》離《り》を保ち合うウは図１がふさわしい。

(2) イワガキのような，移動能力が高くなくほぼ同じ場所でずっと生息する生き物は，問題に示されたような方法では個体数を推定することができない。

(3) 示されている式を用いると，この池に生息するブラックバスの全体の個体数は，$\frac{45\times50}{9}$＝250(匹)と推定できる。

国語 (60分) ＜満点：100点＞

解答

一 **問1** (例) 彼女をくさいと感じなかったし，くさくないのに「くさい」とか「フケツ」とか言うことになんとなく抵抗を感じたから。 **問2** 意 **問3** ニ **問4** (例) 皆から「くさい」と言われている自分と手をつなぐのも，そうすることで周りから「フケツがうつった」と言われるのも，相手がいやがると思ったから。 **問5** ホ **問6** (例) 理由もないのに周囲に合わせて拒絶することをせずに，こちらからかかわることで，相手の心が動き，その動きがこちらに返ってきて，自分の心までも動かされるもの。 **問7** 下記を参照のこと。

二 **問1** A チ B イ C ニ **問2** a ロ b ハ c ホ **問3** ホ **問4** ハ **問5** (例) 花がうまく育たなかったらここに植えた自分たちの責任だと考え，すっきりしない思いを抱き始めるとともに，さみしげで頼りない花のようすが周囲にうまく順応できていない自分と重なり，自分も今いる場所でやっていけるのかと不安がつのっている。 **問6** (例) マスクを使って他者との深い交流を避けることで，再び自分が傷つくことを防ぐため。

三 下記を参照のこと。

●漢字の書き取り

一 問7 ① 程度 ② 前述 ③ 至(到)(らない) ④ 段階 ⑤ 以降 三 ① 基幹 ② 宿願 ③ 枚挙 ④ 老練 ⑤ 刷新 ⑥ 火急 ⑦ 唱和 ⑧ 処世 ⑨ 息災 ⑩ 専横 ⑪ 才 ⑫ 郷 ⑬ 労 ⑭ 奮(憤) ⑮ 機

解説

一 **出典は日本文藝《ぶんげい》家協会編の『ベスト・エッセイ2019』所収の「静かな分岐《ぶんき》点(星野概念《ほしのがいねん》作)」による。**筆者が小学生の時にいじめの対象になっていた女の子について，周囲のいじめの心理を考察し，ささやかだが彼女《かのじょ》とたがいに心が動いた体験を語っている。

問1 「それ」は，みんなが「汚《きたな》い」「くさい」と言っていた女の子と廊下《ろうか》ですれ違《ちが》ったときに，「バリア」を意味するポーズをとる友人の行動を指す。同じ段落で，当時の筆者がそれに同調しなかった理由について，「ただ覚えているのは，彼女とすれ違った時にくさいと感じなかったことと，くさくないのに『くさい』とか『フケツ』と言っていいのかな？ という疑問のようなものです」と述べられているので，この部分をまとめる。

問2 「意を決する」は，覚悟《かくご》を決めること。

問3 彼女が遠ざけられていた理由について，現在の筆者が考えていることがらは，二つ目の段落で説明されている。「小学生であるその女子は，自分ではコントロールできない何かしらの事情によって，クラスという社会において，大多数と違いを持つ忌《い》むべき存在と認識《にんしき》されてしまっていました」とあるので，ニが合う。

問4 この後，彼女は「私，くさいし」と言っている。彼女は自分が「くさい」と言われていることを知っており，そんな自分と手をつなげば筆者に迷惑《めいわく》がかかると思い，「手，つながないでいいよ」と言ったのだと考えられる。

問5　「思慮《しりょ》」は，深くものごとを考えること。これとは対照的な「ルールを守らないために『怒《おこ》られたくない』と思っただけの行動」だったと現在の筆者は考えているので，ホが選べる。

問6　「『バリア』と簡単に断絶」するのは，小学生の時に筆者の友人がやっていたことで，筆者はそれに同調できなかったと述べている。また，直前で，「対話」は「相手の何かしらに対して反応をし，その反応に対してまた相手から反応が返ってくる」ものだと説明されている。これらの内容をまとめればよい。

問7　①　この場合の「程度」は，基準を表す言葉の後について，ものごとの水準がほぼそのあたりであることを表す。　②　前に述べていること。　③　音読みは「シ」で，「至急」などの熟語がある。　④　ものごとが進行したり変化したりする過程における，ある一つの状態。　⑤　ある時より後。

二　**出典はささきありの『天地ダイアリー』による。**クラスの栽培委員会が分裂《ぶんれつ》状態になったためひとりで花壇《かだん》の植えつけに参加した「ぼく」が，花の苗《なえ》に自分を重ねて悲観的になっていく場面である。

問1　A　「口をとがらす」は，唇《くちびる》を突《つ》き出すしぐさ。不満なようすを表す。　B　「胸に刺《さ》さる」は，ここでは，心に強い衝撃《しょうげき》を受けること。　C　「肩《かた》を落とす」は，気力をなくしてがっくりとするようす。

問2　a　「鵜呑《うの》み」は，ものごとを十分に理解しないまま受け入れること。　b　「相づちを打つ」は，相手の話に軽く言葉をはさんだりうなずいたりすること。　c　「言葉をにごす」は，はっきりと言わないこと。

問3　前後の「そういうの，よくないよ。みんながやっているんだから，いっしょにやろうよ」「うちの姉ちゃんをかばおうとして，上級生に食ってかかった～それで上級生にハブられたうえ～コーチにも，なまいきなやつってレッテル貼《は》られて」から，菊池《きくち》さんの性格がうかがえる。菊池さんは，自分が正しいと思ったことを，自分の不利益をかえりみずに主張する人だといえるので，「正義感」とあるホがふさわしい。

問4　イ　「買い主は買ったモノに対して，なにをしてもいいのか」は，「ぼく」が思ったことであり，「先輩《せんぱい》の意見」ではない。　ロ　「ぼく」が「本当はそんな答えを聞きたかったわけじゃない」と思っているのは，花の気持ちを考えたからであり，先輩の知識が間違っているからではない。ハ　少し後の「この花は突然《とつぜん》～ちょっとひどくないか？」と合う。　ニ，ホ　「ぼく」が花に感情移入しているようすは描《えが》かれているが，「栽培委員会に入ったことを後悔《こうかい》」するようすや「さみしげな花壇」を心配するようすは描かれていない。

問5　「ぼく」はマスクで自分を守りながら中学校生活を送っており，花に人間を重ねて，環境《かんきょう》に「うまく順応できない」自分は「育つ環境が合わなかったら，枯《か》れてしまうのかな」と不安を感じている。このような「ぼく」の心情をまとめる。

問6　菊池さんが阪田《さかた》に責められているようすを見た「ぼく」は，「あのころのぼくを見ているようで，直視できない」と感じて「マスクに触《ふ》れ」，「マスクに守られているのを，確かめ」ている。また，《注》に「実際は『ぼく』にアレルギーはない」とあることから，「ぼく」がアレルギーを口実にマスクをつけていることがわかる。よって，「ぼく」がマスクをつけているのは，顔を覆《おお》い隠《かく》して他人との交流を避《さ》けることで，「あのころのぼく」のように自分が傷つけられることが二度とないようにするためだと推測できる。

三　漢字の書き取り，類義語の完成

① 中心となるもの。「基幹産業」は，その国の産業全体の基礎《きそ》となる産業のこと。　② 前々から持っていた強い願い。　③ 「枚挙にいとまがない」は，“たくさんありすぎて数え切れない”という意味。「枚挙」は，一つ一つ数え上げること。「いとま」は，時間の余裕《よゆう》。　④ 経験を積んで，ものごとに熟練していること。　⑤ 悪いところを取りのぞいて，すっかり新しいものにつくり直すこと。　⑥ 火が燃え広がるように急なようす。事態が差し迫《せま》っているようす。　⑦ 一人が唱えた言葉に合わせ，大勢が繰《く》り返して言うこと。　⑧ 世間でうまく交わって暮らしていくこと。　⑨ 病気などをしないで，元気であること。　⑩ 好き勝手にふるまうこと。　⑪ 「青二才」は，経験の浅い若者。あざけりや謙遜《けんそん》の気持ちをこめていう。　⑫ 「理想郷」は，想像上の理想的な世界。　⑬ 「徒労」は，無駄《むだ》な苦労。　⑭ 「発奮《はっぷん》(憤)」は，心を奮《ふる》い立たせること。　⑮ 「動機」は，ある行動を起こさせる直接の原因。

Dr.福井の

入試に勝つ！ 脳とからだのウルトラ科学

寝る直前の30分が勝負！

みんなは，寝る前の30分間をどうやって過ごしているかな？　おそらく，その日の勉強が終わって，くつろいでいることだろう。たとえばテレビを見たりゲームをしたり――。ところが，脳の働きから見ると，それは効率的な勉強方法ではないんだ！

実は，キミたちが眠っている間に，脳は強力な接着剤を使って海馬《かいば》(脳の，知識をためる倉庫みたいな部分)に知識をくっつけているんだ。忘れないようにするためにね。もちろん，昼間に覚えたことも少しくっつけるが，やはり夜――それも“寝る前”に覚えたことを海馬にたくさんくっつける。寝ている間は外からの情報が入ってこないので，それだけ覚えたことが定着しやすい。

もうわかるね。寝る前の30分間は，とにかく勉強しまくること！　そうすれば，効率よく覚えられて，知識量がグーンと増えるってわけ。

では，その30分間に何を勉強すべきか？　気をつけたいのは，初めて取り組む問題はダメだし，予習もダメ。そんなことをしても，たった30分間ではたいした量は覚えられない。

寝る前の30分間は，とにかく「復習」だ。ベストなのは，少し忘れかかったところを復習すること。たとえば，前日の勉強でなかなか解けなかった問題や，１週間前に勉強したところとかね。一度勉強したところだから，短い時間で多くのことをスムーズに覚えられる。そして，30分間の勉強が終わったら，さっさとふとんに入ろう！

ちなみに，寝る前に覚えると忘れにくいことを初めて発表したのは，アメリカのジェンキンスとダレンバッハという２人の学者だ。

Dr.福井(福井《ふくい》一成《かずしげ》)…医学博士。開成中・高から東大・文Ⅱに入学後，再受験して翌年東大・理Ⅲに合格。同大医学部卒。さまざまな勉強法や脳科学に関する著書多数。

Memo

2019年度　ラ・サール中学校

〔電　話〕（0992）68－3121
〔所在地〕〒891-0114　鹿児島市小松原2－10－1
〔交　通〕「鹿児島中央駅」より市電・「谷山駅」下車徒歩3分

【算　数】（60分）〈満点：100点〉

1　次の□にあてはまる数をそれぞれ求めなさい。（12点）

（1）$0.25 \div 4 \times 2\frac{2}{3} + 1\frac{2}{5} \div 2.4 = \square$

（2）$12.1 \times 91 - 14.3 \times 7 - 6.5 \times 56 = \square$

（3）$1 + 1 \div \{2 + 1 \div (3 + 4 \div \square)\} = \frac{582}{407}$

2　次の各問に答えなさい。（32点）

（1）$\frac{55}{18}$ と $\frac{121}{48}$ のどちらを割っても整数になるような分数のうち，最も大きいものを求めなさい。

（2）ノート1冊と鉛筆5本を買うと500円になり，ノート2冊と鉛筆6本を買うと704円になります。ノート何冊かと鉛筆10本を買って2300円になりました。

㋐　鉛筆1本の値段はいくらですか。

㋑　ノートは何冊買いましたか。

（3）下の図1の四角形ABCDは正方形です。x の値を求めなさい。

図1
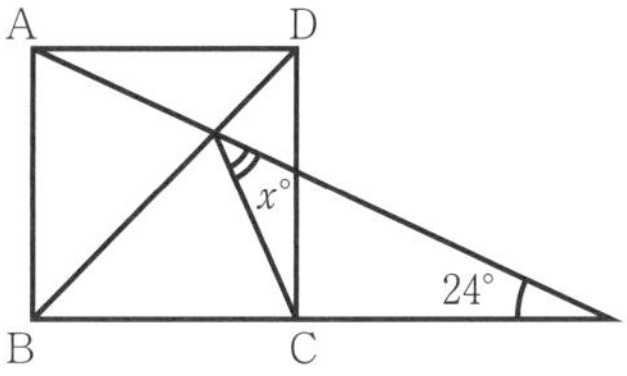

図2
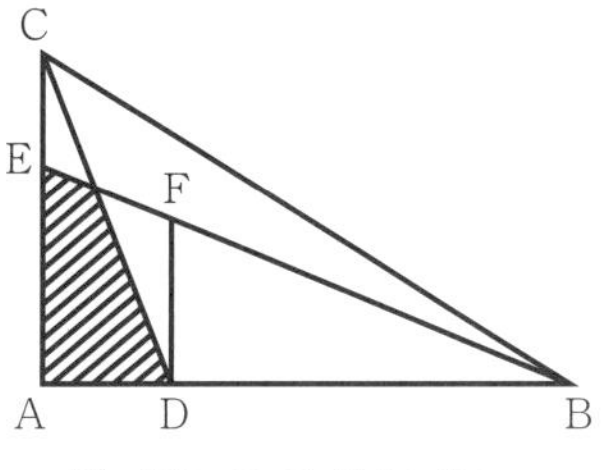

（4）上の図2の三角形ABCで角Aは直角，辺ABの長さは24cm，辺ACの長さは15cmです。さらにADの長さが6cm，AEの長さが10cmで，DFは辺ACと平行とします。

㋐　DFの長さを求めなさい。

㋑　斜線部の面積を求めなさい。

3　駅前から公園まで行くのに，駅前でたずねたら「15分ですよ。」と言われたのですぐに歩き始めました。ところが，15分歩いても着かないので，そこにいた人にたずねたら，「それは車で15分のことですよ。ここからまだ12kmあります。」と言われました。そこから再び歩き出して，さらに38分歩いたところに「公園まで車で10分」という案内がありました。このとき，次の問に答えなさい。ただし会話の時間は考えないものとします。（12点）

（1）歩く速さと車の速さの比を求めなさい。

（2）駅前から公園までは何kmありますか。

4　①から⑦までの番号のついた座席が横１列に並んでいます。人が座っている席のとなりには誰も座らないとします。たとえば，①の席に人が座った場合②には誰も座らず，②の席に人が座った場合①と③には誰も座りません。このとき，次の問に答えなさい。(16点)

①　②　③　④　⑤　⑥　⑦

(1)　A，B，C，D４人の座り方は何通りですか。

(2)　A，B２人の座り方は何通りですか。

(3)　A，B，C３人の座り方は何通りですか。

5　図の立体 ABCDEF は三角柱を３点D，E，Fを通る平面で切ったものです。角 ABC は直角で，辺 AB，BC，BE，CF の長さがそれぞれ 6 cm，辺 AD の長さが 8 cm です。また，Pは辺 DE のまん中の点，Qは辺 AB のまん中の点です。このとき，次の問に答えなさい。ただし，角すいの体積は(底面積)×(高さ)÷3 です。(14点)

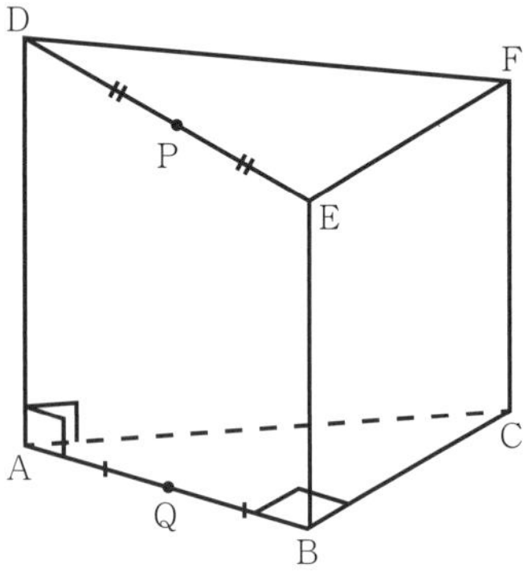

(1)　立体 ABCDEF の体積を求めなさい。

(2)　３点C，P，Qを通る平面でこの立体を切ったときの切り口を解答欄《らん》にかきなさい。

(3)　３点C，P，Aを通る平面でこの立体を切ったときの切り口を解答欄にかきなさい。

6　AD：BC＝5：8 で AD と BC が平行な台形 ABCD において，辺 CD 上に点Pをとり，BP と AC の交点をQとします。このとき，四角形 AQPD の面積と三角形 BCQ の面積が等しくなりました。次の問に答えなさい。(14点)

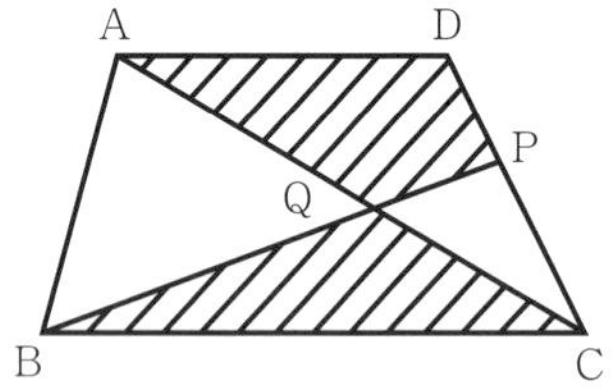

(1)　CP と PD の長さの比を最もかんたんな整数の比で答えなさい。

(2)　AQ と QC の長さの比を最もかんたんな整数の比で答えなさい。

(3)　三角形 ABQ と三角形 CPQ の面積の比を最もかんたんな整数の比で答えなさい。

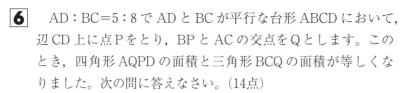

【社　会】（40分）〈満点：50点〉

1　2018年におこったことに関して，以下の問いに答えなさい。

◆3月，日本は，TPP（環《かん》太平洋パートナーシップ）協定の新協定に署名した。

問1　貿易に関連して2018年におこったことの説明として明らかに誤っているものを，次のア～エから1つ選び，記号で答えなさい。

ア．TPP協定への署名後に離脱《りだつ》したインドネシアを除く11か国が，TPP協定の新協定に署名した。

イ．日本とEU（ヨーロッパ連合）は，貿易の自由化に加え，様々な分野での協力を含《ふく》む幅《はば》広い経済関係の強化を目的とする協定に署名した。

ウ．2016年に実施《し》された国民投票でEUからの離脱を決めたイギリスは，離脱後の貿易ルールなどについてEUと交渉《しょう》を続けた。

エ．「アメリカ第一主義」を掲《かか》げるアメリカ合衆国のトランプ大統領が一部の輸入品にかかる関税を引き上げたのに対して，中国も一部の輸入品にかかる関税を引き上げた。

◆7月，公職選挙法が改正された。

問2　2018年の公職選挙法改正に伴《ともな》う参議院議員選挙の変更《こう》点に関連する説明として明らかに誤っているものを，次のア～エから1つ選び，記号で答えなさい。

ア．参議院議員の総定数が増加する。

イ．公職選挙法改正前の参議院の選挙区の中で，議員1人あたりの有権者数が最も少なかった選挙区の定数が増加する。

ウ．参議院の比例代表選挙の定数が増加する。

エ．参議院の比例代表選挙では，政党の判断で各政党の候補者名簿《ぼ》の中から一部の候補者を優先的に当選させることができるようになる。

◆10月，内閣改造が行われ，新たな安倍晋《しん》三内閣が発足した。

問3　内閣に関連する説明として明らかに誤っているものを，次のア～エから1つ選び，記号で答えなさい。

ア．国会で指名され，天皇から任命された内閣総理大臣と，内閣総理大臣から任命された国務大臣によって，内閣が組織される。

イ．内閣では，閣議を開いて政治の進め方を話し合うが，閣議で方針を決定する際には多数決制が採用されている。

ウ．内閣は，国会の召《しょう》集や衆議院の解散を決めたり，外国と条約を結んだり，法律案や予算案を国会へ提出したりする。

エ．内閣の助言と承認により，天皇は日本国憲法に定められている国事行為《い》を行う。

◆12月，国際連合総会で，核《かく》兵器禁止条約への手続きを終えていない各国に早期の署名と批准《じゅん》を求める決議案が可決された。

問4　核兵器禁止条約に関連する説明として明らかに誤っているものを，次のア～エから1つ選び，記号で答えなさい。

ア．核兵器禁止条約は，核兵器の開発・保有・使用などを禁止する条約で，2017年に国際連合総会で採択《たく》された。

イ．2017年，ICAN（核兵器廃《はい》絶国際キャンペーン）は，核兵器禁止条約が国際連合総会で採択されることに貢献《こうけん》したとして，ノーベル平和賞を受賞した。

ウ．核兵器保有国であるアメリカ合衆国・イギリス・フランスは，核兵器禁止条約に署名していない。

エ．世界で唯《ゆい》一原子爆弾《ばくだん》投下による被《ひ》害を受けた国として核兵器廃絶を訴《うった》えてきた日本は，核兵器禁止条約に署名し，批准している。

◆12月，内閣は，2019年度国家予算案を決定した。

問５　日本の国家予算に関連する説明として正しいものを，次のア〜カから１つ選び，記号で答えなさい。

ア．国家の機関の中で，国家予算に関する仕事をする省庁は経済財政省である。

イ．2017年度国家予算の収入において，借金の額が徴《ちょう》収した税金の額を上回った。

ウ．2017年度国家予算の収入において，金額が多い順に三つの税金をあげると，所得税・法人税・消費税となっている。

エ．2017年度国家予算の支出において，金額が多い順に三つの項《こう》目をあげると，社会保障費・地方財政費・国債《さい》費となっている。

オ．軍事や防衛に関連する金額が国家予算の支出額に占《し》める割合を比較《かく》すると，2017年度の方が1935年度よりも高い。

カ．2018年12月に内閣で決定された2019年度国家予算案の金額は，初めて100兆円を超《こ》えた。

◆12月，2019〜2021年の国際連合通常予算の国別分担率が決まった。

問６　国際連合に関連する説明として明らかに誤っているものを，次のア〜カから１つ選び，記号で答えなさい。

ア．1945年に世界の平和と安全を守るために設立された国際連合の加盟国数は，発足時は51だったが，2018年末時点では193となった。

イ．国際連合憲章では，国際連合で平和と安全を守る活動の中心機関は安全保障理事会と規定されており，日本は安全保障理事会の常任理事国になることを目指しているが，まだ実現していない。

ウ．日本は，これまでにカンボジアをはじめとして，東ティモールや南スーダンなどで行われた国際連合のPKO(平和維《い》持活動)に自衛隊を派遣《けん》した。

エ．地球の環《かん》境問題は特定の国だけで解決できる問題ではないので，国際連合を中心に各国の政府やNGO(非政府組織)などが協力して，様々な取り組みを進めている。

オ．経済・社会・文化・環境・人権などの分野で活動している国際連合の機関はユニセフなど多数あるが，これらの各機関は，活動の中立性を守るために，民間からの寄付金は一切受け取らないで，国際連合加盟国からの分担金だけで活動の費用をまかなっている。

カ．2019〜2021年の国際連合通常予算の国別分担率をみると，アメリカ合衆国が2016〜2018年に引き続き１位だが，これまで２位だった日本は中国に抜《ぬ》かれて３位となっている。

◆12月，天皇は，在位中最後の天皇誕生日を迎《むか》えた。

問７　日本国憲法で定められている天皇の国事行為にあてはまらないものを，次のア〜エから１つ選び，記号で答えなさい。

ア．天皇は儀《ぎ》式を行う。

イ．天皇は勲《くん》章を授与する。

ウ．天皇は条約の締《てい》結を承認する。

エ．天皇は外国の大使を公式に受け入れる。

◆12月，大阪府の知事と大阪市の市長が，特別区に再編する大阪都構想について民意を問うため，ともに任期中に辞職して同時に選挙を行うかもしれないと発表した。

問８　地方公共団体に関連する説明として明らかに誤っているものを，次のア～エから１つ選び，記号で答えなさい。

ア．地方公共団体の住民は，知事や市区町村長や地方議会議員を選出するだけでなく，条例の制定・改正・廃《はい》止を請《せい》求したり，首長や議員の解職を請求したりすることもできる。

イ．地方公共団体の議会は，条例を制定・改正・廃止したり，役所の仕事の状況《きょう》を質問したりする。

ウ．地方公共団体において，都道府県の知事および議員も，市区町村の首長および議員も，任期は４年である。

エ．地方公共団体において，都道府県の知事および議員の選挙に立候補できる年令は30才以上で，市区町村の首長および議員の選挙に立候補できる年令は25才以上である。

2　鹿児島市の姉妹・友好・兄弟都市やその都市がある国について述べた次の文章を読んで，以下の問いに答えなさい。

◆鶴岡《つるおか》市がある（　A　）には，米づくりのさかんな庄《しょう》内平野があります。この庄内平野には，最上《もがみ》川・赤川・日向《にっこう》川などが流れこみ，ゆたかな土壌《じょう》と水を供給しています。そして夏になると（　X　）から季節風がふきます。山を越《こ》えてきた（　Y　），（　Z　）風は丈《じょう》夫な稲《いね》を育てます。

問１　文中の空欄《らん》(A)に適する都道府県名を漢字で答えなさい。

問２　文中の空欄(X)～(Z)に適切な語の組み合わせを，以下のア～カから１つ選び，記号で答えなさい。

	(X)	(Y)	(Z)
ア	南西	あたたかく	かわいた
イ	南東	あたたかく	かわいた
ウ	南西	あたたかく	しめった
エ	南東	つめたく	しめった
オ	南西	つめたく	しめった
カ	南東	つめたく	かわいた

◆鹿児島市は毎年，中国の長沙《ちょうさ》市などに青少年を派遣する事業を行っています。日本と中国の間では古くから人やものがさかんに行き来しており，日本は国の制度や文化など，さまざまなことを中国から学んできました。

問３　日本と中国の間での，人やものの行き来について述べた次の文ア～エを年代順に並《なら》べ替《か》えたとき，３番目になる文中の(　)に適切な語を答えなさい。選んだ文の記号を答える必要はありません。

ア．日本の朝廷《てい》の招きをうけた鑑《がん》真は，数度の航海の失敗を乗《の》りこえて来日し，奈良に(　　)寺を開いた。

イ．聖徳太子が中国に(　　)らを遣隋《ずい》使として派遣した。

ウ．平清盛が，現在の神戸港の一部である(　　)を修築して，中国との貿易を行った。

エ．中国から伝えられた漢字をもとにして，かな文字が作られ，清少納言によって(　　)が書かれた。

◆パース市はオーストラリアの都市です。オーストラリアはグレートディバイディング山脈を境に気候が大きく違《ちが》い，西部は乾燥《かんそう》して砂漠《ばく》が多く，東部は緑が多いです。

問４　砂漠の多い西部にも豊かな資源があります。右の表は日本がオーストラリアから輸入している品目を貿易額の大きい順にあげたものです。表中の３位の品目名を答えなさい。主に西部で産出されるものです。

１位	２位	３位	４位	５位
石炭	液化天然ガス		肉類	銅鉱

(統計年次は2017年。『日本国勢図会 2018/19』より作成)

問５　次の表は，東京都中央卸《おろし》売市場における，国内産とオーストラリア産の生鮮《せん》アスパラガスの入荷量を示したものです。９月から11月にかけて，国内産の入荷量が減少し，オーストラリア産の入荷量が増えているのはなぜですか。その理由を説明した下の文中の空欄(Ｘ)・(Ｙ)に適切な語を答えなさい。

	１月	２月	３月	４月	５月	６月	７月	８月	９月	10月	11月	12月
国内産	35	84	282	326	671	514	766	690	347	71	1	13
オーストラリア産	0	1	2	1	2	0	0	5	63	353	289	17

(単位はトン。統計年次は2017年。農畜《ちく》産業振《しん》興機構ホームページより作成)

オーストラリアは(　Ｘ　)にあり，日本と(　Ｙ　)が逆になる。これを利用して，日本でアスパラガスの収穫《かく》が少ない時期にオーストラリアではアスパラガスを収穫して輸出を行うため。

◆マイアミ市はアメリカ合衆国のフロリダ州にあります。2018年11月の中間選挙では，フロリダ州で再集計が実施されるほどの大接戦となりました。最終的にはトランプ大統領が応援《えん》した共和党の候補が当選しました。

問６　2018年のアメリカ合衆国，あるいはトランプ大統領について述べた次のア～エのうち，誤りが含まれるものを１つ選び，記号で答えなさい。

ア．トランプ大統領は，イラン核合意から離脱し，イランに対する経済制裁を再開すると発表した。

イ．トランプ大統領は，カナダのケベック州で行われたＧ７サミットに参加し，海洋プラスチック憲章に署名した。

ウ．トランプ大統領は，シンガポールで，北朝鮮の金正恩《キムジョンウン》委員長と初の米朝首脳会談を行った。

エ．アメリカ合衆国は，それまでテルアビブに置いていた在イスラエル大使館をエルサレムに移した。

◆鹿児島市の最も古くからの姉妹都市が，イタリアのナポリ市です。ナポリ市とは昭和35年(1960年)に姉妹都市盟約が結ばれ，来年で60周年を迎《むか》える予定です。

問７　次のア～オのうち，1960年以前の日本の出来事をすべて選び，記号で答えなさい。

ア．東海道新幹線開通　　イ．奄《あま》美群島復帰　　ウ．国際連合加盟

エ．サンフランシスコ平和条約締結　　オ．日韓基本条約締結

3 次の[A]～[E]の文章は5県の工業と都市の特徴《ちょう》について述べたものです。これらの文章を読んで，以下の問いに答えなさい。

[A] 輸送用機械工業や電気機械工業などの機械工業が盛んです。県内の人口上位2大都市は県庁所在都市と①県西部の中心都市で，いずれも政令指定都市です。なお，輸送用機械工業の中心は，県西部の中心都市およびその周辺地域です。また，この地域では(1)の生産が多いことでも有名です。

[B] 明治期には②生《き》糸や絹織物の産地として，全国的にも工場数の多い県の一つでした。今日では自動車工業，電気機械工業が発達し，③外国人労働者も多く来ています。県内の人口上位の2大都市は，県庁所在都市とその都市の隣《となり》に位置する④交通の拠《きょ》点になる都市です。

[C] 主要な工業は⑤自動車工業をはじめとする輸送用機械工業と鉄鋼《こう》業です。この県には太平洋戦争時には海軍の主要な拠点が置かれ，軍関連の工業が栄えました。その工業での技術力が今日の工業発展に役立っています。県内の人口上位2大都市は，県西部に位置する県庁所在都市と県東部の中心都市です。この県東部の中心都市の臨海には，製鉄所が立地しています。

[D] 2つの政令指定都市を有しています。そのうち東部の都市は，明治期に官営の製鉄所が建設されることによって工業都市として発展してきました。都市人口が100万人をこえたのはこの都市が先でしたが，現在では県庁が置かれているもう一方の都市が最大の人口を有する都市になっています。近年は，県内に国内自動車メーカーの工場が進出したことによって，自動車工業が盛んになっています。

[E] 主要な工業は化学工業および製紙・パルプ工業などです。主要な都市は，県庁所在都市と銅山開発をきっかけに栄えた県東部に位置する都市です。また，この2つの都市の間には造船業が盛んな都市もみられ，その都市は(2)の生産量が多いことでも有名です。

問1 文中の空欄(1)・(2)にあてはまる語句を次のア～クから1つずつ選び，記号で答えなさい。

ア．そろばん　イ．タオル　ウ．顕微《けんび》鏡　エ．メガネフレーム
オ．うちわ　カ．将棋駒《ぎこま》　キ．陶磁《とうじ》器　ク．ピアノ

問2 下線部①について，この都市の西部に面する湖で養殖《しょく》されているものを次のア～オから1つ選び，記号で答えなさい。

ア．えび　イ．真珠《じゅ》　ウ．うなぎ　エ．はまち　オ．ぶり

問3 下線部②について，[B]の県にある，1872年に明治政府が設立した製糸場は，2014年に世界文化遺産に登録されました。

(1) 世界遺産を登録する国際連合の機関名を答えなさい。解答は略称《しょう》でもかまいません。

(2) [A]～[E]の県のうち，世界遺産を持たない県が1つあります。それはどれですか。[A]～[E]の記号で答えなさい。

問4 下線部③について，どこの国から来た労働者がもっとも多いか，その国名を答えなさい。

問5 下線部④について，この都市には2つの路線の新幹線が通ります。

(1) この2つの路線名を答えなさい。

(2) [A]～[E]の県のうち，新幹線が通らない県が1つあります。それはどれですか。[A]～[E]の記号で答えなさい。

問6 下線部⑤について，自動車工業では，多くの関連工場から部品供給を受けていますが，無

駄《だ》なく生産するために，自動車工場で生産する速さに合わせて，必要な数の部品を，決められた時間に届ける仕組みを導入しています。このような方式を何というか答えなさい。

問7　右の表は，いくつかの農産物の生産量上位5都道府県を示しています。X～Zの農産物は何か答えなさい。表中の[A]～[E]は文中と同一の県です。

問8　[A]～[E]の県のうち，日本の中で日の入り時刻がもっともおそい県を1つ選び，[A]～[E]の記号で答えなさい。

問9　[A]～[E]の県のうち，県名と県庁所在都市名が異なるものをすべて答えなさい。解答は県庁所在都市名で答え，[A]～[E]の記号はつける必要はありません。

	X	Y	Z
1位	栃木	和歌山	[B]
2位	[D]	[E]	愛知
3位	熊本	[A]	千葉
4位	[A]	熊本	茨城
5位	長崎	長崎	神奈川

（統計年次は2016年。『日本国勢図会2018/19』より作成）

4　2018年の「今年の漢字」（日本漢字能力検定協会主催《さい》）は「災」になりました。全国各地で，いろいろな自然災害があいついで起こり，また数々の事件が，人災と考えられたことが理由です。災《わざわ》いは，辞書によれば，「人に不幸をもたらす物事。また，その結果である不幸な出来事。」とされています。日本列島は，歴史的に見るとたくさんの災いにみまわれてきました。次の文章A～Kは，日本列島に関《かか》わる災いを年代の古い順に並べたものです。よく読んで，下の問いに答えなさい。

A．今から7300年ほど前，薩摩《さつま》半島と屋久島の間にある海底火山が大噴《ふん》火を起こし，南九州は大きな被害を受けました。南九州の人々は，影響《えいきょう》の比較的少なかった海でとれるものをさかんに利用するようになりました。

B．聖武《しょうむ》天皇の時代，天然痘《とう》という疫《えき》病がはやって多くの人が亡《な》くなり，また貴族の反乱も起こりました。

C．915年に現在の十和田《とわだ》湖が大噴火を起こしました。米代《よねしろ》川の流域では，噴火の直後に起こった洪《こう》水によって埋《う》もれた建物がたくさん見つかっています。

D．1301年にハレー彗《すい》星が現れました。人々は，災いのまえぶれと考え，（　　）が再び攻《せ》めてくると恐《おそ》れました。幕府は，大きな寺院や神社に天下泰《たい》平を祈《いの》らせました。

E．1498年，巨《きょ》大な地震《しん》が起こりました。淡《たん》水湖であった浜名《はまな》湖と海をへだてていた場所が決壊《かい》し，浜名湖は淡水と海水が混じり合う湖となりました。

F．1596年に関西で起こった大地震によって，豊臣秀吉のいた伏見《ふしみ》城や空海にゆかりの東寺などが倒壊《とうかい》し，また継体《けいたい》天皇の墓と考えられている今城塚《いましろづか》古墳《ふん》（長さ約190mの①前方後円墳）の墳丘も大きくこわれました。

G．1640年代から60年代に現在の北海道では噴火などがあいつぎました。人々の生活が苦しくなっていくなか，不正な取引に対する不満が高まり，シャクシャインを中心にして②人々は松前藩《はん》と戦いましたが，敗れました。

H．1854年に東海地方で巨大地震と津《つ》波が発生しました。ロシア使節プチャーチンの乗っていた船も下田で大破しましたが，その後，③日本とロシアは和親条約を結びました。

I．1923年9月1日に関東大震災が起こりました。東京・横浜を中心に死者・行方《ゆくえ》不明者が11万人以上に達し，多数の朝鮮人が殺害されました。また，銀行も大きな被害を受けて，経済に深刻な影響が生じました。

Ｊ．1929年にアメリカ合衆国で始まった不景気は日本にもひろがり，1931年に東北地方をおそった深刻な冷害によって，飢《う》え死にする人も出るような状態になりました。

Ｋ．1944年12月に紀伊《きい》半島の沖《おき》合で巨大地震が発生し，④地震と津波で大きな被害が出ました。

問１　次の あ・い のア～ウから，内容として正しいものをそれぞれ１つ選び，それらを上のＡ～Ｋのどこに位置付けるのが適当かを考えて，○と○の間というかたちで答えなさい。ア～ウの記号は答える必要はありません。

あ
- ア．中大兄皇子《なかのおおえのおうじ》は，中臣鎌足《なかとみのかまたり》たちと協力して，蘇我馬子《そがのうまこ》らを攻め滅《ほろ》ぼし，新しい国づくりを進めていきました。
- イ．織田信長は，立派な天守閣をもった安土《あづち》城を築き，天下統一を進めました。
- ウ．歌川広重がえがいた「富嶽《ふがく》三十六景」は大人気を博しました。

い
- ア．足利義政は，京都の北山に銀閣を建てました。そのそばの東求堂《とうぐどう》には「書院造」という建築様式を用いました。
- イ．徳川家光は，武家諸法度《はっと》を改め，参勤交代を制度として定めました。
- ウ．板垣《いたがき》退助・大久保利通らは，政府に国会の開設を求める意見書を提出しました。

問２　次の写真のうちからＡの文章と同じ時代のものを１つ選び，その名前を答えなさい。

問３　Ｂの災いについて，聖武天皇がその対応のために建てた寺の名前を１つあげ，漢字で答えなさい。

問４　次のア～オのうち，内容として正しくて，なおかつＣとＤの間に入れるにふさわしい文章をすべて選び，年代順に並べ替えなさい。

ア．平清盛は，むすめを天皇のきさきとし，平氏の一族で朝廷の重要な官職を独占《せん》して，大きな力をふるいました。

イ．紫式部《むらさきしきぶ》は，はなやかな貴族の生活や人の心をえがいた『平家物語』という小説を著《あらわ》しました。

ウ．朝廷は，幕府をたおすために兵を挙げました。幕府側は北条政子を中心に団結して，これを破りました。

エ．250年以上にわたって派遣された遣唐《とう》使が，取りやめになりました。

オ．京都の町衆が，力を合わせて祇園《ぎおん》祭を復活させました。

問５　Ｄの空欄(　)に適切な語を入れなさい。

問６　下線部①の前方後円墳がつくられた時代を説明する文章として誤っているものを，次のア～エから１つ選び，記号で答えなさい。

ア．大和《やまと》朝廷(大和政権)は，５世紀末ころまでに，九州から北海道にかけての豪族《ごうぞく》たちを従えていきました。

イ．多くの渡《と》来人が移住してきて，多くの技術や文化を伝えました。

ウ．前方後円墳は，しばしば埴輪《はにわ》や葺石《ふきいし》で飾《かざ》られました。

エ．古墳の大きさは，そこに葬《ほうむ》られた人物のふるった力の大きさを示すと考えられます。

問７　Ｇのころの日本と海外との関係について誤っているものを，次のア～エから１つ選び，記号で答えなさい。

ア．朝鮮の釜山《ブサン》には倭《わ》館が置かれ，そこでは対馬藩が，幕府の許可を得て貿易を行っていました。

イ．琉球《りゅうきゅう》王国は，薩摩藩によって支配され，将軍や琉球国王の代替《だいが》わりのたびに，使者を江戸に送りました。

ウ．オランダは，キリスト教を広めないことを約束し，長崎の出島で貿易を行っていました。

エ．幕府は中国(明)と正式な国交を開き，貿易を行って莫《ばく》大な利益を得ました。

問８　下線部②の人々は，何とよばれますか。

問９　下線部③について，この条約に定められていた内容として正しいものを次のア～オから１つ選び，記号で答えなさい。

ア．横浜・神戸・長崎を開港すること。

イ．樺太《からふと》はすべてロシア領とすること。

ウ．千島列島における国境を択捉《えとろふ》島とウルップ島の間に置くこと。

エ．日本側に関税を自由に決める権利がないこと。

オ．ロシア人が日本で犯罪を犯《おか》しても，日本は処罰《しょばつ》できないこと。

問10　次のア～オのうち，内容として正しくて，なおかつＨとＩの間に入れるにふさわしい文章をすべて選び，年代順に並べ替えなさい。

ア．樋口《ひぐち》一葉は，ロシアとの戦争に際して「君死にたまふことなかれ」という詩を発表しました。

イ．外務大臣陸奥《むつ》宗光は，不平等条約を完全に改正することに成功し，ポーツマス条約にも調印しました。

ウ．政府は，大韓帝国を併《へい》合して植民地としました。

エ．政府は，欧《おう》米に使節団を派遣しました。使節団には，津田《つだ》梅子ら約60名の留学生も同行しました。

オ．さまざまな差別に苦しんできた人々が「全国水平社」を結成しました。

問11　下線部④について，この被害は日本の軍の指示でほとんど報道されませんでした。それはなぜでしょうか。そのころの日本の状況を考えて，簡単に説明しなさい。

【理　科】（40分）〈満点：50点〉

注意：いくつかの中から選ぶ場合は，記号で答えなさい。特に指示のない場合は1つ答えなさい。

1　ある日，お父さんが太陽観測のできるしゃ光板付きの太陽双眼鏡《そうがんきょう》をダイ吉君にプレゼントしてくれました。うれしくなったダイ吉君は，毎日のように太陽の観察をしています。

＊注意＊　ふつうの双眼鏡で太陽の観察をしてはいけません。

ダイ吉「太陽の表面に黒い点がいくつか見えたけど…」

お父さん「それは黒点といって，①まわりより温度が2000℃くらい低いところだよ。」

ダイ吉「大きなものが真ん中と下の方にあって，移動するにつれて，形が少しずつ細長くなっていったよ。」

といってダイ吉君は次のようなスケッチをお父さんに見せました。

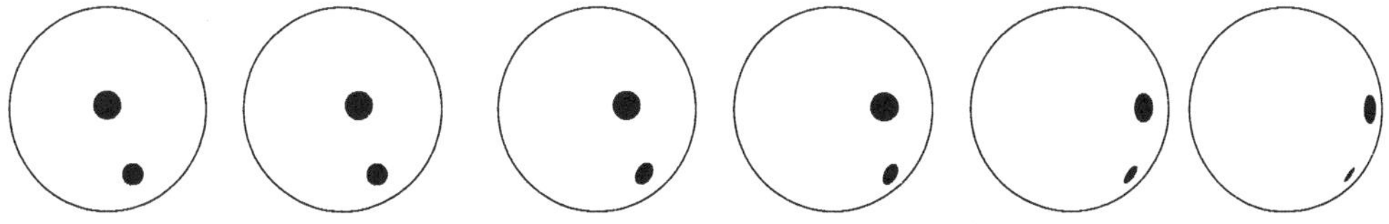

9月1日　9月2日　9月3日　9月4日　9月5日　9月6日

お父さん「黒点の形が細長く見えるのは，太陽の形が（　②　）だからおこる現象だよ。16世紀のイタリアの天文学者ガリレオは，太陽の明るさが（　　③　　）ことからも，形が（　②　）であることを確認《かくにん》しているんだ。」

ダイ吉君が翌々日見ると，この2つの黒点は見えなくなりました。太陽双眼鏡で見える黒点がなくなったため，しばらく観測をやめていました。

9月27日，久しぶりに太陽双眼鏡で太陽面を観察すると，あの2つの黒点が再び現れていました。右図はそのスケッチです。

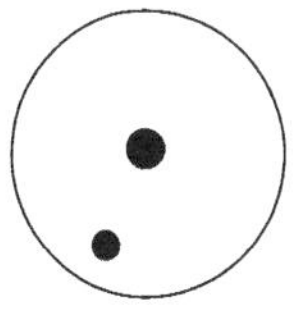

9月27日

ダイ吉「あれれ，下の方にある黒点が，以前は真ん中の黒点より右にあったのに，左に来ているぞ！　なぜだろう？」

お父さんが帰ってくるのを待って，お父さんに質問しました。

お父さん「おもしろいところに気づいたね。黒点の移動は，太陽の自転によっておこるのだけど，太陽には（　　④　　）という特ちょうがあるんだ。」

ダイ吉「へえ，ふしぎだね！」

お父さん「ガリレオは太陽の（　　④　　）という事実から，太陽は地球や月のように⑤固体ではなく，気体であると考えたんだよ。」

ダイ吉「太陽は水素でできていると聞いたけど，水素を燃やし続けて，かがやいているのかな。」

お父さん「さあ，どうだろう。これを見てごらん。」

といって太陽の成分が書かれた右の表を見せました。

太陽の成分（%）

水素	92.1
ヘリウム	7.8
酸素	0.06
炭素	0.03
ちっ素	0.008

ダイ吉「⑥これでは，水素を燃やし続けることはできないね。ところで真ん中にある黒点は27日後に元の位置までもどってきているので，このあたりでの自転の周期は27日と考えて良いのかな？」

お父さん「ところが，そうではないんだな。地球は太陽のまわりをまわっているだろ？」

といって，次のような図をえがきました。

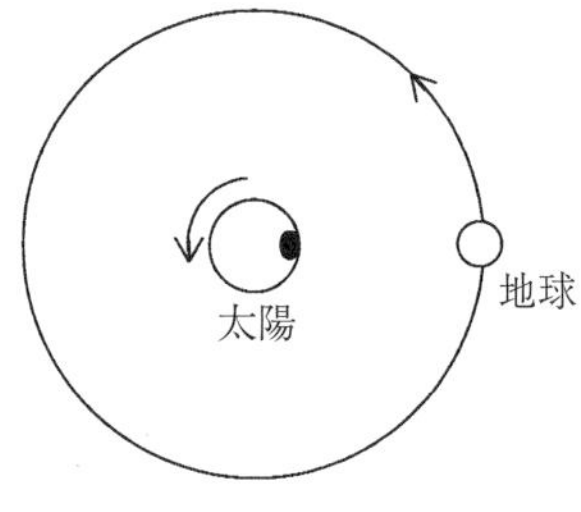

ダイ吉「そうか！　地球は365日で太陽のまわりを一周360度まわる。27日後に地球とこの黒点が再び元の位置関係になったということは…この黒点付近での太陽の自転の周期は（ ⑦ ）日ということだね。」

お父さん「その通りだよ。ところで，⑧太陽は我々にとって，とても大切な存在だということは知っているよね。」

ダイ吉「もちろんだよ。太陽がなければ昼間も真っ暗で外で遊べないし，何よりも寒いよ。じゃ，明るいうちに友だちと遊んでくるね。」

(1)　①について，黒点の温度として適当なものを選びなさい。

ア．2000℃
イ．4000℃
ウ．6000℃
エ．10000℃
オ．18000℃

(2)　②に適当な言葉を入れなさい。

(3)　③に入る説明として，適当なものを選びなさい。

ア．日によって変わる
イ．周辺部ほど明るく見える
ウ．周辺部ほど暗く見える
エ．一年中変わらない

(4)　④に当てはまる，適当な説明を選びなさい。なお，赤道，極という言葉は，地球に使うときと同じ意味で使っています。

ア．自転の周期が，赤道付近で短く，極付近で長い
イ．自転の周期が，赤道付近で長く，極付近で短い
ウ．自転の周期が，どの場所でも等しい
エ．赤道付近と極付近では，自転の向きが逆になっている

(5)　⑤について，ガリレオが④の事実から太陽は固体ではない，と考えた理由を「太陽が固体であれば，…」に続く文章で答えなさい。

(6)　⑥について，ダイ吉君が水素を燃やし続けることができない，と考えた理由を答えなさい。

(7)　⑦に当てはまる日数を，小数第1位を四捨五入して，整数で答えなさい。

(8)　⑧について，太陽のえいきょうを受けているものや現象の説明として，正しいものを選びなさい。

ア．植物は太陽の光を利用した光合成で，たんぱく質を作り出している。
イ．太陽高度が最も高くなる正午に，気温は最も高くなる。
ウ．太陽電池は，太陽の熱で電池の温度が上がることで，電気を作り出している。
エ．雨のもととなる水の多くは，海の水が太陽により暖められ，蒸発したものである。

2　〔A〕　２種(ＡとＢ)の生物について，それらの生物どうしに見られる互いの関係を観察するとア～カの型が見られました。これらの型を表にまとめました。ＡとＢが共に生活することによって，＋は利益を得る場合，－は損害を受ける場合，０は影響をほとんど受けない場合を示します。

型	２種(ＡとＢ)の関係		関係の内容
	Ａ	Ｂ	
ア	＋	＋	互いに利益を得る。
イ	－	－	互いに損害を受ける。
ウ	＋	(①)	Ａは利益を得る。Ｂは損害を受ける。
エ	０	０	互いに影響をほとんど受けない。
オ	(②)	０	Ａは利益を得る。Ｂは影響をほとんど受けない。
カ	(③)	－	Ａは影響をほとんど受けない。Ｂは損害を受ける。

(1)　表の(①)～(③)に，＋，－，０のいずれかを答えなさい。

(2)　次のａ～ｃは，表のア～ウのどの型にあてはまりますか。ア～ウの記号で答えなさい。同じ記号を繰《く》り返し答えてもかまいません。

ａ．コガネムシとカミキリムシは，花粉のとりあいをして食べる。

ｂ．アリはアブラムシの分泌物《ぶんぴつぶつ》を食べる。アリはアブラムシを保護する。

ｃ．コマユバチはガの幼虫の体内に産卵《さんらん》する。ふ化したコマユバチはガの幼虫の体を食べる。

(3)　次のａ～ｃは，表のエ～カのどの型にあてはまりますか。エ～カの記号で答えなさい。同じ記号を繰り返し答えてもかまいません。

ａ．キリンは木の葉を食べる。シマウマはキリンと異なる草を食べる。

ｂ．カクレウオは，ナマコの消化管を隠《かく》れ家にして外敵から身を守る。

ｃ．コバンザメは，サメに付着することで移動にかけるエネルギーを抑《おさ》え，かつ外敵から身を守る。

(4)　(2)で取り上げた昆虫のうち，さなぎにならない昆虫を１つ選び，記号で答えなさい。

ア．コガネムシ

イ．カミキリムシ

ウ．アリ

エ．アブラムシ

オ．コマユバチ

カ．ガ

〔B〕　海岸の岩場を観察したところ，いろいろな生物が生活していました。次のページの図１は，これらの生物のいずれかを撮影したものです。これらの生物のあいだには，生物どうしが食べる・食べられるの関係により鎖状《さじょう》につながる(Ｖ)が観察されました。

図２は，この岩場で見られる(Ｖ)の関係をまとめたものです。図２の矢印の向きは，

食べられる生物 → 食べる生物

を示します。実際の(Ｖ)は，図２のように複雑につながっていました。図２の太い矢印は，肉食性のヒトデに食べられる個体の数量が多いことを示しています。なお，図２の Ｘ ，Ｙ ，Ｚ は，海藻《そう》，フジツボ，カサガイのいずれかです。

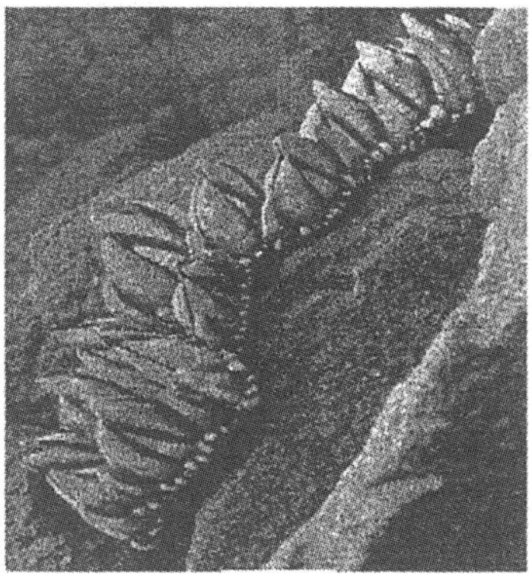
図1

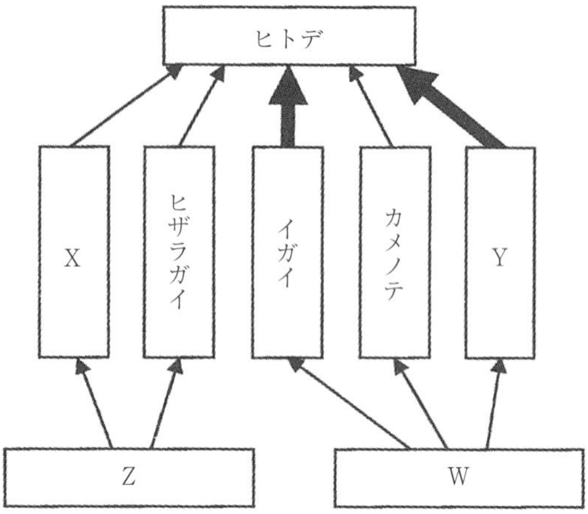

図2

(1)　図1の生物は何か。正しいものを選び，記号で答えなさい。

ア．カサガイ　　イ．ヒザラガイ　　ウ．イガイ

エ．カメノテ　　オ．フジツボ　　カ．ヒトデ

(2)　文の(V)に最も適する語を答えなさい。

(3)　生物は，食べたものなどに含まれる栄養分を生きていくためのエネルギーなどに変えるために酸素をとりこみ，二酸化炭素を放出します。このはたらきを何といいますか。

(4)　図2の W は，水中で水の動きにしたがって浮遊生活する生物群でした。この生物群の総称《そうしょう》を一般に何といいますか。

(5)　図2の W には，発光する約1～2ミリメートルほどの大きさの生物(図3)が含まれました。この生物名は何ですか。

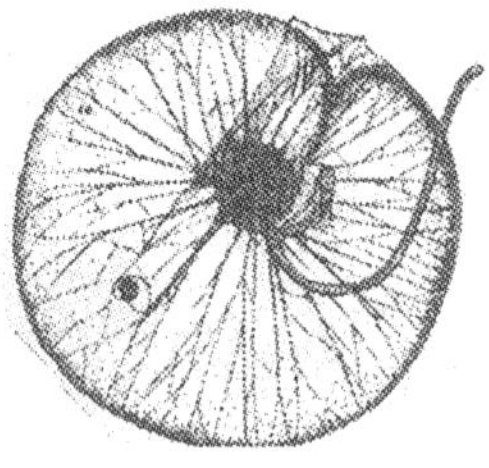
図3

いま，ヒトデが，岩場でどのような役割を果たしているかを調べるために行った実験をまとめました。

【実験】

まず，岩場を2つの区画にわけ，一方の区画ではヒトデを完全に除去し続けた。

ヒトデを除去しなかった岩場では，各生物が岩場を占める割合に変化が見られなかった。

ヒトデを完全に除去し続けた岩場では，大きな変化が見られた。実験開始から数年間の変化の様子を時間の経過の順にまとめた。

①　ヒトデがいなくなったので，イガイとフジツボが著《いちじる》しく増加した。

②　イガイとフジツボが著しく増加したので,海藻の生活場所が奪われ,海藻が著しく減少した。

③　海藻が著しく減少したので，カサガイとヒザラガイが著しく減少した。

④　他の生物に比べて生存力が非常に強いイガイが著しく増加したので，海藻とカサガイとヒザラガイとフジツボはいなくなり，岩場のほとんどがイガイにおおわれ，イガイ以外はカメノテだけが散在していた。

⑤　イガイが増加し続けたので，カメノテもいなくなり，岩場にはイガイだけが残った。

(6)　図2の X ， Y ， Z に適する生物の組み合わせとして正しいものを選び，記号で答えなさい。

ア．(X　海藻　　Y　カサガイ　Z　フジツボ)

イ．(X　海藻　　Y　フジツボ　Z　カサガイ)
ウ．(X　フジツボ　Y　カサガイ　Z　海藻)
エ．(X　フジツボ　Y　海藻　　Z　カサガイ)
オ．(X　カサガイ　Y　フジツボ　Z　海藻)
カ．(X　カサガイ　Y　海藻　　Z　フジツボ)

(7)　次の文のうち，正しいと考えられるものを2つ選び，記号で答えなさい。
ア．ヒトデは，フジツボよりカサガイを多く食べる。
イ．イガイとヒザラガイは，海藻のとりあいをして食べる。
ウ．ヒトデがいることで，多様な生物の共存を可能にしている。
エ．フジツボとイガイの生活場所は，海藻の生活場所と重なる。
オ．ヒトデは，フジツボやイガイを食べることによって，海藻の生活場所を減らしている。

3　〔A〕 ろうそくの燃え方について，以下の問いに答えなさい。

(1)　ろうそくに火をつけると，その炎は図のように3つの部分に分けられ，Aは外炎，Bは内炎，Cは炎心といいます。それぞれの部分で温度や明るさが異なります。次の下線部①～④に当てはまる部分を選び，A～Cの記号で答えなさい。ただし，同じ記号を繰り返し用いてかまいません。
・①もっとも温度が高い部分と②もっとも温度が低い部分
・③もっとも明るい部分と④もっとも暗い部分

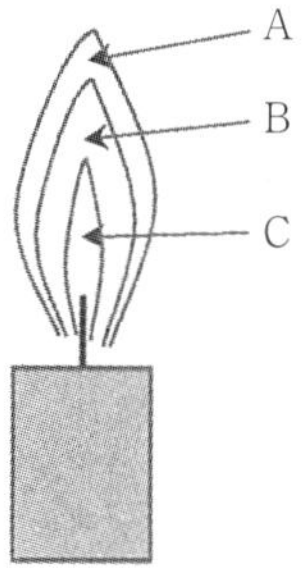

(2)　右図のように，ろうそくの炎のA～Cの各部分に，ガラス管を差し入れ，気体を引き出すと，ガラス管の先から白い煙がでて，そこにマッチの火を近づけると燃えるのはA～Cのどれか答えなさい。

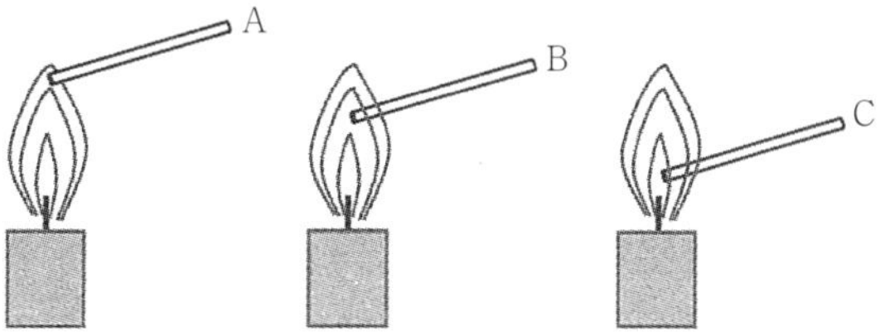

(3)　下図のように炎の中にガラス棒を差し入れたとき，黒いすすのつき方は，どのようになりますか。正しいものをア～エから選びなさい。

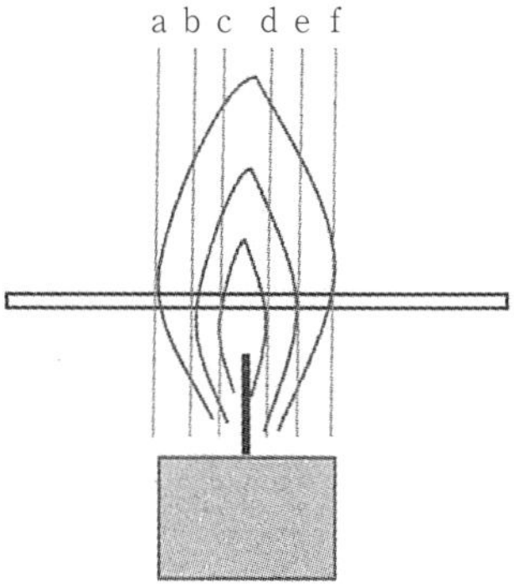

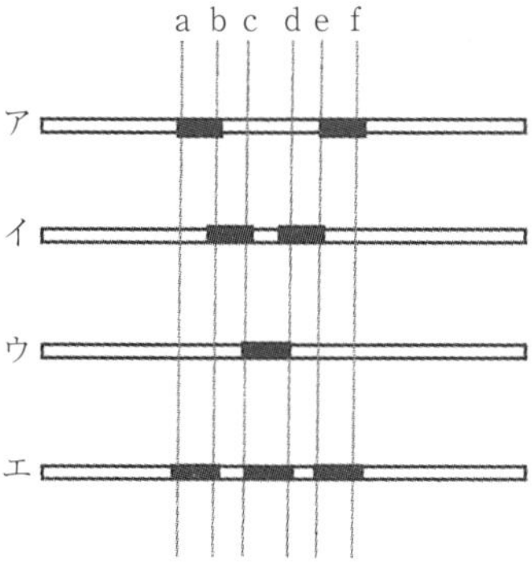

(4)　けずったろうそくをビーカーに入れて温めてとかし，液体にしました(次のページの図X)。液体になったロウをゆっくり冷やして，すべて固体になったときのようすとして，正しいものをア～カから選びなさい。ただし，ア～カは，ビーカーの中央を通る断面の図とします。また，図中の点線はロウが液体のときの液面の高さを表します。

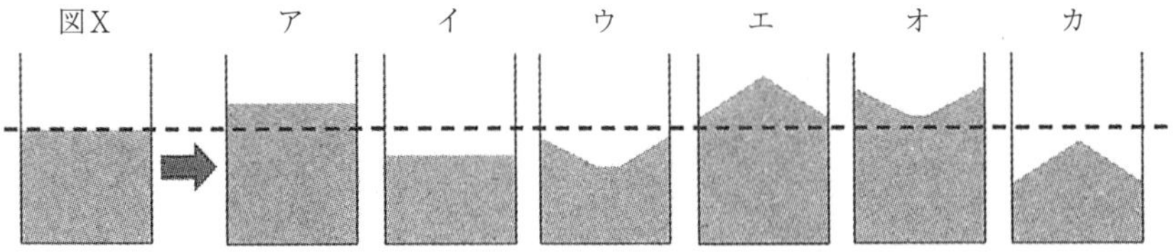

〔B〕 固体A～Cはアルミニウム，石灰石《せっかいせき》，銅，二酸化マンガンのいずれかです。A～Cを用いて，次の実験をおこないました。

〔実験1〕 A～Cに水酸化ナトリウム水溶液《すいようえき》を加えても気体はでてこなかった。

〔実験2〕 1gのAに過酸化水素水 10mL を加えたところ気体がでてきた。

〔実験3〕 Bを酸素中で熱したところ，熱する前より1.25倍重くなった。これはBが酸素と結びつき固体Xができたためである。したがって，4gのBをすべてXに変えるときに結びつく酸素は(①)gである。また空気9gあたり酸素が2g，ちっ素が7g含まれるので，4gのBをすべてXに変えるために空気は少なくとも(②)g必要である。

〔実験4〕 Cに塩酸を加えたところ気体がでてきた。Cの重さと塩酸の体積を変えて実験したところ下の表のような結果になった。ただし，実験で用いた塩酸の濃さはすべて同じであった。

Cの重さ	1.2g	1.2g	2.4g	2.4g	5g	5g
塩酸の体積	5mL	10mL	20mL	40mL	50mL	100mL
でてきた気体の体積	100mL	200mL	400mL	440mL	(③)mL	(④)mL

(1) 水酸化ナトリウム水溶液には反応しないが塩酸とは反応する金属をすべて選びなさい。

ア．鉄　　イ．マグネシウム　　ウ．銅　　エ．亜鉛《あえん》　　オ．金

(2) A～Cは何ですか。

(3) 2gのAに過酸化水素水 10mL を加えたとき，でてくる気体の体積は〔実験2〕と比べてどうなりますか。10字以内で書きなさい。

(4) 〔実験3〕の文中の空らん(①)(②)に入る数を書きなさい。

(5) 〔実験4〕の表の空らん(③)(④)に入る数を書きなさい。ただし答えが割り切れない場合は小数第1位を四捨五入して整数で書きなさい。

4 〔A〕 鏡に向かって進む光を入射光，鏡ではね返った光を反射光といい，入射光と面に垂直に立てた直線とのなす角を入射角，反射光と面に垂直に立てた直線とのなす角を反射角といいます。図1のように，光は平らな鏡で反射すると入射角と反射角が等しくなるという性質を持っています。

この性質を用いて，以下の問いに答えなさい。

図1

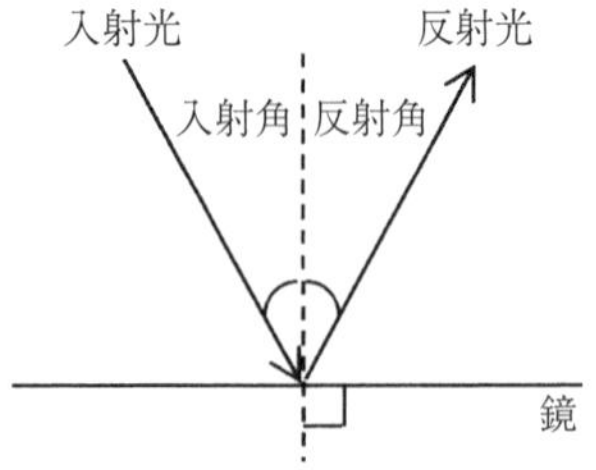

(1) 図2のように水平な面から30度傾けた鏡に，水平な面と平行に光をあてました。このときの入射角と反射角の和となる角 a は何度ですか。

図2

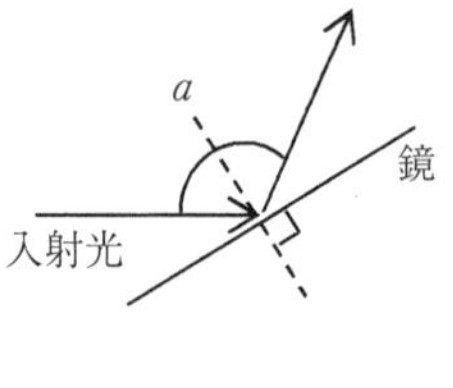

(2) 図2の状態からさらに鏡を10度傾け，水平な面と鏡のなす角度が40度となるようにした後，水平な面と平行に光をあてました。この

ときの入射角と反射角の和は，(1)の角 a から何度だけ減少しますか。

次に，図３のように鏡Ａを水平に，鏡Ｂを鏡Ａに対して垂直に置いたところに光をあてることを考えます。水平な面と30度の角をなす光を鏡Ａにあて，さらに鏡Ｂで反射させました。

図３

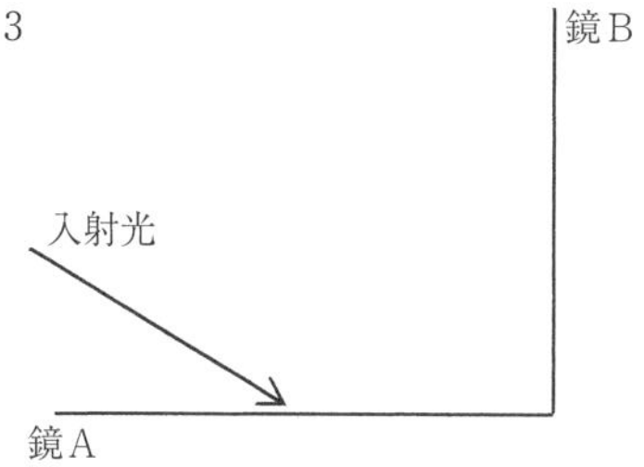

(3) 鏡Ｂで反射した光は水平な面と何度の角をなしますか。
ただし，答えは０度から90度の間で答えなさい。

(4) 鏡Ａを固定し，鏡Ｂを鏡Ａ側に倒していったところ，鏡Ｂで反射した光が水平になりました。このとき鏡Ｂを図３の位置から何度倒しましたか。

(5) (4)よりもさらに鏡Ｂを鏡Ａ側に倒していったところ，鏡Ｂで反射した光が水平な面と垂直になりました。このとき鏡Ｂを図３の位置から何度倒しましたか。

〔Ｂ〕 材質が均一な板を水平に支えるには，板の真ん中を支えればよいです。このように，もののバランスを保つことができる位置を「重心」といいます。また，「重心」とはものが地球から真下に引っ張られる力(重力といいます)がはたらく代表点，すなわち，ものの重さがかかる点と考えることができます。

いま，材質が均一な一枚の薄い板を用意し，図１のように，厚さ，幅は同じで長さの異なる３枚の板に分け，それぞれＡ，Ｂ，Ｃとします。これらの板を幅がそろうように重ね，図２のように水平な台の上にまっすぐに置き，重ねる枚数や順序，板を置く位置をいろいろと変え，板全体のバランスをとる〔**実験１**〕～〔**実験３**〕をしました。

図１

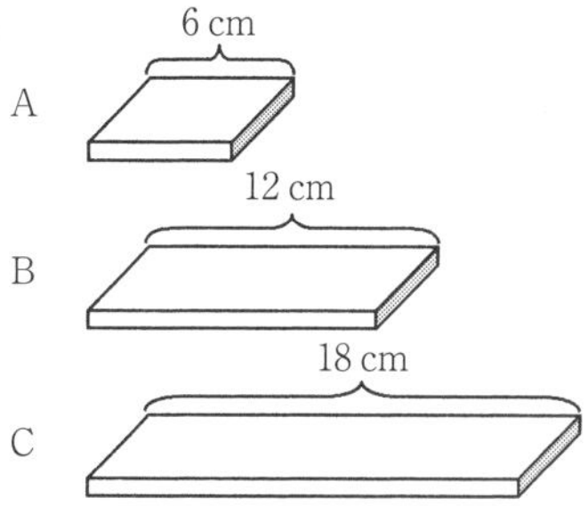

図２

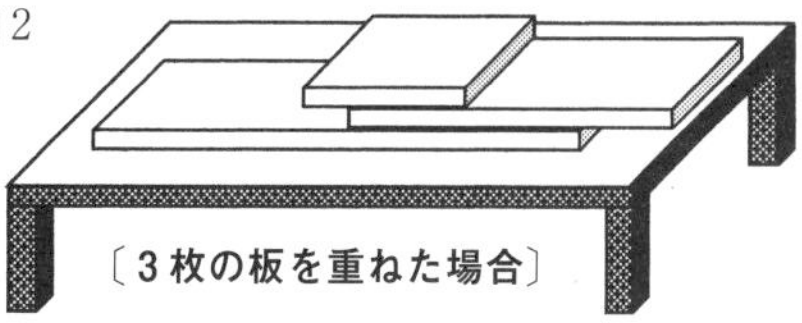
〔**３枚の板を重ねた場合**〕

〔実験１〕

Ｃの上にＡまたはＢを重ね，それぞれの先端をできるだけ右側に出すようにしたところ，Ａはその先端がＣの右端から３cm を超えたときに(図３)，Ｂはその先端がＣの右端から６cm を超えたときに(図４)傾いて落ちてしまいました。

図３

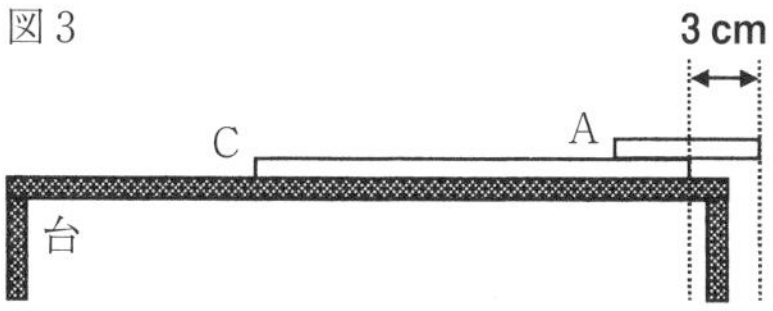

図５

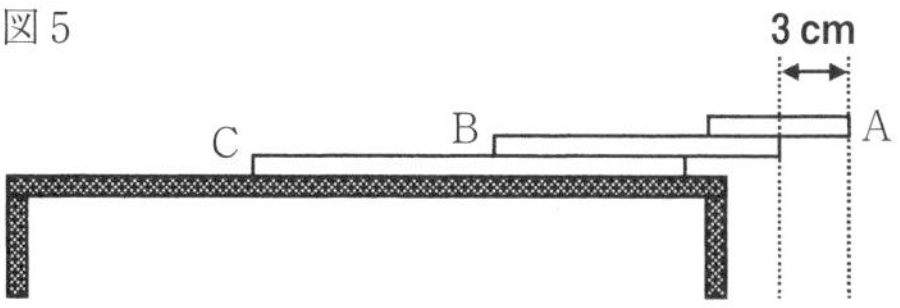

図４

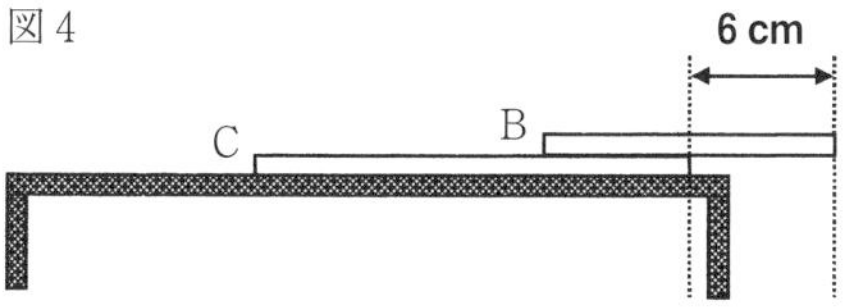

図６

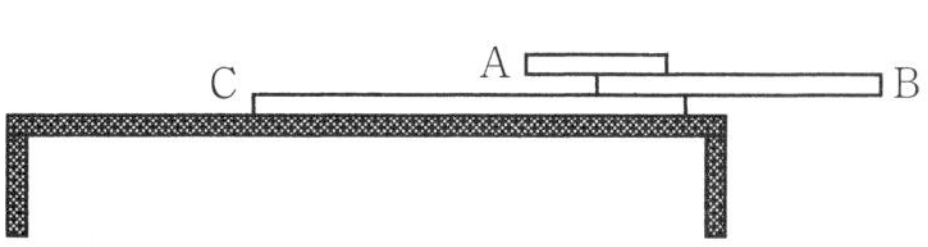

〔**真横から見た様子**〕

〔実験２〕

Ｃの上にＡ，Ｂを２枚とも重ね，一番上のＡの先端をＣの右端からできるだけ右側に出すようにしたところ，Aの先端がBの右端から3cmを超えたときに(図5)傾いて落ちてしまいました。

(1) 〔**実験2**〕について述べた次の文中の{①}～{③}に適当なものを，それぞれ選びなさい。

まず，Bに対して，Aが傾いて落ちない状況について考えてみます。

Aの重心がBの右端(これ以降，Xと呼ぶことにします)より右側にあるように置いたときは，Aはその重力によって，Xに対し{①　ア．時計回り　　イ．反時計回り}に傾いて落ちようとしますが，逆に左側にあるように置いたときは，それとは逆の効果があらわれます。したがって，Aの重心とXとがちょうど一致するように置いたときが，Aのバランスを保つことができる限界であることがわかります。なお，このときXにはAの板の重さがかかっていることになります。

さらにこの状態のまま，Cに対して，AとBが傾いて落ちない状況について考えてみます。

この場合も，AとBを合わせた板の重心とCの右端(これ以降，Yと呼ぶことにします)とがちょうど一致するように置いたときが全体のバランスを保つことができる限界となります。なお，このときYにはAとBを合わせた板の重さがかかっていることになります。また，てこの原理により[Aの重心とYとの距離]と[Bの重心とYとの距離]との比は{②　ア．1：1　イ．1：2　ウ．1：3　エ．2：1　オ．3：1　カ．2：3　キ．3：2}の関係になっています。

以上のことより，Aの先端はYから最大{③　ア．5　イ．6　ウ．7　エ．8　オ．9}cmだけ右側に出すことができたとわかります。

(2) 図6のように，〔**実験2**〕と板を重ねる順序は変えずに真ん中にあるBの先端をCの右端からできるだけ右側に出すようにした場合について考えてみます。このとき，Bの先端は，Cの右端から最大何cmだけ右側に出すことができますか。

〔**実験3**〕

A～Cの3枚の板を，一番下の板が台の右端から出るように重ね，どれかの板の先端を台の右端からできるだけ右側に出すようにしたところ，その板の先端が台の右端からa[cm]を超えたときに傾いて落ちてしまいました。

(3) 〔**実験3**〕において，図7のような順序で板を重ね，一番下のAの重心が台の右端よりも右側にくるようにした状態で，一番上のCの先端をできるだけ右側に出すようにした場合について考えてみます。このとき，Cの先端を台の右端から右側に出すことができる最大の距離であるaは何cmになりますか。

図7

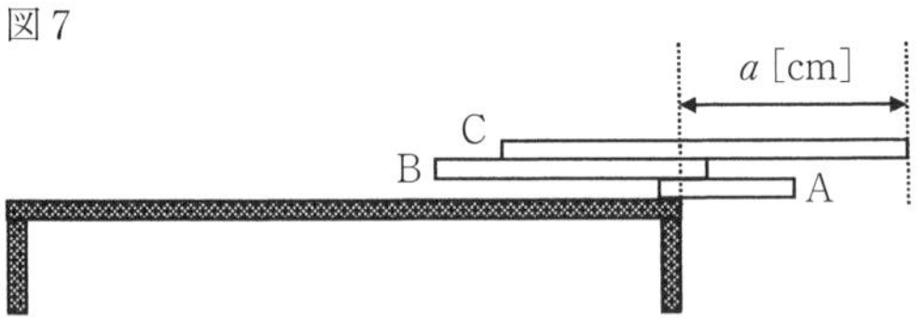

(4) 〔**実験3**〕において，一番下をAの板にし，Aの重心が台の右端よりも左側にくるようにした状態で行いました。板を重ねる順序や，板を置く位置を変えるなかで，a[cm]を最も大きくできた場合について，次の①～③に答えなさい。

① 一番上の板はB，Cのうちどちらですか。

② 台の右端から先端を最も右側に出すことができる板はA～Cのうちどれですか。

③ aは何cmになりますか。

替《か》わったから。

ニ　愛衣の凝《ぎょう》視で仁美は罪悪感に耐《た》えられなくなり全《すべ》てを話す気になったから。

ホ　仁美が贈《おく》ったというチョコレートが気になって、愛衣が悩《なや》みを忘れたから。

問六　傍線部⑤「身体から靄《もや》が染《し》み出さないよう、愛衣は両手を握《にぎ》り締《し》める」とあるが、ここでの愛衣の心情を、六十字以内で説明しなさい。

問七　傍線部⑥「本当にごめんね」とあるが、この時仁美は何について謝っているのですか。三十字以内で説明しなさい。

三　次の①～⑮の傍《ぼう》線部のカタカナを漢字に改めなさい。〈十五点〉

① 彼《かれ》に迷惑《わく》をかけるつもりなどモウトウなかった。
② 彼はヒルイなき強さで、名が知れ渡《わた》っている。
③ オリンピックが近いからといってコウフンするなよ。
④ 首相《しょう》が欧《おう》州四カ国をレキホウする。
⑤ プロジェクトの方針が百八十度テンカイした。
⑥ 彼の当時の対応のカヒが問われることとなる。
⑦ ハチクの十連勝だ。
⑧ 彼はその知らせを受けてイサイ構わず病院へ駆《か》けつけた。
⑨ トウキ目的で購《こう》入した仮想通貨が暴落した。
⑩ ゲキヤクを用いる。
⑪ ノウある鷹《たか》は爪《つめ》を隠《かく》す。
⑫ 大臣のあの発言はイサみ足だ。
⑬ 大雨で大会の実施《し》がノびた。
⑭ 人をサバけるほど君は立派な人間なのか。
⑮ コウゴウヘイカは「ジーヴス」シリーズの愛読者だ。

ながら、泣きたいのは私のほう、と、愛衣は路傍《ぼう》の石を蹴飛《けと》ばした。

問一　波線部**a**～**c**の意味を、後の**イ**～**ホ**の中からそれぞれ選んで符《ふ》号を書きなさい。

a　「眉根《まゆね》を寄せた」
イ　敵意でにらみつけた
ロ　悲哀《あい》で目を見開いた
ハ　不快で顔をしかめた
ニ　困惑《わく》で歯ぎしりした
ホ　絶望で鼻をつまんだ

b　「まくし立てる」
イ　流ちょうに語る
ロ　横やりを入れる
ハ　話を切り上げる
ニ　勢いよくしゃべる
ホ　言いたい放題述べる

c　「おずおずと」
イ　心乱れて戸惑《とまど》いつつ
ロ　平静さを失って
ハ　元気が無い様子で
ニ　うろたえることなく
ホ　びくびくしながら

問二　傍《ぼう》線部①『来週どうなるんだろうね』『アヤ、死ぬのかなあ』の会話は、誰《だれ》と誰の間で交《か》わされたものですか。本文中から人物名を抜《ぬ》き出して答えなさい。

問三　傍線部②「愛衣《あい》は仕方なく一歩下がった」とあるが、なぜ愛衣が下がったのですか。説明しなさい。

問四　傍線部③「車体の色を見るともなしに目で追った」とあるが、愛衣がこのように振《ふ》る舞《ま》っているのはなぜですか。次の**イ**～**ホ**の説明の中から最も適切なものを選んで符号を書きなさい。

イ　仁美《ひとみ》が何かを隠《かく》していることを察して気にしながらも自分から聞くことができず、かといって他に共通の話題も見つからないために、間をもてあましたから。
ロ　香奈恵《かなえ》と別れた後の仁美が愛衣などいないかのように振る舞う意地悪げな態度をとったことに動揺《よう》し、当たり障《さわ》りのない話題を探して話しかけようと必死になったから。
ハ　愛衣が仁美や香奈恵から離《はな》れて辻井《つじい》さんと仲良くなろうとしていることを仁美に気づかれたと察し、気まずさのために現実逃避《ひ》したくなったから。
ニ　麻貴《まき》といた方が安心できるし自分らしくいられるとは思うが仁美たちとの関係も壊《こわ》したくはないため、自分の振る舞い方に迷いどうして良いか分からなくなったから。
ホ　母親同士の関係から仲が良い仁美と香奈恵と違《ちが》い、家庭の教育方針が異なる愛衣は仁美たちと付き合いを止《や》めるように言われていたことを思い出し、悲しくなったから。

問五　傍線部④「強風に吹《ふ》かれたように、あの匂《にお》いはすっかり消えていた」とあるが、どうして「あの匂い」は「すっかり消え」たのですか。次の**イ**～**ホ**の中から最も適切なものを選んで符号を書きなさい。

イ　香奈恵の母と話したことにより仁美が愛衣と向き合う気持ちになったから。
ロ　香奈恵の母の言葉で仁美が香奈恵の家に行ったことが愛衣に知られたから。
ハ　突《とつ》然の強い風によって、周囲のよどんだ空気がすっかり入れ仁美の応《こた》えに安心したように笑顔《えがお》を浮《う》かべて、香奈恵は再度駆けていった。黄色い通学帽《ぼう》の下で、二本のおさげが揺れている。仁美は何も言おうとしない。愛衣は隣《となり》に立ち、

「玉ねぎって？」

と尋《たず》ねた。

「ああ。明日、四時間目が調理実習なんだ」

「もしかして、ハンバーグ？」

「そう。一組はもう作った？」

仁美が横断歩道を渡《わた》り始めた。愛衣もあとに続いた。

「まだ。来週の家庭科でやるみたい」

「そうなんだ。上手《うま》くできるといいね」

「そうだね」

沈黙《ちんもく》。車が三台続けて横を走り抜《ぬ》ける。白、銀、白、と、③車体の色を見るともなしに目で追った。仁美となにを喋ればいいのか分からない。こんなこと、去年までは一度もなかった。なんでも話せる親友だったのだ。と、あの匂いが一段と濃《こ》くなったような気がした。愛衣がかすかにa眉根《まゆね》を寄せたそのとき、

「あら、仁美ちゃんと愛衣ちゃん」

郵便局から出てきた女性に呼び止められた。声の主は、香奈恵の母親だった。胸の前で手を振りながら、こちらに走り寄ってくる。香奈恵と同じ形の目には、焦《あせ》りがにじんでいた。

「もしかして、香奈恵ってばもう家に向かってる？」

「はい、今さっきあそこで別れました」

愛衣は振り返って腕《うで》を伸《の》ばした。あの子、鍵《かぎ》を持ってないのよね、と母親が息を吐《つ》く。本当にさっき別れたばっかりなんで、と応えた仁美から、あの匂いが急激に強く立ち上った。息が苦しい。喉《のど》がただれるようだ。思わず目を瞬《まばた》きたくなる。愛衣はそれとなく顔を逸《そ》らした。

「それなら急いで追いかけてみるわ。二人も気をつけて帰ってね。あ、仁美ちゃん、昨日は美味《おい》しいチョコレートをありがとう。お母さんによろしくね。愛衣ちゃんもまた遊びに来てね」

一気にbまくし立てると、香奈恵の母親は大きく手を振りながら去って行った。ふたたびの沈黙。だが、数分前のものとは質がまったく違《ちが》う。愛衣は横目で仁美の表情を窺《うかが》った。浅く俯《うつむ》き、アスファルトを凝視《ぎょうし》している。④強風に吹《ふ》かれたように、あの匂いはすっかり消えていた。

「愛衣ちゃん、あのね、違うの」

「なにが？」

とぼけた声音《こわね》になればいいと思ったが、口から出てきた音は固かった。

「算数の宿題でどうしても分からないところがあって、香奈ちゃんに電話したら、うちで一緒にやろうって言われたのね」

「うん」

「愛衣ちゃんも呼んだほうがいいかなって思ったんだけど、でも、一組と三組じゃ宿題が違うし。そうしたら、仲間外れにしたって思われるのも嫌《いや》だから、言わないでおこうって、香奈ちゃんが」

「別に気にしてないよ」

嘘《うそ》だと自覚しながら応えた。本当は、胸の中には早くも黒い靄《もや》が立ち込《こ》めている。呼ぼうとしたって嘘なんじゃないの？　私がいないほうがよかったんでしょう？　⑤身体から靄が染《し》み出さないよう、愛衣は両手を握《にぎ》り締《し》める。仁美がcおずおずと顔を上げた。

「⑥本当にごめんね」

「いいって」

郵便局の先の駐《ちゅう》車場で仁美と別れた。また明日ね、と精いっぱい明るく言った愛衣に、仁美が濡《ぬ》れた瞳《ひとみ》で頷《うなず》く。残りわずかな帰路を歩き

二

次の文章は、奥田亜希子《おくだあきこ》の小説「クレイジー・フォー・ラビット」の一節です。愛衣《あい》は、自分に対する隠《かく》しごとを敏《びん》感に、文字通りに嗅《か》ぎ取ってしまうという、不思議な嗅《きゅう》覚を持っています。文章を読んで、後の問いに答えなさい。（字数制限のある問題は、句読点も一字に数えます。）〈三十五点〉

白濁《だく》していた水は茶色やピンクが混じるたびに濁《にご》り、黒が溶《と》け出したところで陰鬱《いんうつ》な灰色になった。パレットをきれいに洗い流したのち、絵の具用の黄色いバケツを丁寧《ていねい》に濯《すす》ぐ。図工室の棚《たな》に描《か》きかけの絵を置いて、筆箱やノートを片づけていると、下校の時刻を知らせるチャイムが鳴った。

「愛衣ちゃん、早くう」

すでにランドセルを背負った仁美《ひとみ》と香奈恵《かなえ》が、出口で手招きをしている。今行くね、と、愛衣は急いでランドセルの蓋《ふた》を閉めた。

①「来週どうなるんだろうね」

「アヤ、死ぬのかなあ」

「死なないよう。主人公だし。それで、最後はやっぱりシュウイチと付き合うと思う」

「シュウイチの記憶《おく》が戻《もど》るってこと？　私はタクミとくっつくと思うけどなあ。っていうか、タクミのほうが断然格好《かっこ》いいのにね」

正門を出て右に曲がり、小さな商店が身を寄せ合う区画を行く。この道は、人通りが多いわりに幅《はば》が狭《せま》い。三人並ぶことは憚《はばか》られて、②愛衣は仕方なく一歩下がった。仁美と香奈恵は、昨晩放送されたドラマについて喋《しゃべ》っている。遅《おそ》くとも十時には布団《ふとん》に入るよう躾《しつ》けられている愛衣は、そのドラマを観《み》られない。二人は後ろを振《ふ》り返ろうともしなかった。

前方から漂《ただよ》う、甘《あま》さと酸《す》っぱさの混じったあの匂《にお》いに、愛衣は呼吸を控《ひか》えた。今日は随《ずい》分と匂いが強い。なにかあったのだろうか。ふたつ並んだ赤いランドセルを見つめる。横のフックに提《さ》げた給食袋《ぶくろ》が、同じリズムで揺《ゆ》れている。

辻井《つじい》さんが図工クラブだったらな、と、ふいに思った。実際、麻貴《まき》は器用だ。ノック消しゴムの先をカッターで削《けず》って作ったのだと、直径五ミリの判子を見せられたことがある。絵も得意で、大人びた漫《まん》画を好み、ときどきそれを模写していた。だが、麻貴の中に図工クラブという選択肢《たくし》はなかったらしい。迷わずバドミントンクラブを選んだと前に言っていた。それに、たとえ同じクラブの仲間だったとしても、一緒《いっしょ》に帰れたとは限らない。麻貴は一人を恐《おそ》れない。さっさと一人で下校する姿が容易に想像できた。

「香奈ちゃん、いっつもタクミのほうが格好いいって言うよね。うちのお母さんに話したら、香奈ちゃんは不良っぽい子が好きなのねって言ってたよ」

「えー、タクミは不良じゃないよ。優《やさ》しいよ」

仁美と香奈恵とは、四年生時のクラスが同じで親友になった。みんなで図工クラブに入ろうよ、と提案したのは愛衣で、二年続けて同じクラスになったときには、奇跡《きせき》が起きたと抱《だ》き合って喜んだ。しかし、今年は愛衣が一組、二人が三組と分かれた。始業式の日には、私たちは三人でひとつだよ、と涙《なみだ》目で語っていた仁美と香奈恵も、日が経《た》つにつれて、様子が少しずつ変わっていった。

信号を越《こ》え、八百屋の前を通り過ぎる。この先の交差点を、愛衣と仁美は右の郵便局方面に、香奈恵は左の住宅街に進む。一旦《いったん》足を止め、じゃあね、と駆《か》け出した香奈恵は、数メートル行ったところで急に振り返った。

「仁美ちゃん、玉ねぎ忘れないでねー」

「分かってるよー」

分だけが飛び出す、自分だけが先に行くという行為だ。自分だけ外に飛び出すことによって、冒険者は「私は飛び出したけど、その飛び出した私について、あなたはどう思う？　そして飛び出さない自分たちについて何を思う？」と、飛び出さない者たちに対して挑発的な問いかけを発しているのだ。こうした行動に出る者に、飛び出さない他者たちに対する視点がないわけがない。

そして、このような公の空間での他者の目を気にした批評的性格を突《つ》きつめていくことで、冒険することの**ｅ**イギも見えてくる。

（角幡唯介《かくはたゆうすけ》『新・冒険論』より）

〈語注〉

※**1**　システム＝体系。秩《ちつ》序・系統だった組織・制度。

※**2**　ドツボにはまる＝ひどい状況に陥《おちい》る。

※**3**　呪詛＝のろい。

※**4**　彷徨＝さまようこと。

※**5**　パラレル＝平行。

※**6**　クライマー＝クライミングする人。

※**7**　登攀＝高い山や険しい岩壁《へき》をよじ登ること。クライミング。

※**8**　ロジック＝論理。

※**9**　修辞＝言葉を巧《たく》みに用いて美しく効果的に表現すること。

問一　傍《ぼう》線部①「システム」の外側での経験にあたるのは次の**イ**～**ト**の中のどれですか。あてはまるものをすべて選んで符《ふ》号を書きなさい。

イ　人工照明が発達し、闇《やみ》の怖《こわ》さが感じられないこと。
ロ　北極星や月の光にすがるようにして旅すること。
ハ　狼《おおかみ》の群れの中で暮らし、狼の視点を獲《かく》得すること。
ニ　遠くから双《そう》眼鏡で眺《なが》めて人間の基準をあてはめる研究。
ホ　現代のテクノロジーに依《い》存した登山。
ヘ　他の生き物を殺してそれを食べて生きている意識が薄《うす》いこと。
ト　太陽が昇《のぼ》ったとき想像を絶するような開放感を味わうこと。

問二　傍線部②「これ」は何をさしますか。二十字以内で答えなさい。

問三　傍線部③「重要なのは、ここである」とあるが、なぜ「ここ」が「重要」なのですか。百字以内で説明しなさい。

問四　傍線部④「外側からシステムの内側を見る」とあるが、「システムの内側」にあたるひとまとまりの表現として十字以上十五字以内の語句を傍線部⑤「ショーン・エリス」から始まる形式段落の中から抜き出しなさい。

問五　(1)　筆者は極夜探検としてどのようなことをしたのですか。その行動の具体的内容を三十五字以内で説明しなさい。

(2)　服部文祥《はっとりぶんしょう》はサバイバル登山としてどのようなことをしたのですか。その行動の具体的内容を三十五字以内で説明しなさい。

問六　波線部「冒《ぼう》険にはまぎれもなく批評的性格がある。それもかなり挑《ちょう》発的な批評性だ」とあるが、冒険のどういう点が「挑発的」なのですか。百二十字以内で説明しなさい。

問七　二重傍線部**ａ**～**ｅ**のカタカナを漢字に改めなさい。

信じすぎたせいで※2ドツボにはまることも多く、そのうち月に対して※3呪詛《じゅそ》の言葉を吐《は》くようになる。そして闇の中での※4彷徨《ほうこう》を始めて一カ月以上経《た》ち身体も衰《すい》弱してくると、心身ともに疲弊《ひへい》して闇に対して恐ろしさを抱《いだ》くようになる。しかし、そういうふうに月や闇に苦労させられたからこそ、太陽が昇《のぼ》ったときに想像を絶するような開放感を味わうこともできる。要は極夜の世界で私は天体や闇という自然物に生かされもするし、殺されもするという状況《きょう》を経験したわけだが、おそらく私の旅の報告を読んだり聞いたりした人は、自分たちはこういう経験をしたこともないし、想像したこともなかったなぁという感想を抱くと思う。つまり私は極夜というシステムの外側に飛び出し、外側から内側を照らすことで、内側にいるだけでは気づかなかったシステムの限界、つまりこの場合、天体や闇や光というものに本質的な反応《のう》を示すことができなくなった現代人の自然との断絶ぶりをあらわにすることになるわけだ。

　このように、すべての冒険は、それが冒険であるかぎり脱システムしているわけだから、同じような批評性をかねそなえていることになる。

　⑤ショーン・エリスは狼《おおかみ》の群れの中で暮らし、狼の視点を獲得して狼を語ることで、遠くから双《そう》眼鏡で眺めて狼の行動に人間の基準をあてはめるだけだった生物学の研究の限界を明らかにした。そしてそれは生物学云々《うんぬん》という狭《せま》い世界だけにあてはまる話ではなく、この世界には人間が認知している世界とは異なる世界が※5パラレルに存在していること、われわれが知りえている地球や宇宙が決してすべてではなく、そのほんの一部にすぎないことを身体的な経験として提示した。また服部文祥《はっとりぶんしょう》は、現代のテクノロジーに依《い》存した登山スタイルでは自力性が乏《とぼ》しいと考え、そのような登山を自分がおこなっていることに我慢《がまん》ならずサバイバル登山を始めた。このサバイバル登山自体が、生きることというのはほかの生き物を殺し、その肉を食べることにほかならないこと、そして人間にはそうした原罪があることをあらためて明らかにし、そのことが他者を殺して生きていることへの意識が希薄《はく》になった現代社会システムへの強烈《れつ》な警鐘《しょう》になっているのである。

　先鋭《えい》的な※6クライマーがヒマラヤの氷壁《へき》に一本の美しい※7登攀《はん》ルートを描《えが》いてcトウチョウするとき、その行動もまた鋭《するど》い批評表現になっている。たとえ言葉で描写《びょう》されなくても、クライミングをしない人には分からない世界であっても、そのクライマーが描いた一本の線の中には彼の世界観や、彼が見出《みいだ》した山や、彼がその山を手に入れるためにつづけてきた努力や、彼の思想そのものが込《こ》められており、ほかのクライマーはそのルートを見ただけで、それらが分かる。と同時に、その登攀を成しとげたクライマーには対他者的な視点もあって、自分の登攀を知ったときにほかのクライマーがどのような意味を見出すかもdヨキしているだろう。クライマーは抜《ぬ》きん出た登攀をすることによって、抜きん出た登攀をした者としての自分をほかのクライマーに対して定位し、抜きん出た登攀をしなかった他者の限界を明らかにし、批評するのだ。

　冒険とは批評的性格をかねそなえた脱システムという身体的表現である。そして冒険という批評行動はリアルな経験そのものなので、※8ロジックや※9修辞に頼《たよ》らざるをえない言論による批評よりも強いインパクトをあたえることもできる。

　同時に、冒険に批評的性格があるということは、冒険が社会性の非常に強い行為だということでもある。

　今述べたように、冒険とはシステムの外に飛び出すことで、システムの内部を外から客観的に見つめて、その限界を明らかにする批評的性格を持った身体表現である。一言でいえば、ほかの人間に対して自

二〇一九年度 ラ・サール中学校

【国語】（六〇分）〈満点：一〇〇点〉

一 次の文章を読んで、後の問いに答えなさい。（字数制限のある問題は、句読点も一字に数えます。）〈五十点〉

冒《ぼう》険が批評だといわれても、多くの人は、はい？ と首をひねるかもしれない。批評というのはあくまで言論活動であり、身体の行動である冒険とは行為《い》形態が異なるように思えるからだ。しかし冒険にはまぎれもなく批評的性格がある。それもかなり挑《ちょう》発的な批評性だ。

何度もいうが冒険とは脱《だつ》※1システムであり、脱システムするためには、①システムの性格や特質を自分なりにとらえ、そのシステムがどのあたりまで根を張っているのか、限界ラインがどのへんにあるのかを見極めなければ、越《こ》えるものも越えられない。ほとんどの冒険者は②これを意識せず直観でやっているが、意識的だろうと直観的だろうと、その行動が脱システムになっているかぎり限界ラインの見定めは必ずおこなわれている。

たとえば極夜探検では、現代社会では太陽が運行することを前提に生活がaイトナまれている一方で、人工照明が発達して夜の暗さが薄《うす》れ、太陽のありがたさや闇《やみ》の怖《こわ》さが感じられなくなった世界に生きており、それがシステムとして起動しているという認《にん》識があることが前提になっている。こうしたシステムに対する理解があって初めて、極夜という太陽のない世界こそ太陽のある現システムの外側であり、そこに到《とう》達することで現代システム内では失われた太陽のありがたみや闇の恐《おそ》ろしさを経験できるだろうとの発想が生まれる。

このように脱システムするためには、われわれが暮らす日常がどのようなシステムの管理下にあるのかを、まず自分なりに見通すことができていなければならない。こうした認識や直観をもとに冒険者は境界を越えて脱システムし、そして無事、システムの内部に帰還《かん》した後に、自分が経験した冒険のあらましを文章やら動画やらで報告する。

③重要なのは、ここである。帰還した冒険者が公衆に対して何を報告し、どのようなことを明らかにするのかちょっと考えてみよう。脱システムした冒険者は境界を越えてシステムの外側に出ることで、④外側からシステムの内側を見るという視点を獲《かく》得している。月に向かったアポロのbジョウインが地球の丸い輪郭《かく》線を目《ま》の当たりにしたのと同じように、外側に飛び出した冒険者も内側を眺《なが》めることで、必然的にシステムの境界線を発見する。そして帰還した冒険者が公衆に向かって報告するのは、冒険の成果だけではなく、じつは彼《かれ》が外側から目撃《げき》した現代システムの全体像でもある。というのも冒険を報告するということは、とりもなおさず冒険によって越えられたシステムの境界線を明示することでもあるからだ。普《ふ》段は見えてないけど、じつはここにシステムの境界線があって僕《ぼく》はここを越えたんですねと示すことで、冒険者は現代システムの限界と内実をさらけ出すのである。

つまり冒険には、外側に出ることで内側にいるだけでは気づかないシステムの現実を明らかにするという性格があることになる。システムの内側にいる者は、システムの外側に出た者の行動を知ることではじめて、システムの限界がどこにあるのかということ、いやそれ以前に自分たちがそのようなシステムの管理下にあったことにはじめて気づかされる。それが冒険の批評性である。

そのことをもう一度、極夜探検を例に示してみよう。極夜の世界で私は北極星や月の光にすがるようにして旅をした。しかし月の光は明るいようで太陽の光ほど完璧《ぺき》ではないので、惑《まど》わされるし、月の光を

2019年度

ラ・サール中学校　▶解説と解答

算　数　(60分) <満点：100点>

解　答

[1] (1) $\frac{3}{4}$　(2) 637　(3) 57　[2] (1) $\frac{11}{144}$　(2) (ア) 74円　(イ) 12冊　(3) 42　(4) (ア) 7.5cm　(イ) $39cm^2$　[3] (1) 5：53　(2) 13.25km　[4] (1) 24通り　(2) 30通り　(3) 60通り　[5] (1) $120cm^3$　(2) 解説の図2を参照のこと。(3) 解説の図4を参照のこと。　[6] (1) 5：3　(2) 49：40　(3) 392：125

解　説

[1] 四則計算，計算のくふう，逆算

(1) $0.25\div4\times2\frac{2}{3}+1\frac{2}{5}\div2.4=\frac{1}{4}\times\frac{1}{4}\times\frac{8}{3}+\frac{7}{5}\div\frac{24}{10}=\frac{1}{6}+\frac{7}{5}\times\frac{10}{24}=\frac{1}{6}+\frac{7}{12}=\frac{2}{12}+\frac{7}{12}=\frac{9}{12}=\frac{3}{4}$

(2) $12.1\times91-14.3\times7-6.5\times56=12.1\times13\times7-14.3\times7-6.5\times8\times7=157.3\times7-14.3\times7-52\times7=(157.3-14.3-52)\times7=(143-52)\times7=91\times7=637$

(3) $1+1\div\{2+1\div(3+4\div\square)\}=\frac{582}{407}$より，$1\div\{2+1\div(3+4\div\square)\}=\frac{582}{407}-1=\frac{582}{407}-\frac{407}{407}=\frac{175}{407}$，$2+1\div(3+4\div\square)=1\div\frac{175}{407}=1\times\frac{407}{175}=\frac{407}{175}$，$1\div(3+4\div\square)=\frac{407}{175}-2=\frac{407}{175}-\frac{350}{175}=\frac{57}{175}$，$3+4\div\square=1\div\frac{57}{175}=1\times\frac{175}{57}=\frac{175}{57}$，$4\div\square=\frac{175}{57}-3=\frac{175}{57}-\frac{171}{57}=\frac{4}{57}$　よって，$\square=4\div\frac{4}{57}=4\times\frac{57}{4}=57$

[2] 分数の性質，消去算，角度，相似，長さ，面積

(1) $\frac{55}{18}$と$\frac{121}{48}$のどちらを割っても整数になるような最も大きい分数を$\frac{\square}{\bigcirc}$とすると，$\frac{55}{18}\div\frac{\square}{\bigcirc}=\frac{55}{18}\times\frac{\bigcirc}{\square}$が整数だから，□は55の約数で，○は18の倍数になる。同様に，$\frac{121}{48}\div\frac{\square}{\bigcirc}=\frac{121}{48}\times\frac{\bigcirc}{\square}$が整数なので，□は121の約数で，○は48の倍数になる。よって，□は55と121の公約数，○は18と48の公倍数であり，分数は，分子が大きく，分母が小さいほど大きいから，□は55と121の最大公約数，○は18と48の最小公倍数とわかる。したがって，□＝11，○＝144なので，$\frac{\square}{\bigcirc}=\frac{11}{144}$である。

(2) (ア) ノート1冊の値段を㋨円，鉛筆《えんぴつ》1本の値段を㋓円とすると，右の図1の①，②のような式をつくることができる。また，①の式の等号の両側を2倍すると，③のようになる。よって，②と③の式の差を考えると，鉛筆，10－6＝4(本)の代金が，1000－704＝296(円)となるから，鉛筆1本の値段は，296÷4＝74(円)と求められる。　(イ) ①の式より，ノート1冊の値段は，500－74×5＝130(円)とわかる。また，ノート何冊かと鉛筆10本を買って2300円になったとき，ノートの代金は，2300－74×10＝1560(円)である。よって，このとき買ったノートは，1560÷130＝12(冊)となる。

図1

㋨×1＋㋓×5＝ 500(円)…①
㋨×2＋㋓×6＝ 704(円)…②
㋨×2＋㋓×10＝1000(円)…③

図2

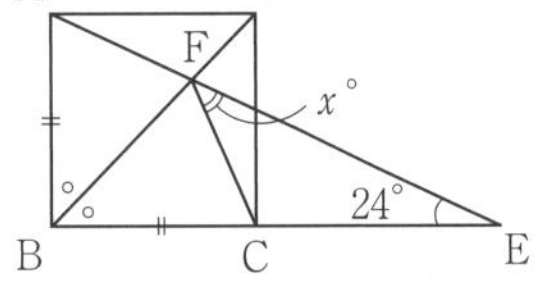

(3) 左の図2で，三角形ABEの内角の和は180度だから，角BAFの大

きさは，180−(90＋24)＝66(度)である。また，四角形ABCDは正方形で，ABとCBの長さは等しく，角ABFと角CBFの大きさも等しいから，三角形ABFと三角形CBFは合同になる。よって，角BCFの大きさは角BAFと同じ66度となるので，三角形FCEの内角と外角の関係より，xの大きさは，66−24＝42(度)と求められる。

図3

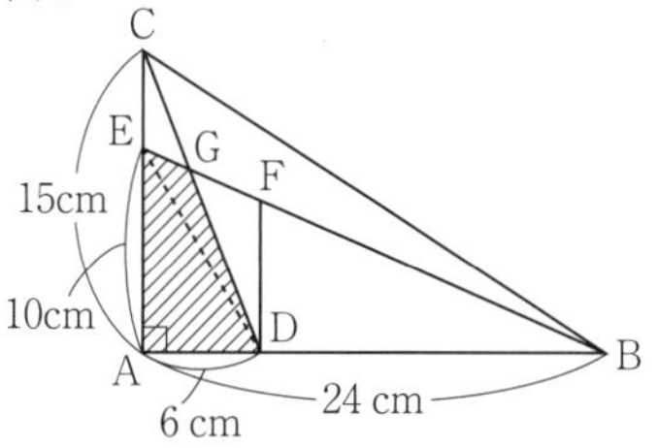

⑷ ㋐ 左の図3で，DFとAEは平行だから，三角形FDBと三角形EABは相似であり，相似比は，DB：AB＝(24−6)：24＝3：4となる。よって，DF：AE＝3：4より，DFの長さは，$10\times\frac{3}{4}$＝7.5(cm)とわかる。 ㋑ 三角形EDFの面積は，7.5×6÷2＝22.5(cm^2)である。また，三角形CEGと三角形DFGは相似であり，相似比は，CE：DF＝(15−10)：7.5＝2：3なので，EG：FG＝2：3となり，三角形DEGと三角形DFGの面積の比は2：3とわかる。よって，三角形DEGの面積は，$22.5\times\frac{2}{2+3}$＝9(cm^2)である。さらに，三角形EADの面積は，6×10÷2＝30(cm^2)である。したがって，斜線《しゃせん》部の面積は，9＋30＝39(cm^2)と求められる。

3 速さと比

⑴ 公園まで行く途《と》中《ちゅう》で人にたずねた地点をA，案内があった地点をBとすると，右の図のように表すことができる。この図より，歩いて，15＋38＝53(分)かかる距《きょ》離《り》と，車で，15−10＝5(分)かかる距離は等しいから，歩く速さと車の速さの比は，$\frac{1}{53}:\frac{1}{5}$＝5：53とわかる。

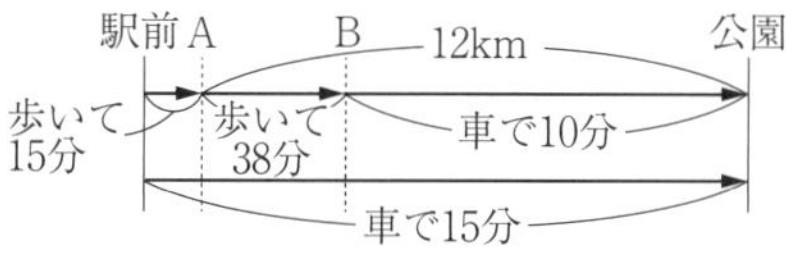

⑵ 歩く速さを分速$\boxed{5}$km，車の速さを分速$\boxed{53}$kmとすると，Aから公園までの距離について，$\boxed{5}$×38＋$\boxed{53}$×10＝12(km)となるので，$\boxed{190}$＋$\boxed{530}$＝12，$\boxed{720}$＝12，$\boxed{1}=\frac{1}{60}$(km)とわかる。よって，駅前から公園までは，$\boxed{53}\times15=\frac{1}{60}\times53\times15$＝13.25(km)ある。

4 場合の数

⑴ 右の図で，どの人もとなりどうしにならないように座るから，4人が座る席は①，③，⑤，⑦に決まる。このとき，①に座る人はA，B，C，Dの4通りあり，それぞれの場合で，③に座る人は①に座る人以外の3通り，⑤に座る人は①，③に座る人以外の2通り，⑦に座る人は残った人の1通りとなるので，4人の座り方は全部で，4×3×2×1＝24(通り)ある。

① ② ③ ④ ⑤ ⑥ ⑦

⑵ Aが①に座るとき，Bが座る席は①，②以外の5通りある。Aが②に座るとき，Bが座る席は①，②，③以外の4通りある。Aが③に座るとき，Bが座る席は②，③，④以外の4通りある。このように，Aが①，⑦に座るとき，Bの座り方は5通りずつあり，Aが②，③，④，⑤，⑥に座るとき，Bの座り方は4通りずつあるから，2人の座り方は全部で，5×2＋4×5＝30(通り)ある。

〔ほかの解き方〕 2つの座席の選び方は，7×6÷2＝21(通り)あり，このうち，2人がとなりどうしになる(①，②)，(②，③)，(③，④)，(④，⑤)，(⑤，⑥)，(⑥，⑦)の6通りはあてはまらないので，2人が座る席の組み合わせは，21−6＝15(通り)ある。また，それぞれの場合で，2人の座り方は2通りずつある。よって，2人の座り方は全部で，2×15＝30(通り)と求めることもできる。

⑶　3人が座る席の組み合わせは(①，③，⑤)，(①，③，⑥)，(①，③，⑦)，(①，④，⑥)，(①，④，⑦)，(①，⑤，⑦)，(②，④，⑥)，(②，④，⑦)，(②，⑤，⑦)，(③，⑤，⑦)の10通りある。また，⑴と同様に考えると，それぞれの場合で3人の座り方は，3×2×1＝6(通り)ある。よって，3人の座り方は全部で，6×10＝60(通り)となる。

5　立体図形—体積，分割

図1
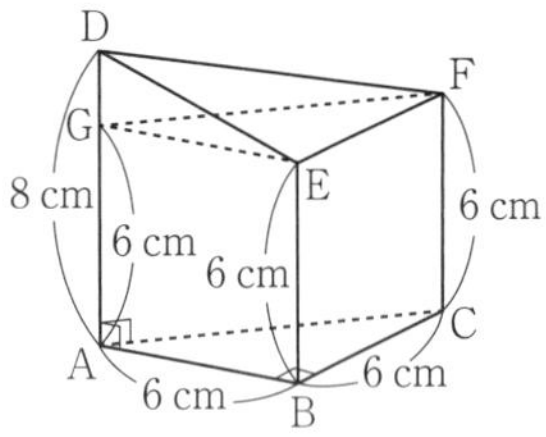

図2
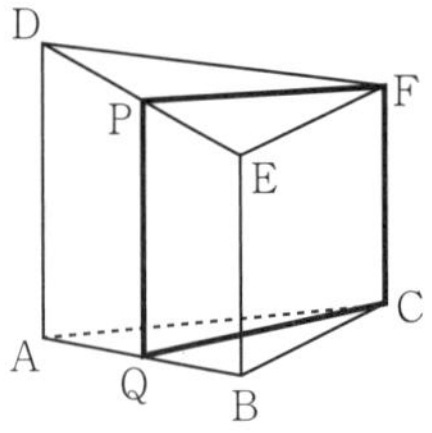

図3
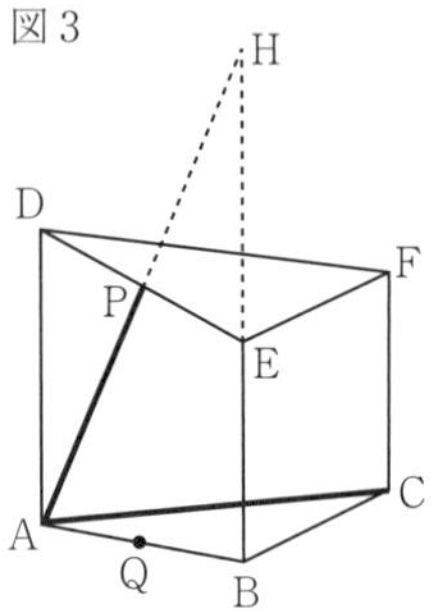

図4
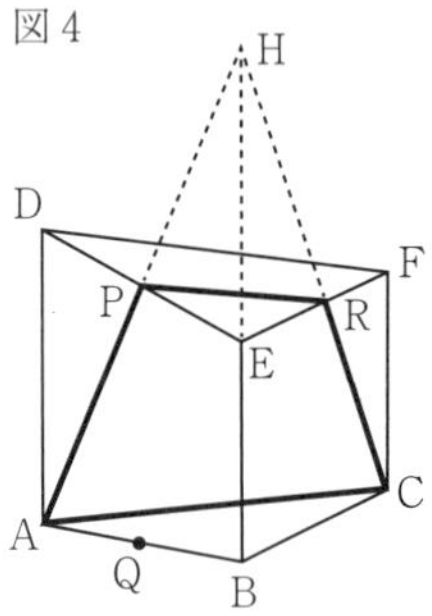

⑴　上の図1のように，立体ABCDEFは，高さが6 cmの三角柱ABCGEFと，高さが，8－6＝2(cm)の三角すいDGEFに分割することができる。また，三角形ABCの面積は，6×6÷2＝18(cm^2)である。よって，三角柱ABCGEFの体積は，18×6＝108(cm^3)，三角すいDGEFの体積は，18×2÷3＝12(cm^3)だから，立体ABCDEFの体積は，108＋12＝120(cm^3)と求められる。

⑵　問題文中の図で，PとQは同じ平面上にあるから，PQは切り口の図形の線になる(QCも同様)。また，P，QはそれぞれDE，ABのまん中の点で，DAとEBが平行だから，PQはDA，EBと平行である。よって，PQとFCも平行なので，Fは3点C，P，Qを通る平面上にある。したがって，切り口は上の図2のような四角形PQCFになる。

⑶　問題文中の図で，同じ平面上にあるAとP，AとCをそれぞれ結び，APとBEを延長して交わる点をHとすると，上の図3のようになる。次に，HとCを結び，EFと交わる点をRとすると，切り口は上の図4の四角形PACRになる。なお，三角形PDAと三角形PEHは相似であり，相似比は，PD：PE＝1：1だから，HE＝AD＝8 cmとなる。さらに，三角形HERと三角形CFRは相似であり，相似比は，HE：CF＝8：6＝4：3なので，ER：FR＝4：3となる。

6　平面図形—辺の比と面積の比，相似

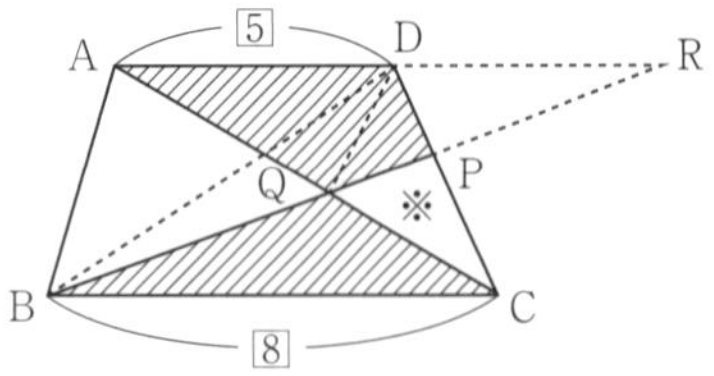

⑴　左の図で，三角形ADCと三角形BCDは，それぞれの底辺をAD，BCとしたときの高さが等しいから，面積の比は底辺の長さの比と同じ5：8になる。また，四角形AQPDと三角形BCQの面積が等しいとき，それぞれに※印の部分を加えた三角形ADCと三角形BCPの面積も等しくなる。よって，三角形BCPと三角形BPDの面積の比は，5：(8－5)＝5：3なので，CP：PD＝5：3である。

⑵　ADとBPを延長して交わる点をRとし，AD，BCの長さをそれぞれ$\boxed{5}$，$\boxed{8}$とする。三角形PBCと三角形PRDは相似であり，相似比は，CP：DP＝5：3だから，DRの長さは，$\boxed{8}\times\frac{3}{5}=\boxed{4.8}$となる。よって，三角形AQRと三角形CQBの相似比は，AR：CB＝($\boxed{5}$＋$\boxed{4.8}$)：$\boxed{8}$＝49：40なので，

AQ：QC＝49：40とわかる。

(3)　CP：PD＝５：３より，三角形CPQの面積を５，三角形DQPの面積を３とすると，AQ：QC＝49：40より，三角形DAQの面積は，$(3+5)\times\frac{49}{40}=9.8$とわかる。すると，四角形AQPDの面積は，9.8＋３＝12.8となり，三角形BCQの面積も12.8とわかる。さらに，三角形ABQの面積は，$12.8\times\frac{49}{40}=15.68$となる。よって，三角形ABQと三角形CPQの面積の比は，15.68：５＝392：125と求められる。

社　会　(40分)　<満点：50点>

解　答

1 問１　ア　問２　イ　問３　イ　問４　エ　問５　カ　問６　オ　問７　ウ　問８　エ　2 問１　山形県　問２　イ　問３　枕草子　問４　鉄鉱石　問５　X　南半球　Y　季節　問６　イ　問７　イ，ウ，エ　3 問１　１　ク　２　イ　問２　ウ　問３　(1)　ユネスコ(国際連合教育科学文化機関)　(2)　［E］　問４　ブラジル　問５　(1)　上越(新幹線)，北陸(新幹線)　(2)　［E］　問６　ジャストインタイム(方式)　問７　X　いちご　Y　みかん　Z　きゃべつ　問８　［D］　問９　前橋市，松山市　4 問１　あ　E(と)F(の間)　い　F(と)G(の間)　問２　土偶　問３　東大寺(国分寺，国分尼寺)　問４　ア，ウ　問５　モンゴル(蒙古，元)　問６　ア　問７　エ　問８　アイヌ　問９　ウ　問10　エ，ウ，オ　問11　(例)　被害を敵に知られるとまずいから。(国民の戦う意欲が失われるから。)

解　説

1　2018年のできごとを題材とした問題

問１　アは「インドネシア」ではなく「アメリカ合衆国」が正しい。TPP(環太平洋パートナーシップ協定)は太平洋沿岸の12か国が参加して結ばれた協定であるが，2017年にアメリカ合衆国のトランプ大統領が離脱《りだつ》を表明したため，アメリカ合衆国を除く11か国で交渉《こうしょう》が進められ，2018年３月に新協定(TPP11)が結ばれた。

問２　イは「少なかった」ではなく「多かった」が正しい。2018年７月の公職選挙法改正により，参議院の議員定数がそれまでの242名から６名増やされて248名となった。増やされたのは選挙区選挙の２名と比例代表選挙の４名で，このうち選挙区選挙では埼玉県選挙区の定数がそれまでの６名(１回の選挙では３名)から８名(１回の選挙では４名)とされた。比例代表選挙では，各政党の候補者名簿の中から優先して当選させることができる特定枠が創設された。

問３　イは「多数決制」ではなく「全会一致」が正しい。

問４　エは「署名し，批准《ひじゅん》している」ではなく「署名しておらず，批准もしていない」が正しい。2017年，国連総会で核兵器禁止条約が122の国と地域の賛成により採択《さいたく》されたが，日本は交渉に参加しなかったうえ，総会での決議も棄権《きけん》している。

問５　ア　「経済財政省」という省庁は存在せず，「財務省」が正しい。　イ　2017年度国家予算の収入(歳入)は税金(租税・印紙収入)が59.2%を占《し》め，借金(公債《こうさい》金)の35.3%を上回る。統計資料は『日本国勢図会』2018／19年版などによる(以下同じ)。　ウ　2017年度の税金(国税)収入は，多い順に所得税(29.2%)，消費税(27.9%)，法人税(20.2%)となっている。　エ　2017年度国家予算の支出(歳出)は，多い順に社会保障関係費(33.3%)，国債費(24.1%)，地方交付税交付金(15.8%)となっている。　オ　2017年度の歳出に占める防衛関係費の割合は5.3%で，1935年度の軍事費は46.8%を占めていた。　カ　閣議決定された2019年度国家予算案(一般会計)は約101兆4571億円で，初めて100兆円を超《こ》えた。

問6　ユニセフ(国連児童基金)をはじめとして，国連のさまざまな基金や事務所，計画などの資金の大部分は加盟国からの分担金でまかなわれているが，一部は個人や団体からの寄付金である。よって，オが誤っている。

問7　条約は，内閣が外国と締結《ていけつ》し，国会が承認(批准)し，天皇が公布する。よって，ウがあてはまらない。

問8　都道府県議会議員の被選挙権は満25歳以上なので，エが誤っている。

2 **鹿児島市の姉妹・友好・兄弟都市を題材にした問題**

問1　「米づくりのさかんな庄内平野」とあるので，山形県とわかる。

問2　X～Z　山脈を越《こ》えた空気が，あたたかくかわいた空気となって吹《ふ》き下ろす現象をフェーン現象という。庄内平野では，夏の南東の季節風が奥羽山脈を越えて日本海側に吹き下ろすときに起きることが多い。

問3　ア～エの時代と空らんに入る語はそれぞれ，アが奈良時代で「唐招提《とうしょうだい》(寺《じ》)」，イが飛鳥時代で「小野妹子」，ウが平安時代末期で「大輪田泊《おおわだのとまり》」，エが平安時代中期で「枕草子《まくらのそうし》」となり，年代順に並べ替《か》えるとイ→ア→エ→ウとなる。

問4　日本がオーストラリアから輸入している上位3品目は，石炭(36.7%)，液化天然ガス(27.9%)，鉄鉱石(12.8%)である。(　)内は輸入額に占める割合。

問5　**X，Y**　オーストラリアは南半球にあるので，北半球に位置する日本とは季節が逆になる。

問6　イは「署名した」ではなく「署名しなかった」が正しい。2018年6月，カナダのケベック州シャルルボアで開催されたG7サミット(主要7か国首脳会議)では，海洋汚染で国際的に問題となっているプラスチックごみを規制する「海洋プラスチック憲章」に，イギリス・フランス・ドイツ・イタリア・カナダの5か国とEUが署名した。しかし，アメリカ合衆国と日本は署名しなかった。

問7　アの東海道新幹線開通は1964年，イの奄美《あまみ》群島復帰は1953年，ウの国際連合加盟は1956年，エのサンフランシスコ平和条約締結は1951年，オの日韓基本条約締結は1965年である。よって，イ，ウ，エがあてはまる。

3 **5県の工業と都市についての問題**

問1　**1，2**　［A］は静岡県で，県庁所在都市は静岡市，下線部①の都市は浜松市。浜松市はピアノなどの楽器やオートバイなどの輸送用機械の生産がさかんである。［B］は群馬県で，県庁所在都市は前橋市，下線部④の都市は高崎市。［C］は広島県で，「海軍の主要な拠点《きょてん》」は呉《くれ》市や江田島市，県庁所在都市は広島市，「県東部の中心都市」は福山市。［D］は福岡県で，「東部の都市」は北九州市，「製鉄所」は八幡製鉄所，県庁所在都市は福岡市。［E］は愛媛県で，県庁所在都市は松山市，「銅山開発をきっかけに栄えた県東部に位置する都市」は別子《べっし》銅山のあった新居浜《にいはま》市。松山市と新居浜市の間にある今治《いまばり》市は造船業がさかんで，タオルの産地としても知られる。

問2　浜松市の西部に広がる浜名湖は海とつながった海跡湖で，古くからうなぎの養殖《ようしょく》がさかんである。

問3　(1)　世界遺産にかかわる国連の機関はユネスコ(国際連合教育科学文化機関)である。　(2)　静岡県には「富士山—信仰《しんこう》の対象と芸術の源泉」，群馬県には「富岡製糸場と絹産業遺産群」，広島県には「原爆ドーム」「厳島《いつくしま》神社」，福岡県には「『神宿る島』宗像《むなかた》・沖ノ島と関連遺産群」がある。また，「明治日本の産業革命遺産　製鉄・製鋼，造船，石炭産業」の構成資産には，「韮山《にらやま》反射炉」(静岡県)，「官営八幡製鐵《てつ》所」(福岡県)などがふくまれている。しかし，愛媛県には世界遺産がない。

問4　群馬県には太田市や大泉町などを中心に多くのブラジル人が住んでおり，自動車工場などで働いている。これは，1990年代にブラジルから多くの日系人が日本に出稼《でかせ》ぎに来たことが背景にあり，町にはブラジルの公用語であるポルトガル語で書かれた標識や看板なども見られる。

問5　(1)　群馬県高崎市は県内で最も人口が多く，高崎駅は上越新幹線と北陸新幹線の分岐点となっている。　(2)　愛媛県には新幹線が通っていない。なお，静岡県には東海道新幹線，広島県には山陽新幹線，福岡県には山陽新幹線と九州新幹線が通っている。

問6　現在の自動車生産では，必要なときに必要な数量の部品が納入される「ジャストインタイム方式」がとられている。組み立て工場にとっては，部品の在庫をかかえる必要がなく，効率よく生産ができるという利点があるが，そのぶん，部品を納入する関連工場の負担は大きくなる。

問7　Xはいちご，Yはみかん，Zはきゃべつの生産量上位5県を示している。

問8　日は東から昇り西に沈《しず》むので，日の入り時刻は5県のうち最も西に位置する福岡県がおそい。

問9　問1の解説を参照のこと。

4 日本における災害の歴史についての問題

問1　**あ**　正しい文はイで，織田信長が安土城(滋賀県)を築き始めたのは1576年なので，EとFの間である。なお，アは「蘇我馬子」ではなく「蘇我蝦夷《えみし》・入鹿《いるか》父子」が正しい。蘇我馬子は聖徳太子の政治を補佐した人物。ウの歌川広重の代表作は「東海道五十三次」で，「富嶽《ふがく》三十六景」は葛《かつ》飾北斎《しかほくさい》の代表作である。　**い**　正しい文はイで，徳川家光が参勤交代を制度化したのは1635年なので，FとGの間である。なお，アは「北山」ではなく「東山」が正しい。北山には足利義満が建てた金閣(鹿苑《ろくおん》寺)がある。ウについて，板垣退助らが国会の開設を求めて政府に提出した「民選議院設立建白書」を，大久保利通《としみち》は無視した。

問2　文章Aは縄文時代なので，写真のうち最も右の「土偶《どぐう》」があてはまる。土偶は縄文時代にまじないの道具として使われたと考えられている土製の人形である。なお，写真の残りは左から順に「石包丁《いしぼうちょう》」「銅鐸《どうたく》」「埴輪《はにわ》」で，石包丁と銅鐸は弥生時代，埴輪は古墳時代の道具。

問3　奈良時代，疫病《えきびょう》や貴族の反乱などの社会不安が広がったため，仏教を厚く信仰した聖武天皇は，仏の力で国が安らかに治まることを願い，地方の国ごとに国分寺と国分尼《に》寺を建てさせるとともに，平城京(奈良県)には総国分寺として東大寺を建て，大仏をつくらせた。

問4　文章Cの915年は平安時代中期，文章Dの1301年は鎌倉時代後期である。アの平清盛が武士として初めて太政《だいじょう》大臣となり政治の実権をにぎったのは1167年。イの紫式部《むらさきしきぶ》が活躍したのは平安時代中期だが，紫式部が著した長編小説は『源氏物語』で，『平家物語』は鎌倉時代に成立した軍記物。ウの北条政子が幕府軍の勝利に貢献《こうけん》したのは1221年の承久《じょうきゅう》の乱。エの遣唐使の停止は894年。オの京都の町衆が祇園《ぎおん》祭を復活させたのは1500年(戦国時代)である。よって，内容が正しい文でCとDの間に入るものを年代順に並べ替えるとア，ウとなる。

問5　文章Dの鎌倉時代後期には，モンゴル軍(蒙古《もうこ》，元)が襲来した(元寇《げんこう》)。

問6　文章Fの前方後円墳は畿内(都とその周辺)を中心に築かれた日本独特の型といわれる古墳で，大和朝廷の勢力範囲《はんい》は北海道にはおよばなかったので，アが誤っている。

問7　文章Gは江戸時代初期で，エは室町時代の日明貿易(勘合《かんごう》貿易)について述べたものである。なお，江戸時代には鎖国が行われ，清(中国)とオランダの商人に限り，長崎で幕府と貿易を行うことが認められたが，清やオランダと正式な国交は開かれていなかった。

問8　江戸時代，北海道は蝦夷《えぞ》地とよばれ，南部には松前藩が置かれて先住民のアイヌの人々と交易を行っていた。

問9　文章Hの日露和親条約(1854年)では，領土について千島列島の択捉《えとろふ》島以南を日本領，ウルップ島以北をロシア領と決めた。よって，ウが正しい。現在ロシアの施政権下にある北方領土(択捉島・国後《くなしり》島・色丹《しこたん》島・歯舞《はぼまい》群島)を日本固有の領土とする根拠がこの条約にある。また，このとき樺太《からふと》(サハリン)には国境を定めていない。

問10　文章Hの1854年は江戸時代の終わり，Ｉの1923年は大正時代である。アの日露戦争(1904～05年)で反戦詩を発表したのは与謝野晶子《よさのあきこ》で，樋口一葉《ひぐちいちよう》はこれ以前に亡くなった女流作家。イの不平等条約の完全改正(1911年)とポーツマス条約の調印(1905年)をはたしたのは外務大臣の小村寿太《じゅた》郎《ろう》で，陸奥宗光《むつむねみつ》は1894年に治外法権の撤廃《てっぱい》に成功した外務大臣。ウの韓国併合《へいごう》は1910年。エの津田《つだ》梅子《うめこ》らが同行した岩倉使節団を明治政府が欧米へ派遣したのは1871年。オの全国水平社の結成は1922年である。よって，内容が正しい文でHとＩの間に入るものを年代順に並べ替えるとエ，ウ，オとなる。

問11　文章Kの紀伊半島沖で巨大地震が発生した1944年は，アジア太平洋戦争(1941～45年)の最中である。この地震による被害がほとんど報道されなかったのは，敵国に知られることや国民の戦意が失われることを防ぐためだったと考えられる。

理　科　(40分)＜満点：50点＞

解　答

1 (1)　イ　(2)　球　(3)　ウ　(4)　ア　(5)　(例)　(太陽が固体であれば，)自転の周期はどこでも同じはずだから。　(6)　(例)　水素に比べて酸素が少なすぎるから。　(7)　25　(8)　エ　**2**〔A〕(1)　①　－　②　＋　③　0　(2)　a　イ　b　ア　c　ウ　(3)　a　エ　b　オ　c　オ　(4)　エ　〔B〕(1)　エ　(2)　食物連鎖　(3)　呼吸　(4)　プランクトン　(5)　ヤコウチュウ　(6)　オ　(7)　ウ，エ　**3**〔A〕(1)　①　A　②　C　③　B　④　C　(2)　C　(3)　イ　(4)　ウ　〔B〕(1)　ア，イ　(2)　A　二酸化マンガン　B　銅　C　石灰石　(3)　(例)　体積は変わらない。　(4)　①　1

② 4.5　(5) ③ 917　④ 917　**4**〔A〕 (1) 120度　(2) 20度　(3) 30度
(4) 15度　(5) 60度　〔B〕 (1) ① ア　② エ　③ ウ　(2) 8 cm　(3) 10.9 cm　(4) ① B　② C　③ 13.1cm

解　説

1 太陽のつくりや動き，はたらきについての問題

(1) 太陽の明るい部分(光球)の温度はおよそ6000℃，黒点の温度はおよそ4000～4500℃である。

(2) スケッチで，9月1日から9月6日にかけて黒点の形が細長くなっていったのは，太陽が球形，太陽の表面にある黒点が円形をしていて，黒点が移動するにつれて，地球からは斜《なな》めに見えるようになったためである。

(3) 太陽の光球は半透明《とうめい》の気体でできていて，表面は内部よりも温度が低い。太陽を地球から見ると，中央部は温度の高い内側も見えるので明るく見えるが，周辺部は温度の低い表面付近しか見えないので中央部より暗く見える。そのため，太陽の明るさは周辺部ほど暗く見える。

(4) スケッチで，真ん中にある黒点と下の方にある黒点は，どちらも9月1日から9月6日にかけて右向きに移動している。そして，9月27日には，真ん中にある黒点は9月1日と同じ位置にあり，下の方にある黒点は9月1日の位置よりも左の位置にある。つまり，真ん中にある黒点が1周する間に，下の方にある黒点は1周しないので，アがふさわしい。

(5) 太陽が地球などのように固体であれば，赤道付近でも極付近でも自転の周期は等しいはずである。場所によって自転の周期が異なるのは，太陽が液体や気体のように流動するものでできていることを示している。

(6) ものが燃える(燃焼する)には，酸素が必要である。太陽の成分が書かれた表を見ると，酸素が0.06％と非常に少ないので，水素を燃やし続けることはできないと考えられる。なお，太陽の熱や光は水素同士がぶつかって(核融合《ゆうごう》して)ヘリウムができることで発生しており，ふつうの燃焼とは異なる。

(7) 図に示されている通り，地球の公転の向きと太陽の自転の向きは同じ(北極側から見て反時計まわり)である。地球は365日で太陽のまわりを1周360度まわっているので，1日に約1度ずつ公転している。また，黒点―太陽の中心―地球のつくる角度は1日に，$360\div27=\frac{40}{3}$(度)ずつ広がる。したがって，太陽が1日に自転する角度は約，$\frac{40}{3}+1=\frac{43}{3}$(度)なので，$360\div\frac{43}{3}=25.1\cdots$より，太陽の自転の周期は25日と求められる。

(8) ア　植物が光合成によって作り出しているのは，たんぱく質ではなく，でんぷんや糖である。　イ　太陽高度が最も高くなるのは正午ごろであるが，晴れた日に気温が最も高くなるのは午後2時ごろである。　ウ　太陽電池は，太陽の熱ではなく光のエネルギーを電気に変える装置である。　エ　地球上の水は，太陽によって暖められることで海面から蒸発して大気中に移動し，冷えて液体の水になり雨などとなって再び地上に降りてくる。このように，水は太陽の熱によってつねに大気中と地上との間で循環《じゅんかん》している。

2 生物のつながりについての問題

〔A〕 (1) ① Bは損害を受けるので，－があてはまる。　② Aは利益を得るので，＋となる。　③ Aは影響《えいきょう》をほとんど受けないので，0がふさわしい。

(2)　**a**　コガネムシ，カミキリムシのどちらか一方だけであれば花粉を独占できるのに，もう一方がいることでとりあいになるのだから，イの型にあてはまる。　**b**　アリ，アブラムシのどちらも利益を得るので，アの型となる。　**c**　コマユバチは利益を得るが，ガは損害を受けるので，ウの型である。

(3)　**a**　食べる木の葉の種類が異なるため，互《たが》いに影響をほとんど受けないので，エの型となる。　**b**　カクレウオは利益を得るが，ナマコは影響をほとんど受けないので，オの型である。　**c**　コバンザメは利益を得るが，サメは影響をほとんど受けないので，オの型にあてはまる。

(4)　アブラムシはさなぎの時期のない不完全変態をするが，他の昆虫《こんちゅう》はすべてさなぎの時期のある完全変態をする。

〔**B**〕 (1)　図1の生物は，カメの手(前あし)に似ていることから「カメノテ」とよばれる動物で，エビ，カニ，フジツボなどと同じように固い殻《から》をつくる甲殻《こうかく》類のなかまである。

(2)　生物どうしが食べる・食べられるの関係により鎖状《さじょう》につながっていることを食物連鎖という。

(3)　生物は，栄養分を体内の細胞《さいぼう》で酸素と反応させて，活動のエネルギーをつくり出している。このはたらきを呼吸といい，呼吸によって二酸化炭素と水が排出《はいしゅつ》される。なお，このような細胞での呼吸を内呼吸，肺や皮膚《ひふ》などでの呼吸を外呼吸とよんで区別する場合がある。

(4)　自分ではほとんど移動することができず，水に浮《う》かんでただよう生物をプランクトン(浮遊《ふゆう》生物)という。一般的には小さな生物が多いが，クラゲなどのように大型でも自分で移動できる範囲《はんい》よりも海水などの動きによって移動範囲が決まってしまう生物も含《ふく》まれる。

(5)　図3の生物は，ヤコウチュウ(夜光虫)とよばれるプランクトンで，夜に海面上で波などで刺激《しげき》を受けると青白く発光するため，その名がついている。夏に大量発生すると，赤潮の原因となる。

(6)　図2で，XとヒザラガイはZを食べている。よって，実験の③より，Xはカサガイ，Zは海藻《かいそう》とわかる。すると，残ったYはフジツボとなる。

(7)　ア　図2で，カサガイからヒトデへの矢印より，フジツボ(Y)からヒトデへの矢印の方が太くなっている(食べられる個体数が多い)。　イ　イガイはプランクトン(W)を食べ，ヒザラガイは海藻(Z)を食べるので，食物のとりあいは生じない。　ウ　実験の結果，ヒトデを除去した岩場ではイガイだけが残ったが，除去しなかった岩場では各生物が岩場を占《し》める割合に変化が見られないので，正しい。　エ　実験の②より，正しい。　オ　ヒトデがフジツボやイガイを食べると，エより，海藻の生活場所は増える。

3　ろうそくの燃焼，物質の性質についての問題

〔**A**〕 (1)　①　もっとも温度が高いのは，まわりの空気に十分ふれて完全燃焼しているAの外炎《がいえん》である。　②，④　もっとも温度が低く暗いのは，空気にもっともふれにくいCの炎心である。しんから発生した気体のろうがまだ燃えておらず，青みがかって見える。　③　Bの内炎ではすすが発生していて，このすすが熱せられて輝《かがや》くため，もっとも明るい。

(2)　炎心にガラス管を差し入れると，ガラス管を通ってろうの気体が出てくる。この気体がガラス管の先から出ると，空気で冷やされて細かい液体や固体のろうのつぶになるので，白い煙《けむり》に見える。また，この煙に火を近づけると燃える。

(3)　ろうそくの炎《ほのお》の中にガラス棒を差し入れると，すすが発生している内炎と接した部分にすすがつく。

⑷　ろうは，液体から固体になると体積が減少する。ビーカーに入れた液体のろうは，ビーカーのかべにふれたまわりから冷えて固体になっていくので，全体の体積が減少しながら外側にろうが集まっていき，ウのように中央部がへこんだ形になる。

〔B〕 ⑴　水酸化ナトリウム水溶液《すいようえき》に亜鉛《あえん》を加えると水素を発生しながらゆっくりとけるが，鉄，マグネシウム，銅，金を加えても反応しない。また，塩酸に鉄，マグネシウム，亜鉛を加えると水素を発生しながらとけるが，銅，金を加えても反応しない。

⑵　実験２より，Aは二酸化マンガンである。二酸化マンガンに過酸化水素水を加えると，過酸化水素水にとけている過酸化水素が分解して酸素と水ができる。また，水酸化ナトリウム水溶液にアルミニウムを加えると水素を発生しながらとけるが，石灰石や銅を加えても反応しないので，実験１より，B，Cは一方が石灰石で，もう一方が銅である。すると，実験３よりBは銅(固体Xは酸化銅)，実験４よりCは石灰石(発生した気体は二酸化炭素)と判断できる。

⑶　二酸化マンガンに過酸化水素水を加えたとき，二酸化マンガンは過酸化水素が分解するのを助けるはたらきをするだけで，それ自身は変化しない(触媒《しょくばい》という)。したがって，二酸化マンガンの量を増やしても反応の速さが速くなるだけであり，過酸化水素水の体積が同じならば，発生する気体(酸素)の体積も変わらない。

⑷　①　４gの銅をすべて酸化銅に変えると，その重さは，$4 \times 1.25 = 5$(g)となるので，このとき結びついた酸素の重さは，$5 - 4 = 1$(g)とわかる。　②　酸素を１g含む空気の重さは，$9 \times \frac{1}{2} = 4.5$(g)である。

⑸　表で，$10 \div 5 = 2$(倍)，$200 \div 100 = 2$(倍)，$20 \div 5 = 4$(倍)，$400 \div 100 = 4$(倍)より，塩酸の体積が５mL，10mL，20mLのときにはでてきた気体の体積が塩酸の体積に比例して増えているので，塩酸５mLがすべて反応すると気体が100mL発生する。よって，でてきた気体が440mLのとき，反応した塩酸の体積は，$5 \times \frac{440}{100} = 22$(mL)なので，C2.4gと塩酸22mLが過不足なく反応して気体が440mL発生する。したがって，C５gと過不足なく反応する塩酸の体積は，$22 \times \frac{5}{2.4} = 45.8\cdots$(mL)なので，C５gに塩酸50mL，100mLを加えたときにはどちらも塩酸が余り，$440 \times \frac{5}{2.4} = 916.6\cdots$より，どちらも気体が917mL発生する。

4　光の進み方，力のはたらきとてこについての問題

〔A〕 ⑴　図２で，入射光が水平な面と平行なので，鏡の面と入射光とのなす角度は30度である。したがって，入射角は，$90 - 30 = 60$(度)なので，反射角も60度となり，$a = 60 \times 2 = 120$(度)と求められる。

⑵　⑴と同様にして，$a = (90 - 40) \times 2 = 100$(度)となるので，$120 - 100 = 20$(度)だけ減少する。

⑶　図３で，鏡Aでの反射光(鏡Bでの入射光)と水平な面とのなす角度は30度なので，鏡Bでの入射角は30度となり，反射角も30度となる。よって，鏡Bでの反射光と水平な面とのなす角度は30度である。

⑷　⑵より，入射光の方向を変えずに鏡を倒《たお》すと，反射光の方向は鏡を倒した角度の，$20 \div 10 = 2$(倍)変化する。したがって，鏡Bで反射した光が水平になる，つまり，⑶のときよりも30度反時計まわりの方向に進むようになるのは，鏡Bを図３の位置から反時計まわりの方向に，$30 \div 2 = 15$(度)倒したときである。

⑸　鏡Bで反射した光が水平な面と垂直になる，つまり，⑶のときよりも，30＋90＝120(度)反時計まわりの方向に進むようになるのは，鏡Bを図3の位置から反時計まわりの方向に，120÷2＝60(度)倒したときである。

〔B〕 ⑴　①　Xに対してAの重心が右側にあるので，Xを支点とするAの重力によるモーメントは時計回りとなる。このモーメントを打ち消す反時計回りのモーメントはAにははたらいていないので，Aは右に傾《かたむ》いて落ちる。　②　材質が均一で厚さと幅《はば》が同じなので，Aの重さとBの重さの比は長さの比に等しく1：2である。よって，AとBを合わせた板の重心がYの位置にあるとき，てこの原理により，［Aの重心とYとの距離《きょり》］：［Bの重心とYとの距離］＝$\frac{1}{1}$：$\frac{1}{2}$＝2：1となっている。　③　Aが落ちない限界のとき，AとBを合わせた板の重心は，Bの重心から右に，(12÷2)×$\frac{1}{2+1}$＝6×$\frac{1}{3}$＝2(cm)の位置になり，この重心がYと一致《いっち》するときに，Bが落ちない限界となる。したがって，Aの先端《せんたん》(右端)はYから最大，(6－2)＋3＝7(cm)だけ右側に出すことができる。

⑵　図6で，Aが落ちない限界のとき，AとBを合わせた板の重心は，⑴の③より，Bの重心から左に2cmの位置になり，この重心がYと一致するときに，Bが落ちない限界となる。よって，Bの先端はYから最大，2＋6＝8(cm)だけ右側に出すことができる。

⑶　台の右端の位置をZとする。CをBにのせてCの右端を右に出せる最大の長さは，Bの右端にCの重心が一致するときの，18÷2＝9(cm)である。このとき，BとCの重さの比は，12：18＝2：3なので，BとCを合わせた板の重心(以下，Gとする)の位置について，てこの原理より，［Bの重心とGとの距離］：［Cの重心とGとの距離］＝$\frac{1}{2}$：$\frac{1}{3}$＝3：2となり，GとCの右端との距離は，6×$\frac{2}{3+2}$＋9＝2.4＋9＝11.4(cm)とわかる。このBとCを重ねたまま，GをAの左端に置くと，Aの重心がZから最も遠くなる。このとき，A，B，Cを合わせた板の重心をHとすると，［GとHとの距離］：［Aの重心とHとの距離］＝$\frac{1}{3+2}$：$\frac{1}{1}$＝$\frac{1}{5}$：$\frac{1}{1}$＝1：5となり，Aの重心とGとの距離は3cmなので，［GとHとの距離］＝3×$\frac{1}{1+5}$＝0.5(cm)とわかる。A，B，Cを合わせた板は，HがZに一致するまで右に出せるので，このときZ(H)とCの右端との距離は，11.4－0.5＝10.9(cm)となる。

⑷　まず，一番上の板がCの場合について考える。図7の状態から，Aを左に移動し，BとCを合わせた板を右に移動する場合，［Aの重心とZとの距離］：［GとZとの距離］＝$\frac{1}{1}$：$\frac{1}{5}$＝5：1となるようにすると，バランスを保つことができる。このとき，a＝11.4＋0.5＝11.9(cm)となる。また，この後，Aの位置を変えずに，BとCを合わせた板を水平方向に180度回転し，Gの位置でのせ直してもバランスを保つことができ，このとき，a＝12－2.4＋0.5＝10.1(cm)となる。次に，一番上の板がBの場合について考える。BをCにのせてBの右端を右に出せる最大の長さは，Cの右端にBの重心が一致するときの6cmである。このとき，BとCを合わせた板の重心(以下，Iとする)の位置について，IとBの右端との距離は，9×$\frac{3}{2+3}$＋6＝5.4＋6＝11.4(cm)とわかり，a＝11.4＋0.5＝11.9(cm)となる。また，この後，Aの位置を変えずに，BとCを合わせた板を水平方向に180度回転し，Iの位置でのせ直してもバランスを保つことができ，このとき，a＝18－5.4＋0.5＝13.1(cm)となる。以上より，①はB，②はC，③は13.1cmである。

国語 (60分) <満点：100点>

解答

一 **問1** ロ，ハ，ト　**問2** (例) システムの限界ラインを見きわめること。　**問3** (例) 冒険者が公衆に対して冒険のあらましを報告することで，システムの外側から目撃した現代システムの全体像や，その限界と内実をさらけ出し，自分たちがそのようなシステムの管理下にあることを自覚させるから。　**問4** 人間が認知している世界　**問5** ⑴ (例) 太陽の昇らない闇の中で北極星や月の光をたよりに冬の北極けんを旅した。　⑵ (例) 現代テクノロジーにたよらず，自力で食料を現地調達しながら登山した。　**問6** (例) リアルな経験そのものの身体的表現なので，言論による批評よりも強いインパクトをあたえることができ，他人より先にシステムの外に出た経験を示すことで，人々がシステムの外に出た冒険者やシステムの内部に居続ける自身をどう思うか問いかける力を持つ点。　**問7** 下記を参照のこと。

二 **問1** a ハ　b ニ　c ホ　**問2** 仁美，香奈恵　**問3** (例) 道幅によゆうが無くてだれかが下がらなければならないが，そのだれかは会話に入れない愛衣しかいないと思ったから。　**問4** イ　**問5** ロ　**問6** (例) 愛衣が仁美と香奈恵に仲間外れにされていることを疑いいらだちを覚えつつも，そのいらだちをおさえこもうとしている。　**問7** (例) 仁美と香奈恵だけで宿題をしたことを愛衣に隠していたこと。　三 下記を参照のこと。

●漢字の書き取り

一 問7 a 営(まれて)　b 乗員　c 登頂　d 予期　e 意義
三 ① 毛頭　② 比類　③ 興奮　④ 歴訪　⑤ 転回　⑥ 可否　⑦ 破竹　⑧ 委細　⑨ 投機　⑩ 劇薬　⑪ 能　⑫ 勇(み)　⑬ 延(びた)　⑭ 裁(ける)　⑮ 皇后陛下

解説

一 **出典は角幡唯介《かくはたゆうすけ》の『新・冒険《ぼうけん》論』による。**極夜探検を行った筆者が，冒険には挑発《ちょうはつ》的な批評《ひひょう》性があることを，自身の具体的な体験やほかの冒険者の例を紹介《しょうかい》しつつ説明している。

問1 第三段落から，「システム」は「現代社会」をさしていることがわかるので，ロ，ハ，トが選べる。なお，イ，ニ，ホ，へはシステムの内側での経験にあたる。

問2 「これ」は，システムを越《こ》えようとする冒険者が「やっている」ことをさしている。前後で，「限界ライン」の「見極め」「見定め」が必要だと説明されている。

問3 「ここ」は，直前の「冒険者は境界を越えて脱《だつ》システムし～内部に帰還《きかん》した後に，自分が経験した冒険のあらましを文章やら動画やらで報告する」ことをさす。そして，「報告する」ことが「重要」な理由は，傍線《ぼうせん》部③で始まる段落で説明されている。

問4 ショーン・エリスが暮らした「狼《おおかみ》の群れの中」を，筆者は「人間が認知《にんち》している世界とは異なる世界」と述べている。つまり，現代社会のシステム外が「狼の群れの中」で，システム内が「人間が認知している世界」である。

問5 ⑴ 「極夜」は，北極けんや南極けんで冬季に見られる，一日じゅう太陽が出ない状態のこと。白夜《びゃくや》(夏季に一日じゅう太陽が沈《しず》まない状態)の反対語である。第三段落の「極夜という太陽のない世界」や，第六段落の「極夜の世界で私は北極星や月の光にすがるようにして旅をした」「闇《やみ》の中での彷徨《ほうこう》」などを参考にまとめればよい。なお，「北極星」が見えたのだから，筆者が探検したのは北半球側，つまり北極けんである。　⑵　第八段落で，「サバイバル登山自体が，生きることというのはほかの生き物を殺し，その肉を食べることにほかならないこと～をあらためて明らかにし」と述べられているので，服部文祥《はっとりぶんしょう》は山の中で食料を調達しながら登山したのだと推測できる。

問6　冒険に「挑発的」な「批評的性格」があることについては，最後の四つの段落で説明されているので，この部分をまとめればよい。なお，「挑発」は，相手を刺激《しげき》して，事を起こさせたり気を引いたりすること。「批評」は，ものごとのよしあしなどについて意見を言うこと。

問7　**a**　音読みは「エイ」で，「営業」などの熟語がある。　**b**　列車・船・飛行機・自動車などに乗って勤務する者。　**c**　頂上に登ること。　**d**　前もってこうなるだろうと考えておくこと。　**e**　その存在や行為《こうい》が持っている価値。

二　**出典は『小説トリッパー』2018年夏号所収の「クレイジー・フォー・ラビット(奥田亜希子《おくだあきこ》作)」による。**自分への隠《かく》しごとを匂《にお》いとして感じ取る愛衣《あい》が，仲がよかったのにクラス替《が》えで別のクラスになった仁美《ひとみ》と香奈恵《かなえ》から，その匂いを感じた場面である。

問1　**a**　「眉根《まゆね》を寄せる」は，眉間《みけん》にしわを寄せること。心配や不快などを示す表情である。　**b**　「まくし立てる」は，追い立てるようなはげしい勢いで一方的にしゃべること。　**c**　「おずおずと」は，ためらいながらするようす。

問2　続く部分で，「仁美と香奈恵は，昨晩放送されたドラマについて喋《しゃべ》っている」というようすと，その会話に加われなかった愛衣が一歩下がったようすが描《えが》かれている。

問3　要点は二つある。直接的な理由は，道の「幅《はば》が狭《せま》い」ために「三人並ぶことは憚《はばか》られ」るからである。また，問2で見たように，仁美と香奈恵はドラマの話題で盛り上がっているが，愛衣は家のルールのためにドラマを観《み》られず，会話に入れないのである。

問4　ロ　「仁美となにを喋ればいいのか分からない」「愛衣がかすかに眉根を寄せた」などからは，愛衣が「話しかけようと必死になっ」ているようすはうかがえない。　ハ，ニ　「麻貴《まき》は一人を恐《おそ》れない」とあるように，愛衣は麻貴に対してやや距離《きょり》を感じているので，「辻井《つじい》さんと仲良くなろうとしている」「麻貴といた方が安心できるし自分らしくいられるとは思う」は合わない。　ホ　「仁美たちと付き合いを止《や》めるように言われていた」ようすは描かれていない。

問5　前書きにあるように，「匂い」は愛衣に隠しごとをしている相手から感じる。香奈恵の母の「あ，仁美ちゃん，昨日は美味《おい》しいチョコレートをありがとう」という言葉で，仁美が香奈恵の家に行ったことがわかり，匂いも消えたので，ロがふさわしい。

問6　問5で見たように，昨日，仁美は香奈恵の家に行ったのに愛衣は誘《さそ》われなかった。それが香奈恵の母の言葉でわかってしまい，仁美は懸命《けんめい》に言い訳をしている。その言い訳を聞いた愛衣は，「別に気にしてないよ」と言いながらも，内心では「私がいないほうがよかったんでしょう？」という疑いやいらだちにとらわれており，その嫌《いや》な感情が「黒い靄《もや》」という言葉で表現されている。「両手を握《にぎ》り締《し》める」は，その感情をおさえこもうとするようすである。

問7　前後に「仁美がおずおずと顔を上げた」「仁美が濡《ぬ》れた瞳《ひとみ》で頷《うなず》く」とあることから，愛衣に隠しごとをしたことを，仁美がすまないと思っていることがわかる。

三 漢字の書き取り

① 後に打ち消しの語をともなって，“少しも～ない”という意味で使われる。 ② 「比類(の)ない」で，比較《ひかく》できるものがないほどすばらしいようす。 ③ 感情が高ぶること。 ④ 人や土地を次々と訪ねてまわること。 ⑤ 方向・方針を大きく変えること。 ⑥ ことのよしあし。賛成と反対。 ⑦ 「破竹の～」という言い方で使い，竹の最初の一節を割るとあとは一気に割れるように，勢いがはげしくてそれをとどめがたいようす。 ⑧ くわしい事情。「委細構わず」で，事情がどうあってもそれをするようす。 ⑨ 短期間での価格変動を予想して，価格差から生じる利益を目的に行う売買取引。 ⑩ 作用がはげしく，使い方を誤ると生命にかかわる非常に危険な薬品。 ⑪ 「能ある鷹《たか》は爪《つめ》を隠す」は，実力のある者は，軽々しくそれを見せつけることはしないというたとえ。 ⑫ 「勇み足」は，調子に乗り，やりすぎて失敗すること。 ⑬ 音読みは「エン」で，「延期」などの熟語がある。 ⑭ 音読みは「サイ」で，「裁判」などの熟語がある。訓読みにはほかに「た(つ)」がある。 ⑮ 「皇后」は，天皇や皇帝の正妻。「陛下」は，天皇・皇后などに対して用いる敬称《けいしょう》。

Dr.福井の
入試に勝つ！ 脳とからだのウルトラ科学

入試当日の朝食で，脳力をアップ！

朝食を食べない学生は，朝食をきちんと食べる学生に比べて成績が悪かった——という研究発表がある。まあ，ちょっと考えればわかると思うけど，朝食を食べないということは，車にガソリンを入れないで走らせようとするようなものだ。体がガス欠になった状態では，頭が十分に働くわけがない。入試当日の朝食はちゃんと食べよう！　朝食を食べた効果があらわれるように，試験開始の2時間以上前に食べるようにするとよい。

では，入試当日の朝食にふさわしいものは何か？

まず，脳の直接のエネルギー源はブドウ糖だけであるから，それを補給するためのご飯やパン，これは絶対に必要だ。また，砂糖や果物の糖分は吸収されやすく，効果が速くあらわれやすいので，パンにジャムをぬったり果物を食べたりするのもよいだろう。

次に，タンパク質。これは脳の温度を上げる作用がある。温度が低いままでは十分に働かないからね。タンパク質を多くふくむのは肉や魚，牛乳，卵，大豆などだが，ここでは大豆でできたとうふのみそ汁や納豆をオススメする。そして，記憶力がアップするDHAを多くふくんでいる青魚，つまりサバやイワシなども食べておきたい。

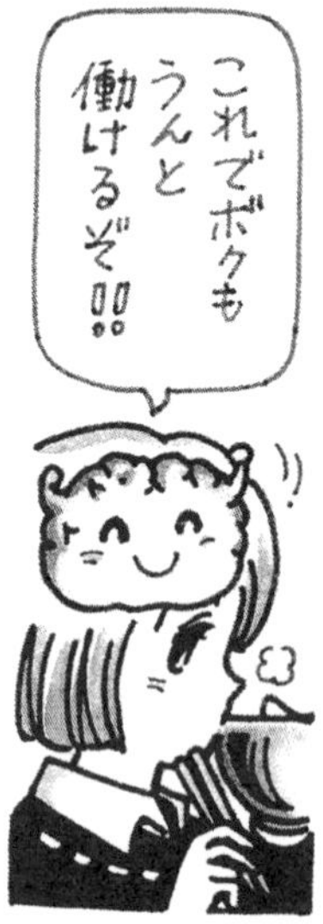

生野菜も忘れてはならない。その中にふくまれるビタミンBは，ブドウ糖を脳に吸収しやすくする働きを持つので，結果的に脳力アップにつながるんだ。

コーヒーや紅茶，緑茶は，カフェインという成分の作用で目覚めをうながすが，トイレが近くなってしまうので，飲みすぎに注意！　試験当日はひかえたほうがよいだろう。眠気を覚ましたいときはガムをかむといい。脳が刺激《しげき》されて活性化し，目が覚めるんだ。

Dr.福井(福井《ふくい》一成《かずしげ》)…医学博士。開成中・高から東大・文Ⅱに入学後，再受験して翌年東大・理Ⅲに合格。同大医学部卒。さまざまな勉強法や脳科学に関する著書多数。

2018年度　ラ・サール中学校

〔電　話〕（0992）68－3121
〔所在地〕〒891-0114　鹿児島市小松原2－10－1
〔交　通〕「鹿児島中央駅」より市電・「谷山駅」下車徒歩3分

【算　数】（60分）〈満点：100点〉

1　次の$\square$にあてはまる数を求めなさい。（12点）

(1)　$0.375\times0.48+\dfrac{1}{12}\times3\dfrac{2}{5}-\dfrac{1}{75}=\square$

(2)　2時間18分30秒÷4分40秒＝$\square$あまり$\square$分$\square$秒

(3)　$\dfrac{3}{5}-2\div\left\{21-4\div\left(\square-\dfrac{2}{3}\right)\right\}=\dfrac{4}{15}$

2　次の各問に答えなさい。（32点）

(1)　$\dfrac{3}{35}$の分母と分子に同じ整数を加えて約分したところ，$\dfrac{8}{15}$だけ大きい分数となりました。どんな整数を加えましたか。

(2)　何枚かのコインを横一列に並べます。3枚以上表が連続するところがある並べ方は何通りですか。次の場合について答えなさい。

(ア)　5枚を並べるとき

(イ)　6枚を並べるとき

(3)　下の図1のように，ひし形ABCDの対角線BD上に点Eをとったところ，∠BAE＝89°，∠ECD＝55°となりました。

このとき，ア，イの角度をそれぞれ求めなさい。

図1

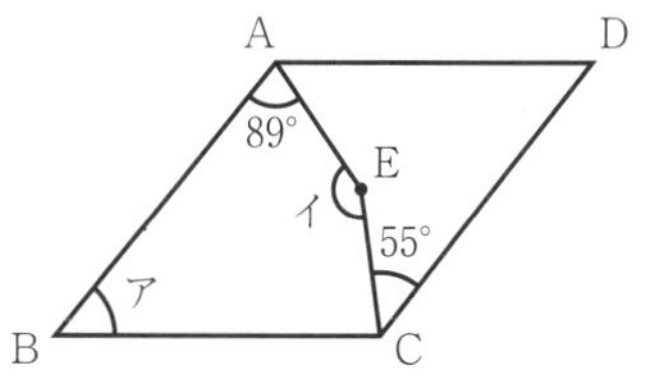

図2

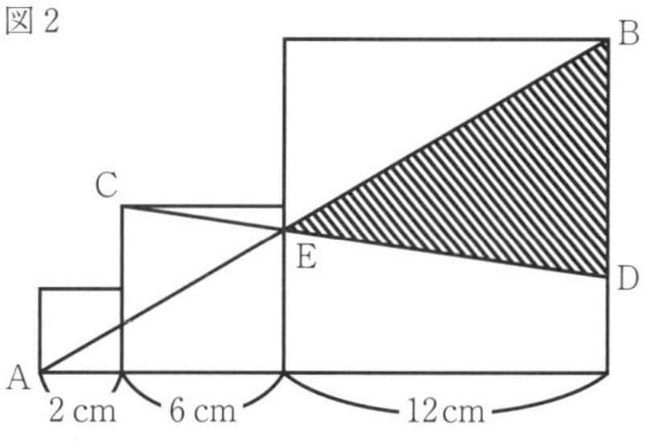

(4)　1辺が2cm，6cm，12cmの正方形が上の図2のように並んでいます。斜線部の面積を求めなさい。

ただし，ABとCDは辺上の点Eで交わっています。

(5)　1辺6cmの立方体をある平面で切断し，真正面，真上，真横から見たところ，右の図3のようになりました。この立体の体積を求めなさい。

ただし，角すいの体積は(底面積)×(高さ)÷3です。

図3

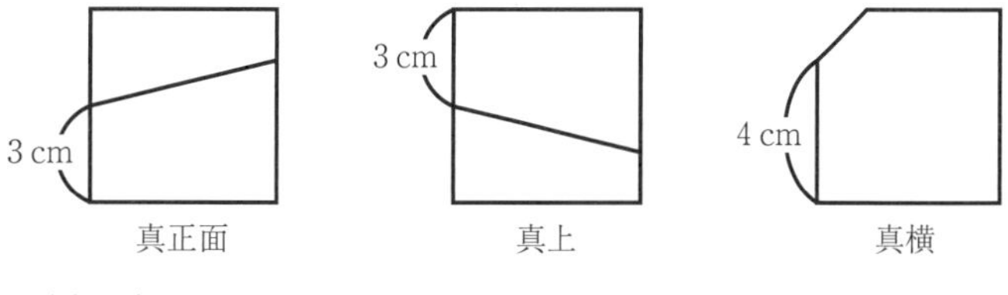

3　ＡはＰ地からＱ地まで進むのに，まず，時速９kmで走り，途中で何分間か休んでから残りを時速５kmで歩きました。このとき，走った時間と歩いた時間の比が２：３でした。ＢはＰ地からＱ地まで時速６kmで休むことなく歩きました。Ａ，ＢともにＰ地を出発し，Ｑ地に到着するのにかかった時間が同じとき，次の問に答えなさい。(12点)

(1)　Ａが休んだ時間とＡが歩いた時間の比を求めなさい。

(2)　Ａが途中で休んだのは20分でした。PQ間は何kmですか。

4　図のように，半径１cmと２cmの２つの円が，それぞれ長方形の内部を辺に接しながら動きます。このとき，次の問に答えなさい。

ただし，円周率は3.14とします。(14点)

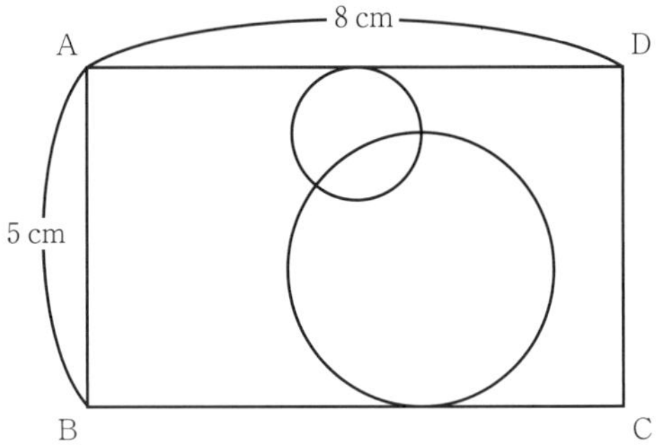

(1)　半径１cmの円が通過できる部分を解答欄《らん》の図に斜線で示しなさい。また，その面積を求めなさい。

(2)　２つの円のうち，一方のみが通過できる部分の面積を求めなさい。

5　１，30，275，1468のような同じ数字を２回以上用いないで表される整数を，１から小さい順に並べていきます。このとき，次の問に答えなさい。(14点)

(1)　98は何番目ですか。

(2)　987は何番目ですか。

(3)　2018は何番目ですか。

6　図のような立方体の頂点Ａから，３つの点Ｐ，Ｑ，Ｒが同時に出発し，ＰはＡ－Ｂ－Ｃ－Ｇ，ＱはＡ－Ｄ－Ｈ－Ｇ，ＲはＡ－Ｅ－Ｆ－Ｇの順に，それぞれ辺上を同じ一定の速さで移動して，12秒後に点Ｇに着きます。

３点Ｐ，Ｑ，Ｒを通る平面でこの立方体を切ったときの切り口の面積をSとするとき，出発して４秒後のSは12cm²でした。このとき，次の場合のSは何cm²ですか。(16点)

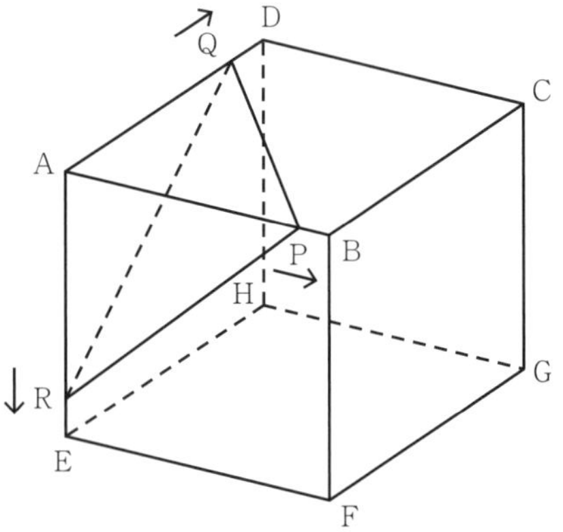

(1)　出発して３秒後

(2)　出発して６秒後

(3)　出発して７秒後

【社　会】（40分）〈満点：50点〉

1　2017年の世界や日本で起きたできごとに関して，以下の問いに答えなさい。

◇1月，大相撲《ずもう》初場所で初優勝した大関稀勢《きせ》の里《さと》が，横綱《づな》に昇《しょう》進しました。

問1　相撲は江戸時代に人々の楽しみとして根づいていき，都市だけではなく，地方でも人気を集めました。18世紀の江戸は，世界でも有数の大都市となりましたが，当時の江戸の人口はどれくらいとされていますか。最も近い数字を，次のア～エから1つ選び，記号で答えなさい。

ア．50万　　イ．100万　　ウ．200万　　エ．300万

◇2月，「働き方改革」および景気対策の一環《かん》として，毎月最後の金曜日には仕事を早く終えることを呼びかけ，同時に消費の拡大をうながす取り組みが始まりました。

問2　この取り組みでは毎月最後の金曜日のことを，何と呼んでいますか。カタカナで答えなさい。

◇3月，福島県の川俣《かわまた》，浪江《なみえ》，飯舘《いいたて》，富岡《とみおか》の4町村で，原発事故にともなう避《ひ》難指示が解除されました。

問3　福島県は，野口英世の出身地です。野口は，破傷風の治療《りょう》法を発見した医学者のもとで細菌《きん》学の勉強をしました。その医学者の名前を，次のア～エから1つ選び，記号で答えなさい。

ア．北里柴三郎《しばさぶろう》　　イ．コッホ　　ウ．志賀潔《きよし》　　エ．フェノロサ

◇6月，中東のサウジアラビアやバーレーン，アラブ首長国連邦(UAE)などの6か国は，テロ組織を支援《えん》しているとして，カタールとの国交を断絶しました。

問4　これらはどれもイスラム教がさかんな国です。イスラム教徒には，1日5回の礼拝や，月によっては日中に断食《じき》するなどの義務があります。また食べることが禁じられている肉もあります。それは何の肉ですか。次のア～エから1つ選び，記号で答えなさい。

ア．羊　　イ．牛　　ウ．豚《ぶた》　　エ．鶏《にわとり》

◇6月，静岡県の伊豆半島の沖《おき》で，アメリカの軍艦《かん》とフィリピンのコンテナ船が衝突《しょうとつ》し，軍艦の乗組員7人が水死しました。そのため軍艦の艦長たちは，重い処分を受けました。

問5　1886年(明治19年)，和歌山県の沖でイギリス船が沈んだとき，船長はイギリス人の乗組員だけを助け，日本人の乗客は全員水死するという事件が起きました。イギリスの領事が裁判をしましたが，船長に軽い罰《ばつ》をあたえただけでした。このため国民の間では，治外法権《ちがいほうけん》などを認めた不平等な条約の改正を求める声が高まりました。この事件の名前を答えなさい。

◇8月，東南アジアにある国で，イスラム系住民の過激派とみられる武装集団が警察署などを襲《おそ》ったため，政府は武装集団への攻撃《げき》を続けました。この結果，そのイスラム系住民の60万人以上が難民となり，隣《りん》国のバングラデシュに逃《のが》れる事態となりました。

問6　この東南アジアの国，およびイスラム系住民の名前を答えなさい。

◇9月，国際オリンピック委員会は，2024年にパリ，2028年にロサンゼルスで夏のオリンピックを開くことを決定しました。

問7　国際オリンピック委員会の略称《しょう》を，次のア～エから1つ選び，記号で答えなさい。

ア．WHO　　イ．WFP　　ウ．ICAN　　エ．IOC

◇10月，ノーベル文学賞に，イギリスの作家であるカズオ＝イシグロさんが選ばれました。カズオ＝イシグロさんは，長崎市の生まれであるため，日本でもよろこびの声が多くあがりました。

問８　日本人で初めてノーベル賞を受賞したのはだれですか。次のア～エから１人選び，記号で答えなさい。

ア．湯川秀樹《ひでき》　イ．江崎玲於奈《えさきれおな》　ウ．川端康成《かわばたやすなり》　エ．朝永振一郎《ともながしんいちろう》

◇12月，アメリカのトランプ大統領が，エルサレムをイスラエルの「首都」と認める声明を出しました。これにパレスチナ人やアラブ諸国などが強く反発し，中東の緊張が高まりました。そのため緊急の国連総会が開かれ，多数決でこの声明を否決しました。

問９　国連総会が開かれる，国連本部のある都市名を答えなさい。

2　次の文章を読み，問いに答えなさい。

近代憲法は，基本的人権の保障を主な目的として制定されています。そして，その目的を達成するために，統治機構について規定し，この分野における主要な原理を権力分立としています。日本国憲法もそのような近代憲法の性格を備えて制定されました。

日本国憲法は，第３章「国民の権利及《およ》び義務」で a 基本的人権を保障しています。第３章は，人権を保障する一方で， b 義務についても定めています。

統治機構の中心をなすのが，国会・内閣・裁判所という３つの機関です。

国会は，３つの機関のうちで，国民主権を最も忠実に反映しています。国民主権について，憲法は，天皇制と併《あわ》せて，「 c 天皇は，日本国の象徴《ちょう》であり日本国民統合の象徴であって，この地位は，主権の存する日本国民の総意に基づく」と定めています(第１条)。憲法は，国会を「国の唯《ゆい》一の立法機関」(第41条)としており，国会だけが法律を制定できます。国会は，衆議院および参議院で構成され，両議院は，「全国民を代表する d 選挙された議員」で組織されます(第43条第１項《こう》)。2017年には， e 衆議院の解散とそれにともなう f 衆議院議員総選挙が行われました。

法律や予算に基づいて，実際に政策を実行していくことを行政といいます。 g 内閣は国の最高の行政機関です。内閣は，内閣総理大臣およびその他の国務大臣によって組織されます。内閣のもとには，１府11省が置かれ，具体的な行政事務を分担しています。

争いごとを解決したり，犯罪が行われたかどうかを判断したりするのが h 司法の役割であり，その役割を担《にな》っているのが，最高裁判所と法律が定める下級裁判所です。

問１　下線部ａに関する記述として誤っているものを，次のア～エから１つ選び，記号で答えなさい。

ア．憲法が保障する「団結権」とは，主に，労働者が労働条件を維《い》持・改善するために，労働組合をつくったり，それに加入したりする権利のことである。

イ．憲法は，信教の自由を保障すると同時に，国や地方公共団体が宗教に介《かい》入することを防ぐために，「国及びその機関は，宗教教育その他いかなる宗教的活動もしてはならない」と定めている。

ウ．憲法は，誰《だれ》でも，法律の定める手続きによらなければ，その生命や自由を奪《うば》われることはなく，その他の刑罰《けいばつ》を科されることもないとしている。

エ．憲法は，言論の自由を保障しているが，集会の自由は保障していない。

問２　下線部ｂに関連して，憲法が定める義務の１つに税金を納める義務があります。税金に関する記述として誤っているものを，次のア～エから１つ選び，記号で答えなさい。

ア．税金は，国に納める国税および市町村に納める地方税からなり，都道府県に納める税はない。

イ．法律は，それが定める所得税や法人税などいくつかの国税について，その税額の一定割合を地方公共団体に交付するとしている。

ウ．市町村に納める税金の１つに市町村民税がある。

エ．消費税は，1988年に消費税法が成立し，1989年から実際に税が課された。

問３　下線部ｃに関連して，天皇の国事行為《い》に関する記述として誤っているものを，次のア～エから１つ選び，記号で答えなさい。

ア．憲法は，天皇の国事行為には，内閣の「助言と承認」を必要とするとしている。

イ．天皇の国事行為の１つに，衆議院議員の総選挙や参議院議員の通常選挙を公示することがある。

ウ．憲法では，天皇は，国事行為だけを行い，国政に関する権限をもたないとしている。

エ．天皇の国事行為の１つに，最高裁判所長官および高等裁判所長官を任命することがある。

問４　下線部ｄに関する記述として誤っているものを，次のア～カから１つ選び，記号で答えなさい。

ア．法律は，投票の秘密を確保するため，「投票用紙には，選挙人の氏名を記載《さい》してはならない」と定めている。

イ．参議院選挙区選挙で，選挙人は，候補者１人の名前を書いて投票する。

ウ．衆議院の比例代表選挙では，全国をいくつかの選挙区に分けることをせず，すべての都道府県を通じて１つの選挙区として扱《あつか》う。

エ．参議院選挙区選挙では，２つの県を合わせて１選挙区としているところがある。

オ．法律は，日本国民で年齢《れい》18歳《さい》以上の者が，衆議院議員および参議院議員の選挙権をもつとしている。

カ．衆議院議員総選挙では，１人の候補者が小選挙区選挙と比例代表選挙両方の候補者になる場合がある。

問５　下線部ｅに関連して，解散の制度および実際に行われた解散などに関する記述として誤っているものを，次のア～カから１つ選び，記号で答えなさい。ただし，選択肢のなかでは，2017年の解散を「本件解散」としています。

ア．本件解散は，衆議院の内閣不信任決議案の可決に対抗《こう》して，内閣が行ったものではなかった。

イ．本件解散が行われた国会は，開かれていた期間が１日間であり，その後，2017年の間に国会が召集されることはなかった。

ウ．2014年に行われた衆議院議員総選挙も，議員の任期満了《りょう》によるものではなく，内閣の衆議院解散に基づくものであった。

エ．衆議院を解散するためには，内閣の閣議決定が必要である。

オ．憲法は，衆議院の解散と総選挙に関して，「衆議院が解散されたときは，解散の日から40日以内に，衆議院議員の総選挙」を行うと定めている。

カ．憲法は，衆議院が内閣不信任決議案を可決した場合について，内閣は10日以内に衆議院を解散しないかぎり，総辞職しなければならないとしている。

問6　下線部ｆに関連して，2017年10月に行われた衆議院議員総選挙の選挙終了時点についての記述として誤っているものを，次のア～エから１つ選び，記号で答えなさい。

ア．投票日の前に選挙人がみずから投票を行った期日前投票者数は，小選挙区選挙で2000万人を超《こ》え，過去最高であった。

イ．自由民主党の当選者数は，小選挙区と比例代表区を合わせて，280人以上であった。

ウ．立憲民主党の当選者数は，小選挙区と比例代表区を合わせて，50人以上であった。

エ．小選挙区選挙の投票率は，60％以上であった。

問7　下線部ｇに関連して，内閣やその構成員に関する記述として誤っているものを，次のア～エから１つ選び，記号で答えなさい。

ア．憲法は，条約の締《てい》結を内閣の権限としている。

イ．憲法は，内閣総理大臣について，「衆議院議員の中から国会の議決で」指名すると定めている。

ウ．憲法は，予算案を作成して国会に提出することを内閣の権限としている。

エ．内閣総理大臣は，国務大臣を任命するが，そのうちの過半数は国会議員のなかから選ばなければならない。

問8　下線部ｈに関する記述として誤っているものを，次のア～エから１つ選び，記号で答えなさい。

ア．三審《しん》制において，地方裁判所は常に第一審であり，第二審になることはない。

イ．憲法は，裁判官が，その良心に従って独立して職務上の権限を行使すべきとしている。

ウ．憲法は，裁判官について，法律の定める年齢に達した時に退官すると定めており，地方裁判所の裁判官の場合，法律は65歳を定年としている。

エ．最高裁判所は，大法廷《てい》または小法廷で事件を取り扱うが，法律などが憲法に違反すると判断する裁判の場合は大法廷で行わなければならない。

3　以下の文章**Ａ**～**Ｉ**は，『ものがたり　日本列島に生きた人たち』（2000年，岩波書店刊行）の内容をもとに書かれたものです。これを読んで，それぞれに関する問いに答えなさい。なお，あとの問題に出てくる「時代」とは，「縄文・弥生・古墳・飛鳥・奈良・平安・鎌倉・室町・安土桃山・江戸・明治・大正・昭和・平成」のいずれかです。

Ａ　三代将軍が江戸にある前田氏の屋敷《やしき》をおとずれることになったので，前田氏は将軍をむかえる建物を新たに造り，庭を整備した（現在の東京大学の三四郎《さんしろう》池とその周辺）。また国元でさまざまな必要物資を集め，江戸にはこびこんだ。

問1　前田氏だけではなく，この時代の大名はみな，江戸に屋敷を持っていました。その背景にある制度の名前を，漢字４字で答えなさい。

Ｂ　「望月《もちづき》の歌」を記録したことで有名な貴族はその日記に，当時の摂政のむすこが京都の風紀をきびしくとりしまっていることに対して，それはおかしいと書きつけている。

問2　さまざまな時代の「とりしまり」についてのべた次のア～エの中に，１つだけ語句の誤りがふくまれています。その誤りを訂正《ていせい》した語句を書きなさい。記号や誤った語句を答える必要はありません。

ア．豊臣秀吉は検地を行って田の耕作者などを記録する一方，刀狩令を出して百姓《しょう》たちが刀や鉄砲を持つことを禁じ，また百姓が武士や町人になることも禁じて，身分を区別した。

イ．幕府は，キリスト教や，日本人の海外との行き来を禁じ，天草四郎を中心とした島原・天草一揆《いっき》(島原の乱)をおさえた後にはポルトガル船の来航も禁じた。

ウ．国会開設や地租《ちそ》を軽くすることなどを求めた自由民権運動に対し，政府は演説会や新聞を厳しくとりしまり，秩父《ちちぶ》の農民たちの政府に反対する行動も力でおさえつけた。

エ．政府は配給制をとって自由な経済活動を制限し，新聞などの内容も政府の方針に沿うよう制限し，五人組を利用して国民がおたがいを監視《かんし》するしくみを作った。

C　平城京ではさまざまな井戸《いど》がほられたが，井戸の大きさやつくり方は役所や役人の身分によって異なっていた。平城宮の中で酒を造る役所では，板を組んだ３メートル四方の井戸が使われ，また天皇の住まいの近くでは，直径１メートルの杉《すぎ》をくりぬいた井戸の枠《わく》が使われていた。

問３　次のア～エから，**C**の時代についてのべ，なおかつ内容の正しいものを１つ選び，記号で答えなさい。

ア．律令によって国のしくみが決められており，人々は税を都に運ぶ仕事である雑徭《ぞうよう》を負担したり，都や九州を守る兵士の役を務めたりしなければならなくなった。

イ．租は稲《いね》の収穫《しゅうかく》高の約３％を納めるもので，調は各地の特産物などを納めるものだった。平城京の跡《あと》から発掘《はっくつ》される，荷札として使われた大量の土器を調べることで，どこの地方からどんなものが納められていたかがわかる。

ウ．蘇我《そが》氏をたおした人物たちが，「これまで天皇や豪族《ごうぞく》が所有していた土地や民《たみ》はすべて国家のものとする」などという方針を打ち立て，唐から帰ってきた留学生や留学僧とともに，天皇を中心とした強力な国づくりを始めた。

エ．聖武天皇は，社会に不安が広がる中，恭仁京《くにきょう》や難波宮《なにわのみや》などに次々と都をうつし，また仏教の力で国を平和にしようと考えて国分寺や大仏を造るよう命じた。正倉院に残っているその愛用の品には唐からわたってきた文物もふくまれる。

問４　**A**～**C**を時代の古い順にならべかえ，記号で答えなさい。

D　第二次世界大戦の時，佐渡《さど》では，兵隊として戦場に行くことになった家の主人が，日ごろ拝んでいた地蔵堂のお地蔵さんをひそかに土に埋《う》め，「私がもし生きて帰れたら必ずほりだして大事にするので，どうか私をお守りください」と祈《いの》ったという。

問５　下線部のような，国家が国民を兵隊として用いるというしくみはすでにつくられていましたが，明治政府がこのしくみを定めた法令を何と呼びますか。漢字３字で答えなさい。

問６　第二次世界大戦が終わった後の日本についてのべた次のア～エから，正しいものを１つ選び，記号で答えなさい。

ア．戦後，日本は連合国軍に占領《せんりょう》され，日本の軍隊は解散し，憲法でも戦争放棄《ほうき》がうたわれた。その後朝鮮戦争が始まると，日本では連合国軍総司令部の指令によって，今の警察予備隊のもととなる自衛隊がつくられた。

イ．日本はサンフランシスコ平和条約に調印し，その翌年に主権を回復すると同時に国際連合に加盟したが，平和条約と同じ日に日米安全保障条約が結ばれ，日本が主権を回復した後もアメリカ軍が日本の基地にとどまることになった。

ウ．政府は国民所得倍増計画を発表し，産業を急速に発展させる政策を進め，高度経済成長は続いた。その最中の1964年に東京オリンピックが開かれ，日本の復興を世界に印象づけた。その4年後には日本の国民総生産は世界第1位になった。

エ．高度経済成長の陰《かげ》では，さまざまな公害が発生し，人々の健康や命がおびやかされた。特に多くの被《ひ》害者を出した水俣《みなまた》病・イタイイタイ病・四日市ぜんそく・新潟水俣病（第二水俣病）を四大公害病という。

E　元寇《こう》のころ，当時の執権は自分の屋敷にいて幕府に出て来なくなり，幕府での政治をめぐる話し合いも執権ぬきでなされたが，実は執権が幕府の役人や有力な御家人を自分の屋敷に呼んで政治上の相談をしたり，必要な指示をあたえたりしていた。

問7　日本と中国との関わりについてのべた次のア～エから，誤りをふくむものを1つ選び，記号で答えなさい。

ア．足利義満は明との国交を開いて勘合貿易を行い，それによって大きな利益を得た。

イ．薩摩藩《さつまはん》は琉球《りゅうきゅう》王国を征服《せいふく》し，琉球王国に中国との貿易を続けさせ，その利益を手に入れた。

ウ．1937年にペキンの近くで日本軍と中国軍の衝突《しょうとつ》が起こったことをきっかけに満州事変が始まった。

エ．日本は1972年に中華《か》人民共和国との国交を正常化し，その6年後には日中平和友好条約を結んだ。

F　京都やその周辺で大名たちが争う大きな戦争が始まる前，特に凶《きょう》作の年には農民などが団結して京都に乱入し，借金をなかったことにせよとせまることがしばしばあった。戦争が始まると，今度は足軽と称《しょう》する人たちが京都やその周辺でものを奪《うば》うことが増え，昔から行われてきた祇園《ぎおん》祭も一時期とだえてしまった。

問8　下線部の戦争は何と呼ばれますか。

問9　**D～F**を時代の古い順にならべかえ，記号で答えなさい。

G　上野《こうずけの》国（現・群馬県）に住んでいたある農民は全国を旅し，長崎ではオランダの商館や，中国の人々が住む唐人《とうじん》屋敷を見学させてもらった。その数年後，彼《かれ》は，下田（現・静岡県）からきびしい警備体制がしかれている浦賀《うらが》を通り，船で房総《ぼうそう》半島にわたっている。

問10　下線部のようにきびしい警備体制がしかれていたのは，ここであるできごとが起こって日本中が大騒ぎになっていたからでした。そのできごととは何ですか。

H　イギリス人のイサベラ＝バードは東北や北海道の奥《おく》地まで本格的に旅行した最初の西洋人である。彼女《かのじょ》は横浜から新橋まで，開通して間もない鉄道を使い，汽車から見える風景の美しさに心を動かされた。その後，人力車をやとって日光まで行った時には，彼女はその人力車夫の親切さやきちんとした仕事ぶりに感心している。

問11　日本の歴史上に出てくる様々な女性についてのべた次のア～エから，内容の正しいものを1つ選び，記号で答えなさい。

ア．卑弥呼は邪馬台国の女王として30ほどの国を従え，占《うらな》いによって人々を引きつけていた。一方で当時の中国に使いを送り，中国の皇帝《こうてい》から「ワカタケル大王」の称号《しょうごう》や銅鏡，織物などをもらった。

イ．『枕草子』を書いた清少納言が天皇のきさきに仕えていたころ，皇族や貴族の女性たちは十二単《ひとえ》と呼ばれる正装を身にまとうことがあった。『源氏物語絵巻』などにも，十二単を着ている女性がえがかれている。

ウ．政府は富岡《とみおか》製糸場をつくり，そこで働く女性を全国から集めた。彼女たちはそこで学んだ技術を各地に伝えたので，各地で綿糸の生産が盛《さか》んになった。

エ．平塚らいてうは，男性より低くおさえられていた女性の地位を向上させる運動を始めた。その運動が実り，1925年に普通選挙法ができて女性の選挙権が初めて認められた。

I　愛媛県では鉄道の開通をきっかけに，それまで徒歩だった行商人(店を持たず，あちこちに出かけて商売をする人)の商売の範囲《はんい》が広がり，日露戦争のころからは海をわたって広島に出て行商する人が増えた。またそのころ，東北や北海道へも商売に出かけた商人や，台湾，朝鮮，中国の一部にまで仕事を広げた商人もいた。

問12　1910年から1945年まで，下線部の地域にはある共通点があります。それはどのようなことですか。句読点をふくめて15字以内で説明しなさい。

問13　**H**と**I**は同じ時代のものです。それらは何時代の内容ですか。

問14　この**H**と**I**と同じように，**A**～**G**のうち２つの文章が「同じ時代」についてのべています。それらを探し，その記号を答えなさい。時代の名を答える必要はありません。

4　日本の市町村に関する次の問いに答えなさい。

問１　現在の日本において，主に市町村が担っている仕事として適当でないものを，次のア～カからすべて選び，記号で答えなさい。

ア．上水道の供給　　イ．電力の供給

ウ．小・中学校の設置　　エ．家庭ごみの収集

オ．郵便物の配達　　カ．地形図の編集

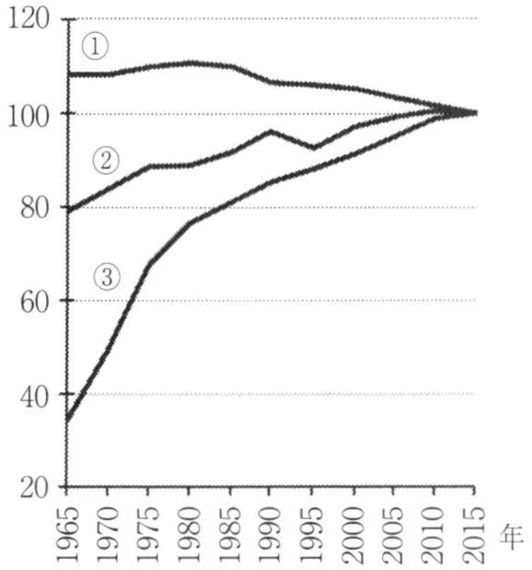

国勢調査による。

問２　右の図は，政令指定都市のうちから３つを選んで，人口の推移を示したものです。ただし，各市の2015年の人口を100としたときの各年次の人口の割合を計算して示しています。次のア～ウの文は，図中の①～③のいずれかの市について説明したものです。②と③にあてはまる市の説明文を選んで記号で答え，またそれぞれの市名を答えなさい。

ア．政令指定都市になったのは平成に入ってからです。石油化学工業がさかんな工業都市で，東京へ通勤する人も多く住んでいます。

イ．鉄鋼業がさかんな工業都市です。５つの市の合併《へい》によって成立し，現在では県で２番目に人口が多い市です。

ウ．山がせまっており，東西に細長い市街地をもつ港町です。山をけずり海をうめ立て，市街地を開発してきました。

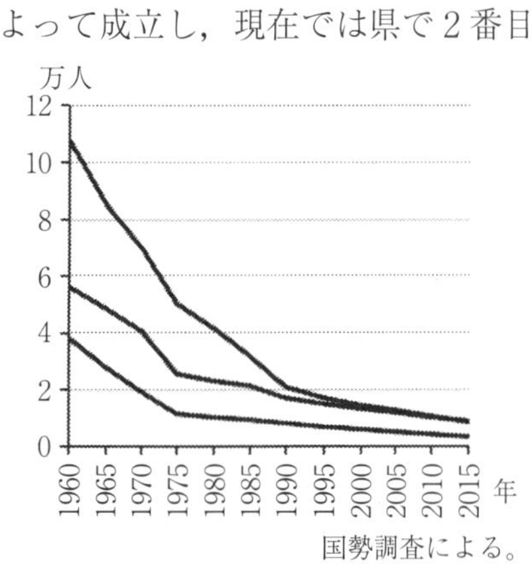

国勢調査による。

問３　市のなかには，人口が大きく減って，現在では１万人を下回っているものもあります。右の図は，そのような市を３つとりあげ，人口の推移を示したものです。３つの市とも北海道に属し，市の主要産業がおとろえたことが，人口の減少と大きくかかわっています。

3つの市に共通する，かつての主要産業を答えなさい。

問4　平成の大合併によって，市町村の総数は大きく減りました。右の表は，いくつかの府県をとりあげ，1989年と2016年の市町村数の変化をみたものです。①～③は，次のア～ウのいずれかです。①と②にあてはまる府県の組み合わせを，ア～ウから1つずつ選び，記号で答えなさい。

	1989年			2016年		
	市	町	村	市	町	村
①	32	11	1	33	9	1
	19	17	1	19	13	1
②	20	41	27	32	10	2
	21	70	0	29	12	0
③	9	50	10	13	9	3
	8	41	10	8	10	1

ア．秋田県と島根県　　イ．茨城県と兵庫県　　ウ．大阪府と神奈川県

問5　合併によって，面積が大きい市町村も誕生しました。下の図中の**ア～ウ**は，面積上位3市を示したものです。

(1)　**ア～ウ**が位置する県名をそれぞれ答えなさい。

(2)　**ア～ウ**のうち人口が最も多い市について，その市名を答えなさい。

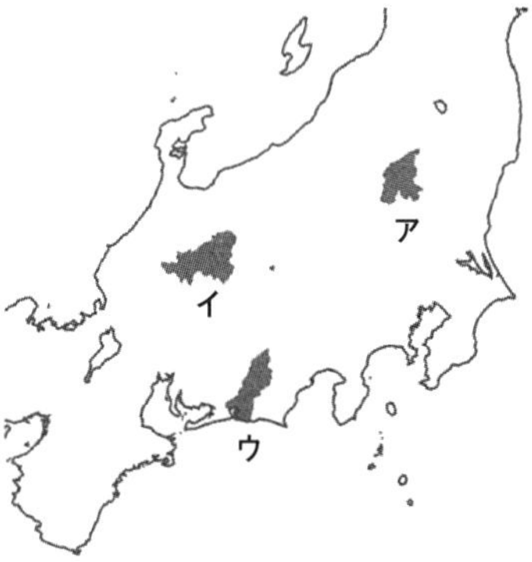

問6　次の表は，工業がさかんな市を5つとりあげ，製造品出荷額等とその内訳をみたものです。表中の①～⑤は，下の図中の**カ～コ**のいずれかです。②，④，⑤にあてはまるものを図中の**カ～コ**から1つずつ選び，記号で答えなさい。

	製造品出荷額等 (億円)	内訳(%) (10%以上の業種のみ示した)
①	130,847	輸送用機械器具 93.1
②	53,372	石油製品・石炭製品 53.9，化学 39.0
③	46,593	石油製品・石炭製品 35.9，鉄鋼 21.4，化学 20.2，輸送用機械器具 10.7
④	13,677	パルプ・紙・紙加工品 28.1，輸送用機械器具 21.6，化学 16.2
⑤	9,938	非鉄金属 34.5，電気機械器具 33.4，*はん用機械器具 16.0

*はん用機械器具：ボイラ，ポンプなど，各種機械に組みこまれて用いられる機械器具

統計年次は2014年。工業統計表「市区町村編」による。

問7　次の表は，農業がさかんな市を5つとりあげ，農業産出額とその内訳をみたものです。表中の①～⑤は，下の図中の**サ**～**ソ**のいずれかです。②，③，⑤にあてはまるものを図中の**サ**～**ソ**から1つずつ選び，記号で答えなさい。

	農業産出額（億円）	米（%）	野菜（%）	果実（%）	花き（%）	畜《ちく》産（%）	その他（%）
①	820.4	0.9	31.3	0.4	38.2	28.5	0.7
②	720.3	2.1	54.9	0.1	2.7	23.6	16.6
③	719.7	4.3	7.3	0.2	0.2	82.9	5.1
④	572.1	49.7	29.9	6.2	5.4	5.8	2.9
⑤	435.8	7.1	4.9	85.7	0.3	0.3	1.8

統計年次は2015年。市町村別農業産出額(推計)による。

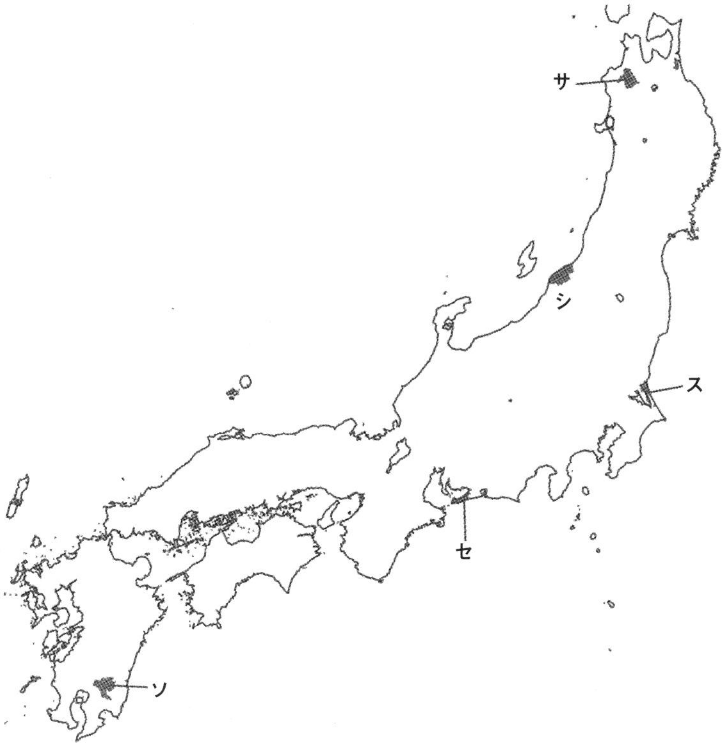

【理　科】（40分）〈満点：50点〉

注意：いくつかの中から選ぶ場合は，記号で答えなさい。特に指示のない場合は1つ答えなさい。

1　〔A〕 次のような手順で棒温度計のかわりになる温度計を作り，気温を測ることを考えます。これは，ガリレオ温度計と呼ばれています。

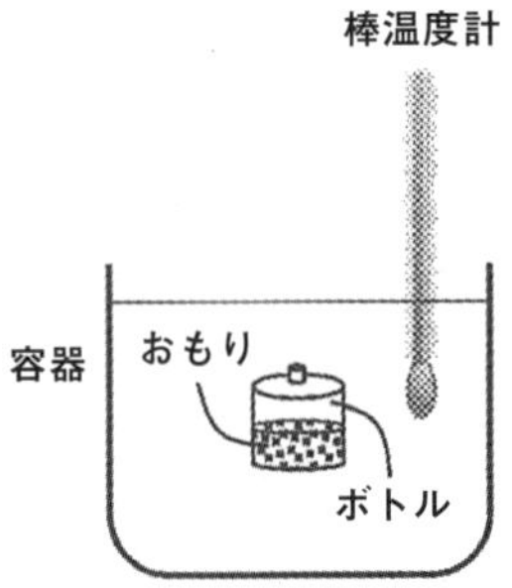

ボトルが水中でちょうど止まっている様子

［手順と結果］

①　図のような容器の中に水を入れ棒温度計を用いて温度を測り，その温度で一定に保つようにします。なお，このときの水の温度は均一にしてあります。

②　ふたのついた軽い空のボトルにおもりを入れ，手順①で用意した水の中に入れます。

③　ボトルの中に入れるおもりを調整していくと，ボトルは浮《う》いていったり，沈《しず》んでいったりしますが，ボトルが水中でちょうど止まるように調整します。

④　ここで，手順①で用意する水の温度を，お湯や氷を使って温めたり冷やしたりすることで，右表のように10℃から30℃までの範囲《はんい》で5℃ずつ変えていきます。そして，それぞれの温度のもとで手順②，③を同じように行い，おもりの入った5つのボトルA～Eを作ります。

手順①で用意する水の温度	ボトル
10℃	A
15℃	B
20℃	C
25℃	D
30℃	E

⑤　一方で，水を入れた大きな水そうを用意し，その中に5つのボトルをすべて入れてみます。すると，気温によって，水中にあるボトルの位置関係が変化する様子が観察されました。

(1)　手順①に関して，棒温度計の目盛りの読み方として正しいものはどれですか。

ア．液の先がちょうど目盛りの真ん中にきたときは，下の目盛りを読む。

イ．液の先の動きがなくなってから目盛りを読む。

ウ．目線は温度計に対して直角，あるいは見やすいように斜《なな》めにして，液の先の目盛りを読む。

(2)　手順②，③に関して，次のa，bの(　)から適当なものを選びなさい。

手順①で用意したある一定温度の水の中に，おもりのみを入れると沈んでも，同じおもりをふたのついた軽い空のボトルに入れたものでは沈まないことがあります。このことから，同じ重さのものに対する浮く力の大きさは水中に入っているものの体積で異なることがわかります。すなわち，水中に入っているものの体積が $_a$(**ア．大きい　　イ．小さい**)ほど，浮く力の大きさは大きいことになります。

また，「浮く力の大きさは水中に入っているものと同じ体積の水の重さと等しい」ことが知られています。

以上より，ある一定温度の水の中において，おもりの入っているボトルは，同じ体積の水より $_b$(**ア．重い　　イ．軽い**)と沈んでいき，その逆であると浮いていくと考えることができます。つまり，そのボトルが水中でちょうど止まっているときは，ボトルの重さとボトルと同じ体積の水の重さが等しく，つりあっているときになります。

(3)　手順④，⑤に関して，次のa～eの(　)から適当なものを選びなさい。なお，水の温度を変化させたとき，水中にあるボトルの体積は一定と考えてよいです。

まず，同じ体積あたりで考えたとき，水の場合は温度が4℃のときが最も $_{a}$(**ア．重く　イ．軽く**)，それよりも温かいときは $_{b}$(**ア．重く　　イ．軽く**)なる性質があります。これは，お風呂《ふろ》を沸《わ》かしたときの，お湯の上下の温度差を考えてみればわかります。

このことから，用意した5つのボトルのうち，最も $_{c}$(**ア．重い　　イ．軽い**)ものはボトルAで，最も $_{d}$(**ア．重い　　イ．軽い**)ものはボトルEといえます。

次に，手順⑤に関して考えます。いま，水中にある5つのボトルのうち1つに注目してみます。このボトルは，水そう中の水の温度が，手順④の表に示されているボトルを作ったときの水の温度より高温になっていくと $_{e}$(**ア．浮いて　　イ．沈んで**)いき，その温度より低温になっていくと，それとは逆に動いていきます。このような原理によって，水中にある5つのボトルの位置関係は変化します。

また，水そう中の水全体の温度は，しばらくすると気温と等しくなっていきます。つまり，水中にあるボトルの位置関係が変化する様子を観察することで，気温を測ることができ，温度計として利用することができるのです。

(4)　手順⑤に関して，気温が23℃であったとき，5つのボトルのうち水そう中の底に沈んでいるものはどれですか。(3)を参考にして，A～Eの記号ですべて答えなさい。

〔B〕 図1のように鉄心にエナメル線を巻き，電磁石を作りました。この電磁石に矢印(a)の向きに電流を流すと，方位磁針のN極は左を向きました。

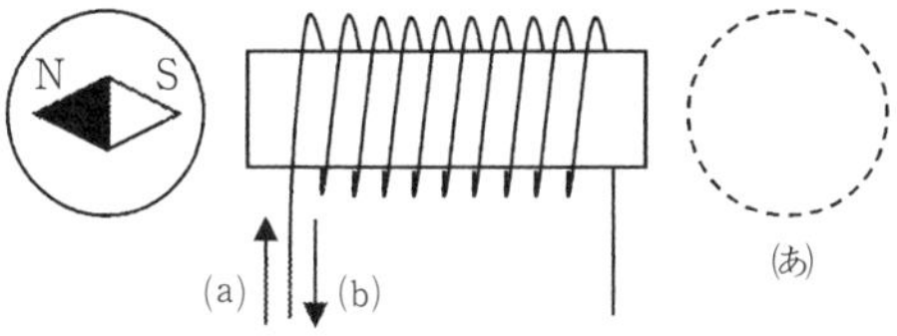

図1

(1)　電磁石の左端《はし》は何極になっていますか。

(2)　図1において，電流を矢印(b)の向きに流したとき，方位磁針の針の向きはどのようになりますか。最も適当なものを選びなさい。

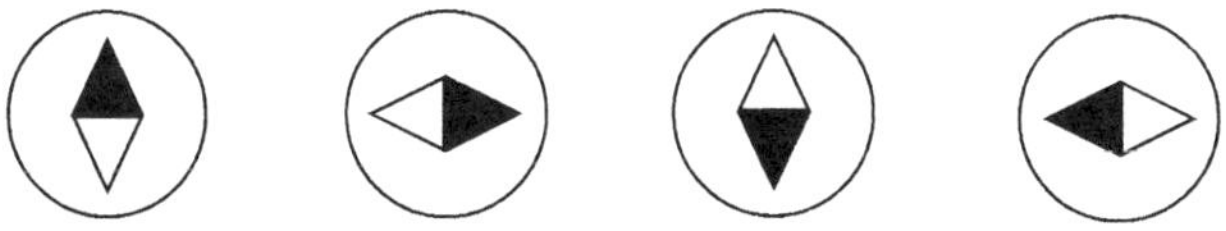

ア　　イ　　ウ　　エ

(3)　図1において，電流を矢印(a)の向きに流したままで，方位磁針を図の(あ)の位置に置いたときの針の向きとして最も適当なものを(2)の選択肢《し》から選びなさい。

(4)　同じ鉄心，同じ数の電池，同じ長さのエナメル線を用いて電磁石を作り，巻き数の異なる電磁石の強さを比べる実験を行います。このときエナメル線のあまった部分を切り取らずに同じ長さのまま行います。その理由として最も適当なものを選びなさい。

ア．エナメル線がからまないようにするため。

イ．エナメル線に電気を通しやすくするため。

ウ．コイルに流れる電流の大きさを同じにするため。

エ．コイルが熱くなるのを防ぐため。

(5)　長さと太さがそれぞれ等しい鉄心にエナメル線を100回巻いたコイルと200回巻いたコイルを作り，図２に示す向きで同じ大きさの電流を流しました。方位磁針を図２の(い)の位置に置いたときの針の向きとして最も適当なものを(2)の選択肢から選びなさい。

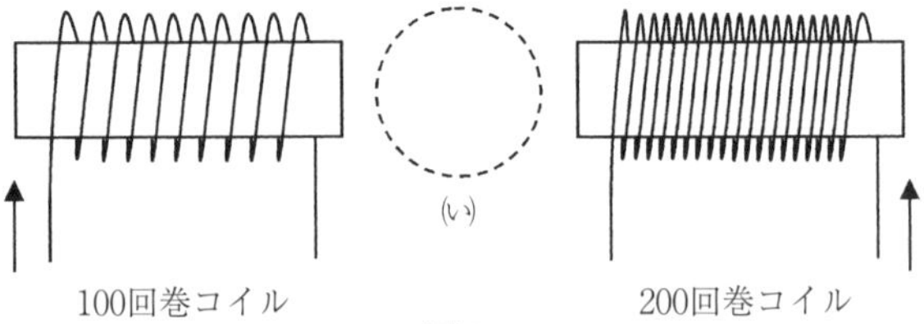

図２

(6)　モーターは電磁石の性質を利用して作られています。モーターの構造は回転軸《じく》のついた電磁石が２つの磁石にはさまれた図３のようになっています。次のａ～ｃの(　)から適当なものを選びなさい。

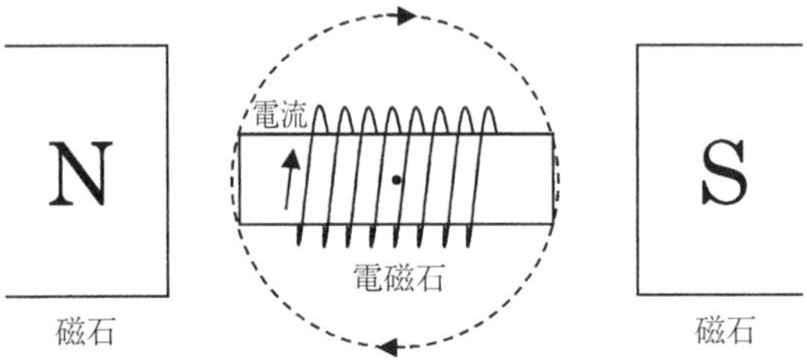

図３

電磁石を時計回りさせることを考えます。電磁石が図４の位置で静止しているときに，電磁石のAの部分を$_{\text{a}}$(**ア．N極　　イ．S極**)にすると磁石から力を受け，時計回りに回り始めます。

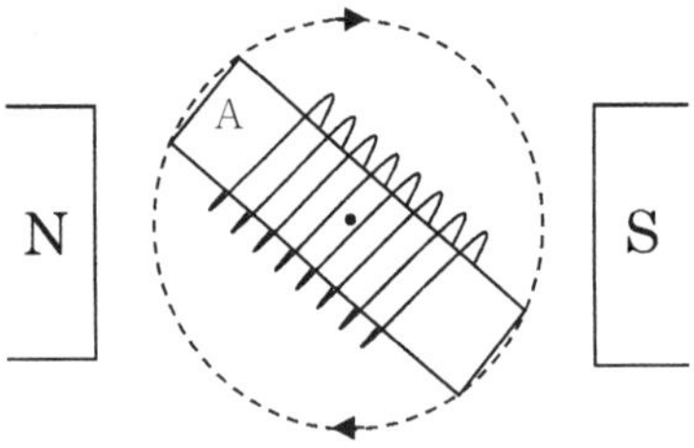

図４

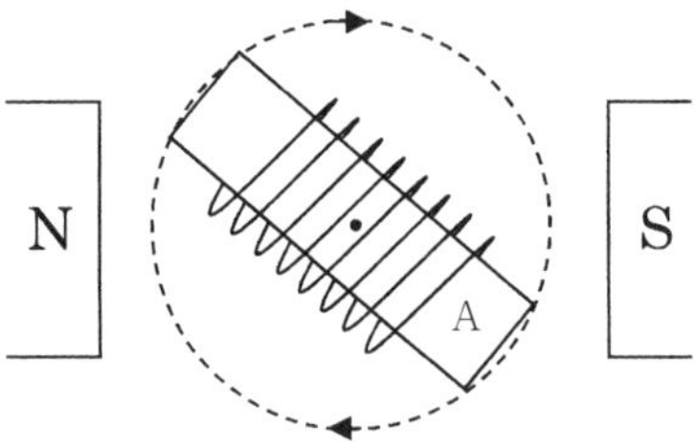

図５

図４の位置から電磁石が回転し，はじめて図５の位置にきたときを考えます。電磁石のAの部分が(　ａ　)極のままだと磁石から$_{\text{b}}$(**ア．時計回り　　イ．反時計回り**)に回す力を受け，その後，電磁石は回転しなくなります。電磁石を回し続けるためには，図５の位置にあるときに電磁石のAの部分が$_{\text{c}}$(**ア．N極　　イ．S極**)になっていないといけません。

(7)　最も速くモーターを回し続けるためには，電磁石のAの部分が図６のア～クのどの位置にきたときに電磁石のN極とS極を切り替《か》える必要がありますか。正しいものをすべて選びなさい。

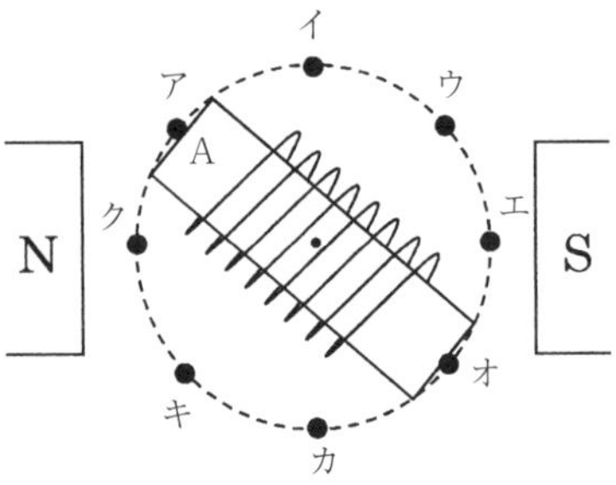

図６

2 ヒトは，起きているときも寝ているときも常に，空気を肺に吸い込んだり，肺からはき出したりしています。吸い込まれた空気は，肺胞《はいほう》に入ります。肺胞では，空気と血液との間で，酸素と二酸化炭素の交換《こうかん》が行われます。このはたらきを a呼吸といいます。

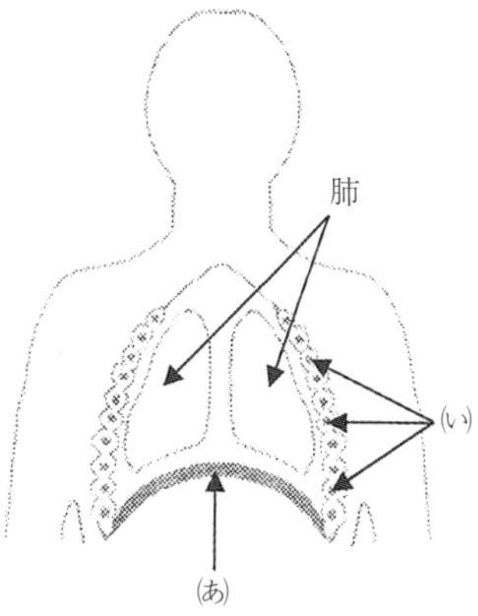

肺は，呼吸をするためにふくらんだり，縮《ちぢ》んだりします。このとき，図の(あ)と(い)が動きます。図は，胸部の断面の模式図です。

(1) (あ)，(い)に最も適する語を答えなさい。(い)は，骨の名前を答えなさい。

(2) (あ)のけいれんにより起きる現象を何といいますか。５文字のひらがなで答えなさい。

(3) 空気を肺に吸い込むとき，図の(あ)，(い)，肺はどうなりますか。正しいものを選びなさい。

ア．(あ)は上がり，(い)は持ち上がり，肺はふくらむ。

イ．(あ)は上がり，(い)は引き下がり，肺は縮む。

ウ．(あ)は下がり，(い)は持ち上がり，肺はふくらむ。

エ．(あ)は下がり，(い)は引き下がり，肺は縮む。

(4) 下線部 a に関して，呼吸数は，１分間あたり20回でした。１回の呼吸により吸い込む空気とはき出す空気は，ともに500 mL でした。吸い込む空気とはき出す空気の酸素の体積の割合は，それぞれ21％と16％でした。１分間あたり肺に吸い込む空気に含《ふく》まれる酸素と肺からはき出す空気に含まれる酸素の体積の差は何 mL ですか。

(5) 肺の代わりにエラを用いて，呼吸を行う生物を選びなさい。

ア．イルカ　　イ．オットセイ　　ウ．クジラ

エ．サメ　　オ．シャチ

心臓は，血液を体全体に送り出すためにポンプのように動いています。この心臓の動きを b拍動《はくどう》といいます。

(6) １分間あたりの呼吸数と拍動数は，運動前に比べて，運動後ではどのように変化しますか。

ア．呼吸数は増加し，拍動数も増加する。

イ．呼吸数は増加し，拍動数は減少する。

ウ．呼吸数は減少し，拍動数は増加する。

エ．呼吸数は減少し，拍動数も減少する。

オ．呼吸数は変化せず，拍動数も変化しない。

(7) 心臓にもどる血液が流れる血管は何ですか。

(8) 心臓や血管において，血液が逆向きに流れないようにするためにあるものは何ですか。

(9) 下線部 b に関して，拍動数は１分間あたり70回でした。心臓が，１回の拍動により体の各部に送り出す血液は，50 g でした。ヒトの体重に対する血液全体の重さの割合は，$\frac{1}{13}$ でした。

①，②に答えなさい。

① １分間あたり心臓から体の各部に送り出された血液は何 g ですか。最も適する数値を選びなさい。

ア．2500g　　イ．3000g　　ウ．3500g　　エ．4000g　　オ．4500g

② 体重65kgのヒトの血液は，体を10分間あたり何回循環《じゅんかん》しますか。

心臓から体の各部に送り出された血液は，体の各部に酸素をわたし，二酸化炭素を受け取っています。

血液中の赤血球は，酸素を吸収・放出している細胞《さいぼう》です。赤血球には，たくさんのヘモグロビンという酸素を吸収・放出するタンパク質が含まれています。

ヘモグロビンが吸収できる酸素の量は，酸素の多い環境《かんきょう》と酸素の少ない環境で異なります。ヘモグロビンは，肺胞のように酸素の多い環境では，大部分が酸素と結びついて酸素ヘモグロビンとなります。また，体の各部のように酸素の少ない環境では，酸素を放出し，ヘモグロビンになります。これらの性質により，ヘモグロビンは，肺胞で酸素を吸収し，体の各部で酸素を放出することで，c体の各部に酸素を供給しています。

⑽ 下線部cに関して，血液中には，100gあたり16gのヘモグロビンが含まれていました。全てのヘモグロビンに酸素が結びついて酸素ヘモグロビンの割合が100%になったとき，吸収した酸素の体積は，ヘモグロビン1gあたり1.3mLです。肺胞で酸素を吸収したあと，心臓から体の各部に送り出された血液では血液中の酸素ヘモグロビンの割合は95%で，体の各部で酸素を放出したあとの血液では酸素ヘモグロビンの割合が50%に低下していました。なお，拍動数は，1分間あたり70回でした。心臓が，1回の拍動により体の各部に送り出す血液は，50gでした。①，②，③に答えなさい。

① 1分間あたり心臓から体の各部に送り出された血液には，何mLの酸素が含まれますか。最も適する数値を選びなさい。

ア．364mL　　イ．532mL　　ウ．692mL　　エ．728mL　　オ．4320mL

② 体の各部では，心臓から体の各部に送り出された血液の酸素ヘモグロビンの何%が酸素を放出したことになりますか。最も適する数値を選びなさい。

ア．45%　　イ．47.4%　　ウ．50%　　エ．52.6%　　オ．95%

③ 体の各部では，1分間あたり心臓から体の各部に送り出された血液により何mLの酸素が，酸素ヘモグロビンから放出されましたか。最も適する数値を選びなさい。

ア．311mL　　イ．328mL　　ウ．346mL　　エ．364mL　　オ．657mL

3 冬休みのある日，暖かい部屋の中からダイ吉くんが外を見ようとすると，窓ガラスの(①)がくもっていました。

ダイ吉「お母さん，窓がくもっていて外が見えないね。」

お母さん「②空気中の水蒸気が水てきになって窓ガラスに付いたのね。夜の間(　③　)，草木の葉に朝つゆが付くのも同じ理由よ。」

モモ「1ヶ月くらい前，お父さんとお兄ちゃんと朝早くつりに行ったとき，もやが立ちこめていて，海がよく見えなかったよ。」

お母さん「それは(　④　)よ。」

窓を開けてみると，空は一面雲におおわれていて，冷たい風が入ってきました。

ダイ吉「今にも雨が降りそうな空だ。これでは，⑤洗たく物は干せないね。」

お母さん「明日はところによって雪が降る，と天気予報では言っていたわよ。」

ダイ吉「本当！　楽しみだな！」

夜になってお父さんが帰ってきました。

ダイ吉「お父さん，明日は雪になるらしいよ。ところで，天気予報を聞いていると，低気圧，高気圧という言葉がよく出てくるけど，天気とどんな関係があるのかな？」

お父さん「低気圧は周りより気圧の低いところ，高気圧は周りより気圧の高いところという意味だよ。⑥{**ア．低気圧　　イ．高気圧**}では，周りから流れこんだ空気が上に上がっていくのに対し，⑦{**ア．低気圧　　イ．高気圧**}では，降りてきた空気が周りに流れ出しているんだ。だから，⑧{**ア．低気圧　　イ．高気圧**}では空気の温度が変化し，水蒸気が水てきになることで雲が発生して，天気が悪くなるんだよ。」

ダイ吉「ところで，雪って雨が凍《こお》ったものだよね？」

お父さん「それはちがうぞ。雪は雲に含まれる小さな氷のつぶに，水蒸気が付着して凍りながら成長したものだよ。１つ１つの雪は拡大して見ると，（　⑨　）と呼ばれる規則正しい形になっているだろ。気温が高いと，地表に達する前に雪は溶けて雨になってしまうけど，気温が少し高くても，⑩地表付近の空気が乾《かわ》いていると，雨にはならず，雪になることもあるんだ。」

モモ「明日は雪になるといいな。」

お母さん「だいじょうぶ！　みんなの願いがかなうわよ。」

(1)　①にあてはまる語句はどれですか。

ア．内側　　イ．外側　　ウ．内側と外側

(2)　②のように，空気中の水蒸気が水てきになった理由は次のどれですか。

ア．水は100℃以上では気体，100℃以下では液体になるから。

イ．空気に含むことのできる水蒸気の量は，温度が低くなるほど少なくなるから。

ウ．温度が上がって，水蒸気の一部が液体の水になったから。

エ．空気が圧縮されて，水蒸気の一部が液体の水になったから。

(3)　③にあてはまる説明はどれですか。その答えを選んだ理由も書きなさい。

ア．雨が降っていると　　　　イ．空がくもっていると

ウ．空がよく晴れていると　　エ．強い風がふいていると

(4)　④にあてはまる説明はどれですか。

ア．冷たい空気が，暖かい海水の上に流れこんできたから

イ．暖かい空気が，冷たい海水の上に流れこんできたから

ウ．気温が高くて，海水がたくさん蒸発しすぎたから

エ．強い風がふいて，波しぶきがたくさん上がっていたから

(5)　⑤について，洗たく物は空気の乾いた晴れの日は良く乾き，空気の湿《しめ》っているくもりや雨の日には良く乾きません。ところが一方で，湿度の低い冬より，湿度の高い夏の方が，ふつう，洗たく物は良く乾きます。それはなぜですか。

ア．夏の方が風が強く，洗たく物の水分をたくさんうばうから。

イ．空気中の水蒸気は，太陽の光を強める働きがあるから。

ウ．湿度が高いほど，空気が乾いていることを意味するから。

エ．夏は気温が高く，空気中に水蒸気をたくさん含むことができるから。

(6)　⑥〜⑧の{　}から適当なものを選びなさい。

(7)　⑨に適当な言葉を入れなさい。

(8)　⑩にあるように，空気が乾いていると，気温が高くても雪は溶けにくく，雪のまま降ることがあります。空気が乾いていることで，雪が溶けにくくなる理由を説明しなさい。

4　〔A〕 理科室で，ビーカーの底に粉末が大さじ１杯《ぱい》分くらい入っているのを見つけました。理科室の棚《たな》にあったものは，次の**ア**〜**ケ**なので，入っていた粉末は，これらのうちのいくつかが混じったものだと考えられます。このビーカーに何が含まれているか調べるために，次の実験１〜５を行いました。あとの問いに答えなさい。

ア．二酸化マンガン	**イ**．砂糖	**ウ**．デンプン	**エ**．ガラス粉末
オ．アルミニウム	**カ**．銅	**キ**．食塩	**ク**．消石灰
ケ．鉄			

実験１：ビーカーの中の粉末を一粒ずつつまみ出してルーペでよく見ると，①赤茶色の粒と，②くすんだ銀色の粒と，白色の角ばった粒の３種類があった。

実験２：ビーカーの粉末を小さじ１杯とって水100mLに加えてかき混ぜると，赤茶色の粒とくすんだ銀色の粒は溶けずにすべて残り，白色の角ばった粒は水にすべて溶けた。

実験３：実験２の水溶《よう》液と溶けなかったものをろ過した。得られた粉末を，うすい水酸化ナトリウム水溶液が入った試験管の中に加えると，③気体が出た。

実験４：実験３のろ液を蒸発皿にとって下からガスバーナーで加熱すると，こげることはなく底に④白い粉末が残った。

実験５：実験４の作業で生じた白い粉末を水に溶かし，赤色と青色の両方のリトマス紙につけたが，どちらも色は変わらなかった。

(1)　下線部①と②の粒はそれぞれ何ですか。**ア**〜**ケ**から１つずつ選びなさい。

(2)　下線部③の気体は何ですか。気体の名前を答えなさい。さらに，この気体の性質として正しい説明を，次のＡ〜Ｆからすべて選びなさい。

Ａ．空気よりも重い。

Ｂ．空気中で燃える。

Ｃ．地球温暖化の原因になる。

Ｄ．水に溶けにくい。

Ｅ．においがある。

Ｆ．助燃性がある。

(3)　実験４で残った下線部④の白い粉末は何ですか。**ア**〜**ケ**から選びなさい。

(4)　**ア**〜**ケ**にそれぞれ水を加え，それらをリトマス紙につけたところ，１つだけリトマス紙の色の変化が観察されました。それは**ア**〜**ケ**のどれか答えなさい。また，そのときのリトマス紙の色の変化として正しいものを，次のＡ，Ｂから選びなさい。

Ａ．赤色リトマス紙が青色に変化した。

Ｂ．青色リトマス紙が赤色に変化した。

〔B〕 マグネシウム，アルミニウム，銅の３種類の金属粉末があります。粉末をいくらかはかり取って，ステンレス皿に乗せて，ガスバーナーで加熱しました。時々かき混ぜながら加熱して，冷ましたのち，残った粉末の重さをはかりました。

表１

はじめの重さ［g］		2.0	4.0	6.0	8.0	10.0
加熱後の重さ［g］	マグネシウム	3.4	6.8	10.2	13.6	17.0
	アルミニウム	3.8	7.6	11.4	15.2	19.0
	銅	2.6	5.2	6.4	10.4	13.0

最初にはかり取る金属粉末の重さを変えながら実験し，加熱後の重さとの関係を表１に示しています。

(1) マグネシウム粉5.0gを，加熱して完全に反応させました。このとき，マグネシウムと結びついた酸素の重さは何gですか。

(2) ある重さのアルミニウム粉を加熱して完全に反応させたところ，加熱後に残った粉末の重さは24.7gでした。はじめのアルミニウム粉の重さは何gですか。

(3) 銅粉を加熱する実験では，加熱が不十分で未反応の銅粉が残っていると思われる数値が１つだけ含まれています。

① それはどの数値ですか。表１の加熱後の重さのうち１つ選び，その数値を答えなさい。

② ①のとき，用意した銅粉のうち，反応せずに残っている銅の割合は何％ですか。小数第１位を四捨五入して整数で答えなさい。

(4) マグネシウム粉と銅粉の混合粉末が合計で13.0gあります。これを十分に加熱したところ，残った物質の重さは20.1gでした。はじめの混合粉末13.0gのなかに含まれていたマグネシウムは何gですか。

(5) 次の①～③の３種類の粉末についても，同様に加熱して実験を行いました。そのときの結果に関して，それぞれ適切な文をア～ウから選びなさい。

① 木炭　② 食塩　③ 鉄

ア．加熱後は，加熱前より重さが増加する。

イ．加熱後は，加熱前より重さが減少する。

ウ．加熱の前後で，重さは変化しない。

⑬ 王は手柄《がら》をたてた兵士にほうびを与《あた》えようとしたが、彼はコジした。

⑭ この短編集にツウテイするテーマは、表面的に読んでいてはわからない。

⑮ 記録を塗《ぬ》りかえられたことは、自分の実力からするとボウガイの喜びであります。

問三　傍線部③「きみには、まだ魔法がかかっているのかな」とあるが、ここで言う「魔法がかかっている」とはどういうことをさしているか、説明しなさい。

問四　傍線部④「楽さんは頬杖をついて、『サンタ問題は深刻だな』とつぶやいた」とあるが、「楽さん」はなぜ「深刻だ」といったのだと考えられるか。その説明として次の**イ**～**ホ**から最も適切なものを選んで符号を書きなさい。

イ　「私」がどんなことを言ったとしても、多分怒《おこ》った南野さんは頑《かたく》なな姿勢を崩《くず》そうとしないだろうから。

ロ　サンタに関しては特に思い入れのある「私」が折れることはないだろうということが分かっているから。

ハ　南野さんがクラスの中で次々とけんかを始めるせいで、クラスの雰《ふん》囲気が悪くなり、迷惑《わく》しているから。

ニ　南野さんと「私」との対立を何とか解消させたいが、話を聞けば聞くほど難しい事のように思えるから。

ホ　サンタの存在に関する考えの違いで生じた対立は、誰《だれ》かが考えを改めてすませるべき問題ではないから。

問五　傍線部⑤⑥のやりとりについての説明として、次の**イ**～**ホ**から最も適切なものを選んで符号を書きなさい。

イ　南野さんの考え方に理解を示そうとする楽さんを「私」が疑っているのに対し、自分の嘘《うそ》を見抜《ぬ》かれそうになった楽さんが、嘘を夢に言い換《か》えてごまかそうとしている。

ロ　自分に口をきいてくれない南野さんに味方するような楽さんを責めるような「私」に対し、自分の夢に踏《ふ》み込《こ》まれたくない楽さんはあえて突《つ》き放そうとしている。

ハ　現実的な考え方をする南野さんとも仲良くしたい「私」に対し、楽さんは現実と夢との折り合いをつけるのは大人でも難しいということを諭《さと》そうとしている。

ニ　人の夢を攻撃《こうげき》することに批判的な「私」に対し、楽さんは夢についての独特の見解を提示しつつ、夢を信じている子に攻撃的になってしまう南野さんの気持ちに理解を示そうとしている。

ホ　クラスで一番目立つ南野さんには楽さんまでも従ってしまうのかと疑う「私」に対し、楽さんは、対立する相手とも、視点を変えればわかり合えることを伝えようとしている。

問六　傍線部⑦「とんちんかんな返事をしたのだった」とあるが、どのようなところが「とんちんかん」だったと言えるのか、説明しなさい。

問七　この文章のタイトルの「サヴァランの思い出」とは、「私」にとってどのような意味を持つ思い出か。百二十字以内で説明しなさい。

三　次の①～⑮の傍《ぼう》線部のカタカナを漢字に改めなさい。〈十五点〉

① 児童の感受性をハグクむ取り組み。
② 墓前に花をソナえて、手を合わせた。
③ すべての公務員にはシュヒ義務がある。
④ 地域活性化のため地元商店街は色々な策をコウじた。
⑤ 美術の先生が、近くの画廊《ろう》で初めてのコテンを開いた。
⑥ 彼女《かのじょ》は日本スケート界のシホウともいえる存在である。
⑦ インターネットのコウザイについて、クラスで話し合う。
⑧ カロウがたたって体調を崩《くず》し、とうとう入院してしまった。
⑨ このテーマはケントウに値《あたい》する、大切なことだと思われる。
⑩ 彼《かれ》がこれまでにしてきたことは、大きなハイトク行為《い》である。
⑪ 彼の今後のキョシュウについて、世間の興味が集まっている。
⑫ 彼の考え方のコンカンにあるのは、自由を尊重する気持ちである。

「ふぅむ。人気者？」
「そう、クラスで一番目立ってる子。でね、南野さんが、本当にサンタがいるっていうなら、次のクリスマスに証拠《こ》を見せてって、その子に言ったの」
「南野さんは、いないって？　サンタ」
「そう。そんなのがいたら、フホウシンニュウだって」
「やっかいな子だな。それでどうなった？」
「泣いちゃった、その子」
楽さんは苦笑いした。「それで、きみはどうしたの」
「まだ信じてる子にそんなこと言っちゃだめなんだよって、あとで南野さんに注意しといた」
「大人だな」
「でもそしたら、口きいてくれなくなっちゃって」
「だろうね」
「口きいてくれないと、口きかせたくなるんだよね」
「きみのママもそういうタイプだったよ」
④楽さんは頬杖《ほおづえ》をついて、「サンタ問題は深刻だな」とつぶやいた。
「南野さんって子はさ、きっとまだ信じていたかったんだよ、サンタがいるって。だから、まだ信じている子が近くにいたことが悔《くや》しくて、つい意地悪したくなっちゃったんじゃないかな。分かる気もするよ」
「⑤分かるの？」
「⑥人の夢がうっとうしく思えることって、たまにあるから」
楽さんは最後に残していたケーキの苺を口に入れた。
うちのママはショートケーキの苺をいつも最初に食べる。好きなものは残さず先に食べるのだ。楽さんはママとは違って、きっと好きなものを最後までとっておくタイプなんだろう。楽さんは「うん、うまい」と言った。
そして次に楽さんが言ったこと。それを聞いた時の、世界の色が突《とつ》然にパッと変わったような、特別なあの気持ちは忘れられない。
「苺って、すっぱくてちょっと苦手なんだ。だからつい、最後まで残してしまう」
「えっ。苦手なの？　苺が？」
「うん。でも、これは甘《あま》かったなぁ」
ああそうか、苺が好きなものとは限らないんだ。そうじゃない人だっているんだ。
好きだから最後に残したって、そう思いこんでしまった自分に私はとても驚《おどろ》いた。当たり前のことを大発見したような幸せな気分と、思いこみで人を決めつけてしまった後ろめたさ。甘さと苦さを上手に混ぜたようなあと味。その気持ちは、まさにサヴァランにぴったりだった。
「甘かったなぁ」
言い方をまねてつぶやくと、楽さんは「それはよかった」って、⑦とんちんかんな返事をしたのだった。

（戸森しるこ「サヴァランの思い出」より）

問一　傍《ぼう》線部①「楽さん」は「私」にとってどのような人物だと考えられるか。次の**イ**～**ホ**から適切なものを一つ選んで符《ふ》号を書きなさい。

イ　「私」の年の離《はな》れた姉。
ロ　「私」の母親の元夫。
ハ　「私」の父親の恋人《こいびと》。
ニ　「私」の幼なじみの父親。
ホ　「私」の年の離れた恋人。

問二　傍線部②「私の前のお皿には、問題のサヴァランが」とあるが、どのような問題があるか、説明しなさい。

問七　次の**イ**～**ホ**から本文の内容と合致《ち》しているものを一つ選んで符号を書きなさい。

イ　齊藤了英氏はゴッホの「医師ガシェの肖像」を人類の文化遺産保護のために副葬品とすべきであると非難された。

ロ　人類の財産を保護するという権利の行使である限り、その所有者へのどんな発言も要らぬ干渉とはみなされない。

ハ　町の景観が変わると、その住民たちの生活の大事な側面や体の一部が壊されることになるので反対運動が起こる。

ニ　広義の所有の一つとして、自由にその所有物の使用、収益及び処分をする権利という法律的な所有が定められた。

ホ　自然に対してある程度排他的な関係を持つことは社会的承認を得ており、私たちは自然を所有しているといえる。

問八　傍線部**a**～**e**のカタカナを漢字に改めなさい。

二

次の文章は、大人の「私」がかつて小学校の高学年だった頃《ころ》のできごとを思い出している話の一部である。読んで、後の問いに答えなさい。〈字数制限のある問題は、句読点も一字に数えます。〉〈四十五点〉

「最近、どう？　楽しいこととか、困ってることとか」

丸い形をした苺《いちご》のショートケーキを食べながら、①楽《らく》さんは私に聞いた。②私の前のお皿には、問題のサヴァランが。

この店のサヴァランには、クリームではなくフルーツが使われていた。苺とキウイと洋梨《なし》とブルーベリー。とにかくフルーツが好きだったから、ふたつの中からサヴァランを選んだのは私だった。私たちは目の前に出されたケーキを交換《かん》した。おばさんは当然私がショートケーキを食べるものだと思って、私の前にそれをおいてくれたのに。きっとガラスケースの中にはケーキの説明書きがあって、アルコール表示がきちんとついていたのだと思う。父はそれを見落としたのだ。

ひと口食べた瞬《しゅん》間に、お酒の染《し》みこんだケーキだと分かった。口の中がじんわり熱くなってくる。

ふいに、教室のガタガタする椅子《いす》を思い出した。こういう時、「困ってるんです」と言い出せない。

食べられないことはないので、まぁいいかと思いながら、十歳《さい》の私はせっせとサヴァランを食べる。食べながら、楽さんの質問に答える。

「楽しいことは、クリスマス会の準備かな。困っていることは……サンタクロースのこととか」

「サンタクロースかぁ」

楽さんは私の顔色をうかがうように、

「③きみには、まだ魔《ま》法がかかっているのかな」

楽さんが何を言おうとしているのかは、すぐに分かった。素《す》敵な表現だと思った。でも、残念ながら魔法はすでに解けている。

「二年生までは、ママがサンタだったよ。もう引退したけど」

「引退」

楽さんはくすっと笑って、優雅《が》な仕草で紅茶を飲んだ。

その時、楽さんが左手の薬指に指輪をしていることに気がついた。だけど私は「大人のふりをしたい子ども」だったので、見なかったふりをして話を続ける。

「クラスにまだサンタを信じてる女子がいるんだけど」

「うん」

「南野《みなみの》さんがね」

「その子がサンタを信じてる子？」

「違《ちが》う、別の子。南野さんってね、いっつもかわいい服着てるんだよ。大きい犬も飼ってるし」

考えてみると、⑤他人が存在しなければ「所有」も存在しない。この世に自分しかいなければ、「所有」を主張する必要もない。つまり「所有」は、あくまで人間と人間との間の関係である。

広義の「所有」、ということを考えてみると、それは、「人がモノ・コトに及《およ》ぼす関係について社会的に承認《にん》されたｅジョウタイ」だと言うことができる。しかし、人がモノ・コトに及ぼす関係も多様だし、それが社会的に承認されるさまも多様だ。法律的な所有、つまり「自由にその所有物の使用、収益及び処分をする権利」（民法第二〇六条）は、実はそうした多様な「所有」のごく一部にすぎない、と見ることができる。

⑥山や川や植物、海洋資源といった自然については、なおさら、その「所有」の幅《はば》は大きくなる。「人がモノ・コトに及ぼす関係」には、採取する、植栽《さい》する、栽培《ばい》する、手入れする、保全する、監《かん》視する、嗅《か》ぐ、触《ふ》れる、愛《め》でる、などなど、「使用」という言葉に収まりきらない、多様な関係がある。

また、そうしたかかわりのどこまでが社会的に承認されているのかについても多様だ。処分する権利は認められないが利用は認められる、利用は認められるがそこから収益を得ることは認められない、収益を得ることも認められる、監視する権利を認められる、ものを言う権利を認められる、などなど幅広い。さらにはその認められ方についても、法律で認められている、法律にはないが広く社会的に認められている、その地域だけで認められている、認められているかどうか曖昧《あいまい》なところがある、認める人たちと認めない人たちの間に対立がある、など、これまた幅広い。

自然は所有できない、と言ってしまえば簡単なように見えるが、私たちは自然に対して、ある程度排《はい》他的なかかわりを持っている場合が少なくないし、そのかかわりについて社会的な取り決めや承認をしている。「所有」を最大限広義にとれば、私たちは自然を「所有」しているのである。そしてその広義の「所有」には、実に多様なかかわり、多様な社会的承認が含《ふく》まれている。

問一　傍《ぼう》線部①「このエピソードは面白い」とあるが、どういう点で「面白い」というのか。次は、それについて説明したものである。空欄《らん》を本文中の表現を用いて三十字以内で埋《う》めて、一文を完成させなさい。

ゴッホの絵の所有者である齊藤氏の言動は、［　　　　］ことなのだが、世界中の所有者ではない人々から非難されたのは当然であると思われる点。

問二　②には慣用的な表現を踏《ふ》まえた語句が入る。次の**イ**～**ホ**から最も適切なものを選んで符号を書きなさい。

イ　飾《かざ》ろうが　**ロ**　入れようが
ハ　譲《ゆず》ろうが　**ニ**　燃やそうが
ホ　煮《に》ようが

問三　③に入る、「もってのほかである」という意味で、「道」という漢字を含む四字熟語を書きなさい。

問四　傍線部④「こうした例」とは、どのようなことの例か。三十字以内で説明しなさい。

問五　傍線部⑤「他人が存在しなければ『所有』も存在しない」とあるが、では、「他人が存在し」て、そこに「所有」が成立するためには何が必要か。簡潔に書きなさい。

問六　傍線部⑥「山や川や植物、海洋資源といった自然については、なおさら、その『所有』の幅が大きくなる」とあるが、自然について「所有」の幅が大きいとは、どういうことか。八十字以内で説明しなさい。

二〇一八年度 ラ・サール中学校

【国語】(六〇分)〈満点：一〇〇点〉

一 次の文章は、宮内泰介《たいすけ》の『歩く、見る、聞く 人びとの自然再生』という本の一節である。読んで、後の問いに答えなさい。
(字数制限のある問題は、句読点も一字に数えます。)〈四十点〉

自然をめぐる社会のしくみを考えていると、いつも「所有」にぶちあたる。

そもそも、「所有」とはいったい何だろうか?

ビンセント・ヴァン・ゴッホの作品に「医師ガシェの肖像《しょう》」という絵がある。一八九〇年、ゴッホが死の一ヶ月あまり前に書いた作品だ(ゴッホは三七歳《さい》だった)。医師ガシェは、ゴッホを診《み》ていた精神科医。この絵は生前、ゴッホの手によって売られることはなかったが、死後親族によって売られ、その後転々とする。この絵が改めて脚光《きゃっ》をaアびたのは、一九九〇年五月、ニューヨークでおこなわれた競売だった。この競売で、大昭和製紙(現日本製紙)の名誉《よ》会長(当時)、齊藤了英《さいとうりょうえい》氏が八二五〇万ドル(約一二五億円)という高額で落札し、世界を驚《おどろ》かせた。

しかし、世界がもっと驚いたのは購《こう》入後、齊藤氏が「おれが死んだら、棺桶《かんおけ》にいっしょに入れて焼いてやってくれ」と発言したことだった(『朝日新聞』一九九一年五月一日夕刊)。当然世界中から非難の声が上がる。フランス美術館連盟のジャック・サロワ会長(当時)は「古代エジプトのファラオ(王)たちでさえ、副葬《そう》美術品の保存にはbサイシンの注意を払《はら》っていた。〔中略〕文化遺産の保護という人類の権利を侵《しん》害するものであり、憤《ふん》激に値《あたい》する」と批判した(『北海道新聞』一九九一年五月一四日)。

①このエピソードは面白《おも》い。世界の人びとはなぜ非難の声を上げたのか。絵を買ったのは齊藤氏だから、[②]焼こうが法律的には何の問題もない。ゴッホの絵がこの世からなくなることは、少なくとも人々の生き死にには関係ない。

しかし、私たちはゴッホの絵を焼くなど[③]だ、という気持ちをもっている。この発言を非難することを要《い》らぬ干渉《しょう》とは考えない。

つまり私たちはゴッホの絵を「所有」を超《こ》えたものだと見ているのである。誰《だれ》が所有していようが、それは人類の財産である、と。所有していなくても、それについて発言したり、あるいは権利を行使したり、利用したりすることがある。

少し考えただけでも、「所有」とは何かという問題は実におもしろい。

たとえば、ある町の景観問題の例を考えてみよう。そこの住民たちは自分たちの町の町並みを気に入っていて、町並みは自分たちの生活の大事な側面だと考えていた。そこにある鉄塔《とう》が建つことになった。住民たちからすれば、明らかにそれは「自分たちの景観」を壊《こわ》すものだった。単に「好きな景観が壊れる」ということを越《こ》えて、自分たちの体の一部が壊されるような感覚すらもった。住民たちは反対運動に立ち上がる。もちろん景観を「所有」することはできない。しかし、ここには確実に「私たちの景観」という意識が働いている。

④こうした例は無数に考えることができる。たとえば、たまたまcヒロった小石は自分のものか、家の玄関《げん》先に咲《さ》く花はその家の人のものか、カフェで先にdスワった席は自分のものか、子どもは親のものか、自分の体は自分のものか、などなど、「誰々のもの」の問題、「所有」の問題はどこまでも広がりそうだ。

2018年度

ラ・サール中学校　▶解説と解答

算　数　（60分）＜満点：100点＞

解　答

1 (1) $\frac{9}{20}$　(2) 29あまり3分10秒　(3) $\frac{14}{15}$　**2** (1) 49　(2) (ア) 8通り　(イ) 20通り　(3) **ア**…36度，**イ**…146度　(4) 57.6cm²　(5) 197cm³　**3** (1) 1：6　(2) 22km　**4** (1) 35.14cm²，**図**…解説の図1を参照のこと。　(2) 6.58cm²　**5** (1) 90番目　(2) 738番目　(3) 1248番目　**6** (1) 6.75cm²　(2) 18cm²　(3) 16.5cm²

解　説

1 **四則計算，逆算**

(1) $0.375\times0.48+\frac{1}{12}\times3\frac{2}{5}-\frac{1}{75}=\frac{3}{8}\times\frac{48}{100}+\frac{1}{12}\times\frac{17}{5}-\frac{1}{75}=\frac{9}{50}+\frac{17}{60}-\frac{1}{75}=\frac{54}{300}+\frac{85}{300}-\frac{4}{300}=\frac{135}{300}=\frac{9}{20}$

(2) 2時間18分30秒は，60×60×2＋60×18＋30＝8310(秒)，4分40秒は，60×4＋40＝280(秒)なので，8310÷280＝29あまり190，190÷60＝3あまり10より，2時間18分30秒÷4分40秒＝29あまり3分10秒となる。

(3) $\frac{3}{5}-2\div\left\{21-4\div\left(\square-\frac{2}{3}\right)\right\}=\frac{4}{15}$より，$2\div\left\{21-4\div\left(\square-\frac{2}{3}\right)\right\}=\frac{3}{5}-\frac{4}{15}=\frac{9}{15}-\frac{4}{15}=\frac{5}{15}=\frac{1}{3}$，$21-4\div\left(\square-\frac{2}{3}\right)=2\div\frac{1}{3}=2\times\frac{3}{1}=6$，$4\div\left(\square-\frac{2}{3}\right)=21-6=15$，$\square-\frac{2}{3}=4\div15=\frac{4}{15}$　よって，$\square=\frac{4}{15}+\frac{2}{3}=\frac{4}{15}+\frac{10}{15}=\frac{14}{15}$

2 **倍数算，場合の数，角度，面積，体積**

(1) $\frac{3}{35}$の分母と分子に同じ整数を加えて約分した分数は，$\frac{3}{35}+\frac{8}{15}=\frac{13}{21}$だから，約分する前の分数の分母を㉑，分子を⑬とすると，右の図1のように表すことができる。そして，分母と分子の差に注目すると，㉑－⑬＝⑧は，35－3＝32にあたるので，①＝32÷8＝4とわかる。よって，約分する前の分数の分子は，4×13＝52だから，加えた整数は，52－3＝49と求められる。

図1

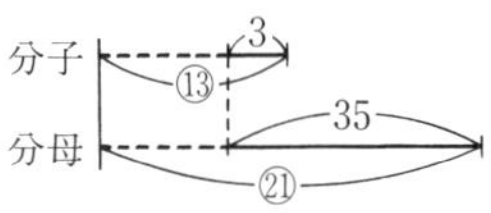

(2) (ア) 右の図2のように，5枚のコインを左から順にA，B，C，D，Eとする。まず，5枚続けて表にする並べ方は1通りある。次に，4枚続けて表にする並べ方は，裏《うら》になるのが{A}か{E}なので，2通りある。そして，3枚続けて表にする並べ方は，裏になるのが{D}か{DとE}か{B}か{AとB}か{AとE}だから，5通りある。よって，3枚以上表が連続するところがある並べ方は，全部で，1＋2＋5＝8(通り)となる。　(イ) 右上の図3のように，6枚のコインを左から順にA，B，C，D，E，Fとする。(ア)と同様に，6枚，5枚，4枚続けて表にする並べ方はそれぞれ1通り，2通り，5通りある。次に，3枚続けて表にする並べ方について考える。AとBとCが表にな

図2

ⒶⒷⒸⒹⒺ

図3

ⒶⒷⒸⒹⒺⒻ

る並べ方(…Ⅰ)は，裏になるのが｛D｝か｛DとE｝か｛DとF｝か｛DとEとF｝なので，4通りある。BとCとDが表になる並べ方(…Ⅱ)は，裏になるのが｛AとE｝か｛AとEとF｝だから，2通りある。そして，CとDとEが表になる並べ方はⅡと同様に2通りあり，DとEとFが表になる並べ方はⅠと同様に4通りある。よって，3枚以上表が連続するところがある並べ方は，全部で，1＋2＋5＋(4＋2)×2＝20(通り)と求められる。

図4

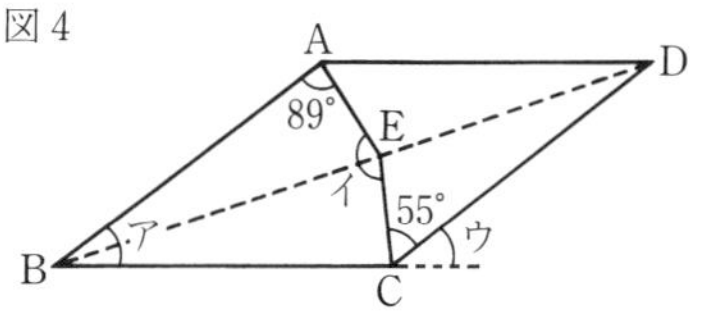

(3) 左の図4で，点Eはひし形ABCDの対角線BD上にあるから，三角形ABEと三角形CBEは合同である。よって，角BCE＝角BAE＝89度より，角BCD＝89＋55＝144(度)となるので，角ウの大きさは，180－144＝36(度)とわかる。また，ABとDCは平行だから，角アと角ウの大きさは等しい。したがって，角アの大きさは36度であり，角イの大きさは，360－36－89×2＝146(度)となる。

図5

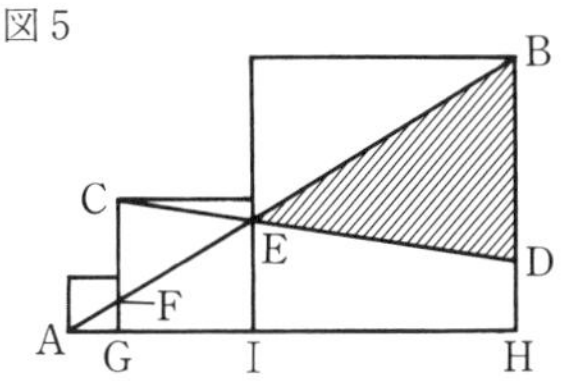

(4) 左の図5で，三角形FAGと三角形BAHは相似であり，相似比は，AG：AH＝2：(2＋6＋12)＝1：10だから，FG＝$12\times\frac{1}{10}$＝1.2(cm)であり，CF＝6－1.2＝4.8(cm)となる。また，三角形CEFと三角形DEBは相似であり，相似比は，GI：HI＝6：12＝1：2である。よって，BD＝$4.8\times\frac{2}{1}$＝9.6(cm)なので，斜線《しゃせん》部の面積は，9.6×12÷2＝57.6(cm^2)とわかる。

図6

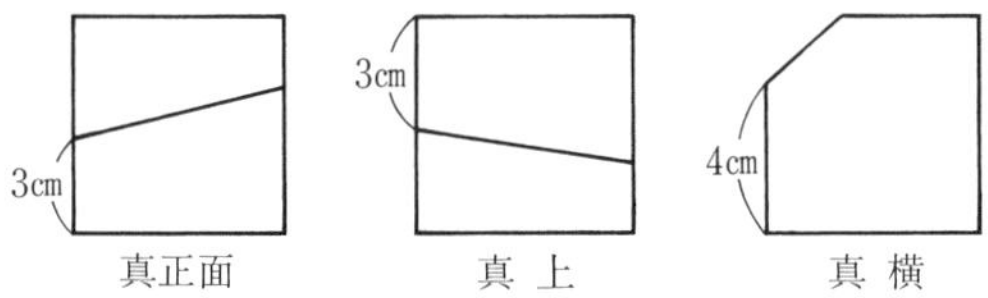

図7

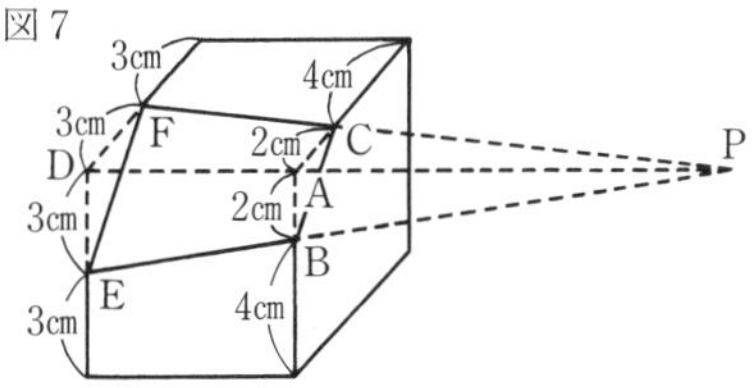

(5) 上の図6の立体の見取り図は，上の図7のようになる。この立体は，1辺6cmの立方体から三角すい台ABC－DEFを取りのぞいたものである。図7で，三角形PABと三角形PDEは相似であり，相似比は，AB：DE＝2：3だから，PA：PD＝2：3となる。よって，PA：AD＝2：(3－2)＝2：1なので，PA＝$6\times\frac{2}{1}$＝12(cm)，PD＝6＋12＝18(cm)である。したがって，三角すいP－ABC，三角すいP－DEFの体積はそれぞれ，2×2÷2×12÷3＝8(cm^3)，3×3÷2×18÷3＝27(cm^3)だから，三角すい台ABC－DEFの体積は，27－8＝19(cm^3)となり，図7の立体の体積は，6×6×6－19＝216－19＝197(cm^3)と求められる。

3 速さと比

(1) Aが走った時間を2，歩いた時間を3とすると，P地からQ地までの距離《きょり》は，9×2＋5×3＝33なので，BはP地からQ地まで，33÷6＝5.5の時間がかかる。ここで，AとBはP地からQ地まで同じ時間かかったから，Aが休んだ時間は，5.5－(2＋3)＝0.5である。よって，Aが休んだ時間とAが歩いた時間の比は，0.5：3＝1：6となる。

(2) Aが休んだ時間が20分のとき，Aが歩いた時間は，$\frac{20}{60}\times\frac{6}{1}$＝2(時間)，走った時間は，$2\times\frac{2}{3}$＝$\frac{4}{3}$(時間)なので，PQ間の距離は，$9\times\frac{4}{3}$＋5×2＝22(km)とわかる。

4 平面図形―図形の移動，面積

図1

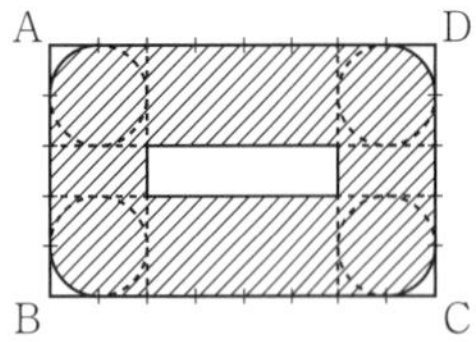

(1) 半径1cmの円が通過できるのは，左の図1の斜線部である。半径1cmの円が通過できない部分のうち，4すみの部分の面積の合計は，2×2−1×1×3.14=0.86(cm^2)，真ん中の長方形の部分の面積は，(5−2×2)×(8−2×2)=1×4=4(cm^2)だから，半径1cmの円が通過できる部分の面積は，5×8−(0.86+4)=35.14(cm^2)となる。

図2

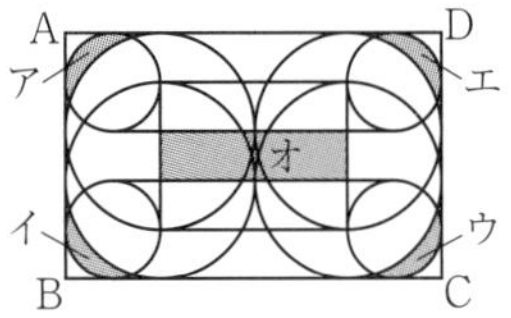

図3

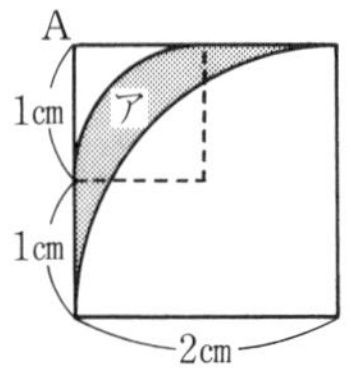

(2) 2つの円のうち，一方のみが通過できるのは，左の図2のかげをつけた部分である(ア〜エは半径1cmの円のみ，オは半径2cmの円のみが通過できる)。そして，図2のアの部分を拡大すると左の図3のようになり，ア〜エの面積はいずれも，(2×2−2×2×3.14÷4)−(1×1−1×1×3.14÷4)=0.645(cm^2)とわかる。また，(1)より，オの面積は4cm^{2}である。よって，2つの円のうち，一方のみが通過できる部分の面積は，0.645×4+4=6.58(cm^2)と求められる。

5 場合の数

(1) 1から99までには99個の整数があり，そのうちの{11，22，33，…，99}の9個以外の整数は，同じ数字を2回以上用いていない。よって，98は，99−9=90(番目)である。

(2) 百の位の数字が1のとき，十の位の数字は{0，2，3，4，5，6，7，8，9}の9通りあり，一の位の数字は1と十の位の数字以外の，9−1=8(通り)あるので，百の位の数字が1であるものは，9×8=72(個)ある。同様に，百の位が2〜9であるものも72個ずつある。また，987は，同じ数字を2回以上用いていない3けたの整数のうちで，最も大きいものである。よって，987は，90+72×9=738(番目)とわかる。

(3) 千の位が1である整数は，百，十，一の位の数字がそれぞれ9通り，8通り，7通りあるから，9×8×7=504(個)ある。さらに，2000より大きい数は，2013，2014，2015，2016，2017，2018，2019，…となる。よって，2018は，738+504+6=1248(番目)とわかる。

6 立体図形―辺の比と面積の比，相似，分割

図1

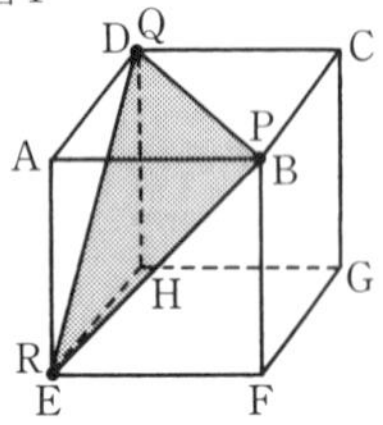

4秒後

図2

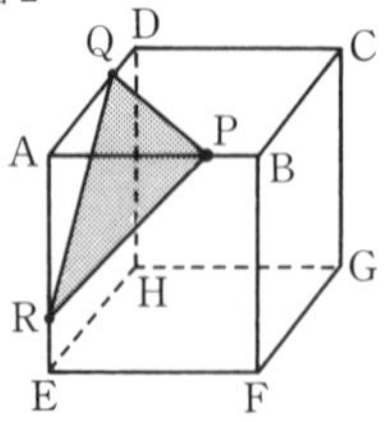

3秒後

(1) 点Pは3辺(AB，BC，CG)を12秒で動くから，1辺を動くのに，12÷3=4(秒)かかる(点Q，点Rも同様)。したがって，切り口は，出発して4秒後には左の図1の正三角形PQRのようになり，出発して3秒後には左の図2の正三角形PQRのようになる。図2の正三角形PQRは，図1の正三角形PQR(面積が12cm^2)を$\frac{3}{4}$倍に縮小したものだから，出発して3秒後のSは，$12\times\frac{3}{4}\times\frac{3}{4}=6.75$(cm^2)である。

(2) 出発して6秒後には，下の図3のように，点P，Q，Rはそれぞれ辺BC，DH，EFの真ん中

図3

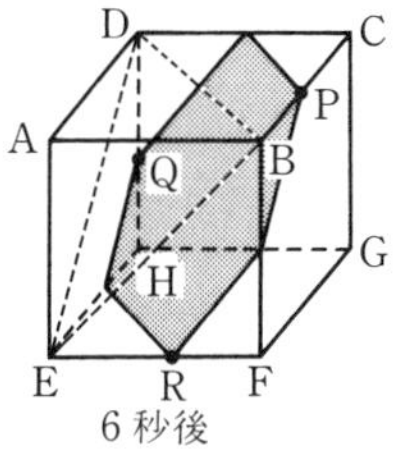

6秒後

図4

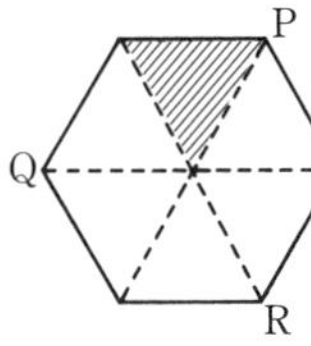

図5

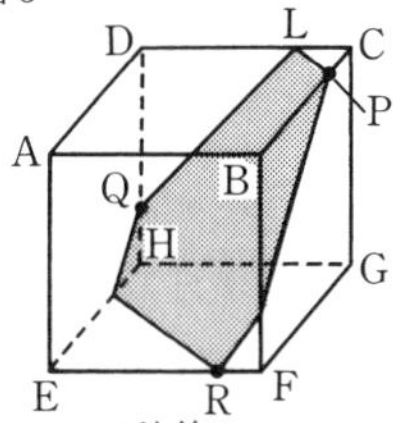

7秒後

図6

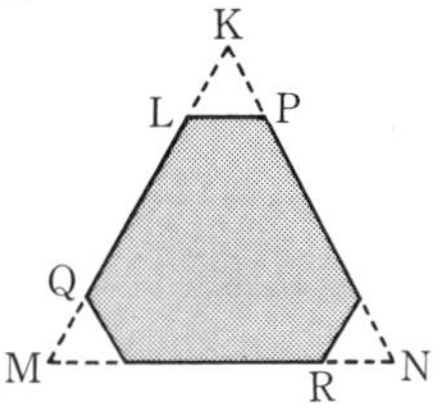

に移動する。このとき，切り口は左の図4のような正六角形になり，斜線部の正三角形は図1の正三角形PQRを$\frac{1}{2}$倍に縮小したものになる。よって，出発して6秒後のSは，$12\times\frac{1}{2}\times\frac{1}{2}\times6=18(\text{cm}^2)$となる。

(3) 出発して7秒後には左下の図5のようになり，BP：PC＝DQ：QH＝ER：RF＝3：1となる。このとき，切り口は左の図6のかげをつけた図形になり，図1の正三角形PQRの1辺の長さを4とすると，LP＝$4\times\frac{1}{3+1}=4\times\frac{1}{4}=1$，LQ＝$4\times\frac{3}{4}=3$，KM＝1＋3＋1＝5となるので，図1の正三角形PQRと図6のかげをつけた図形の面積の比は，(4×4)：(5×5－1×1×3)＝16：22＝8：11とわかる。よって，出発して7秒後のSは，$12\times\frac{11}{8}=16.5(\text{cm}^2)$と求められる。

社　会　(40分)　<満点：50点>

解　答

[1] **問1**　イ　**問2**　プレミアムフライデー　**問3**　ア　**問4**　ウ　**問5**　ノルマントン号事件　**問6**　**国**…ミャンマー　**住民**…ロヒンギャ　**問7**　エ　**問8**　ア　**問9**　ニューヨーク　[2] **問1**　エ　**問2**　ア　**問3**　エ　**問4**　ウ　**問5**　イ　**問6**　エ　**問7**　イ　**問8**　ア　[3] **問1**　参勤交代　**問2**　隣組　**問3**　エ　**問4**　C→B→A　**問5**　徴兵令　**問6**　エ　**問7**　ウ　**問8**　応仁の乱　**問9**　E→F→D　**問10**　(例)　ペリーの来航　**問11**　イ　**問12**　(例)　日本の植民地であったこと。　**問13**　明治(時代)　**問14**　A(と)G　[4] **問1**　イ，オ，カ　**問2**　②　ウ，神戸(市)　③　解説を参照のこと。　**問3**　石炭産業　**問4**　①　ウ　②　イ　**問5**　(1)　**ア**　栃木(県)　**イ**　岐阜(県)　**ウ**　静岡(県)　(2)　浜松(市)　**問6**　②　キ　④　ク　⑤　カ　**問7**　②　ス　③　ソ　⑤　サ

解　説

[1]　2017年のできごとを題材とした問題

問1　18世紀の江戸の人口は約100万人と推計されている。当時，パリ(フランス)やロンドン(イギリス)の人口が50～80万人前後とされているから，江戸は世界有数の大都市であったことがわかる。

問2　2017年2月から政府や経済界のよびかけで行われている，毎月最後の金曜日に仕事を午後3時で終えるようにする取り組みは，プレミアムフライデーとよばれる。

問3　破傷風の治《ち》療《りょう》法(血清療法)を発見したことで知られる医学者は北里柴三郎《しばさぶろう》。ドイツに留学して世界的な細菌《さいきん》学者コッホに師事し，帰国後，伝染《でんせん》病研究所を設立した。黄熱病の研究などで知られる野口英世《ひでよ》はその研究所で学び，アメリカに渡ってロックフェラー研究所員として活躍《かつやく》した。

なお，志賀潔《しがきよし》は北里の伝染病研究所で学び，赤痢《せきり》菌を発見した人物。フェノロサは明治時代初期に日本美術の復興につとめ，東京美術学校(現在の東京藝術大学)の創設に力をつくしたアメリカ人の哲学《てつがく》者・美術研究家である。

問4　イスラム教で食べることや飲むことが容認された食材や料理は，ハラル(ハラール)とよばれる。イスラム教徒はそれ以外のものは口にしてはならないとされており，たとえば豚肉を用いた料理はもちろんのこと，ラード(豚肉からとった油)などを調理に用いることもできない。さらに，豚以外の家畜《かちく》でも適切な手段によって処理された肉でなければ食べることができないとされている。なお，インドで多くの人々によって信仰されているヒンドゥー教では，牛を神聖な動物としているため食べない。

問5　1886年，和歌山県沖でイギリス船ノルマントン号が沈没《ちんぼつ》したさい，イギリス人船員は全員ボートに乗り移って助かったのに対し，日本人乗客25人は全員見殺しにされるという事件が起こった。当時，イギリスと結ばれていた日英修好通商条約では，外国人の犯罪はその国の領事が裁くことになっていたので(領事裁判権，治外法権)，船長は領事裁判の結果軽い罪ですみ，賠償《ばいしょう》金の支払いも命じられなかった。このため，国民の間で不平等条約改正を求める声が高まることとなった。

問6　ミャンマーのラカイン州に住むイスラム系の少数民族はロヒンギャとよばれる。ミャンマー政府は彼らをバングラデシュからの不法移民として国籍をあたえておらず，仏教徒の多いミャンマーのビルマ民族との間の宗教上の対立もあって迫害《はくがい》を受けており，多くの難民が発生する事態となっている。

問7　国際オリンピック委員会の略称はIOCである。なお，WHOは世界保健機関，WFPは国連世界食糧計画の略称で，どちらも国際連合(国連)の機関。ICAN《アイキャン》は，各国のNGO(非政府組織)の連合体である「核兵器廃絶国際キャンペーン」の略称。2017年の核兵器禁止条約の調印に大きく貢献《こうけん》したことが評価され，同年，ノーベル平和賞を受賞した。

問8　日本人で最初のノーベル賞受賞者は，物理学賞を受賞した湯川英樹《ひでき》である(1949年)。なお，ほかの3人もノーベル賞受賞者で，江崎玲於奈《えさきれおな》は物理学賞(1973年)を，川端康成《かわばたやすなり》は文学賞(1968年)を，朝永振一郎《ともながしんいちろう》は物理学賞(1965年)を受賞している。

問9　国連の本部はアメリカのニューヨークに置かれている。

2 日本国憲法と日本の政治についての問題

問1　日本国憲法第21条には「集会，結社及《およ》び言論，出版その他一切の表現の自由は，これを保障する」とあるから，エが誤っている。

問2　地方税には都道府県税と市町村税があるから，アが誤っている。なお，イについて，国税のうち所得税，法人税，消費税，酒税などについては，一定割合の額が地方交付税交付金にあてられることになっている。

問3　裁判官のうち天皇が任命するのは最高裁判所長官だけであるから，エが誤っている。高等裁判所長官は最高裁判所が指名し，内閣が任命する。

問4　衆議院の比例代表選挙は全国を11のブロックに分けて行われるから，ウが誤っている。なお，参議院の比例代表選挙は全国を1つの選挙区として行われる。

問5　衆議院が解散されると，解散の日から40日以内に総選挙が行われ，さらに総選挙の日から30日以内に特別国会が召集《しょうしゅう》される。2017年の場合，9月28日に安倍内閣は臨時国会を召集したが，その冒頭で衆議院を解散。その後，10月22日に総選挙が行われ，11月１日に特別国会が召集されているから，イは後半部分が誤り。

問６　2017年10月の衆議院議員総選挙においては，投票日前日までに行われる期日前投票を利用した人が過去最高の約2138万人に達した。選挙の結果は自由民主党が公示前と同じ284議席を獲得。連立与党の公明党の29議席と合わせて全議席数の３分の２以上を確保した。一方，野党は民進党が選挙前に分裂し，選挙直前に民進党の一部議員らが立ち上げた立憲民主党が公示前の15議席から55議席に躍進し，野党第一党の座についた。したがって，ア〜ウは正しい。しかし，投票率は史上２番目に低い53.68％であったから，エが誤っている。

問７　内閣総理大臣は，日本国憲法で「国会議員の中から国会の議決で，これを指名する」(第67条)と定められているので，イが誤っている。なお，憲法上はこのように定められているものの，衆議院議員の中から指名されることが慣例となっている。

問８　簡易裁判所を第一審とする民事裁判では，地方裁判所で第二審，高等裁判所で第三審が行われるから，アが誤っている。なお，エについて，最高裁判所における審理は，通常は５名の裁判官で構成される小法廷で行われるが，法律の合憲性が問われる事案の審理は，15名の裁判官全員で構成される大法廷で行われる。

3　各時代の社会のようすを題材とした歴史についての問題

問１　江戸時代には参勤交代の制度があったため，どの大名も江戸に屋敷を構え，江戸滞在中はそこで生活していた。江戸の屋敷は幕府からあたえられた土地に建てられ，江戸に住むことを義務づけられていた大名の妻子や江戸常駐の武士たちもそこで暮らしていた。

問２　エは第二次世界大戦中のようす。この時代に政府が国民をたがいに監視《かんし》させるためにつくらせたのは隣組《となりぐみ》である。なお，五人組は江戸時代に幕府や藩が農民につくらせたもの。

問３　ア　律令制度で定められた税のうち，農民自身の手で都まで運ばなければならなかったのは調と庸《よう》。雑徭《ぞうよう》は国司が農民に課した年60日以内の労役である。　イ　奈良時代に役所の文書や荷札として使われたのは木簡である。　ウ　大化の改新について述べた文であるから，飛鳥《あすか》時代にあてはまることがらである。　エ　聖武天皇について述べた文であり，内容も正しい。

問４　Ａは江戸時代，Ｂは平安時代，Ｃは奈良時代だから，Ｃ→Ｂ→Ａとなる。

問５　明治政府は1873年に徴兵《ちょうへい》令を出し，満20歳以上のすべての男子に兵役の義務を課した。

問６　ア「警察予備隊」と「自衛隊」が逆である。　イ　1951年，日本は連合国48か国とサンフランシスコ平和条約を結び，翌52年，同条約の発効とともに主権を回復した。国際連合への加盟が認められたのは，ソ連との国交が回復した1956年である。　ウ　1968年，日本はGNP(国民総生産)がアメリカについで世界第２位となった。　エ　公害問題について述べた文であり，内容も正しい。

問７　1937年，北京《ペキン》郊外の盧溝橋《ろこうきょう》での日中両軍の衝突《しょうとつ》をきっかけに始まったのは日中戦争であるから，ウが誤っている。満州事変(1931〜33年)のきっかけとなったのは日本軍による南満州鉄道爆破事件(柳条湖《りゅうじょうこ》事件)で，柳条湖は満州の奉天《ほうてん》(現在の瀋陽《シェンヤン》)郊外に位置する。

問８　下線部の戦争は，応仁の乱(1467〜77年)である。この乱は，室町幕府の第８代将軍足利義政の後継者争いや，有力守護大名(細川氏と山名氏)の対立などが原因となって起こった。この戦いは，諸国の守護大名が東西両軍に分かれ，京都を中心に11年も続いたため，京都の町はすっかり荒れはてしまった。祇園《ぎおん》祭は京都八坂神社の祭礼で，応仁の乱により一時中断したが，その後，京都の町衆とよばれる富裕な町人らが復興し，現在にいたる。

問９　Ｄは昭和時代，Ｅは鎌倉時代，Ｆは室町時代だから，Ｅ→Ｆ→Ｄとなる。

問10　浦賀《うらが》(神奈川県)できびしい警備体制がしかれていたのは，1853年にアメリカの東インド艦隊司令長官ペリーが開国を求めてこの地に来航していたからである。

問11　ア　卑弥呼《ひみこ》が魏《ぎ》(中国)の皇帝からさずけられたとされている称号は「親魏倭王《わおう》」。「ワカタケル大王《おおきみ》」は，５世紀に中国の宋《そう》(南北朝時代の南朝)に使いを送った倭の五王の中の５番目の王である「武《ぶ》(雄略《ゆうりゃく》天皇)」のことと考えられており，稲荷山《いなりやま》古墳(埼玉県)出土の鉄剣《てっけん》などにその名が記されている。　イ　平安時代の貴族の女性について述べた文であり，内容も正しい。　ウ　富岡製糸場(群馬県)で生産されたのは，「綿糸」ではなく「生糸」である。なお，製糸業は蚕の繭《まゆ》から絹織物の原材料となる生糸を製造する工業であり，綿花から綿糸をつくる工業は紡績《ぼうせき》業とよばれる。　エ　1925年の普通選挙法で選挙権が認められたのは満25歳以上のすべての男子。女性の参政権が初めて認められたのは，1945年12月，GHQ(連合国軍最高司令官総司令部)の指示により衆議院議員選挙法が改正されたときである。

問12　1895年，日清戦争に勝利した日本は下関条約により台湾を獲得。日本は台湾に総督《そうとく》府を置き，これを支配した。また，日露戦争の講和条約であるポーツマス条約により韓国における優越《ゆうえつ》権を認められた日本は，1910年にこれを併合《へいごう》。朝鮮総督府を置いて植民地として支配した。両地域における日本の支配は，1945年の日本の敗戦まで続いた。

問13　Ｈの新橋—横浜間を結ぶ日本で最初の鉄道が開通したのは1872年，Ｉの日露戦争は1904～05年のできごとだから，ともに明治時代の内容である。

問14　ＡとＧがともに江戸時代にあてはまる。

4　日本の市町村についての問題

問１　電力を供給するのは民間の電力会社。郵便事業はかつて国営事業として行われていたが，現在は民営化されている。地形図の編集は国土交通省の外局である国土地理院が行っている。

問２　政令指定都市は内閣が定める政令で指定される人口が50万人以上(実際には人口がおおむね70万人以上)の都市で，ほぼ都道府県なみの行財政権を持ち，都道府県を経由しないで国と直接，行政上の手続きができる。2018年５月現在，右の表の20都市となっている。アは1992年に政令指定都市となった千葉県千葉市について述べたものと考えられるが，「石油化学工業」は「鉄鋼業」の誤りである。イは福岡県北九州市で，門司《もじ》市，八幡市などの５市が合併して成立した。福岡県内では県庁所在地の福岡市についで人口が多い。ウは兵庫県神戸市。西日本有数の貿易港である神戸港を中心に発展した港町で，港内には六甲山地をけずった土砂を用いて築かれたポートアイランドなどの人工島がある。グラフ中の①は北九州市で，鉄鋼業の不振もあって人口は減少傾向にあり，2005年以降は人口100万人を割りこんでいる。③は千葉市で，東京方面に通勤する人が多く住むようになっ

政令指定都市(2018年５月現在)

北海道	札幌市
宮城県	仙台市
埼玉県	さいたま市
千葉県	千葉市
神奈川県	横浜市，川崎市，相模原市
新潟県	新潟市
静岡県	静岡市，浜松市
愛知県	名古屋市
京都府	京都市
大阪府	大阪市，堺市
兵庫県	神戸市
岡山県	岡山市
広島県	広島市
福岡県	福岡市，北九州市
熊本県	熊本市

たことから，人口が急増した。残る②が神戸市である。

〈編集部注：学校より「問２の③は不適切な出題であったため，全員正解とします」との発表がありました。〉

問３　３つの都市の人口が1960年代に大幅に減っているので，「主要産業」とは石炭産業と考えられる。1960年代には，エネルギー革命によってエネルギー源の中心が石炭から石油に移り，海外から安い石炭が輸入されるようになった。このため，国内産の石炭の需要《じゅよう》が減って炭鉱の多くが閉山に追いこまれ，石炭産業で栄えていたところは人口が激減した。

問４　市町村合併は，大都市から遠い，過疎《かそ》化が進む地域を多くかかえる道県でさかんに行われた。表中の府県のうち，市町村の数があまり変わっていない①はウ，市町村の数の減った割合が最も大きい③はアと判断できる。よって，残る②がイである。なお，①の上は大阪府，下は神奈川県，②の上は茨城県，下は兵庫県，③の上は秋田県，下は島根県である。

問５　(1)　アは栃木県日光市。イは岐阜県高山市で，面積日本一の市として知られる。ウは静岡県浜松市で，政令指定都市である。　(2)　政令指定都市である浜松市の人口が最も多いと判断できる。なお，３市の人口は，日光市が約8.3万人，高山市が約8.9万人，浜松市が約79.8万人となっている。統計資料は『日本国勢図会』2017／18年版などによる(以下同じ)。

問６　製造品出荷額等が非常に多く，その90％以上を輸送用機械器具が占《し》める①は，自動車工業がさかんなケの愛知県豊田市。石油・石炭製品と化学の割合が高い②は，石油化学工業がさかんなキの千葉県市原市。石油・石炭製品と鉄鋼の割合が高い③は，水島コンビナートがあるコの岡山県倉《くら》敷《しき》市。パルプ・紙・紙加工品の割合が高い④は，製紙・パルプ工業がさかんなクの静岡県富士市。非鉄金属と電気機械器具の割合が高い⑤は，日立鉱山から発展し，電気機械工業がさかんなことでも知られるカの茨城県日立市である。

問７　都市部で需要の高い野菜や花きなどを栽培する園芸農業のうち，大都市周辺で行うものを近郊農業という。茨城県や愛知県は都市部に近く近郊農業がさかんなので，野菜や花きの割合に注目すると，①，②の一方がスでもう一方がセと判断できる。愛知県は，県南部の渥美《あつみ》半島で栽培されている電照《でんしょう》菊を中心として花きの生産がさかんで，花きの生産額が全国第１位となっているので，①はセとわかり，②はスと決まる。畜産の割合が非常に高い③は，宮崎県に位置するソと考えられる。宮崎県は，肉用若鶏の飼育羽数が全国第１位で，豚や肉用牛の飼育頭数も全国有数である。米の割合が高い④は，新潟県に位置するシと判断できる。新潟県は越後平野を中心に稲作がさかんで，米の生産量が全国第１位となっている。果実の割合が非常に高い⑤は，青森県に位置するサと考えられる。青森県は津軽《つがる》平野を中心にリンゴの栽培がさかんで，リンゴの生産量が全国第１位となっている。なお，サは弘前《ひろさき》市，シは新潟市，スは鉾田《ほこた》市，セは田原市，ソは都城《みやこのじょう》市。

理　科　(40分)＜満点：50点＞

解　答

1 〔A〕 (1) イ　(2) a ア　b ア　(3) a ア　b イ　c ア　d イ　e イ　(4) A，B，C　〔B〕 (1) N極　(2) イ　(3) エ　(4) ウ　(5) イ

(6) a ア b イ c イ (7) エ，ク 2 (1) あ 横かくまく い ろっ骨 (2) しゃっくり (3) ウ (4) 500mL (5) エ (6) ア (7) 静脈 (8) 弁 (9) ① ウ ② 7回 (10) ① ウ ② イ ③ イ 3 (1) ア (2) イ (3) ウ／理由…(例) 雲でさえぎられないため，夜の間に熱がにげやすく，朝の気温が低くなるから。(4) ア (5) エ (6) ⑥ ア ⑦ イ ⑧ ア (7) 結しょう (8) (例) 雪からたくさんの水蒸気が気化するときに熱をうばうから。 4〔A〕(1) ① カ ② オ (2) **気体の名前**…水素 **気体の性質**…B，D (3) キ (4) ク，A 〔B〕(1) 3.5g (2) 13g (3) ① 6.4 ② 78% (4) 8g (5) ① イ ② ウ ③ ア

解説

1 ガリレオ温度計，モーターについての問題

〔A〕(1) 棒温度計の目盛りを読むときは，目線を温度計に対して直角にして，液の先の動きがなくなってから，液面の最も低いところを最小目盛りの10分の1の量まで目分量で読み取る。

(2) a おもりが入っているボトルは，おもりよりも体積が大きい。よって，水中に入っているものの体積が大きいほど，浮《う》く力(浮力《ふりょく》)が大きくなって沈《しず》みにくくなることがわかる。 b 水中のボトルにはたらく浮力は，ボトルと同じ体積の水の重さと等しい。したがって，ボトルの重さがボトルと同じ体積の水より重いと，ボトルは沈んでいく。

(3) a，b 一般に，物質は状態が気体→液体→固体と変化すると体積が小さくなっていくが，水は例外で，4℃のときに体積が最も小さくなる。そのため，同じ体積あたりで考えたとき，水は4℃のときが最も重くなり，4℃より高い温度でも低い温度でも4℃のときより軽くなる。お風呂に湯を入れてかき混ぜずにおいたときには，上の方に温かく軽い水がたまり，下の方に冷たく重い水がたまる。 c，d 水中にあるボトルの体積は一定と考えてよいので，それぞれのボトルの重さは，それぞれの温度のときのボトルと同じ体積の水の重さに等しい。よって，最も重いものは最も低い温度のときのボトルA，最も軽いものは最も高い温度のときのボトルEとなる。 e ボトルをつくったときの温度より水そうの中の水の温度が高くなっていくと，同じ体積あたりの水の重さが軽くなり，ボトルにはたらく浮力が小さくなるため，ボトルは沈んでいく。

(4) 気温が23℃のとき，水そうの中の水の温度も23℃になる。このとき，ボトルA(10℃)，ボトルB(15℃)，ボトルC(20℃)は沈み，ボトルD(25℃)，ボトルE(30℃)は浮く。

〔B〕(1) 図1の電磁石の左端《ひだりはし》は，方位磁針のS極を引きつけているので，N極になっている。

(2) 図1で，電流の向きを矢印(a)の逆の矢印(b)の向きに流すと，左端の極も逆のS極になる。すると，方位磁針のN極が引きつけられるので，イのようになる。

(3) 図1で，電流を矢印(a)の向きに流すとき，電磁石の左端がN極，右端がS極となっている。このとき，方位磁針を(あ)の位置に置くと，方位磁針のN極が電磁石の右端のS極に引きつけられてエのようになる。

(4) この実験では，巻き数の条件だけを変え，それ以外の条件を変えないようにする必要がある。エナメル線には小さいながら抵抗《ていこう》(電流の通しにくさ)があるので，電磁石のエナメル線全体の長さが変わると，流れる電流の大きさも変わってしまう。これを防ぐため，エナメル線のあまった部分を切り取らずに，同じ長さのまま実験を行う。

(5)　図2で，2つの電磁石に電流を矢印の向きに流すとき，左側の電磁石(100回巻コイル)の右端はS極になり，右側の電磁石(200回巻コイル)の左端もS極になる。このとき，巻き数の多い右側の電磁石の方が磁力が強いので，(い)の位置に置いた方位磁針のN極は，右側の電磁石の左端のS極側に引かれる。

(6)　**a**　図4で，電磁石のAの部分をN極にすると，左側の磁石のN極と反発する。また，電磁石のAと反対側の部分はS極になり，右側の磁石のS極と反発する。そのため，電磁石が時計回りに回り始める。　　**b**，**c**　図5で，電磁石のAの部分がN極のままだと，右側の磁石のS極に引きつけられる(Aと反対側の部分についても同様)。つまり，電磁石は反時計回りに回す力を受けるので，その後，回転しなくなる。よって，電磁石を回し続けるためには，図5の位置にあるときに，電磁石のAの部分がS極になっている必要がある。

(7)　図6で，電磁石のAの部分がア，イ，ウの位置にあるときは，AがN極になっていれば左右の磁石から時計回りの向きに回す力を受ける。また，Aがオ，カ，キの位置にあるときには，AがS極になっていれば左右の磁石から時計回りの向きに回す力を受ける。したがって，電磁石のN極とS極を切り替《か》えるのは，Aの部分がエとクの位置にきたときが最も適する。

2　呼吸と血液のはたらきについての問題

(1)「あ」は，胸の空間と腹の空間との境目にある板状の筋肉で，横かくまくという。「い」は，胸の内部を包むかご状のつくりとなった骨の集まりで，ろっ骨という。

(2)　横かくまくのけいれんにより起きる現象は，しゃっくりである。多くの場合，数分～数十分ほどで自然に止まる。

(3)　肺には筋肉がなく，自分でふくらんだり縮んだりすることができないため，横かくまくとろっ骨がそれぞれの位置を変え，胸の空間の容積を変えることで空気の出し入れをしている。空気を肺に吸い込《こ》むときは，横かくまくが下がり，ろっ骨が持ち上がることで胸の空間が広がり，肺がふくらむ。

(4)　吸い込む空気とはき出す空気に含《ふく》まれる酸素の体積の差は，1回の呼吸あたり，500×0.21－500×0.16＝25(mL)だから，1分間あたりでは，25×20＝500(mL)となる。

(5)　サメは魚類で，水中で生活し，えら呼吸を行う。イルカやオットセイ，クジラ，シャチは，ヒトと同じほ乳類のなかまで，肺呼吸を行う。

(6)　運動をすると，筋肉などで養分と酸素からエネルギーを取り出すはたらきがさかんになるので，全身で養分と酸素が不足した状態になる。そのため，運動中や運動後には，呼吸数や1回の拍動《はくどう》で送り出す血液の量，拍動数が増加し，全身に送られる養分と酸素が増える。

(7)　心臓にもどる血液が流れる血管は，静脈とよばれる。静脈の壁《かべ》はうすくて弾力《だんりょく》があまりなく，ところどころに血液の逆流を防ぐための弁がある。一方，心臓から出ていく血液が流れる血管は，動脈とよばれる。動脈は静脈に比べると血管の壁が厚く丈夫《じょうぶ》でよく伸《の》び縮みする。

(8)　心臓にも血管と同様に，血液の逆流を防ぐための弁がある。心臓の弁は，左心房《さしんぼう》と左心室の間，左心室と大動脈の間，右心房と右心室の間，右心室と肺動脈の間の4か所についている。

(9)　①　1回の拍動で50gの血液が送り出され，1分間あたりの拍動数が70回なので，1分間に心臓から送り出された血液は，50×70＝3500(g)である。　　②　体重65kgのヒトの血液は，65×$\frac{1}{13}$×1000＝5000(g)だから，このヒトの血液は体を10分間あたり，3500×10÷5000＝7(回)循環《じゅんかん》する。

⑽　①　1分間あたりに心臓から送り出された血液は，50×70＝3500（g）であり，この血液中に含まれるヘモグロビンは，$3500\times\frac{16}{100}$＝560（g）である。酸素ヘモグロビンの割合が100％のとき，ヘモグロビンは1gあたり1.3mLの酸素を吸収し，心臓から送り出されたときの酸素ヘモグロビンの割合が95％なので，1.3×560×0.95＝691.6より，心臓から送り出された血液中の酸素は692mLとなる。　②　体の各部で酸素を放出した酸素ヘモグロビンは全体の，95－50＝45（％）なので，45÷95×100＝47.36…より，心臓から体の各部に送り出された血液の酸素ヘモグロビンの47.4％が酸素を放出したことになる。　③　692×0.474＝328.0…より，体の各部では，1分間あたり心臓から送り出された血液により328mLの酸素が，酸素ヘモグロビンから放出されている。

3　大気中の水，水の状態変化についての問題

⑴，⑵　1 m^{3}の空気中に含むことのできる水蒸気の量を飽和《ほうわ》水蒸気量という。飽和水蒸気量は空気の温度により決まっており，温度が低くなるほどその量は少なくなる。冬に窓ガラスの内側に水てきがつくのは，外の空気により冷やされた窓ガラスに部屋の空気がふれて冷やされ，空気が含むことのできなくなった水蒸気が水てきに変わるためである。

⑶　夜の間，空に雲がなくよく晴れていると，地面が放出した熱が雲にさえぎられずに宇宙空間へ逃《に》げていく（放射冷却《れいきゃく》という）ために，夜の気温の下がり方が大きくなり，朝早くに地表の草などに水てき（朝つゆ）がつきやすくなる。

⑷　暖かい海水の表面からは水が蒸発がしやすいので，暖かい海水の上の空気中には水蒸気が多く含まれている。ここに冷たい空気が流れ込むと，海面上の空気が冷やされ，空気が含むことのできなくなった水蒸気が水てきに変わるため，もやとなる。

⑸　夏は湿度《しつど》が高いが，気温が高く飽和水蒸気量が大きくなるため，湿度の低い冬よりも洗たく物がよく乾《かわ》く。たとえば，気温30℃・湿度70％の夏と気温10℃・湿度30％の冬を比べた場合，飽和水蒸気量は30℃のとき30.3g，10℃のとき9.4gなので，1 m^{3}の空気にさらに含むことのできる水蒸気の量は，夏が，$30.3\times\frac{100-70}{100}$＝9.09（g），冬が，$9.4\times\frac{100-30}{100}$＝6.58（g）となり，夏の方が洗たく物がよく乾く。

⑹　⑥，⑧　低気圧はまわりより気圧が低いところなので，まわりから空気が流れ込んできて，上昇《じょうしょう》気流ができる。空気が上昇すると，温度が低くなるため，空気中に含まれている水蒸気が一部水てきに変わり，雲ができる。　⑦　高気圧はまわりより気圧が高いところなので，下降気流ができて，空気がまわりに流れ出ていく。

⑺　雪は，小さな氷のつぶに水蒸気が付着して凍《こお》りながら，特有の形をした結しょうに成長したものである。一般に正六角形が基本の形で，上空の温度や水蒸気量などによってさまざまな形になる。

⑻　空気が乾いていると，水分が蒸発しやすい。水分が蒸発するとき，つまり液体の水が気体の水蒸気に変わるときはまわりから熱をうばうため，雪のまわりの気温があまり上がらず雪が溶《と》けにくくなる。

4　物質の区別，金属の燃焼についての問題

〔A〕⑴　①　ア～ケのうち，赤茶色をしているのは，カの銅である。　②　ア～ケのうち，くすんだ銀色をしているのは，オのアルミニウムとケの鉄である。実験2で水に溶けずに残ったものに，実験3で水酸化ナトリウム水溶液《すいようえき》を加えると気体が発生しているので，オのアルミニウムとわ

かる。

(2) アルミニウムが水酸化ナトリウム水溶液に溶けると，水素が発生する。水素は最も軽い気体で，無色・無《む》臭《しゅう》であり，水に溶けにくい。また，酸素のあるところで燃えるが，助燃性(ものが燃えるのを助けるはたらき)はない。さらに，地球温暖化の原因になる温室効果ガスではない。

(3) 実験１の白色の角ばった粒《つぶ》は，食塩の結しょうと考えられる。食塩水を加熱すると，実験４のようにこげることなく食塩の白い結しょうが粉末のまま残る。また，食塩水は中性なので，実験５のように赤色リトマス紙，青色リトマス紙のどちらの色も変化させない。なお，アの二酸化マンガンは黒色で水に溶けない。イの砂糖は白色の粒で，水に溶け，その水溶液(砂糖水)は中性を示す。砂糖水を加熱してしばらくすると，砂糖がこげ始めるためねばりけのある茶色っぽい液体になり，さらに加熱して水を蒸発させると，砂糖がこげてできた黒っぽい色の物質(炭素を多く含む)ができる。ウのデンプンは白色の丸みを帯びた粒で，水に溶けない。エのガラス粉末は水に溶けない。クの消石灰(水酸化カルシウム)は白色の粒で，水にわずかに溶け，その水溶液(石灰水)はアルカリ性を示す。ケの鉄は，水や水酸化ナトリウム水溶液には溶けない。

(4) (3)で述べたように，消石灰の水溶液はアルカリ性を示すので，赤色リトマス紙を青色に変化させるが，青色リトマス紙の色は変化させない。

〔B〕 (1) 表１のマグネシウムの実験結果では，加熱後の重さがいずれもはじめの重さの1.7倍になっているので，マグネシウムは完全に反応していると考えてよい。よって，はじめの重さが5.0gのときは，加熱して完全に反応させると，5.0×1.7=8.5(g)になるので，結びついた酸素の重さは，8.5−5.0=3.5(g)と求められる。

(2) 表１のアルミニウムの実験結果では，加熱後の重さがいずれもはじめの重さの1.9倍になっているので，アルミニウムは完全に反応していると考えてよい。したがって，加熱して完全に反応させた後の重さが24.7gのとき，はじめのアルミニウム粉の重さは，24.7÷1.9=13(g)である。

(3) ① 表１の銅の実験結果のうち，加熱後の重さが2.6g，5.2g，10.4g，13.0gの場合は，いずれもはじめの重さの1.3倍になっているので，銅粉は完全に反応していると考えてよい。加熱後の重さが6.4gの場合は，はじめの重さの，6.4÷6.0=1.06…(倍)にしかなっていないので，加熱が不十分で反応していない銅粉が残っていると考えられる。　② 用意した銅粉がすべて反応すると，加熱後の重さが，6.0×1.3=7.8(g)になるが，実際には，7.8−6.4=1.4(g)だけ少ない。また，１gの銅粉は，１×1.3−１=0.3(g)の酸素と反応する。よって，反応せずに残っている銅は，$1 \times \frac{1.4}{0.3} = \frac{14}{3}$(g)だから，$\frac{14}{3} \div 6.0 \times 100 = 77.7\cdots$より，その割合は78%と求められる。

(4) かりに，はじめの混合粉末がすべて銅粉だとすると，加熱後の重さが，13.0×1.3=16.9(g)になるが，実際には，20.1−16.9=3.2(g)だけ少ない。そこで，銅粉をマグネシウム粉に１gずつ置きかえることにすると，１gごとに加熱後の重さが，１×1.7−１×1.3=0.4(g)ずつ増える。したがって，はじめの混合粉末のなかに含まれていたマグネシウム粉は，$1 \times \frac{3.2}{0.4} = 8$(g)とわかる。

(5) ① 木炭をステンレス皿に乗せてガスバーナーで加熱すると，しばらくしてから燃え始める。木炭は炭素を多く含んでおり，炭素が燃えてできた二酸化炭素は空気中へ逃げていくので，加熱後は加熱前より重さが減少する。　② 食塩は，ステンレス皿に乗せてガスバーナーで加熱する程度では変化しないので，加熱の前後で重さは変化しない。　③ 鉄を空気中で加熱すると，空気中の酸素が結びついて酸化鉄という物質になるので，加熱後は加熱前より重さが増加する。

国語 （60分）＜満点：100点＞

解答

一 **問1** （例） 法律的には何の問題もなく，人々の生き死ににも関係ない　**問2** ホ　**問3** 言語道断　**問4** （例） 所有できないはずのものに自分のものだという意識が働くこと。　**問5** （例） 社会的承認　**問6** （例） 自然に対する人のかかわりは多様であり，そのかかわりのどこまでが社会的に承認されているのかについてや，その承認のされ方についても，実に多様であるということ。　**問7** ホ　**問8** 下記を参照のこと。　二 **問1** ロ　**問2** （例） 未成年の「私」が食べるサヴァランにお酒が使われていたという問題。　**問3** （例） サンタクロースが本当にいると信じていること。　**問4** ホ　**問5** ニ　**問6** （例） 「私」は自分の思いこみに対する感想として「甘かったなぁ」とつぶやいたが，楽さんはそのつぶやきをサヴァランの味の感想だと思って返答したところ。　**問7** （例） 楽さんとのやりとりの中で，人の考え方の多様性に気づかされ，その発見を幸せに思いながらも，同時にそれまでの自分は他人の考え方を決めつけてしまっていたことを理解し，後ろめたさも味わって，大人に近づく貴重な経験をしたという意味。　三 下記を参照のこと。

●漢字の書き取り

一 **問8** a 浴(びた)　b 細心　c 拾(った)　d 座(った)　e 状態　三 ① 育(む)　② 供(えて)　③ 守秘　④ 講(じた)　⑤ 個展　⑥ 至宝　⑦ 功罪　⑧ 過労　⑨ 検討　⑩ 背徳　⑪ 去就　⑫ 根幹　⑬ 固辞　⑭ 通底　⑮ 望外

解説

一 **出典は宮内泰介《みやうちたいすけ》の『歩く，見る，聞く　人びとの自然再生』による。**自然をめぐる社会のしくみについて，「所有」という観点に着目して解説している。

問1 空欄《くうらん》の直前に「齊藤《さいとう》氏の言動」とあり，直後に「ことなのだが」とあるので，空欄には，「所有者ではない人々から非難されたのは当然」とは言えないような，「齊藤氏の言動」に対しての評価が入ると考えられる。よって，「絵を買ったのは齊藤氏だから～法律的には何の問題もない」「ゴッホの絵がこの世からなくなることは～人々の生き死ににには関係ない」の部分をまとめればよい。

問2 もとになった慣用的な表現は，“どのようにひどくあつかおうが”という意味の「煮《に》て食おうと焼いて食おうと」なので，ホが選べる。

問3 「言語道断」は，言葉に表せないほど酷《ひど》いこと。

問4 直前で，「もちろん景観を『所有』することはできない。しかし，ここには確実に『私たちの景観』という意識が働いている」という「景観問題の例」があげられているので，この例を参考にしてまとめればよい。

問5 「『他人が存在し』て」とは，自分以外の人がいる「社会」の中でという意味。続く部分で筆者は，「所有」の「社会的承認《しょうにん》」について考察している。

問6 「幅《はば》が大きい」と同様の意味を表す言葉に注目してまとめればよい。続く部分では，自然に対する人のかかわりが「多様」であることや，そのかかわりの社会的承認の範囲《はんい》や認められ方も「幅広い」ことが説明されている。

問7　イ「副葬品《ふくそうひん》とすべきである」ではなく，副葬品とすべきではないと非難されたのだから，合わない。　ロ「どんな発言も」では，根拠《こんきょ》のない非難や中傷などもふくまれてしまうと考えられるので，ふさわしくない。　ハ「体の一部が壊《こわ》されるような感覚」と述べられており，実際に「体の一部が壊される」わけではないので，あてはまらない。　ニ「法律的な所有」は，「多様な『所有』のごく一部にすぎない」ものではあるが，そのように限定しようとして「定められた」わけではないので，ふさわしくない。　ホ　最後の段落の内容と合う。

問8　a　音読みは「ヨク」で，「入浴」などの熟語がある。「脚光《きゃっこう》を浴びる」は，世間から注目されること。　b　細かいところまで注意がいきとどいていること。　c　音読みは「シュウ」「ジュウ」で，「拾得」「拾万円」などの熟語がある。　d　音読みは「ザ」で，「座席」などの熟語がある。　e　ものごとのようすやありさま。

二　**出典は『飛ぶ教室　第49号』所収の「サヴァランの思い出(戸森《ともり》しるこ作)」による。**楽《らく》さんと話をすることで，思いこみで人を決めつけてしまった自分の考えの甘《あま》さを実感し，大人へと成長していく「私」の姿が描《えが》かれている。

問1　サヴァランのアルコール表示について，「父はそれを見落としたのだ」とあることから，楽さんが「私」の父にあたる人物であることがわかる。また，「楽さんが左手の薬指に指輪をしていることに気がついた」とあることや，「きみのママもそういうタイプだったよ」と過去形で語っていることなどから，楽さんがママと離婚《りこん》した後，別の人と再婚したことがわかる。よって，ロが選べる。

問2　「私」がまだ「十歳《じっさい》」であったことをおさえる。サヴァランは「お酒の染《し》みこんだケーキ」であり，未成年の「私」が食べるケーキとしてはふさわしくなかったので，「問題」と表現している。

問3　「サンタクロース」についての「魔法《まほう》」だから，サンタクロースが本当にいると信じていることを，このように言っているとわかる。続く部分に「残念ながら魔法はすでに解けている」「二年生までは，ママがサンタだったよ。もう引退したけど」とあることもヒントになる。

問4　「サンタ問題」とは，「私」のクラスで生じている，サンタクロースの存在を信じる，信じないという対立のこと。この問題は，どちらか一方が正しいと結論づけることのできない性質の問題と言えるので，ホがよい。

問5　「私」は南野《みなみの》さんに「まだ信じてる子にそんなこと言っちゃだめなんだよ」と言っており，楽さんは南野さんの気持ちを分析《ぶんせき》して「意地悪したくなっちゃった」のも理解できると話しているので，ニが適する。

問6　「とんちんかん」は，ものごとのつじつまが合わなかったり，見当違《ちが》いであったりするようす。「私」は，楽さんの言葉を聞いて「思いこみで人を決めつけてしまった」ことに気づき，そんな自分に「後ろめたさ」や「苦さ」を感じて，自分自身の未熟さに対して「甘かったなぁ」とつぶやいている。これを聞いた楽さんは，「甘かったなぁ」をケーキに対する感想だととらえたため，「それはよかった」とずれた返事をしている。

問7　「私」は，楽さんは苺《いちご》が好きだから「最後までとっておく」のだろうと思っていたが，実は

「苦手」だから「最後まで残してしまう」ことを知り，自分の「思いこみ」に気がついている。そして，「当たり前のことを大発見したような幸せな気分と，思いこみで人を決めつけてしまった後ろめたさ」をサヴァランの「甘さと苦さ」に重ね合わせて，自分自身の心の成長を感じ取っている。

三 漢字の書き取り

① 音読みは「イク」で，「育児」などの熟語がある。訓読みにはほかに「そだ(つ)」がある。

② 音読みは「キョウ」「ク」で，「供給」「供養」などの熟語がある。訓読みにはほかに「とも」がある。 ③ 秘密を守ること。「守秘義務」は，公務員，医師，弁護士などが負う，職務上で知った秘密を守る義務。 ④ 音読みしかない漢字で，「講和」などの熟語がある。「講じる」は，問題を解決するための対策を実行すること。 ⑤ 一人の人の作品を集めて開く展覧会。 ⑥ このうえなく大切な宝。また，そのような人。 ⑦ ものごとのよい面とわるい面。 ⑧ 働き過ぎて疲《つか》れがたまること。 ⑨ ものごとをよく調べて考えること。 ⑩ 道徳に反すること。 ⑪ ある地位から去ることと，とどまること。 ⑫ ものごとのおおもと。 ⑬ かたく辞退すること。 ⑭ 表面上は異なっているように見えることがらや思想などが，根底の部分でつながっていること。 ⑮ 望んでいた以上によい結果であること。

平成29年度　ラ・サール中学校

〔電　話〕（0992）68－３１２１
〔所在地〕〒891-0114　鹿児島市小松原２－10－１
〔交　通〕「鹿児島中央駅」より市電・「谷山駅」下車徒歩３分

【算　数】（60分）〈満点：100点〉

1　次の□にあてはまる数を求めなさい。（12点）

(1)　$\frac{1}{3}+\left(\frac{2}{3}\times5-1.5\div1.8\right)\div0.6=\square$

(2)　$63\times19+62\times54-37\times21-16\times93=\square$

(3)　$2\frac{3}{4}-2\div\left\{\square-2\div\left(\frac{5}{6}-\frac{1}{4}\right)\right\}=\frac{5}{12}$

2　次の各問に答えなさい。（32点）

(1)　分数 $\frac{123\times456-333}{366\times456+369}$ を簡単にしなさい。

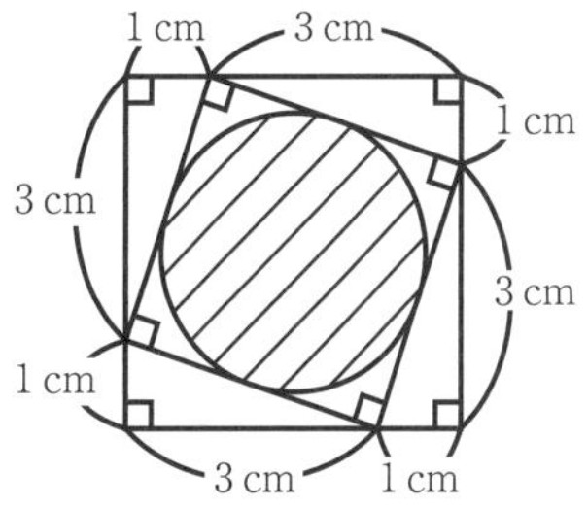

(2)　ある小学校の６年生は，男子１人，女子６人が休んだので，男子が女子より８人多くなり，その人数比は 13：11 となりました。欠席者がいないとき，男子，女子はそれぞれ何人ですか。

(3)　右図の斜線部の面積を求めなさい。ただし円周率は3.14とします。

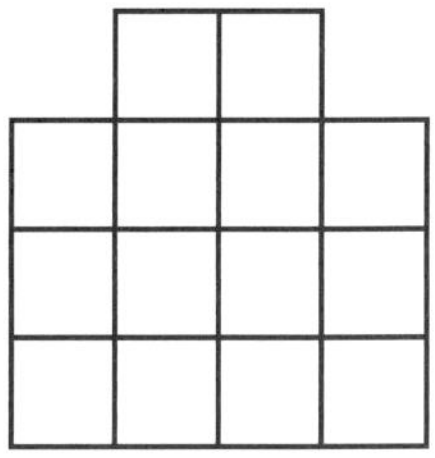

(4)　右図は同じ正方形を並べたものです。この正方形の各辺と平行な辺をもつ長方形（正方形を含める）は図の中にいくつありますか。

(5)　自転車でＡ町からＢ町へ行くのに30分走っては５分休んで行ったところ，３時間かかりました。帰りは行きの $\frac{5}{6}$ の速さにして，40分走っては８分休みました。帰りは何時間何分かかりましたか。

3　６％の食塩水 360ｇに水を入れて４％の食塩水にしようとしたところ多く入れすぎてうすくなったので，食塩水Ａを 200ｇ入れたら４％の食塩水が 900ｇできました。このとき，次の問に答えなさい。（12点）

(1)　初めに何ｇの水を入れると，４％の食塩水ができましたか。

(2)　あとで入れた食塩水Ａは何％ですか。

4　三角形ABCの辺AB，AC上にそれぞれ点D，Eがあり，AD：DB＝3：4，AE：EC＝2：1です。また，DE上にDP：PE＝3：2となるように点Pをとり，APの延長と辺BCの交点をQとします。このとき，次の比を求めなさい。(14点)

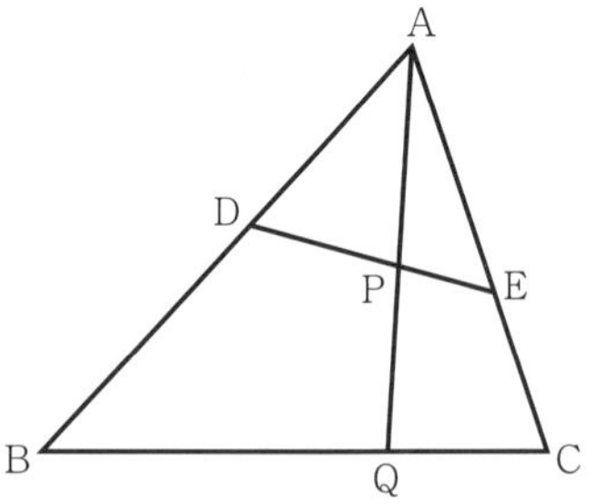

(1)　三角形PECと三角形ABCの面積の比

(2)　APとPQの長さの比

(3)　BQとQCの長さの比

5　(図2)は(図1)の立方体の展開図です。点Mは辺CEの真ん中の点です。(図1)の立方体を3点A，B，Mを通る平面で切りました。このとき，次の問に答えなさい。(14点)

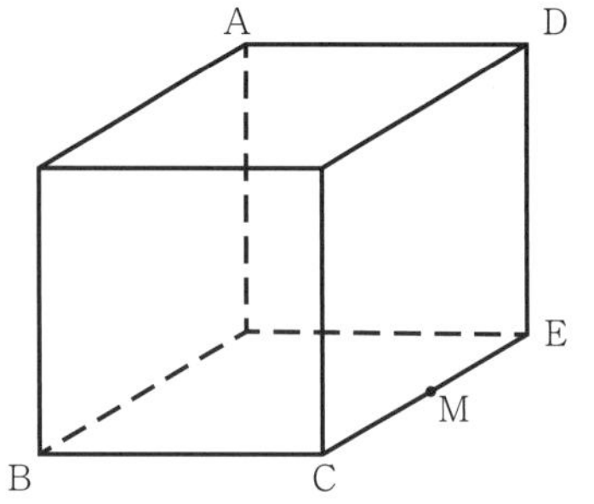

(図1)

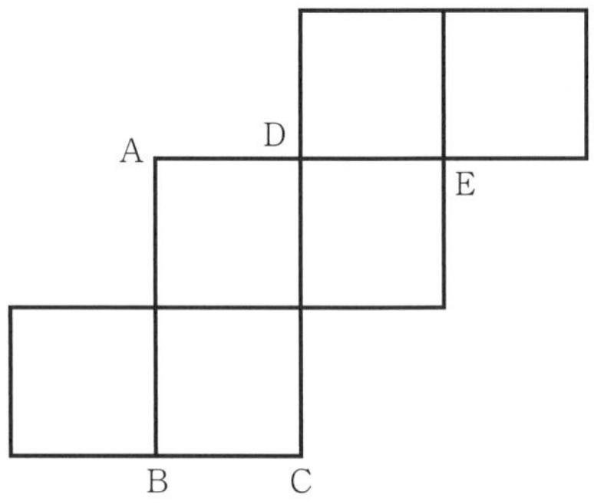

(図2)

(1)　切り口の線を解答欄《らん》に書きなさい。

(2)　立方体はどのような体積比に切り分けられましたか。ただし，角すいの体積は(底面積)×(高さ)÷3です。

6　右のような内側に階段のついた水そうがあり，一定の割合で水を入れました。水を入れ始めてからの時間(分)と，水そうの底からはかった水面までの高さ(cm)の関係をグラフで表したら，一部が右のようになりました。また，水を入れ始めてから8分45秒後の高さは36cmであり，16分でこの水そうは満水になりました。このとき，次の問に答えなさい。(16点)

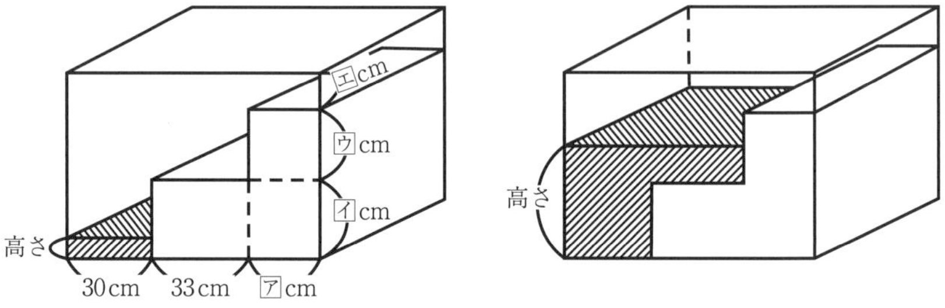

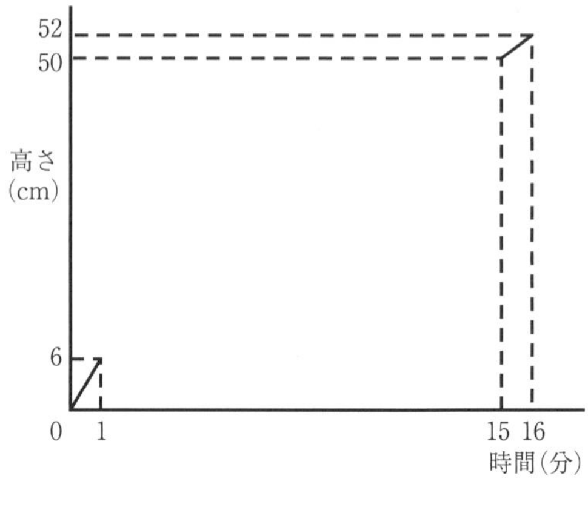

(1)　アに入る数を求めなさい。

(2)　高さがイcm，およびイ＋ウcmとなるのは，それぞれ水を入れ始めてから何分何秒後ですか。

(3)　イ，ウ，エに入る数を求めなさい。

【社　会】（40分）〈満点：50点〉

1　のび助さんは2016年３月に行われた鹿児島マラソンに参加しました。以下の文を読んで，問いに答えなさい。

◆　**いよいよ鹿児島マラソンの日がやってきました！　午前８時30分に鹿児島市長の号砲《ほう》でスタートしました。フルマラソンのゴール地点は鹿児島市役所前です。市役所西別館の一部のフロアは鹿児島市議会の議場になっています。**

問１　市長，市議会議員，衆議院議員，参議院議員の被《ひ》選挙権について述べた次のア～エのうち，正しいものを１つ選び，記号で答えなさい。

ア．市長，市議会議員の被選挙権はともに25歳《さい》以上であり，衆議院議員の被選挙権は30歳以上である。

イ．市長，市議会議員の被選挙権はともに25歳以上であり，参議院議員の被選挙権は30歳以上である。

ウ．市議会議員の被選挙権は25歳以上であり，市長，参議院議員の被選挙権はともに30歳以上である。

エ．市議会議員の被選挙権は25歳以上であり，市長，衆議院議員の被選挙権はともに30歳以上である。

◆　**第１関門の「鴨池《かもいけ》陸上競技場南門」を通過しました。ここからコースは北に向かいます。**

問２　鴨池陸上競技場は，1970年代に開催《さい》された第27回国民体育大会の会場になったところです。下の２枚の写真は，1970年代にある都市で撮影《さつえい》されたものです。写真Ａの数年後に写真Ｂが撮影されました。この都市がある都道府県名を答えなさい。**ただし，鹿児島県ではありません。**

写真Ａ

写真Ｂ

◆　**鹿児島中央警察署を横目に見ながら，路面電車の軌《き》道が通る道路を北に向かって走って行きました。**

問３　警察署の地図記号（地形図記号）をかきなさい。

◆　**第２関門の「西郷隆盛《たかもり》像」の横を通過しました。**

問４　1868年に西郷隆盛と会談し，江戸城の明けわたしを実現した江戸幕府の代表は誰《だれ》ですか。

◆　**折り返し地点から海岸線を南下していくと，第６関門の「竜ケ水《りゅうがみず》駅」が見えてきました。また，左手の鹿児島湾《わん》内にいくつものいけすが浮かんでいるのが見えました。鹿児島県では，かんぱちやはまちなどの養殖《しょく》が盛んに行われています。**

問5　下の表は，日本のいくつかの養殖業について，３つの都道府県を生産量の多い順に並べたものです。表中の**ア**・**イ**に当てはまる都道府県名を答えなさい。

	かんぱち	まだい	くるまえび	のり
1位	鹿児島	**ア**	沖縄	**イ**
2位	**ア**	**イ**	鹿児島	長崎
3位	大分	高知	**イ**	大分

(平成24年　農林水産省「漁業・養殖業生産統計」)

◆　ようやくゴールしました！　ゴール地点では地産地消の食材を使った豚汁《とんじる》をいただきました。また，今回のコース上の補給ポイントでは，「ふるさと給食」と称《しょう》してさつまいもやたんかんなど，鹿児島県の特産品が配られていました。

問6　地産地消について述べた次のア～エのうち，明らかな誤りが含《ふく》まれるものを１つ選び，記号で答えなさい。

ア．地産地消とは，地元で生産された農産物や水産物を，その地域で消費しようとすることをいう。

イ．地産地消の試みとして，地元で生産された食材を積極的に学校給食に取り入れている地方公共団体もある。

ウ．消費者にとって，生産者との距離《きょり》が近く，新鮮《せん》な食材を手に入れやすい地産地消は，食の安心を得やすい。

エ．全国で地産地消が進むと，日本のフード・マイレージが大きくなることが予想される。

◆　さすがに疲《つか》れたので，家に帰ってゆっくりしました。テレビをつけるとアメリカ合衆国大統領選挙の，各党候補者指名選挙の途《と》中経過についてのニュースを放送していました。

問7　2016年に行われた，アメリカ合衆国大統領の各党候補者指名選挙について述べた以下の文中の空欄《らん》(A)～(C)にあてはまる組み合わせとして正しいものを次のア～カのうちから１つ選び，記号で答えなさい。

共和党の候補者指名選挙では(　A　)氏がクルーズ氏などを，民主党では(　B　)氏が最低賃金引き上げや大学授業料無料化を訴えていた(　C　)氏らをそれぞれ破って大統領候補に指名された。

	A	B	C
ア	クリントン	トランプ	サンダース
イ	クリントン	サンダース	トランプ
ウ	トランプ	クリントン	サンダース
エ	トランプ	サンダース	クリントン
オ	サンダース	クリントン	トランプ
カ	サンダース	トランプ	クリントン

◆　今回は鹿児島市での第１回のマラソン大会でしたが，盛り上がって良かったです。今年(2016年)はオリンピックもあるので，そこでマラソンを観戦するのがますます楽しみになってきました。

問8　2016年にオリンピックが開催《さい》された国名を答え，さらにこの国について説明した文として正しいものを，次のア～エのうちから１つ選び，記号で答えなさい。

ア．この国の人口は，2014年の時点で１億人より少ない。

イ．この国では，主な言語としてポルトガル語が使われている。

ウ．この国の面積は，約960万 km²である。

エ．この国から日本への主な輸出品は，2014年の時点で，機械類や航空機類である。

2 次の文章を読んで，以下の問いに答えなさい。

水産業の発達は，進んだ技術の漁業施《し》設と市場を備えた①漁港の発展や，魚介《かい》類を食べる人がたくさんいるという社会的な条件に加え，地形や海流など自然的な条件と密接な関わりがあります。日本のまわりの海には，暖流と寒流が流れており，②暖流と寒流がぶつかる（ 1 ）には魚のえさであるプランクトンが多く，たくさんの魚が集まってきます。また，水深200mくらいまでの（ 2 ）という海底が広がっており，プランクトンが多いため，魚介類の育ちやすい良い漁場となっています。しかし，水産業を取り巻く自然・経済・社会環《かん》境の変化は大きく，日本の漁獲《かく》量にも大きな変化が認められます。

日本の漁獲量は，1960年代以降の遠洋漁業の発展により，急速に増加しました。しかし，③1970年代に入ると遠洋漁業の漁獲量が激減しました。その一方で，1970～1980年代にかけて沖《おき》合漁業の漁獲量が急増しましたが，その後は魚介類の減少や，魚種によっては漁獲量規制，そして④外国からの安い魚介類の輸入の影響《えいきょう》を受け，漁獲量は急減しました。こうした中，水産資源の保護に向けて，卵から成魚まで人間が育てる養殖《しょく》業や，育てた稚《ち》魚を放流して自然の中で育った成魚をとる（ 3 ）漁業に力が注がれています。漁業にたずさわる人たちが，⑤魚つき保安林を守る活動をしたり，山に植林をしたりしています。また，外国から輸入された魚介類に負けないように，安全でおいしい魚介類を出荷したり，地元でとれる商品を（ 4 ）化して，特別な名前をつけ商品価値を高める努力もしています。

問１ 文中の空欄《らん》（１）～（４）にあてはまる語句を答えなさい。ただし，（４）に入る語句はカタカナ４字です。

問２ 下線部①について，次のⅠ～Ⅲの文章は日本の漁港について述べたものです。Ⅰ～Ⅲの文章を読んであとの⑴～⑶の問いに答えなさい。

Ⅰ．八戸《はちのへ》港では，〈 A 〉，さば，いわしなどが主に水あげされます。〈 A 〉は光に集まる習性があるので，夜に光をあてて集め，魚ににせたつり針でつりあげています。

Ⅱ．枕崎《まくらざき》港では，〈 B 〉の水あげ量が多いです。〈 B 〉漁には巻き網《あみ》漁と一本釣《づ》りがあり，巻き網漁では，魚の群れを見つけて，一度に大量に，効率よく魚をとっています。

Ⅲ．□港は水あげ量が日本一（2015年）の漁港で，さまざまな種類の魚が水あげされます。また，大きな河川の河口にあり，大消費地の近くに位置しています。

⑴ 文中の空欄〈A〉・〈B〉にあてはまる魚介類を下のア～オから１つずつ選び，記号で答えなさい。

ア．たら　　イ．かつお

ウ．ふぐ　　エ．かに

オ．いか

⑵　Ⅱの文中の巻き網漁にあたるものを下のア～オの図から1つ選び，記号で答えなさい。

ア.

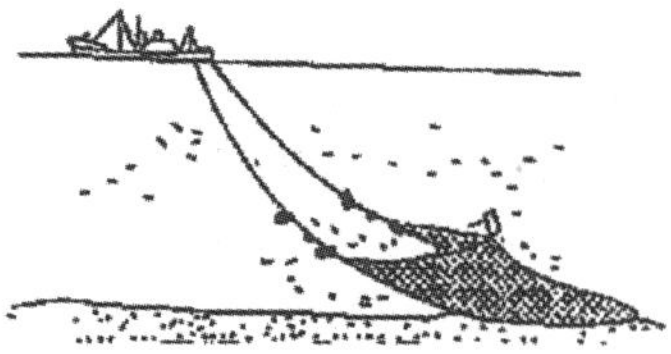

イ.

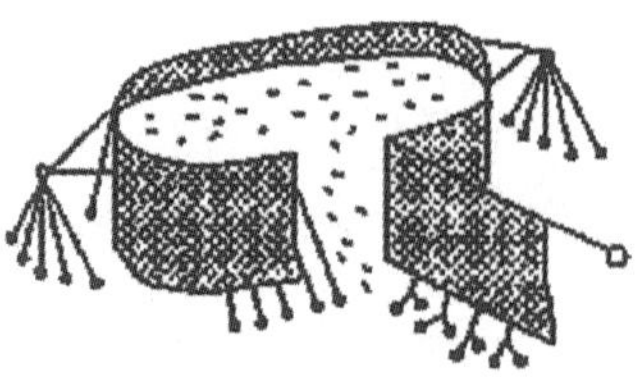

ウ.

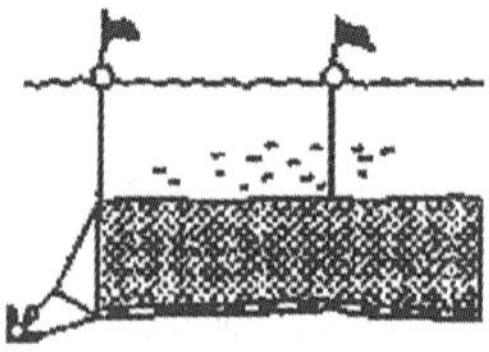

エ.

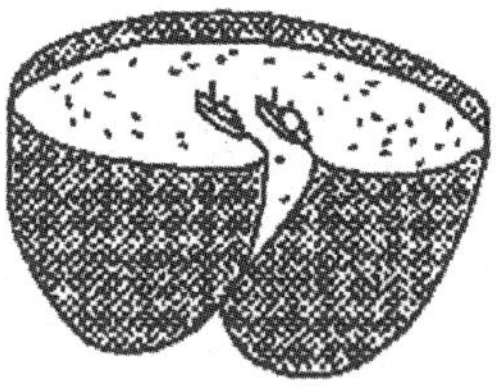

オ.

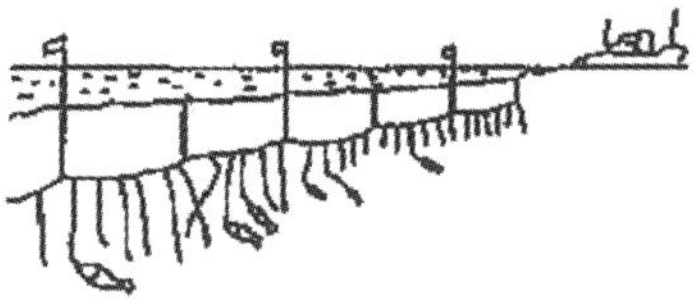

⑶　Ⅲの文中の空欄［　　］にあてはまる地名を答えなさい。

問3　下線部②について，岩手県の海岸の沖合が代表的な例です。

⑴　岩手県の海岸は出入りのはげしい海岸線になっていますが，この海岸の地名と地形名をそれぞれ答えなさい。

⑵　この海岸の沖合でぶつかっている暖流名と寒流名をそれぞれ答えなさい。

問4　下線部③について，遠洋漁業が衰《すい》退した主な理由を2つあげ，簡潔に説明しなさい。

問5　下線部④について，下の表はえび，さけ・ます，たこの日本の輸入相手の上位3か国(2015年)を表したものです。X～Zの魚介類名の正しい組み合わせをあとのア～カから1つ選び，記号で答えなさい。

	X	Y	Z
1位	モーリタニア	チ　リ	ベトナム
2位	モロッコ	ノルウェー	インドネシア
3位	中　国	ロシア	インド

	X	Y	Z
ア	えび	さけ・ます	たこ
イ	えび	たこ	さけ・ます
ウ	さけ・ます	えび	たこ
エ	さけ・ます	たこ	えび
オ	たこ	えび	さけ・ます
カ	たこ	さけ・ます	えび

問6　下線部⑤について，森林は，保安林をはじめ多くの役割を果たしており，木材の生産も行われています。木材は建築資材や木製の製品(紙なども含む)の原料として使いますが，原料以外の木材の使い方を答えなさい。

3　2016年に起こったことに関して，次の問いに答えなさい。

◆　**6月，改正公職選挙法が施《し》行されました。**

問1　選挙に関連する説明として明らかに誤っているものを，次のア～カから1つ選び，記号で答えなさい。

ア．1925年には，法律の改正で25歳《さい》以上の男子に選挙権が与《あた》えられることになったが，政治や社会のしくみを変えようとする動きを厳しく取り締まる法律も成立した。

イ．第二次世界大戦後に初めて行われた衆議院議員選挙では，20歳以上の男女に選挙権が与えられ，39人の女性衆議院議員が誕生した。

ウ．有権者がさまざまな事情で選挙の投票日に決められた投票所に行けない場合，事前に投票する制度として，不在者投票制度や期日前投票制度がある。

エ．2016年に施行された改正公職選挙法では，選挙権年齢《れい》が「20歳以上」から「18歳以上」に引き下げられた。

オ．2000年以降の衆議院議員選挙において，小選挙区の投票率が70％を上回ったことがある。

カ．衆議院議員選挙に関して，選挙区間の投票価値の格差が大きく，憲法の求める平等がそこなわれているとの訴《うった》えが起こされてきたが，最高裁判所が選挙結果を無効とする判決を出したことはこれまでなかった。

◆　**7月，バングラデシュで，日本のJICA（国際協力機構）の事業に関わっていた日本人がテロに巻《ま》き込まれました。**

問2　JICAに関連する説明として明らかに誤っているものを，次のア～エから1つ選び，記号で答えなさい。

ア．JICAは，日本のODA（政府開発援助）の実施機関で，青年海外協力隊は，JICAの事業の一つである。

イ．青年海外協力隊の隊員は，発展途《と》上国に出向き，自分の知識や技術をいかして，その国の社会の発展や福祉《し》の向上に貢献《こうけん》している。

ウ．青年海外協力隊から派遣《けん》された隊員の数が多い順に，地域を5つあげると，2013年12月時点では，アフリカ，アジア，中南米，オセアニア，中東，の順となっていた。

エ．青年海外協力隊から派遣された隊員の職種を多い順に4つあげると，2013年12月時点では，「保健と医療《りょう》」，「農林水産」，「教育と文化とスポーツ」，「計画と行政」，の順となっていた。

◆　**7月，第24回参議院議員選挙が行われました。**

問3　第24回参議院議員選挙に関する説明として明らかに誤っているものを，次のア～エから1つ選び，記号で答えなさい。

ア．第24回選挙における選挙区選出議員選挙の投票率は，第23回選挙よりも上がって，60％を上回った。

イ．選挙区選出議員は，第23回選挙まではすべて都道府県単位の選挙区で選出されたが，第24回選挙では隣《とな》り合う2県を合わせて1選挙区とする「合区」を一部の県で初めて導入して選出された。

ウ．2016年に施行された改正公職選挙法で新たに有権者となった年齢層の投票率は，全体の投票率を下回った。

エ．議員１人当たりの有権者数を比べると，最少の選挙区に対して最多の選挙区は３倍を超《こ》えていたため，選挙区間の投票価値の格差が大きく，憲法の求める平等がそこなわれているとの訴えが，各地で起こされた。

◆　**７月，東京都知事選挙が行われました。**

問４　地方公共団体に関連する説明として正しいものを，次のア～エから１つ選び，記号で答えなさい。

ア．都道府県が行使する行政権と立法権と司法権を担当するのは，それぞれ知事と都道府県議会と地方裁判所である。

イ．2016年に行われた東京都知事選挙では，前知事のもとで副知事を務めていた女性が当選し，初めて女性の都知事が誕生した。

ウ．国や地方公共団体では，パブリックコメント制度(意見公募《ぼ》手続)が実施された時期もあったが，インターネットの普及《ふきゅう》によって寄せられる意見が増加して行政機関が処理できなくなり，廃《はい》止された。

エ．条例にもとづく住民投票として，原子力発電所の建設や産業廃棄《き》物処理施設の設置などについて賛否を問う住民投票が行われてきたが，特に2000年代(2000～2009年)は市町村合併《ぺい》について賛否を問う住民投票が多かった。

◆　**８月，天皇が，国民に向けたビデオメッセージで，自分の思いを発表しました。**

問５　天皇に関する日本国憲法の規定として明らかに誤っているものを，次のア～エから１つ選び，記号で答えなさい。

ア．主権者である国民の総意にもとづいて，天皇は，日本国および日本国民の統合の象徴《ちょう》という地位にある。

イ．天皇は，内閣の助言と承認にもとづいて，憲法に定められた国事に関する行為《い》を行う。

ウ．天皇が行う国事に関する行為として，国会議員の選挙を行うことを国民に知らせる，衆議院を解散する，条約を結ぶ，などがある。

エ．天皇は，国会の指名にもとづいて内閣総理大臣を任命したり，内閣の指名にもとづいて最高裁判所長官を任命したりする。

◆　**10月，次の国際連合事務総長が選出されました。**

問６　国際連合に関連する説明として明らかに誤っているものを，次のア～カから１つ選び，記号で答えなさい。

ア．国際連合は，第二次世界大戦における連合国を中心として，1945年に51か国で発足した。その後，加盟国数は増加して現在193か国に至っているが，現時点で，最も遅《おそ》く加盟したのは南スーダンである。

イ．国際連合事務総長は，任期を５年として，安全保障理事会の常任理事国出身者から選出されることになっている。

ウ．経済，社会，文化，環《かん》境，人権などの広い分野にわたる国際連合の活動にかかる費用を負担する割合の多い順に加盟国を６か国あげると，2014年時点では，アメリカ合衆国，日本，ドイツ，フランス，イギリス，中国，となっていた。

エ．日本は，国際連合の安全保障理事会の常任理事国であるソ連(現在のロシア)との間で国交が回復された後に，国際連合への加盟が認められた。

オ．現在，日本は国際連合の安全保障理事会の非常任理事国を務めており，加盟国中最多の11回目の選出となった。

カ．日本政府は，南スーダンで行われている国際連合 PKO(平和維《い》持活動)に派遣される日本の自衛隊に対して，「駆《か》けつけ警護」という任務を与えることを決めた。

◆　**11月，パリ協定が発効しました。**

問７　パリ協定に関連する説明として明らかに誤っているものを，次のア～エから１つ選び，記号で答えなさい。

ア．パリ協定は，2015年に開催《さい》されたCOP21(国際連合気候変動枠《わく》組条約第21回締《てい》約国会議)で採択《たく》された。

イ．パリ協定は，温室効果ガス排《はい》出削《さく》減量などの具体的目標を報告する義務とともに目標を達成する義務を各加盟国に課している。

ウ．2020年以降の地球温暖化対策を定めたパリ協定は，1997年に結ばれた京都議定書に続く温暖化対策の国際合意であり，先進国に加えて中国やインドなど発展途上国が温室効果ガス排出削減などに取り組むことに合意した初めての取り決めとなった。

エ．日本は，国内の手続きが間に合わず，2016年に開催されたパリ協定参加国の第１回の会議に正式メンバーとして参加できなかった。

◆　**12月，安倍晋三《しんぞう》首相が，アメリカ合衆国のハワイの真珠湾《しんじゅわん》を訪問しました。**

問８　日本とアメリカ合衆国との関係に関連する説明として明らかに誤っているものを，次のア～エから１つ選び，記号で答えなさい。

ア．日本軍がハワイのアメリカ軍基地を攻撃《こうげき》し，太平洋戦争が始まった。太平洋戦争の当初は，日本軍が優位に戦ったが，その後，反撃に転じたアメリカ軍は，太平洋の島々を占《せん》領してそこから日本本土に空襲《しゅう》を行った。

イ．太平洋戦争後，アメリカ合衆国を中心とする連合国軍に国土を占領された日本では，東京に置かれたGHQ(連合国軍最高司令官総司令部)が日本政府に指令を出し，日本政府がそれを受けて政治を行うしくみがつくられた。

ウ．1951年にアメリカ合衆国のサンフランシスコで講和会議が開かれ，日本は，アメリカ合衆国など，この講和会議に出席したすべての国と平和条約を結んで独立を回復した。この平和条約を結んだ時に，日本はアメリカ合衆国と安全保障条約を結んだので，独立後もアメリカ軍が日本の基地にとどまることになった。

エ．日本は，アメリカ合衆国による広島と長崎《ながさき》への原子爆弾《ばくだん》投下により多数の人命を奪われただけでなく，太平洋戦争後に日本の漁船の乗組員が太平洋におけるアメリカ合衆国の水素爆弾実験によって被《ひ》爆したので，国民が原子爆弾と水素爆弾のいずれからも被害を受けた国となった。

4　次の文章は，現在の鹿児島県の地域にかつて住んでいた人々が，見たり経験したりした風景やできごとを時代順に記したものです。

A　私が住んでいる村は，古墳《ふん》の近くにあります。近畿《き》地方で造られた焼き物や大きな勾玉《まがたま》を持った人が，この村を治めています。

B　九州の北部に山城がいくつも造られつつあります。大部分は唐《とう》(中国)や新羅《しらぎ》に備えたものですが，私たちに備えて造られたものも含《ふく》まれているということです。

C　最近，国の役所の近くに七重の塔《とう》をもったりっぱなお寺が建てられました。全国で同じようなお寺が60以上造られているそうです。

D　私たちの島でとれた貝が遠くまで運ばれ，平泉の中尊寺金色堂では螺鈿《らでん》に加工されて，黄金とともに堂内を飾《かざ》っているということです。

E　博多の方で，外国の軍と激しい戦いが起こりました。外国の軍を防ぐために博多湾《はかたわん》の砂浜《はま》に石塁《るい》を造ることになり，私の住む所にも，そのための費用が割り当てられました。

F　長門《ながと》(山口県)出身の僧《そう》が，明《みん》にわたって勉強しました。しかし，帰ってくると都は将軍のあとつぎ争いなどを原因として起こった戦争の最中であったため，私の主人のもとにやって来て，儒学《じゅがく》の本を出版しました。

G　関白の命令で，私の主人である大名の領地でも，石田三成《みつなり》という人が責任者となって，土地の調査を行いました。これに反対すると，厳しく罰《ばっ》せられるということです。

H　江戸幕府9代将軍が私の主人に命令して，濃尾《のうび》平野を流れる川の改修工事を行わせました。工事に参加した人々の中に多くの死者が出ました。また，ばくだいな費用がかかったため，藩《はん》の財政は苦しくなりました。

I　城下町に住む学者が天皇家の祖先の墓が南九州にあるということを書物に著《あらわ》しました。その翌年，この書物を読んだ本居宣長《もとおりのりなが》が，それにもとづく内容を『古事記伝』にのせました。

J　世の中には秘密になっていますが，土佐《とさ》出身の坂本龍馬《りょうま》の仲介《ちゅうかい》で，幕府に反対する私の藩と長州藩が同盟を結んだということです。

K　初めての帝《てい》国議会議員の選挙が行われ，私の父も選挙に行きました。鹿児島県では，7人の議員が選出され，全員自由民権運動の流れをくむ人でした。

L　鹿児島で初めて鉄筋コンクリート造りの百貨店ができました。ヨーロッパで続いている戦争の影《えい》響で，日本ではたいへん良い景気が続いています。

M　南の島が戦場になる可能性が高いため，多くの国民学校の児童(今の小学生)が，私の住む町にも疎開《そかい》してきました。しかし，その途《と》中乗った船が沈《しず》められて亡《な》くなった人もいるということです。

N　日本で最初の人工衛星が打ち上げられる様子を見ました。来月から，大阪で開かれる万《ばん》国博覧会では，アポロ11号が持ち帰った「月の石」が展示されるということです。

問1　Bは，年代順にことがらを並べた次の文章ア～エのどこに位置づけるのがよいですか。○と○の間という形で答えなさい。

ア．聖徳《しょうとく》太子が，憲法十七条を出し，豪《ごう》族たちの心構えとしました。

イ．小野妹子が，遣隋《ずい》使として中国に派遣されました。

ウ．中大兄《なかのおおえ》皇子らが，中臣鎌足《なかとみのかまたり》らとはかって，蘇我蝦夷《そがのえみし》・入鹿父子を殺し，新しい政府をつくりました。

エ．中国の都にならって，道路で碁盤《ごばん》の目のように区切られた平城京が造営されました。

問2　Eは，年代順にことがらを並べた次の文章ア～エのどこに位置づけるのがよいですか。○と○の間という形で答えなさい。

ア．平清盛を中心とした平氏が，政治を思うままに動かしました。

イ．鎌倉にできた政権が，北条政子《ほうじょうまさこ》を中心に，京都の朝廷《ちょうてい》と戦い，勝利を収めました。

ウ．足利尊氏《たかうじ》は，新しい天皇をたて，京都に新しい政権を開きました。

エ．足利義満《よしみつ》は，明に使いを送り，正式に貿易を始めました。

問３　次の文章ア～ウは，文章Ａ～Ｎのどこに位置づけるのがよいですか。それぞれ○と○の間という形で答えなさい。

ア．今から20年程《ほど》前に南の島にできた王国は，日本・中国・東南アジアとの貿易で栄えています。私の住む島も，ついにこの王国の兵に攻《せ》め落とされ，王国の領土の一部になりました。

イ．ヨーロッパ船や中国の船が，私の主の治める領地に来ることを禁止されました。また，キリスト教徒が島原で起こした乱を鎮《しず》めるために，武士を派遣することになりました。

ウ．私の郷里の出身である大久保利通《としみち》が，近代的な政治制度や工業などについて調べるため，使節団の一員として約１年半にわたって欧《おう》米の国々の視察を行いました。

問４　Ｃと同じ時代を説明する文章として，正しいものを次のア～エから１つ選び，その文章の下線部が何かを考え，答えなさい。ただし，記号を答える必要はありません。

ア．日本にやってきた僧が，日本の寺や僧の制度を整え，唐招提寺《とうしょうだいじ》を開きました。

イ．東大寺につくられた倉庫に，大仏開眼に使われた品々や桓武《かんむ》天皇が愛用した品々が納められました。

ウ．律令《りょう》にもとづいて，人々は田の収穫《かく》の一部を地租《そ》として納め，また織物や地方の特産物を納めました。

エ．天皇の命令でつくられたこの歌集には，ひらがなで書かれた和歌が数多くおさめられています。

問５　Ｆのころの文化に関係のある写真を次のア～エから１つ選び，記号で答えなさい。

ア．

イ．

ウ．

エ．
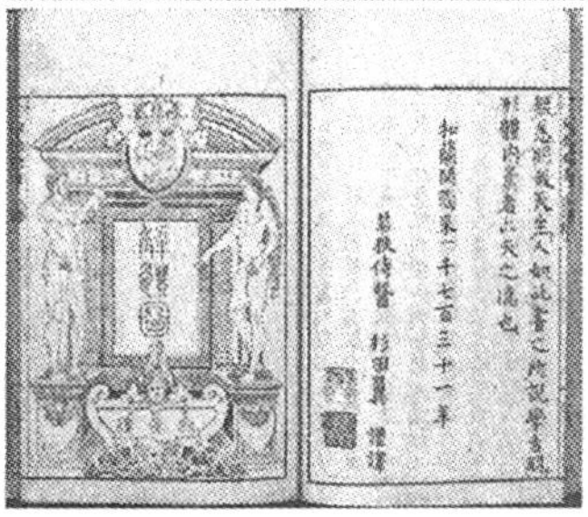

問６　Ｉの本居宣長が『古事記伝』を完成させたころの様子を説明する文章として，誤っているものを次のア～エから１つ選び，その記号を答えなさい。

ア．杉田玄白《げんぱく》が，『蘭《らん》学事始』を著し，初めて人体解剖《ぼう》を見たときの感動や『解体新書』翻《ほん》訳の苦心を記しました。

イ．伊能忠敬《いのうただたか》は，幕府に願い出て，東北や北海道の測量を行い，地図づくりを始めました。

ウ．歌川広重という浮世絵《うきよえ》師が，わずか10か月の間だけ活動し，歌舞伎《かぶき》の役者の絵などをたくさん描《えが》きました。

エ．百姓や町人の子どもが通う寺子屋が増え，全国各地の藩では藩校がつくられ，武士の教育も盛んになりました。

問７　Ｊの同盟が結ばれた年に関東・東北地方で大きなききんが起こりましたが，1830年代のききんと比べて被《ひ》害は少なかったということです。その理由を，幕府の政治方針の大きな変化を含《ふく》め，次のグラフを参考にして，15字以内で説明しなさい。

	綿織物	毛織物	武器・軍需品	米	艦船	砂糖	綿糸	その他
1867年（慶応３）	21.4%	19.7	13.3	10.6	7.8	7.8	6.2	13.2

問８　Ｋの自由民権運動に関する次の文章の下線の中に誤っている部分が１つあります。どこを訂《てい》正すれば正しい文章になりますか。訂正したあとの正しい語句を記しなさい。

板垣《いたがき》退助は，1874年に国会の開設を求める意見書を政府に提出しました。自由民権運動のもりあがりをうけて，1881年に政府が，９年後に国会を開くことを約束すると，板垣退助や大隈《おおくま》重信はそれぞれ政党をつくりました。1884年には，福島地方の人々が，「自由自治元年」を唱えて，役所や高利貸しを襲《おそ》いました。

問９　Ｌと同じ時代に関する文章ア～エの中に１か所だけ誤っている文章があります。その文章のどこを訂正すれば正しい文章になりますか。訂正したあとの正しい語句を記しなさい。ただし，記号を答える必要はありません。

ア．様々な差別に苦しんでいた人々が，全国水平社をつくり，自分たちの力で差別をなくす運動を始めました。

イ．政府は治安維《い》持法をつくって，政治や社会のしくみを変えようとする動きを取り締まりました。

ウ．関東地方で激しい地震《しん》が起こり，その後の混乱の中で，誤ったうわさにより，多くの朝鮮人が殺されました。

エ．国際的な平和をめざして発《ほっ》足した国際連盟の事務局次長に北里柴三郎《しばさぶろう》が就任しました。

【理　科】（40分）〈満点：50点〉

注意：いくつかの中から選ぶ場合は，記号で答えなさい。特に指示のない場合は１つ答えなさい。

1　〔A〕 植物の中には，季節の変化を感じて，春頃《ごろ》に花を咲かせるもの，秋頃に花を咲かせるものがあります。これらは，昼と夜の長さの変化を，季節の変化として感じて花を咲かせます。

春頃に花を咲かせるダイコンと秋頃に花を咲かせるコスモスでは，「昼の長さ」，「夜の長さ」，「昼の長さと夜の長さの比」の３つのうち，どれを季節の変化を感じる手がかりとしているかを調べるために，次のような実験をおこないました。

ダイコンとコスモスを窓のない部屋に入れ，照明によって昼の長さ(照明をあてる時間)と夜の長さ(照明を消している時間)を人工的に変化させて花を咲かせるかどうかを調べる実験をおこないました。その結果を表１に示します。例えば，実験④では，まず，照明を４時間あてました。その後，照明を消して，８時間後に再び照明をあてることをくり返しました。表の「○」は花を咲かせたこと，「×」は花を咲かせなかったことを示します。

	昼の長さ(時間)	夜の長さ(時間)	ダイコン	コスモス
実験①	8	16	×	○
実験②	16	8	○	×
実験③	8	8	○	×
実験④	4	8	○	×

表１

(1)　表１の結果の違《ちが》いから，ダイコンとコスモスが季節の変化を感じる手がかりについて，(　)にあてはまる実験の番号を②～④から選びなさい。

実験①と実験(あ)を比較《ひかく》して，季節の変化を感じる手がかりは「昼の長さと夜の長さの比」ではないと考えました。さらに，実験①と実験(い)を比較して，季節の変化を感じる手がかりは「昼の長さ」ではないと考えました。これらのことから，季節の変化を感じる手がかりは，「夜の長さ」であると考えました。

次に，実験①～④と同様に昼の長さと夜の長さを変化させて花を咲かせるかどうかを調べる実験をおこないました。その結果を表２に示します。

	昼の長さ(時間)	夜の長さ(時間)	ダイコン	コスモス
実験⑤	14	10	○	×
実験⑥	13	11	○	×
実験⑦	12	12	×	×
実験⑧	11	13	×	○
実験⑨	10	14	×	○

表２

(2)　表２から，夜の長さと，花を咲かせるかどうかの関係について，(　)に最も適するものを選びなさい。

春頃に花を咲かせるダイコンは，夜の長さが(あ)時間以下になると花を咲かせるので，(あ)時間は，花を咲かせるのに必要な(い)の夜の長さと考えられます。秋頃に花を咲かせるコスモスは，夜の長さが(う)時間以上になると，花を咲かせるので，(う)時間は，花を咲かせるのに必要な(え)の夜の長さと考えられます。

ア．10　イ．11　ウ．12　エ．13　オ．14　カ．最長　キ．最短

ある地点における日付と昼の長さと夜の長さを表3に示します。

キクは，夜の長さが11時間以上になると花を咲かせます。表3を参考にすると，最初に花を咲かせる時期を予測できます。なお，キクの苗は育て始めた時から季節の変化を感じて花を咲かせることができます。

日付	昼の長さ	夜の長さ
3月21日(春分の日)	12時間 9分	11時間51分
6月21日(夏至の日)	14時間35分	9時間25分
9月23日(秋分の日)	12時間 8分	11時間52分
12月22日(冬至の日)	9時間45分	14時間15分

表3

(3) 園芸農家は，年間を通してキクを出荷《しゅっか》するために，人工照明により花を咲かせる時期を調整しています。キクの苗《なえ》をある年の6月18日に育て始めました。このキクを，同じ年の12月1日に花を咲かせた状態で出荷するための調整の仕方として正しいものを選びなさい。

ア．夜の長さを11時間より短くして，花を咲かせる時期を遅くする。

イ．夜の長さを11時間より長くして，花を咲かせる時期を遅くする。

ウ．夜の長さを11時間より短くして，花を咲かせる時期を早くする。

エ．夜の長さを11時間より長くして，花を咲かせる時期を早くする。

〔B〕 図は人の消化器官を示します。図および文の(　)に最も適する語または，数値を答えなさい。

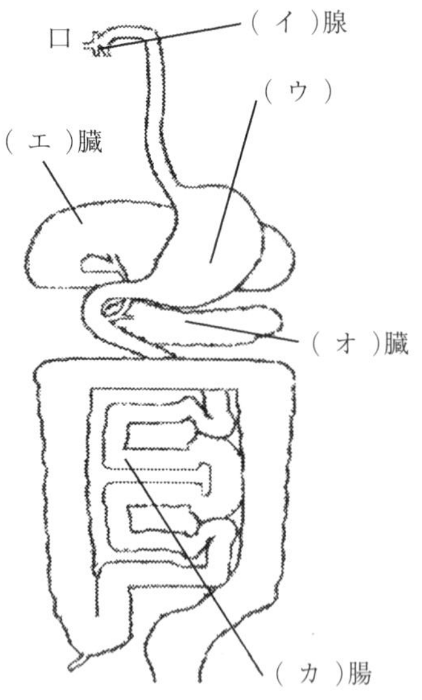

食品に含《ふく》まれる炭水化物，(ア)，脂肪《しぼう》は，生きていくために必要な栄養の3要素です。3要素はそのまま体内に吸収できないので，消化器官で消化後，消化物として吸収されます。

図の(イ)腺《せん》から(イ)，(ウ)から(ウ)液，(エ)臓から胆汁《たんじゅう》，(オ)臓から(オ)液，(カ)腸から腸液が分泌《ぶんぴつ》され，これらが炭水化物，(ア)，脂肪を消化します。消化物は，(カ)腸の柔毛《じゅうもう》から吸収され，リンパ管を流れるリンパ液や細い網《あみ》状の(キ)血管を流れる血液に入り，体内全体に運ばれ，人が生きていくためのエネルギーなどに利用されます。

表4は，食品に含まれる各要素の質量〔g〕をまとめたものです。表5は，3要素の各1gあたりのエネルギー量をまとめたものです。昼食にラーメン1杯《ぱい》とおにぎり1個を食べた時，これらのもつエネルギー量の合計は，(ク)キロカロリーとなります。

	ラーメン 1杯	おにぎり 1個
炭水化物〔g〕	70	50
(ア)〔g〕	20	5
脂肪〔g〕	30	1

表4

	エネルギー (キロカロリー)
炭水化物	4
(ア)	4
脂肪	9

表5　3要素の各1gあたりのエネルギー量

2 〔A〕 次の文を読んで，以下の問いに答えなさい。

陸上競技の男子100m競走の日本記録は10.00秒です。この速さは，分速(あ)m，時速(い)kmです。

昨年8月のリオデジャネイロオリンピック陸上競技の男子400mリレーで，日本は37.27秒で銀メダルを獲得《かくとく》しました。下の表は，出場した4選手の100m競走の記録です。4選手の記録の合計(秒)と37.27秒との差は(う)秒です。

一般《いっぱん》に，400mリレーの記録は100m競走の記録の合計よりも短いです。その最も大きな理由は，100m競走のスタートでは選手は静止していますが，リレーでは2，3，4番目の走者は，バトンをもらったときの(え)が0ではないことです。

第1走者	A選手	10.05秒	リオ五輪準決勝
第2走者	B選手	10.37秒	平成27年の記録
第3走者	C選手	10.23秒	リオ五輪予選
第4走者	D選手	10.13秒	リオ五輪予選

(1) 文中の(あ)～(え)にあてはまる数値・語句を書きなさい。

(2) リオデジャネイロオリンピック陸上競技の男子100m決勝には準決勝の上位8選手が出場できました。8位のX選手の記録は10.01秒でした。日本選手最上位(A選手)は10.05秒の10位で，残念ながら日本人として84年ぶりの決勝進出者とはなれませんでした。X選手がゴールしたときにA選手はゴールの手前何cmを走っていましたか。最も適当なものを選びなさい。ただし，どちらの選手もゴール付近では時速40kmで走るものとします。

ア．0.44cm　イ．0.88cm　ウ．4.4cm　エ．8.8cm

オ．44cm　カ．88cm　キ．440cm　ク．880cm

〔B〕 以下の問いに答えなさい。

［I］ 半径の異なる2つの円盤《ばん》を回転のじくが同じとなるようにはり合わせ，それぞれの円盤にひもを巻いた定滑《かっ》車を輪じくといい，てこのはたらきを利用した道具です。

いま，図1のように輪じくを用いて，おもりの重さと，ばねはかりを介《かい》して引っ張る力とがつりあっています。

(1) 大きな円盤の半径を a〔cm〕，小さな円盤の半径を b〔cm〕，ばねはかりで引く力を c〔g〕，おもりの重さを d〔g〕と表すとき a，b，c，d の関係はどのようになりますか。

ア．$a\times b=c\times d$　イ．$a\times c=b\times d$　ウ．$a\times d=b\times c$

エ．$a\times b\times c=d$　オ．$a\times c\times d=b$　カ．$b\times c\times d=a$

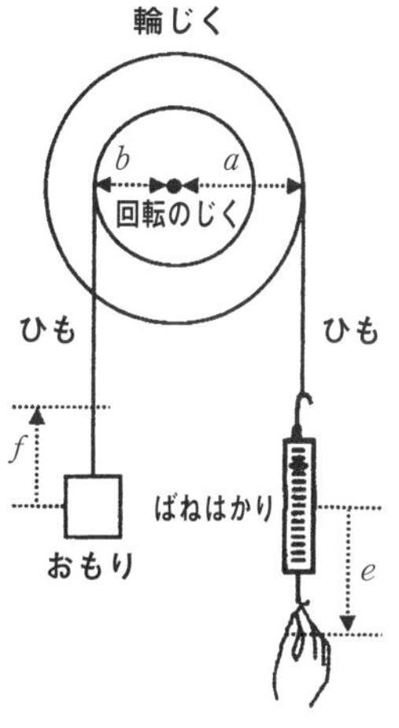

図1

(2) 力がつりあっている状態で，ゆっくりとばねはかりを動かした距離を e〔cm〕，おもりの動いた距離を f〔cm〕と表すとき a，b，e，f の関係はどのようになりますか。

ア．$a\times b=e\times f$　イ．$a\times e=b\times f$　ウ．$a\times f=b\times e$

エ．$a\times b\times e=f$　オ．$a\times e\times f=b$　カ．$b\times e\times f=a$

(3) (1)，(2)より c，d，e，f の関係はどのようになりますか。

ア．$c\times d=e\times f$　イ．$c\times e=d\times f$　ウ．$c\times f=d\times e$

エ．$c\times d\times e=f$　オ．$c\times e\times f=d$　カ．$d\times e\times f=c$

［Ⅱ］ 自転車に乗る際には，変速機を適切に用いることで，①脚《あし》の負担を軽減しながら坂道を登れたり，②平地では車と併走《へいそう》できるほどのスピードを出すこともできます。

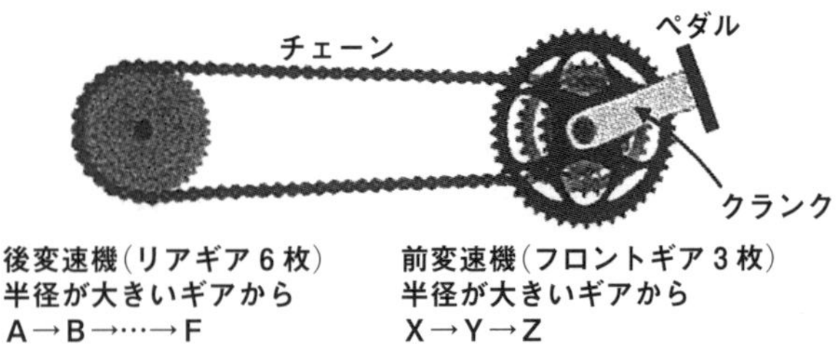

図2

この仕組みを，図2のような複数のギア(歯車)から構成される前変速機と後変速機をもつ図3のような自転車を用いて考えてみましょう。なお，ペダル側のフロントギアと後輪側のリアギアはチェーンでつながれており，チェーンを介してフロントギアとリアギアとにかかる力はどこでも同じです。

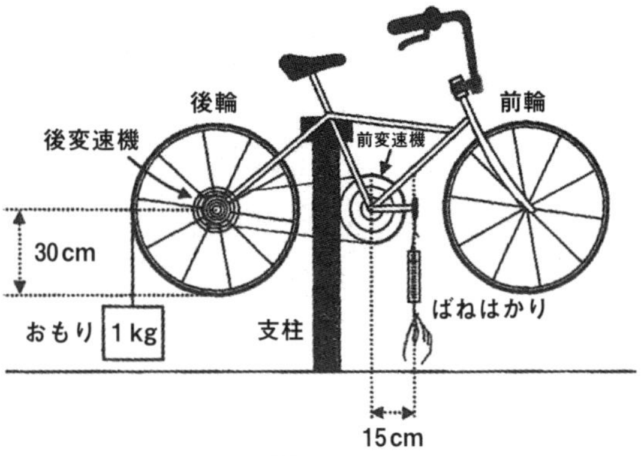

図3

フロントギアは3枚あり，それぞれの半径は大きいほうから

X(12cm)，**Y**(10cm)，**Z**(8cm)

です。フロントギアの回転のじくからペダルまで(クランクといいます)の長さは15cmです。

また，リアギアは6枚あり，それぞれの半径は大きいほうから

A(9cm)，**B**(8cm)，**C**(7cm)，**D**(6cm)，**E**(5cm)，**F**(4cm)

で，後輪の半径は30cmです。

ここで，図3のように1kgのおもりを後輪に取り付け，何kgの重さをペダルに加えるとおもりをつりあわせることができるか，ばねはかりを用いて測る実験を行います。ただし，クランクは水平を保ち，ばねはかりはクランクに対して垂直を保つものとします。

(4) 実験において，リアギアは**B**(8cm)に固定し，フロントギアを**Z**(8cm)に変えたとき，ばねはかりは何kgでつりあいますか。

(5) 実験において，フロントギアを**Y**(10cm)に固定し，リアギアを**E**(5cm)に変えたとき，ばねはかりは何kgでつりあいますか。

以下では，実際に図3のような自転車に乗るときのことを考えてみましょう。実験を参考にして，まずは下線部①に関して変速機の使い方を考えてみます。

(6) 坂道を登るときは，ペダルを大きな力で漕《こ》ぐ必要がありますが，その力をできるだけ少なくするためには，フロントギア，リアギアはそれぞれより大きめ，より小さめのどちらがよいですか。組み合わせとして最も適当なものを，右の表のア～エから選びなさい。

	フロントギア	リアギア
ア	大	大
イ	大	小
ウ	小	大
エ	小	小

(7) フロントギアを**Y**(10cm)，リアギアを**D**(6cm)にして登ることができるゆるやかな坂道Lがあります。また，同じギアで，坂道Lのときの$\frac{5}{3}$倍の力で登ることができる急な坂道Hがあります。フロントギアを**Z**(8cm)に変えて，坂道Lのときと同じ力で漕いで坂道Hを登るためには，リアギアはどれにすればよいですか。**A**～**F**の記号で答えなさい。

次に，下線部②に関して変速機の使い方を考えてみます。

(8) フロントギアを**X**(12cm)にして，ペダルを休まずに100回だけ漕ぎ続けると自転車は360m進みました。このときのリアギアはどれですか。**A**～**F**の記号で答えなさい。ただし，ギアは円と考え，円周率は3とします。

(9) 平地において，漕ぐペースは変えずにスピードを上げるためには，フロントギア，リアギアはそれぞれより大きめ，より小さめのどちらがよいですか。組み合わせとして最も適当なものを，(8)を参考にして，(6)の表のア～エから選びなさい。

3 2016年8月，ブラジルのリオデジャネイロでオリンピックが開催《かいさい》され，日本選手の活躍《かつやく》で，日本全国が盛り上がっています。

ダイ吉「お父さん，今日も日本選手がメダルを取ったよ！　この暑さなのに，みんなすごく頑張《がんば》っているよね。」

お父さん「そうだね。だけど，日本は今，夏だけど，リオデジャネイロは冬だよ。」

ダイ吉「そうだったね。8月は(①)からだよね。太陽の動きも日本とブラジルでは違うんでしょ。」

お父さん「地面に立てた棒のかげの動きから，太陽の動きを調べる方法があるだろう？」

といって，お父さんは下のような図(図1)を描《えが》きました。

ダイ吉「うん，聞いたことがあるよ。」

お父さん「例えば6月下旬《げじゅん》，リオデジャネイロで棒のかげの先端《せんたん》を結んだ線は，こんなふうになるんだよ。」

といって，下のような図(図2)を描きました。

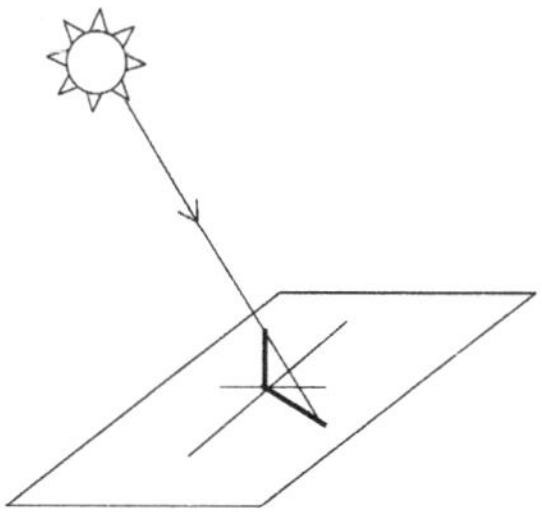

図1

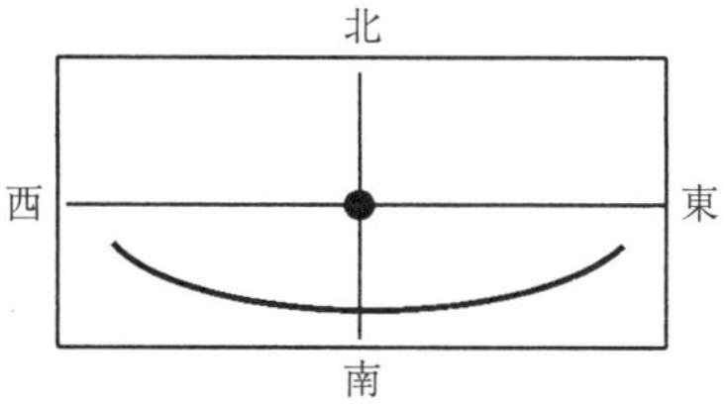

図2

ダイ吉「これって，リオデジャネイロでは，②太陽が真東よりも(a)寄りの方角から昇《のぼ》って，正午には頭の真上より(b)にあるってことだよね。」

お父さん「6月下旬，鹿児島と札幌ではどんな線になるか，描いてごらん。」

ダイ吉「③鹿児島を実線，札幌を点線で描くとこんな感じかな？　④夏の札幌では，鹿児島に比べて，太陽の南中高度が（ c ），昼の時間が（ d ）ことに注意して描いたよ。ところで，リオデジャネイロでの星の見え方って，どうなんだろう？」

お父さん「日本では８月の夜８時ごろ南の空に見えるさそり座や夏の大三角が，リオデジャネイロでは，（ ⑤ ）の夜８時ごろ北の空に見ることができるよ。⑥見え方はこのようになるぞ。」

ダ イ 吉「地図で見たけど，ブラジルって大きな国だよね。」

お父さん「ブラジルの国土面積は南アメリカ最大で，さらに世界最大のアマゾン川が流れているよ。」

ダ イ 吉「アマゾン川の流域には，広大なジャングルが広がり，⑦たくさんの動物が暮らしているんだよね。」

お父さん「だけど近年，ジャングルの木を大量に伐採《ばっさい》することでの，⑧環境《かんきょう》への影響《えいきょう》が指摘《してき》されているんだよ。」

ダ イ 吉「経済発展も大切だけど，自然も守っていかなければいけないね。」

⑴　(①)に入る説明として正しいものはどれですか。地球の線は赤道を表しています。

ア．地球が太陽に近づく　　　イ．地球が太陽から遠ざかる

ウ．北半球が太陽の方を向く　　　エ．南半球が太陽の方を向く

⑵　下線部②の（ a ），（ b ）に入る言葉の組み合わせとして，正しいものはどれですか。

ア．a：北　b：南　　イ．a：北　b：北

ウ．a：南　b：北　　エ．a：南　b：南

⑶　下線部③に関連して，６月下旬，鹿児島と札幌のかげの先端を結んだ線として，適当なものはどれですか。ただし，●は棒の位置，実線が鹿児島，点線は札幌を表しています。

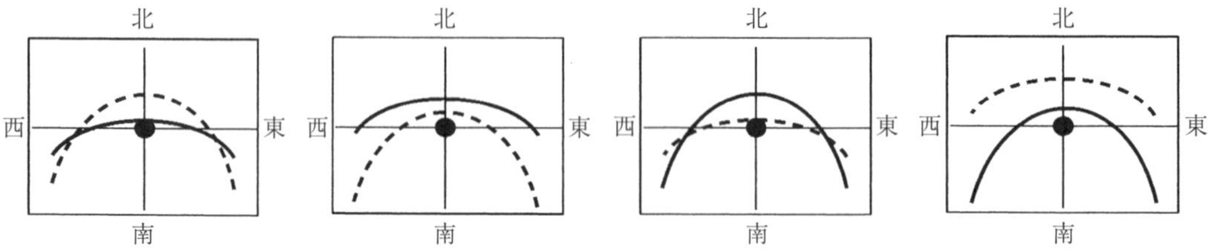

ア　　イ　　ウ　　エ

⑷　下線部④の（ c ），（ d ）に入る言葉の組み合わせとして，正しいものはどれですか。

ア．c：高く　d：短い　　イ．c：高く　d：長い

ウ．c：低く　d：短い　　エ．c：低く　d：長い

⑸　(⑤)にあてはまる月として，正しいものはどれですか。

ア．２月　　イ．５月　　ウ．８月　　エ．11月

(6)　下線部⑥に関連して，リオデジャネイロでのさそり座，夏の大三角，天の川の見え方として，適当なものはどれですか。

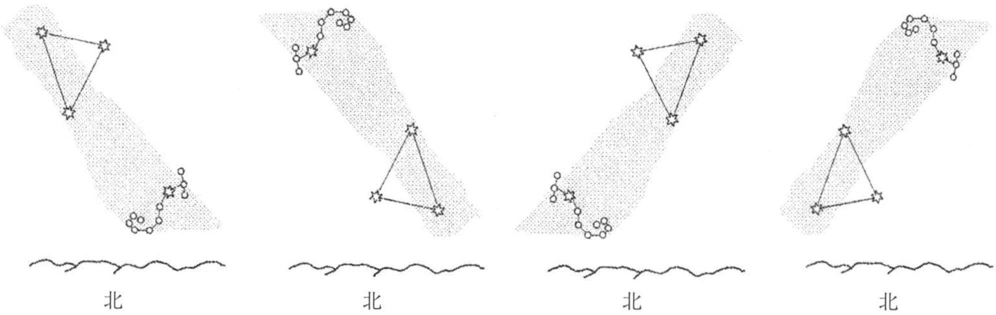

ア　　イ　　ウ　　エ

(7)　下線部⑦に関連して，アマゾン川の流域に，たくさんの動物が生息している理由として，間《ま》違《ちが》っているものはどれですか。

ア．雨が多く，水が豊富にあるから。

イ．一年中，温暖であるから。

ウ．たくさんの木がはえていて，隠《かく》れる場所が多いから。

エ．植物の放出する酸素が，豊富にあるから。

(8)　下線部⑧に関連して，ジャングルの木を大量に伐採することによる環境への影響として，間違っているものはどれですか。

ア．周辺海域の海水温が上がり，降水量が増加する。

イ．土の中に蓄《たくわ》える水が減り，乾燥《かんそう》化《か》が進む。

ウ．温室効果ガスが増加して，地球の平均気温が高くなる。

エ．大雨時に川に流れ込《こ》む水量が増え，周辺地域で洪水《こうずい》が起こりやすくなる。

4　〔A〕 次の文を読んで問いに答えなさい。

水溶《よう》液A，B，C，D，Eと固体X，Y，Zを使って実験をしました。水溶液A～Eは過酸化水素水，石灰《かい》水，アンモニア水，炭酸水，塩酸のいずれかで，固体X～Zは二酸化マンガン，石灰石，アルミニウムのいずれかです。

実験１　水溶液A～Eのそれぞれに赤色リトマス紙をつけたとき，色が変わったのは水溶液BとCだけであった。

実験２　水溶液A～Eをそれぞれ熱したとき，水溶液Cだけ固体が残り，そのほかはすべてなくなった。

実験３　固体Xを水溶液Aに加えたとき発生した気体は，ものを燃やす働きがあった。

実験４　固体Yを水溶液Dに加えたとき発生した気体と，実験２で水溶液Eを熱することで発生した気体は同じ気体であった。

実験５　固体Zは水には溶《と》けないが，水溶液Dには溶け，そのとき気体も発生した。

(1)　水溶液A，D，固体Zはそれぞれ何ですか。

(2)　①実験４で発生した気体，②実験５で発生した気体の性質として正しいものをそれぞれ２つずつ選びなさい。

ア．空気より軽い。

イ．水に溶けにくい。

ウ．酸性雨の原因となる。

エ．地球温暖化の原因と考えられている。

オ．固体として存在しているものは，保冷剤《ざい》として利用されている。

(3) 水溶液Cと少量の水溶液Eを混ぜたら，どのような変化が見られますか。10字以内で書きなさい。

〔B〕 次の文を読んで問いに答えなさい。

一般に，炭素と水素だけからなる物質は，「炭化水素」と呼ばれています。例えば，メタンガスやプロパンガスのような炭化水素があり，燃料として使われています。炭化水素を燃やすと，次のような反応で，二酸化炭素と水になります。

炭化水素＋酸素──→二酸化炭素＋水

いま，4種類の炭化水素ア～エがあります。これらをそれぞれ1gずつとってすべて燃やしたところ，生じた二酸化炭素と水の重さは表1のようになりました。

また，炭化水素を燃やすと，熱も発生します。1gの炭化水素を燃やし，10℃の水200gをそれぞれ温めたところ，水の温度は表2のような温度になりました。

炭化水素	二酸化炭素	水
ア	3.07g	1.47g
イ	2.93g	1.8g
ウ	3g	1.64g
エ	2.75g	2.25g

表1

炭化水素	温度
ア	68℃
イ	72℃
ウ	70℃
エ	76℃

表2

(1) 同じ重さの炭化水素を燃やすとき，最も多くの酸素が必要なものは，ア～エのどれですか。

(2) 同じ重さの炭化水素を燃やすとき，最も多くの熱が発生するのは，ア～エのどれですか。

(3) 10℃の水1000gを34℃にするためには，炭化水素アを何g燃やせばよいですか。答えは，小数第1位を四捨五入して整数値で求めなさい。

(4) 4gの炭化水素エと酸素8gを混ぜて燃やすとき，生じた水は何gですか。また，このとき発生した熱を使って，10℃の水1000gを温めると，何℃になりますか。

(5) 炭化水素イとウを合計5.5gを混ぜて，酸素を十分に加えて燃やしました。そのとき発生した熱で10℃の水1000gを温めたら，77℃になりました。炭化水素イは何g含まれていましたか。

三

I　次のI・IIの問いに答えなさい。〈十五点〉

次の①～⑩の傍《ぼう》線部のカタカナの語を漢字に改めなさい。

① 細かいことについては、各自のサイリョウに委《ゆだ》ねられた。
② サウジアラビアはＯＰＥＣのメイシュとされる。
③ フクシンの部下に裏切られ、彼《かれ》は衝撃《しょうげき》を受けた。
④ 仲人《なこうど》がお祝いのコウジョウを述べた。
⑤ 禍《か》根を残さないよう、ゼンゴサクを講じる必要がある。
⑥ 昆《こん》虫をセッシャした画像を保存した。
⑦ プレゼントを赤い紙でホウソウした。
⑧ 彼の優秀《しゅう》さはシュウモクの一致《ち》するところだ。
⑨ 悪友にそそのかされて、道をアヤマる。
⑩ 勝つための作戦をネる。

II　次の⑪～⑮において、下段は上段の語句の意味を示している。空欄《らん》に当てはまる適切な漢字一字を、それぞれ記しなさい。

⑪ 猫《ねこ》の□　＝場所が狭《せま》いこと。
⑫ □が利《き》く　＝わずかな兆候を、巧《たく》みに探《さぐ》り当てること。
⑬ □がはやい＝食物などが腐《くさ》りやすいこと。
⑭ □がかかる＝強いものの庇護《ひご》や影響《えいきょう》の下《もと》にあること。
⑮ □が通う　＝形式的・事務的ではなく、人間らしい思いやりが感じられること。

B 途方に暮れた

イ 道をまちがった　**ロ** 手ぐすねひいた

ハ 時間が過ぎ去った　**ニ** 手立てがなかった

ホ 行方《ゆくえ》も知れなかった

問二　傍《ぼう》線部①「気持ちばかりは焦るのに、なかなか踏ん切りがつきません」とありますが、どういうことですか。五十字以内で説明しなさい。

問三　傍線部②「ツバメは自分でもびっくりしてしまいました」とありますが、どういうことにびっくりしたのですか。四十字以内で説明しなさい。

問四　傍線部③「鮮やかに目に飛び込んでくる」とはどういうことですか。その説明として、次の中から最も適切なものを選び、符号を書きなさい。

イ　迷いが晴れたツバメの目には、悩んでばかりでいた先ほどまでと違い、町の一つ一つの風景が生き生きと見えるようになった、ということ。

ロ　明日出発しようと思えたツバメには、この町の風景が二度と見られないと思われたため、一つ一つが名残惜《なごりお》しく感じられた、ということ。

ハ　この町に励《はげ》まされたように感じたツバメが改めてこの町の風景を見ると、あらゆる所に自分を応援《えん》してくれる町の姿があることに気づかされた、ということ。

ニ　気持ちが楽になったツバメが町を眺めてみると、町は既《すで》に秋になろうとしていて、その哀愁《あいしゅう》と慈《じ》愛の入り混じる様子に感動させられた、ということ。

ホ　いつもの気持ちに戻《もど》ることができたツバメの目には、いつも通りの幸せそうな町の風景が、いつもよりも実感を持って見えた、ということ。

問五　傍線部④「閉じられた輪の中をぐるぐると永遠に飛び続けているような気分」とありますが、どのような気分なのですか。その説明として、次の中から最も適切なものを選び、符号を書きなさい。

イ　町の美しさをおじさんに教えてもらえたうれしさと、そのうれしさをおじさん自身と共有できない哀しみが繰《く》り返し訪《おとず》れて、どっちつかずの気分。

ロ　町の風景にとらわれて苦しいような、それでいて気持ちは自由でうれしいような、矛盾《むじゅん》する気持ちにからめとられている不思議な気分。

ハ　どうしようもない孤《こ》独の中で、永遠に自分だけにしか分からない気持ちをかかえて飛び続けなければならないことに、哀しみを抱《いだ》いている気分。

ニ　美しい町の風景を独り占《じ》めできた喜びと、そのすばらしさを孤独に味わうしかない哀しみとのどちらの気持ちにも落ち着けないでいる気分。

ホ　眼前の風景の美しさの本質が、孤独な町での生活で生まれたはかない喜びにすぎないことを知りつつ、その現実から目をそらさずにいられない気分。

問六　傍線部⑤「それでも僕は、同じ僕なのだろうか」とありますが、ツバメはここでどういうことを考えているのですか。七十字以内で説明しなさい。

えるビルの窓際《ぎわ》に座《すわ》って、朝からずっと熱心に仕事をしていたおじさんが、突《とつ》然机から体を起こしたかと思うと、大きく両腕《うで》をあげて大きなアクビをするところが見えました。ガラスの向こうで声は聞こえないはずなのに、音まで聞こえてくるような、それはそれは立派で見事なアクビでした。

大きく伸《の》びをしてから、かけていた眼鏡を外して涙《なみだ》を浮《う》かべた目をこするおじさんの姿を見て、ツバメは思わずクスクスと笑ってしまいました。そしてなんだかわからないけれどすっと気が楽になって、ふと、やっぱり明日出発しよう、と思ったのでした。あまりにも自然にそう思ったので、②ツバメは自分でもびっくりしてしまいました。だいじょうぶだよ。きっとだいじょうぶ。あのおじさんを通して、この町にそう言われたような気がしていました。

それからも日が暮れるまで、ずっとその電線の上からいつものように町を眺めて過ごしました。もうツバメは、迷ってはいませんでした。すると、どういうわけか町の景色が、思い悩《なや》んでいたさっきまでよりもずっと③鮮《あざ》やかに目に飛び込んでくることに気がつきました。学校帰りの男の子たちが五、六人、なにか叫《さけ》びながら楽しそうに道路を駆《か》け抜《ぬ》けてゆくのが見えました。風に吹《ふ》かれて、たくさんの電線が同じリズムで揺《ゆ》れています。よく見れば、街路樹の葉っぱの色もずいぶんと茶色くなりました。葉っぱが少なくなったせいか、同じ場所から眺めていても、いつの間にかずいぶん遠くまで見渡《わた》せるようになっています。

不思議なものだとツバメは思いました。こうして改めて眺めてみると、季節が一つ巡《めぐ》っただけなのに、大好きだった夏のこの町と、秋になろうとしているこの町では、なんだかまるで違《ちが》う町のようにも見えてくるのでした。夏の頃よりも影《かげ》の色がずっと淡《あわ》く、建物の輪郭《かく》が穏《おだ》やかで、冷たくなったとばかり思っていた風には、冷たさの中に慈《いつく》しみがありました。午後の優《やさ》しい光があちこちににょきにょきと建っているビルの窓ガラスに反射して、キラキラと輝《かがや》いています。

ツバメはその景色をとても美しいと思いました。そしてもしかしたらこの瞬《しゅん》間を見ているのは世界中で自分だけなのかもしれない、という考えが頭を過《よぎ》って、そんな光景を自分だけが見ることのできたといううれしさと、その美しさを誰《だれ》とも分かち合えないという哀《かな》しさに挟《はさ》まれて、④閉じられた輪の中をぐるぐると永遠に飛び続けているような気分になりながら、せめてこの景色を忘れないようにしようと、目をぱちくりと大きく見開くのでした。

それにしても、なにもかもいつまでも変わらないようでいて、すこしずつ変わってゆくものだと、ツバメは思いました。僕だってついこの間までは巣の中で鳴くことしかできなかったのに、いまはこうして電線の上で行き交《か》う人を眺めて、明日には長い旅に出て、まだ知らない町に住むことになる。これからやったことのないことをいっぱい経験して大人になってゆく。でも、⑤それでも僕は、同じ僕なのだろうか。いま心を奪《うば》われた美しい瞬間や、いま考えていることを、ずっと忘れずにいることができるのだろうか。

日が沈《しず》んで、ぐっと冷え込んだ寒さに身を縮こまらせて、草の間から聞こえてくる虫の声に耳を澄《す》ませながら、そんなことをぐるぐると考えているうちに、ツバメはいつの間にか眠《ねむ》ってしまいました。

（クサナギシンペイ「誰も知らないツバメの話」より）

問一　波線部**A**と**B**の語句とほぼ同じ意味の語句を、それぞれ後の選択肢《たくし》から選び、符《ふ》号を書きなさい。

A　あてどない

イ　先の見えない　**ロ**　とてつもない

ハ　やんごとない　**ニ**　あてにならない

ホ　抑《おさ》えようのない

「たしかに……」

人間にとって、時間は自由にならない。時間は誰《だれ》に対しても平等に過ぎていく。だからこそ、時間を無駄にせず、有効に使わなくてはならない。私が電車での移動時間に手帳を開いたのも、コンピュータを開こうとしていたのも、そのためである。しかし、その時、隣に熱中がいたのである。その小さな熱中は流れゆく時間も存在している空間もなく、ただただ熱中していた。時間は誰に対しても平等に過ぎてはいなかったのである。私は、その小学生に羨ましさを感じてしまった。その羨ましさとはどこに向かったものだったのか。

小学生がふんだんに持っている時間に対してか、それとも、あの熱中の仕方にか。

答えは分かっている。しかも、その気持ちが、あの電車で半ズボン姿の小学生の隣に座った時から始まっていたことも分かっているのである。

（佐藤雅彦《さとうまさひこ》「たしかに……」）

問一　この文章にはもともと「本に熱中するあまり、お店を広げていることも忘れているのである。」という一文が含《ふく》まれていました。どこに入れるのが最も適切ですか。入れる箇所の直前の五文字を答えなさい。

問二　傍《ぼう》線部**A**「小学生」のことを、筆者は「男の子」「自分」「その子」「君」「彼」以外にどう呼んでいますか。文中から二種類の呼び方を抜《ぬ》き出しなさい。

問三　傍線部**B**「一心□□」、傍線部**D**「□□一夕」の□に適切な漢字を入れ、四字熟語を完成させなさい。

問四　傍線部**C**「おつりが来るほどだった」とは、どういうことですか。七十五字以内でわかりやすく説明しなさい。

問五　傍線部**E**「自分の中に、ある感情が横たわっていた」とありますが、それはどういう感情ですか。百字以内で説明しなさい。

問六　傍線部**F**「それだけを見つけて楽しもうなんて虫のいい話である」とありますが、どういう態度に対してそう言っているのですか。七十五字以内で具体的に説明しなさい。

問七　傍線部①～⑤のカタカナの語を漢字に改めなさい。

二　次の文章を読んで、後の問いに答えなさい。（字数制限のある問題は、句読点も一字に数えます。）〈四十点〉

その日も、ツバメはお気に入りの電線から町の景色を眺《なが》めながら、明日からのことをずっと考えていました。日を重ねるごとに、毎日一歩一歩、秋へと移り変わってゆくのがツバメにもひしひしと感じられました。はやく出発しなくちゃ。このところずっとそのことで頭がいっぱいでした。①気持ちばかりは焦《あせ》るのに、なかなか踏《ふ》ん切りがつきません。この町を去ることについて考えれば考えるほど、ちゃんと南へ辿《たど》り着けるだろうか。新しい町が気に入らなかったらどうしよう。それよりなにより、途《と》中で死んじゃったらどうしよう。そんな**A**あてどない不安がとめどなく溢《あふ》れ出して、小さな心臓が張り裂《さ》けそうになってしまうのでした。まるで一人だけちっとも飛べるようにならずに、どんどん飛べるようになっていく他《ほか》の兄弟たちの背中を眺めて**B**途方に暮れた幼い頃《ころ》のようでした。

ちゃんと別れを噛《か》みしめたいとかもっともらしいことを言ったって、結局は南へ行くのが怖《こわ》いだけじゃないか。僕《ぼく》はなんてダメなんだろう。ツバメの気持ちはどんどんと暗く落ち込《こ》んでいくばかりでした。

もういっそのこと、ここで冬を越《こ》しちゃおうか……。

もう何度出たかしれない弱気が、つい口をついて出かかったときのことです。なにかが動いたような気がして顔を上げると、向こうに見まで入り込んでるわけ!?

想像するに、最初にぴたっと止まったページには、彼《かれ》が驚《おどろ》くような出来事が書いてあったのであろう。例えば、物語の主人公が、見事な推理をしてある問題を解決した、とか。そして、その小学生は、その推理の元となった叙《じょ》述を再確認するために、数十ページ前まで慌《あわ》てて遡《さかのぼ》ったのである。そして、あらためて読み直すと、そこにはある事実が隠《かく》れていたのを発見したのだった。そこで思わず、彼の口から、「たしかに……」。

そして私は、この小さな小学生に、およそ似つかわしくない「たしかに」という言葉遣《づか》いに思わず吹き出しそうになった……。

私は、ますます、その本のタイトルを知りたくなった。大人気ないが、私もその本を読んで、その箇所で「たしかに……」ってなりたくなったのである。

急に、その子が立ち上がった。降りる駅が来たのである。私の目は必死に、閉じつつあるその本を追い続けた。ここで逃《のが》すとそのチャンスは永遠にない。一瞬、タイトルの一部が見えた。かろうじて一部が見えたのである。そこには『ドリトル先生なんとかかんとか』と書かれていたのだった。

数日後、私は事務所の近くの図書館の児童文学の棚《たな》の前にいた。もちろん、あの小学生の持っていた本を見つけに来たのである。あの小学生のように「たしかに……」ってなりたくて来たのである。でも、困ってしまった。『ドリトル先生なんとかかんとか』は12冊もあったのである。

試《ため》しにその中から『ドリトル先生月から帰る』というタイトルを手にした。しかし、目次を見ただけでは、この本のどこで手がぴたっと止まり、どこであの「たしかに……」が生まれるのか、皆《かい》目見当がつかない。『ドリトル先生と②ヒミツの湖』という「たしかに……」が生まれそうなタイトルも開けてみた。しかし、拾い読みでは分かりようがなかった。私は全12巻を前に途《と》方に暮れた。「たしかに……」はD□□一夕《せき》では手に入りそうもないのである。やはり、最初の1行から紐《ひも》解かないと無理なのであろうか。紐を必死で手繰《たぐ》るように読み進んだあかつきの、あの『たしかに……』なのであろう。

そして、その「たしかに……」という③キョウチが安直に得られないということが分かった私は、同時に、E自分の中に、ある感情が横たわっていたことに気付いてしまった。いや、薄《うす》々感じてはいたのだが、正直言うと、気付きたくはなかったのかもしれない。そして、この「たしかに……」さえ手に入れれば、それは知らなかったものとして済ませられるのではないかという妙な期待もあった。

では、その知りたくなかった感情とはどういうものであろうか。

私は、ドリトル先生の本が④トクテイできなかった時、まず、自分の態度に「たしかに……」を享《きょう》受する資格がないことを思い知らされた。それは熱中の賜《たまもの》であったのである。Fそれだけを見つけて楽しもうなんて虫のいい話である。そしてその時、私は、あの小学生に軽い嫉妬《しっと》のようなものを覚えていたのにも気付いたのであった。嫉妬と言う言葉が激しすぎるとしたら、羨《うらや》ましい気持ちと言ってもいいかもしれない。では、その羨ましさとは何か。そして、それはどこから来ているのか。

私は、あの日、地下鉄に乗った時、いつものように移動時間を有効に使おうと、座るやいなや手帳を開いて今日の予定を確認した。そこには、いつものように出席すべき会議が⑤レッキョされていた。その確認作業が終われば、コンピュータを開いて、来ているメールを確かめるつもりであった。返事を求めるメールがたくさん来ているはずだ。そして、一本でも出せば、義務は減る。私は忙《いそが》しい、私の時間は埋め尽《つ》くされている。そんな時、聞こえてきたのだった、あの言葉が。

平成二十九年度 ラ・サール中学校

【国　語】（六〇分）〈満点：一〇〇点〉

一　次の文章を読んで、後の問いに答えなさい。（字数制限のある問題は、句読点も一字に数えます。）〈四十五点〉

自宅の最《も》寄り駅から地下鉄に乗り込《こ》むと、電車の座席は微妙《びみょう》な空き具合であった。

寒い時期ということもあり、着膨《ぶく》れた乗客がみんな左右に余裕《ゆう》を取って座《すわ》っている。結果、混《こ》んではいないが、座るには勇気のいる車両になっていた。やむを得ず、ドアの脇《わき》で立ちん坊《ぼう》を決め込んだ。帰宅で混み合う時間帯には、まだまだ早い午後2時頃《ごろ》の有楽町線のことである。

ふと目の先に、ランドセルを背負ったまま本に夢中になって座っている小さなA小学生がいるのに気が付いた。背格好からして、まだまだ低学年だということが分かった。絵本ではなく、字のやや多い本を読んでいるように見えたので、小学校の二年生くらいであろうか。半ズボン姿のその小さな男の子は、自分が座っている席の左側に、紺《こん》色の上履《ば》き袋《ぶくろ》や工作で作ったような紙の箱を投げ出している。

私は、その子の前に立った。すると目の前に立たれたことに気が付いたその子は、私の方をじっと見上げた。そしてめんどくさそうに荷物を自分の膝《ひざ》の上におもむろに置いた。

『電車の中で、他《ほか》のお客さんの迷惑《わく》になるようなことは駄目《だ》だよ』

そんな目だけの会話が、どうやら通じたようだった。私が腰掛《こしか》けると、その小学生は、もうすでに本に戻《もど》っていた。B一心□□に図書館のシールが貼《は》ってあるハードカバーに顔を埋《う》めていた。他の乗客のほとんどがスマートフォンに指を置き、①コキザみに滑《すべ》らせているのに対して、なぜか、その姿は好感が持てた。荷物を投げ出すような公共マナーに反した行為《い》を差し引いても、Cおつりが来るほどだったのである。

何を読んでいるのだろうと好奇《き》心がむくむくと湧《わ》いたが、残念ながら角度的に表紙のタイトルを読むのは無理であった。その熱中度から、探偵《てい》ものとかではないかと推測した。私はタイトルの探索《さく》は諦《あきら》め、自分の手帳を鞄《かばん》から取りだし、その日のそれからの予定を確認《にん》することにした。

2、3駅が過ぎ、手帳をしまって隣《となり》を見ると、相変わらずその半ズボンは本をにらめつけるように読んでいる。そして時折、ページをめくり、しばらくすると、また次のページをめくっていた。その様子を見るともなくぼんやり見ていると、ある瞬間《しゅん》、あるページのある行で目が止まったように思えた。それまでゆっくりと顔を回転させ行を追っていたのが、ぴたりと動かなくなったのである。当然ページめくりの手も動かない。じっと同じ行を読み返しているように思えた。

すると突然《とつ》、今度は、ページを今まで読んできた方に向かって、勢いよく逆にめくりだしたのである。一体何が起こったのだ。逆に戻りながら、時々、手を止め拾い読みしたかと思うと、また勢いよくめくりだす。何かを探している、何かを探しているのだ、私にはそう思えた。そして遂《つい》に、ある箇《か》所を探《さぐ》り当てると、じいっと読み出した。緊《きん》迫《ぱく》が隣の私にも伝わってきた。そして、それまで何も発していなかったその小学生が一言つぶやいた。

「たしかに……」

私は、吹《ふ》き出しそうになった。

何が〝たしかに〟なんだよ!?　何を納《なっ》得したんだよ、君は!?　そこ

平成29年度
ラ・サール中学校 ▶解説と解答

算 数 (60分) <満点：100点>

解 答

1 (1) 4.5 (2) 2280 (3) $4\frac{2}{7}$ 2 (1) $\frac{1}{3}$ (2) **男子**…53人, **女子**…50人 (3) 7.85cm^2 (4) 72個 (5) 3時間38分 3 (1) 180 g (2) 7.2% 4 (1) 2：35 (2) 4：3 (3) 7：3 5 (1) 解説の図②を参照のこと。 (2) 17：7 6 (1) 27 (2) イcm…3分30秒後, イ＋ウcm…10分30秒後 (3) イ 21 ウ 20 エ 11

解 説

1 四則計算, 計算のくふう, 逆算

(1) $\frac{1}{3}+\left(\frac{2}{3}\times 5-1.5\div 1.8\right)\div 0.6=\frac{1}{3}+\left(\frac{10}{3}-\frac{1.5}{1.8}\right)\div 0.6=\frac{1}{3}+\left(\frac{20}{6}-\frac{5}{6}\right)\div\frac{3}{5}=\frac{1}{3}+\frac{15}{6}\times\frac{5}{3}=\frac{2}{6}+\frac{25}{6}=\frac{27}{6}=\frac{9}{2}=4.5$

(2) $63\times 19+62\times 54-37\times 21-16\times 93=21\times 3\times 19+31\times 2\times 54-37\times 21-16\times 31\times 3=21\times(3\times 19-37)+31\times(2\times 54-16\times 3)=21\times(57-37)+31\times(108-48)=21\times 20+31\times 60=420+1860=2280$

(3) $2\div\left(\frac{5}{6}-\frac{1}{4}\right)=2\div\left(\frac{10}{12}-\frac{3}{12}\right)=2\div\frac{7}{12}=2\times\frac{12}{7}=\frac{24}{7}$より, $2\frac{3}{4}-2\div\left(\square-\frac{24}{7}\right)=\frac{5}{12}$, $2\div\left(\square-\frac{24}{7}\right)=2\frac{3}{4}-\frac{5}{12}=\frac{11}{4}-\frac{5}{12}=\frac{33}{12}-\frac{5}{12}=\frac{28}{12}=\frac{7}{3}$, $\square-\frac{24}{7}=2\div\frac{7}{3}=2\times\frac{3}{7}=\frac{6}{7}$ よって, $\square=\frac{6}{7}+\frac{24}{7}=\frac{30}{7}=4\frac{2}{7}$

2 計算のくふう, 割合と比, 面積, 場合の数, 速さと比

(1) 分母は, 366×456＋369＝(369－3)×456＋369＝369×456－3×456＋369＝369×456－1368＋369＝369×456－999＝3×123×456－3×333＝3×(123×456－333)なので, 分子の3倍である。よって, この分数を簡単にすると$\frac{1}{3}$になる。

(2) 出席者の男子と女子の人数の比は13：11で, 人数の差は8人だから, 8人は比の, 13－11＝2にあたる。よって, 出席者の男子, 女子の人数はそれぞれ, 8÷2×13＝52(人), 52－8＝44(人)なので, 欠席者がいないときの男子の人数は, 52＋1＝53(人), 女子の人数は, 44＋6＝50(人)である。

(3) 右の図①で, 正方形ABCDの面積は, (3＋1)×(3＋1)－1×3÷2×4＝16－6＝10(cm^2)である。ここで, 円の半径を□cmとすると, 円と正方形ABCDの面積の比は, (□×□×3.14)：{(□×2)×(□×2)}＝(□×□×3.14)：(□×□×4)＝3.14：4となる。よって, 斜線《しゃせん》

図①

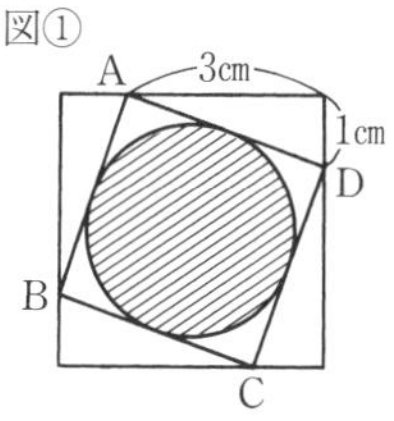

図②

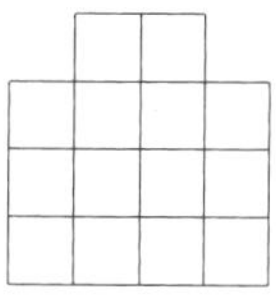

図③

たて＼横	1	2	3	4
1	14	10	6	3
2	10	7	4	2
3	6	4	2	1
4	2	1		

部の面積は，$10\times\frac{3.14}{4}=7.85(\mathrm{cm}^2)$と求められる。

(4)　上の図②で，一番小さい正方形の1辺の長さを1とすると，たて，横の長さが1～4である長方形の個数は上の図③のようになる。よって，図②の中にある長方形の個数は全部で，$14+10+6+3+10+7+4+2+6+4+2+1+2+1=72$(個)である。

(5)　$3\times60\div(30+5)=180\div35=5$余り5より，A町からB町へ行くときには，30分走って5分休むことを5回くり返したのちに，5分走ってB町に着いている。つまり，行きに走った時間の合計は，$180-5\times5=155$(分)である。よって，速さを行きの$\frac{5}{6}$にした帰りでは，走った時間の合計は，$155\div\frac{5}{6}=186$(分)であり，40分走るたびに休んだので，$186\div40=4$余り26より，休んだ回数は4回とわかる。したがって，帰りにかかった時間は，$186+8\times4=218$(分)，$218\div60=3$余り38より，3時間38分と求められる。

3　濃《のう》度《ど》

(1)　6％の食塩水に水を加えて4％の食塩水を作るとき，濃度は，$4\div6=\frac{2}{3}$(倍)になるから，食塩水の重さは，$1\div\frac{2}{3}=\frac{3}{2}$(倍)になる。つまり，4％の食塩水は，$360\times\frac{3}{2}=540$(g)できる。よって，初めに水を，$540-360=180$(g)入れると4％の食塩水ができる。

(2)　初めの食塩水に含《ふく》まれていた食塩の重さは，$360\times0.06=21.6$(g)である。また，最後にできた4％の食塩水900gには食塩が，$900\times0.04=36$(g)含まれている。よって，あとで入れた食塩水A200gには食塩が，$36-21.6=14.4$(g)含まれていたので，食塩水Aの濃度は，$14.4\div200\times100=7.2$(％)とわかる。

4　平面図形―辺の比と面積の比

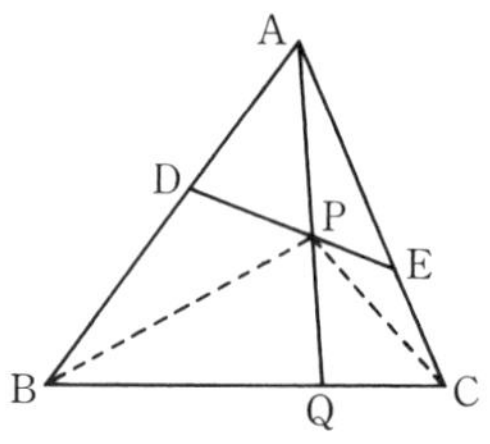

(1)　左の図で，三角形PECの面積を1とすると，AE：EC＝2：1より，三角形APEの面積は2となる。次に，DP：PE＝3：2より，三角形ADPの面積は，$2\times\frac{3}{2}=3$となり，三角形ADEの面積は，$3+2=5$となる。さらに，AD：AB＝3：(3＋4)＝3：7，AE：AC＝2：(2＋1)＝2：3である。よって，三角形ABCの面積は，$5\times\frac{7}{3}\times\frac{3}{2}=\frac{35}{2}$だから，三角形PECと三角形ABCの面積の比は，$1:\frac{35}{2}=2:35$である。

(2)　AD：AB＝3：7より，三角形ABPの面積は，$3\times\frac{7}{3}=7$なので，三角形ABPと三角形ACPの面積の比は，7：(2＋1)＝7：3である。よって，三角形PBQと三角形PCQの面積の比も7：3で，その面積の和は，$\frac{35}{2}-(7+3)=\frac{15}{2}$だから，三角形PCQの面積は，$\frac{15}{2}\times\frac{3}{7+3}=\frac{9}{4}$となる。したがって，三角形APCと三角形PCQの面積の比は，$3:\frac{9}{4}=4:3$なので，AP：PQ＝4：3である。

(3)　(2)より，BQ：QC＝7：3である。

5　立体図形―構成，分割，展開図，体積

(1)　問題文中の図1，図2に立方体の残りの頂点F，G，H，辺DEの真ん中の点N，切り口の線を書き入れると，それぞれ下の図①，図②のようになる。ただし，点Oは，AN，FE，BMをそれぞれ延長した線の交点である。

(2)　図①で，CM＝EMより，三角形MBCと三角形MOEは合同だから，BC＝OEである。よって，

図①

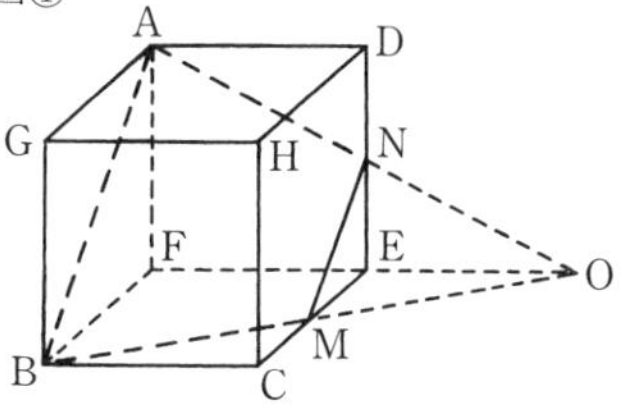

図②

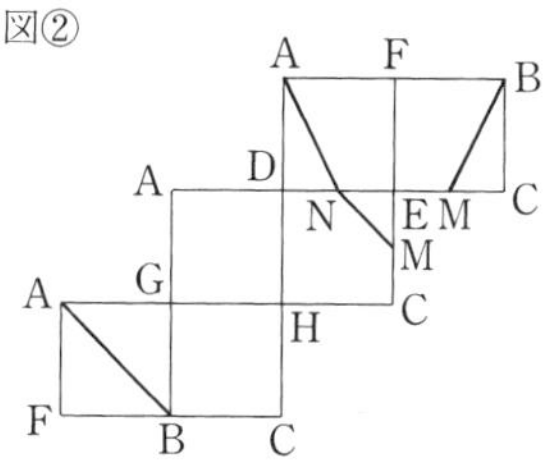

立方体の１辺の長さを２とすると，三角すいO－FABの体積は，$2\times2\div2\times(2+2)\div3=\frac{8}{3}$，三角すいO－ENMの体積は，$1\times1\div2\times2\div3=\frac{1}{3}$となる。また，立方体の体積は，$2\times2\times2=8$である。したがって，頂点Fを含む側の立体の体積は，$\frac{8}{3}-\frac{1}{3}=\frac{7}{3}$，頂点Cを含む側の立体の体積は，$8-\frac{7}{3}=\frac{17}{3}$なので，立方体は，$\frac{17}{3}:\frac{7}{3}=17:7$の体積比に切り分けられている。

6 グラフ―水の深さと体積

⑴ 問題文中のグラフより，水面の高さは，最初の１分間に6 cm，最後の，16－15＝1（分間）に，52－50＝2（cm）増えるから，最初の１分間と最後の１分間の水面の面積の比は，$\frac{1}{6}:\frac{1}{2}=1:3$である。よって，右の図①の水そうの横の長さは，30×３＝90（cm）なので，アに入る数は，90－（30＋33）＝27とわかる。

図①

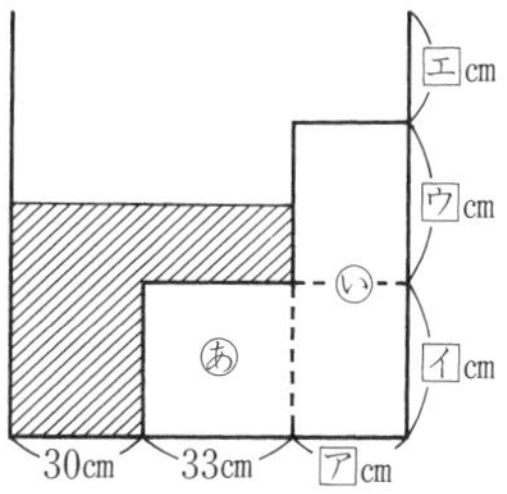

図②

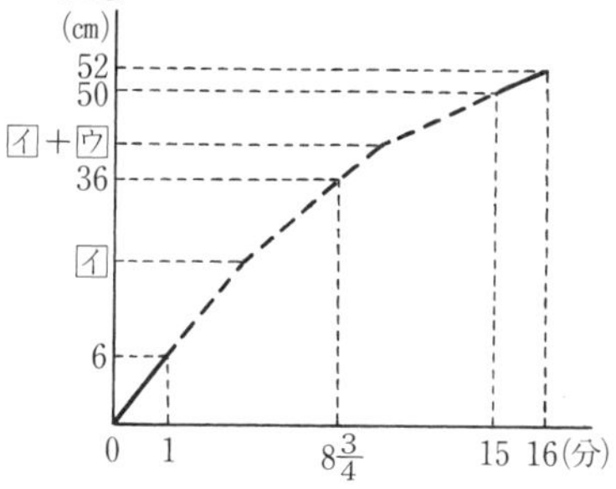

⑵ 図①で，１分後の水のある部分の断面積は，６×30＝180（cm^2）だから，８分45秒後の断面積は，$180\times8\frac{45}{60}=180\times8\frac{3}{4}=1575$（$cm^2$）である。よって，あの部分の面積は，36×（30＋33）－1575＝693（cm^2）なので，イの長さは，693÷33＝21（cm）であり，上の図②で，21÷６＝3.5（分），0.5×60＝30（秒）より，高さがイcmとなるのは水を入れ始めてから３分30秒後となる。次に，15分後の水のある部分の断面積は，180×15＝2700（cm^2）なので，いの部分の面積は，50×90－2700－693＝1107（cm^2）である。したがって，（イ＋ウ）cmの高さは，1107÷27＝41（cm）で，水面の高さが41cmから50cmになるまでに，（50－41）×90÷180＝4.5（分）かかるから，15－4.5＝10.5（分），0.5×60＝30（秒）より，高さが（イ＋ウ）cmとなるのは水を入れ始めてから10分30秒後である。

⑶ ⑵より，イ，ウ，エに入る数はそれぞれ，21，41－21＝20，52－41＝11である。

社　会　（40分）<満点：50点>

解　答

1 **問１** イ　**問２** 沖縄（県）　**問３** ⊗　**問４** 勝海舟　**問５** **ア** 愛媛（県）　**イ**（解説を参照のこと。）　**問６** エ　**問７** ウ　**問８** ブラジル，イ　**2** **問１** **1** 潮目　**2** 大陸棚　**3** 栽培　**4** ブランド　**問２** ⑴ **A** オ　**B** イ　⑵ エ　⑶ 銚子　**問３** ⑴ **地名**…三陸海岸　**地形名**…リアス海岸　⑵ **暖流名**…日本海流（黒潮）　**寒流名**…千島海流（親潮）　**問４**（例）各国が200海里の経済水域を設定したから。／船の燃料費が値上がりしたから。　**問５** カ　**問６**（例）燃料　**3** **問１** オ　**問**

2　エ　**問3**　ア　**問4**　エ　**問5**　ウ　**問6**　イ　**問7**　イ　**問8**　ウ

4　**問1**　ウ(と)エ(の間)　**問2**　イ(と)ウ(の間)　**問3**　**ア**　E(と)F(の間)　**イ**　G(と)H(の間)　**ウ**　J(と)K(の間)　**問4**　鑑真　**問5**　イ　**問6**　ウ　**問7**　(例)開国し，米を輸入できたから。　**問8**　秩父(埼玉)　**問9**　新渡戸稲造

解説

1　鹿児島マラソンを題材にした問題

問1　地方自治における首長のうち，都道府県知事の被選挙権は満30歳以上，市町村長(東京特別区の区長をふくむ)の被選挙権は満25歳以上，地方議会議員の被選挙権はすべて満25歳以上である。また，国の政治では，衆議院議員の被選挙権は満25歳以上，参議院議員の被選挙権は満30歳以上である。よって，イが正しい。

問2　この2つの写真は沖縄県のものである。日本では，車両は写真Bのように道路の左側を通行することが法律で定められているが，写真Aを見ると車両が道路の右側を通行している。第二次世界大戦の前の沖縄県では，日本国内の他の地域と同様に車両は左側通行であったが，沖縄戦終了後，沖縄を占領《せんりょう》したアメリカ海軍政府がアメリカ本土にならって右側通行に変更した。この状況は，沖縄返還(1972年)の後も1978年まで続いた。

問3　警察署の地図記号は(⊗)で表される。交番や派出所の地図記号(Ｘ)は，警察官が持つ警棒を交差させた形をデザインしたもので，これと区別するために警察署の地図記号は丸で囲む。

問4　戊辰《ぼしん》戦争(1868～69年)のさい，旧幕府軍の代表として新政府軍の参謀《さんぼう》の西郷隆盛《さいごうたかもり》と会談し，江戸城の無血開城を実現したのは勝海舟《かつかいしゅう》である。

問5　**ア**　愛媛県の養殖《ようしょく》業の生産量は，かんぱち(ぶり類)が鹿児島県についで全国第2位，まだい，真珠《しんじゅ》が第1位である。　**イ**　熊本県の養殖業の生産量は，まだいが愛媛県についで第2位，くるまえびが沖縄県，鹿児島県についで第3位である。なお，のり類の第1位は佐賀県で，ついで兵庫県，福岡県となっている。統計資料は『日本国勢図会』2014／15年版および『データでみる県勢』2015年版による。

〈編集部注：学校より「出題ミスのため，全員正解とします」との発表がありました。〉

問6　「地産地消」は，地元で生産された食材を地元で消費すること。生産物を新鮮な状態で食べることができ，地域経済の活性化や地域の食料自給率の向上，伝統的な食文化の継承に役立つ。また，「フード・マイレージ」は，食べ物(フード)が生産地から運ばれてきた距離《きょり》(マイレージ)に注目する考え方で，食料の重さ(トン)と輸送距離(キロ)をかけあわせた数値で示され，この値が小さいほど環境に負担をかけなくてすむ。したがって，全国で地産地消が進むと，フード・マイレージも減ることが予想されるから，エが誤っている。

問7　アメリカ合衆国は共和党と民主党の「二大政党制」の国で，2016年の大統領選挙では，共和党はクルーズ氏を破ったトランプ氏，民主党はサンダース氏を破ったクリントン氏が，それぞれの党の大統領候補に指名されていた。よって，ウが正しい。選挙の結果，トランプ氏がクリントン氏を破り，2017年に大統領に就任した。

問8　2016年の夏季オリンピック大会は，ブラジルのリオデジャネイロで開催された。ブラジルは，南アメリカ大陸の東部に位置する大きな国である。中央アメリカや南アメリカの国々は，その多く

がスペインから独立したため，公用語はほとんどがスペイン語であるが，ブラジルはポルトガルから独立したため，公用語はポルトガル語である。よって，イが正しい。なお，アのブラジルの人口は約２億785万人。ウの国土面積は約852万km^{2}で，約960万km^{2}は中国(中華人民共和国)の国土面積。エの日本へのおもな輸出品は鉄鉱石・肉類・コーヒーで，機械類や航空機類はアメリカ合衆国の輸出品。

2 日本の水産業についての問題

問１　**１**　暖流と寒流がぶつかる海域は潮目(潮境)とよばれ，プランクトンが多く魚も集まるため好漁場となる。日本近海では暖流の日本海流(黒潮)と寒流の千島海流(親潮)がぶつかる三陸沖が潮目となっている。　**２**　水深200mくらいまでの浅い海底が広がるところを大陸棚《だな》といい，プランクトンが多いことから魚が集まり，好漁場となる。長崎県西方の東シナ海は大陸棚が広がることで知られる。　**３**　人工的にふ化させた稚魚《ちぎょ》や稚貝をある程度まで育ててから川や海に放流し，自然の中で大きくしてからとる漁業を栽培《さいばい》漁業という。一方，人工的にふ化させた稚魚や稚貝をいけすで成魚まで育てる漁業を養殖漁業(養殖業)という。また，栽培漁業と養殖漁業をあわせて，「育てる漁業」という。　**４**　近年，水産業でも，地元でとれる魚介《ぎょかい》類の価値を高める「ブランド化」が進められている。

問２　(1)　**A**　八戸《はちのへ》港(青森県)は，いか，さば，いわしの水あげ量が多い。また，いかは夜に集魚灯を用いた漁法がおもに用いられる。　**B**　枕崎《まくらざき》港(鹿児島県)は，かつおの水あげ量が多い。かつおは一本釣りや巻き網漁で漁獲される。　(2)　アは底引き網漁，イは定置網漁，ウはさし網漁，エは巻き網漁，オははえ縄漁の模式図である。　(3)　漁獲量全国第１位は銚子《ちょうし》港(千葉県)。利根川の河口に位置し，いわし・さば・あじ・さんまなどの水あげ量が多い。

問３　(1)　三陸海岸は青森県，岩手県，宮城県にのびる典型的なリアス海岸である。リアス海岸は，かつて山地であったところが沈降(下降)し，尾根であったところが半島に，谷であったところが入り江や湾になってできた海岸線の出入りの複雑な海岸地形である。入り江が多いため波が静かで，沿岸部の水深が深く船の出入りがしやすいことから，漁港が発達している場所が多く，養殖にも適している。しかし，津波が発生すると，海水がせまい湾内に押し寄せて水位がさらに上がるため，湾の周囲に広がる低地が浸水《しんすい》し，特に湾の奥部が最も大きな被害を受けやすい。2011年３月11日に起きた東日本大震災(東北地方太平洋沖地震)でも，大津波により多くの犠牲《ぎせい》者が出た。　(2)　問１の１の解説を参照のこと。

問４　1970年代，第四次中東戦争(1973年)とイラン革命(1979年)による２度の石油危機(オイルショック)による石油価格の上昇は，漁船の燃料費の値上がりをまねいた。また，1970年代後半に，多くの沿岸国が200海里の漁業専管水域(排他的経済水域)を設定するようになり，漁場がせばめられた。その結果，日本の遠洋漁業は衰退《すいたい》することになった。

問５　日本の魚介類の輸入先は，えびがベトナム・インドネシアなどの東南アジア諸国，たこがモーリタニア・モロッコなどのアフリカ大陸北西部の国々，さけ・ますが南アメリカのチリや北ヨーロッパのノルウェーなどとなっている。よって，カが正しい。

問６　木材は，建築資材・木工製品(紙・パルプをふくむ)のほか，燃料としても使用される。

3 2016年のできごとについての問題

問１　2000年以降の衆議院議員総選挙の小選挙区選挙の投票率は70％を下回り続けているので，オが誤っている。

問2　青年海外協力隊で派遣された隊員の職種は，「教育と文化とスポーツ」の分野が最も多くなっている。よって，エが誤っている。

問3　2016年７月の参議院通常選挙の投票率は54.70％で，前回(2013年)の52.61％を上回ったものの，60％には満たなかった。よって，アが誤っている。

問4　ア　地方裁判所は国の機関であり，地方自治では司法権を担当する機関はない。　イ　2016年の東京都知事選挙で当選した小池百合子《ゆりこ》氏は，衆議院議員を務めていた。　ウ　パブリックコメント制度(意見公募手続)とは，行政機関が行う政策について，その原案を公表して国民の意見を求め，それを政策決定に反映させようという制度。全省庁に導入されており，地方自治体でも同様の制度が取り入れられているが，この制度自体の認知度が低いため，十分機能しているとはいいがたい。　エ　1999年から2010年にかけて，政府の主導により全国各地で市町村合併《がっぺい》が行われた(いわゆる「平成の大合併」)。これにともなって，2000年代には市町村合併の賛否を問う住民投票が多くなった。

問5　条約を結ぶのは内閣だから，ウが誤っている。なお，内閣が結んだ条約は，それを国会が承認することで成立する。天皇は，国事行為《こうい》として条約を公布する。

問6　国際連合の事務総長は，安全保障理事会の常任理事国であるアメリカ合衆国・ロシア連邦・イギリス・フランス・中国の５か国から選出されないことが慣例となっているので，イが誤っている。なお，世界の各地域から大陸ごとに順に選ばれることなども慣例で，近年では韓国(大韓民国)の潘基文《パンギムン》氏(2007～16年)，ポルトガルのアントニオ・グテーレス氏(2017年～)らが務めている。

問7　パリ協定では，すべての国が温室効果ガス排出削減《さくげん》量の目標を自主的につくって報告し，達成に向けた国内対策を取ることが義務づけられたが，目標達成そのものが義務づけられたわけではないので，イが誤っている。なお，パリ協定は，産業革命前からの気温上昇を２度よりかなり低くおさえることを目標として，そのために今世紀後半に世界全体で温室効果ガスの排出を実質ゼロにすることをうたっている。先進国のみに温室効果ガスの削減を義務づけた1997年の「京都議定書」よりも，各国にとって合意しやすい内容であったといえる。

問8　1951年，第二次世界大戦の講和会議がアメリカのサンフランシスコで開かれ，連合国48か国との間で結ばれたサンフランシスコ平和条約によって日本は独立を回復した。この講和会議では，会議に出席した旧ソ連・旧チェコスロバキア・ポーランドの３か国は調印を拒否《きょひ》しているので，ウが誤っている。

4 鹿児島県を中心にした歴史的ことがらについての問題

問1　Ｂは白村江《はくすきのえ》の戦い(663年)の後のようす。この戦いは朝鮮半島で日本と友好関係にあった百済《くだら》が新羅《しらぎ》に敗れたことをきっかけに起こった。百済を救済するため中大兄皇子《なかのおおえのおうじ》(のちの天智《てんじ》天皇)は水軍を派遣したが，新羅と唐(中国)の連合軍に大敗し，日本はその侵攻《しんこう》に備えて北九州に水《みず》城《き》や山城を築いた。つまり，Ｂは中大兄皇子にかかわるできごとだから，ウの大化の改新(645年)の後となる。なお，アは604年，イは607年，エは710年のできごと。また，Ｂの文中の「私たち」とは，古代に九州地方南部に住み，朝廷の支配にしたがわなかった「隼人《はやと》」とよばれる人びとである。

問2　Ｅは１度目の元(中国)の軍の襲来《しゅうらい》(元寇《げんこう》)である文永の役(1274年)の後のようす。この戦いの後，鎌倉幕府が博多湾沿いに築いた石塁《せきるい》は，弘安の役(1281年)のさいに元軍の上陸を防ぐのに役立った。したがって，Eは鎌倉時代のイ(1221年，承久《じょうきゅう》の乱)と室町時代のウ(1338年)の間に入る。なお，アは平安時代末期，エは室町時代(1404年，日明《にちみん》貿易)。

問3　**ア**　15世紀に成立した琉球《りゅうきゅう》王国について述べているので，E(鎌倉時代)とF(室町時代)の間に入る。琉球王国は，日本・中国・東南アジアとの中継《ちゅうけい》貿易で栄えたことで知られる。Fの「戦争」とは1467年に起こった応仁の乱のことで，室町幕府の第8代将軍足利義政《よしまさ》のあとつぎ争いに，守護大名であった細川氏と山名氏の対立などが加わって起こった。戦いは，諸国の守護大名が東西両軍に分かれ，京都を中心に11年も続いたため，都の京都はすっかり荒れはててしまった。なお，「私の住む島」とは，奄美《あまみ》群島(鹿児島県)のこと。　**イ**　江戸時代初めの，第3代将軍徳川家光による鎖国の完成と，島原・天草一揆《いっき》(島原の乱，1637～38年)について述べているので，G(安土桃山時代)とH(江戸時代)の間に入る。Gの「関白」とは豊臣秀吉のことで，「土地の調査」とは検地(太閤《たいこう》検地)のこと。石田三成《みつなり》は秀吉に仕えた武将で，太閤検地を中心となって進めたことでも知られている。　**ウ**　明治時代初めの岩倉使節団について述べているので，J(江戸時代末期)とK(明治時代)の間に入る。岩倉使節団は岩倉具視《ともみ》を大使(団長)，大久保利通《としみち》らを副使とする使節団であった。Jの「同盟」とは，薩摩《さつま》藩(鹿児島県)と長州藩(山口県)による薩長同盟のこと。

問4　Cの「お寺」とは，奈良時代に仏教を厚く信仰した聖武天皇が地方の国ごとに建てさせた国分寺や国分尼《に》寺のこと。　ア　唐の高僧で唐招提寺《とうしょうだいじ》(奈良県)を建てた鑑真《がんじん》の説明として正しい。イ　下線部は東大寺(奈良県)の正倉院で，文章中の「桓武《かんむ》天皇」は「聖武天皇」の誤り。聖武天皇は，平城京(奈良県)に総国分寺として東大寺を建て，大仏をつくらせた。桓武天皇は794年に平安京に都を移した天皇である。　ウ　下線部の「織物」を納める税は，都での労役のかわりに麻布などを納める税である庸《よう》。「地方の特産物」を納める税は，調である。文章中の「地租《ちそ》」は「租」(収穫の約3％にあたる稲)の誤り。地租は明治時代の地租改正で導入された税で，豊作・不作にかかわらず，土地の所有者が地価の3％を地租(税)として現金で納めた。なお，租は地方の役所に納め，庸と調は自分たちで中央(都)の役所まで運んで納めなければならなかった。　エ　下線部は『万葉集』であるが，天皇の命令でつくられた和歌集ではない。また，『万葉集』がつくられた奈良時代には，かな文字(カタカナ，ひらがな)はまだつくられておらず，漢字の音や訓をかりて日本語を表記する「万葉仮名《がな》」という漢字が用いられた。

問5　F(室町時代)に関係があるのは，イの水墨画《すいぼくが》(雪舟《せっしゅう》の「天橋立図《あまのはしだてず》」)。雪舟は明(中国)にわたって水墨画を学び，帰国すると山口県に住居を構え，日本の水墨画を大成した。なお，アは明治時代に建てられた富岡製糸場(群馬県)の内部を描いた絵，ウは鎌倉時代の元寇のようすを描いた「蒙古襲来絵巻《もうこしゅうらいえまき》」の一場面，エは江戸時代に刊行された『解体新書』。また，Fは桂庵玄樹《けいあんげんじゅ》という儒学《じゅがく》者について述べた文章である。

問6　Iの本居宣長《もとおりのりなが》が国学を大成したのは，江戸時代中期。この時期の浮世絵《うきよえ》師のうち，わずか10か月の間だけ活動し，おもに役者絵を残したのは東洲斎写楽《とうしゅうさいしゃらく》だから，ウが誤っている。歌川(安藤)広重《ひろしげ》は，浮世絵版画集「東海道五十三次」の作者として知られる浮世絵師。

問7　J(江戸時代末期)のころには，日米修好通商条約(1858年)により日本は欧米諸国と貿易を行っており，生糸・茶などが輸出され，毛織物・綿織物などが輸入された。示されているグラフは，「1867年」とあり，綿織物や毛織物が大きな割合を占《し》めていることから，当時の日本の輸入品のうちわけを示していると判断できる。グラフの中に米があるので，ききんのさいには米を輸入することで被害を減らすことができたのだと考えられる。なお，この米はタイ産のもので，日本国内の米不足による治安の悪化(一揆や打ちこわしなど)を心配したイギリスやフランスが，江戸幕府に輸入を認めさせたものである。

問8　「福島」が「秩父《ちちぶ》」の誤り。自由民権運動にかかわった自由党の急進派の指導により，役所や高利貸しを襲う事件が起こったのは，埼玉県の秩父地方である(秩父事件)。

問9　Ｌの「ヨーロッパで続いている戦争」とは，第一次世界大戦(1914～18年)である。戦後の1920年に初の国際平和機関として発足した国際連盟の事務局次長として活躍したのは，新渡戸稲造《にとべいなぞう》である。北里柴三郎《しばさぶろう》は，破傷風の研究などで知られる細菌《さいきん》学者。　なお，Ａは古墳時代。Ｄは平安時代後半で，「私たちの島」は奄美群島，「貝」は夜光貝。Ｍは昭和時代前期(1945年)で，「南の島」は沖縄，「船」は対馬《つしま》丸。Ｎは昭和時代後期(1970年)で，「日本で最初の人工衛星」である「おおすみ」は大隅《おおすみ》半島(鹿児島県)から打ち上げられた。

理　科　(40分) ＜満点：50点＞

解　答

1〔Ａ〕(1) **あ** ④　**い** ③　(2) **あ** イ　**い** カ　**う** エ　**え** キ　(3) ア　〔Ｂ〕 **ア** タンパク質　**イ** だ液　**ウ** 胃　**エ** かん　**オ** すい　**カ** 小　**キ** 毛細　**ク** 859　**2**〔Ａ〕(1) **あ** 600　**い** 36　**う** 3.51　**え** 速さ　(2) オ　〔Ｂ〕(1) イ　(2) ウ　(3) イ　(4) 2 kg　(5) 4 kg　(6) ウ　(7) Ｂ　(8) Ｄ　(9) イ　**3** (1) ウ　(2) イ　(3) ア　(4) エ　(5) ウ　(6) イ　(7) エ　(8) ア　**4**〔Ａ〕(1) **Ａ** 過酸化水素水　**Ｄ** 塩酸　**Ｚ** アルミニウム　(2) ① エ，オ　② ア，イ　(3) (例) 水溶液が白くにごる。　〔Ｂ〕(1) エ　(2) エ　(3) 2 g　(4) 4.5 g，36.4℃　(5) 2.5 g

解　説

1 植物の開花とその条件，人体のつくりとはたらきについての問題

〔Ａ〕(1) 表１の実験①と実験④の「昼の長さと夜の長さの比」はどちらも１：２だが，ダイコンとコスモスの開花の結果は逆になっている。よって，植物が季節の変化を感じる手がかりは，「昼の長さと夜の長さの比」ではないと考えられる。また，実験①と実験③の「昼の長さ」はどちらも８時間だが，ダイコンとコスモスの開花の結果は逆になっている。したがって，植物が季節の変化を感じる手がかりは，「昼の長さ」ではないと考えられる。

(2) 表２より，ダイコンは，夜の長さが10時間，11時間のときは開花し，12時間，13時間，14時間のときは開花していないので，開花するには夜の長さが11時間以下(11時間が最長)であることが必要と考えられる。また，コスモスは，夜の長さが13時間，14時間のときは開花し，10時間，11時間，12時間のときは開花していないので，開花するには夜の長さが13時間以上(13時間が最短)であることが必要と考えられる。

(3) 表３では，６月21日の夜の長さは９時間25分，９月23日の夜の長さは11時間52分となっているので，６月18日にキクの苗を育て始めると，人工照明をあてない自然の状態では９月23日までに夜の長さが11時間以上になり，キクが花を咲《さ》かせる。よって，12月１日に花を咲かせた状態で出荷するためには，夜の長さが11時間以上になる時期にはキクに人工照明をあてる(夜の長さを11時間よりも短くする)ことで，花を咲かせる時期を遅くする必要がある。

〔**B**〕 栄養の３要素は炭水化物，タンパク質，脂肪《しぼう》である。図で，口の中ではイのだ液腺《せん》という部分からだ液が分泌《ぶんぴつ》され，ウの胃の中では胃液が分泌される。エはかん臓で，脂肪の消化を助ける胆汁《たんじゅう》という液をつくっている。オはすい臓で，すい液を分泌する。カは小腸で，腸壁《ちょうへき》から腸液を分泌するとともに，腸壁に分布する消化酵素《こうそ》により栄養素を最終的に消化し，吸収している。小腸の内壁はひだ状になっていて，その表面は柔毛《じゅうもう》と呼ばれる細かい毛のような無数の突起《とっき》でおおわれている。消化された物質は柔毛内に取りこまれ，ブドウ糖とアミノ酸は毛細血管に，脂肪(消化により脂肪酸とモノグリセリドに分解されるが，柔毛内で再び脂肪になる)はリンパ管に入る。表４より，ラーメン１杯《ばい》とおにぎり１個で，炭水化物は，70＋50＝120(ｇ)，タンパク質は，20＋５＝25(ｇ)，脂肪は，30＋１＝31(ｇ)となる。これをもとに表５を用いてエネルギー量を計算すると，４×120＋４×25＋９×31＝859(キロカロリー)となる。

2 **速さと距離《きょり》，てこや輪じくのはたらきと力についての問題**

〔**A**〕 ⑴ **あ**，**い** 100mを10.00秒で進む速さで１分(＝60秒)進むと，$100\times\frac{60}{10.00}=600$(m)進むので，この速さは分速600mである。また，この速さで１時間(＝60分)進むと，600×60÷1000＝36(km)進むので，この速さは時速36kmである。 **う** ４選手の記録の合計は，10.05＋10.37＋10.23＋10.13＝40.78(秒)なので，差は，40.78－37.27＝3.51(秒)である。 **え** リレーの記録の方が４選手の記録の合計よりも短いのは，リレーでは走りながらバトンを受け取るため，走り出しの速さが０ではないからである。

⑵ 時速40kmを秒速に直すと，$\frac{40\times1000}{60\times60}=\frac{100}{9}$(m)となる。また，Ａ選手はＸ選手の，10.05－10.01＝0.04(秒後)にゴールしている。したがって，Ｘ選手がゴールしたときにＡ選手はゴールの手前，$\frac{100}{9}\times\frac{4}{100}\times100=44.4\cdots$(cm)のところにいると考えられるので，オが最も近い。

〔**B**〕［Ⅰ］ ⑴ 輪じくのつりあいは，てこと同様に，(輪やじくにかかる力の大きさ)×(輪やじくの半径)で求められるモーメントで考えることができ，左回りと右回りのモーメントが等しいときに輪じくはつりあう。よって，イがあてはまる。

⑵ 大小の円盤《えんばん》はくっついたまま回転するので，輪じくにつるしたおもりなどが移動する距離は円盤の半径に比例する。したがって，$e:f=a:b$より，$a\times f=b\times e$となる。

⑶ ⑴，⑵の式をあわせると，$(a\times c):(a\times f)=(b\times d):(b\times e)$となり，比を簡単にすると，$c:f=d:e$となるので，$c\times e=d\times f$が成り立つ。

［Ⅱ］ ⑷ 図３で，クランクとフロントギア，リアギアと後輪の関係は，それぞれ図１の輪じくと同じように考えることができる。そして，ペダルを１cm回転すると，Ｚの歯とチェーンとＢの歯は，$1\times\frac{8}{15}=\frac{8}{15}$(cm)回転し，後輪は，$\frac{8}{15}\times\frac{30}{8}=2$(cm)回転する。よって，ばねはかりが示す力を□kgとすると，⑶で求めた式より，□×１＝１×２となるので，□＝２÷１＝２(kg)となる。

⑸ ペダルを１cm回転すると，Ｙの歯とチェーンとＥの歯は，$1\times\frac{10}{15}=\frac{2}{3}$(cm)回転し，後輪は，$\frac{2}{3}\times\frac{30}{5}=4$(cm)回転する。したがって，ばねはかりが示す力を□kgとすると，□×１＝１×４と

なるので，□＝4÷1＝4(kg)とわかる。

⑹　⑷，⑸より，ペダルを1cm回転したときに後輪が回転する長さは，$1\times\dfrac{\text{フロントギアの半径}}{\text{クランクの長さ}}\times\dfrac{\text{後輪の半径}}{\text{リアギアの半径}}=1\times\dfrac{\text{フロントギアの半径}}{15}\times\dfrac{30}{\text{リアギアの半径}}=\dfrac{(\text{フロントギアの半径})\times 2}{\text{リアギアの半径}}$(cm)となる。また，この長さが短いほど，ペダルにかかる力が少なくなる。よって，フロントギアの半径は小さめ，リアギアの半径は大きめがよい。

⑺　ギアを変えないで坂道Hを登るには坂道Lの$\dfrac{5}{3}$倍の力が必要なので，坂道Hでペダルを1cm回転したときに後輪が回転する長さは，坂道Lでの長さの，$1\div\dfrac{5}{3}=\dfrac{3}{5}$(倍)になる。したがって，坂道Hでペダルを1cm回転したときに後輪が回転する長さは，$\dfrac{10\times 2}{6}\times\dfrac{3}{5}=2$(cm)なので，フロントギアをZ(8cm)に変えた場合，$\dfrac{8\times 2}{\text{リアギアの半径}}=2$より，リアギアの半径は，$8\times 2\div 2=8$(cm)となる。つまり，リアギアはBにすればよい。

⑻　ペダルを1回漕《こ》いだときに自転車が進んだ距離(後輪が回転した長さ)は，360×100÷100＝360(cm)である。よって，$15\times 2\times 3\times\dfrac{12\times 2}{\text{リアギアの半径}}=360$より，リアギアの半径は，2160÷360＝6(cm)となる。つまり，リアギアはDとわかる。

⑼　漕ぐペースは変えずにスピードを上げるためには，ペダルを1cm回転したときに後輪が回転する長さ，つまり，$\dfrac{(\text{フロントギアの半径})\times 2}{\text{リアギアの半径}}$を長くすればよいので，フロントギアの半径は大きめ，リアギアの半径は小さめがよい。

3　ブラジルでの太陽や星の動き，環境《かんきょう》についての問題

⑴　ウのように北半球が太陽の方を向くと，北半球では，太陽高度が高くなるので，地面1m^2あたりにあたる光の量が多くなる。また，昼の時間が長くなり，地面が太陽の光にあたっている時間も長くなる。そのため，地温や気温が上がって暑くなる(つまり，夏になる)。南半球では，北半球とは反対に冬になる。

⑵　地球は西から東に自転しているので，南半球でも北半球と同様に，太陽は東の地平線から昇《のぼ》り，西の地平線に沈《しず》む。また，図1で，太陽は棒のかげの先端《せんたん》と棒の先端を結んだ線の延長上にある。そして，棒のかげの先端は，朝は真西よりも南寄りの位置，昼は南の位置，夕方は真東よりも南寄りの位置にある。したがって，太陽は，真東よりも北寄りの方角から昇って，正午には頭の真上より北にあり，真西よりも北寄りの方角に沈む。

⑶　6月下旬は，夏至《げし》の日(6月21日ごろ)の付近の時期である。このころ，北半球では太陽が真東より北寄りから昇って南の空を通り，真西よりも北寄りに沈むので，棒のかげの先端が描《えが》く曲線は，鹿児島でも札幌でも，棒の位置を通って東西の方向にのびる直線と交わる。また，緯度の高い札幌は鹿児島に比べて，太陽の南中高度が低いため，南中時の棒のかげの長さが長い。よって，アが適する。

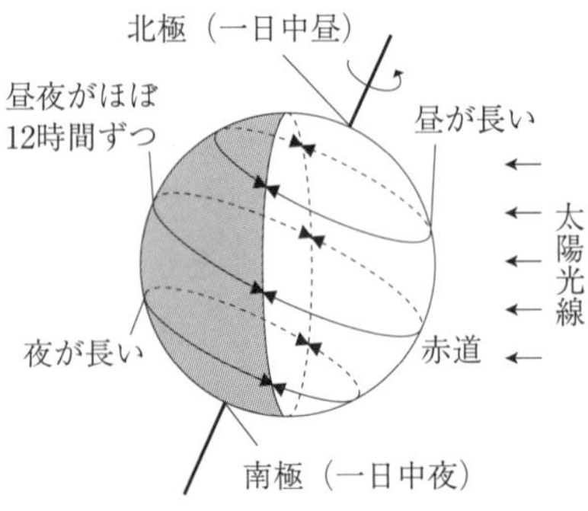

⑷　⑶で述べたように，札幌では鹿児島に比べて太陽の南中高度が低い。また，右の図のように，北半球で夏至になるころは，北に位置する地点ほど昼の時間が長い。

⑸　夜空に見える星座や星の種類は，地球が太陽のまわりを公転している軌道《きどう》上の位置によって決

まるので，北半球の地点と南半球の地点で同じ星座や星が見える時期は共通である。ただし，北半球の地点で南の空に見える星は，南半球では北の空に見える。

⑹　右の図のように，南半球にいる人が星座を見るときの姿勢は，北半球にいる人とは上下左右が逆になる。そのため，南半球での星座や星の見え方は，北半球とは上下左右が逆になる。北半球ではさそり座が地平線近くに見え，夏の大三角は天頂に近いところに見えるが，南半球ではその位置関係が逆になり，さそり座も夏の大三角も，北半球とは向きが180度回転したイのように見える。

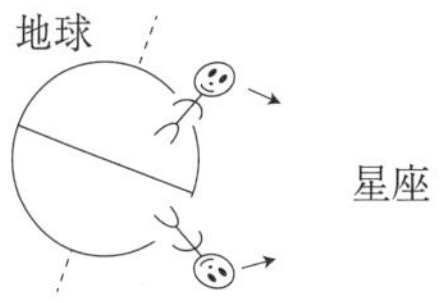

⑺　植物が光合成のさいに放出する酸素はただちに大気中に広がっていくため，大気中の酸素の濃《のう》度《ど》はどこでもほぼ一定となっている。したがって，エはふさわしくない。

⑻　ジャングルの木を大量にむやみに伐採《ばっさい》することは，土が保持する水分量が減少して土地が砂漠《さばく》化することや，植物の量が減ることで大気中の二酸化炭素を吸収する光合成量が減り，二酸化炭素濃度が高くなって地球温暖化を進めること，また，土地の保水力が低下するため，大雨のときなどには川に一度に大量の水が流れ込《こ》んで洪水《こうずい》を起こしやすくなることなど，いろいろな環境への悪影響につながる。周辺海域の海水温が上昇することは，ジャングルの減少とは直接の関係はない。

4　気体と水溶液《すいようえき》についての問題

〔A〕 ⑴　実験１，実験２より，水溶液Ｃは固体が溶《と》けているアルカリ性の水溶液である石灰水とわかり，もう１つのアルカリ性の水溶液である水溶液Ｂはアンモニア水となる。次に，実験３で発生した気体はものを燃やす働きのある酸素だから，固体Ｘは二酸化マンガン，水溶液Ａは過酸化水素水である。さらに，残った炭酸水，塩酸，石灰石，アルミニウムについて，水溶液Ｄを塩酸，水溶液Ｅを炭酸水，固体Ｙを石灰石，固体Ｚをアルミニウムとすると，実験４では二酸化炭素，実験５では水素が発生したことになって，つじつまがあう。

⑵　①　実験４で発生した二酸化炭素は，空気より重く(約1.5倍)，水に溶ける。通常の雨は，空気中の二酸化炭素が溶け込むためわずかに酸性を示すが，これよりも酸性の度合いが強いものを酸性雨という。二酸化炭素は，太陽からの熱は通すが，地表から逃《に》げる熱はいったん吸収し，その一部を再び地表面にもどす性質(温室効果)があるため，大気中の二酸化炭素濃度の上昇は，地球温暖化の原因の１つと考えられている。二酸化炭素の固体はドライアイスと呼ばれ，保冷剤《ざい》として利用されている。　②　実験５で発生した水素は，空気より軽く(約0.07倍)，水に溶けにくい。

⑶　石灰水(水溶液Ｃ)は水酸化カルシウムの水溶液で，少量の炭酸水(水溶液Ｅ)を混ぜると，水酸化カルシウムと二酸化炭素の反応により，水に溶けない炭酸カルシウムができ，そのつぶが液に広がるために白くにごる。なお，炭酸水の量が多いと，炭酸カルシウムが二酸化炭素と反応して炭酸水素カルシウムという水に溶ける物質に変化するため，水溶液は無色透明《とうめい》になる。

〔B〕 ⑴　物質どうしが反応して別の物質に変わるとき，反応前の物質の重さの合計と，反応後にできた物質の重さの合計は等しい。よって，１ｇずつとってすべて燃やしたときに反応した酸素の重さは，アが，3.07＋1.47－１＝3.54(ｇ)，イが，2.93＋1.8－１＝3.73(ｇ)，ウが，３＋1.64－１＝3.64(ｇ)，エが，2.75＋2.25－１＝４(ｇ)となるので，最も多くの酸素が必要なものはエである。

⑵　表２は，同じ１ｇの重さの炭化水素を燃やして発生した熱の量で，同じ10℃の温度で同じ200ｇの重さの水を温めた結果を示しているので，上昇した温度の値が大きいほど発熱量が多いことに

なる。したがって，エがあてはまる。

⑶　表２より，炭化水素アを１ｇ燃やすと，10℃の水200ｇの温度が，68－10＝58(℃)上がる。よって，$1\times\frac{34-10}{58}\times\frac{1000}{200}=2.0\cdots$より，10℃の水1000ｇを34℃にするためには，炭化水素アを２ｇ燃やせばよい。

⑷　⑴より，１ｇの炭化水素エを燃やすには酸素が４ｇ必要なので，８ｇの酸素と反応した炭化水素エは，$1\times\frac{8}{4}=2$（ｇ）とわかる。表１より，２ｇの炭化水素エが燃えると，$2.25\times\frac{2}{1}=4.5$（ｇ）の水が生じる。また，表２より，このとき発生した熱を使って10℃の水1000ｇを温めると，$10+(76-10)\times\frac{2}{1}\div\frac{1000}{200}=36.4$(℃)になる。

⑸　表２より，炭化水素ウ5.5ｇを燃やしたときに発生した熱で10℃の水1000ｇを温めると，$10+(70-10)\times\frac{5.5}{1}\div\frac{1000}{200}=76$(℃)になる。また，炭化水素ウ5.5ｇのうちの１ｇを炭化水素イに変えて水1000ｇを温めると，温めた後の水の温度は，$(72-70)\div\frac{1000}{200}=0.4$(℃)高くなる。したがって，含《ふく》まれていた炭化水素イは，(77－76)÷0.4＝2.5（ｇ）と求められる。

国語　（60分）＜満点：100点＞

解答

一　**問１**　出している(。)　**問２**　半ズボン，熱中　**問３**　**B**　(一心)不乱　**D**　一朝(一夕)　**問４**　(例)　夢中になって本を読んでいる小学生の姿に対する好感は，荷物を席の横に投げ出すという公共マナーに反した行為への不快感よりもはるかに大きかったということ。
問５　(例)　時間が予定で埋め尽くされており，移動時間も有効に利用しようとする「私」が，時間に追われることも周囲を気にすることもなく，ただただ本に熱中している小学生に対して，羨ましく思う感情。　**問６**　(例)　本を初めから必死に読み進めることをせずに，小学生の手がぴたっと止まった箇所と「たしかに……」とつぶやいた箇所だけを安直に見つけて楽しもうとする態度。　**問７**　下記を参照のこと。　二　**問１**　**A**　イ　**B**　ニ　**問２**　(例)　夏が終わったので早く南の町に渡らないといけないと思いながらも，不安で出発を決断できないということ。　**問３**　(例)　先ほどまで南への出発をためらい続けていたのに，今は自然に出発を決断できたこと。　**問４**　イ　**問５**　ニ　**問６**　(例)　物事の変化を実感した今，未来の自分が，現在の自分の感動や考えを忘れずにいられるのか分からなくなりつつ，それでも忘れたくないと考えている。　三　Ⅰ　下記を参照のこと。　Ⅱ　⑪　額　⑫　鼻　⑬　足　⑭　息　⑮　血

●漢字の書き取り

一　問７　①　小刻(み)　②　秘密　③　境地　④　特定　⑤　列挙

三　Ⅰ　①　裁量　②　盟主　③　腹心　④　口上　⑤　善後策　⑥　接写　⑦　包装　⑧　衆目　⑨　誤(る)　⑩　練(る)

解説

一　**出典は『暮しの手《て》帖《ちょう》　第４世紀75号』所収の佐藤雅彦《さとうまさひこ》の「考えの整とん　第50回『たしかに**

……』」による。地下鉄に乗った筆者が隣《となり》の座席で本を読んでいた小学生に強い興味を持ったことや，その本を読んでみようと図書館まで行ったことなどを語っている。

問１　ここでの「お店を広げる」は，品物などを取り出してそのあたりいっぱいに並べるという意味。したがって，「自分が座っている席の左側に，紺色《こんいろ》の上履《うわば》き袋《ぶくろ》や工作で作ったような紙の箱を投げ出している」の直後に入れると，小学生が自分の荷物を座席に散らかしているようすを表すことになり，文意が通る。

問２　「その半ズボンは本をにらめつけるように読んでいる」「しかし，その時，隣に熱中がいたのである」「その小さな熱中は～ただただ熱中していた」の三文より，「半ズボン」と「熱中」がぬき出せる。どちらも本来は人を表す言葉ではないが，「半ズボンは」→「読んでいる」，「熱中が」→「いた」，「熱中は」→「熱中していた」という主語・述語の関係から，小学生を指していることがわかる。

問３　**B**　「一心不乱」は，一つのことに集中するようす。　　**D**　「一朝一夕」は，短い期間。

問４　「おつりが来る」は，余るほど十分なこと。直前に，「その姿は好感が持てた。荷物を投げ出すような公共マナーに反した行為《こうい》を差し引いても」とあるので，「その」が指す内容を明らかにしながらまとめればよい。

問５　「ある感情」については，筆者は続く部分で，「では，その知りたくなかった感情とはどういうものであろうか」と問いかけたうえで，「軽い嫉妬《しっと》のようなもの」「羨《うらや》ましい気持ち」であったことを明らかにしている。「忙《いそが》しい」筆者の気持ちを，本を読むことに「ただただ熱中していた」小学生と対比しながら説明すればよい。

問６　「虫のいい」は，自分の都合ばかり考えて自分勝手であるということ。小学生のように最初の１行から紐解《ひもと》くことをせず，小学生が「たしかに……」とつぶやいたところを探して自分も楽しもうとした態度を，「虫のいい」話だと言っているのである。

問７　①　細かく速く動くこと。　②　人に知られないように，ものごとなどをかくしておくこと。　③　心の状態。　④　特にこれと決めること。　⑤　一つひとつ並べること。

二　出典は『飛ぶ教室　第46号』所収の「誰《だれ》も知らないツバメの話（クサナギシンペイ作）」による。ツバメは南への旅立ちをなかなか決心できないでいたが，明日の出発を決意したことで気持ちが切りかわり，町の光景が鮮《あざ》やかなものとなって映りはじめる。

問１　**A**　「あてどない」は，目当てとするところがないということ。ここでは，先が見えず不安にさいなまれているようす。　**B**　「途方《とほう》に暮れる」は，どうしたらよいかわからなくなること。

問２　「踏《ふ》ん切りがつく」は，思い切って決断する気持ちになるという意味。「毎日一歩一歩，秋へと移り変わってゆく」時期なので，ツバメは南に向けて出発しなければならないのだが，「あてどない不安がとめどなく溢《あふ》れ出して」，なかなか出発を決断することができないのである。

問３　ツバメがびっくりしたこととは，直前の「自然にそう思った」こと，つまり，「やっぱり明日出発しよう，と思った」こと。このことにツバメがおどろいているのは，つい先ほどまでは，出発を決断することができないでいたからである。

問４　直前の一文に，「もうツバメは，迷ってはいませんでした」とある。また，「鮮やか」は，色や形などがくっきりと美しく見えるようすを表す。したがって，「迷いが晴れた」「町の一つ一つの風景が生き生きと見える」とあるイが選べる。

問5　直前に,「そんな光景を自分だけが見ることのできたといううれしさ」「その美しさを誰《だれ》とも分かち合えないという哀《かな》しさ」とあるので，これらの気持ちをそれぞれ「美しい町の風景を独り占《じ》めできた喜び」「そのすばらしさを孤独《こどく》に味わうしかない哀しみ」と言いかえているニがよい。

問6　ツバメは,「なにもかも～すこしずつ変わってゆくもの」であることに気づき,「いま心を奪《うば》われた美しい瞬間《しゅんかん》や，いま考えていることを，ずっと忘れずにいることができるのだろうか」と思っている。この気持ちをまとめればよい。

三　漢字の書き取り，慣用句の完成

Ⅰ　①　個人の考えで判断して処理すること。　②　同盟などにおいて中心となる国や人物。③　どんなことでもうちあけて相談できたり任せたりできるような人。　④　口で述べる決まったあいさつ。　⑤　物事の後始末をうまくつけるための方策。　⑥　対象にレンズを近づけて撮影《さつえい》すること。　⑦　物品を紙などで包むこと。　⑧　多くの人の目。多くの人による観察。⑨　音読みは「ゴ」で,「正誤」などの熟語がある。　⑩　音読みは「レン」で,「練習」などの熟語がある。

Ⅱ　⑪「猫《ねこ》の額」は，非常にせまいことのたとえ。　⑫「鼻が利《き》く」は，においをよくかぎ分けること。秘密などを敏感《びんかん》にかぎとること。　⑬「足がはやい」は，食物が腐《くさ》りやすいことや売れ行きがよいことを表す。　⑭「息がかかる」は，有力者の保護を受けて，その支配下にあること。　⑮「血が通う」は，事務的でなく人間味があるようす。

平成28年度　ラ・サール中学校

〔電　話〕（0992）68－3121
〔所在地〕〒891-0114　鹿児島市小松原2－10－1
〔交　通〕「鹿児島中央駅」より市電・「谷山駅」下車徒歩3分

【算　数】（60分）〈満点：100点〉

1　次の□にあてはまる数を求めなさい。（12点）

(1)　$2\frac{1}{3}\times2\frac{5}{14}-\left\{5-\frac{2}{3}\div\left(1-\frac{3}{5}\right)\right\}=$□

(2)　$291\times1.7-67.9\times4+19.4\times8.5=$□

(3)　$1\div\{1+1\div(3+1\div$□$)\}=\frac{2015}{2016}$

2　次の各問に答えなさい。（32点）

(1)　4けたの整数9□□9は，23でも47でも割り切れます。□□にあてはまる数字は何ですか。

(2)　P地点からQ地点へ，A君とB君が同じ時刻に出発し，それぞれ一定の速さで進むものとします。A君が毎分70mの速さだとB君より3分遅く到着し，A君が毎分84mの速さだとB君より5分早く到着します。P地点からQ地点までの距離は何mですか。

(3)　図で，P，QはOを中心とする円の弧ABを3等分する点で，RはOR：RA＝1：2となる点です。斜線部の面積は何cm^2ですか。ただし，円周率は3.14とします。

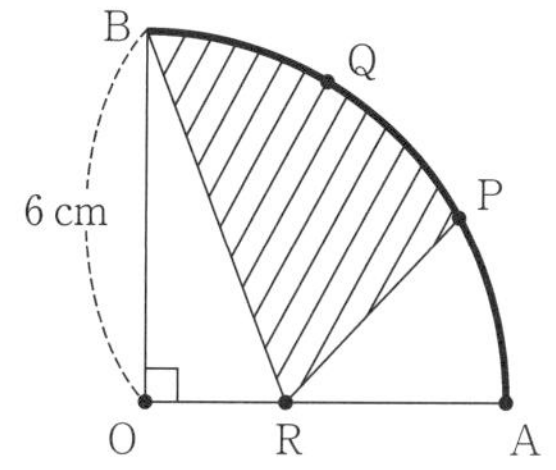

(4)　$\boxed{1}$，$\boxed{1}$，$\boxed{1}$，$\boxed{2}$，$\boxed{2}$，$\boxed{3}$の6枚のカードがあります。このうち，3枚を並べて3けたの整数を作るとしたら，全部で何通りの整数ができますか。

(5)　6個の玉A，B，C，D，E，Fのうち，4個が1g，1個が2g，1個が3gです。B，C，Dの重さの和とE，Fの重さの和が等しく，A，C，D，Eの重さの和よりもB，Fの重さの和が大きいとしたら，2gの玉と3gの玉はそれぞれAからFのうちどれですか。

3　A，B2種類の食塩水があります。Aを2，Bを1の割合で混ぜると8％の食塩水ができ，Aを4，Bを5の割合で混ぜると12％の食塩水ができます。このとき，次の問に答えなさい。（12点）

(1)　AとBを同じ量だけ混ぜると，何％の食塩水ができますか。

(2)　AとBを混ぜて17％の食塩水300gを作るとき，Aは何g使いますか。

4　AB＝12cm の長方形 ABCD があります。図のように，辺 BC，CD 上にそれぞれ点 E，F があり，BE：EC＝2：3，CF：FD＝1：1 です。このとき，次の問に答えなさい。(15点)

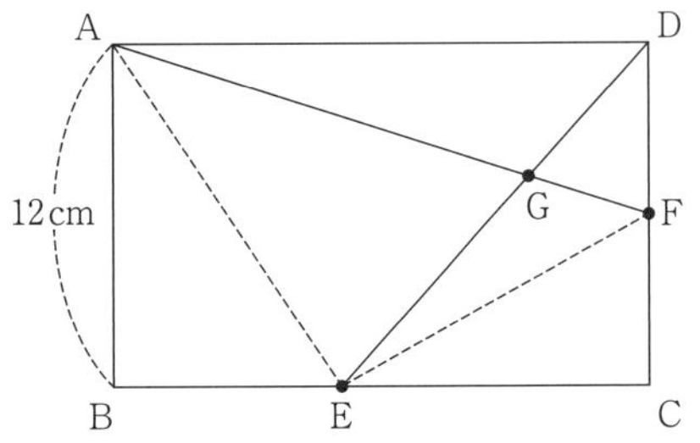

(1)　三角形 AED と三角形 DEF の面積比を最も簡単な整数の比で求めなさい。

(2)　三角形 AEG の面積が 60 cm^2 のとき，三角形 AEF の面積は何 cm^2 ですか。

(3)　(2)のとき，辺 AD は何 cm ですか。

5　整数のうち，5の倍数を除いて，左から小さい順に並べます。

1，2，3，4，6，7，8，9，11，12，13，14，16，……

これらをつなげて，ひとつの長い数字の列を作りました。

1234678911121314 16……

すると，左から9番目も10番目も11番目も1になります。このとき，次の問に答えなさい。(15点)

(1)　左から100番目の数字は何ですか。

(2)　はじめて0が出てくるのは，左から何番目ですか。

(3)　はじめて0が隣《とな》り合うのは，左から何番目と何番目ですか。

6　図は，1辺が 6 cm の立方体を真横に 2 cm ずつずらして3個積み上げてできた立体です。このとき，次の問に答えなさい。(14点)

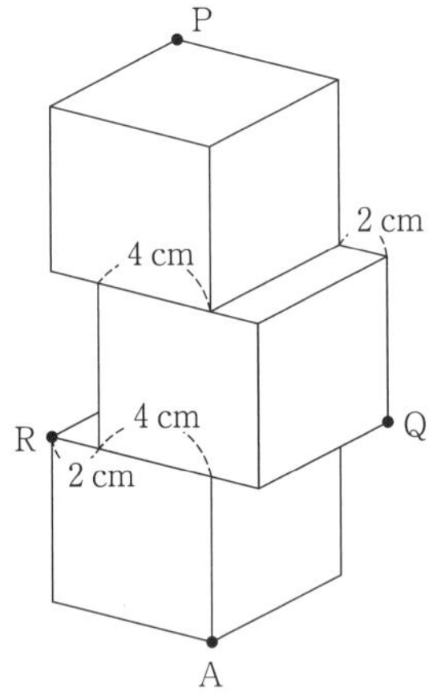

(1)　この立体の表面積は何 cm^2 ですか。

(2)　図の3点 P，Q，R を通る平面でこの立体を切ったとき，一番下にあった立方体は2つの立体に分けられます。

(ア)　切り口を解答欄《らん》にかきなさい。

(イ)　そのうちの，点 A を含む方の立体の体積は何 cm^3 ですか。ただし，角錐《すい》の体積は，(底面積)×(高さ)×$\frac{1}{3}$ です。

【社　会】（40分）〈満点：50点〉

1　2015年の世界や日本で起きたできごとについて，以下の問いに答えなさい。

◆1月，サウジアラビアで，アブドラ国王が亡くなり，サルマン新国王が即《そく》位しました。

問1　サウジアラビアは，イスラム教の国です。国の法律は，イスラム教の聖典にもとづいて定められています。またイスラム教の聖地として，礼拝や巡《じゅん》礼の対象となる都市もあります。その聖典と都市の名前をそれぞれ答えなさい。

◆3月，北陸新幹線の長野―金沢間が開業しました。

問2　金沢は石川県にあります。石川県は，江戸時代には前田家がおさめていました。前田家のような，関ヶ原の戦いのころ徳川家に従った大名を何大名といいますか。漢字2字で答えなさい。

◆6月，日本年金機構がサイバー攻撃《こうげき》をうけ，たくさんの<u>人の氏名，生年月日，住所など</u>が流出し，大きな問題となりました。

問3　下線部を一般《ぱん》に何といいますか。漢字4字で答えなさい。

◆6月，2016年の主要国首脳会議(サミット)が，三重県の志摩《しま》市で開催《さい》されることが決まりました。

問4　三重県や岐阜県，愛知県には，揖斐《いび》川，長良《ながら》川，木曽《きそ》川が集まって流れているところがあります。そこでは水害からくらしを守るため，周囲を堤《てい》防で囲み，人びとがふだんから協力しあう独特な集落が発達しました。こうした集落を何といいますか。漢字2字で答えなさい。

◆6月，韓国で，中東呼吸器症《しょう》候群(MERS)とよばれる病気が流行し，社会に不安が高まりました。そのため韓国政府は，世界保健機関と協同で対処しました。

問5　世界保健機関の略称《しょう》を，次のア～エのうちから1つ選び，記号で答えなさい。

ア．IOC　　イ．IMF　　ウ．WHO　　エ．WTO

◆10月，ノーベル平和賞が，アフリカの国で活動していた民主化運動4団体に与《あた》えられることが決まりました。この4つの団体は，イスラム教にもとづく政治をめざす勢力と，それに対立する勢力の対話をうながし，男女平等や人権尊重を認める新憲法の制定へと導きました。

問6　これらの4つの団体が活動していた国名を，次のア～エのうちから1つ選び，記号で答えなさい。

ア．モロッコ　　イ．アルジェリア　　ウ．リビア　　エ．チュニジア

◆11月，東南アジアの国で，2011年の民政への移行から，初めての総選挙が行われ，アウン・サン・スー・チー氏が率いる国民民主連盟(NLD)が勝利し，今年の3月には新政権が発《ほっ》足する見通しとなりました。

問7　この国名を，次のア～エのうちから1つ選び，記号で答えなさい。

ア．タイ　　イ．ミャンマー　　ウ．マレーシア　　エ．インドネシア

◆12月，パリで開かれた国連気候変動枠《わく》組み条約第21回締《てい》約国会議(COP21)で，「パリ協定」が採択《たく》されました。これは地球温暖化対策の「国際的な枠組み」としては，18年ぶりのものです。

問8　18年前にこうした「国際的な枠組み」が採択された都市を，次のア～エのうちから1つ選び，記号で答えなさい。

ア．リオデジャネイロ　　イ．オスロ　　ウ．京都　　エ．北京《ペキン》

◆12月，スウェーデンで，日本人研究者2人をふくむ受賞者に，ノーベル賞が授与《よ》されました。

2人の日本人は，生理学・医学賞の大村《おおむら》智《さとし》さんと物理学賞の梶田《かじた》隆章《たかあき》さんです。

問9　日本の学者による研究が国際的に認められるようになるのは，明治の中ごろからです。医学の分野で，志賀《しが》潔《きよし》が発見した病原菌《きん》を，次のア～エのうちから1つ選び，記号で答えなさい。

ア．コレラ菌　　イ．赤痢《り》菌　　ウ．ペスト菌　　エ．結核《かく》菌

2　次の文章を読み，下の問いに答えなさい。

日本国憲法は，前文および103か条から成り立っています。

前文では，a日本国民が正当に選挙された国会における代表者を通じて行動すること，主権を国民がもつことなどが記されています。

第1条以降の条文は，大きく基本的人権の保障と統治機構に分けることができます。

第3章は，「国民の権利及《およ》び義務」という題名で，国民のb基本的人権や義務について定めています。基本的人権の尊重は，国民主権・平和主義と並んで，日本国憲法の3つの基本原則の1つです。

日本の統治機構のなかで，主権をもつ国民の意見がもっともよく反映される機関がc国会です。国会は，d衆議院と参議院とから成る二院制を採用しています。両議院から成る国会は，いつも活動しているわけではなく，一定の期間だけ活動し，その期間を会期といいます。e期間を区切って活動する国会は，常会(通常国会)，臨時会(臨時国会)，特別会(特別国会)の3つに区別されます。

国会が制定した法律などにしたがって実際に政治を行うことを行政といいます。国の最高の行政機関がf内閣です。憲法は，内閣について，「g首長たる内閣総理大臣及びその他の国務大臣でこれを組織する」と定めています(第66条第1項《こう》)。内閣の下には1府11省が置かれ，行政を分担して行っています。

争いを解決したり，犯罪が行われたかどうかを判断したりするのがh裁判所の仕事で，裁判所の仕事は司法と呼ばれます。憲法は，「すべて司法権は，最高裁判所及び法律の定めるところにより設置する下級裁判所に属する」と定めています(第76条第1項)。

国会・内閣・裁判所は，国の権力を分割して担《にな》っており，このしくみを三権分立といいます。

問1　下線部aに関連して，憲法は国民が選挙された代表者を通じて行動する代表民主制を原則としていますが，例外的に，国民が政治に直接参加することを認める場合があります。憲法や法律が，国民または地方公共団体の住民に政治への直接参加を認めるしくみに関する記述として誤っているものを，次のア～エのうちから1つ選び，記号で答えなさい。

ア．地方公共団体において，住民は，条例の改正を請《せい》求することができる。

イ．国の政治において，国会が提案した憲法改正案については国民投票が行われる。

ウ．地方公共団体において，住民は，議会の議員を辞めさせることを請求することができる。

エ．国の政治において，内閣が提案した条約案については国民投票が行われる。

問2　下線部bに関する記述として誤っているものを，次のア～エのうちから1つ選び，記号で答えなさい。

ア．健康で文化的な生活を営む権利は生存権とも呼ばれ，大日本帝《てい》国憲法では定められていなかった権利である。

イ．憲法は，「すべて選挙における投票の秘密は，これを侵《おか》してはならない」と定めて，選挙人の自由な意見による投票を保障し，このしくみを実現するために，法律は国会議員の選挙などについて，「投票用紙には，選挙人の氏名を記載《さい》してはならない」と規定している。

ウ．プライバシーの権利や学問の自由は，裁判で認められることはあるが，「プライバシー」や「学問の自由」という言葉自体は憲法にはない。

エ．憲法は，「何人《なんぴと》も，裁判所において裁判を受ける権利を奪《うば》われない」と定めて，人が裁判所に対して権利や自由の救済を求めることを保障している。

問３　下線部ｃ「国会」に関連して，国会の主要な権限である法律の制定に関する記述として誤っているものを，次のア～カのうちから１つ選び，記号で答えなさい。

ア．議員から法律案を提出する場合は，その所属する議院の議長に提出することになっている。

イ．委員会は，重要な法律案について，公聴《ちょう》会を開いて，専門家などから意見を聴《き》くことができる。

ウ．内閣提出の法律案は，先に衆議院に提出しても参議院に提出してもかまわない。

エ．衆議院または参議院の議長は，法律案の提出を受けたとき，原則として，その法律案を委員会の審《しん》議にかける。

オ．法律案について，衆議院で可決し，参議院で否決した場合，衆議院は両議院の意見を調整するため，両院協議会の開催《さい》を求めることができる。

カ．両議院で可決した法律案であっても，内閣が同意を拒《きょ》否した場合には法律は成立しない。

問４　下線部ｄに関する記述として誤っているものを，次のア～エのうちから１つ選び，記号で答えなさい。

ア．衆議院議員の任期は解散によって終了《りょう》するので，憲法や法律に任期の定めはない。

イ．憲法は，予算案について，先に衆議院に提出しなければならないと定めている。

ウ．衆議院および参議院それぞれに設けられる委員会の１つとして，予算委員会がある。

エ．憲法は，１人の人が同時に衆議院議員と参議院議員の両方を兼《か》ねることを禁止している。

問５　下線部ｅに関連して，昨年（2015年）１月に常会として召《しょう》集された国会は，同年９月に会期が終了しました。この国会の会期に関する記述として正しいものを，次のア～エのうちから１つ選び，記号で答えなさい。

ア．常会は会期の日数が決まっていないので，常会が開始された１月において会期を９月までとする議決を行った。

イ．常会の会期が終了する前に，常会の会期を延長する議決を行った。

ウ．常会の会期終了後，直ちに臨時会が召集され，臨時会が９月に終了した。

エ．常会の会期終了後，直ちに特別会が召集され，特別会が９月に終了した。

問６　下線部ｆに関する記述として誤っているものを，次のア～エのうちから１つ選び，記号で答えなさい。

ア．憲法は，内閣の仕事の１つとして，「外交関係を処理すること」を挙げており，外国と外交交渉《しょう》を行うことなどは内閣の権限に属する。

イ．予算案の作成と国会への提出は会計検査院が行い，成立した予算の実施《し》は内閣および各省などの行政機関が行う。

ウ．内閣の構成員からなる会議を閣議といい，閣議決定は，多数決を採用せず，全員一致《ち》によって行われる。

エ．内閣は，法律の規定を実施するために必要がある場合などにおいて，政令を制定することができる。

問7　下線部gに関する記述として誤っているものを，次のア～エのうちから1つ選び，記号で答えなさい。

ア．憲法は，内閣総理大臣およびその他の国務大臣について，議院に議席をもっているかいないかにかかわらず，議案について発言するため，いつでも衆議院および参議院に出席することができると定めている。

イ．内閣提出の法律案については，内閣総理大臣が内閣を代表して国会に提出する。

ウ．内閣を構成する内閣総理大臣以外の「その他の国務大臣」に当たるのは，各省の主任の大臣である11人の国務大臣だけである。

エ．内閣総理大臣は，自由な判断によって国務大臣を辞めさせることができ，辞めさせることについて閣議決定は要らない。

問8　下線部hに関する記述として誤っているものを，次のア～カのうちから1つ選び，記号で答えなさい。

ア．最高裁判所の裁判は，大法廷《てい》または小法廷で行われ，大法廷は裁判官全員によって，また小法廷は5人の裁判官によって構成される。

イ．裁判官が受ける報酬《しゅう》について，憲法は，定期的に相当額の報酬を受けることを定め，さらに「この報酬は，在任中，これを減額することができない」と規定している。

ウ．簡易裁判所における事件は，1人の裁判官によって裁判が行われる。

エ．裁判を受ける人が判決に不服があるかどうかにかかわらず，1つの事件については3回の裁判を受けなければならない。

オ．地方裁判所は，全国に50か所設けられている(ただし，支部は除く)。

カ．憲法は，最高裁判所が，訴訟《そしょう》に関する手続きなどについて規則を定める権限をもつとしている。

3　次のA～Oは，各地の歴史について述べた文を年代の古い順に並べたものです。これに関する下の問いに答えなさい。

A　吉野ヶ里遺跡は，弥生時代の巨《きょ》大な集落の跡《あと》で，まわりを二重の濠《ほり》で囲まれ，大きな墓には，朝鮮半島でつくられた青銅製の剣《けん》やガラス製品がおさめられていた。

B　飛鳥寺《あすかでら》は，聖徳太子とともに政治を動かした(　1　)氏が建てた日本で最初とされる寺院で，そこにある大仏は，渡来人《とらいじん》の子孫がつくったものである。

C　大阪府堺《さかい》市の大野寺土塔《どとう》は，聖武天皇の大仏造りにも協力した行基がつくったもので，それには地元の多くの人々がたずさわった。

D　3番目の娘《むすめ》を天皇に嫁《とつ》がせた藤原道長は，京都の屋敷《やしき》で「この世をば　我《わ》が世とぞ思う　望月の　欠けたることも　無しと思えば」という歌をよんで，力の大きさを誇《ほこ》った。

E　(　2　)神社は，瀬戸内海の航海の安全に関《かか》わった神社で，平清盛ら平家の一族は，豪華《ごうか》に装飾《しょく》した経《きょう》典(お経)を奉《ほう》納して，この神社を深く信仰《こう》した。

F　源頼朝は，平家に対して挙兵すると，三方を山に囲まれた守りのかたい鎌倉を本拠《きょ》地とし，平家を滅《めつ》亡させたあと，征夷大将軍に任命され，ここに正式に幕府が成立した。

G　博多湾《わん》沿岸に防塁《ぼうるい》や石塁《せきるい》とよばれる施《し》設がつくられた。また近年，長崎県の鷹島沖《たかしまおき》では，このころ海底に沈《しず》んだモンゴル船が確認されている。

H　中国船に乗っていたポルトガル人が，種子島に流れ着き鉄砲《ぽう》を伝えた。その後間もなくザビエルが，キリスト教を伝えるために鹿児島に来た。

I　島原・天草の一揆《き》を鎮《しず》めたあと，幕府はポルトガル人の来航を禁止し，さらにオランダ人を長崎の出島に移して，鎖《さ》国を完成させた。

J　松阪《まつさか》に生まれた三井高利《みついたかとし》は，1673年江戸で越後《えちご》屋呉《ご》服店を，その後江戸・京都・大阪に両替《りょうがえ》店《てん》を開いて，三井家の繁《はん》栄の基礎《そ》を築いた。

K　明治政府は，(3)を北海道と名づけ，屯田兵《とんでんへい》を置いて，原野の開拓《たく》と北方の警備に当たらせた。そのためアイヌ民族は，平民とされたものの，土地や漁場の権利を失い，生活が成り立たなくなっていった。

L　下関で，日本の代表伊藤博文・陸奥《むつ》宗光と中国の代表李鴻章《りこうしょう》との間で，日清戦争の講和条約が結ばれた。この条約によって，日本は台湾と遼東《リアオトン》半島を得た。

M　1914年に完成した東京駅では，1921年に現職の首相が暗殺され，1930年にも現職の首相が襲撃《しゅうげき》され，その首相はその傷がもとで翌年亡くなった。

N　広島・長崎への原子爆弾《ばくだん》の投下によって，多くの人々が亡くなった。その後間もなく，日本はポツダム宣言を受諾《だく》して，連合国に無条件降伏《ふく》した。

O　四日市市では石油コンビナートによる大気汚《お》染で，多くの患《かん》者がでた。このころ全国の家庭に「三種の神器」とよばれる電化製品が普及《ふきゅう》した。

問１　上の文章の空らん(１)～(３)に適当な語を入れなさい。

問２　次の(1)～(3)の文は，上のＡ～Ｏの中でどこに置くのが適当ですか。「○と○の間」というかたちで答えなさい。

(1)　各地で検地や刀狩《が》りが行われて，百姓身分が定められ，百姓を農業などに専念させることになった。

(2)　中国から帰国した留学生らの協力を得て，天皇がすべての土地と人民を治める政治のしくみを目指す改革が始まった。

(3)　政府が地主の土地を買い上げ，小作人に安く譲《ゆず》り渡《わた》す政策が実施された。

問３　次の図版(1)～(3)は，それぞれＡ～Ｏのどれともっとも関係が深いですか。１つずつ選び，記号で答えなさい。

(1)

(2)

(3)

問4　AとBの間の時期の政治や社会，文化の様子を説明する文として正しいものを，次のア～エのうちから1つ選び，記号で答えなさい。

ア．人々は，主に木の実を採ったり，魚をとったり，シカやイノシシの狩りをしたりして暮らしていた。

イ．沖縄県を除くすべての都道府県に前方後円墳《ふん》があることから，当時の大和朝廷《てい》の勢力範《はん》囲を知ることができる。

ウ．大陸から伝えられた技術によって，新しい土器や鉄製のよろい・かぶとなどがつくられるようになった。

エ．政府は，『古事記』『日本書紀』をつくり，天皇やその先祖が日本を支配してきた歴史を記した。

問5　Gに関して，このあと御家人たちの中には，幕府に不満をもつものが増えました。その理由を，句読点をふくめ20字以内で答えなさい。その際，幕府(将軍)と御家人の結びつきを示す語(漢字2字)を2つ使いなさい。

問6　GとHの間の時期の政治や社会，文化の様子を説明する文として誤っているものを，次のア～エのうちから1つ選び，記号で答えなさい。

ア．足利学校には，全国から僧《そう》が集まり，漢学(儒《じゅ》学などの中国の学問)を学んだ。

イ．応仁《おうにん》の乱後，町衆とよばれる有力武士たちは，京都の復興につとめ，祇園祭《ぎおんまつり》を復活させた。

ウ．龍安寺《りょうあんじ》の石庭に代表される，石や砂を用いた枯山水《かれさんすい》とよばれる様式の庭園が数多くつくられた。

エ．山城国(京都府)の南部で，村に住む武士が農民と力を合わせて，きまりをつくり，8年間にわたって自治を行った。

問7　Jに関連して，三井高利と同じく松阪生まれの人物に本居宣長がいます。本居宣長および宣長と同じころに活躍《やく》した人物を説明する文として誤っているものを，次のア～エのうちから1つ選び，記号で答えなさい。

ア．本居宣長は，『古事記』を深く研究し，国学という学問を完成させた。

イ．伊能忠敬《いのうただたか》は，日本全国をまわり，正確な地図をつくった。

ウ．杉田玄白《すぎたげんぱく》らが，オランダの医学書を翻《ほん》訳し『解体新書』として出版した。

エ．浮世絵《うきよえ》の作者喜多川歌麿《うたまろ》は，さまざまな姿の富士山を描《えが》いた版画で人気を得た。

問8　MとNの間の時期におきたできごとを説明する文として正しいものを，次のア～エのうちから1つ選び，記号で答えなさい。

ア．外務大臣小村寿太郎《じゅたろう》が，条約改正に成功し，関税自主権が回復された。

イ．普通選挙法が成立し，20才以上の男子に選挙権が与《あた》えられた。

ウ．日本軍が北京郊《こう》外の南満州鉄道の線路を爆破した事件をきっかけに満州事変が始まり，満州国がつくられた。

エ．日本は，ドイツ・イタリアと軍事同盟を結ぶとともに，石油・ゴムなどの資源を求めて，東南アジアに兵を進めた。

4 日本の都道府県に関する以下の問いに答えなさい。

問１　下図中のＡ～Ｃは，岩手県，千葉県，大阪府のいずれかについて，人口千人あたり自家用乗用車数と，可住地面積 100km² あたり郵便局数を示したものです。また下の表中のア～ウは，同じ３府県のいずれかについて，地形別面積割合と，総面積にしめる森林面積と耕地面積の割合を示したものです。図中のＡとＢにあてはまるものを，表中のア～ウのうちから１つずつ選び，記号で答えなさい。また，それぞれの府県名を答えなさい。

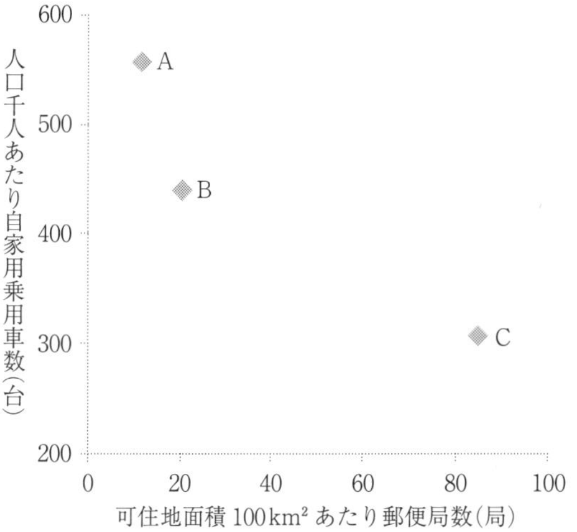

2013年。総務省統計局のホームページによる。

単位：%

	地形別面積割合(1982年)		総面積にしめる森林面積の割合(2009年)	総面積にしめる耕地面積の割合(2013年)
	山地・丘陵《きゅうりょう》地	台地・低地・その他		
ア	85.9	14.1	75.1	9.9
イ	49.2	50.8	30.5	7.2
ウ	38.3	61.7	31.1	24.8

総務省統計局のホームページによる。

問２　下図中のＤ～Ｆは，秋田県，東京都，奈良県のいずれかについて，それぞれの人口の変化を，1960年の人口を100として10年ごとに示したものです。また，下の表中のア～ウは，同じ３都県のいずれかについて，人口に関する統計を示したものです。図中のＤとＥにあてはまるものを，表中のア～ウのうちから１つずつ選び，記号で答えなさい。また，それぞれの都県名を答えなさい。

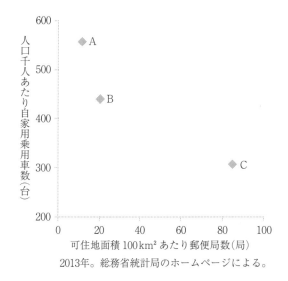

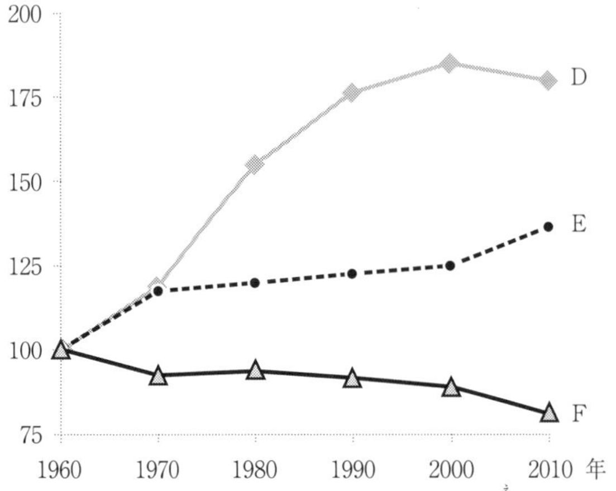

日本国勢図会《え》による。

	昼夜間人口比率* (2010年)	65歳《さい》以上人口の割合 (2014年)	1世帯あたり平均構成人員 (2014年)
ア	118.4	22.5%	1.97人
イ	99.9	32.6	2.52
ウ	89.9	27.8	2.43

*常住人口100に対する昼間人口。100より多い場合は，他の都道府県からの通勤・通学の流入のほうが流出より多く，100を下回る場合は，流出のほうが流入より多いことを示す。

日本国勢図会による。

問3　右の表は，いくつかの農産物の生産量について，上位4都道府県と全国にしめる割合を示したものです。空らんにあてはまる都道府県を，次のア～カのうちから1つずつ選び，記号で答えなさい。(1)～(4)はすべて異なる都道府県です。

単位：%

	いちご		キャベツ		にんじん		もも	
1位	(1)	15.7	(2)	18.2	(3)	28.7	(4)	31.4
2位	福岡	10.6	群馬	17.4	千葉	18.3	福島	23.5
3位	熊本	7.2	千葉	9.0	徳島	8.7	長野	12.3
4位	静岡	6.9	茨城	6.9	青森	6.7	和歌山	7.7

2013年。日本国勢図会による。

ア．北海道　　イ．栃木
ウ．山梨　　エ．福井
オ．愛知　　カ．香川

問4　右の表は，いくつかの産業別製造品出荷額等について，上位4都道府県と全国にしめる割合を示したものです。空らんにあてはまる産業を，次のア～オのうちから1つずつ選び，記号で答えなさい。

単位：%

	(1)		(2)		(3)		(4)	
1位	静岡	10.8	愛知	39.6	千葉	17.3	東京	18.9
2位	愛媛	7.8	静岡	7.6	神奈川	16.2	埼玉	13.4
3位	埼玉	6.1	神奈川	6.2	山口	11.1	大阪	8.7
4位	愛知	5.9	群馬	5.0	大阪	9.4	愛知	6.7

2013年。日本国勢図会による。

ア．印刷・印刷関連業　　イ．石油・石炭製品
ウ．食料品　　エ．パルプ・紙・紙加工品
オ．輸送用機械器具

問５　右の表は，５つの都道府県を選んで，千世帯＊あたりの携《けい》帯電話，ピアノ，ルームエアコンの所有数量と全国順位を示したものです。

＊２人以上の世帯。

(1)　携帯電話とピアノにあてはまるものを表中のア～ウのうちから１つずつ選び，記号で答えなさい。

(2)　Ｔの都道府県名を答えなさい。

単位：台

都道府県	ア	イ	ウ
P	3,438（１）	2,385（１）	323（８）
Q	2,585（28）	2,129（24）	354（１）
R	1,857（40）	1,900（45）	139（47）
S	710（46）	1,979（39）	218（42）
T	181（47）	1,876（47）	193（45）

かっこ内の数字は全国順位。
2009年。総務省統計局のホームページによる。

問６　日本の国土は山がちのため，都府県の境界はおもに山の尾《お》根になっていますが，場所によっては河川や湖が都府県の境界になっています。

(1)　九州地方において，河口付近が２つの県の境界になっている河川の例を１つあげ，河川名と，両側の２つの県名を答えなさい。

(2)　中国地方において，２つの県の境界になっている湖の例を１つあげ，湖名と，両側の２つの県名を答えなさい。

【理　科】（40分）〈満点：50点〉

注意：いくつかの中から選ぶ場合は，記号で答えなさい。特に指示のない場合は１つ答えなさい。

1　モンシロチョウに関して，次の各問いに答えなさい。

(1)　モンシロチョウの成虫は，どれですか。

ア　　イ　　ウ　　エ　　オ

(2)　モンシロチョウに関して，誤っているものを２つ選びなさい。

ア．卵は，キャベツの葉のうらに産みつけられる。
イ．幼虫は，前の方に６本，後の方に10本のあしをもつ。
ウ．幼虫は，さなぎを固定するための糸を肛《こう》門から出す。
エ．普通，さなぎで寒い冬を越《こ》す。
オ．成虫は，花のみつを先が平たい口でなめとる。

(3)　モンシロチョウと異なり，さなぎにならない昆《こん》虫を２つ選びなさい。

ア．タイコウチ　イ．ゲンゴロウ　ウ．キョクトウサソリ　エ．クロゴキブリ
オ．タマムシ　カ．オカダンゴムシ　キ．アオズムカデ　ク．カイコ
ケ．コガネグモ　コ．ニキビダニ

モンシロチョウのふ化直後の幼虫をいろいろな飼育温度に保って飼育し，ふ化直後からさなぎになるまでの日数(日)を観察し，結果を表１にまとめました。

幼虫の成長は，表１の(①)℃以下になると止まりました。(①)℃を成長が止まる温度(℃)としました。

このとき，飼育温度(℃)，さなぎになるまでの日数(日)，成長が止まる温度(①)(℃)の関係は，次の式で表すことができました。

$$飼育温度-成長が止まる温度(①)=\frac{200}{さなぎになるまでの日数}$$

表1

飼育温度(℃)	さなぎになるまでの日数(日)
28	10
18	20
(②)	25
13	(③)
12	50
(①)	成長が止まる
6	成長が止まる

(4) 表1と式をもとに，成長が止まる温度(①)(℃)を求めなさい。

(5) 表1の(②)，(③)に数値を入れなさい。

自然の中に産みつけられたモンシロチョウの1000個の卵について，成長段階(卵～さなぎまで)，各成長段階の所要期間(日)，期間初めの生存数(匹《ひき》)，期間内の死亡数(匹)を観察し，1日あたりの死亡数(匹/日)，期間内の生存率(%)を計算した結果を表2にまとめました。

表2

成長段階	所要期間(日)	期間初めの生存数(匹)	期間内の死亡率(匹)	1日あたりの死亡数(匹/日)	期間内の生存率(%)
卵	3.35	1000	120	35.8	88.0
1齢《れい》幼虫	3.2	880	(①)	128.1	53.4
2齢幼虫	3.2	470	80	(②)	83.0
3齢幼虫	3.2	390	30	9.4	92.3
4齢幼虫	4.38	(③)	60	13.7	83.3
5齢幼虫	6.25	300	250	40.0	16.7
さなぎ	6.42	50	30	4.7	(④)

(6) 表2の(①)，(②)，(③)，(④)に数値を入れなさい。

(7) 表2に従うとした場合，3000個の卵が産みつけられたとすると，5齢幼虫になるのは何匹ですか。

(8) 表2をもとに，正しいものを2つ選びなさい。

ア．期間初めの生存数と期間内の死亡数の比は，全ての成長段階において同じである。

イ．所要期間が同じであっても，期間内の死亡数は異なる。

ウ．1日あたりの死亡数は，1齢幼虫で最大になる。

エ．1日あたりの死亡数は，期間内の生存率が高くなるほど多くなる。

オ．期間内の生存率は，成長段階があがるほど高くなる。

(9) 表2をもとに，幼虫が死亡しやすい成長段階を2つ選びなさい。

ア．1齢幼虫　　イ．2齢幼虫　　ウ．3齢幼虫　　エ．4齢幼虫　　オ．5齢幼虫

2 ある日の夕方，ダイ吉君がお父さんと，近くにあるケンタ山を散歩していると，何かの作業をしている人たちがいました。

ダイ吉「お父さん，何をやっているんだろう。」

お父さん「ボーリングといって，穴を掘《ほ》って，地層の様子を調べているのさ。」

ダイ吉「おもしろそうだね。あれ，①南東の空に月が出ているよ。あっ，飛行機のうしろに飛行機雲ができている。」

お父さん「飛行機雲が空に長い時間残るときは，②天気が悪くなると言われているよ。」
ダ イ 吉「へえ，そうなんだ。」
　数日後，うれしそうな顔をしてお父さんが帰ってきました。
お父さん「ダイ吉，ケンタ山の資料をもらってきたぞ。」
　といって，ケンタ山の地図とボーリング資料(柱状図)を見せました。
お父さん「S地点の資料は，まだできていないそうだ。」

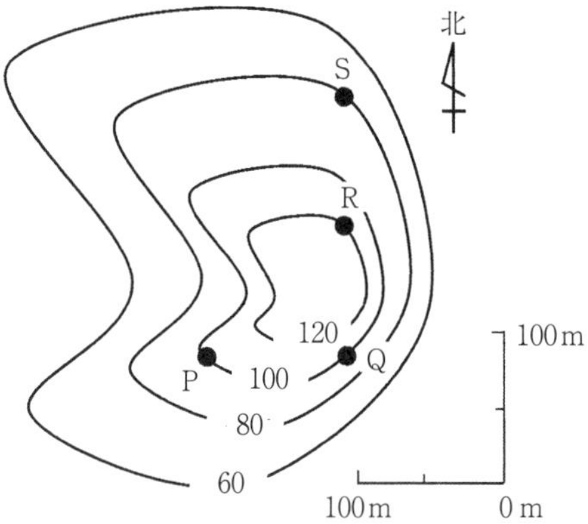

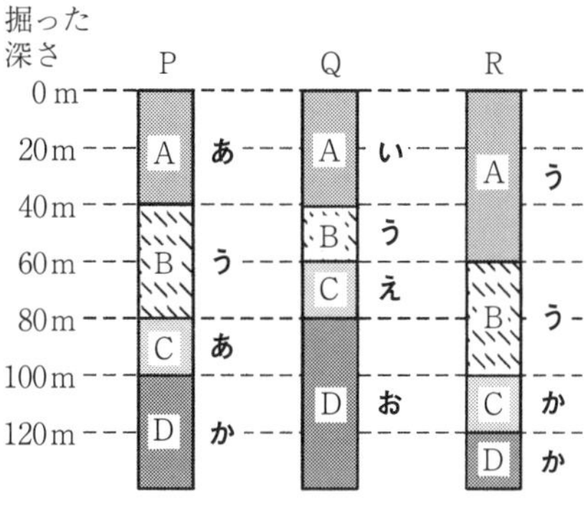

あ～か：出てくる貝化石の種類

　ダイ吉君は，図をしばらくながめていました。
ダ イ 吉「あれれ，地層Aと地層B，C，Dは分布の様子が違《ちが》っているよ。」
お父さん「そう。地層B，C，Dは一様にそろって，(　③　)に傾《かたむ》いているんだ。」
ダ イ 吉「(　③　)に向かって下がっているということだね。ということは，S地点でボーリングすると(　④　)m掘ったところで，地層Cに達するはずだね。」
お父さん「そのとおり。S地点での柱状図を予想して描《えが》けるかい？」
　ダイ吉君はしばらく考えて，⑤S地点での柱状図を描いてみました。
お父さん「よくできたね。ケンタ山では6種類の貝の化石が出てくるそうだけど，これらの貝が生息していた時代をまとめたのがこの表だよ。柱状図の**あ**～**か**は，それぞれの貝の化石が出てきたことを意味するんだよ。」

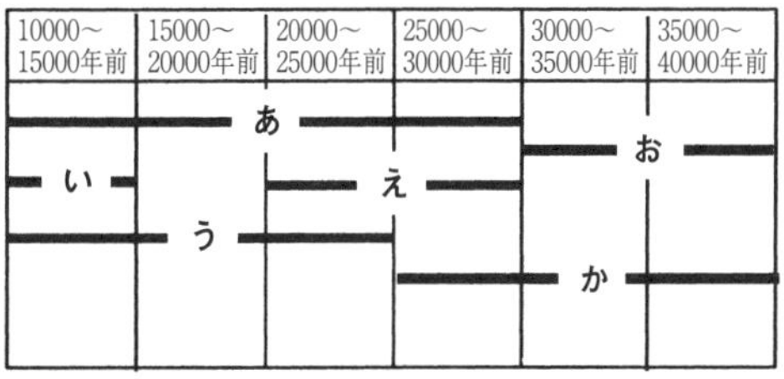

　といって，お父さんは右のような表を見せました。
ダ イ 吉「なるほど。出てきた化石から，⑥それぞれの地層のできた年代が推定できるんだね。」
お父さん「これらの地層ができた時代，地球は氷河期といって，各地の気温が今より10℃以上下がって，地球の広い範囲《はんい》が雪と氷でおおわれていたんだ。」
ダ イ 吉「ぼく，寒いのいやだよ。」
お父さん「寒いだけではなく，⑦海水面が100mも下がって，日本がユーラシア大陸と陸続きになっていたんだよ。日本で発掘《はっくつ》されるマンモスの化石は，この時代に大陸からわたって来たものだよ。」

(1)　下線部①の月の形として正しいものは右のどれですか。
(2)　天気が悪くなることにつながる現象は次のどれですか。すべて選びなさい。

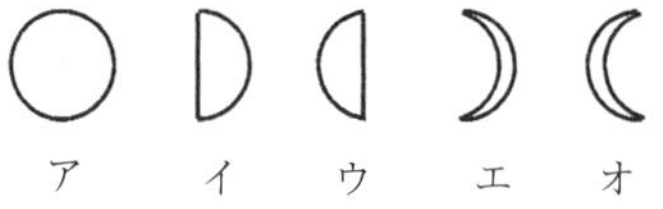

ア　イ　ウ　エ　オ

ア．太陽や月の周りにカサ(白い光の環《わ》)が見えるとき

イ．夕焼けがきれいに見えるとき

ウ．うろこ雲が空に広がって見えるとき

エ．朝つゆが降りているとき

(3)　③にあてはまる方向を８方位で答えなさい。ただし，Ｐ地点はＱ地点の西 100m，Ｒ地点，Ｓ地点はそれぞれＱ地点の北 100m，北 200m の位置にあるものとして考えなさい。地図の線は等高線で，数字の単位はmです。

(4)　④にあてはまる数字を入れなさい。

(5)　Ｓ地点での柱状図を描きなさい。なお，答えはＡＢＣＤの記号と，地層の境界を示す線だけでよく，斜線《しゃせん》やもようをつける必要はありません。

(6)　地層Ａと地層Ｃ，それぞれのできた年代として適当なものを次から選びなさい。

ア．10000～15000年前　　イ．15000～20000年前

ウ．20000～25000年前　　エ．25000～30000年前

オ．30000～35000年前　　カ．35000～40000年前

(7)　氷河期になると海水面が下がる理由を20字程度で説明しなさい。

3　〔Ａ〕 (1)　①水素，②酸素，③二酸化炭素を作るための薬品を次の中からそれぞれについて２つずつ選びなさい。ただし，同じ記号を二度使ってはいけません。

薬品　ア．銅　　イ．アルミニウム　　ウ．二酸化マンガン

エ．鉄　　オ．石灰《かい》石　　カ．塩酸

キ．過酸化水素水　　ク．石ケン水　　ケ．アンモニア水

コ．水酸化ナトリウム水溶液

気体Ａ，Ｂ，Ｃがあります。これらは，酸素，二酸化炭素，アンモニアのいずれかです。それぞれの気体の性質を調べました。

気体Ａ　石灰水に吹き込んだら白くにごった。

気体Ｂ　線香の火を近づけたら，激しく燃えた。

気体Ｃ　刺《し》激臭があり，その水溶液はアルカリ性を示した。

下図のような同じ容器に，気体Ａ，Ｂ，Ｃをそれぞれ 100mL ずつ別々に入れ，ふたをしました。おもりをのせたところ，すべて同じ高さになりました。ただし，ふた，おもり，漏斗《ろうと》はすべて同じものを用いました。ふたは滑《なめ》らかに動くことができるものとします。また，漏斗には，はじめ同じ量の水を入れておきました。

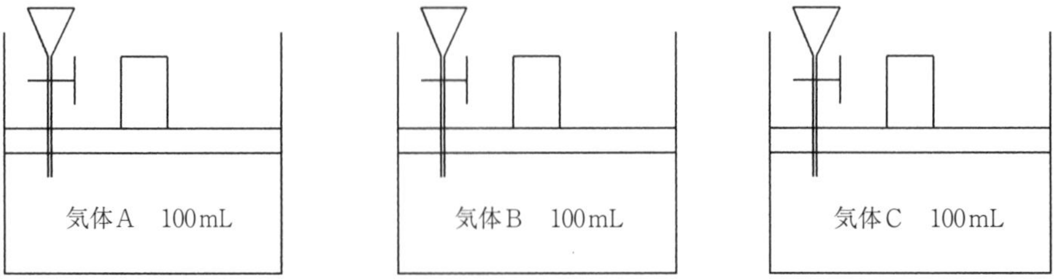

(2)　気体Ａ，Ｂ，Ｃのそれぞれに，コックを開いて水を１滴《てき》落としたとき，ふたが最も下まで下がるのはＡ，Ｂ，Ｃのどれですか。

(3)　右図のような容器に，気体A，B，Cから２つを別々に組み合わせて，100mLずつ入れました。コックを開いて水を１滴落としたとき，ふたが最も下まで下がるのは，どの気体の組み合わせですか。ただし，漏斗にははじめ同じ量の水を入れておきました。

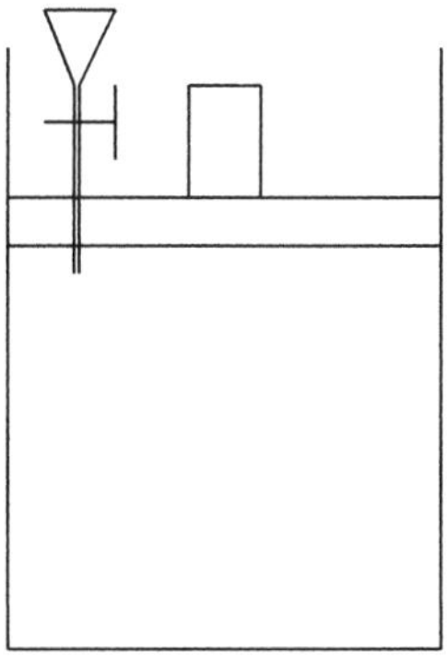

ア．AとB

イ．AとC

ウ．BとC

(4)　フラスコAには二酸化炭素が，フラスコBには水素が入れてあります。それを右図のように上下に連結してコックを開き，長い時間放置しました。その時フラスコの中の気体の様子はどうなっていますか。

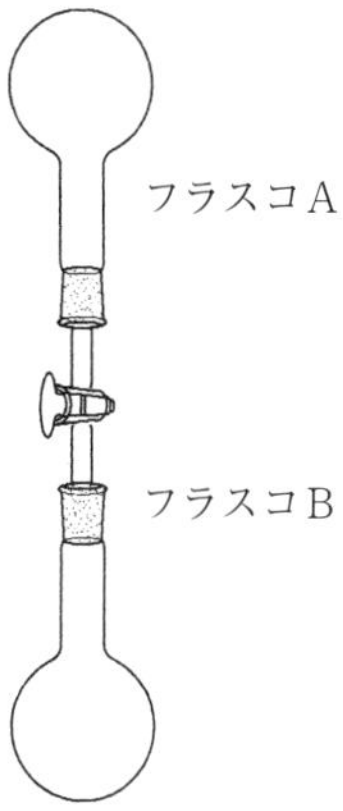

ア．フラスコAには水素が，フラスコBには二酸化炭素が移動し，最初と全く逆の状態になっている。

イ．気体は全部フラスコAの方へ移動してフラスコBは真空になっている。

ウ．気体は全部フラスコBの方へ移動してフラスコAは真空になっている。

エ．フラスコAとフラスコBはどこも水素と二酸化炭素が同じように混ざった状態になっている。

オ．水素と二酸化炭素は混じることなく，最初の状態と全く変わっていない。

(5)　フラスコCには食塩水が，フラスコDには水がいっぱいに入れてあります。それを右図のように，上下に連結してコックを開き，長い時間放置しました。その時フラスコの中の様子はどうなっていますか。なお，水100mLは100gで，食塩水100mLは110gです。

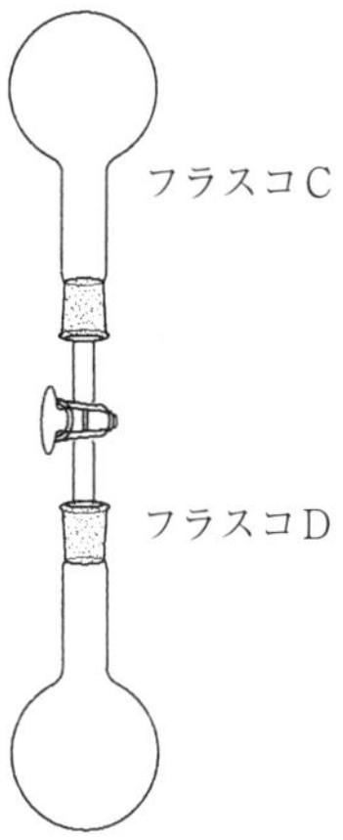

ア．フラスコCには水が，フラスコDには食塩水が移動して最初と全く逆の状態になっている。

イ．フラスコDの底に，重い食塩の粒がしずむ。

ウ．フラスコC，Dに，食塩が均一に広がって溶けている。

エ．フラスコCはうすい食塩水がたまり，フラスコDには濃《こ》い食塩水がたまる。

オ．フラスコCは濃い食塩水がたまり，フラスコDにはうすい食塩水がたまる。

カ．水と食塩水は混じることなく，最初の状態と全く変わっていない。

〔B〕　右の図１は10gの水を冷やし，熱をうばったときの温度と時間の関係を表しています。ただし，実験では熱は常に同じようにうばわれたものとします。

図１

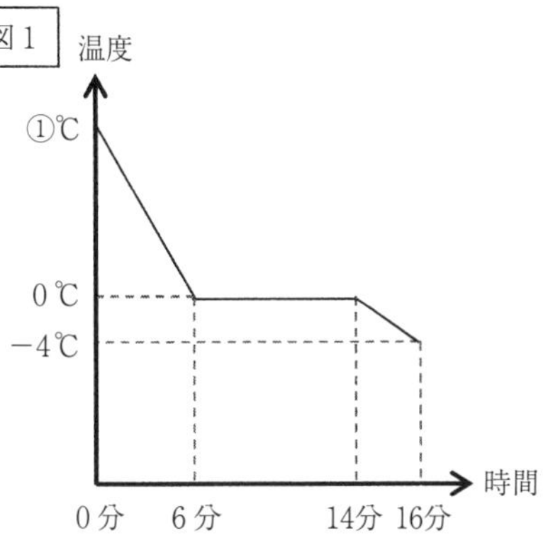

(1)　水の温度の下がり方は氷の２倍です。図１の①℃は何℃ですか。

次に水の重さを15gに変えて冷やしました。その時の温度と時間の関係を図2で表しています。

図2

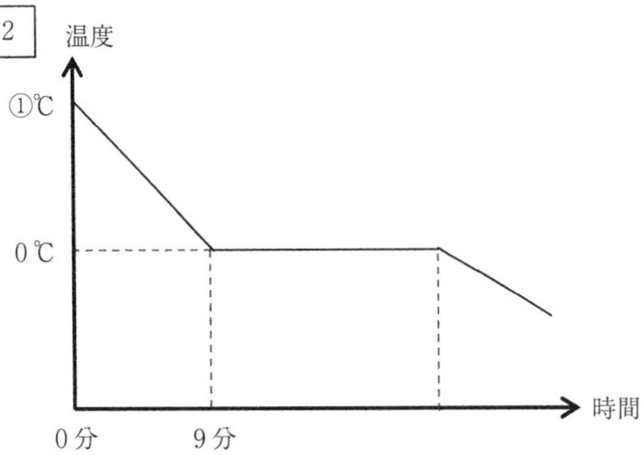

(2) 16分後は，何gが氷になっていますか。

(3) −6℃の氷になるのは，冷やし始めてから何分何秒後ですか。

(4) 10mLの水と氷の重さはそれぞれ10g，9.2gです。水と氷の混ざった状態のものが200mLで196gだったとすると，氷の重さは全体の重さの何%ですか。小数第2位を四捨五入して小数第1位まで答えなさい。

(5) 水に関する次の文について正しいものを3つ選びなさい。

ア．氷に食塩をふり混ぜると温度が上がる。

イ．水が水蒸気になる現象を蒸発という。

ウ．水蒸気は白く見える。

エ．水蒸気をあたためると，水蒸気の体積は増える。

オ．冬季に，湖が氷結するとき，湖底からこおりはじめ，湖面からこおることはない。

カ．スイカに水でぬれたタオルをかけ，風通しがよい日かげの場所に置くと，スイカが冷やせる。

4 〔A〕 図1のようにダイオードを電池につなぐと豆電球はつきますが，図2のように電池につなぐと豆電球はつきません。このように，ダイオードは次のような特徴《とくちょう》をもっています。

・ある方向に電流を流そうとすると，その方向に電流を流すことができ，閉じたスイッチと同じはたらきをする(図1)。

・それとは逆方向に電流を流そうとすると，電流を流すことはできずに，開いたスイッチと同じはたらきをする(図2)。

ダイオードを閉じたスイッチとみなせる場合

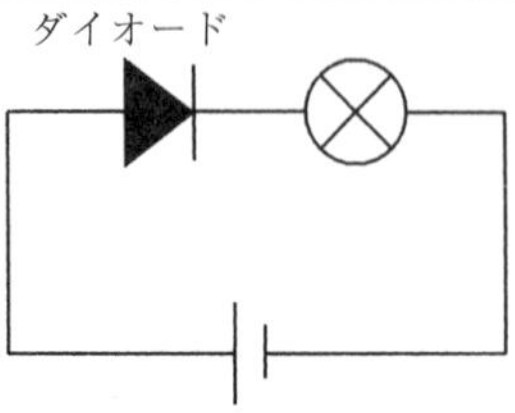

図1

ダイオードを開いたスイッチとみなせる場合

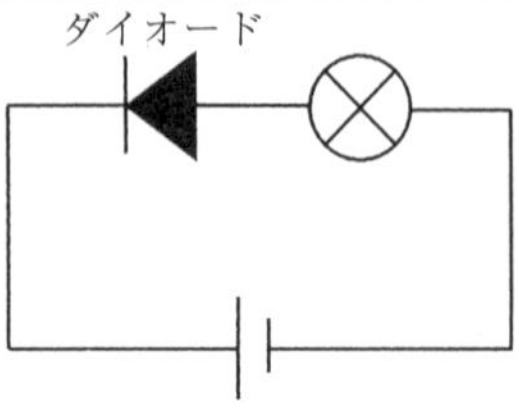

図2

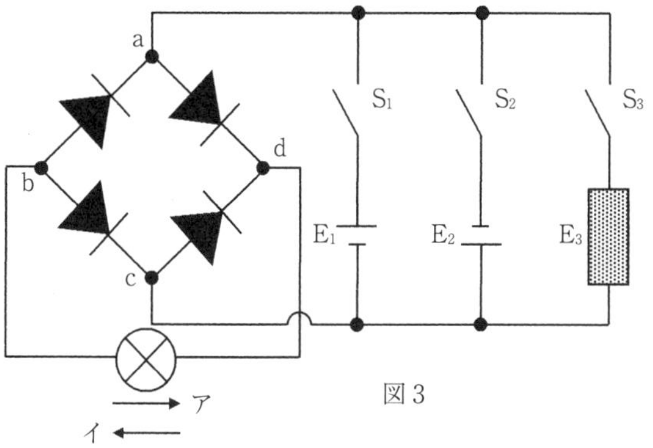

図3

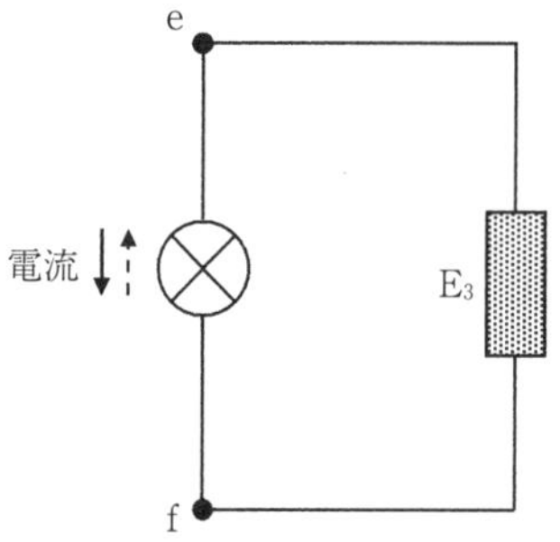

図4

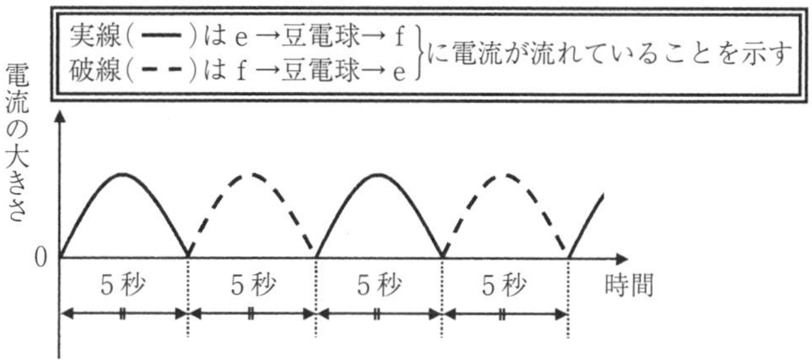

図5

いま，4つの同じダイオード，豆電球，スイッチS_1，S_2，S_3，同じ電池E_1，E_2，電源装置E_3を用いて，図3のような回路を作りました。

ただし，電源装置E_3は，図4のように豆電球のみをつないだとき，豆電球に流れる電流の大きさや向きを一定の時間間隔《かんかく》で図5のように変化させることができる装置です。図5において，実線はe→豆電球→fに，破線はf→豆電球→eに電流が流れていることを示し，また，電流の大きさが0のときはどちら向きにも電流が流れていないことを示します。なお，ここでは，電流の向きは5秒ごとに変化し，電流が流れているときにだけ豆電球は光り，電流の大きさが大きいほどより明るく光るものとします。

以上のことを参考にして，図3の回路に関する以下の問いに答えなさい。

(1) スイッチS_1のみを入れたとき，豆電球は光りますか。光る場合には，豆電球に流れる電流の向きを，図3の矢印ア，イのどちらかで答えなさい。また，光らない場合には，×と答えなさい。

(2) スイッチS_2のみを入れたとき，豆電球は光りますか。(1)と同様に答えなさい。

(3) スイッチS_3のみを入れたとき，豆電球の光り方について述べたものとして最も適当なものを選びなさい。

ア．5秒間光って一瞬《いっしゅん》消えることをくり返し，光っているときの明るさは同じである。
イ．5秒間光って一瞬消えることをくり返し，光っているときの明るさは変化する。
ウ．5秒間光って5秒間光らないことをくり返し，光っているときの明るさは同じである。
エ．5秒間光って5秒間光らないことをくり返し，光っているときの明るさは変化する。
オ．5秒間光って10秒間光らないことをくり返し，光っているときの明るさは同じである。
カ．5秒間光って10秒間光らないことをくり返し，光っているときの明るさは変化する。
キ．まったく光らない。

(4)　次の①～④の各場合において，スイッチ S_3 のみを入れたとき，豆電球の光り方はどのようになりますか。最も適当なものを(3)の選択肢《せんたくし》の中からそれぞれ選びなさい。ただし，必要があれば，同じ記号を何度用いても構いません。

①　ab 間のダイオードのみを外した場合

②　ad 間，cd 間のダイオードの向きをどちらも変えた場合

③　４つのダイオードすべての向きを変えた場合

④　bd 間に導線をつないだ場合

〔B〕　電車の車輪は車軸《しゃじく》に固定されているため，左右の車輪の回転数は等しく，車輪は車軸に対して向きを変えることができません。それにもかかわらず，電車はカーブを曲がることができます。ここでは，その理由について考えてみましょう。

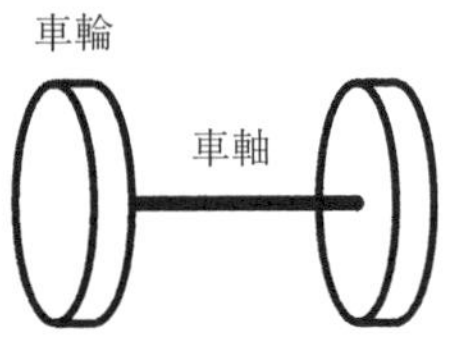

図１

いま，図１のように，車輪と車軸で作ったものを「**車**」と呼ぶことにします。車輪の半径が小さいものと大きいものの２種類を準備し，車輪を変えた４種類の**車**を転がしたときの動きを調べたところ，次の表のようになりました。ただし，左右は**車**の進む向きに対して後方から見たもので，以下の問いについても後方から見るものとします。

左車輪	右車輪	車の動き
小	小	まっすぐ進んだ
小	大	左に曲がって進んだ
大	小	右に曲がって進んだ
大	大	まっすぐ進んだ

(1)　右の表を参考にして，次の文章の(　)に適する語を選びなさい。

「**車**が直進するときは車軸が水平である。また，曲がるときは車軸が傾いており，それは曲がる側の方が(高，低)くなっている。」

図２のような４種類の**車**を準備しました。

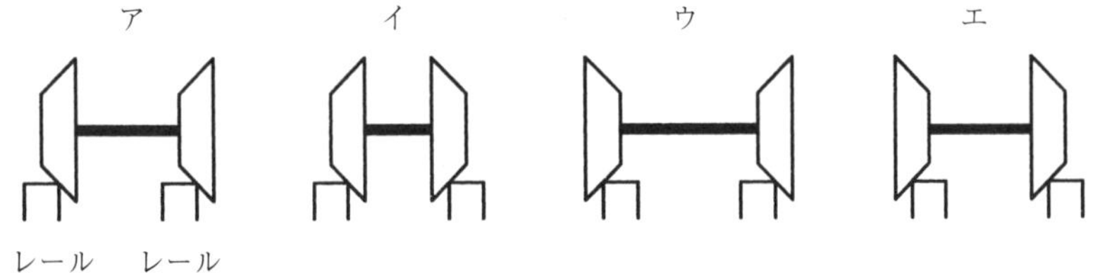

図２〔後ろから見た図〕

また，図３のように，平らなところに２本のレールを敷《し》きました。２本のレールは同じ高さで，間隔は等しいです。図３のレールのAの位置に，図２の４種類の**車**を置いたところ，すべての車がレールからずれ落ちることなく，車軸が水平になって静止しました。そこで，**車**を転がしたところ，ある１つの**車K**だけは脱線《だっせん》することなく，**A→B→C→D**と動きました。

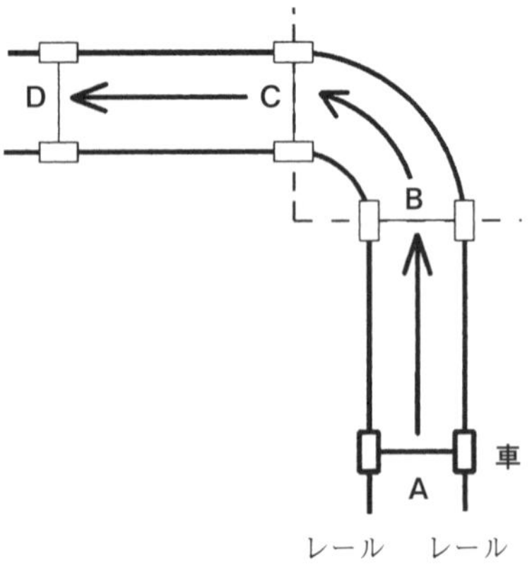

図３〔上から見た図〕

(2)　**車K**に関する次の文章を読み，あとの問いに答えなさい。

A→Bのように直線区間を進んでいるとき車軸は水平である。**B**で左カーブ区間に入るとき，車軸は水平で**車K**は直進し続けようとするため，**車K**から見るとレールは(　①　)に移動して見える。ここで，

車Kは左に曲がるので，車軸は(②)が低くなるように傾く。また，**C**で左カーブ区間から直線区間に入るとき，**車K**は曲がり続けようとするため，**車K**から見るとレールは(③)に移動して見える。その結果，車軸は水平にもどり，**車K**は直進し**D**まで進む。

(a)　(①)～(③)には　右　または　左　が入ります。適する語をそれぞれ書きなさい。

(b)　**車K**を図２のア～エから選びなさい。

(3)　図３とは逆向きの右に曲がるレールを作ったときに，**車**が右に曲がることができるものとして正しいものを図２のア～エから選びなさい。

(4)　次に，実際の線路について考えてみましょう。

(a)　踏切《ふみきり》では，自動車や人などが移動しやすくするために，レールの使われていない側面を硬《かた》いゴムなどでうめて段差をなくしています。また，市街地を走る路面電車では，線路に芝生《しばふ》を植えて線路付近の気温上昇《じょうしょう》を防いだり，騒音《そうおん》をおさえたりすることもあります。芝生を植えた線路の断面図として正しいものを選びなさい。

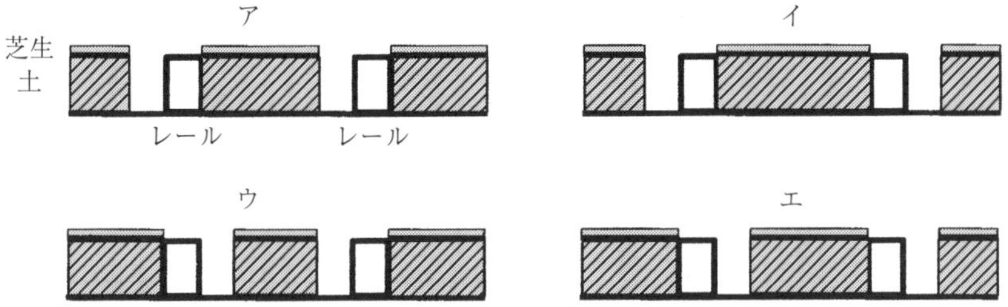

(b)　電車のカーブが急なところでは脱線防止レールを敷くことがあります。そのレールの位置は下図の破線ア～エのいずれかです。その位置として正しいものを選びなさい。

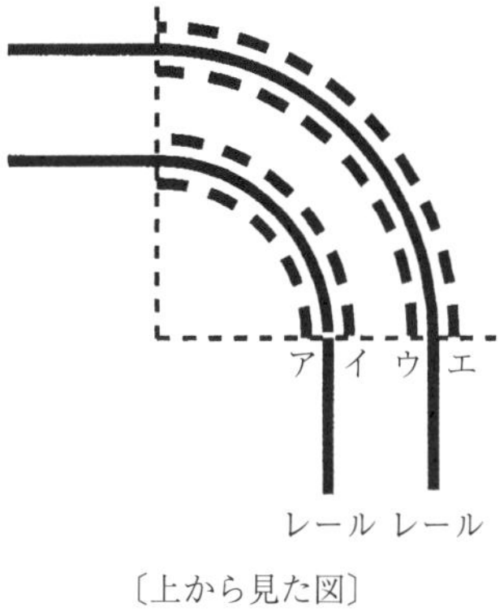

〔上から見た図〕

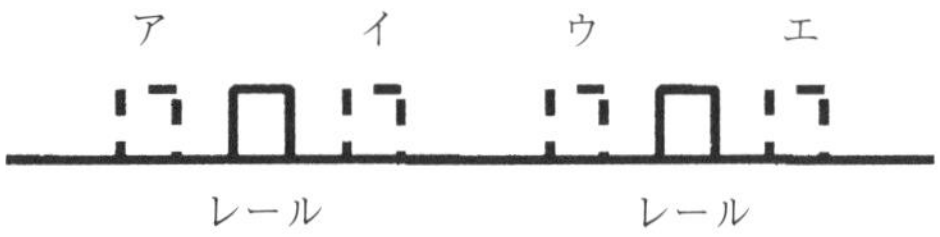

〔断面図〕

三　次のⅠ・Ⅱの問いに答えなさい。〈十五点〉

Ⅰ　次の傍《ぼう》線部①～⑤のカタカナの語を漢字に改めなさい。

二〇一五年の「今年の漢字」は「安」だったが、むしろ昨年は「不安」を感じることの方が多かったのではないか。

例えば、火山活動が活発になる①チョウコウが、各地で見られたこと。②ダントウといわれている状況《きょう》は、異常ではないのか、ということ。難民が増加したヨーロッパ各国がこの事態をどう収拾《しゅう》すべきか、明確な③シシンを示すのは難しいということ、などなど。

いろいろ挙げればきりがないが、活躍《やく》が認められ、名前の一字が「今年の漢字」に選ばれるほど人気を④ハクしたお笑いタレントは、今年もその人気を保つべく、どのように⑤フンキするのかということも、個人的には気になっている。

Ⅱ　次の⑥～⑮の傍線部のカタカナの語を漢字に改めなさい。

⑥ 厳重なケイビをかいくぐって建物の中に忍《しの》び込《こ》んだ。

⑦ 今年の元日もサンパイに訪《おとず》れた人々でどこの神社もごったがえした。

⑧ 工場のキボを大きくしたいと考えている。

⑨ 物事のヒソウしか見ていない彼《かれ》の発言は誰《だれ》にも支持されなかった。

⑩ 九州には神の子孫がコウリンしたといわれる地がある。

⑪ 浮《うき》世絵は高度なギゲイを用いて作られた。

⑫ テンシュカクは意外に質素であった。

⑬ 試合後半、急に仲間達《たち》のハタイロが悪くなった。

⑭ 事実かどうかのケンショウは確実に行うべきだ。

⑮ 祖父はロウロウとした声で詩を吟《ぎん》じた。

C 「食い下がった」
イ 交渉《しょう》した　ロ 落胆した　ハ 抵抗《ていこう》した
ニ 激怒《ど》した　ホ 絶句した

問三 傍線部①「繊細さを求められても困る」とあるが、「繊細さを求め」るとはこの場合どういうことですか。最も適切なものを次のイ～ホの中から選び、符号を書きなさい。
イ 孝俊はアンナにジュースのおかわりをお願いしたいのだが、自分から言うのは申し訳ないと思っているのだから、周囲の者たちが気を利かせて、早く運んでくるよう、それとなく言ってほしいということ。
ロ 孝俊はアンナに恋心を打ち明けたいと思っているのに、なかなか言えなくて困っているのだから、周囲の者が気を利かせて、孝俊とアンナが二人っきりになれるよう、良い知恵《え》を出してほしいということ。
ハ 孝俊はアンナに真面目《まじめ》な人間だと思われたくても、皆《みな》が笑い出すと誤解される可能性があるのだから、周囲の者たちが気を利かせて、アンナの前では真剣に勉強している雰《ふん》囲気を保ってほしいということ。
ニ 孝俊はアンナと話したいと思っていても、恥《は》ずかしくて自分からは上手に言い出せないのだから、周囲の者たちが気を利かせて、孝俊とアンナが自然に話せるよう、細やかに気配りしてほしいということ。
ホ 孝俊はアンナと話したくて必死のあまり完全に舞い上がっているのだから、周囲の者たちが気を利かせて、孝俊がわけのわからぬ言動をしてアンナにあきれられないよう、見張っていてほしいということ。

問四 傍線部②「頭を振る」とあるが、このしぐさで「孝俊」はどのような気持ちを示そうとしているのか、最も適切なものを次のイ～への中から選び、符号を書きなさい。
イ 繊細な恋心を周囲にわからせるため、格好よく振る舞いたいという気持ち。
ロ 恋する人間に協力しないなら、もう友人として信用できないという気持ち。
ハ 恋している自分はもう大人なのだから、いばっても構わないという気持ち。
ニ 恋をする自分は確かにばかみたいだと、友人たちの意見に同意する気持ち。
ホ 自分の恋心を理解できない友人たちの幼さが信じられず、あきれる気持ち。
ヘ 恋をすることの大変さを実感し、今さらながら途《と》方にくれてしまう気持ち。

問五 傍線部③「『やられた』と思った」のはなぜですか。百字以内で説明しなさい。

問六 傍線部④「タオの感想文を読んだ今、読まずにはいられないような気分」になったのはなぜですか。文章全体をふまえて八十字以内で説明しなさい。

画的な家出を期待します。

最後はそう締《し》めくくってあった。

これを読んだときのおれの気持ちをなんて言ったらいいのだろう。すうっと血の気が引いて、今いる場所からがくんと一段さがったような気がしたのだった。正直、③「やられた」と思った。タオが書いたようなことは、ひとつも思わなかったくせに、タオの感想文のほうが正しいような気がしたのだった。

先生たちが好むような書き方を、無意識にしていた自分がはずかしかった。もう一度本を読み直して、感想文を書き直したいと思った。

「これ、どっちを参考にすればいいんか」

孝俊が頭を抱《かか》え、おれとタオに質問したけれど、タオはまるで他人《ひと》事《ごと》で、さあ、と言うばかりだ。おれも、タオの感想文を読んだ今となっては、あれほど明確に見えていた登場人物の輪郭《かく》がまるでインチキみたいに思えて、説明などとてもできなかった。

「自分で読むしかないんじゃないか」

「はー!?」

保生の言葉に、孝俊はC食い下がったけれど、おれも読むことを勧《すす》めた。勧めたくせに、保生と孝俊が、タオのように感じたらと思うと、とてもあせった気持ちになった。

「本は自分で読まなくちゃね」

ふすまが開いてアンナが出てきた。話が聞こえていたのだろう。

「もちろんです！　読みます読みますっ。これから読もうと思ってたんです！」

孝俊の返答には呆《あき》れたけれど、まあいい。自分で読むべきだ。

アンナに、おれとタオの感想文がまったく異なることを聞かれたと思うと、冷や汗《あせ》が出そうになったけど、アンナは本を読んでいないのだから、どういうところが違うのかわかるはずがないのだと思い直し、Vムネをなでおろした。

それよりもおれはさっき、孝俊がアンナに恋をしている気持ちについて語っていたことが気になった。もしかして全部アンナに聞こえていたのではないだろうか。

けれど、孝俊はそのことについては、特に気にしていないようだった。次から次へとアンナに話しかけては、うれしそうに目尻を下げている。デレデレしすぎて、見ていられない。

タオの家には、英語で書かれた古い本や、布表紙の難しそうな本がたくさん並んでいた。なかに、自分にも読めそうな小説が何冊かあった。おじさんはいなかったけれど、アンナがどれでも持って行っていいのよと言ってくれたので、おれは読みやすそうな一冊を借りていくことにした。小説なんて、宿題以外でわざわざ読む気はしなかったけれど、④タオの感想文を読んだ今、読まずにはいられないような気分だった。

（椰月美智子《やづきみちこ》『14歳《さい》の水平線』より）

※・アンナ＝タオの姉。
・ドゥヤーギー＝島に生息しているといわれる妖怪《ようかい》。

問一　二重傍《ぼう》線部Ⅰ～Ⅴのカタカナの語を漢字に改めなさい。

問二　波線部A～Cの文中での意味として、最も適切なものを後のイ～ホの中からそれぞれ選び、符《ふ》号を書きなさい。

A「魂胆」
イ　必死さ　ロ　願いごと　ハ　悪あがき
ニ　恋心　ホ　たくらみ

B「触発されて」
イ　影響《えいきょう》を受けて　ロ　ひどく感心して
ハ　考えを正して　ニ　あきれ返って
ホ　おじけづいて

孝俊が言い、まだ本も読んでないや、と保生がつぶやいた。

「おれはもう書いたよ」

「ぼくも終わった」

おれとタオが言うと、孝俊と保生は目を輝《かがや》かせた。

「征人《ゆきと》は作文が得意だからな」

孝俊が言い、

「でも、これは丸写しはできんよな」

と、保生が言った。

「とりあえず本の内容を教えてもらってから、征人とタオの感想文読ませて。あとは適当に写してつなげれば、本読まんくても大丈夫《じょうぶ》じゃないか?」

感想文を読ませるのはちょっと気が引けたけど、おれのを見せれば、タオの感想文も読めると思ってオーケーした。課題の本は一冊だったから、ざっとあらすじを教えてあげた。タオは話すのが面倒《どう》くさいのか、おれの話にところどころうなずいていただけだった。

続いて、孝俊と保生は黙々《もくもく》と人の感想文を読んだ。二人とも真剣《けん》だ。これほど集中できるなら、さっさと本を読めばいいのにと思う。おれはタオの感想文を読みはじめたけれど、タオはおれの感想文にはまったく興味を示さずに、おじさんの難しそうな本をめくっていた。

ひと足先にタオの感想文を読み終えたおれは、しばしⅡカタまって、それから頭のなかを整理した。タオの感想文には、おれとまるで正反対のことが書いてあった。

「えー、これ。二人ともまったく違《ちが》うこと書いてあるけど……」

おれとタオの感想文を読み終わった保生が言った。

「ほんとだ、ぜんぜん違うな」

孝俊も首を傾《かし》げる。

本のおおまかな内容は、家出をした主人公アキラの二日間の冒《ぼう》険物語だ。アキラとはあまり気の合わない、クラスメイトのユタカもひょんなことから行動を共にすることになる。

アキラは自由奔《ほん》放でやんちゃ、感情的で後先を考えない直感タイプ、ユタカは怖《こわ》がりで引っ込み思案だけど、やさしくて正義感が強い。最初のうちは、アキラのあとをユタカがついて行き、尻拭《しりぬぐ》いをさせられることが多かったけれど、いつのまにか二人で協力し合うようになる。

アキラは、ユタカのアイデアでさまざまなⅢキキを乗り越《こ》えられたし、ユタカも、アキラの行動力にB触《しょく》発されて、物怖《ものお》じしないで自分の意見を言えるようになる。二日間で二人の間には絆《きずな》ができ友情が芽生え、アキラとユタカは大きく成長した。そういうお話だ。

おれは、主人公のアキラよりもユタカに感情移入した。家出を自分のせいにされてしまったり、アキラの嘘《うそ》によって、窮《きゅう》地に立たされる場面もあったけれど、ユタカはくじけなかった。おどおどしているけど、いつでも正直で思いやりがあった。こんなふうに友達《だち》のために振る舞えたら、と憧《あこが》れた。だからそう書いた。

それなのにタオの感想と来たら、ユタカのことをまるで悪者扱《あつか》いだった。ユタカのせいで、せっかくの家出は台無しになったと書いてあった。アキラの行きたいところにも行けず、ユタカの余計なおせっかいのせいで、いくつかのチャンスをものにできなかったとあった。

かといってアキラに肩《かた》入れしているわけではなく、アキラへの批判もたくさん書いてあった。アキラの行動力はいいけれど、もっと強く意志を持つべきで、一人で家出を遂《すい》行するべきだとか、器物Ⅳハソンはやりすぎだとか。

――ユタカのおせっかいにはうんざりしました。ユタカはアキラの個性をもっと尊重すべきだと思いました。今度はアキラだけの、家出の冒険を読みたいです。そしてアキラには少し痛い目にあってもらって、慎重な人間になることを覚えてもらいたいです。次回はもっと計

二　次の文章を読んで、後の問いに答えなさい。（字数制限のある問題は、句読点も一字に数えます。）〈四十点〉

孝俊《たかとし》、保生《やすお》、タオ。おれたちは四人で一緒《しょ》に遊ぶようになった。おれはそれがうれしくて仕方ない。島の中二男子は、おれたちしかいないのだ。みんなで仲よく過ごしたい。

保生の特訓で、タオは足ひれがなくても泳げるようになり、宗見《そうみ》港の飛び込《こ》みポイントでは、頭からの飛び込みができるようになった。すごい進歩だ。タオは慎《しん》重派だけど好奇《き》心旺盛《おうせい》で、飲み込みが早かった。

夏休みの宿題を、タオの家でみんなでやろうと言い出したのは孝俊だ。※アンナに会いたいという A魂胆《こんたん》は見え見えだったけれど、一人でやってもちっとも進まないから、その提案にはおれも保生も大賛成だった。

「いらっしゃい」

と、アンナが出迎《むか》えてくれたときの孝俊の顔は、一生忘れないだろう。今にも泣き出しそうな、苦しそうな、それでいてうれしそうな、これまで見たことのない表情だった。

以前タオのお見舞《ま》いで訪《おとず》れたときより、家のなかは片付いていて広々として見えた。積み重なって、今にも倒《たお》れそうだった本はちゃんと本棚《だな》に収まっていたし、それになんだかいい匂《にお》いがした。

「みんなでそろって宿題やってるのね。えらいわ」

アンナがジュースとお菓《か》子を持ってきてくれた。孝俊はひそかに顔を赤くして、そのわりには、

「ありがとうございますっ」

と、一人だけやけに元気よくお礼を言ったりした。それなのに、ジュースのおかわりが欲《ほ》しくても自分から言い出せず、お前が言ってよーと、おれや保生に頼《たの》むのだ。まったくわけがわからない。代わりに、タオがジュースのおかわりを運んでくると、

「あい、タオが持ってくるんかー。なんでわからんかなー。もうちょっと気《き》い利かせればいいのに。アンナさんと話できるようにしないとー。あのよー、恋《こい》する人間は繊《せん》細なんだよ。そのくらいわからんと。頼むさー」

などと言い、おれたちをⅠヘイコウさせた。①繊細さを求められても困る。

「恋してる人って、ばかみたいだね」

タオがぼそっと言い、おれと保生が笑いを噛《か》み殺していると、

「まったく、無邪《じゃ》気な君たちがうらやましいよ」

と、大人ぶった言い方で②頭を振《ふ》るのだった。

タオは数学が得意で、おれたちはタオが解いた問題の答えを、せっせとノートに写した。タオにとっての数学は、勉強というより遊びのようだった。おもしろそうに、どんどん問題を解いていくさまは、尊敬以外のなにものでもない。タオを見ていると、つくづく人間というのは不公平にできていると思う。頭のなかがどうなっているのか、見てみたいものだ。

自由研究については、おれと孝俊と保生でチームになって、ひとつの研究をすることになった。「十円玉をきれいにしよう！」という題名だ。いくつかの洗剤《ざい》、調味料などで実験する。小学生レベルの簡単な自由研究だけど、まあいいだろう。

タオも誘《さそ》ったけれど、タオは他《ほか》にやりたいことがあると言って参加しなかった。聞けば、※ドゥヤーギーのことを調べたいらしい。これにはたまげた。ここで生まれ育ったおれたちには、考えられない自由研究だ。

「読書感想文は、どうする？」

問二　傍《ぼう》線部①「その割合」とは「何」の割合ですか。本文中の表現を抜《ぬ》き出して答えなさい。

問三　空欄A に入る最も適切な文を次のイ～ホの中から選び、符号を書きなさい。

イ　ふと入った電気店でスマートフォンが格好よく展示されているのを見つけると、ついつい我を忘れて見入って長時間その場所に居座《いすわ》ってしまう

ロ　店頭でヒット曲が大音量で流れているのにつられてＣＤショップに入ってしまったり、香《こう》ばしいにおいに誘《さそ》われて思わずうなぎ屋ののれんをくぐったりしてしまう

ハ　真夏のかんかん照りの道にコーラの看板があれば飲みたくなってしまうし、「本日三割引き」ののぼりを見ればついスーパーに入って余計な買い物をしてしまう

ニ　家電量販《はん》店の店頭ではなやかすぎるポスターを目にし、大勢のお客さんの熱気に接すると、すぐに商品を買うことがなんとなくためらわれてしまう

ホ　ふるえるような寒い日に温かいものが食べたいと強く意識しながら歩いていると、ラーメンやうどんの看板がやたらと目についてしまう

問四　傍線部②「軽い記憶喪失」とはどういうことですか。四十字以内で説明しなさい。

問五　傍線部③「むしろ逆でしょう」とあるが、「逆」にどのようであるというのですか。最も適切なものを次のイ～ホの中から選び、符号を書きなさい。

イ　全《すべ》ての刺激に対し一つ一つ時間をかけて判断し、目的を果たしているということ。

ロ　手に入れたいものに集中し、その他の情報は意図的に取り除いているということ。

ハ　目的への「飢餓感」に踊らされず、落ち着いて物事に取り組んでいるということ。

ニ　目的を注意深く観察した上で、綿密に分析《せき》し判断してから行動に移るということ。

ホ　そばにあるものに影響されないで、目的を意識し冷静に行動しているということ。

問六　傍線部④「踊らされないで進むこと」とあるが、それはコンビニにおいてはどのようにすることをいうのですか。六十字以内で説明しなさい。

問七　傍線部⑤「難波さんは悟ったのではないでしょうか」とあるが、「悟った」とはどういうことですか。視覚を失った後、「難波さん」の考えがどのように変化したのかをふまえて百二十字以内で説明しなさい。

のを最初に決めて、それが欲しいと店員さんに言って、買って帰るというふうになるわけですね」。

　周知の通りコンビニの店内は、商品を配列する順番から高さまで、売り上げを最大化するための「振り付け」がもっとも［Ⅰ］計算された空間のひとつです。うかうかしていると公共料金を払《はら》いに来たのについでにプリンを買ってしまったりする。

　ところが難波さんは、見えなくなったことで、そうした目に飛び込んでくるものに惑《まど》わされなくなった。つまりコンビニに踊らされなくなったわけです。あらかじめ買うものを決めて、その目的を遂《すい》行するような買い方になります。目的に直行するというとがむしゃら人間のようですが、③むしろ逆でしょう。むろん個人差はあるでしょうが、見える人の手足が目の前の刺激に反応してつい踊り出してしまうのに対して、見えない人はもっとゆったり、※俯瞰《ふかん》的にものごとをとらえているのかもしれません。

　もちろん、難波さんも失明した当初は情報の少なさにかなりとまどったと言います。とまどったというより、それは「飢餓《きが》感」と言うべきものだったそうです。

「最初はとまどいがあったし、どうやったら情報を手に入れられるか、ということに必死でしたね。(……)そういった情報がなくていいやと思えるようになるには二、三年かかりました。これくらいの情報量でも何とか過ごせるな、と。自分がたどり着ける限界の先にあるもの、意識の地平線より向こう側にあるものにはこだわる必要がない、と考えるようになりました。さっきのコンビニの話でいえば、キャンペーンの情報などは僕《ぼく》の意識には届かないものなので、特に欲しいとも思わない。認《にん》識しないものは欲しがらない。だから最初の頃《ころ》、※携《けい》帯を持つまでは、心が安定していましたね。見えていた頃はテレビだの携帯だのずっと頭の中に情報を流していたわけですが、それが途絶えたとき、情報に対する飢餓感もあったけど、落ち着いていました」。

　難波さんのこうした心理はもはや「悟《さと》り」にすら聞こえます。「意識にのぼってこない情報を追わない」という考えに至るまでの二、三年は、難波さんにとって、視覚を持たない新しい体がとらえる「意味」を、納《なっ》得して受け入れるまでの期間だったと言うことができるでしょう。

　見えないという条件で脳内に作られるコンビニ空間のイメージは、どうしたって見えていたときに目がとらえていたコンビニの空間とは違います。おそらくは、入り口と、よく買う商品と、レジの位置がマークされた星座のような空間でしょう。

「見えない世界の新人」のうちは、どうしてもこれを欠如《じょ》としてとらえてしまっていた。しかし［Ⅱ］、脳が作り上げたその新しいコンビニ空間で十分に行動できることが分かってくる。そのことに納得して歩くことができたとき、④踊らされないで進むことの安らかさを、⑤難波さんは悟ったのではないでしょうか。

※・トリガー＝何らかの動作を開始するためのきっかけとなる信号や命令のこと。
・桂離宮＝江《え》戸《ど》時代初期につくられた建築。美しい庭園がある。
・デスクトップ＝ここでは、パソコンの画面のこと。
・中途失明＝生まれつきではなく、病気やけがなどで視力を失うこと。
・キャンペーン＝宣伝活動。
・俯瞰的に＝高いところから見渡《わた》すように。
・携帯＝携帯電話。

問一　空欄《らん》［Ⅰ］・［Ⅱ］に入る最も適切な言葉を次のイ～ホの中から選び、それぞれ符《ふ》号を書きなさい。

イ　唐突《とうとつ》に　ロ　周到《とう》に　ハ　乱雑に
ニ　次第《しだい》に　ホ　率《そっ》直に

平成二十八年度 ラ・サール中学校

【国　語】（六〇分）〈満点：一〇〇点〉

一　次の文章は、伊藤亜紗《いとうあさ》の『目の見えない人は世界をどう見ているのか』という本の一節である。読んで、後の問いに答えなさい。（字数制限のある問題は、句読点も一字に数えます。）〈四十五点〉

人は自分の行動を一〇〇パーセント自発的に、自分の意志で行っているわけではありません。知らず知らずのうちにまわりの環《かん》境に影《えい》響《きょう》されながら行動していることが案外多いものです。

「寄りかかって休む」という行為《い》ひとつとっても、たいていは寄りかかろうと思って壁《かべ》を探すのではなくて、そこに壁があるから寄っかかってしまう。子どもの場合は特に①その割合が高くなります。「いたずら」とはたいていそうしたものです。ボタンがあるから押《お》したくなるし、台があるからよじ登ってしまう。環境に埋《う》め込《こ》まれたさまざまなスイッチが※トリガーになって、子どもたちの行動が誘《ゆう》発されていきます。

いわば、人は多かれ少なかれ環境に振《ふ》り付けられながら行動している、と言えるのではないでしょうか。

あるトリガーから別のトリガーへとめまぐるしく注意を奪《うば》われながら、人は環境の中を動かされていきます。人の進むべき方向を示す「道」とは、「こっちに来なさい、こっちに来てこうしなさい」と、行為を次々と導いていく環境の中に引かれた導線です。

たとえば京都の※桂離宮《かつらりきゅう》に行くと、その場所でどこを見るべきかというまなざしの行方《ゆくえ》までもが計算されていることに気づきます。人の行動をいざなう「道」が随《ずい》所に仕掛《か》けられているわけです。実際に訪《おとず》れてみて、桂離宮というのはまるで舞踏譜《ぶとうふ》のようだなとしきりに感心しました。

桂離宮ではひとつの道が明瞭《りょう》に引かれていますが、都市においては無数の道が縦横無尽《じん》に引かれています。しかもその多くは、人の欲望に強く訴《うった》えてくる。［　A　］。その欲望がもともと私の中にあったかどうかは問題ではありません。視覚的な刺《し》激によって人の中に欲望がつくられていき、気がつけば「そのような欲望を抱《かか》えた人」になっています。

資本主義システムが過剰《じょう》な視覚刺激を原動力にして回っていることは言うまでもないでしょう。それを否定するのは簡単ではないしするつもりはありませんが、都市において、私たちがこの振り付け装置に踊《おど》らされがちなのは事実です。最近ではむしろ、パソコンの※デスクトップやスマートフォンの画面上に、こうしたトリガーは増殖《しょく》しているかもしれません。仕事をするつもりでパソコンを開いたら買い物をしていた……よくあることです。私たちは日々、②軽い記憶喪失《きおくそうしつ》に見舞《ま》われています。いったい、私が情報を使っているのか、情報が私を使っているのか分かりません。

こんなふうに、都市というものを、ひとつの巨《きょ》大な振り付け装置として見てみる。そうすると、見える人と見えない人の「ダンス」の違《ちが》いが見えてきます。※中途《と》失明の難波創太《なんばそうた》さんは、視力を失ったことで、「道」から、都市空間による「振り付け」から解放された経験について語っています。

「見えない世界というのは情報量がすごく少ないんです。コンビニに入っても、見えたころはいろいろな美《お》味《い》しそうなものが目に止まったり、※キャンペーンの情報が入ってきた。でも見えないと、欲《ほ》しいも

平成28年度
ラ・サール中学校 ▶解説と解答

算 数 (60分) ＜満点：100点＞

解 答

1 (1) $2\frac{1}{6}$ (2) 388 (3) $\frac{1}{2012}$ 2 (1) 9 7 2 9 (2) 3360m (3) 15.84cm^2 (4) 19通り (5) 2gの玉はB，3gの玉はF 3 (1) 11% (2) 50g 4 (1) 10：3 (2) 78cm^2 (3) 16.25cm 5 (1) 7 (2) 154番目 (3) 2314番目と2315番目 6 (1) 552cm^2 (2) (ア) 解説の図3を参照のこと。 (イ) 39cm^3

解 説

1 四則計算，計算のくふう，逆算

(1) $2\frac{1}{3}\times2\frac{5}{14}-\left\{5-\frac{2}{3}\div\left(1-\frac{3}{5}\right)\right\}=\frac{7}{3}\times\frac{33}{14}-\left\{5-\frac{2}{3}\div\left(\frac{5}{5}-\frac{3}{5}\right)\right\}=\frac{11}{2}-\left(5-\frac{2}{3}\div\frac{2}{5}\right)=\frac{11}{2}-\left(5-\frac{2}{3}\times\frac{5}{2}\right)=\frac{11}{2}-\left(\frac{15}{3}-\frac{5}{3}\right)=\frac{11}{2}-\frac{10}{3}=\frac{33}{6}-\frac{20}{6}=\frac{13}{6}=2\frac{1}{6}$

(2) $291\times1.7-67.9\times4+19.4\times8.5=97\times3\times1.7-97\times0.7\times4+97\times0.2\times8.5=97\times5.1-97\times2.8+97\times1.7=97\times(5.1-2.8+1.7)=97\times4=388$

(3) $1\div\{1+1\div(3+1\div\square)\}=\frac{2015}{2016}$より，$1+1\div(3+1\div\square)=1\div\frac{2015}{2016}=1\times\frac{2016}{2015}=\frac{2016}{2015}$，$1\div(3+1\div\square)=\frac{2016}{2015}-1=\frac{2016}{2015}-\frac{2015}{2015}=\frac{1}{2015}$，$3+1\div\square=1\div\frac{1}{2015}=1\times\frac{2015}{1}=2015$，$1\div\square=2015-3=2012$ よって，$\square=1\div2012=\frac{1}{2012}$

2 倍数，速さと比，面積，場合の数，条件の整理

(1) 23でも47でも割り切れる整数は，23×47＝1081の倍数である。よって，4けたの整数9□□9が23でも47でも割り切れるとき，1081×9＝9729より，□□にあてはまる数字は72である。

(2) P地点からQ地点まで，毎分70mの速さで行くときと，毎分84mの速さで行くときで，かかる時間の比は，$\frac{1}{70}:\frac{1}{84}=84:70=6:5$となる。また，毎分70mの速さだとB君より3分遅《おそ》く，毎分84mの速さだとB君より5分早く到着《とうちゃく》するから，かかる時間の差は，3＋5＝8(分)である。よって，8分は，6－5＝1にあたるので，毎分70mの速さだと，8×6＝48(分)かかる。したがって，P地点からQ地点までの距離《きょり》は，70×48＝3360(m)と求められる。

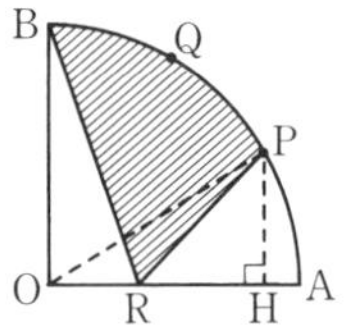

(3) 左の図で，斜線《しゃせん》部の面積は，おうぎ形OPBと三角形PORの面積の和から三角形BORの面積を引いたものになる。ここで，角POAの大きさは，90÷3＝30(度)だから，三角形POHは正三角形を半分にした形の三角形であり，OP：PH＝2：1より，$PH=6\times\frac{1}{2}=3$(cm)となる。また，角BOPの大きさは，90－30＝60(度)となる。さらに，$OR=6\times\frac{1}{1+2}=2$(cm)である。よって，斜線部の面積は，$6\times6\times3.14\times\frac{60}{360}+2\times3\div2-2\times6\div2=6\times3.14+3-6=18.84+3-6=15.84$($cm^2$)となる。

(4) [1], [1], [1], [2], [2], [3]の6枚のカードの中から3枚を選ぶとき，3枚のカードの組は，ア([1], [1], [1])，イ([1], [1], [2])，ウ([1], [1], [3])，エ([1], [2], [2])，オ([1], [2], [3])，カ([2], [2], [3])の6種類ある。さらに，3枚のカードを並べてできる3けたの整数は，アは1通り，イ，ウ，エ，カは3通りずつ，オは，3×2×1＝6(通り)できる。よって，3けたの整数は全部で，1＋3×4＋6＝19(通り)できる。

(5) 玉の重さはいずれも整数であり，B，C，Dの重さの和とE，Fの重さの和が等しいので，A以外の重さの和はE，Fの重さの和の2倍で偶数《ぐうすう》である。また，6個の玉の重さの合計は，1×4＋2＋3＝9(g)で奇数《きすう》である。よって，Aの重さは，(奇数)－(偶数)＝(奇数)だから，3gか1gである。ここで，Aの重さが3gだとすると，E，Fのどちらか一方が2gで残りはすべて1gになり，A，C，D，Eの重さの和(6gまたは7g)はBとFの重さの和(3gまたは2g)より大きくなるから，あてはまらない。次に，Aの重さが1gだとすると，E，Fのどちらか一方が3gでもう一方が1gになり，B，C，Dのどれか1つが2gで残りの2つが1gになる。このとき，Eを1g，Fを3g，Bを2g，Cを1g，Dを1gとすると，A，C，D，Eの重さの和(4g)よりもBとFの重さの和(5g)が大きくなるので，あてはまる。よって，2gの玉はB，3gの玉はFである。

3 濃度《のうど》，つるかめ算

(1) Aを4，Bを2の割合で混ぜると，Aを2，Bを1の割合で混ぜたときと同様に8％の食塩水ができるから，混ぜてできる食塩水には食塩が，(4＋2)×0.08＝0.48含《ふく》まれている。また，Aを4，Bを5の割合で混ぜてできる12％の食塩水には食塩が，(4＋5)×0.12＝1.08含まれている。よって，右の図のアの部分の食塩水，5－2＝3には，食塩が，1.08－0.48＝0.6含まれているので，Bの濃度は，0.6÷3×100＝20(％)とわかる。そして，Aの濃度は，(0.48－2×0.2)÷4×100＝2(％)となる。したがって，AとBを同じ量だけ混ぜると，(2＋20)÷2＝11(％)の食塩水ができる。

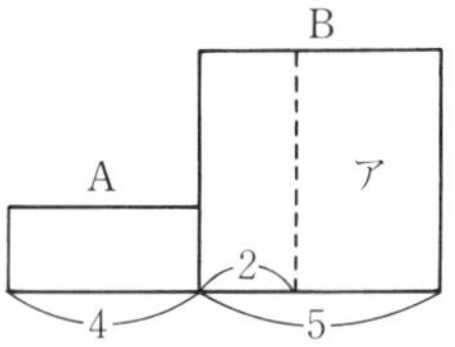

(2) 17％の食塩水300gには食塩が，300×0.17＝51(g)含まれている。ここで，Bだけを300g使うと，食塩の量は，300×0.2＝60(g)になるが，一部をAで置きかえると，食塩の量は置きかえる食塩水1gあたり，0.2－0.02＝0.18(g)ずつ少なくなる。よって，Aは，(60－51)÷0.18＝50(g)使う。

4 平面図形―辺の比と面積の比，相似，長さ

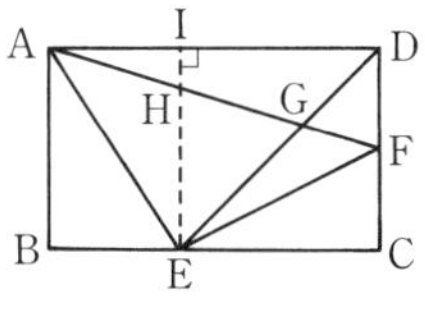

(1) 左の図で，長方形ABCDの面積を1とすると，三角形AEDの面積は$\frac{1}{2}$となる。また，BE：EC＝2：3，CF：FD＝1：1より，三角形DEFの面積は，$\frac{1}{2}\times\frac{3}{2+3}\times\frac{1}{1+1}=\frac{1}{2}\times\frac{3}{5}\times\frac{1}{2}=\frac{3}{20}$となる。よって，三角形AEDと三角形DEFの面積の比は，$\frac{1}{2}:\frac{3}{20}=10:3$と求められる。

(2) (1)より，EDを底辺としたときの三角形AEDと三角形DEFの高さの比は，面積の比と等しく10：3だから，AG：FG＝10：3である。よって，三角形AEGの面積が60cm^{2}のとき，三角形AEFの面積は，$60\times\frac{10+3}{10}=78$(cm^2)となる。

(3) 三角形AHIと三角形AFDは相似であり，相似比は，AI：AD＝2：(2＋3)＝2：5である。

また，FD＝12×$\frac{1}{2}$＝6(cm)である。よって，HI＝6×$\frac{2}{5}$＝2.4(cm)なので，EH＝12－2.4＝9.6(cm)である。したがって，EHを底辺としたときの三角形AEHの高さ(AI)と三角形FHEの高さ(DI)の和，つまり，ADの長さは，78×2÷9.6＝16.25(cm)とわかる。

5 数列

(1) 1～60の中に5の倍数は，60÷5＝12(個)あるから，5の倍数を除いた数は，60－12＝48(個)あり，このうち，1けたの数は8個ある。よって，59の9は，2×48－8＝88(番目)であり，この後に6162636466676869…と続くので，左から100番目の数字は7とわかる。

(2) 5の倍数を除いているため，一の位が0の数は並べていないから，はじめて0が出てくるのは101を並べたときである。ここで，100までの数の中に5の倍数を除いたものは，100－100÷5＝80(個)あり，このうち，1けたの数が8個あるから，99まで並べたとき，並べた数字は全部で，2×80－8＝152(個)になる。よって，はじめて0が出てくるのは，左から154番目である。

(3) はじめて0が隣《とな》り合うのは1001を並べたときである。ここで，5の倍数を除いた3けたの整数は，百の位が1～9，十の位が0～9で，一の位が0，5以外であるものだから，9×10×8＝720(個)ある。よって，999まで並べたとき，数字の個数は全部で，152＋3×720＝2312(個)あるから，はじめて0が隣り合うのは，左から2314番目と2315番目である。

6 立体図形―体積，表面積，分割

図1

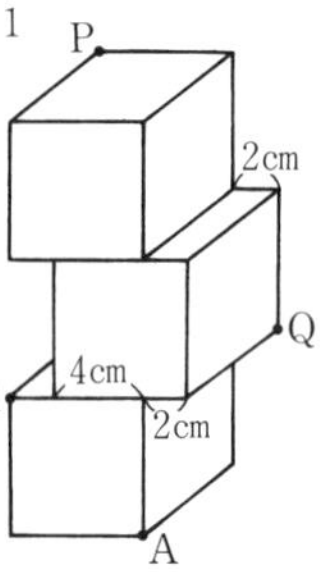

図2

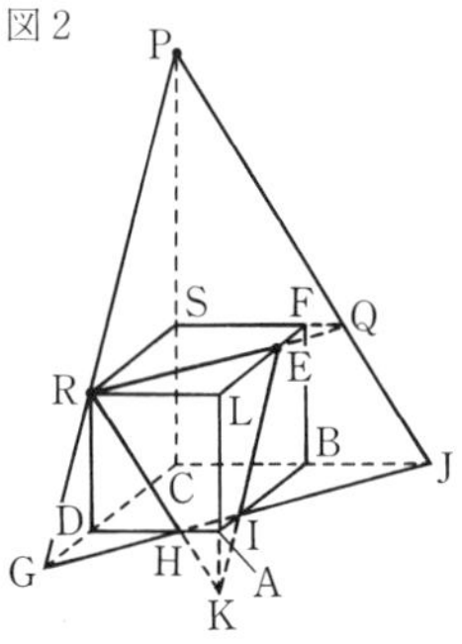

(1) 左の図1の立体には，1辺が6cmの正方形の面が14，2辺が2cmと6cmの長方形の面が4あるので，この立体の表面積は，6×6×14＋2×6×4＝504＋48＝552(cm^2)である。

(2) (ア) 図1の立体を3点P，Q，Rを通る平面で切ると，左の図2のようになる。ここで，三角形QFEと三角形QSRの相似より，EF：RS＝QF：QS＝2：(2＋6)＝1：4となる。同様に，GD：RD＝RS：PS＝1：2より，GD＝6×$\frac{1}{2}$＝3(cm)となり，SQ：CJ＝PS：PC＝2：3より，CJ＝8×$\frac{3}{2}$＝12(cm)となる。すると，DH：CJ＝GD：GC＝3：(3＋6)＝1：3となり，DH＝12×$\frac{1}{3}$＝4(cm)となる。さらに，AH：AI＝DH：DG＝4：3より，AI＝(6－4)×$\frac{3}{4}$＝2×$\frac{3}{4}$＝1.5(cm)となる。よって，切り口は上の図3のようになる(黒丸は各辺を等分する点を表す)。

図3

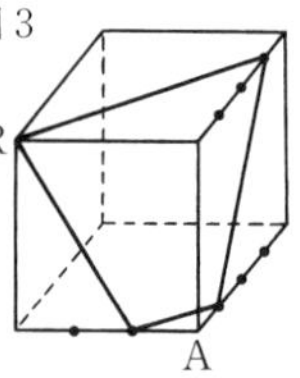

(イ) AK：DR＝AH：DH＝1：2より，AK＝6×$\frac{1}{2}$＝3(cm)だから，三角錐《すい》K－AIHの体積は，2×1.5×$\frac{1}{2}$×3×$\frac{1}{3}$＝1.5(cm^3)である。また，三角錐K－AIHと三角錐K－LERは相似であり，相似比は，KA：KL＝3：(3＋6)＝1：3なので，体積の比は，(1×1×1)：(3×3×3)＝1：27である。よって，点Aを含む方の立体の体積は，1.5×(27－1)＝39(cm^3)と求められる。

社　会　(40分)＜満点：50点＞

解　答

1　**問1**　**聖典**…コーラン(クルアーン)，**都市**…メッカ　**問2**　外様(大名)　**問3**　個人情報　**問4**　輪中　**問5**　ウ　**問6**　エ　**問7**　イ　**問8**　ウ　**問9**　イ　2　**問1**　エ　**問2**　ウ　**問3**　カ　**問4**　ア　**問5**　イ　**問6**　イ　**問7**　ウ　**問8**　エ　3　**問1**　**1**　蘇我　**2**　厳島　**3**　蝦夷地　**問2**　(1)　H(と)I(の間)　(2)　B(と)C(の間)　(3)　N(と)O(の間)　**問3**　(1)　D　(2)　G　(3)　L　**問4**　ウ　**問5**　(例)　奉公に対して御恩が少なかったから。　**問6**　イ　**問7**　エ　**問8**　エ　4　**問1**　**A**　ア，岩手県　**B**　ウ，千葉県　**問2**　**D**　ウ，奈良県　**E**　ア，東京都　**問3**　**1**　イ　**2**　オ　**3**　ア　**4**　ウ　**問4**　**1**　エ　**2**　オ　**3**　イ　**4**　ア　**問5**　(1)　**携帯電話**…イ，**ピアノ**…ウ　(2)　北海道　**問6**　(1)　(例)　**河川名**…筑後川　**県名**…福岡県，佐賀県　(2)　(例)　**湖名**…中海　**県名**…鳥取県，島根県

解　説

1　2015年に起きたできごとを題材にした問題

問1　イスラム教は，7世紀にムハンマド(マホメット)が開いた宗教で，唯一《ゆいいつ》の神であるアッラーを信じ，アッラーの教えを記した『コーラン』(クルアーン)を聖典としている。サウジアラビアは中東(西アジア)のアラビア半島の大部分をしめるイスラム教国で，イスラム教の聖地メッカがある。

問2　江戸時代の大名は，徳川将軍家の一族である親藩，関ヶ原の戦い(1600年)以前より徳川家につかえていた譜代《ふだい》大名，関ヶ原の戦い以後に徳川家に従った外様《とざま》大名の3種類に区別され，統制された。親藩と譜代大名は要地に，外様大名は江戸や京都に攻《せ》め上れないように遠くへ配置された。なお，石川県の県庁所在地の金沢市は，江戸時代に「加賀《かが》百万石」とよばれた前田氏の城下町として発展した。

問3　氏名や生年月日・住所など，特定の個人を識別できるような情報は，一般に「個人情報」とよばれる。

問4　濃尾平野の南西部は低湿地帯となっており，木曽三川《さんせん》(西から順に揖斐《いび》川・長良《ながら》川・木曽川)が集中して流れている。その下流域では昔から水害になやまされてきたため，集落のまわりを堤防《ていぼう》で囲んだ輪中《わじゅう》という集落が見られる。

問5　WHO(世界保健機関)は，世界の人びとの健康増進や伝染《でんせん》病予防に関わる活動をする国際連合の専門機関である。なお，アのIOCは国際オリンピック委員会，イのIMFは国際通貨基金，エのWTOは世界貿易機関の略称。

問6　2015年度のノーベル平和賞は，チュニジアの「チュニジア国民対話カルテット」が受賞した。チュニジアは北アフリカの地中海に面した国で，2010～11年の民主化運動で独裁政権が崩壊《ほうかい》した(ジャスミン革命)。そのあと組織された4つの団体(国民対話カルテット)が，多元主義・民主主義の考えにもとづいて政治や宗教抗争における対話を仲だちし，平和的な政権移行に貢献《こうけん》した。なお，アのモロッコ，イのアルジェリア，ウのリビアも北アフリカに位置する国。

問7　アウン・サン・スー・チー氏はミャンマーの民主化運動の指導者で，1991年のノーベル平和

賞を受賞している。ミャンマーは東南アジアの国で，長く軍政下にあった。民政移行後の初の総選挙でスー・チー氏が率いる国民民主連盟(NLD)が勝利したが，2016年３月に発足した新政権では，憲法の規定によりスー・チー氏自身は大統領にはなれない。なお，アのタイ，ウのマレーシア，エのインドネシアも東南アジアの国。

問８　1997年，地球温暖化防止京都会議(国連気候変動枠《わく》組み条約第３回締約《ていやく》国会議，COP3)が開かれた。この会議では地球温暖化の原因となる二酸化炭素などの温室効果ガス削減《さくげん》について話し合われ，先進国の削減目標などを盛り込んだ「京都議定書」が採択《さいたく》された。なお，アのリオデジャネイロはブラジルの都市，イのオスロはノルウェーの首都，エの北京《ペキン》は中国(中華人民共和国)の首都。

問９　志賀《しが》潔《きよし》は明治時代に活躍《かつやく》した細菌《さいきん》学者で，赤痢《せきり》菌を発見した。

2 **日本国憲法と政治のしくみについての問題**

問１　条約は，内閣が調印し，それを国会が承認することで成立する。また，国民投票は，憲法改正の最終的な承認のために行われる。したがって，エが誤っている。

問２　日本国憲法第23条に「学問の自由は，これを保障する」とあるので，ウが誤っている。なお，「プライバシーの権利」は他人に知られたくない個人的な秘密を守る権利で，個別の具体的な条文はないが，第13条で保障された「個人の尊重」や「幸福追求権」を根拠《こんきょ》とする憲法上の権利として認められている。環境権，知る権利(情報公開を求める権利)，自己決定権などとともに主張されている「新しい人権」である。

問３　国会は「国の唯一《ゆいいつ》の立法機関」(第41条)とされ，他のいかなる機関も法律を制定できない。また，国会が制定した法律に対し，内閣が拒否《きょひ》することもできない。よって，カが誤っている。

問４　「衆議院議員の任期は，四年とする。但《ただ》し，衆議院解散の場合には，その期間満了前に終了する」(第45条)と定められているので，アが誤っている。

問５　常会(通常国会)の会期は150日であるが，１回に限り会期を延長することができる。したがって，イが選べる。なお，国会には，毎年１月中に召集《しょうしゅう》されて予算審議と議決を主に行う常会のほか，内閣が必要と認めたときまたはいずれかの議院の総議員の４分の１以上の要求があったときに召集される臨時会(臨時国会)，衆議院解散による総選挙後30日以内に召集される特別会(特別国会)，衆議院解散中に国に緊急《きんきゅう》の必要があるときに召集される参議院の緊急集会がある。

問６　予算を作成して国会に提出するのは内閣だから，イが誤っている。会計検査院は，国家財政や地方財政などの会計を検査する独立官庁。

問７　内閣を構成する閣僚には，11省の主任となる大臣のほかに内閣官房長官や内閣府特命担当大臣などもふくまれるので，ウが誤っている。

問８　日本の裁判では，審理を慎重に行って人権を守るため，同一事件について３回まで審判が受けられるようになっている(三審制)。第二審と第三審は判決に不服があるときにだけ行われるので，エが誤っている。

3 **日本各地の歴史についての問題**

問１　**1**　蘇我《そが》氏は大和《やまと》朝廷の有力豪族で，仏教の受け入れに反対していた物部《もののべ》氏をほろぼし，日本初の仏教寺院である飛鳥《あすか》寺を建立した。　**2**　厳島《いつくしま》神社(広島県)は航海の守護神をまつった神社で，平清盛《きよもり》ら平氏一門があつく信仰《しんこう》した。「日本三景」の１つである宮島にあり，1996年，同県の原爆ドームとともにユネスコ(国連教育科学文化機関)の世界文化遺産に登録された。　**3**

北海道は江戸時代まで蝦夷《えぞ》地とよばれ，先住民であるアイヌ民族が暮らしていた。

問2　(1)　安土桃山時代に豊臣秀吉によって行われた検地(太閤《たいこう》検地)と刀《かたな》狩《が》りの説明である。よって，Hのヨーロッパ人が来航した戦国時代と，Iの島原・天草一揆《いっき》が起こった江戸時代の間に入る。　(2)　飛鳥時代半ばの645年に始められた大化の改新についての説明だから，Bの聖徳太子が政治を行った時代と，Cの聖武天皇が政治を行った奈良時代の間に入る。大化の改新では，それまで豪族が支配していた土地と人民を天皇のものとする公地公民を原則とし，天皇の権限を強化した。　(3)　地主の土地を制限して自作農を生み出した農地改革は，アジア太平洋戦争後の民主化政策で行われた。したがって，Nのアジア太平洋戦争末期と，Oの高度経済成長期の間に入る。

問3　(1)　図版は，平安時代の貴族の住居に用いられた建築様式である「寝殿造」の模式図である。よって，この時期に藤原氏による摂関《せっかん》政治の全盛期を築いた藤原道長を説明したDがあてはまる。
(2)　図版は，鎌倉時代の元寇《げんこう》(1274年の文永の役と，1281年の弘安の役)を描いた「蒙古《もうこ》襲来《しゅうらい》絵《え》詞《ことば》(絵巻)」の一部である。したがって，元寇を説明したGがあてはまる。　(3)　図版は，日清戦争(1894～95年)が起こったころの東アジア情勢を描いたフランス人ビゴーの風刺《ふうし》画である。よって，この戦争の講和条約を説明したLがあてはまる。

問4　Aの吉野《よしの》ヶ《が》里《り》遺跡(佐賀県)は，弥生時代の環濠《かんごう》集落跡である。このころから古墳時代にかけて，大陸から移住した渡来人により，さまざまな技術や漢字・仏教・儒教《じゅきょう》などの文化がもたらされた。したがって，ウがあてはまる。アの狩りや漁，採集による生活は縄文時代以前のこと。イの前方後円墳は沖縄県のほか北海道・青森県・秋田県にも見られない。エの『古事記』『日本書紀』の編さんは奈良時代。

問5　鎌倉時代，将軍と主従関係を結んだ武士は御家人とよばれた。将軍と御家人は，将軍が御家人の先祖伝来の領地を認めて保護し，手がらに応じて新しい領地を与《あた》える御恩《ごおん》と，御家人が京都や鎌倉の警備につき，「いざ鎌倉」という一大事には将軍のために命がけで戦う奉公《ほうこう》の関係で結ばれていた(封建《ほうけん》制度)。しかし，元寇は国土防衛戦であり，新たな領土を手に入れたわけではなかったので，幕府は御家人の奉公に対する御恩としての領地を十分に与えることができなかった。そのため御家人の中には幕府に対して不満をもつ者が増え，幕府と御家人の間の信頼関係が揺《ゆ》らいでいくことになった。

問6　祇園《ぎおん》祭を復活させた町衆は富裕な町人なので，イが誤っている。

問7　さまざまな姿の富士山は，葛飾北斎《かつしかほくさい》が浮世絵《うきよえ》版画集「富嶽《ふがく》三十六景」で描いた。よって，エが誤っている。喜多川歌麿《きたがわうたまろ》は，風景画ではなく美人画を得意とした浮世絵師。

問8　Mの東京駅完成は1914年，Nの日本の無条件降伏《こうふく》は1945年である。この間に，日本は戦争への道を歩み，ドイツ・イタリアと軍事同盟(日独伊三国同盟)を結び，東南アジアに進出した。したがって，エが正しい。アの不平等条約の完全改正は明治時代の1911年。イの普通選挙法の制定は1925年であるが，選挙権年齢は満25歳以上。ウの満州事変は奉天《ほうてん》郊外の柳条湖《りゅうじょうこ》事件(1931年)がきっかけで，北京郊外で起こったのは日中戦争(1937～45年)の始まりとなる盧溝橋《ろこうきょう》事件。

4　都道府県についての問題

問1　都市化が進んでいる地域では，鉄道やバスなどの公共交通機関が発達しているため「人口千人あたり自家用乗用車数」が少なくなり，人口が多いため「可住地面積100km^{2}あたり郵便局数」が多くなり，土地利用(住宅や会社・工場など)が増えるため「総面積にしめる森林面積の割合」が少なくなる。また，農業がさかんな地域では，「総面積にしめる耕地面積の割合」が多くなる。よって，都市化がもっとも進んでいる大阪府はCとイ，農業がさかんで都市化も進んでいる千葉県はBとウ，都市化があまり進んでいない岩手県はAとアとわかる。

問2　**D～F**　高度経済成長期(1950年代後半～1970年代初め)に都心部の人口が急増すると，都心部の地価が上昇したり，ゴミ問題などの都市問題が生じたりするようになった。そのため，1980年代になると，郊外や近県に移り住む人が増えて都心部の人口が減少するドーナツ(化)現象が見られた。しかし，2000年代には都心部の再開発が進み，職住接近を好む人も増えたことから，都心部の人口が再び増加し始める都心回帰現象が見られるようになった。Eは，1960年代に人口が急増し，1970～2000年は横ばいになり，2000年代に再び増加しているので，都心部の東京都とわかる。Dは，大阪府のベッドタウン(大都市への通勤・通学者が多く住んでいる都市)を多くかかえる奈良県。Fは，人口が減少し続けているので，典型的な過疎《かそ》県である秋田県と判断できる。　**ア～ウ**　「昼夜間人口比率」は，昼間人口を常住人口(夜間人口)で割って求めるので，通勤・通学者が集まる大都市は高く，大都市近郊のベッドタウンになっているところは低くなる。したがって，昼夜間人口比率が100を超《こ》えているアは，企業・学校などが多い東京都。昼夜間人口比率がもっとも低いウは奈良県である。残ったイは秋田県で，昼夜間人口比率がほぼ100(通勤・通学などで県外に出る人が少ない)であることや，「65歳以上人口の割合」(老年人口の割合)の比率がもっとも高いことが参考になる。

問3　**1**　いちごの生産量は栃木県が全国第1位で，「とちおとめ」という品種が有名である。
2　愛知県は名古屋市などの大都市をかかえているため近郊農業がさかんで，キャベツの生産量は全国第1位である。　**3**　北海道はにんじんのほか，じゃがいもや小麦・大豆などの生産量が全国第1位である。また，畜産業もさかんで，肉用牛・乳用牛の飼育頭数も全国第1位である。
4　山梨県は扇状《せんじょう》地《ち》の発達した甲府盆地を中心に果樹栽培がさかんで，もものほか，ぶどうの生産量も全国第1位である。統計資料は『日本国勢図会』2015／16年版による(以下同じ)。

問4　**1**　静岡県は，富士市・富士宮市で製紙・パルプ工業がさかんで，「パルプ・紙・紙加工品」の出荷額が全国第1位である。　**2**　愛知県中部には，自動車工業都市として世界的に知られる豊田市があり，「輸送用機械器具」の出荷額が全国第1位である。　**3**　千葉県・神奈川県の東京湾岸や大阪府の大阪湾岸には，大規模な石油化学コンビナートが形成されており，「石油・石炭製品」の出荷額が多い。　**4**　東京都は政治・経済・文化の中心地なので，「印刷・印刷関連業」の出荷額が全国第1位である。

問5　(1)，(2)　近年，携帯《けいたい》電話は非常に広く普及《ふきゅう》しており，契約数は1.6億件を超えている(つまり，1人1台以上もっている計算になる)。イは，全国第1位から第47位まで，各世帯に1，2台あることがわかるので，携帯電話と考えられる。次に，ピアノを所有しているのはピアノが弾ける人で，あまり多くないと考えられることから，ウがあてはまる。残ったアはルームエアコンで，寒冷地ではクーラーを使用する必要がないところも多いので，所有数量がきわめて少ないTは，冷帯(亜《あ》寒帯)の気候に属する北海道とわかる。なお，Pは滋賀県，Qは群馬県，Rは沖縄県，Sは岩手県。

問6　(1)　筑後《ちくご》川は九州地方北部をおおむね東から西へ向かって流れ，下流部は福岡・佐賀県境を形成し，有明海に注いでいる。なお，九州地方ではこのほか，瀬戸内海の周防灘《すおうなだ》に注ぐ山国《やまくに》川の下流部が福岡・大分県境を形成する。　(2)　中海《なかうみ》は海水と淡水《たんすい》が入り混じる汽水湖で，鳥取・島根県境を形成する。なお，中国地方ではこのほか，広島・山口県境にダム建設によって形成された弥《や》栄《さか》湖がある。

理 科 (40分) ＜満点：50点＞

解 答

1 (1) エ　(2) ウ，オ　(3) ア，エ　(4) 8℃　(5) ② 16　③ 40　(6) ① 410　② 25　③ 360　④ 40　(7) 900匹　(8) イ，ウ　(9) ア，オ　**2** (1) イ　(2) ア，ウ　(3) 北西　(4) 80　(5) 右の図　(6) **地層A**…ア　**地層C**…エ　(7) (例) 雨や雪が氷となって，陸上に留まるから。　**3** 〔A〕 (1) ① イとコ　② ウとキ　③ オとカ　(2) C　(3) イ　(4) エ　(5) ウ　〔B〕 (1) 24℃　(2) 8.75 g　(3) 25分30秒後　(4) 23.5%　(5) イ，エ，カ　**4** 〔A〕 (1) イ　(2) イ　(3) イ　(4) ① エ　② キ　③ イ　④ キ　〔B〕 (1) 低　(2) (a) ① 左　② 左　③ 右　(b) イ　(3) イ　(4) (a) ウ　(b) イ

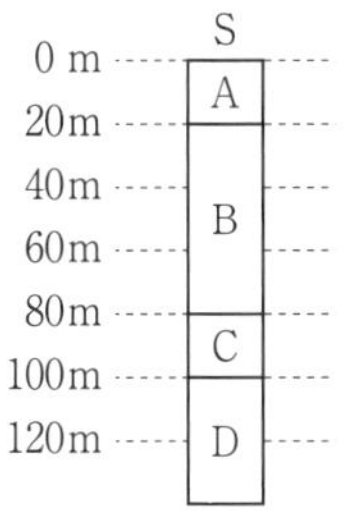

解 説

1 **モンシロチョウの育ち方についての問題**

(1) モンシロチョウの成虫は，エのように白色のはねをもつ。前ばねは前方のふちが黒っぽく，黒っぽいはん点が2つある。なお，アはコヒョウモンなどのタテハチョウのなかま，イはクロコノマチョウ，ウはアゲハ，オはオオムラサキである。

(2) ア　モンシロチョウの卵は，キャベツなどアブラナ科の植物の葉のうらに1つずつ産みつけられる。　イ　モンシロチョウの幼虫は，胸脚《きょうきゃく》，腹脚，尾脚の3種類のあしをもつ。胸脚は胸部に3対(6本)あり，成虫のあしと同様に節があり，つめのような形で引っかけるあしである。腹脚は4対(8本)，尾脚は1対(2本)あり，どちらもからだを支えるために吸盤《きゅうばん》のように使われる(すいつく)あしで，幼虫のときだけ存在する。　ウ　モンシロチョウの幼虫は，さなぎを固定するための糸を口から出す。　エ　モンシロチョウは普通，さなぎで冬越《ふゆご》しをする。　オ　モンシロチョウの成虫の口はストローのようになっている。

(3) アのタイコウチとエのクロゴキブリは，さなぎの時期のない不完全変態をする昆虫《こんちゅう》である。なお，ゲンゴロウ，タマムシ，カイコは，さなぎの時期のある完全変態をする。キョクトウサソリ，コガネグモ，ニキビダニはクモ類に属し昆虫ではない。オカダンゴムシは甲殻《こうかく》類(エビやカニのなかま)，アオズムカデは多足類に属し，やはり昆虫ではない。

(4) 表1で，飼育温度が28℃のとき，さなぎになるまでの日数は10日だから，28−(成長が止まる温度)$=\frac{200}{10}=$20が成り立ち，成長が止まる温度は，28−20＝8(℃)となる。

(5) ② (飼育温度)−8$=\frac{200}{25}=$8より，飼育温度は，8＋8＝16(℃)となる。　③ 13−8＝$\frac{200}{(\text{さなぎになるまでの日数})}$より，さなぎになるまでの日数は，200÷(13−8)＝40(日)と求められ

る。

(6)　①　期間初めの生存数が，1齢《れい》幼虫は880匹，2齢幼虫は470匹なので，1齢幼虫の期間内の死亡数は，880－470＝410(匹)である。　②　2齢幼虫の間ではの期間内の死亡数が80匹で，所要期間が3.2日だから，1日あたりの死亡数は，80÷3.2＝25(匹)となる。　③　3齢幼虫の期間初めの生存数は390匹，期間内の死亡数は30匹なので，4齢幼虫の期間初めの生存数は，390－30＝360(匹)とわかる。　④　さなぎの期間において，初めの生存数は50匹，期間内の死亡数は30匹なので，期間内の生存数は，50－30＝20(匹)，期間内の生存率は，20÷50×100＝40(％)と求められる。

(7)　表2より，1000個の卵のうち5齢幼虫になるのは300個だから，3000個の卵が産みつけられたとすると，5齢幼虫になるのは，$300\times\frac{3000}{1000}=900$(匹)である。

(8)　1齢幼虫～3齢幼虫は所要期間がいずれも3.2日だが期間内の死亡数が異なるので，イは正しいといえる。また，1日あたりの死亡数は，1齢幼虫が128.1匹で最大になっているため，ウも正しい。

(9)　幼虫が死亡しやすい成長段階は，期間内の生存率が低い順に5齢幼虫(16.7％)と1齢幼虫(53.4％)といえる。

2　地層と大地の変化，月の動き，天気の変化についての問題

(1)　夕方に南東の空に見える月は，日の入りのころには南の空に移動していると考えられる。このときの月は，太陽から東に90度ほど離《はな》れた方向に見え，西側半分が光っているイの上弦《じょうげん》の月である。

(2)　ア　太陽や月がうす雲にさえぎられ，周りにぼんやりとした光の環《わ》(カサ)ができることがある。この現象が見られると，その後，温暖前線が近づき，天気が悪くなることが多い。　イ　夕焼けは，太陽がしずむころに西の空が赤い色にそまって見える現象で，西の空に雲がない(西の地方で晴れている)ときに見られる。日本の天気は偏西風《へんせいふう》の影響で西から東に移り変わることが多いので，夕焼けが見られた日の次の日は，その晴れの天気がやってくると考えられる。　ウ　うろこ雲は，温暖前線や熱帯低気圧が近づくときに現れる雲で，その後，天気は下り坂になる。　エ　晴れた日は空に雲がなく，地面が放出した熱が雲にさえぎられずに逃《に》げていく(放射冷却《れいきゃく》という)ために，夜の気温の下がり方が大きくなり，朝早くに地表の草などに水滴《すいてき》がついているのが見られる。これを朝つゆといい，この現象が見られるときは，空に雲がないため晴れる。

(3)　地層Bと地層Cの境界面の標高は，P地点で，100－80＝20(m)，Q地点で，100－60＝40(m)，R地点で，120－100＝20(m)となっている。したがって，地層B～地層Dは北西に傾《かたむ》いている。

(4)　(3)より，地層Bと地層Cの境界面の標高は，Q地点とその真北に100m離れたR地点の間で20m下がっているので，R地点の真北に100m離れたS地点ではR地点よりさらに20m下がって，20－20＝0(m)となっている。また，S地点の地表の標高は80mである。よって，S地点でボーリングすると，80m掘《ほ》ったところで地層Cに達する。

(5)　地層Aと地層Bの境界面の標高は，P地点～R地点のすべてで60mであり，地層Aはこの地域で水平にたい積している。したがって，S地点では，80－60＝20(m)掘ったところで地層Bに達する。また，(4)よりS地点では地層Cが地下80mから現れ，地層Cの下はP地点～R地点の様子と同様になる。

⑹　地層Ａからは，あ～うの３種類の化石が出ている。よって，地層Ａはこれらの生物が同時に生息していた10000～15000年前にできたと考えられる。同様に，地層Ｃはあ，え，かの３種類の生物が生息していた25000～30000年前にできたと考えられる。

⑺　陸上に降った雨や雪は，川や地下水の流れとなって海に注ぐ。氷河期になると，これらの水がこおって陸上にとどまり，あまり海に流れこまなくなるので，海水面が下がる。

3　気体の性質，気体や液体の混合，水の状態変化についての問題

〔Ａ〕⑴　①　アルミニウムや鉄に塩酸を加えたり，アルミニウムに水酸化ナトリウム水溶液《すいようえき》を加えたりすると，金属が溶《と》けて水素が発生する。ここでは二酸化炭素を発生させるときにも塩酸を使うので，アルミニウムと水酸化ナトリウム水溶液の組み合わせを選ぶ。　②　二酸化マンガンに過酸化水素水を加えると，過酸化水素水に溶けている過酸化水素が分解して酸素と水ができる。このとき，二酸化マンガンは過酸化水素が分解するのを助けるはたらきをするだけで，それ自身は変化しない（触媒《しょくばい》という）。　③　石灰石に塩酸を加えると，石灰石は二酸化炭素を発生しながら溶ける。

⑵　気体Ａは二酸化炭素，気体Ｂは酸素，気体Ｃはアンモニアで，アンモニアは他の２つの気体に比べてはるかに水に溶けやすい。したがって，水を１滴落としたとき，ふたが最も下まで下がるのは気体Ｃである。

⑶　アンモニア，二酸化炭素，酸素の順に水に溶けやすいので，イがふさわしい。

⑷，⑸　かき混ぜると均一に混ざり合う数種類の気体どうしや液体どうしを１つの容器（この場合，２つのフラスコをつないでコックを開いたもの）の中に入れて長い時間放置すると，かき混ぜたり振《ふ》ったりしなくても均一に混ざり合う。

〔Ｂ〕⑴　氷の温度は，16－14＝２（分間）で４℃下がっている。また，水の温度の下がり方は氷の２倍とのべられている。よって，①は，$4\times\frac{6}{2}\times2=24$（℃）となる。

⑵　図１より，０℃の水10ｇは，14－６＝８（分間）ですべてが０℃の氷になるので，０℃の水15ｇは，$8\times\frac{15}{10}=12$（分間）ですべてが０℃の氷になる。したがって，図２で16分後，つまり水が０℃になってから，16－９＝７（分後）は，$15\times\frac{7}{12}=8.75$（ｇ）が氷になっていると考えられる。

⑶　すべてが０℃の氷になるのは，冷やし始めてから，９＋12＝21（分後）である。また，⑴より，氷10ｇの温度は２分間で４℃下がる。よって，－６℃の氷になるのは冷やし始めてから，$21+2\times\frac{15}{10}\times\frac{6}{4}=25.5$（分後），つまり25分30秒後である。

⑷　200mLがすべて水であるとすると，その重さは，$10\times\frac{200}{10}=200$（ｇ）となり，実際よりも，200－196＝４（ｇ）重くなる。水10mLを氷10mLに変えるごとに，10－9.2＝0.8（ｇ）ずつ軽くなるので，氷の体積は，$10\times\frac{4}{0.8}=50$（mL）とわかる。その重さは，$9.2\times\frac{50}{10}=46$（ｇ）であり，46÷196×100＝23.46…より，氷の重さは全体の重さの23.5％となる。

⑸　ア　氷に食塩をふり混ぜると，食塩が水に溶けることと，食塩水をうすめようとして氷が融《と》けることでまわりから熱がうばわれ，温度が０度よりも低くなる。　イ　液体から気体への変化が液体の表面で起こる現象を蒸発といい，液体の表面だけでなく内部からも蒸発が起こる現象をふっとうという。　ウ　水蒸気は気体なので見えない。白く見える湯気は，細かい水滴の集まりである。　エ　水蒸気は気体であり，あたためると空気などと同じように体積が増える。　オ　水

は４℃で最も重くなるので，湖底には４℃の水がたまっている。そのため，水面が０℃以下になってこおりはじめても，湖底はこおらない。　カ　水が蒸発するときには，まわりから熱をうばう。そのため，スイカに水でぬれたタオルをかけ，風通しがよい日かげの場所に置くと，スイカを冷やすことができる。

4　ダイオードと豆電球の回路，レール上の車輪についての問題

〔A〕 **(1)**　スイッチS_1のみを入れると，電池E_1の＋極→S_1→ａ→ダイオード→ｄ→豆電球→ｂ→ダイオード→ｃ→E_1の－極という順に電流が流れるので，イの向きに電流が流れて豆電球が光る。

(2)　スイッチS_2のみを入れると，電池E_2の＋極→ｃ→ダイオード→ｄ→豆電球→ｂ→ダイオード→ａ→S_2→E_2の－極という順に電流が流れるので，イの向きに電流が流れて豆電球が光ることになる。

(3)　スイッチS_3のみを入れると，電源装置E_3のS_3側が＋極になるときには(1)と同様に電流が流れ，E_3のS_3側が－極になるときには(2)と同様に電流が流れる。また，電流の大きさが図５のように変化するので，豆電球の明るさが変化する。よって，イがふさわしい。

(4)　①　ａｂ間のダイオードのみを外した場合，E_3のS_3側が＋極になるときには，E_3→S_3→ａ→ダイオード→ｄ→豆電球→ｂ→ダイオード→ｃ→E_3という順に電流が流れる。また，E_3のS_3側が－極になるときには，回路に電流が流れない。したがって，エがあてはまる。　②　ａｄ間，ｃｄ間のダイオードの向きをどちらも変えた場合，E_3のS_3側が＋極になるときも－極になるときも電流が流れない。よって，キが選べる。　③　４つのダイオードすべての向きを変えた場合，E_3のS_3側が＋極になるときには，E_3→S_3→ａ→ダイオード→ｂ→豆電球→ｄ→ダイオード→ｃ→E_3という順に電流が流れる。また，E_3のS_3側が－極になるときには，E_3→ｃ→ダイオード→ｂ→豆電球→ｄ→ダイオード→ａ→S_3→E_3という順に電流が流れる。したがって，イがあてはまる。　④　ｂｄ間に導線をつないだ場合，(3)のとき，ｂ→豆電球→ｄ，ｄ→豆電球→ｂを流れていた電流がこの導線を流れることになるので，豆電球には電流がほとんど流れない。よって，キがふさわしい。

〔B〕 **(1)**　左車輪と右車輪の半径が等しいとき，車軸《しゃじく》は水平になり，車は直進する。下の図①のように，左車輪の半径が右車輪の半径よりも小さいとき，車軸は曲がる側の左側が低くなって，車は左に曲がる。車が右に曲がる場合は，図①とは左右が逆になる。

(2)　**(a)**　①　レールが左へカーブしているので，車Ｋからはレールが左へ移動していくように見える。　②　左へ曲がるので，車軸は左側が低くなるように傾いている。　③　左カーブ区間から直線区間に入ると，車Ｋからはレールが正面から右側に移動したように見える。　**(b)**　車Ｋにあてはまるのはイで，車輪のレールに接する部分（下の図②，図③のかげをつけた部分）の半径がカーブの状態に合わせて変化するので，カーブをうまく曲がることができる。また，この形だと，車輪がレールの外側に出そうになっても，車輪を押《お》しもどす力がレールからはたらくので，脱線《だっせん》しにくい。なお，アは走っているうちに左車輪・右車輪ともレールの右側に脱線し，エは左側に脱線する。ウは，下の図④のように，いったん車輪がレールから外れると，それを元にもどす力がレールからはたらかないので，ふさわしくない。

(3)　(2)の(b)でのべたように，イがあてはまる。

図①

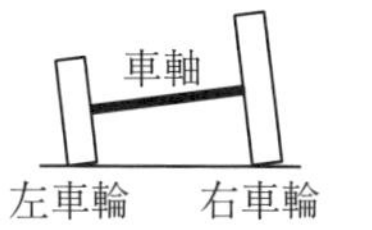

図② 直進

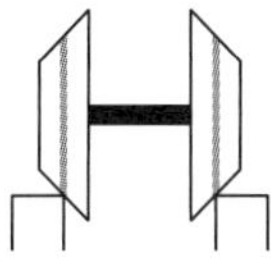

図③ 左カーブ

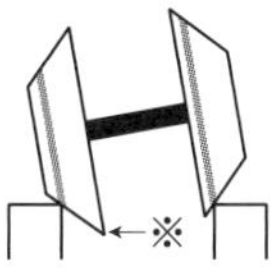

図④

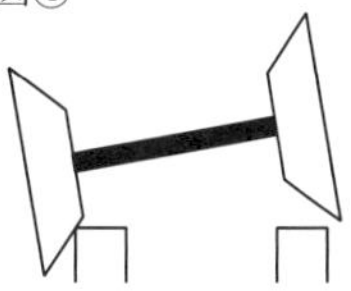

⑷ ⒜ 車輪が図②，図③のようになっているので，ウのようにレールの内側があいている。
⒝ イの位置に脱線防止レールを敷《し》くと，図③の※印の位置で左車輪を押しもどすことができるので，脱線防止に役立つ。

国　語　(60分) ＜満点：100点＞

解　答

一 **問1** Ⅰ ロ Ⅱ ニ **問2** 知らず知らずのうちにまわりの環境に影響されながら行動していること **問3** ハ **問4** (例) 目の前の情報に刺激されて行動し，本来やるはずのことを一時的に忘れてしまうこと。 **問5** ホ **問6** (例) 買うつもりのなかったものをさまざまな視覚情報に刺激されて欲しいと思うことなく，あらかじめ決めたものだけを買うこと。 **問7** (例) 絶えず目に入ってきた視覚情報が途絶えたことにとまどい，何とかしてその情報を手に入れようと考えていたが，それらがなくても生活できるとわかって，認識しない視覚情報は求めなくてよいと考えるようになり，さまざまな情報に惑わされない安らぎを得たこと。

二 **問1** 下記を参照のこと。 **問2** A ホ B イ C ハ **問3** ニ **問4** ホ **問5** (例) やさしく正義感の強いユタカに感情移入をして，先生たちが好むような書き方をした自分と比べ，ユタカにもアキラにも肩入れせず，自由に自分の考えを書いたタオの感想文の方が正しいような気がしたから。 **問6** (例) タオには元々一目おいていたところに，読書感想文までもが自分とは差があると感じたため，タオと同じような読書経験を積むことによって，自分も成長したいと考えたから。 三 下記を参照のこと。

●漢字の書き取り

二 **問1** Ⅰ 閉口 Ⅱ 固(まって) Ⅲ 危機 Ⅳ 破損 Ⅴ 胸
三 Ⅰ ① 兆候 ② 暖冬 ③ 指針 ④ 博(した) ⑤ 奮起 Ⅱ ⑥ 警備 ⑦ 参拝 ⑧ 規模 ⑨ 皮相 ⑩ 降臨 ⑪ 技芸 ⑫ 天守閣 ⑬ 旗色 ⑭ 検証 ⑮ 朗朗

解　説

一 **出典は伊藤亜紗《いとうあさ》の『目の見えない人は世界をどう見ているのか』による。**人の行動が視覚的な刺《し》激《げき》に影響《えいきょう》されることを説明している。

問1 Ⅰ 直後に「計算された」とあるので，すみずみまで注意が行き届いているようすをいう「周到《しゅうとう》に」が合う。 Ⅱ 中途《ちゅうと》失明の人が，見えない世界に「二，三年」かけてなじんでいくようすだから，状態が少しずつ変化するようすを表す「次第に」がふさわしい。 なお，「唐突《とうとつ》に」は，急に事が起きるようす。「乱雑に」は，入り乱れていて秩序《ちつじょ》がないようす。「率直に」は，取りつくろわずありのままのようす。

問2　直前の一文に「という行為《こうい》ひとつとっても」という表現があることから，「その」はさまざまな「行為」についてのべたことがらを指していることがわかる。したがって，直前の段落の「知らず知らずのうちにまわりの環境《かんきょう》に影響されながら行動していること」が抜《ぬ》き出せる。

問3　続く部分に，「視覚的な刺激によって人の中に欲望がつくられていき」とあることに注意する。　イ，ニ　視覚的な刺激はあるが，欲望に結びついていないので，合わない。　ロ　視覚的な刺激がないので，合わない。　ハ　視覚的な刺激によって，コーラを飲みたいという欲望や買い物をしたいという欲望がつくられているので，あてはまる。　ホ　欲望が前で，視覚的な刺激が後なので，合わない。

問4　直前の一文で，「仕事をするつもりでパソコンを開いたら買い物をしていた」という例が挙げられている。本来やるべき「仕事」を少しの間忘れ，「パソコン」による視覚刺激から得た情報に踊《おど》らされて行動してしまったことをいっているのだから，これをまとめればよい。

問5　イ，ロ　難波さんは失明したことで「情報量がすごく少な」くなったのであり，「全《すべ》ての刺激に対し一つ一つ時間をかけて判断」するようになったり「その他の情報は意図的に取り除」くようになったりしたわけではない。　ハ　難波さんが失明した当初に感じた「飢餓《きが》感」は，「目的」に対するものではなく，「情報の少なさ」に対するものである。　ニ「あらかじめ買うものを決めて，その目的を遂行《すいこう》する」とあるように，目的はあらかじめ決まっているので，「目的を注意深く観察した上で」は合わない。　ホ　同じ段落の前半の内容と合う。

問6「踊らされない」ことについては，傍線《ぼうせん》部③をふくむ段落で説明されているので，この段落の内容を中心にまとめればよい。

問7　難波さんが「悟《さと》った」ことについては，「難波さんのこうした心理はもはや『悟り』にすら聞こえます」の直前の段落でのべられているので，この段落の内容を中心にまとめればよい。なお，「悟る」は，真理をつかんで迷いがなくなること。

二　**出典は椰月美智子《やづきみちこ》の『14歳《さい》の水平線』による**。一緒《いっしょ》に遊ぶようになった孝俊《たかとし》，保生《やすお》，タオ，征《ゆき》人《と》(おれ)の四人は，アンナ(タオの姉)に恋《こい》する孝俊の提案で，夏休みの宿題をタオの家でやることになった。

問1　Ⅰ　どうにもならなくて，困り果ててしまうこと。　Ⅱ　音読みは「コ」で，「強固」などの熟語がある。　Ⅲ　非常に危ない状態。　Ⅳ　ものがこわれたり傷ついたりすること。　Ⅴ　音読みは「キョウ」で，「胸囲」などの熟語がある。他に「むな」という訓読みもある。「胸をなでおろす」は，ほっとすること。

問2　A　孝俊は，夏休みの宿題をタオの家でやればアンナに会えるともくろんでいるのだから，ホの「たくらみ」が合う。　B　ユタカとアキラはたがいによい影響をおよぼしあっているという文脈だから，イの「影響を受けて」がふさわしい。　C　直前の「はー⁉」は，「自分で読むしかないんじゃないか」と言われたことに対する不満を表しているので，ハの「抵抗《ていこう》した」が選べる。

問3　すぐ前で孝俊が「アンナさんと話できるようにしないとー」と言っているので，「孝俊とアンナが自然に話せるよう」とあるニがあてはまる。

問4　直前の「まったく，無邪気《むじゃき》な君たちがうらやましいよ」という口調や「大人ぶった言い方で」などから，自分は友人たちよりも精神年齢《ねんれい》が上であると，孝俊が冗談《じょうだん》めかして主張しようとしていることがわかる。したがって，「友人たちの幼さが信じられず，あきれる」とあるホがよい。

問5　「やられた」は，“負けた”という意味。感想文でタオに負けたと思っている征人の気持ちを表す。タオの感想文のどういう点がすぐれていると征人が感じているかは，傍線部③の前後に書かれているので，これらをまとめればよい。

問6　本文から，征人は孝俊や保生よりは勉強ができるが，タオの賢《かしこ》さに対して「尊敬以外のなにものでもない」と感じていることがわかる。そんなタオの家の本ならば自分の成長のきっかけになるのではないかと感じたため，征人は小説の本を借りていくことにしたのである。

三　漢字の書き取り

Ⅰ　①　ものごとが起きかけている前ぶれ。　②　平年より暖かい冬。　③　ものごとを進めるときの基本的な方針。　④　音読みは「ハク」「バク」で，「博愛」「博徒」などの熟語がある。「博士《はかせ》」は，熟字訓。　⑤　勇気や元気を奮《ふる》い起こすこと。　Ⅱ　⑥　万一の場合に備え，周囲によく注意してその場所を守ること。　⑦　神社や寺にお参りして拝むこと。　⑧　ものごとのしくみや内容などの大きさ。　⑨　ものごとのうわべ。　⑩　神仏が天から地上に降りてくること。　⑪　美術や工芸などの技術。　⑫　城の中心部にある，最も高い物見やぐら。　⑬　「旗色が悪い」で，戦いの形勢がよくないこと。　⑭　実際に調べていくこと。　⑮　音声が澄《す》んでよく通るさま。

Dr.福井の入試に勝つ！ 脳とからだのウルトラ科学

睡眠時間や休み時間も勉強!?

みんなは寝不足になっていないかな？　もしそうなら大変だ。睡眠時間が少ないと，体にも悪いし，脳にも悪い。なぜなら，眠っている間に，脳は海馬《かいば》という部分に記憶をくっつけているんだから。つまり，自分が眠っている間も頭は勉強しているわけだ。それに，成長ホルモン（体内に出される背をのばす薬みたいなもの）も眠っている間に出されている。昔から言われている「寝る子は育つ」は，医学的にも正しいことなんだ。

寝不足だと，勉強の成果も上がらないし，体も大きくなりにくく，いいことがない。だから，睡眠時間はちゃんと確保するように心がけよう。ただし，だからといって寝すぎるのもダメ。アメリカの学者タウブによると，10時間以上も眠ると，逆に能力や集中力がダウンしたという研究報告があるんだ。

睡眠時間と同じくらい大切なのが，休み時間だ。適度に休憩するのが勉強をはかどらせるコツといえる。何時間もぶっ続けで勉強するよりも，50分勉強して10分休むことをくり返すようにしたほうがよい。休み時間は，散歩や体操などをして体を動かそう。かたまった体をほぐして，つかれた脳を休ませるためだ。マンガを読んだりテレビを見たりするのは，頭を休めたことにならないから要注意！

頭の疲れに関連して，勉強の順序にもふれておこう。算数の応用問題や理科の計算問題，国語の読解問題などを勉強するときには，脳のおもに前頭葉という部分を使う。それに対して，国語の知識問題（漢字や語句など）や社会などの勉強では，おもに海馬《かいば》という部分を使う。したがって，それらを交互に勉強すると，１日中勉強しても疲れにくい。

Dr.福井（福井《ふくい》一成《かずしげ》）…医学博士。開成中・高から東大・文Ⅱに入学後，再受験して翌年東大・理Ⅲに合格。同大医学部卒。さまざまな勉強法や脳科学に関する著書多数。

Memo

Memo

平成27年度　ラ・サール中学校

〔電　話〕（0992）68―３１２１
〔所在地〕〒891-0114　鹿児島市小松原２―10―１
〔交　通〕「鹿児島中央駅」より市電・「谷山駅」下車徒歩３分

【算　数】（60分）〈満点：100点〉

1　次の□にあてはまる数をそれぞれ求めなさい。

(1)　$370\times4-111\times12+18.5\times6=\Box$

(2)　$5-3\times\left\{1\frac{11}{21}-\left(\frac{6}{7}-\frac{4}{5}\right)\right\}=\Box$

(3)　$2\div\left\{6\times\left(\frac{11}{18}-\Box\right)-\frac{2}{3}\right\}=1\frac{1}{3}$

2　次の各問に答えなさい。

(1)　$\frac{7}{9}$，$2\frac{1}{10}$，$5\frac{5}{6}$ のどれにかけても整数となる分数で最小のものを答えなさい。

(2)　Ａ中学校，Ｂ中学校の生徒数の比は 15：16 で，野球部の人数の比は３：４です。Ａ中学校では全体の $\frac{1}{10}$ が野球部員です。Ｂ中学校における野球部員の割合を分数で答えなさい。

(3)　Ａ，Ｂ，Ｃ３人の体重の和は 164kg です。また，ＡとＢの体重の和はＣの体重の４倍より２kg 少なく，Ａの体重はＣの体重の２倍より 5.8kg 多いです。Ａ，Ｂ，Ｃの体重はそれぞれ何 kg ですか。

(4)　右の図１は長方形を２回折ってできた図形です。x を求めなさい。

(5)　右の図２において，三角形 PCD の面積は 24.3cm^2 です。AP：PB を最も簡単な整数の比で答えなさい。

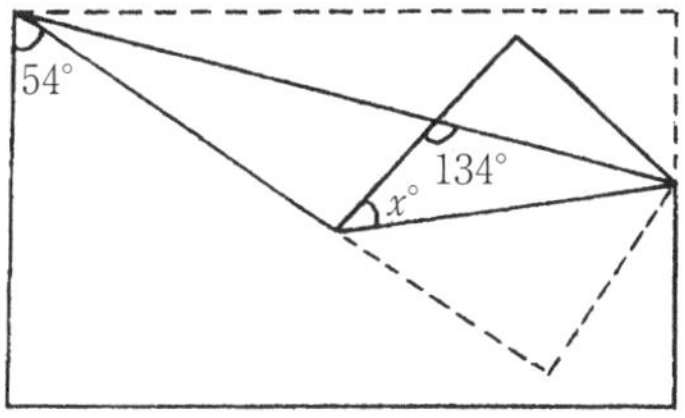

図１

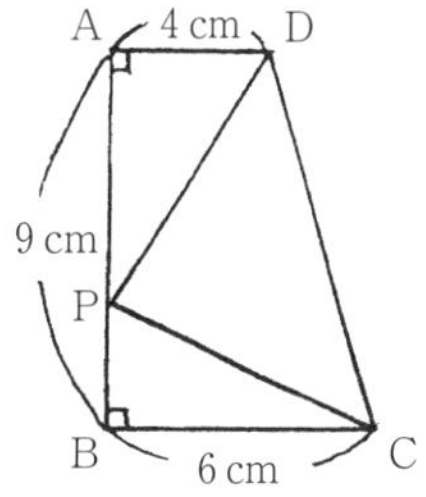

図２

3　ある日の午前０時ちょうどから時計の長針と短針の間が 90° となるときを考えました。次の問に答えなさい。

(1)　２回目に長針と短針の間が 90° となるのは午前何時何分ですか。

(2)　８回目に長針と短針の間が 90° となるのは午前何時何分ですか。

(3)　この日の午後２時30分までに長針と短針の間が 90° となることは何回ありますか。

4 右図の三角形ABCにおいて，AD：DC＝1：3，三角形BCEと三角形ABCの面積の比は2：5です。次の問に答えなさい。

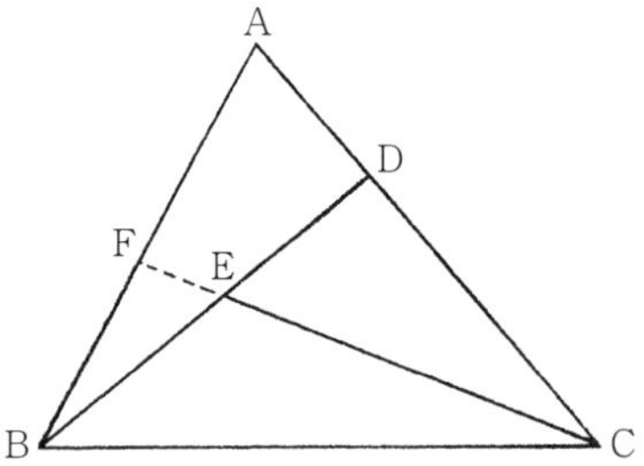

(1) 三角形CDEと三角形ABCの面積の比を最も簡単な整数の比で表しなさい。

(2) CEの延長と辺ABとの交点をFとします。AF：FBを最も簡単な整数の比で表しなさい。

5 右図のように，平らな地面の上に1辺10cmの立方体のレンガが置いてあります。3点A，D，Eは一直線に並んでいて，DE＝10cmです。また，点D，Eの真上30cmのところにそれぞれ電球P，Qを置きます。電球の大きさは考えないものとして，次の問に答えなさい。

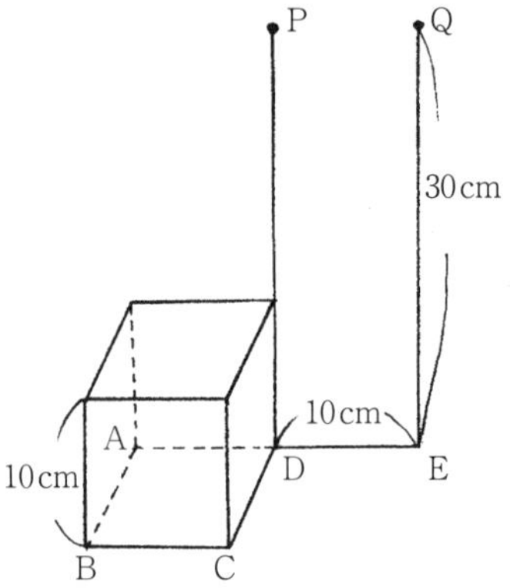

(1) 電球Pだけをつけたとき，地面にできるレンガの影を解答欄《らん》の図に斜線で示しなさい。また，影の面積を求めなさい。

(2) 電球Qだけをつけたとき，地面にできるレンガの影を解答欄《らん》の図に斜線で示しなさい。また，影の面積を求めなさい。

6 花子さんはA地点を毎時16kmの自転車で，太郎くんはB地点を毎時4kmの徒歩で同時に出発して，途《と》中のC地点で会う予定でした。ところが，花子さんだけ出発が6分おくれたので，C地点よりA地点に近いところで会いました。次の問に答えなさい。

(1) 会ったのは予定より何分おそかったですか。また，それはC地点より何mA地点に近いところですか。

(2) もし太郎くんがC地点に着いてすぐに引き返していたら，追いかけてくる花子さんとはB地点に戻るまでに会えないところでした。AB間の道のりは何km以下ですか。

【社　会】（40分）〈満点：50点〉

1　次は，のび太くんが書いた2014年の日記の一部を抜《ぬ》き出したものです。これを読んで，以下の問いに答えなさい。

国名	割合(%)
A	36.0
オーストラリア	7.2
ロシア	5.6
B	5.0
アラブ首長国連邦《れんぽう》	4.0

(『日本国勢図会《ずえ》 2014/15』より作成)

◆（1月1日）　お母さんが今年は新しい車が欲《ほ》しいと言い出しました。「おしゃれな外国車もいいわねえ。」なんて言っています。

問1　右の表は，日本の自動車の主な輸出先上位5か国(2013年)を表したものです。A・Bにあてはまる国名を答えなさい。国名は通称《しょう》でよい。

◆（2月9日）　東京都知事選挙が行われ，舛添《ますぞえ》要一・元厚生労働大臣が当選しました。

問2　厚生労働大臣は，厚生労働省の主任の大臣です。現在日本には，厚生労働省を除いて10の省があります。その中から2つの省の正式な名称を漢字で答えなさい。

◆（3月15日）　今日は家族でドライブに出かけました。海沿いの道路を走っていると，煙突《えんとつ》から煙が出ている大きな施《し》設が見えました。お父さんに聞くと，「あれは火力発電所だよ。火力発電所は海沿いによく造られるんだ。」と教えてくれました。

問3　なぜ火力発電所は海沿いに造られることが多いのですか。以下の語を使い，句読点を含《ふく》めて20字以内で答えなさい。

燃料

◆（6月21日）「富岡《とみおか》製糸場と絹産業遺産群」が世界文化遺産に登録されることになりました。

問4　富岡製糸場が完成したのは1872年です。このころの日本について述べた次のア～エのうち，正しいものを1つ選び，記号で答えなさい。

ア．藩《はん》が廃《はい》止されて県が置かれ，県は政府が任命した役人によって治められた。

イ．西郷隆盛ら使節団が欧《おう》米の国々の視察から帰国し，近代的な工業をはじめようと官営工場を設立した。

ウ．後に女性の教育に活躍《やく》する平塚らいてうがアメリカ合衆国に留学した。

エ．国の収入を安定させるため，税は収穫《かく》高の3％を現金で納めることになった。

◆（8月22日）　今朝読んだ新聞の社説は，水道の老朽《きゅう》化に関する内容でした。

問5　のび太くんが読んだ社説に下のような文章がありました。文中の空欄《らん》に適する，「水道や電気，ガス，電話，インターネットなど，人が生活するうえで必要な設備」という意味の言葉をカタカナ6字で答えなさい。

> 古くなった水道設備の更《こう》新を着実に進め，生活に不可欠な(　　)を守らねばならない。水道の老朽化対策は，自治体にとって逃《に》げることのできない課題と言える。……

◆（10月1日）　東海道新幹線が開業50年を迎《むか》えました。これまでの乗客数はのべ56億人だそうです。

問6　次のア～オのうちから，東海道新幹線の開業以前におこったできごとを2つ選び，記号で答えなさい。順番は問いません。

ア．日本の国民総生産額がはじめてアメリカ合衆国に次いで世界2位になった。

イ．日本は国際連合への加盟が認められ，国際社会に復帰した。

ウ．日本ではじめての国際博覧会である日本万《ばん》国博覧会が大阪で開催《さい》された。

エ．アメリカ合衆国が行った水爆《ばく》実験によって，日本の漁船第五福竜《りゅう》丸が被《ひ》ばくした。

オ．アポロ11号の月面着陸の様子が日本でも衛星中継《けい》された。

◆（11月４日） アメリカ合衆国で中間選挙が行われました。結果はオバマ大統領の支持率が低かったことなどの影響《えいきょう》で，大統領の所属する政党が敗れたそうです。

問７ 今回の選挙で大統領の所属する政党を破って上下両院で過半数の議席を獲《かく》得した，アメリカ合衆国の政党の名称を漢字で答えなさい。

◆（12月11日） 赤崎勇さんたちが受賞したノーベル賞の授賞式をニュース番組の特集で見ました。今年のノーベル賞にはパキスタンのマララさんも選ばれ，話題になりました。

問８ 2014年のノーベル賞受賞者について述べた次のア～エのうち，正しいものを１つ選び，記号で答えなさい。

ア．赤崎さんたちは赤色 LED 発明の功績を評価されて，ノーベル物理学賞を受賞した。

イ．赤崎さんたちは iPS 細胞《ぼう》開発の功績を評価されて，ノーベル医学生理学賞を受賞した。

ウ．マララさんは史上はじめて20歳《さい》未満でノーベル平和賞を受賞した。

エ．マララさんは史上はじめて女性でノーベル平和賞を受賞した。

2 2014年におこったことに関して，次の問いに答えなさい。

◆４月，新しい最高裁判所長官が就任しました。

問１ 裁判官に関する説明として，正しいものを次のア～エから１つ選び，記号で答えなさい。

ア．最高裁判所長官は，内閣の指名にもとづいて天皇から任命され，長官以外の最高裁判所裁判官は，長官から任命される。

イ．裁判官を辞めさせるかどうかの裁判を行う弾劾《だんがい》裁判所は国会に設置されるが，弾劾裁判を受ける裁判官は最高裁判所長官とその他《た》の最高裁判所裁判官に限られる。

ウ．国民審査を受ける裁判官は最高裁判所長官とその他の最高裁判所裁判官に限られるが，2014年に実施《し》された国民審《しん》査において，辞めさせられた裁判官は１人もいなかった。

エ．下級裁判所裁判官は，内閣から任命されるので，内閣総理大臣から指示があれば，その指示に従って裁判をしなければならない。

◆６月，日本国憲法改正の手続きを定めた改正国民投票法が成立しました。

問２ 日本国憲法に関連する説明として，明らかに誤っているものを次のア～キから１つ選び，記号で答えなさい。

ア．明治時代に制定された大日本帝《てい》国憲法では，主権は天皇にあった。戦後に制定された日本国憲法では，主権は国民にあり，天皇は日本の国と国民のまとまりの象徴《ちょう》であると定められている。

イ．日本国憲法は，立法権が国会に，行政権が内閣に，司法権が裁判所に属する三権分立制度を採用している。

ウ．日本国憲法は，法のもとで平等にあつかわれる権利，自由に意見を述べたり職業を選んだりする権利，健康で文化的な生活を営む権利，裁判を受ける権利を保障している。

エ．日本国憲法には，「プライバシーの権利」や「環《かん》境権」といった語句を用いた条文はない。

オ．日本国憲法は，基本的人権を無制限に保障しているわけではなく，国民は権利をみだりに用いることなくみんなの幸福のために利用する責任を負うとしている。

カ．日本国憲法では，国民として果たさなければならない義務として，選挙で投票する，仕事について働く，税金を納める，という三つの義務が定められている。

キ．日本国憲法は，制定以来，改正されたことはない。

◆９月，2015年の春に予定されている地方公共団体の議会の議員および首長の選挙の日程について，政府が方針を決めました。

問３　都道府県や市町村で行われる選挙の被選挙権に関する説明として，正しいものを次のア～エから１つ選び，記号で答えなさい。

ア．都道府県議会議員と市町村議会議員の被選挙権は，ともに30歳以上である。また，都道府県知事の被選挙権は30歳以上で，市町村長の被選挙権は25歳以上である。

イ．都道府県議会議員と市町村議会議員の被選挙権は，ともに25歳以上である。また，都道府県知事の被選挙権は30歳以上で，市町村長の被選挙権は25歳以上である。

ウ．都道府県議会議員の被選挙権は30歳以上で，市町村議会議員の被選挙権は25歳以上である。また，都道府県知事と市町村長の被選挙権は，ともに25歳以上である。

エ．都道府県議会議員の被選挙権は30歳以上で，市町村議会議員の被選挙権は25歳以上である。また，都道府県知事と市長村長の被選挙権は，ともに30歳以上である。

◆９月，安倍晋三《しんぞう》首相が，国際連合の総会で一般《ぱん》討論演説を行いました。

問４　国際連合に関連する説明として，明らかに誤っているものを次のア～エから１つ選び，記号で答えなさい。

ア．国際連合の加盟国数は，発足当時は51であり，その後植民地の独立などで増加し，国際連合創設70周年にあたる2015年初めにおいては，193であった。

イ．2014年において，国際連合の分担金比率（国際連合の活動に必要な費用を加盟国で負担する割合）の高い順に６か国をあげると，アメリカ合衆国・日本・ドイツ・ロシア・イギリス・フランスとなっていた。

ウ．国際連合憲章では，国家間の戦争や国内の紛《ふん》争が起こると，安全保障理事会が中心となって，停戦を働きかけたり，戦争の広がりを防いだりすると定めてある。

エ．日本は，2015年に行われる国際連合の安全保障理事会非常任理事国の選挙に立候補することを表明している。当選すれば，11回目の選出となる。

◆11月，安倍晋三首相は，2015年10月に予定されていた消費税率の10％への引き上げを18か月延期する方針を正式に表明しました。

問５　日本の消費税に関する説明として，明らかに誤っているものを次のア～エから１つ選び，記号で答えなさい。

ア．消費税は，商品やサービスを買った時にかかる税である。

イ．少子高齢《こうれい》社会への対策の一つとして，消費税が導入された。

ウ．戦後初めて消費税が導入された時の税率は３％で，その後５％に引き上げられ，さらに2014年４月には８％に引き上げられた。

エ．高所得者と低所得者が同じ商品を買った場合，所得額に対する消費税負担額の比率は高所得者の方が高い。

◆12月，第47回衆議院議員選挙が行われ，戦後最低の投票率を記録しました。

問6　衆議院議員選挙の投票率を上げるために採用されている制度として，明らかに誤っているものを次のア～エから1つ選び，記号で答えなさい。

ア．事前に手続きをすませた有権者は，決められた場所以外の投票所で投票日当日に投票できる。

イ．留学や仕事などのために国外に住んでいる有権者は，投票日の前に投票できる。

ウ．仕事や買い物などのために投票日に投票所へ行けない有権者は，投票日の前に投票できる。

エ．選挙管理委員会から指定された病院に入院している有権者は，その病院で投票日の前に投票できる。

◆12月，第三次安倍晋三内閣が発足しました。

問7　内閣に関連する説明として，明らかに誤っているものを次のア～キから1つ選び，記号で答えなさい。

ア．内閣の最高責任者である内閣総理大臣は，国会議員の中から国会で指名され，天皇によって任命される。

イ．国務大臣は，内閣総理大臣によって任命され，その過半数は国会議員でなくてはならない。

ウ．国務大臣の中には，厚生労働大臣などのようにいずれかの省の主任の大臣として任命された国務大臣のほか，少子化担当大臣などのように特別な仕事の責任者として任命された国務大臣もいる。

エ．内閣総理大臣と国務大臣が参加して開かれる閣議において，国の政治や経済について内閣の方針が決定されたり，内閣から国会へ提出される法律案や予算案が決定されたりする。

オ．内閣は，憲法で定められた天皇の国事行為《い》について，助言と承認を行う。

カ．内閣は，外国と条約を結んだり，法律の規定を実施するために政令を制定したりする。

キ．内閣は，両議院の議員の定数を決めたり，衆議院の解散を決めたりする。

◆2014年の後半は，アメリカドルに対して，日本の円の価値が下がる円安傾《けい》向がみられました。

問8　円安に関連する説明として，明らかに誤っているものを次のア～エから1つ選び，記号で答えなさい。

ア．円安が進み，2014年12月には，アメリカドルに対する円の交換《かん》比率は，1ドル＝120円台を記録した。

イ．2014年の1年間に日本を訪れた外国人観光客の数は今までで最高となったが，その理由の一つに円安の進行があげられている。

ウ．円安が進んだために，日本では輸入原材料やその製品の国内販《はん》売価格が上昇《しょう》する事例が増えており，2014年7月末に比べて同年12月末におけるガソリンの国内販売価格も上昇した。

エ．円安が進んだ場合，かつて生産する場所を国外に移した日本企《き》業の中には，生産する場所を再び国内にもどす企業もあらわれる，と予想される。

3 日本では昔から今にいたるまで多くの道が造られ，使われてきました。道には長いものも短いものもありますが，いずれも必要に応じて名前がつけられることがあります。以下の地図には，昔から今までの間に造られた，起点と終点の距離《きょり》が長い道と，それぞれの地方の歴史や人物にちなんだ通りの名前をいくつか載《の》せています(Bを除く)。これを見て，あとの問いに答えなさい。

問１　A～Uのうち，明治時代に活躍《やく》した人物にちなんで名付けられた通りがKのほかに３つあります。それらを記号で答えなさい。順番は問いません。

問２　(１)～(３)には，次の３つの通りのどれかが入ります。それぞれどの通りが入るか記号で答えなさい。

ア．野口英世青春通り　　イ．屯田《とんでん》１番通り　　ウ．オランダ坂

問３　①は奈良～平安時代の主要な道(ここでは下関～京都)，②(-·-·-という線であらわしています)は昭和時代にできた高速道路(西宮～小牧)，③は江戸時代の主要な街道の一つ(江戸～京都)です。その名前を下の選択肢《たくし》から１つずつ選び，それぞれ記号で答えなさい。なお，実際はこれらの道が重なっているところもありますが，ここではその部分をわかりやすくなるように少し離して描いています。

ア．西海道　　イ．山陽道　　ウ．山陰道　　エ．東海道
オ．中山道　　カ．甲州道中　　キ．東名高速道路　　ク．名神高速道路
ケ．山陽自動車道

問４　Bについて。ここでは発掘《くつ》調査で縄文時代の道が発見されたことでも話題になりました。次のア～オの中から，縄文・弥生・古墳時代の説明として明らかな誤りを含《ふく》むものを１つ選んでそれを除き，残ったものを時代の古い順に並《なら》べかえて記号で答えなさい。

ア．稲作《いなさく》が始まり，人々は定住するようになった。人々は田げたや石包丁を使い，また新し

い特徴をもった土器を使うようになった。

イ．ヤマト政権の中心人物は大王と呼ばれ，稲荷山《いなりやま》古墳に葬《ほうむ》られた人物は「ワカタケル大王に仕えた」という内容を刻んだ鉄剣《けん》を残した。

ウ．人々はものをにたきしたり蓄《たくわ》えたりするため土器を作り始め，動物の骨や角を使って道具を作り，狩《か》りや漁でくらしを支えた。

エ．近畿から瀬戸内海沿岸の地域で，古墳が造られ，そのまわりには土偶が並べられ，鏡や玉などが納められた。

オ．人々が土地や水をめぐって争い，勝った指導者はほかのむらも支配し，くにをつくった。卑弥呼がそのような30ほどのくにをまとめた。

問５　Ｆの桃太郎《ももたろう》はおとぎ話の主人公であり，「桃太郎」の物語は江戸時代頃《ごろ》までに今のような形になったと考えられています。日本の文芸や学問の歴史に関する次のア～エの中に１つだけ誤りを含むものがあり，その誤りを訂正《ていせい》すると文が正しい内容になります。その**訂正した後の語句**を答えなさい。

ア．紫式部の『源氏物語』と清少納言の『枕草子』は，仮名《かな》が誕生した頃，平仮名《ひらがな》と漢字を使って書かれた古典文学である。

イ．前野良沢や杉田玄白は，ヨーロッパの医学書を日本語に訳して『解体新書』を出版し，国学が発達するきっかけをつくった。

ウ．樋口一葉は江戸時代の小説に学んで『たけくらべ』を，夏目漱石はイギリスに留学し，帰国後『坊《ぼ》っちゃん』などを著した。

エ．与謝野晶子は日露戦争に参加した弟を心配して「君死にたまふ《(う)》こと勿《なか》れ」を発表し，石川啄木は韓《かん》国併《へい》合に疑問を投げかける歌を作った。

問６　Ｉはこの地方に都があったときの街路にちなんで名付けられました。この都は何と呼ばれますか。

問７　Ｊは聖徳太子がその住まいから勤め先まで馬に乗って通《かよ》ったとされる道です（ただし現在はほんの一部しか残っていません）。次のア～エを読み，聖徳太子がかかわったことがらについて正しく述べたものを１つ選び，記号で答えなさい。

ア．冠《かん》位十二階という，能力のある豪《ごう》族を役人に取り立てるしくみをつくった。

イ．十七条の憲法をつくって，税として調や庸《よう》を取り，都まで運ばせることにした。

ウ．法隆寺や東大寺を建て，仏教をさかんにすることに力を入れた。

エ．遣唐使として小野妹子を派遣《けん》し，中国の進んだ政治や文化を取り入れようとした。

問８　Ｋは真珠《じゅ》の養殖《しょく》に成功した御木本幸吉《みきもとこうきち》が私財を投じて造った道路です。その真珠はさかんに輸出されましたが，江戸時代の終わり頃から太平洋戦争後までの日本と外国の貿易に関する次のア～エを，時代の古い順に並べかえて記号で答えなさい。

ア．日本はある戦争の際にヨーロッパやアジアへの輸出を大きく伸《の》ばし，今までにない好景気になった。

イ．開港場が作られ，外国の品物がたくさん入ってくる一方，輸出品の品不足で物価が上がり，人々の生活が苦しくなった。

ウ．機械が導入されて繊維《せんい》工業が発達し，繊維製品がさかんに輸出された。やがて八幡《やはた》製鉄所ができ，重工業も発達した。

エ．日本はアジアでの戦争に際し，戦争に必要なものを生産してある国に買ってもらうことで，日本の産業を復興させた。

問9　MとNについて。

(a)　Mの名前の中にある「太閤《たいこう》」とは関白もつとめた天下人のことですが，それが誰《だれ》を指すかを答えなさい。

(b)　(a)の人物がNの名前の中にある「石」とどのようなかかわりをもつかを説明しなさい。

問10　Pはペリーがここに上陸したことを記念して命名されました。次のア～オはアメリカ合衆国(以下「アメリカ」と表記します)と日本の関係について述べたものですが，そのうち誤りを含むものを**すべて**選び，記号で答えなさい。順番は問いません。

ア．アメリカのポーツマスで講和会議が開かれ，日本は48か国と平和条約を結び，翌年独立を回復した。

イ．日本とアメリカは通商条約を結び，その結果，函館《はこだて》(箱館)，横浜，長崎などが貿易のために開かれることになった。

ウ．アメリカで始まった世界大恐慌《きょうこう》が日本にもおよんだので，日本では景気がよくなった。

エ．陸奥《むつ》宗光外務大臣のとき，日本はアメリカとの条約の改正に成功し，関税自主権を完全に回復した。

オ．アメリカ軍を中心とする連合国軍が日本を占《せん》領し，その中で女性の地位向上や教育制度の改革が行われた。

問11　Sはこの場所(足利市)が足利氏の本拠《きょ》地であることにちなんで名付けられました。次のア～エを読み，尊氏がたてた幕府が活動していた時代について正しく述べたものを1つ選び，記号で答えなさい。

ア．足利義政によって京都の東山に金閣や東求堂《とうぐどう》が造られ，そこには書院造を取り入れた部屋がある。

イ．生け花や茶の湯が庶《しょ》民にも広がり，盆踊《ぼんおど》りがさかんになり，歌舞伎《かぶき》や人形浄瑠璃《じょうるり》も発展した。

ウ．村では共同で用水路をつくったり，生活上のおきてを定めたりして団結を強め，一揆《き》を起こして領主に抵抗《ていこう》することもあった。

エ．堺《さかい》では町の人々が祇園祭《ぎおんまつり》を復活させ，貿易で栄えた京都では町の人々が武士の勢力をおさえて自治を行った。

問12　Tは江戸時代の初めにヨーロッパに渡《わた》った支倉常長《はせくらつねなが》にちなんで名付けられました。この人の主君にあたる，東北でもっとも有力だった大名は何氏ですか。

4　次の文章を読んで，以下の問いに答えなさい。

①日本の国土面積はおよそ38万 km^2 で，そのうち耕地面積は国土の《　A　》ほどです。第二次世界大戦後，政府が地主から土地を買い取り小作人に売りわたす(　1　)を行うことで，自作農が多く生まれましたが，その農家の多くは家族経営が中心で，規模の小さい農家でした。しだいに，農業以外の仕事についている家族がいる(　2　)農家が多くなってきました。日本の農業は②稲作を中心としてさまざまな地形条件や③北部が冷帯気候に属するという気候条件の克《こく》服をめざして発展してきました。

米は日本人の主食である農作物であるため，国が高い値段で米を買い入れてきました。そのため，農家にとって稲作は最も安定した農業部門でした。また，生産技術の向上，用水路の改良や耕地整理などが進んだこともあり，米は増産が続きました。しかし，食生活が変化して米の消費量が減り，米が余るようになると，政府は米の作付面積を制限する（　3　）政策を実施するようになりました。1990年代に入ると，④それまで制限されていた米の輸入を部分的に開放し，米の流通の自由化をはかるなど，日本の米に関する政策も大きく変化しました。

稲作に適さない地域では，農家はその自然条件や社会条件に適応しながら⑤畑作，果樹栽培および畜《ちく》産・酪《らく》農を行いました。それぞれ特有の産地が形成されており，近年は，四国地方や九州地方で大都市へ出荷するために野菜を栽培《さいばい》する農業も発展しています。

しかし，その一方で農産物の輸入は増大しており，⑥食料の自給率は低下しています。こういったなか，農産物が運ばれてきた距離をもとに，環境にあたえる影響をはかるための指標である（　4　）の視点から，輸入農産物を見直す必要が説かれています。

2010年に宮崎県で流行した口蹄疫《こうていえき》や，昨年末に宮崎県や山口県で感染が確認された（　5　）など，家畜や鳥の伝染病によって，多くの家畜や鳥が殺処分されました。また，残留農薬問題や遺伝子組み換《か》え作物など⑦食の安全性に関する問題も多く存在しています。

問1　文中の空欄（1）～（5）にあてはまる語句を答えなさい。

問2　文中の空欄《　A　》にあてはまる数値を，次のア～オから1つ選び，記号で答えなさい。

ア．5％　　イ．13％　　ウ．37％

エ．53％　　オ．75％

問3　下線部①について，日本とほぼ同じ面積の国を，次のア～オから1つ選び，記号で答えなさい。

ア．インド　　イ．韓国　　ウ．ブラジル

エ．ドイツ　　オ．オーストラリア

問4　下線部②について，右の表は都道府県別の米の収穫《かく》量上位5位(2013年)を示したものです。表中のア～ウにあてはまる都道府県のうち，都道府県名と都道府県庁所在地名が異なるものが1つあります。その都道府県の都道府県庁所在地名を答えなさい。

順位	都道府県	収穫量(千t)	全収穫量に占《し》める割合(％)
1	ア	664	7.7
2	イ	629	7.3
3	ウ	529	6.1
4	山形	415	4.8
5	茨城	414	4.8

(『日本国勢図会 2014/15』より作成)

問5　下線部③に関連して，冷害についての正しい説明を，次のア～エから1つ選び，記号で答えなさい。

ア．太平洋側に比べ日本海側にその被害が多い傾《けい》向が見られる。

イ．その原因は夏に吹《ふ》く冷たい北東風によるものである。

ウ．その被害にはフェーン現象が大きく関わっている。

エ．寒さに強い米の品種が開発されたため，1980年以降はその被害は見られない。

問6　下線部④に関連して，近年，世界的に貿易の自由化を求める風潮が強いため，日本政府も外国と自由貿易の協定を結ぼうとしていますが，農林水産業への影響が心配されるために思うように進んでいません。現在，日本と，アメリカ合衆国やオーストラリアなどアジア・太平洋地域の国々との間で交渉《しょう》中である貿易の自由化などについての協定の名称を答えなさい。略称で答えてもかまいません。

問7　下線部⑤について，次の表は農産物の収穫量および豚《ぶた》の飼育頭数上位都道府県を示したものです。表を見て，以下の(1)・(2)の問いに答えなさい。

	ばれいしょ(2012年)		きゅうり(2012年)		茶(2013年)		X(2012年)		豚(2013年)	
順位	都道府県	(%)	都道府県	(%)	都道府県	(%)	都道府県	(%)	都道府県	(%)
1	北海道	77.5	宮崎	10.4	静岡	38.0	山梨	24.6	Ⅰ	14.2
2	長崎	4.6	群馬	9.7	Ⅰ	30.2	長野	15.3	宮崎	8.7
3	Ⅰ	3.6	埼玉	8.3	三重	8.4	山形	10.2	Ⅱ	6.9
4	茨城	1.8	福島	7.9	宮崎	4.8	岡山	8.2	群馬	6.3
5	Ⅱ	1.3	Ⅱ	5.5	京都	3.6	福岡	4.6	北海道	6.3

(『日本国勢図会 2014/15』より作成)

(1)　表中のXには，ある果実名が入ります。その果実名を，次のア～オから1つ選び，記号で答えなさい。

ア．りんご　　イ．日本なし　　ウ．みかん

エ．ぶどう　　オ．おうとう(さくらんぼ)

(2)　表中のⅠ・Ⅱにあてはまる県名を，次のア～オから1つずつ選び，それぞれ記号で答えなさい。

ア．青森　　イ．富山　　ウ．千葉

エ．愛媛　　オ．鹿児島

問8　下線部⑥について，次のア～エを自給率の低い順に並べかえて記号で答えなさい。

ア．野菜類　　イ．大豆　　ウ．米　　エ．小麦

問9　下線部⑦について，以下の(1)・(2)の問いに答えなさい。

(1)　より安全で新鮮《せん》な農産物を食べるために，遠い所から運んでくるよりも，自分の地域で生産された農産物を消費しようという動きを何といいますか。

(2)　安全性を徹《てっ》底するため，生産者や生産地のほか，輸送の過程，加工の工程などを消費者にわかるようにする仕組みを何といいますか。

【理　科】(40分)〈満点：50点〉

注意：いくつかの中から選ぶ場合は，記号で答えなさい。特に指示のない場合は1つ答えなさい。

1　〔A〕 同じ大きさで重さの違う三種類のおもりA，B，Cがそれぞれいくつかあります。それらのおもりや，何本かの棒とひもを用いて，以下のようなつりあいの実験をしました。ただし，A，B，Cは鉄，銀，アルミニウムのどれかで，棒とひもの重さは考えなくてよいとします。以下の問いに答えなさい。

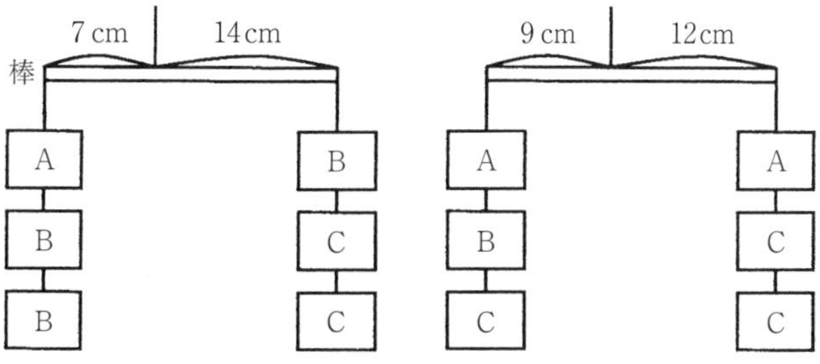

図1

(1)　図1のように，おもりをつるすとつりあいました。A，B，Cの重さの比を求めなさい。

(2)　図2のように，おもりA，B，Cを1個ずつつるしてつりあわせます。長さの比a：b，c：dをそれぞれ求めなさい。

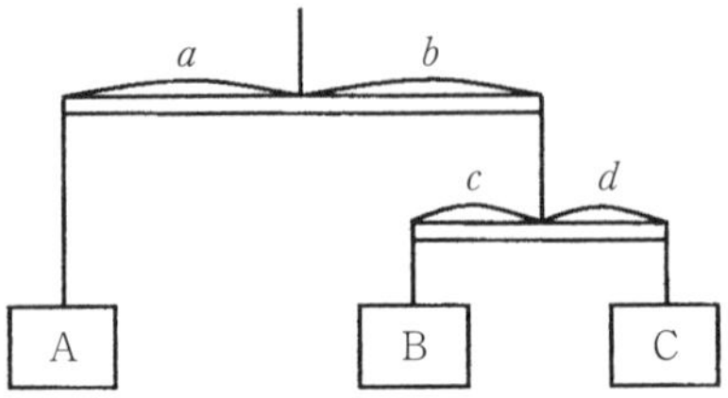

図2

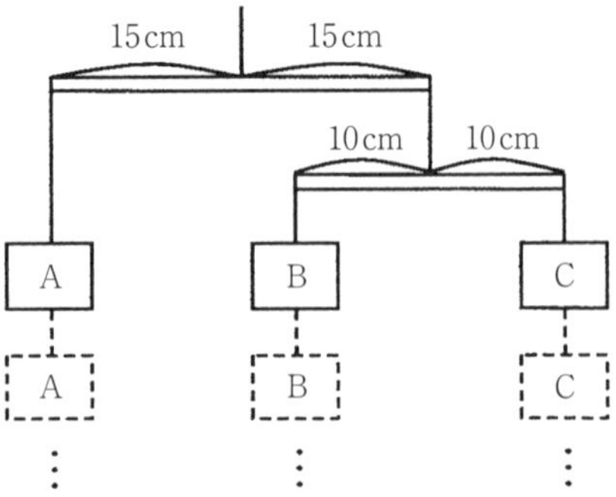

図3

(3)　図3で示したそれぞれの場所に，同じ種類のおもりをつるしてつりあわせます。おもりA，B，Cはそれぞれ何個必要ですか。ただし，おもりA，B，Cの総数が最小となるように答えなさい。

(4)　磁石を用いて図4のようにつりあわせました。ただし，磁石はすべて同じものを使い，磁石とおもりまでの距《きょ》離はすべて同じでした。

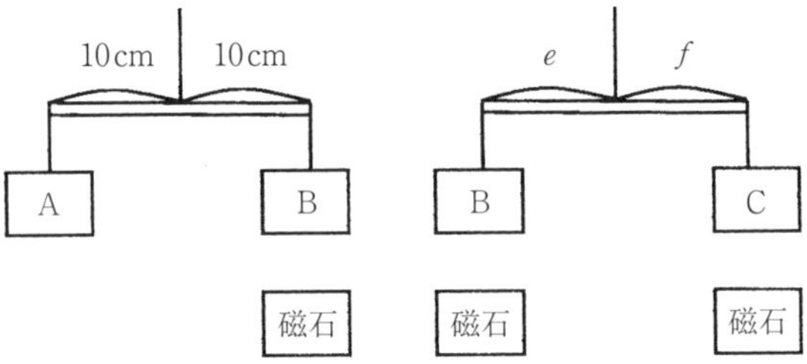

図4

①　Bは何ですか。正しいものを次から選びなさい。

ア．鉄　　イ．銀　　ウ．アルミニウム

②　長さの比e：fを求めなさい。

〔B〕　音に関する以下の問いに答えなさい。ただし，音が伝わる速さはいつも秒速340mで，船の速さに影響されることはありません。

(1)　図1のように，船Aと船Bがとまっています。船Aが汽笛を短い時間で一度だけ鳴らしたとき，船Bに乗っている人は汽笛を二度聞きました。一度目に聞こえた汽笛は直接届いた音(直接音)でA→Bの直線の経路を進みます。二度目に聞こえた汽笛は反射板で反射して届いた音(反射音)でA→反射板→Bの折れ線の経路を進みます。一度目の汽笛を聞いてから二度目の汽笛を聞くまでの時間は何秒ですか。

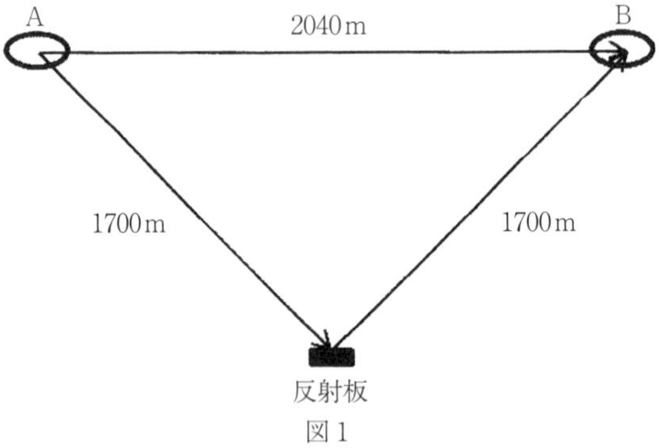

図1

(2)　図2のように，船Aと船Bがとまっています。船Aが汽笛を短い時間で一度だけ鳴らしたとき，船Bに乗っている人は一度目の汽笛を聞いてから4秒後に二度目の汽笛を聞きました。このとき船Aから反射板までの距離は何mですか。

図2

(3)　図3のように，秒速20mの一定の速さで反射板に向かって進む船があり，この船が汽笛を10秒間鳴らし

図3

続けました。汽笛を鳴らし終えてから8秒後に，この船に乗っている人には反射板からの反射音が聞こえ始めました。

① 船が汽笛を鳴らし始めたときの船から反射板までの距離は何mですか。

② 船上では反射音が何秒間聞こえますか。小数第2位を四捨五入して小数第1位まで求めなさい。

2 ダイ吉君の家族が月見をしています。今日は中秋の満月です。

ダイ吉「お父さん，スーパームーンという言葉を聞いたけど，スーパームーンて何？」

お父さん「月と地球の距離は一定ではないので，月が地球に近づいた時の大きな満月をスーパームーンというんだよ。①月の直径は一定だけど，見かけの直径は，月が地球に最も近づいたときと最も遠ざかったときでは12%もちがうんだよ。」

モモ「月ではウサギさんがおもちをついてるって，友達が言ってたよ。」

お母さん「②月の模様がウサギのように見えるから，そう言われているのよね。国によっては，この模様をカニやライオンに例えているところもあるそうよ。」

ダイ吉「月の模様は三日月や半月の時も同じだけど，何でだろう？」

お父さん「月の自転の周期と(　③　)が一致《いっち》していて，月が地球に常に同じ面を見せているからだよ。」

ダイ吉「ところでお母さん，昔の日本では，月の形にあわせて日付を決める暦《こよみ》を使っていたと聞いたことがあるけど…」

お母さん「そう，旧暦《きゅうれき》と言って，立春(2月4日前後)に最も近い新月の日を1月1日とし，新月のたびに月を改め1日として，1ヶ月が29日の小の月と30日の大の月を交互《こうご》にした暦よ。」

お父さん「2015年は2月19日が旧暦の1月1日，12月は旧暦では大の月なので，ラ・サール中学校の入試のある1月24日は，旧暦の12月○日になるね。すると，ラ・サール中学校入試の日の月は，どんな形の月になるかな？」

ダイ吉「わかった。④こんな形だね。」

といって，ダイ吉君は地面に月の形を書きました。

ダイ吉「でも，現在，旧暦は全く使われていないんでしょう？」

お父さん「いやいや，そうでもないぞ。例えば7月7日の七夕は，旧暦の7月7日にちなんで…今年の場合は8月2日になるが，8月に行う地域もあるよ。七夕を8月に行うことで，沖縄では5月から6月，九州，本州，四国では6月から7月にかけてみられる，(　⑤　)をさけることができるんだ。」

モモ「わたし，七夕で，『月に行けますように』ってお願いしたんだ。」

ダイ吉「でも，月には⑥空気もない，⑦温度変化も大きい，しかも，⑧重力が小さくて，物の重さが6分の1になるんだって。とても地球のようには暮らせないよ。でも，ぼくが宇宙飛行士になって，モモを月面基地に連れて行ってあげるからね。」

(1) 月の直径は次のどの距離に近いですか。最も近いものを選びなさい。

ア．鹿児島～博多(300km)　　イ．東京～ソウル(1000km)

ウ．鹿児島～ペキン(2000km)　　エ．沖縄～稚内(3000km)

オ．東京～ニューデリー(6000 km)

(2) 月が真南にあるときの，月の模様として正しいものはどれですか。

ア　　　イ　　　ウ　　　エ

(3) ③に当てはまるものは，次のどれですか。なお，自転とは天体自身が回ることを指し，公転とは他の天体のまわりを回ることを指します。

ア．地球の自転の周期　　イ．地球の公転の周期

ウ．月の公転の周期　　エ．太陽の自転の周期

(4) 満月の７日前の月，満月から11日後の月がのぼってくるおよその時刻を次から選びなさい。なお，太陽は６時にのぼり，18時にしずむものとします。

ア．０時　イ．３時　ウ．６時　エ．９時

オ．12時　カ．15時　キ．18時　ク．21時

(5) 下線部④の月の形として，適当なものを次から選びなさい。

A　B　C　D　E　F　G　H

(6) ⑤に当てはまる，気象現象を答えなさい。

(7) 下線部⑥に関連して，空気のない月では調べることのできない実験はどれですか。すべて選びなさい。

ア．電池を直列と並列につないで，豆電球の明るさの違《ちが》いを調べる実験

イ．物をこすり合わせ，こすり合わす回数と温度の上がり方の関係を調べる実験

ウ．木と紙と布で，燃えやすさの違いを調べる実験

エ．鉄球と鳥のはねを同じ高さから落として，落ちる速さを調べる実験

オ．笛《ふえ》をふいて，距離と音の伝わる時間の関係を調べる実験

(8) 下線部⑦に関連して，地球での昼夜の温度の変化が月に比べて小さいのは，昼夜の時間が違うことに加え，空気がある役割を果たしているからです。空気が果たしている役割を昼と夜に分けて説明しなさい。

(9) 下線部⑧に関連して，月である石の重さをバネばかりで測ると12gを指していました。この石を上皿天びんを使って測ると何gになりますか。正しいものを次から選びなさい。

ア．２g　イ．６g　ウ．12g　エ．36g　オ．72g

3 〔A〕 固体A～Hがあります。それらは次のうちのいずれかです。

食塩　重そう　でんぷん　石灰石

よう素　アルミニウム　二酸化マンガン　水酸化ナトリウム

次の文を参考にして以下の問いに答えなさい。

① 色の付いていたのはＢとＥで，ほかは白色または銀白色でした。

② Ｄ，Ｆ，Ｇのそれぞれに塩酸を加えると気体が発生しました。

③ Ｅを溶かした溶液にＡを加えると青紫色になりました。

④ Ｈは水によく溶け，水溶液はアルカリ性を示しました。水溶液を指につけてみるとぬるぬるしました。

⑤ Ｈの水溶液にＧを加えると気体が発生しました。

⑥ Ｄは水に溶けませんでしたが，Ｆは水に溶けました。

⑦ Ａを蒸発皿に入れ，バーナーで熱するとこげて黒くなりました。

(1) Ｃ，Ｅ，Ｇは何ですか。次のア～クから選びなさい。

ア．食塩　イ．重そう　ウ．でんぷん　エ．石灰石

オ．よう素　カ．アルミニウム　キ．二酸化マンガン　ク．水酸化ナトリウム

(2) Ｆの水溶液は何性を示しますか。

ア．酸性　イ．中性　ウ．アルカリ性

(3) オキシドールに加えると気体が発生するのはＡ～Ｈのうちどれですか。Ａ～Ｈの記号で答えなさい。

(4) Ｄに塩酸を加えたとき発生する気体は何ですか。

〔Ｂ〕 次の〔実験１〕，〔実験２〕を読み，後の問いに答えなさい。ただし，実験で用いる塩酸はすべて3.7％の塩酸です。実験はすべて同じ温度で行われたものとします。

〔実験１〕 塩酸200ｇに鉄を加えると，水素が発生した。加えた鉄の重さと出てきた水素の体積をそれぞれ調べたら，表１のようになった。

表１　200ｇの塩酸に鉄を加えた場合

鉄の重さ〔ｇ〕	2ｇ	4ｇ	6ｇ	8ｇ
水素の体積〔cm^3〕	820cm^3	〔 ① 〕cm^3	2296cm^3	2296cm^3

〔実験２〕 塩酸100ｇにマグネシウムを加えたところ，水素が発生した。加えたマグネシウムの重さと出てきた水素の体積をそれぞれ調べたら，表２のようになった。

表２　100ｇの塩酸にマグネシウムを加えた場合

マグネシウムの重さ〔ｇ〕	0.3ｇ	0.6ｇ	0.9ｇ	1.5ｇ
水素の体積〔cm^3〕	288cm^3	576cm^3	〔 ② 〕cm^3	1152cm^3

(1) 塩酸200ｇには，何という気体が何ｇ溶けていますか。

(2) 表の空らん①，②に当てはまる数をそれぞれ答えなさい。

(3) 10ｇの鉄をすべて溶かすには，少なくとも何ｇの塩酸が必要ですか。割り切れない場合は，小数第１位を四捨五入して整数で答えなさい。

(4) 〔実験２〕で1.5ｇのマグネシウムを用いたとき，溶けずに残ったマグネシウムは何ｇですか。

(5) 鉄とマグネシウムの混ざった物が10ｇあります。これに塩酸を十分に加えたところ，すべて溶けました。また，このとき水素が6300cm^3だけ発生しました。最初の10ｇ中に含まれていたマグネシウムは何ｇですか。

4 〔A〕 受粉とは，(①)の先にできた花粉が(②)の先につくことです。受粉すると，やがて，(②)のもとの部分が大きくなり，その中に種子ができます。種子に含まれている養分は，発芽に利用されます。

(1) 文の(①)，(②)に最も適する語を選びなさい。

ア．花びら　イ．がく　ウ．めしべ　エ．おしべ

(2) 受粉の仕方が，主に風によるものと水によるものをそれぞれ選びなさい。

ア．カボチャ　イ．ツバキ　ウ．ユリ　エ．クロモ　オ．トウモロコシ

(3) 種子に含まれる油の割合が，最も多いものを選びなさい。

ア．イネ　イ．ゴマ　ウ．ソラマメ　エ．アズキ　オ．エンドウ

(4) 発芽に必要な条件を水以外に2つ選びなさい。

ア．土　イ．空気　ウ．肥料　エ．適温

〔B〕 発芽した芽から茎《くき》と葉ができます。葉の茎への付き方には規則があります。この規則により葉どうしが重ならないように葉をずらして付けることで光合成の効率を高めています。例えば，サクラの葉の付き方を下から見た時，基準となる葉から茎のまわりをらせん状に上に $\frac{2}{5}$ 回転したところに1枚目の葉が付き，基準となる葉から $\frac{4}{5}$ 回転したところに2枚目の葉が付き，基準となる葉から $\frac{6}{5}$ 回転したところに3枚目の葉が付きます。

(1) 基準となる葉の真上に，基準となる葉から何枚目の葉が初めて重なりますか。

(2) 基準となる葉の真上に初めて葉が重なるまでに，何回転したことになりますか。

(3) 基準となる葉から12枚目の葉の真上には，基準となる葉から何枚目の葉が初めて重なりますか。

〔C〕 植物が成長すると，花芽ができ，花芽は花になります。花芽は4つの区域に分かれています。図は，上から見たアブラナの花芽の各区域が，花のどの部分になるかを示します。花芽の各区域が花のどの部分になるかは，花芽で働く3種類のタンパク質a，b，cによって決まります。正常な花と比べると，これらのタンパク質が働かない場合，異常な花になります。例えば，タンパク質aが働かない場合，がくがめしべに，花びらがおしべに変わります。表は，正常な花と異常な花について，花芽の区域，働くタンパク質，花のどの部分になるかの関係をまとめたものです。

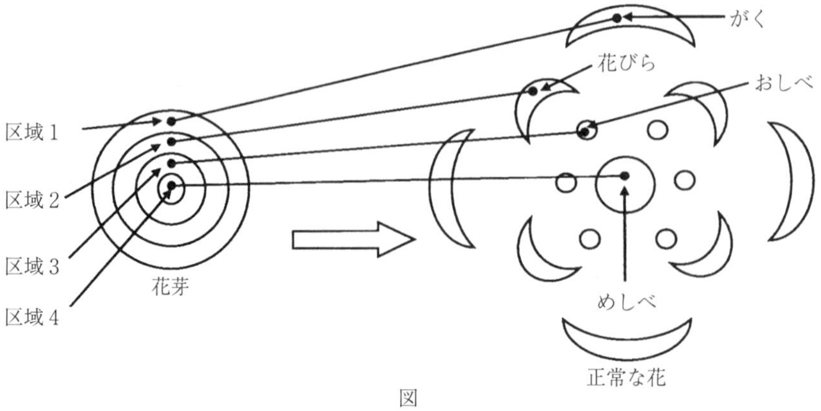

図

正常な花

花芽の区域	1	2	3	4
働くタンパク質	a	a，b	b，c	c
花のどの部分になるか	がく	花びら	おしべ	めしべ

異常な花(タンパク質aが働かない)

花芽の区域	1	2	3	4
働くタンパク質	c	b，c	b，c	c
花のどの部分になるか	めしべ	おしべ	おしべ	めしべ

異常な花(タンパク質bが働かない)

花芽の区域	1	2	3	4
働くタンパク質	a	a	c	c
花のどの部分になるか	がく	がく	めしべ	めしべ

異常な花(タンパク質cが働かない)

花芽の区域	1	2	3	4
働くタンパク質	a	a，b	a，b	a
花のどの部分になるか	がく	花びら	花びら	がく

表

図と表から，花芽の各区域は，3種類のタンパク質のうち，aだけが働くことにより(①)に，aとbが働くことにより(②)に，bとcが働くことにより(③)に，cだけが働くことにより(④)になると考えられます。また，花芽で働く3種類のタンパク質のうち，(⑤)が働かないと代わりに(⑥)が働き，(⑥)が働かないと代わりに(⑤)が働き，(⑦)にはこのような関係はないと考えられます。

(1) 文の(①)～(④)に最も適する語を選びなさい。

ア．花びら　イ．がく　ウ．めしべ　エ．おしべ

(2) 文の(⑤)～(⑦)にa，b，cのいずれかを答えなさい。

(3) アブラナの花と同じように，4枚の花びらをもつものを選びなさい。

ア．ウメ　イ．サツマイモ　ウ．ダイコン

エ．モモ　オ．アサガオ

(4) アブラナの花と同じように，1つの花に，花びら，がく，めしべ，おしべをすべてもつものを選びなさい。

ア．スイカ　イ．メロン　ウ．ツツジ

エ．ドクダミ　オ．ヘチマ

「きっかけ」となった出来事とはどのようなことだったのですか。四十字以内で説明しなさい。

問二　傍線部②「先生の話は衝撃的だった」とありますが、どのようなことに衝撃を受けたのですか。次のイ～ホの中から最も適切なものを選び、符《ふ》号を書きなさい。

イ　自分の生活の身近に、貧しく不自由な生活を強いられている人たちがいたこと。

ロ　二人の同級生の五人家族が暮らしている小屋のヴィジョンが鮮明に浮かび上がったこと。

ハ　担任の先生の空襲の時に感じた不安の話により、自分の抱えている不安がかき立てられたこと。

ニ　担任の先生の戦争体験の話と二人の同級生の現状イメージとが重なったこと。

ホ　「歴史」についての間接体験と身近な「現実世界」の直接体験がつながったこと。

問三　傍線部③「私の現実認識はわずかながら、しかし決定的に変化した」とありますが、「変化」する前の「現実認識」とはどのような認識だったのですか。六十字以内で説明しなさい。

問四　傍線部④「この二つの出来事」とは何を指していますか、答えなさい。

問五　傍線部⑤「幼い私の内面にもたらした『変化』」とありますが、「私」の「内面」はどのようになったのですか。五十字以上六十字以内で分かりやすく説明しなさい。

きさは六平方メートルしかなく、家族五人で暮らしています。狭い部屋の中には三段ベッドが二つも置いてあるので、家の中ではちゃんと立つことすらできません。二人はモノもあまり持っていないけど、そんなことを気にしないで、優《やさ》しく接してあげてくださいね。」

②先生の話は衝撃《しょうげき》的だった。話を聞いているうちに、二人の同級生の五人家族が肩《かた》を寄せ合いながらひっそりと暮らしている小屋の＊3ヴィジョンが、鮮《せん》明に目の前に浮《う》かび上がった。

「ウチの近くで、こんな生活を強《し》いられている人たちが住んでいるなんて！」信じられなかった。その時の私の内面では、担任の先生がいつも生徒に聞かせていた子供時代の戦争体験の話、とりわけ空襲の時に感じた不安の話が二人の同級生の現状イメージと重なったのだ。これは、「歴史」についての間接体験と身近な「現実世界」の直接体験がつながった瞬《しゅん》間で、③私の現実認《にん》識はわずかながら、しかし決定的に変化した。

今まで当たり前のように＊4享《きょう》受していた安全性と安定感が揺《ゆ》れ動き、子供ながら自分の生活の「脆《もろ》さ」というものを初めて実感した。そして何より強く感じたのは、世界は広くて知らないものだらけだが、自分と完全に無関係なものはないらしいということだ。

一九八九年一一月九日、ベルリンの西側と東側を分けていた「壁」の検問所が開放された。その日までTVニュースには毎晩「＊5DDR」や「壁」や「避《ひ》難」という言葉がよく登場していたが、そもそもの意味はさっぱりわからなかった。覚えているのは、柵《さく》の向こう側に立っているたくさんの人々の青白い顔と寂《さび》しそうな表情。彼らが柵の内側、つまり、テレビカメラと私たち視聴《ちょう》者がいる側に行けたら自由になれるのに、それを暴力的に妨《さまた》げようとする者がいること、柵を突《とっ》破《ぱ》する途《と》中で見つかると引きずりおろされ逮捕《たいほ》されるが、無事こちら側までたどりついた人々は祝福されて明るい未来に向かうらしい、という法則性は子供ながらに認識していた。

私の「冷戦時代」についての直接認識はそんな感じだ。いま思うに青白い顔の人々は、＊6プラハにある西ドイツ大使館の敷《しき》地内に入って亡命を図《はか》った旧東ドイツ国民だったのだろう。

壁崩壊《ほうかい》の直後、二人の同級生は学校に来なくなった。そして、この件についても説明は一切なかった。④この二つの出来事が直接つながっている証拠《こ》は無いが、無関係とは思えなかった。

そう、これも先の話と同様、テレビを通じて知った「外部世界の人々」についての間接体験と身近な直接体験の＊7シンクロだ。私はこれ以降、ものごとの背後にある関係性の＊8実相に、次《し》第に強い関心を抱《いだ》くようになっていった。

これは、冷戦と壁崩壊が⑤幼い私の内面にもたらした「変化」である。

（マライ・メントライン「世界が変わった日」より）

＊1　チェルノブイリ事故…一九八六年にウクライナ（当時はソ連の一部）のチェルノブイリ原子力発電所で起きた事故。

＊2　学校袋…お菓子《かし》や小さなプレゼントの入った、アイスクリームコーンの形をした巨《きょ》大な袋のこと。ドイツでは小学校入学式で必ず親からもらう。

＊3　ヴィジョン…映像。

＊4　享受…じゅうぶんに味わい、楽しむこと。

＊5　DDR…ドイツ民主共和国（東ドイツ）の略称《しょう》。

＊6　プラハ…チェコスロヴァキア（現チェコ共和国と現スロヴァキア共和国）の首都。

＊7　シンクロ…同調。一致。

＊8　実相…本当のすがた。

問一　傍《ぼう》線部①「私の世界が変わる最初のきっかけ」とありますが、

年だから、というのがその理由であった。

三 次の文章を読んで、後の問いに答えなさい。（字数制限のある問題は、句読点も一字に数えます。）

第二次世界大戦後の世界では、「冷戦」と呼ばれる、アメリカを中心とする「西側」の国々と、ソ連を中心とする「東側」の国々との激しい対立が続いていた。ドイツは東西に分けられ、ベルリンには行き来を制限する「壁《かべ》」が設置された。この「冷戦」時代の終わりを、「私」はドイツで過ごしていた。

私は、一九八〇年代のドイツで子供時代を過ごした。

当時私が家族と一緒《しょ》に住んでいたのはキールという港町。キール市はドイツの最北エリアにある州の州都だが、人口はたった二四万人で、決して大きな町ではない。また、キールには昔から軍港があるため、第二次世界大戦中に町が空襲《しゅう》に遭《あ》い、昔ながらの美しい装飾《しょく》の付いた家がほとんど残っておらず、他のドイツの町と比べるとかなり劣《おと》って見える。

それでも子供の私にとって、キール以外の町に住むなんて考えられなかったし、そもそも行動範《はん》囲が狭《せま》かったので、このままの暮らしが永遠に続くのだろうと思っていた。いや、そもそもそこまで考えてもいなかったろう。ドイツにも強い影響《えいきょう》を与《あた》えた＊1チェルノブイリ事故が起きたのは二歳《さい》の頃《ころ》だったので、牛乳が飲めなくなったことも、雨に濡《ぬ》れてはいけなかったことも、外で遊べなかったことも、何一つ覚えていない。

①私の世界が変わる最初のきっかけは小学校の入学式だった。ドキドキしながら待ちに待った一九八九年のある八月の日、六歳になったばかりの私はおしゃれなワンピースを着せてもらい、真新しい紫《むらさき》色のランドセルを背負って、自分の身長の半分以上もある「＊2学校袋《ぶくろ》」をまるでトロフィーのように両手で抱《かか》えながら、両親とともに学校へ向かった。

小学校の小さな校舎の前には、同じように着飾《かざ》った親子が式の始まりを待っていた。しかしよく見てみると、新入生の中には他の子供より背が高くほっそりした、青白い肌《はだ》で、髪《かみ》の毛がカールした男の子が二人いた。笑顔《えがお》ではなかった。彼《かれ》らが着ていた暗色の服装が妙《みょう》にクラシカルな雰《ふん》囲気で、周りの生徒の間でかなり目立っていた。少し近づいてみると、話している言葉がドイツ語ではないのがわかった。「どこの子供なんだろう？」とかなり気になった。

しかし次の日に学校に来てみても、この点に関して全く説明がなかった。彼らが兄弟であること、普《ふ》通の一年生よりも年上であること、ドイツ語があまり話せないこと、何らかの事情でキール郊《こう》外に住むようになったことだけは伝え聞いたが、それ以外は一切《さい》不明だった。いつもトレーナーの上下を着ている物静かな二人は気になる存在だったが、時間が過ぎていくうち、いつの間にか謎《なぞ》は謎のまま日常に埋没《まいぼつ》していった。

ドイツの学校では雨の日以外、授業の間の休み時間を必ず外で過ごさないといけないルールがある。大きな砂場のような校庭でクラスメイト全員で遊ぶのだ。雨上がりの湿《しめ》った土に「運河」を掘《ほ》ったり、自分たちで考えたルールで鬼《おに》ごっこをしたりする。言葉なんて要《い》らなかった。

しかしある日、担任の先生が何かの口実を使い、この休み時間に例の二人の男の子に校長のお手伝いをさせた。二人が教室を出た後、先生がこう話した。「昨日、家庭訪問で二人の家に行ってきました。あの二人は、浜《はま》の近くにある非常に狭《せま》い小屋に住んでいます。部屋の大という学生たちの緊《きん》張感も必要なのだ。あるいは、「大丈夫《じょうぶ》かなぁ、この先生は……」とちょっとしたEハラハラした感じを引き出すような講義はどうか。少し緊迫《ぱく》した関係性がむしろ豊かな学びを生み出しているように思う。

　こうした感覚は、これまでの利便性一辺倒なモノや他との関わりとは少し違う。効率性やわかり易《やす》さではないなにか。むしろ「不便さ」や「弱さ」、「わかり難《がた》さ」の復権とでも呼べるようなもの。それは「モノ」や「対象」に対して一方的に価値を求めるのではなく、むしろF他との関わりから生まれる「コト」の中に豊かな価値を見出《みいだ》そうとする流れなのかもしれない。

（岡田美智男「〈弱さ〉の復権」より）

問一　傍《ぼう》線部A「『してやられた感』を覚える」のはなぜですか。七十字以内で説明しなさい。

問二　傍線部B「思わず労いの言葉を掛けそうになる」のはなぜですか。六十字以内で説明しなさい。

問三　傍線部C「これでは主客転倒ということになってしまう」とはどういうことについてそう言っているのですか。五十字以内で説明しなさい。

問四　傍線部D「そうした場面」とはどういう場面ですか。分かりやすく説明しなさい。

問五　傍線部E「ハラハラした感じを引き出すような講義」とありますが、お掃除ロボットでいうとどのような様子が「ハラハラした感じ」を引き出すのですか。百字以内で説明しなさい。

問六　傍線部Fについて、ここでの「他との関わり」とはどのような関わりですか。これまでの「他との関わり」との違いが分かるように、八十字以内で説明しなさい。

二

次のⅠ・Ⅱの問いに答えなさい。

Ⅰ　次の①～⑮の傍《ぼう》線部のカタカナの語を漢字に改めなさい。

① 日本列島をジュウダンする。
② モゾウ品が出回る。
③ 劇をカンランする。
④ 独自の理論をコウチクした。
⑤ 野球部センゾクのコーチ。
⑥ フウヒョウ被《ひ》害に悩《なや》まされる。
⑦ 事業の成功に向けてあれこれとカクサクする。
⑧ この寺院のエンカクははっきりとは分かっていない。
⑨ 卒業式でシャジを述べる。
⑩ マッセキを汚《けが》す。
⑪ サイクは流々。
⑫ スジガネ入り。
⑬ スンテツ人を刺《さ》す。
⑭ チクバの友。
⑮ キキュウ存亡の秋《とき》。

Ⅱ　次の文章の傍線部①～⑤のカタカナの語を漢字に改めなさい。

　二〇一四年十二月、その年の世相を表す「今年の漢字」第一位として「税」が選ばれた。①ショウヒ税率が引き上げられるなど、「税」に関わる問題が政財界で多くとり上げられた年だったといえる。二位は「熱」。冬季五輪などの世界的スポーツイベントで、数多くの熱戦や②エンギに、多くの人が「熱」くなったからだろう。

　清水寺には過去二十年分の「今年の漢字」が③イチドウに④テンジされているので、これを見るのも興味深い。ちなみに二〇一三年の漢字は「輪」。二〇二〇年の東京五輪開催《さい》や、富士山の世界文化⑤イサン登録が決まるなど、日本中が「輪」になって喜びにわいた

平成二十七年度 ラ・サール中学校

【国語】（六〇分）〈満点：一〇〇点〉

一　次の文章を読んで、後の問いに答えなさい。（字数制限のある問題は、句読点も一字に数えます。）

ピポッ、ピポッ、プーッという電子音とともに、クーンと少し高い音を立てながら、それは動き出した。壁《かべ》や椅子《いす》、テーブルの脚《あし》などにぶつかり、ぶつかり、その進行方向を小刻みに変えていく。コツンコツンと部屋の隙間《すきま》にその身体を小さくぶつけつつも、ふと何を思ってか、方向転換《かん》をして部屋の反対側に移動してみたりする。その気ままな動きに目を奪《うば》われ、しばらくその様子を追いかけてしまう。

ロボットとの共生というのは、いつのことになるだろう。文字通り「共に生きる」ことなのだから、ロボットが生きていないことには始まらない。そんな時代は、しばらくは来ないだろうと高を括《くく》っていたところがある。しかし、どうだろう。この目の前で動く健気《けなげ》なお掃除《そうじ》ロボット〈ルンバ〉にちょっとしたA「してやられた感」を覚えるのだ。

その気ままなお掃除ぶりは決して効率的なものとはいえない。同じところを行ったり来たりと重複も多い。たぶん、取りこぼしているところもあるに違《ちが》いない。それでも許せてしまうのは、その健気さゆえのことだろう。小一時間ほど走り回ったあと、ちょっと疲《つか》れたようにして自分の充《じゅう》電基地へと舞《ま》い戻《もど》っていく。少し速度を落としての、小さく腰《こし》を振《ふ》る所作がかわいい。そこに集められたホコリや塵《ちり》の量をみて、B思わず労《ねぎら》いの言葉を掛《か》けそうになるのだ。

このロボットとの同居を始めてみると、ケーブル類を巻《ま》き込《こ》んでギブアップしないようにと、いろいろと気を使う。椅子と壁との袋小路《ふくろこうじ》に入り込むことのないようにと、いろいろと気を使う。これもロボットのためなのだ。「あれ？　Cこれでは主客転倒《かくとう》ということになってしまうのでは……」と思いつつも、これはこれで許せてしまう。

それと興味深いのは、結果として「部屋はとてもきれいになっている」ということだ。わたし一人で部屋を片付けたわけではない。あるいはお掃除ロボットの一方的な働きだけでもない。「一緒《しょ》に！　部屋をきれいにした」ということだろう。

このお掃除ロボットがもっと完璧《ぺき》に仕事をこなすものであったなら、もう少し状況《きょう》は違ったものとなるはずだ。「もっと静かにできないの？」「もっと早く終わらないの？」「この取りこぼしはどうなのよ？」と、その働きに対しての要求水準をエスカレートさせてしまうことだろう。しかし、あれもこれもと機能を抱《かか》え込むにも限界はある。

〈お掃除してくれるロボット⇕それを使うひと〉と、その役割の間に線を引いた途端《とたん》に、相手に対する要求水準を上げてしまう。こうした図式は、モノとの関《かか》わりに限らず、いま、至るところに生じているように思う。おばあちゃんの世話をするという何気ない関わりが〈職業〉となった途端に、その役割に対する要求水準を上げてしまう。その結果、〈介護《かいご》するひと〉と〈介護されるひと〉との間に垣根《かき》が生まれてしまう。あるいは、至れり尽《つ》くせりの講義を準備すればするほど、〈教師〉に対して「もっと大きな声で、もっと手際《ぎわ》よく！」と〈学生〉からの要求はエスカレートしてしまうのだ。

Dそうした場面に遭遇《そうぐう》するたびに、先のお掃除ロボットの気ままさや自分の〈弱さ〉に対してのあっけらかんとした姿もいいなぁと思う。老練な教師ならばすでに心得ているように、「この説明じゃ、だれも理解できんだろうなぁ」という講義も何回かに一度は許されてもいい。時には「えっ、なにこれ？　ちょっとわからない。どうしよう……」

平成27年度 ラ・サール中学校 ▶解説と解答

算 数 (60分) ＜満点：100点＞

解 答

[1] (1) 259 (2) $\frac{3}{5}$ (3) $\frac{1}{4}$ [2] (1) $12\frac{6}{7}$ (2) $\frac{1}{8}$ (3) A…72.2kg，B…58.6kg，C…33.2kg (4) 32 (5) 7 : 3 [3] (1) 午前0時$49\frac{1}{11}$分 (2) 午前4時$5\frac{5}{11}$分 (3) 27回 [4] (1) 7 : 20 (2) 7 : 6 [5] (1) 図…解説の図2を参照のこと。／影の面積…125cm^2 (2) 図…解説の図4を参照のこと。／影の面積…187.5cm^2
[6] (1) 4.8分，320m (2) $2\frac{2}{3}$km以下

解 説

[1] 四則計算，逆算。

(1) $370\times4-111\times12+18.5\times6=37\times40-37\times3\times12+18.5\times2\times3=37\times40-37\times36+37\times3=37\times(40-36+3)=37\times7=259$

(2) $5-3\times\left\{1\frac{11}{21}-\left(\frac{6}{7}-\frac{4}{5}\right)\right\}=5-3\times\left\{\frac{32}{21}-\left(\frac{30}{35}-\frac{28}{35}\right)\right\}=5-3\times\left(\frac{32}{21}-\frac{2}{35}\right)=5-3\times\left(\frac{160}{105}-\frac{6}{105}\right)=5-3\times\frac{154}{105}=5-\frac{22}{5}=\frac{25}{5}-\frac{22}{5}=\frac{3}{5}$

(3) $2\div\left\{6\times\left(\frac{11}{18}-\square\right)-\frac{2}{3}\right\}=1\frac{1}{3}$より，$6\times\left(\frac{11}{18}-\square\right)-\frac{2}{3}=2\div1\frac{1}{3}=2\div\frac{4}{3}=2\times\frac{3}{4}=\frac{3}{2}$，$6\times\left(\frac{11}{18}-\square\right)=\frac{3}{2}+\frac{2}{3}=\frac{9}{6}+\frac{4}{6}=\frac{13}{6}$，$\frac{11}{18}-\square=\frac{13}{6}\div6=\frac{13}{6}\times\frac{1}{6}=\frac{13}{36}$ よって，$\square=\frac{11}{18}-\frac{13}{36}=\frac{22}{36}-\frac{13}{36}=\frac{9}{36}=\frac{1}{4}$

[2] 約数と倍数，割合と比，分配算，角度，面積，つるかめ算。

(1) $\frac{7}{9}$，$2\frac{1}{10}=\frac{21}{10}$，$5\frac{5}{6}=\frac{35}{6}$のどれにかけても整数となる分数の分子は9，10，6の公倍数であり，分母は7，21，35の公約数である。また，9，10，6の最小公倍数は90であり，7，21，35の最大公約数は7である。よって，このような分数で最小のものは，$\frac{90}{7}=12\frac{6}{7}$となる。

(2) A中学校，B中学校の生徒数をそれぞれ15，16とすると，A中学校の野球部員の人数は，$15\times\frac{1}{10}=1.5$となる。また，A中学校，B中学校の野球部員の人数の比は3 : 4である。よって，B中学校の野球部員の人数は，$1.5\times\frac{4}{3}=2$だから，その割合は全体の，$\frac{2}{16}=\frac{1}{8}$とわかる。

(3) A，B，C3人の体重の和は164kgであり，AとBの体重の和はCの体重の4倍より2kg少ないので，Cの体重の，4＋1＝5(倍)は，164＋2＝166(kg)である。よって，Cの体重は，166÷5＝33.2(kg)となる。また，Aの体重は，Cの体重の2倍より5.8kg多いから，33.2×2＋5.8＝72.2(kg)である。すると，Bの体重は，164－(72.2＋33.2)＝58.6(kg)となる。

図1

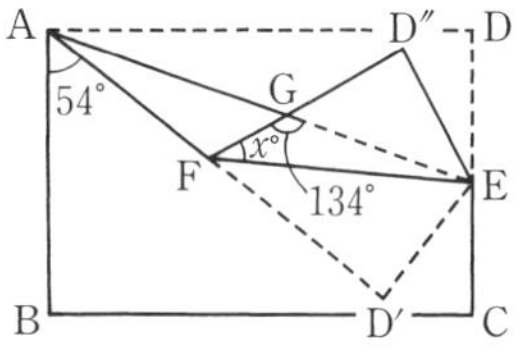

(4) 問題文中の図は，右の図1のように，長方形ABCDを1回目にAEで折り，2回目にEFで折ったようすを表している。図1で，三角

形ADEと三角形AD′Eは合同だから，角FAG(角D′AE)の大きさは，(90−54)÷２＝18(度)である。また，三角形AFGの角FGAの外角の大きさは134度である。よって，角AFGの大きさは，134−18＝116(度)とわかる。さらに，三角形D′FEと三角形D″FEは合同なので，角xの大きさは，(180−116)÷２＝32(度)と求められる。

(5)　右の図２で，台形ABCDの面積は，(４＋６)×９÷２＝45(cm²)だから，三角形PCDの面積が24.3cm²のとき，三角形APDと三角形PBCの面積の和は，45−24.3＝20.7(cm²)であり，長方形APQDと長方形PBCRの面積の和は，20.7×２＝41.4(cm²)とわかる。また，長方形ABSDの面積は，９×４＝36(cm²)である。よって，長方形QSCRの面積は，41.4−36＝5.4(cm²)なので，QS(PB)の長さは，5.4÷(６−４)＝2.7(cm)となる。したがって，AP：PB＝(９−2.7)：2.7＝７：３である。

図２

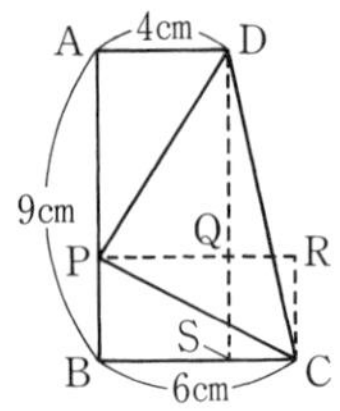

3　時計算。

(1)　１分間に時計の長針は，360÷60＝６(度)，短針は，360÷12÷60＝0.5(度)動くから，90÷(６−0.5)＝$90\div\frac{11}{2}=\frac{180}{11}$(分後)に長針と短針の間の角度は90度になる。さらに，長針が短針より180度多く動くごとに，長針と短針の間の角度は90度になる。よって，２回目に長針と短針の間の角度が90度になるのは，$\frac{180}{11}+180\div\frac{11}{2}=\frac{180}{11}+\frac{360}{11}=49\frac{1}{11}$(分後)なので，午前０時$49\frac{1}{11}$分である。

(2)　(1)より，長針と短針の間の角度は$\frac{360}{11}$分ごとに90度になるから，８回目に90度になるのは，午前０時$49\frac{1}{11}$分＋$\frac{360}{11}$分×(８−２)＝午前０時$49\frac{1}{11}$分＋$196\frac{4}{11}$分＝午前０時$245\frac{5}{11}$分＝午前４時$5\frac{5}{11}$分である。

(3)　午前０時から午後２時30分までの時間は，60×(12＋２)＋30＝870(分)なので，$\left(870-\frac{180}{11}\right)\div\frac{360}{11}+1=\frac{9390}{11}\times\frac{11}{360}+1=26\frac{1}{12}+1=27\frac{1}{12}$より，この間に長針と短針の間の角度が90度となることは27回ある。

4　平面図形―辺の比と面積の比。

(1)　右の図で，AD：DC＝１：３より，三角形DBCと三角形ABCの面積の比は，３：(１＋３)＝３：４だから，三角形BCEと三角形ABCの面積の比が２：５のとき，三角形DBC，三角形BCE，三角形ABCの面積の比は，$\frac{3}{4}:\frac{2}{5}:1=15:8:20$である。よって，三角形CDEと三角形ABCの面積の比は，(15−８)：20＝７：20となる。

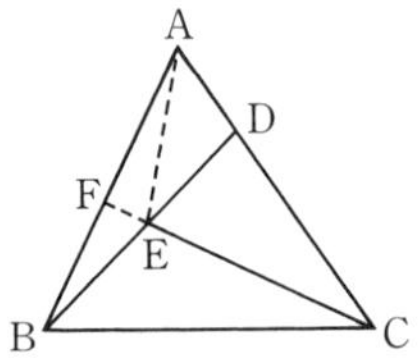

(2)　(1)より，三角形BCE，三角形CDEの面積をそれぞれ８，７とすると，三角形AEDの面積は，$7\times\frac{1}{3}=\frac{7}{3}$となる。よって，三角形AECと三角形BCEの面積の比は，$\left(\frac{7}{3}+7\right):8=7:6$なので，AF：FB＝７：６とわかる。

5　立体図形―面積，相似。

(1)　右の図１で，電球Ｐだけをつけたとき，三角形PNHと三角形NLCは相似だから，NH：LC＝PH：NC＝(30−10)：10＝２：１より，LC＝$10\times\frac{1}{2}=5$(cm)となる。同様に，JA＝５cmである。さらに，IMとJKとAB，MNとKLとBCはそれぞれ平行であ

図１

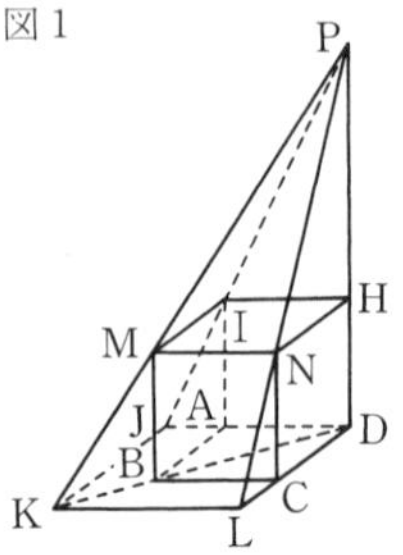

図２

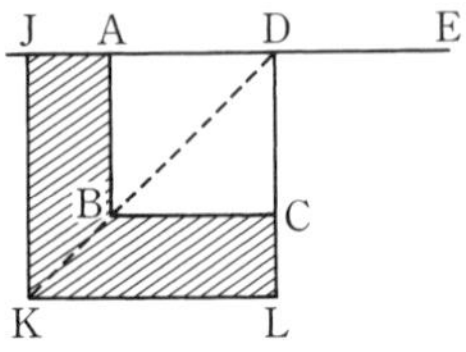

る。よって，地面にできる影《かげ》は，上の図２の斜線《しゃせん》の部分になる。また，影の面積は，(10＋５)×(10＋５)－10×10＝225－100＝125(cm^2)である。

⑵　右の図３で，電球Ｑだけをつけたとき，三角形IJAと三角形QJEは相似だから，JA：JE＝IA：QE＝10：30＝１：３である。したがって，JA：AE＝１：(３－１)＝１：２なので，JA＝(10＋10)×$\frac{1}{2}$＝20×$\frac{1}{2}$＝10(cm)である。さらに，IMとJKとAB，MNとKLとBCはそれぞれ平行であり，三角形JKEと三角形ABEの相似より，JK＝10×$\frac{3}{2}$＝15(cm)となり，同様に，KL＝15cmとなる。よって，地面にできる影は，右上の図４の斜線の部分になる。また，影の面積は，(30＋15)×15÷２－10×10－10×10÷２＝187.5(cm^2)となる。

図３

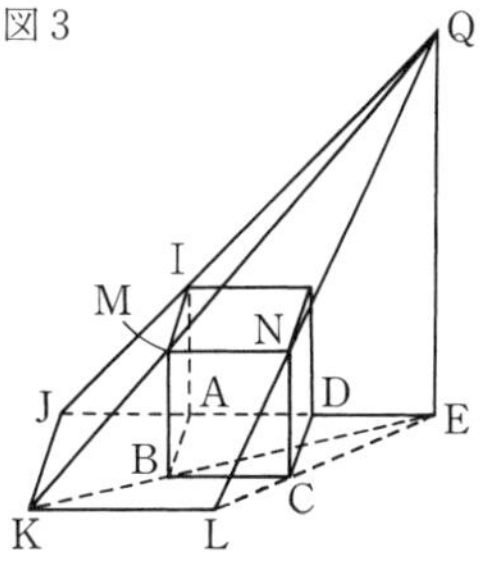

図４

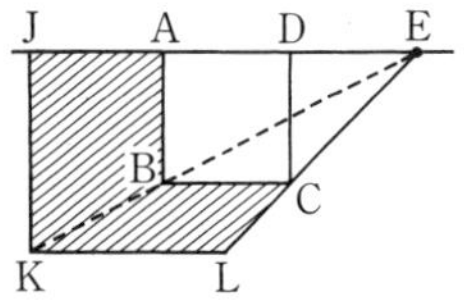

6　速さと比。

⑴　花子さんと太郎くんの速さの比は，16：４＝４：１だから，花子さんと太郎くんが同じ道のりを進むのにかかる時間の比は，$\frac{1}{4}$：$\frac{1}{1}$＝１：４であり，下の図１のように表すことができる。よって，２人が会った時刻(イ)は予定(ア)より，６×$\frac{4}{1+4}$＝4.8(分)おそい。また，２人が会った地点は太郎くんがＣ地点から4.8分間歩いたところなので，Ｃ地点より，４×1000×$\frac{4.8}{60}$＝320(m)だけＡ地点に近いところである。

⑵　下の図２のように，太郎くんと花子さんが同時にＢ地点に着く場合について考える。図１で，花子さんと太郎くんの速さの比は４：１だから，Ｃ地点はAB間を４：１に分ける地点である。よって，アの時間を$\boxed{1}$分とすると，花子さんがＡ地点からＢ地点まで行くのにかかる時間(図２のウからエまでの時間)は，$\boxed{1}$×$\frac{4+1}{4}$＝$\boxed{\frac{5}{4}}$(分)と求められる。また，エの時間は，$\boxed{1}$×２＝$\boxed{2}$(分)である。したがって，ウの時間は，$\boxed{2}$－$\boxed{\frac{5}{4}}$＝$\boxed{\frac{3}{4}}$(分)であり，これが６分にあたるので，$\boxed{1}$＝６÷$\frac{3}{4}$＝８(分)となり，$\boxed{\frac{5}{4}}$＝８×$\frac{5}{4}$＝10(分)となる。以上より，AB間の道のりは，16×$\frac{10}{60}$＝$2\frac{2}{3}$(km)以下とわかる。

図１

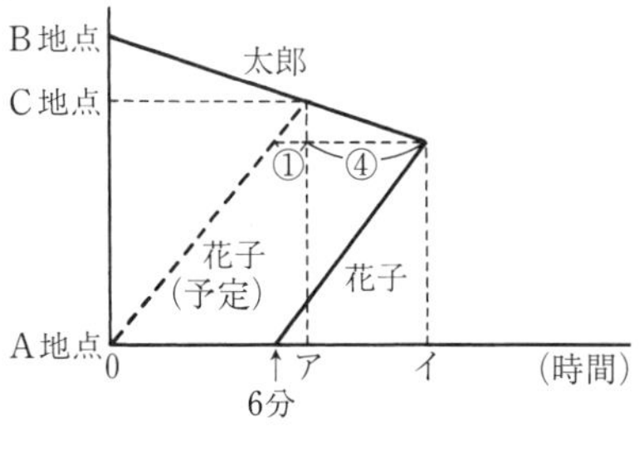

図２

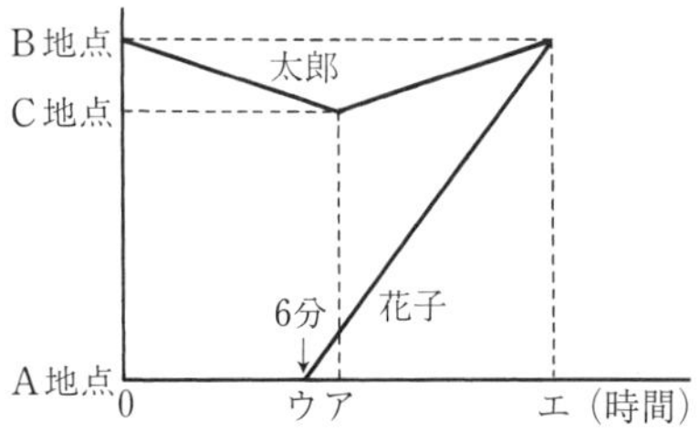

社　会　(40分)＜満点：50点＞

解　答

1　問1　A　アメリカ合衆国　B　中国(中華人民共和国)　問2　(例)　外務省，文部科学省　問3　(例)　燃料を外国から船で輸入しているため。　問4　ア　問5　ライフライン　問6　イ，エ　問7　共和党　問8　ウ　**2**　問1　ウ　問2　カ　問3　イ　問4　イ　問5　エ　問6　ア　問7　キ　問8　ウ　**3**　問1　C，D，O　問2　(1)　ウ　(2)　ア　(3)　イ　問3　①　イ　②　ク　③　オ　問4　ウ→ア→オ→イ　問5　蘭学　問6　平城京　問7　ア　問8　イ→ウ→ア→エ　問9　(a)　豊臣秀吉　(b)　(例)　秀吉が検地を行い，土地を石高で表すようになった。　問10　ア，ウ，エ　問11　ウ　問12　伊達(氏)　**4**　問1　1　農地改革　2　兼業　3　減反　4　フードマイレージ　5　鳥インフルエンザ　問2　イ　問3　エ　問4　札幌市　問5　イ　問6　TPP(環太平洋経済連携協定)　問7　(1)　エ　(2)　I　オ　II　ウ　問8　イ→エ→ア→ウ　問9　(1)　地産地消　(2)　トレーサビリティ

解　説

1　**現在の日本の社会や世界についての問題。**

問1　A，B　日本は国内の自動車生産台数のうち約半分を輸出している。最大の輸出先はアメリカ合衆国で，以下，オーストラリア，ロシア，中国(中華人民共和国)，アラブ首長国連邦の順となっている。統計資料は『日本国勢図会』2014／15年版による(以下同じ)。

問2　内閣のもとに置かれている中央省庁は1府12省庁。1府は内閣府，12省庁は総務省，法務省，外務省，財務省，文部科学省，厚生労働省，農林水産省，経済産業省，国土交通省，環境省，防衛省，警察庁(国家公安委員会)である。

問3　火力発電は石油・石炭・天然ガスなどを燃料にしており，そのほとんどを外国から船で輸入している。また，大消費地に近いほうが，送電時の電力の損失を少なくできる。このため，火力発電所は大都市に近い臨海部に造られることが多い。

問4　ア　1871年，明治政府は中央集権化をはかるため，藩を廃して全国に府県を置く廃藩置県を行った。そして，知藩事(もとの大名)の代わりに，政府の任命した役人に各府県の政治を行わせ，政府の命令が全国にいきわたるようにした。　イ　岩倉具視《ともみ》を団長とする遣欧使節団(岩倉使節団)に，西郷隆盛《さいごうたかもり》は入っていない。西郷は使節団の外遊中の留守を守った(留守政府)が，その後，岩倉らとの対立を深めて政府を去った。　ウ　岩倉使節団に随行した初の女子留学生で，帰国後，女子英学塾(現在の津田塾大学)を創立するなどして女子教育に力を注いだことで知られるのは津田《つだ》梅子《うめこ》。平塚らいて《(ちょ)》うは，大正時代に女性のみの文学団体である青鞜《せいとう》社を設立するなどして活躍《かつやく》した女性解放運動家である。　エ　地租《ちそ》改正(1873年)では，税は収穫高ではなく地価(土地の価格)に対してかけられた。土地の所有者は，地価の3％にあたる額を地租として現金で納めた。

問5　人々の生活に欠かせない水道・電気・ガス・通信などの設備は，ライフラインと呼ばれる。

問6　東海道新幹線は東京オリンピックの開催に合わせて1964年10月に開業し，2014年で開業50周年を迎えた。　アの日本の国民総生産(GNP)がアメリカ合衆国に次いで世界第2位になったの

は1968年，イの日本の国際連合への加盟は1956年，ウの大阪での日本万国博覧会の開催は1970年，エの第五福竜丸《ふくりゅうまる》事件が起こったのは1954年，オのアポロ11号の月面着陸は1969年のことである。

問７　アメリカ合衆国では，大統領の任期４年の半期(２年)が経過した時点で連邦議会(上院と下院)の議員選挙が行われる。これを中間選挙といい，2014年の中間選挙ではオバマ大統領の所属する民主党が敗れ，上院・下院とも共和党が過半数の議席を獲得した。アメリカ合衆国では長い間，民主党と共和党の二大政党が交代で政権を担当する形になっている(二大政党制)。

問８　ア「赤色LED」ではなく「青色LED」が正しい。　イ　iPS細胞《さいぼう》(人工多能性幹細胞)の研究でノーベル医学・生理学賞を受賞したのは山中伸弥《しんや》らである。また，2014年度ではなく2012年度に受賞した。　ウ　2014年度のノーベル平和賞はパキスタンの少女マララ＝ユスフザイらが受賞した。マララは子どもや女性の教育を受ける権利を主張し，イスラム教過激派の襲撃《しゅうげき》を受けて重傷を負ったが，奇跡的に助かり，世界に子どもと女性の教育権を訴《うった》えた。この行動が評価され，史上最年少の17歳での受賞となった。　エ　女性のノーベル平和賞受賞者は，マザー・テレサなど複数いる。

[2]　2014年のできごとを題材とした問題。

問１　ア　長官以外の最高裁判所裁判官は内閣が任命する。　イ　弾劾《だんがい》裁判所で裁かれる対象は，すべての裁判官である。　ウ　これまで国民審査によって辞めさせられた裁判官は１人もいない。エ　裁判官はすべて，内閣はもとより他のいかなる機関からも指図されたり干渉《かんしょう》されたりしない(司法権の独立)。

問２　日本国憲法が定める国民の義務は，子どもに普通教育を受けさせる義務(第26条)，勤労の義務(第27条)，納税の義務(第30条)の３つである。よって，カが誤っている。

問３　地方公共団体の首長と地方議会議員の被選挙権は，都道府県知事が満30歳以上で，市町村長・都道府県議会議員・市町村議会議員はいずれも満25歳以上である。よって，イが正しい。

問４　国際連合の活動費用は国連分担金によってまかなわれ，加盟国がその国の経済力に応じて負担することになっている。分担金比率が高い順にアメリカ合衆国(22.0％)，日本(10.8％)，ドイツ(7.1％)，フランス(5.6％)，イギリス(5.2％)，中国(5.1％)となっているので，イが誤っている。

問５　消費税は，食料品などの生活必需《ひつじゅ》品を含めたすべてのもの・サービスに課税され，所得によって税率が変わることがなく一律であるため，所得の少ない人ほど負担が重くなる(税の逆進性)。よって，エが誤っている。

問６　投票日当日は，有権者はあらかじめ指定された投票所で投票を行わなければならない。よって，アが誤っている。

問７　衆・参両議院の定数を変更するには公職選挙法の改正，つまり，国会の議決が必要である。よって，キが誤っている。

問８　円安は外国為替《かわせ》相場(自国通貨と外国通貨の交換《こうかん》比率)において日本の通貨・円の価値が下がることで，たとえば１ドル＝100円の交換比率が１ドル＝120円になるような場合である。円安になると輸入品の価格が上昇するので，外国から輸入する原油の価格も上昇するはずであるが，2014年秋以降，原油価格が急落したため，円安が進んだにもかかわらず，ガソリンの価格は下落した。よって，ウが誤っている。

[3]　歴史上の人物やことがらにちなんだ通りを題材にした問題。

問1　Cの「鷗外《おうがい》通り」は明治時代の文豪の森鷗外，Dの「福沢通り」は明治時代の思想家・教育者である福沢諭吉《ゆきち》，Oの「大隈《おおくま》通り」は明治時代の政治家の大隈重信にちなんで名付けられたと考えられる。

問2　(1)　指している場所が長崎市なので，「オランダ坂」があてはまる。江戸時代の鎖国中，長崎は唯一《ゆいいつ》の貿易港で，清(中国)とオランダの2国に幕府との貿易が認められていた。　(2)　指している場所が福島県の会津《あいづ》地方なので，「野口英世《ひでよ》青春通り」があてはまる。野口英世は福島県出身の細菌《さいきん》学者で，黄熱病の研究で知られる。　(3)　指している場所が北海道札幌市なので，「屯《とん》田《でん》1番通り」があてはまる。明治時代に北海道の開拓が本格化すると，本土から国防を兼ねた開拓民の屯田兵が送られた。

問3　①　中国山地を境に，瀬戸内海側を山陽，日本海側を山陰というので，イの「山陽道」が選べる。なお，山陽も山陰も，律令制度の「五畿七道《ごきしちどう》」の地方区分に由来する。五畿(畿内)は都とその周辺のことで，大和《やまと》(奈良県)・河内《かわち》(大阪府東部)・和泉《いずみ》(大阪府南部)・山背《やましろ》(山城，京都府)・摂《せっ》津《つ》(大阪府西部と兵庫県南東部)の5か国。七道は東海道・東山道・北陸道・南海道・西海道・山陰道・山陽道の7地方。　②　西宮(兵庫県)と小牧(愛知県)を結ぶ「名神高速道路」は，戦後初の高速道路として1965年に全線開通した。なお，「名神」は名古屋(愛知県)と神戸(兵庫県)を結ぶという意味。同様に，「東名」は東京と名古屋を結ぶという意味である。　③　江戸から中央高地を通って京都に通じているので，江戸時代の五街道の一つ「中山道」である。草津(滋賀県)で東海道に接続した。なお，五街道は東海道・中山道・甲州街道(道中)・日光街道・奥州街道。

問4　エについて，土偶《どぐう》は縄文時代にまじないなどに用いた道具で，古墳のまわりや頂上に置かれたのは埴輪《はにわ》である。よって，エを除く。アは弥生時代前半，イは古墳時代，ウは縄文時代，オは弥生時代後半の説明なので，時代の古い順はウ→ア→オ→イとなる。

問5　イの「国学」は「蘭学《らんがく》」が正しい。蘭学《らんがく》は，オランダ語を通して西洋の科学や知識などを学ぼうとする学問で，医師の前野良沢《りょうたく》や杉田玄白《げんぱく》らは，オランダ語の医学解剖《かいぼう》書『ターヘル＝アナトミア』を苦心のすえ翻訳《ほんやく》して『解体新書』として出版した蘭学者として知られる。国学は，日本の古典の研究を通して日本人の古代精神を究明することを目的とした学問で，本居宣長《もとおりのりなが》が大成した。

問6　Ⅰは奈良市を指しているので，平城京である。平城京は元明天皇が710年に遷都《せんと》し，途中聖武天皇による数回の遷都を経たのち，784年まで日本の都として栄えた。唐(中国)の都長安をまねたもので，街路は東西の大路(条)と南北の大路(坊)で碁盤《ごばん》目状に整備されていた(条坊制)。

問7　ア　聖徳太子は593年におばにあたる推古《すいこ》天皇の摂政《せっしょう》となり，天皇中心の国づくりを進めた。その中で，603年に有能な人材を登用する目的で冠位《かんい》十二階の制を定めている。　イ　十七条の憲法は，役人の守るべき心構えを示した法令である。また，租・庸《よう》・調が課せられるようになったのは，大化の改新以後に班田収授《はんでんしゅうじゅ》法が定められた後のことである。　ウ　東大寺は奈良時代に聖武天皇が造営した寺である。　エ　小野妹子《おののいもこ》は遣隋使《けんずいし》として隋(中国)に派遣された。

問8　アは大正時代についての説明で，「ある戦争」とは第一次世界大戦(1914～18年)のこと。イは江戸時代末の開国後の貿易のようす，ウは明治時代の産業のようすである。エは昭和時代(戦後)についての説明で，「アジアでの戦争」とは朝鮮戦争(1950～53年)，「ある国」とはアメリカ合衆国のことである。よって，時代の古い順にイ→ウ→ア→エとなる。

問9　(a)　太閤《たいこう》と呼ばれたのは豊臣秀吉である。　(b)　秀吉は検地(太閤検地)を行って，地域によって異なっていた面積の単位やますの大きさを統一し，その土地の面積と田畑のよしあしを調べて石高を定め，年貢を決定して所有者と耕作者を検地帳(土地台帳)に記入させた。

問10　ア 「ポーツマス」ではなく「サンフランシスコ」が正しい。1951年に調印されたサンフランシスコ平和条約は，翌52年に発効し，これにより連合国軍による占領《せんりょう》が終わり，日本は独立を回復した。なお，アメリカのポーツマスで開かれたのは，日露戦争(1904～05年)の講和会議である。イ　1858年，江戸幕府はアメリカと日米修好通商条約を結び，箱館(函館，北海道)，神奈川(横浜)，新潟，兵庫(神戸)，長崎の５港を開いて貿易を開始することを認めた。　ウ　アメリカ合衆国で1929年に始まった世界恐慌《きょうこう》の影響は，日本にもおよんだ。不景気を打開するため日本は中国大陸への侵略《しんりゃく》を進め，1931年には満州事変を起こした。　エ　幕末に結ばれた不平等条約の改正は，1894年に外務大臣の陸奥宗光《むつむねみつ》が治外法権(領事裁判権)の撤廃《てっぱい》に成功し，1911年に外務大臣の小村寿太郎《こむらじゅたろう》が関税自主権の回復に成功したことで達成された。　オ　1945年，ポツダム宣言を受け入れて無条件降伏《こうふく》した日本は，連合国軍に占領された。そして，マッカーサーを最高司令官とする連合国軍総司令部(GHQ)の指令に基づいて，軍隊の解散や婦人参政権の実現，農地改革，財閥《ざいばつ》解体，教育制度改革など，日本の軍国主義をなくし民主化を進めるためのさまざまな改革が行われた。

問11　ア　室町幕府の第８代将軍足利義政《あしかがよしまさ》が造ったのは銀閣(慈照《じしょう》寺)。金閣(鹿苑《ろくおん》寺)は，第３代将軍足利義満《よしみつ》により京都の北山に造られた。　イ　歌舞伎《かぶき》や人形浄瑠璃《じょうるり》は，江戸時代に大成された芸能である。　ウ　室町時代には惣《そう》(惣村)と呼ばれる村の自治の仕組みが発達し，有力な農民たちが寄合《よりあい》を開いて村のおきてを定めた。また，領主の横暴な要求に対しては，一揆を起こしてこれに抵抗した。　エ　祇園《ぎおん》祭を復活したのは，京都の町衆と呼ばれる富裕な町人ら。堺(大阪府)は貿易で栄えた自治都市として戦国大名に対抗した。

問12　伊達《だて》氏は東北地方に勢力を広げた戦国大名で，江戸時代には外様《とざま》大名として仙台藩(宮城県)を治めた。江戸時代の初期，仙台藩の藩祖である伊達政宗《まさむね》は，家臣の支倉常長《はせくらつねなが》をローマに派遣して貿易を始めようとしたが，失敗に終わった。

4　日本の農業生産や食の安全性についての問題。

問１　1　農地改革は農村を民主化するための政策で，その土地に住んでいない地主(不在地主)の土地など，小作地の大部分を政府が強制的に買い上げ，土地を持たない小作農に安く払い下げることで，多くの自作農を生み出した。　2　日本の農家は経営規模が小さく，農業収入だけでは生活できないため，農業以外の収入もある兼業《けんぎょう》農家が増えるようになった。　3　戦後，日本人の食生活が変化(西洋化)し，米が余るようになったので，政府は1970年から稲の作付面積を減らす減反政策を進めた。　4 「フードマイレージ」は，輸入食料の環境に対する負荷を数量化するために考案された指標である。食料輸入量と運搬《うんぱん》される距離の積で求めるが，この数値が大きいほど環境に対する負荷が大きいことになる。　5　近年，家畜の伝染《でんせん》病が大きな問題となっており，2014年末には九州地方や中国地方の養鶏場で鳥インフルエンザの感染が報告された。

問２　日本の国土の土地利用面積のうち，森林が66.3%と最も高く，農地は12.1%である。よって，イ(13%)が最も近い。

問３　外国の国土面積は，アのインドが約328.7万km^2，イの韓国(大韓民国)が約10.0万km^2，ウのブラジルが約851.5万km^2，エのドイツが約35.7万km^2，オのオーストラリアが約769.2万km^2である。よって，ドイツが日本の国土面積(約37.8万km^2)に最も近い。

問４　2013年における都道府県別の米の収穫量は，新潟県が第１位，北海道が第２位，秋田県が第３位である。北海道の道庁所在地は札幌市。

問５　東北地方の太平洋側では，初夏から盛夏にかけて，北東の風が沖合いを流れる寒流の千島海流の上を通り，霧状《きりじょう》の湿《しめ》った冷たい風となって吹《ふ》きつけることがある。この風を「やませ」といい，霧や雲が多く発生して日光をさえぎり，気温の上昇をさまたげるので，これが長く続くと稲の生育が遅れ，冷害の原因となる。よって，イが正しい。

問６　TPP(環太平洋経済連携《れんけい》協定)は太平洋に面した国々による経済協定で，関税などの貿易障《しょう》壁《へき》を撤廃して自由貿易を進めることを目的としている。日本も正式に参加を決め，12か国の間で交渉が進められている。

問７　(1)　ぶどうの生産量は山梨県が全国の24.6%を占《し》めて第１位となっており，以下，長野，山形，岡山，福岡の各県が続く。　(2)　Ⅰ　鹿児島県は豚の飼育頭数が全国第１位，茶の生産量が第２位，ばれいしょ(じゃがいも)の生産量が第３位となっている。　Ⅱ　千葉県は豚の飼育頭数が全国で第３位，ばれいしょ・きゅうりの生産量がいずれも第５位となっている。

問８　日本の食料自給率は総合(供給熱量自給率)で39%となっており，先進国の中では最低の水準にある。種類別では，アの野菜類が78%，イの大豆が８%，ウの米が96%，エの小麦が12%となっている。よって，自給率の低い順にイ→エ→ア→ウとなる。

問９　(1)　地元で生産された食材を地元で消費することを「地産地消」という。地域の食料自給率を高め，フードマイレージを抑えるという効果があり，近年注目されている。　(2)「トレーサビリティ」は，食品の生産地・生産時期や運搬経路などの生産・流通の履歴《りれき》を明らかにする仕組みである。近年，遺伝子組み換え作物の登場や，家畜の伝染病の流行，産地偽装《ぎそう》問題などの発生により，食品の安全性に対する消費者の関心が高まっている。こうしたことを背景に，日本では牛肉や米・米加工品について生産履歴の表示が義務づけられるようになった。

理科　(40分)＜満点：50点＞

解答

1〔A〕(1)　4：3：1　(2)　a：b＝1：1，c：d＝1：3　(3)　A…3個，B…2個，C…6個　(4)　①　ア　②　1：4　〔B〕(1)　4秒　(2)　680m　(3)　①　3240m　②　8.9秒間　**2**　(1)　エ　(2)　ア　(3)　ウ　(4)　7日前の月…オ，11日後の月…イ　(5)　A　(6)　梅雨　(7)　ウ，オ　(8)　昼…(例)　太陽の光を和らげる。／夜…(例)　地表から熱が逃げるのを防ぐ。　(9)　オ　**3**〔A〕(1)　C　ア　E　オ　G　カ　(2)　ウ　(3)　B　(4)　二酸化炭素　〔B〕(1)　塩化水素，7.4g　(2)　①　1640　②　864　(3)　357g　(4)　0.3g　(5)　4g　**4**〔A〕(1)　①　エ　②　ウ　(2)　風…オ，水…エ　(3)　イ　(4)　イ，エ　〔B〕(1)　5枚目　(2)　2回転　(3)　17枚目　〔C〕(1)　①　イ　②　ア　③　エ　④　ウ　(2)　⑤　a　⑥　c　⑦　b　(3)　ウ　(4)　ウ

解　説

1 てこのつりあいと音についての問題。

〔A〕 (1) 図1の左側の棒は，棒の左《さ》端《たん》と右端の支点からの距離《きょり》の比が，7：14＝1：2で，左端につるしたB2個と右端につるしたB1個は棒をかたむけようとする働き(モーメント)が等しい。このことから，左端につるしたA1個と右端につるしたC2個のモーメントも等しく，A1個とC2個の重さの比は，$\frac{1}{1}:\frac{1}{2}=2:1$とわかり，A1個とC1個の重さの比は4：1となる。ここで，C1個の重さを1とすると，図1の右側の棒は，右端にかかる重さが，$4+1+1=6$なので，左端にかかる重さが，$6\times12\div9=8$となり，B1個の重さは，$8-4-1=3$と求められる。よって，A，B，Cの重さの比は4：3：1である。

(2) 棒がつりあっているとき，支点からの距離の比は，棒の左端と右端につるされたおもりの重さの比の逆比になる。よって，$c:d=\frac{1}{3}:\frac{1}{1}=1:3$となる。また，$a:b=\frac{1}{4}:\frac{1}{3+1}=1:1$となる。

(3) 下側の棒について，左端と右端にかかる重さの比は，$\frac{1}{10}:\frac{1}{10}=1:1$なので，BとCの個数の比は，$\frac{1}{3}:\frac{1}{1}=1:3$である。よって，まずBを1個，Cを3個とする。このとき，上側の棒について，左端と右端にかかる重さの比は，$\frac{1}{15}:\frac{1}{15}=1:1$であり，右端にかかる重さは，$3\times1+1\times3=6$なので，左端にかかる重さも6となり，Aの個数は，$6\div4=1.5$(個)となる。したがって，Aの個数が整数になるようにするため，A，B，Cの個数をそれぞれ2倍して，Aを，$1.5\times2=3$(個)，Bを，$1\times2=2$(個)，Cを，$3\times2=6$(個)とすると，全体がつりあう。

(4) ① BはAより軽いのに，図4の左の図のように，支点からの距離の比が1：1でつりあっている。よって，Bはその下の磁石から下向きに引かれているので，鉄である。　② 図4の左の図より，磁石がBを引く力は，$4-3=1$とわかるので，図4の右の図で棒の左端にかかる力は，$3+1=4$となる。Cは鉄ではないので，磁石に引かれない。したがって，$e:f=\frac{1}{4}:1=1:4$である。

〔B〕 (1) 汽笛《きてき》を鳴らしてから直接音が船Bの人に届くまでの時間は，$2040\div340=6$(秒)，反射音が届くまでの時間は，$1700\times2\div340=10$(秒)なので，1度目の汽笛を聞いてから2度目の汽笛を聞くまでの時間は，$10-6=4$(秒)である。

(2) 船Aと船B間の距離を□m，船Aと反射板の距離を△mとすると，1度目の汽笛は船Aから□m進んで船Bに届き，2度目の汽笛は船Aから(△×2＋□)m進んで船Bに届くので，(△×2＋□)－□＝340×4より，△×2＝1360，△＝1360÷2＝680(m)と求められる。

(3) ① 右上の図アは0秒後の汽笛の鳴らし始めのようす，右上の図イは10秒後の汽笛の鳴らし終わりのようす，右の図ウは，10＋8＝18(秒後)の反射音の聞こえ始めのようすを表している。図アから図ウまで，汽笛の音の鳴らし始めの部分と船はそれぞれ，

図ア

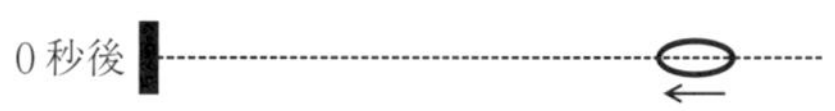

図イ

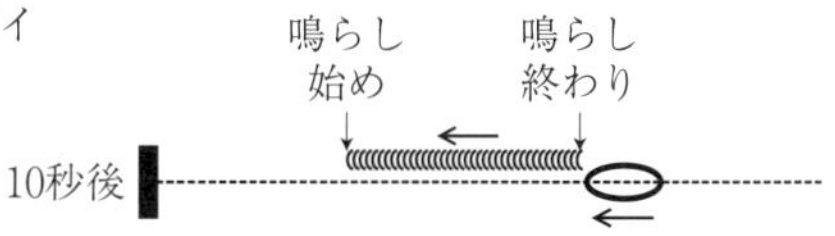

図ウ

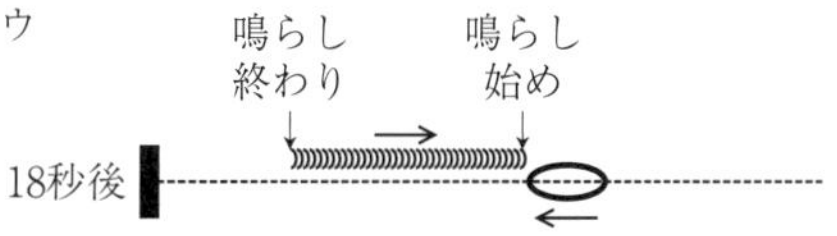

340×18＝6120（m），20×18＝360（m）進んでから出会うので，図アの船と反射板の距離は，（6120＋360）÷２＝3240（m）となる。　② 図イより，汽笛の音のかたまりの長さ（鳴らし始めの部分から鳴らし終わりの部分までの長さ）は，340×10－20×10＝3200（m）とわかる。よって，3200÷（340＋20）＝8.88…より，図ウで汽笛の音のかたまりと船がすれちがうのにかかる時間（船上で反射音が聞こえる時間）は8.9秒と求められる。

2 月についての問題。

⑴ 月の直径は，地球の直径（約13000km）の約$\frac{1}{4}$なので，およそ，13000×$\frac{1}{4}$＝3250（km）とわかる（実際には約3476km）。したがって，エが最も近い。

⑵ 月面の模様《もよう》をウサギの姿に見立てるとき，月が真南にあるときは，アのようにウサギの耳が右下に向いた位置に見える。

⑶ 月の公転と自転はどちらも同じ向きに回り，月の公転周期と自転周期はどちらも等しい。そのため，月は右の図のように常に同じ面を地球に向けている。

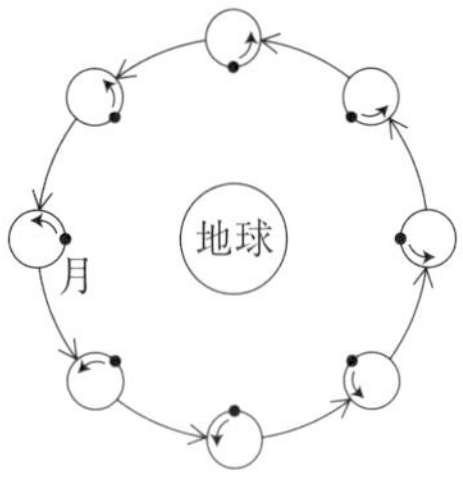

⑷ 地球が１回自転する間に月が公転するため，月の出は１日ごとに約50分ずつ遅れる。また，満月は，太陽が西の地平線にしずむ18時に，東の地平線からのぼる。よって，満月の７日前の月は18時の，50×７＝350（分）前の12時10分ごろにのぼるので，オがあてはまる。一方，満月の11日後の月は18時の，50×11＝550（分）後の３時10分ごろにのぼるので，イがふさわしい。

⑸ 2015年１月24日は，２月19日より，19＋（31－24）＝26（日）前なので，30－26＝４より，旧暦では１月１日（新月の日）の26日前の12月４日である。旧暦では，12月１日が新月の日なので，12月４日はAのように右側が細く光った月が見えている。

⑹ 沖縄では５月から６月，九州，四国，本州では６月から７月にかけてみられる気象現象とは，梅雨《つゆ》のことである。北と南にある気団の勢力がつりあい，日本列島付近に列島に沿ってのびる停滞《ていたい》前線によって，長い間天気のぐずついた日が続く。

⑺ ものが燃えるのは空気（酸素）があるからで，音が伝わるのは空気などが音の振動《しんどう》を伝えるからである。したがって，空気のない月では調べることのできない実験はウとオである。

⑻ 空気は地面（大地）に比べて温まりにくく冷めにくいため，昼は温度の上がり過ぎを防ぎ，夜は温度の下がり過ぎを防ぐ働きをする。また，大地の熱は夜になると地表から宇宙空間に逃《に》げるが，空気はその一部を吸収して地表にもどす働きもしている。

⑼ バネばかりは，バネにつるしたものにかかる重力に比例してバネが伸《の》びる性質を利用しているので，重力が地球の$\frac{1}{6}$になる月面上では，測定値も$\frac{1}{6}$になる。一方，上皿てんびんは，分銅の重さとものの重さをつりあわせて測るしくみになっており，月面上では分銅にかかる重力がものにかかる重力と同様に$\frac{1}{6}$になるので，測定値は地球上と同じになる。よって，月でバネばかりで測ると12gを指す石は，上皿てんびんで測ると，12÷$\frac{1}{6}$＝72（g）になる。

3 物質の反応についての問題。

〔A〕 ⑴ よう素は黒紫《こくし》色，二酸化マンガンは黒色の固体なので，①のB，Eは一方がよう素，もう一方が二酸化マンガンである。③で青紫《むらさき》色に変化したことから，Eはよう素，Aはでんぷんとわかるので，Ｂは二酸化マンガンと決まる(⑦はでんぷんがこげて炭素などが残ったようす)。次に，④よりＨは水酸化ナトリウムとわかり，⑤ではＧのアルミニウムを加えて水素が発生している。さらに，⑥で水にとけなかったＤが石灰石，水にとけたＦが重そうとなるので，②で塩酸を加えたときにＤ，Ｆから二酸化炭素が発生したことになる(Ｇから発生した気体は水素)。残ったＣは食塩である。

(2)　Ｆの重そうの水溶液《すいようえき》は，弱いアルカリ性を示す。

(3)　オキシドールは過酸化水素水をうすめたもので，Ｂの二酸化マンガンを加えると，過酸化水素が分解して酸素と水ができる。

(4)　Ｄの石灰石は炭酸カルシウムがおもな成分であり，塩酸を加えるととけて二酸化炭素を発生する。

〔Ｂ〕 (1)　塩酸は塩化水素という気体が水にとけた水溶液である。塩酸の濃度《のうど》は3.7％なので，200ｇの塩酸にとけている塩化水素は，$200\times\frac{3.7}{100}=7.4$(ｇ)である。

(2)　①　鉄がすべて塩酸にとけるときは，鉄の重さと発生する水素の体積は比例する。表１で，鉄の重さが６ｇや８ｇのとき，発生する水素の体積が2296cm^{3}で一定になっているのは，200ｇの塩酸がすべて反応したからである。したがって，200ｇの塩酸と過不足なく反応する鉄の重さは，$2\times\frac{2296}{820}=5.6$(ｇ)なので，200ｇの塩酸に４ｇの鉄はすべてとけ，$820\times\frac{4}{2}=1640$(cm^3)の水素が発生する。　②　表２で，100ｇの塩酸と過不足なく反応するマグネシウムの重さは，$0.3\times\frac{1152}{288}=1.2$(ｇ)なので，100ｇの塩酸に0.9ｇのマグネシウムはすべてとけ，$288\times\frac{0.9}{0.3}=864$(cm^3)の水素が発生する。

(3)　(2)より，塩酸200ｇと鉄5.6ｇが過不足なく反応するので，$200\times\frac{10}{5.6}=357.1\cdots$より，10ｇの鉄をすべてとかすには，少なくとも357ｇの塩酸が必要である。

(4)　(2)より，100ｇの塩酸と過不足なく反応するマグネシウムの重さは1.2ｇなので，$1.5-1.2=0.3$(ｇ)がとけずに残っている。

(5)　10ｇがすべて鉄であるとすると，発生する水素の体積は，$820\times\frac{10}{2}=4100$(cm^3)になるが，これは実際よりも，$6300-4100=2200$(cm^3)だけ少ない。また，塩酸に１ｇの鉄がとけると水素を，$820\times\frac{1}{2}=410$(cm^3)発生し，１ｇのマグネシウムがとけると水素を，$288\times\frac{1}{0.3}=960$(cm^3)発生するので，１ｇの鉄を１ｇのマグネシウムととりかえると，発生する水素の体積は，$960-410=550$(cm^3)だけ増える。よって，最初の10ｇ中に含《ふく》まれていたマグネシウムは，$2200\div550=4$(ｇ)とわかる。

4　植物のしくみと成長についての問題。

〔Ａ〕 (1)　花粉はおしべの先にあるやくの中でつくられる。その花粉がめしべの先(柱頭)につくことを受粉という。受粉すると，めしべのもとの部分(子房《しぼう》)が大きくなって果実になり，子房のなかの胚珠《はいしゅ》は種子になる。

(2)　トウモロコシなどのイネ科の植物では，花粉はおもに風で運ばれて受粉する(風媒《ふうばい》花)。また，クロモは花を水面に浮《う》かべ，花粉が水に運ばれて受粉する(水媒花)。なお，カボチャやユリは花粉が虫に運ばれて受粉し(虫媒花)，ツバキは花粉がメジロなどの鳥に運ばれて受粉する(鳥媒花)。

(3)　ア～オのうち，種子に含まれる油の割合が最も多いものはゴマ(約50％)である。イネ，ソラマメ，アズキ，エンドウにはでんぷんが最も多く含まれる。

(4)　種子の発芽にはふつう，水，空気(酸素)，適温の３つが必要である。

〔B〕 (1), (2)　基準となる葉の真上に葉が重なるのは，１回転，２回転のように，回転数が整数になる場合である。$\frac{2}{5}$回転ずつ回っていって最初に整数になるのは，$\frac{2}{5}\times 1=\frac{2}{5}$(回転)，$\frac{2}{5}\times 2=\frac{4}{5}$(回転)，$\frac{2}{5}\times 3=\frac{6}{5}$(回転)，$\frac{2}{5}\times 4=\frac{8}{5}$(回転)，$\frac{2}{5}\times 5=2$(回転)より，５枚目の葉である。

(3)　１つの葉の真上には，その葉から２回転して５枚目の葉が初めて重なるので，基準となる葉から12枚目の葉の真上に初めて重なる葉は，基準の葉から，12＋５＝17(枚目)の葉である。

〔C〕 (1)　①　表の正常な花の区域１，ｂが働かない花の区域１・２，ｃが働かない花の区域１・４のようすから，ａだけが働くとがくになる。　②　表の正常な花の区域２，ｃが働かない花の区域２・３のようすから，ａとｂが働くと花びらになる。　③　表の正常な花の区域３，ａが働かない花の区域２・３のようすから，ｂとｃが働くとおしべになる。　④　表の正常な花の区域４，ａが働かない花の区域１・４，ｂが働かない花の区域３・４のようすから，ｃだけが働くとめしべになる。

(2)　⑤, ⑥　正常な花の区域１・２と，ａが働かない花の区域１・２を比べると，ａとｃが置きかわっているので，ａが働かない場合にはかわりにｃが働いている。また，正常な花の区域３・４と，ｃが働かない花の区域３・４を比べると，ａとｃが置きかわっているので，ｃが働かない場合にはかわりにａが働いている。　⑦　正常な花の区域２・３と，ｂが働かない花の区域２・３を比べると，ｂが働かない場合は，それにかわって働くタンパク質は存在しないことがわかる。

(3)　アブラナとダイコンはアブラナ科の植物で，どちらも４枚の花びらが離れてついていて十字形に開くのが特徴《とくちょう》である。なお，ウメとモモはバラ科でふつう５枚の花びらが離れてついており，サツマイモとアサガオはヒルガオ科でふつう５枚の花びらが１つにくっついてラッパ状になっている。

(4)　アブラナやツツジの花のように，１つの花にがく，花びら，おしべ，めしべがそろっている花を完全花という。なお，スイカ，メロン，ヘチマはウリ科の植物で，めしべを欠いたお花と，おしべを欠いため花に分かれて花をつける。ドクダミの花にはがくや花びらがなく，おしべとめしべだけをもつ小さな花がかたまりとなってつく。４枚の花びらのように見えるものは，総ほうという部分である。

国語　(60分)　＜満点：100点＞

解答

一　問１　(例)　ロボットと共生する時代はしばらくは来ないと思っていたのに，お掃除ロボットは健気で生きているように動き，思わず一緒に部屋を掃除してしまうから。　問２　(例)　小一時間ほど走り回ってちょっと疲れたように充電基地に戻ってきたお掃除ロボットが，意外な量のホコリや塵を集めていたから。　問３　(例)　お掃除ロボットを使う自分が，逆に，ロボットが仕事をしやすいようにいろいろと気を使っていること。　問４　(例)　する側とされる側の役割の間に線を引いた途端に，される側がする側に対する要求水準を上げてしまう場面。

問5　（例）決して効率的とは言えない気ままなお掃除ぶりで，同じところを行ったり来たりと重複も多く，取りこぼしもあり，ケーブル類を巻き込んでギブアップしたり，椅子と壁との袋小路に入り込んだりしかねない様子。　問6　（例）「モノ」や「対象」に対して，一方的に効率性やわかり易さなどの価値を求める関わりではなく，それらの「不便さ」や「弱さ」，「わかり難さ」などが許される関わり。　二　Ⅰ，Ⅱ　下記を参照のこと。　三　問1　（例）小学校の入学式で，どこの子供かわからない新入生の二人の男の子を目にしたこと。　問2　イ　問3　（例）直接体験している「現実世界」は，「外部世界」とは無関係で，そこに安全性と安定感があるのを当たり前に受け止めていたもの。　問4　（例）壁の検問所が開放されたことと，その後二人の同級生が学校に来なくなったこと。　問5　（例）世界中のものごとと「私」とが見えないところでどのように関係しているのかについて，強い関心を抱くようになった。

●漢字の書き取り

二　Ⅰ　①　縦断　②　模造　③　観覧　④　構築　⑤　専属　⑥　風評　⑦　画策　⑧　沿革　⑨　謝辞　⑩　末席　⑪　細工　⑫　筋金　⑬　寸鉄　⑭　竹馬　⑮　危急　Ⅱ　①　消費　②　演技　③　一堂　④　展示　⑤　遺産

解説

一　出典は日本文藝《ぶんげい》家協会編の『ベスト・エッセイ2014』所収の「〈弱さ〉の復権（岡田美智男《おかだみちお》作）」による。お掃除《そうじ》ロボット〈ルンバ〉の効率的ではない「お掃除ぶり」を例に，その不完全さがむしろ豊かな関わりを生み出すことを説明している。

問1　「してやられる」は，相手の思いどおりに事を運ばれてしまうこと。だまされること。この場合は，「ロボットとの共生」など「しばらくは来ないだろうと高を括《くく》っていた」のに，「お掃除ロボット〈ルンバ〉」のおかげで自分の予想が外れたという筆者の気分を表している。具体的には，効率的ではない〈ルンバ〉の「お掃除ぶり」が「健気《けなげ》」で「かわいい」ため「一緒《いっしょ》」に掃除してしまったと気づいたことで，筆者は「共生」を実感している。これらを整理してまとめる。

問2　「労《ねぎら》い」は，目下の者や同輩《どうはい》の苦労，骨折りに対して，いたわったり感謝したりすること。筆者が〈ルンバ〉を労いたくなった理由は，直前で述べられている。〈ルンバ〉が「小一時間ほど走り回ったあと，ちょっと疲《つか》れたようにして自分の充電《じゅうでん》基地へと舞《ま》い戻《もど》っていく」さいのかわいい所作と，「集められたホコリや塵《ちり》の量」を見て，そのがんばりを「労い」たくなったとある。

問3　「主客転倒《しゅかくてんとう》」は，ものの立場や順序などが逆になること。人の代わりに作業するはずの「ロボットのため」に，人である筆者が「いろいろと気を使う」ことを，このように言っている。

問4　続く部分の内容から，「そうした場面」とは，「お掃除ロボット」とは対照的な，「役割の間に線を引いた途端《とたん》に，相手に対する要求水準を上げてしまう」ような場面だとわかる。また，「役割」については，「する」側と「される」側があると説明されている。

問5　「ハラハラ」は，心配な気持ち。第三，第四段落で，心配になって人が手伝ってしまうような「お掃除ロボット〈ルンバ〉」の様子が描《えが》かれている。〈ルンバ〉の「お掃除ぶり」は「気まま」で「効率的」ではなく，「同じところを行ったり来たり」するし，「取りこぼし」もある。また，

「ケーブル類を巻き込《こ》んでギブアップ」するし，「椅子《いす》と壁《かべ》との袋小路《ふくろこうじ》に入り込む」こともあると述べられている。

問６　傍線《ぼうせん》部Ｆは，「一方的に価値を求める」ような関わりとは対照的な，「不便さ」や「弱さ」，「わかり難《がた》さ」に豊かさを見出《みいだ》すような関わりである。そして「一方的に価値を求める」関わりとは，役割の間に線を引き，「される」側が「する」側に「効率性やわかり易《やす》さ」を「要求」する関係である。これらの内容を対比しながら説明すればよい。

二　漢字の書き取り。

Ⅰ　①　縦，または南北の方向に通りぬけること。　②「模造品」は，実物に似せてつくった品物。　③　劇や景色などを見ること。　④　組み立ててつくること。　⑤　組織や集団などの，特定の一つに属していること。　⑥　世間のうわさ。　⑦　ひそかに計画を立てること。　⑧　ものごとの移り変わり。これまでの歴史。　⑨　感謝の言葉。　⑩　低い地位。下位の座席。「末席を汚《けが》す」は，その一員になることを謙遜《けんそん》して言う言い方。　⑪「細工は流々(仕上げを御覧《ごろう》じろ)」は，やり方にはさまざまな流儀《りゅうぎ》があるのだから，結果を待って，それから批判してほしいということ。　⑫「筋金入り」は，体や考えがきたえぬかれてしっかりしていること。　⑬「寸鉄人を刺《さ》す」は，短く鋭《するど》い言葉で人の急所をつくこと。　⑭「竹馬の友」は，ともに竹馬で遊んだりしたような，幼いときからの友。　⑮「危急存亡の秋《とき》」は，生き残れるか滅《ほろ》びるかの瀬戸際。

Ⅱ　①「消費税」は，商品の価格やサービスの料金に上乗せする形で課税される間接税。　②　身体の技で表現してみせること。　③　一つの建物。同じ場所。　④　作品や商品などを並べて一般に公開すること。　⑤「世界文化遺産」は，ユネスコ(国連教育科学文化機関)が登録する世界遺産のうちの，人類共通の宝物として未来の世代に引き継《つ》いでいくべき文化財や遺跡など。

三　出典は「飛ぶ教室　第36号」所収の「世界が変わった日(マライ・メントライン作)」による。

子供時代をドイツの港町キールで過ごした「私」が，亡命者らしい男の子二人を通して「冷戦」の現実を感じたことを語っている。

問１　「世界が変わる」とは，傍線部③にあるように，「現実認識」が「変化」すること。その「最初のきっかけ」は，続く部分で述べられているように，「小学校の入学式」で「どこの子供」かわからない男の子二人を見かけたことである。

問２　「衝撃《しょうげき》的」は，非常に強い驚《おどろ》きや感動を与《あた》えるさま。筆者は「『ウチの近くで，こんな生活を強《し》いられている人たちが住んでいるなんて！』信じられなかった」とはげしく驚いているので，イが合う。

問３　次の段落に，「今まで当たり前のように享受《きょうじゅ》していた安全性と安定感が揺《ゆ》れ動き」とある。また，認識が変わってからは，「世界は～自分と完全に無関係なものはない」と感じるようになったとある。これらの内容を参考にしてまとめればよい。

問４　直後に「直接つながっている証拠《しょうこ》は無いが，無関係とは思えなかった」とあるので，「直接つながっている」と考えられる二つの出来事を指していることがわかる。したがって，「壁崩壊《ほうかい》」と，その「直後」に起こった「二人の同級生は学校に来なくなった」ことがあてはまる。「壁崩壊」とは，二つ前の段落で説明されているように，冷戦時代にベルリンの西側と東側を分けていた「『壁』の検問所が開放された」ことである。

問5　同じ一文の最初の「これ」が指している，直前の段落の内容を参考にしてまとめればよい。直前の段落には，「『外部世界の人々』についての間接体験と身近な直接体験のシンクロ」「ものごとの背後にある関係性の実相に，次第に強い関心を抱《いだ》くようになっていった」などの内容が述べられている。

Memo

2025年度用
中学スーパー過去問

■編集人　声の教育社・編集部
■発行所　株式会社　声の教育社
〒162-0814　東京都新宿区新小川町8-15
☎03-5261-5061㈹　FAX03-5261-5062
https://www.koenokyoikusha.co.jp

※本書の内容についての一切の責任は当社にあります。内容・解説・解答・その他は当社ホームページよりお問い合わせ下さい。

ストリーミング配信による入試問題の解説動画

2025年度用web過去問　ラインナップ

■ 男子・女子・共学(全動画) 見放題
36,080円(税込)

■ 男子・共学 見放題
29,480円(税込)

■ 女子・共学 見放題
28,490円(税込)

● 中学受験「声教web過去問(過去問プラス・過去問ライブ)」(算数・社会・理科・国語)

3〜5年間 24校

過去問プラス

麻布中学校	桜蔭中学校	開成中学校	慶應義塾中等部	渋谷教育学園渋谷中学校
女子学院中学校	筑波大学附属駒場中学校	豊島岡女子学園中学校	広尾学園中学校	三田国際学園中学校
早稲田中学校	浅野中学校	慶應義塾普通部	聖光学院中学校	市川中学校
渋谷教育学園幕張中学校	栄東中学校			

過去問ライブ

栄光学園中学校	サレジオ学院中学校	中央大学附属横浜中学校	桐蔭学園中等教育学校	東京都市大学付属中学校
フェリス女学院中学校	法政大学第二中学校			

● 中学受験「オンライン過去問塾」(算数・社会・理科)

3〜5年間 50校以上

東京	青山学院中等部	東京	国学院大学久我山中学校	東京	明治大学付属明治中学校	千葉	芝浦工業大学柏中学校	埼玉	栄東中学校
東京	麻布中学校	東京	渋谷教育学園渋谷中学校	東京	早稲田中学校	千葉	渋谷教育学園幕張中学校	埼玉	淑徳与野中学校
東京	跡見学園中学校	東京	城北中学校	東京	都立中高一貫校 共同作成問題	千葉	昭和学院秀英中学校	埼玉	西武学園文理中学校
東京	江戸川女子中学校	東京	女子学院中学校	東京	都立大泉高校附属中学校	千葉	専修大学松戸中学校	埼玉	獨協埼玉中学校
東京	桜蔭中学校	東京	巣鴨中学校	東京	都立白鷗高校附属中学校	千葉	東邦大学付属東邦中学校	埼玉	立教新座中学校
東京	鷗友学園女子中学校	東京	桐朋中学校	東京	都立両国高校附属中学校	千葉	千葉日本大学第一中学校	茨城	江戸川学園取手中学校
東京	大妻中学校	東京	豊島岡女子学園中学校	神奈川	神奈川大学附属中学校	千葉	東海大学付属浦安中等部	茨城	土浦日本大学中等教育学校
東京	海城中学校	東京	日本大学第三中学校	神奈川	桐光学園中学校	千葉	麗澤中学校	茨城	茗溪学園中学校
東京	開成中学校	東京	雙葉中学校	神奈川	県立相模原・平塚中等教育学校	千葉	県立千葉・東葛飾中学校		
東京	開智日本橋中学校	東京	本郷中学校	神奈川	市立南高校附属中学校	千葉	市立稲毛国際中等教育学校		
東京	吉祥女子中学校	東京	三輪田学園中学校	千葉	市川中学校	埼玉	浦和明の星女子中学校		
東京	共立女子中学校	東京	武蔵中学校	千葉	国府台女子学院中学部	埼玉	開智中学校		

web過去問 Q&A

過去問が動画化！
声の教育社の編集者や中高受験のプロ講師など、
過去問を知りつくしたスタッフが動画で解説します。

Q どこで購入できますか？

A 声の教育社のHPでお買い求めいただけます。

Q 受講にあたり、テキストは必要ですか？

A 基本的には過去問題集がお手元にあることを前提としたコンテンツとなっております。

Q 全問解説ですか？

A 「オンライン過去問塾」シリーズは基本的に全問解説ですが、国語の解説はございません。「声教web過去問」シリーズは合格のカギとなる問題をピックアップして解説するもので、全問解説ではございません。なお、「声教web過去問」と「オンライン過去問塾」のいずれでも取り上げられている学校がありますが、授業は別の講師によるもので、同一のコンテンツではございません。

Q 動画はいつまで視聴できますか？

A ご購入年度２月末までご視聴いただけます。
複数年視聴するためには年度が変わるたびに購入が必要となります。

よくある解答用紙のご質問

01
実物のサイズにできない

拡大率にしたがってコピーすると，「解答欄」が実物大になります。配点などを含むため，用紙は実物よりも大きくなることがあります。

02
A3用紙に収まらない

拡大率164％以上の解答用紙は実物のサイズ（「出題傾向＆対策」をご覧ください）が大きいために，Ａ３に収まらない場合があります。

03
拡大率が書かれていない

複数ページにわたる解答用紙は，いずれかのページに拡大率を記載しています。どこにも表記がない場合は，正確な拡大率が不明です。

04
１ページに２つある

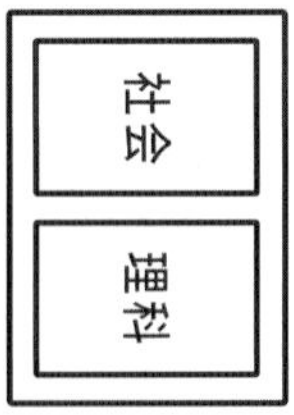

１ページに２つ解答用紙が掲載されている場合は，正確な拡大率が不明です。ほかの試験回の同じ教科をご参考になさってください。

ラ・サール中学校

【別冊】入試問題解答用紙編

解答用紙は本体からていねいに抜きとり、別冊としてご使用ください。

※　実際の解答欄の大きさで練習するには、指定の倍率で拡大コピーしてください。なお、ページの上下に小社作成の見出しや配点を記載しているため、コピー後の用紙サイズが実物の解答用紙と異なる場合があります。

●入試結果表

年　度	項　目	国　語	算　数	社　会	理　科	4科合計	合格者
2024（令和6）	配点(満点)	100	100	50	50	300	最高点
	合格者平均点	46.2	69.1	34.2	36.4	185.9	246
	受験者平均点	39.8	55.7	30.2	31.0	156.7	最低点
	キミの得点						163
2023（令和5）	配点(満点)	100	100	50	50	300	最高点
	合格者平均点	62.5	79.6	36.4	33.4	211.9	268
	受験者平均点	56.6	64.5	32.0	29.3	182.4	最低点
	キミの得点						191
2022（令和4）	配点(満点)	100	100	50	50	300	最高点
	合格者平均点	61.1	73.0	33.5	32.0	199.6	267
	受験者平均点	52.8	57.1	29.6	27.6	167.1	最低点
	キミの得点						176
2021（令和3）	配点(満点)	100	100	50	50	300	最高点
	合格者平均点	48.6	77.6	37.0	35.0	198.2	260
	受験者平均点	41.9	61.1	32.2	30.0	165.2	最低点
	キミの得点						176
2020（令和2）	配点(満点)	100	100	50	50	300	最高点
	合格者平均点	62.4	75.1	35.0	43.3	215.8	259
	受験者平均点	55.1	58.3	31.2	37.4	182.0	最低点
	キミの得点						200
2019（平成31）	配点(満点)	100	100	50	50	300	最高点
	合格者平均点	59.7	84.1	34.2	30.3	208.3	271
	受験者平均点	52.1	70.2	30.2	26.3	178.8	最低点
	キミの得点						185
2018（平成30）	配点(満点)	100	100	50	50	300	最高点
	合格者平均点	57.6	67.5	35.1	36.1	196.3	257
	受験者平均点	50.4	52.7	31.8	32.3	167.2	最低点
	キミの得点						172
平成29	配点(満点)	100	100	50	50	300	最高点
	合格者平均点	61.5	79.3	35.8	32.9	209.5	261
	受験者平均点	52.5	61.4	32.8	28.7	175.4	最低点
	キミの得点						190
平成28	配点(満点)	100	100	50	50	300	最高点
	合格者平均点	57.7	77.7	36.3	29.7	201.4	250
	受験者平均点	52.1	63.4	33.1	26.2	174.8	最低点
	キミの得点						181
平成27	配点(満点)	100	100	50	50	300	最高点
	合格者平均点	53.9	79.6	36.3	30.9	200.7	254
	受験者平均点	47.5	61.5	32.5	25.3	166.8	最低点
	キミの得点						172

※　表中のデータは学校公表のものです。ただし、4科合計は各教科の平均点を合計したものなので、目安としてご覧ください。

２０２４年度　ラ・サール中学校

算数解答用紙

番号		氏名		評点	／100

1

(1)		(2)		(3)	

2

(1)	
(2)	A =　　　　、　　　　個
(3)	円
(4)	㋐　　　　度、㋑　　　　度

3

(1)	：	(2)	cm

4

(1)	cm	(2)	：

5

(1)	通り	(2)	通り	(3)	通り

6

(1)	cm^2
(2)	cm^3、　　cm^3、　　cm^3

（注）この解答用紙は実物を縮小してあります。Ｂ５→Ｂ４（141％）に拡大コピーすると、ほぼ実物大の解答欄になります。

〔算　数〕100点(学校配点)

1　12点　2　30点　3　13点　4　13点　5　16点　6　16点　（以下推定配点）　1　各４点×3　2　各５点×6　3　(1)　6点　(2)　7点　4　(1)　6点　(2)　7点　5　(1)，(2)　各５点×2　(3)　6点　6　各４点×4

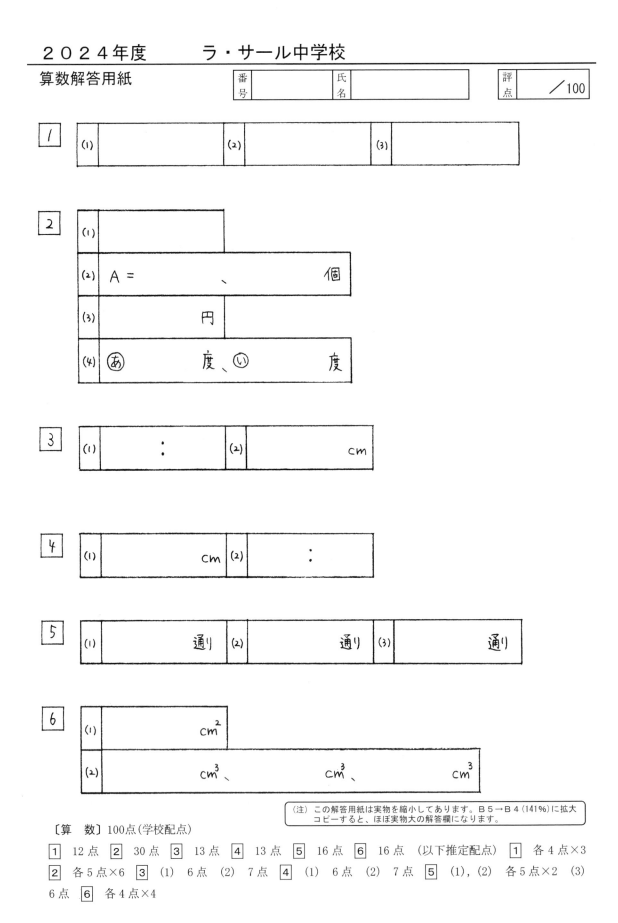

２０２４年度　　ラ・サール中学校

社会解答用紙

番号		氏名	

評点	／50

（注）この解答用紙は実物を縮小してあります。B５→B４（141％）に拡大コピーすると、ほぼ実物大の解答欄になります。

1

問１(1)	(2)　　省	問２	問３	問４
問５				
問６	問７	問８	問９	

2

問１			
問２(1)	(2)　　円		
問３	→　→　→		
問４(1)	(2)	(3)	
問５(1)	(2)		
問６(1)	(2)　　ケタ		

3

問１(1)①	②				
(2)③ 記号	市町村名	④ 記号	市町村名	⑤ 記号	市町村名
問２(1)	(2) 新潟県	鹿児島県			
問３(1)	(2)　　地震				
問４(1)	(2)				

4

問１	問２	問３	問４	問５	問６
問７	→　→　→　→　→				
問８	→　→　→　→　→				
問９	問10	問11	問12		

〔社　会〕50点(推定配点)

1　各１点×10　2　問１，問２　各１点×３　問３　２点＜完答＞　問４〜問６　各１点×７　3　各１点×14＜問２の(2)は完答＞　4　問１〜問６　各１点×６　問７，問８　各２点×２＜各々完答＞　問９〜問12　各１点×４

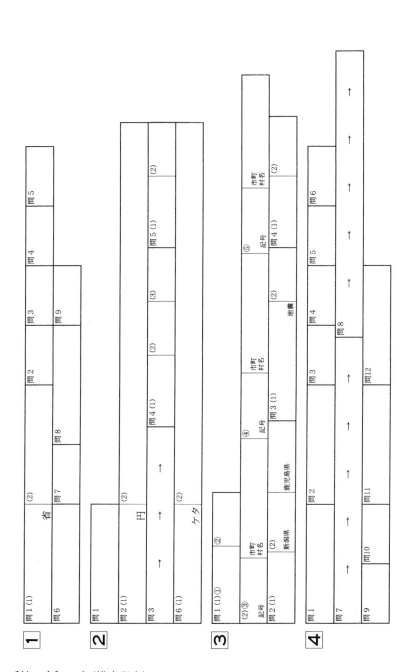

２０２４年度　　ラ・サール中学校

理科解答用紙

番号		氏名		評点	／50

1

(1)	(2)	(3) 三日月 → → → → → 三日月
(4)① 西の地平線	(4)②	
(5)①	(5)②	(5)③ 古い → → → 新しい
(6) 万km		

2

(1)①	②	③	④	(2) 手側
(3)	(4)①	②	(5)	(6) L
(7) ア	イ	ウ	(8) スポーツ選手 mL	ふつうの人 mL

3

A	(1)①	③		(2)
A	(3)④	⑤	(4) (A) g	(4) (B) g
A	(5) (A) g	(5) (B) g		
B	(1)	(2)① 秒	(2)② 秒	(2)③ 時間 秒 / 体積 mL

4

(1)	(2)	(3) (ア)	(イ)	(ウ)	(エ)	(オ)
度	度					

(注) この解答用紙は実物を縮小してあります。B５→B４(141%)に拡大コピーすると、ほぼ実物大の解答欄になります。

〔理　科〕50点(学校配点)

1　10点　2　12点　3　15点　4　13点　(以下推定配点)　1　(1)～(5)　各1点×8＜(3), (5)の③は完答＞　(6)　2点　2　(1)　2点＜完答＞　(2)～(8)　各1点×10＜(4)は完答＞　3　A　各1点×9　B　(1)　1点　(2)　①, ②　各1点×2　③　時間…1点, 体積…2点　4　(1), (2)　各2点×2　(3)　(ア)～(エ)　各2点×4　(オ)　1点

２０２４年度　ラ・サール中学校

国語解答用紙

番号		氏名		評点	/100

一

問一　古　　西

問二　2　　3

問三　（60字）

問四

問五　（50字）

問六　（50字）

問七　（60字）自分。

二

問一　（5字）

問二　一　枚

問三　最　後　　蝶

問四　（70字）

問五　（120字）

問六　（60字）

三

Ⅰ

①	②	③	④	⑤
⑥	⑦	⑧	⑨	⑩
⑪	⑫	⑬	⑭	⑮

Ⅱ

①	②	③	④	⑤
泰　　若	貫徹	厚　　恥	竜　　睛	鏡　　水

（注）この解答用紙は実物を縮小してあります。192%拡大コピーをすると、ほぼ実物大の解答欄になります。

〔国　語〕100点(学校配点)

一　40点　二　40点　三　20点　(以下推定配点)　一　問１　１点　問２　各２点×2　問３　８点　問４　３点　問５，問６　各７点×2　問７　10点　二　問１　３点　問２，問３　各１点×2　問４　10点　問５　16点　問６　９点　三　各１点×20

２０２３年度　ラ・サール中学校

算数解答用紙

番号		氏名		評点	／100

1

(1)		(2)		(3)	

2

(1)	Ⓐ　度、Ⓑ　度
(2)	人
(3)	A＝　、B＝
(4)	(ア) Eのめもり　(イ) 等分したとき

3

(1)	分　秒	(2)	分　秒

4

(1)	度		
(2)	9時台　個、10時台　個	(3)	個

5

(1)	cm^2	(2)	cm^2	(3)	cm^2

6

(1)	cm^3	(2)	cm	(3)	cm^3

（注）この解答用紙は実物を縮小してあります。Ｂ５→Ｂ４（141％）に拡大コピーすると、ほぼ実物大の解答欄になります。

〔算　数〕100点(学校配点)

1 12点 2 30点 3 12点 4 16点 5 16点 6 14点 (以下推定配点) 1 各4点×3 2 各5点×6＜(3)は完答＞ 3 各6点×2 4 (1), (2) 各5点×2＜(2)は完答＞ (3) 6点 5 (1), (2) 各5点×2 (3) 6点 6 (1) 4点 (2), (3) 各5点×2

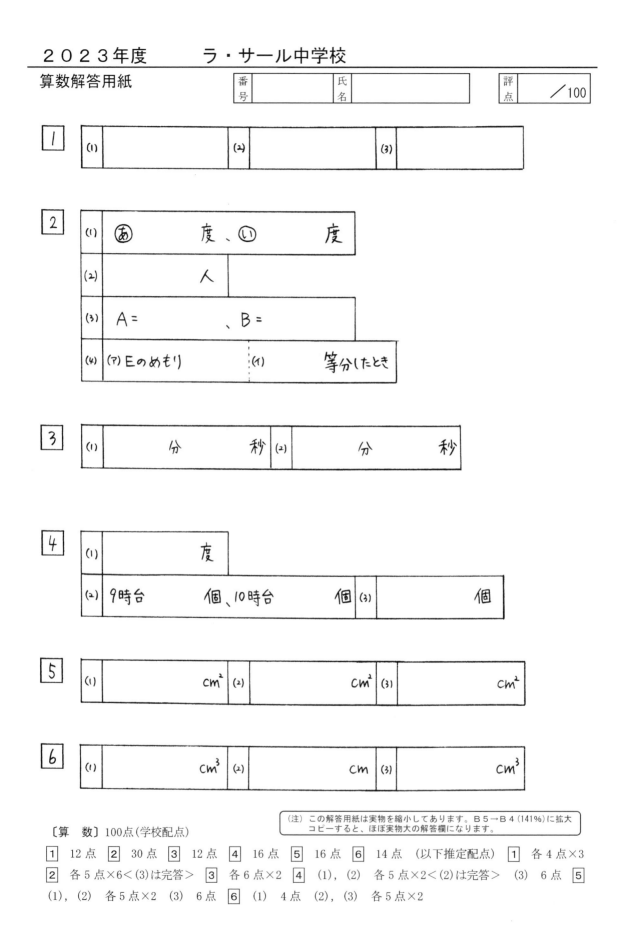

２０２３年度　ラ・サール中学校

社会解答用紙

番号		氏名		評点	／50

1

問 1	問 2		問 3	問 4
問 5	問 6	問 7	問 8	
問 9	問10	問11		

2

問 1 (1)	(2) C　D	(3) ①　②	
問 2 (1) ①　②	(2)	問 3 (1)	(2)
問 4 (1) ①　②	(2)	問 5 (1) ①　②	(2)

3

問 1	問 2	問 3	問 4	問 5	問 6	問 7	問 8

4

問 1 (1)	(2)	問 2 (1)	(2)	(3)	(4)

問 3 (1) A　B

(2) 展示期間を限ることで

(3) A　B

問 4 (1) 理由　年代	(2)	(3)

（注）この解答用紙は実物を縮小してあります。Ｂ５→Ａ４（115%）に拡大コピーすると、ほぼ実物大の解答欄になります。

〔社　会〕50点（推定配点）

1～4　各１点×50＜4の問４の(1)は完答＞

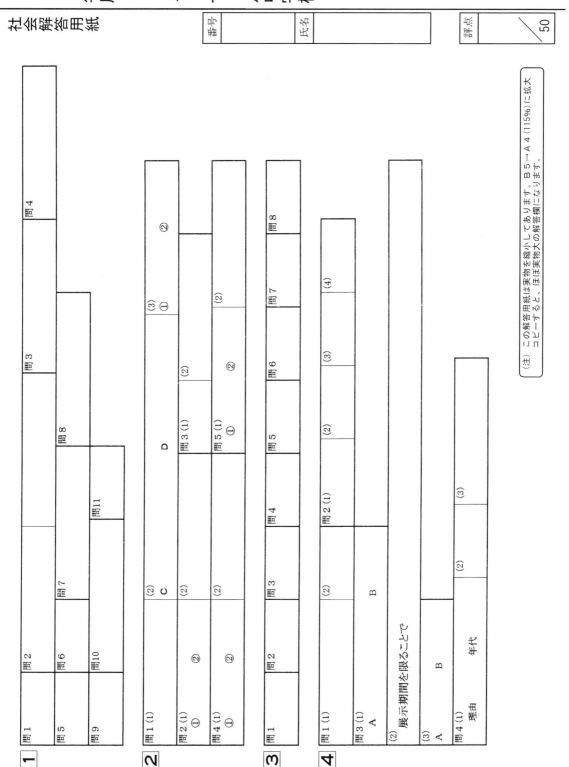

２０２３年度　　ラ・サール中学校

理科解答用紙

番号		氏名		評点	／50

1

(1)	(2)	(3)

(4)

(5)	(6)

(7)

(8)	(9)-⑨	(9)-⑩

2

(1)	(2)	(3)
(4)		(5)
(7)	(8)	(9)

(6)

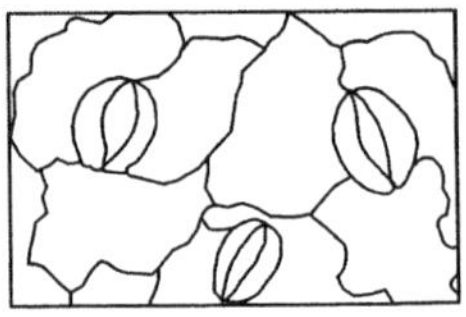

3

	(1)	(2)	(3)	(4)	(5)
A					

B	(1)　cm	(2) ばね１　cm	ばね２　cm
	(3) ばね１の変化した長さ　cm	ばね１の状態	(3) ばね２の変化した長さ　cm	ばね２の状態
	(4)①　g	(4)② ばね１の変化した長さ　cm	ばね１の状態	(4)② ばね２の変化した長さ　cm	ばね２の状態

4

A	(1) 気体①	気体②	気体③	(2) X	Y
	(3) 実験操作	結果			
	(4) 実験A	実験B	実験C	(5)　mL	
B	(1)　%	(2)　g	(3)	(4)　g	
	(5)				

（注）この解答用紙は実物を縮小してあります。Ｂ５→Ａ３（163%）に拡大コピーすると、ほぼ実物大の解答欄になります。

〔理　科〕50点（学校配点）

1　12点　2　10点　3　13点　4　15点　（以下推定配点）　1　(1)～(3)　各１点×3　(4)　2点　(5)，(6)　各１点×2　(7)　2点　(8)，(9)　各１点×3　2　(1)～(5)　各１点×5　(6)　2点　(7)～(9)　各１点×3　3　各１点×13＜Ａの(2)，(3)は完答，Ｂの(3)，(4)の②は各々完答＞　4　各１点×15＜Ａの(3)は完答＞

二〇二三年度　ラ・サール中学校

国語解答用紙

番号　　氏名　　評点　　/100

一

問一　ア　イ　ウ　エ　オ

問二　100字

問三

問四　75字

問五

問六　40字

問七　①　②　③　④　⑤

二

問一　A　B　C　D

問二

問三　　問四

問五　100字

三

①　②　③　④　⑤

⑥　⑦　⑧　⑨　⑩

⑪　⑫　⑬　⑭　⑮

（注）この解答用紙は実物を縮小してあります。175%拡大コピーをすると、ほぼ実物大の解答欄になります。

〔国　語〕100点(学校配点)

一　45点　二　40点　三　15点　(以下推定配点)　一　問1　各1点×5　問2　12点　問3　3点　問4　9点　問5　3点　問6　8点　問7　各1点×5　二　問1　各3点×4　問2　8点　問3，問4　各4点×2　問5　12点　三　各1点×15

2022年度　ラ・サール中学校

算数解答用紙

番号		氏名		評点	／100

1

(1)		(2)		(3)	

2

(1)		(2)	りんご　　個、みかん　　個
(3)	㋐　　度、㋑　　度	(4)	

3

(1)	午後　　時　　分	(2)	午後　　時　　分
(3)	午前　　時　　分		

4

(1)

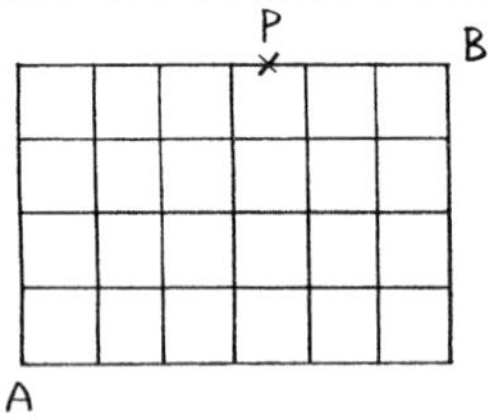

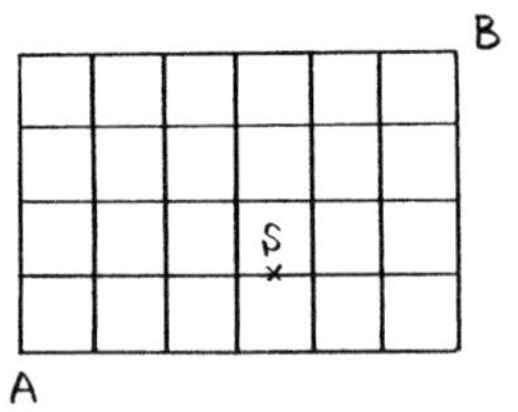

(2)	通り	(3)	通り

5

(1)	：	(2)	cm²	(3)	：

6

(1)	cm³	(2)	cm³	(3)	cm

（注）この解答用紙は実物を縮小してあります。Ｂ５→Ａ３（163%）に拡大コピーすると、ほぼ実物大の解答欄になります。

〔算　数〕100点（学校配点）

1　12点　2　30点　3　14点　4　16点　5　14点　6　14点　（以下推定配点）　1　各4点×3　2　各6点×5＜(1)，(2)，(4)は完答＞　3　(1)　4点　(2)，(3)　各5点×2　4　各4点×4　5　(1)　4点　(2)，(3)　各5点×2　6　(1)　4点　(2)，(3)　各5点×2

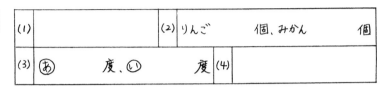

２０２２年度　ラ・サール中学校

社会解答用紙

番号		氏名		評点	/50

（注）この解答用紙は実物を縮小してあります。Ｂ５→Ａ４（115%）に拡大コピーすると、ほぼ実物大の解答欄になります。

1

問１　問２　問３　問４

問５　問６　問７　問８　問９

2

問１ [1]　[2]　問２　問３　問４ (1)　(2)

問５　問６　問７

3

問１　問２　問３　藩

問４　問５　問６ ア　イ

問７ →

問８　問９ ア　イ　問10　問11

4

問１ (1)　(2)　(3) →

(4) ①　②　(5) ①　②　問２ (1) ④　⑩　(2) A　D

(3) X　Z

(4) ①　②

〔社　会〕50点(推定配点)

1　問１～問３　各１点×３　問４　２点　問５～問７　各１点×３　問８　２点　問９　１点　2　問１　各２点×２　問２～問７　各１点×７　3，4　各１点×28

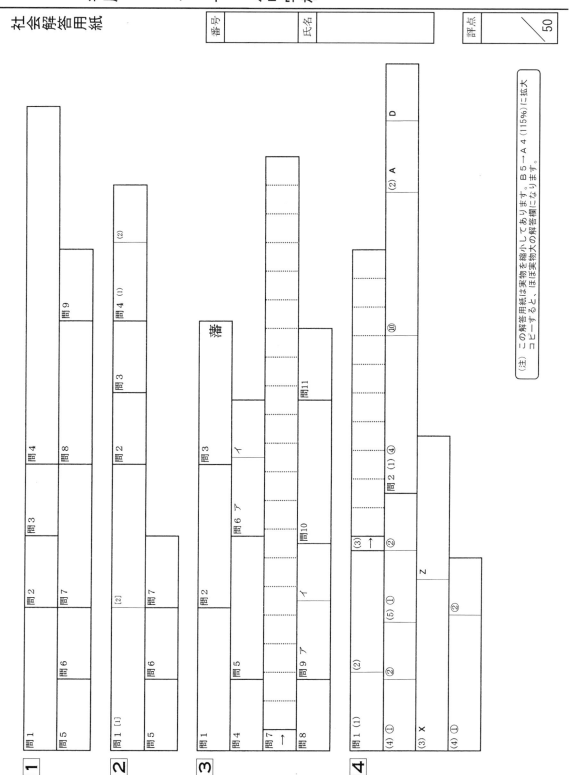

２０２２年度　ラ・サール中学校

理科解答用紙

番号		氏名	

評点	／50

1

(1)		(2)
①	②	

(3)				(4)
①	②	③	④	

(5)	(6)	(7)

2

	(1)	(2)	(3)
A	記号　　cm	cm	（　　　）が（　　　）秒後に追いつく

	(4)	(5)	(6)
A	秒速　　cm	記号　　cm	秒後

	(1)	(2)	(3)		(4)
B	g	g	向き	g	

3

(1)	(2)	(3)	(9)

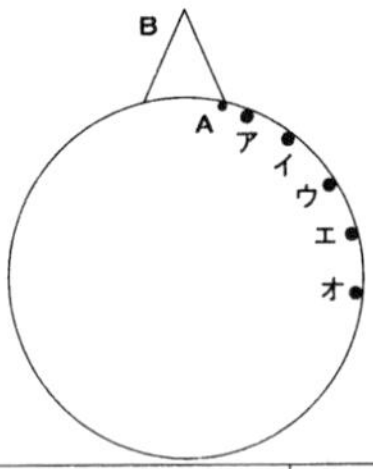

(4)	(5)	(6)

(7)	(8)	(9) 記号

(9) 説明	(10)

4

	(1)		(2)
A	①	②	

	(3)			(4)	(5)
A	C	F	G		%

	(1)	(2)	(3)	(4)	(5)		(6)
B	色		g	mL	①　g	②　g	mL

（注）この解答用紙は実物を縮小してあります。Ｂ５→Ａ３（163%）に拡大コピーすると、ほぼ実物大の解答欄になります。

〔理　科〕50点（学校配点）

1 10点　2 14点　3 11点　4 15点　（以下推定配点）　1 （1）　各１点×２　（2），（3）　各２点×２＜（3）は完答＞　（4）～（7）　各１点×４　2 A　（1）　２点＜完答＞　（2）　１点　（3）　２点＜完答＞　（4）　１点　（5）　２点＜完答＞　（6）　１点　B　各１点×５　3 （1）～（8）　各１点×８＜（1）は完答＞　（9）　２点＜完答＞　（10）　１点　4 A　（1）～（3）　各１点×３＜（1），（3）は完答＞　（4），（5）　各２点×２　B　（1）～（5）　各１点×６　（6）　２点

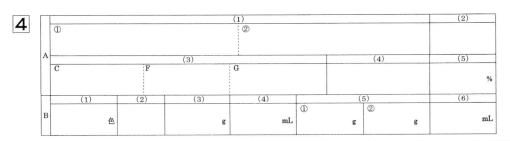

二〇二三年度　ラ・サール中学校

国語解答用紙

番号		氏名		評点	/100

一

問一　1つ目　2つ目　3つ目

問二　（50字）

問三　（70字）

問四　（120字）

問五　問六

問七　①　②　③　④　⑤　いた

二

問一　→　→　→　→

問二　Ⅰ　Ⅱ　Ⅲ

問三　（50字）

問四　（50字）

問五　（130字）

問六

三

①　②　③　④　⑤

⑥　⑦　⑧　⑨　せず　⑩

⑪　⑫　⑬　⑭　⑮

（注）この解答用紙は実物を縮小してあります。185％拡大コピーをすると、ほぼ実物大の解答欄になります。

〔国　語〕100点(推定配点)

一　問1　各2点×3　問2　6点　問3　9点　問4　12点　問5，問6　各4点×2　問7　各1点×5　二　問1　4点＜完答＞　問2　各2点×3　問3，問4　各6点×2　問5　13点　問6　4点　三　各1点×15

2021年度　　ラ・サール中学校

算数解答用紙

番号		氏名		評点	／100

1

(1)		(2)		(3)	

2

(1)	Ⓐ　　度、Ⓘ　　度
(2)	ア　　、イ
(3)	
(4)	

3

(1)	分速　　m	(2)	km

4

(1)	、	(2)	、	(3)	ア	イ：ウ　　：

5

(1)	cm^3	(2)	cm^3、　　cm^3

6

(1)	回	(2)	回	(3)	回

（注）この解答用紙は実物を縮小してあります。B５→B４(141%)に拡大コピーすると、ほぼ実物大の解答欄になります。

〔算　数〕100点(学校配点)

1　12点　2　28点　3　14点　4　16点　5　14点　6　16点　(以下推定配点)　1　各４点×３　2　各７点×４<(1)，(2)は完答>　3　各７点×２　4　(1)，(2)　各５点×２　(3)　６点<完答>　5　各７点×２<(2)は完答>　6　(1)，(2)　各５点×２　(3)　６点

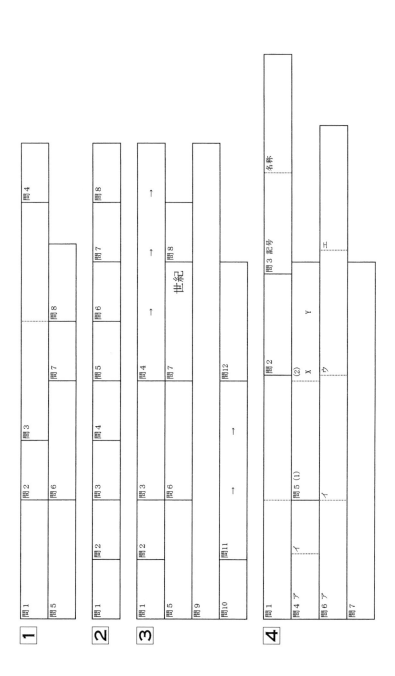

２０２１年度　ラ・サール中学校

社会解答用紙

番号		氏名		評点	/50

1

問1　問2　問3　問4　問5　問6　問7　問8

2

問1　問2　問3　問4　問5　問6　問7　問8

3

問1　問2　問3　問4　→　→　→　問5　問6　問7　問8　世紀　問9　問10　問11　→　→　問12

4

問1　問2　問3　記号　名称　問4　ア　イ　問5 (1)　(2)　X　Y　問6　ア　イ　ウ　エ　問7

（注）この解答用紙は実物を縮小してあります。Ｂ５→Ｂ４（141％）に拡大コピーすると、ほぼ実物大の解答欄になります。

〔社　会〕50点(推定配点)

1, 2　各１点×17　3　問１〜問５　各１点×5<問４は完答>　問６　２点　問７，問８　各１点×2　問９〜問12　各２点×4<問11は完答>　4　問１　各１点×2　問２　２点<完答>　問３〜問６　各１点×10<問３の記号，問５の(2)は完答>　問７　２点

２０２１年度　ラ・サール中学校

理科解答用紙

番号		氏名		評点	／50

1

(1)	(2)		

(3)	(4)	(5)

(6)			(7)			
①	②	③	①	②	③	④

2

(1)	(2)	(3)	(4)	(5)

(6)	(7)	(8)		(9)
		⑧	⑨	

3

	(1)		(2)	(3)	(4)	(5)
A	A　℃	C　℃		℃	倍	分

	(1)	(2)	
B		D	F

	(3)				(4)
	①		②	③	
B	あ	い		%	%

4

	(1)		(2)	(3)	(4)
A	①	②			

	(1)	(2)	(3)	(4)	(5)	(6)	(7)
B				分　秒		小数第　位	

（注）この解答用紙は実物を縮小してあります。Ｂ５→Ａ３（163%）に拡大コピーすると、ほぼ実物大の解答欄になります。

〔理　科〕50点（学校配点）

1　10点　2　11点　3　15点　4　14点　（以下推定配点）　1　(1)　1点　(2)　2点＜完答＞　(3)～(5)　各1点×3　(6)，(7)　各2点×2＜各々完答＞　2　(1)～(8)　各1点×9　(9)　2点　3　A　(1)～(4)　各1点×4＜(1)は完答＞　(5)　2点　B　(1)～(3)　各1点×7＜(1)は完答＞　(4)　2点　4　A　(1)～(3)　各1点×4　(4)　2点　B　(1)～(3)　各1点×3　(4)　2点　(5)～(7)　各1点×3

二〇二二年度　ラ・サール中学校

国語解答用紙

番号		氏名		評点	/100

一

問一

問二　B　C

問三　50字

問四　60字

問五　100字

二

I　①　②　③　④　⑤　⑥　⑦　⑧　⑨　⑩　⑪　⑫　⑬　⑭　⑮

II　⑯　々　⑰　々　⑱　々　⑲　々　⑳　々

三

問一　a　b　c

問二（1）15字

（2）

問三

問四　130字

問五　80字

問六　90字

（注）この解答用紙は実物を縮小してあります。185%拡大コピーをすると、ほぼ実物大の解答欄になります。

〔国　語〕100点(学校配点)

一　35点　二　20点　三　45点　(以下推定配点)　一　問1　4点　問2　各3点×2　問3　7点　問4　8点　問5　10点　二　各1点×20　三　問1　各2点×3　問2, 問3　各4点×3　問4　12点　問5　7点　問6　8点

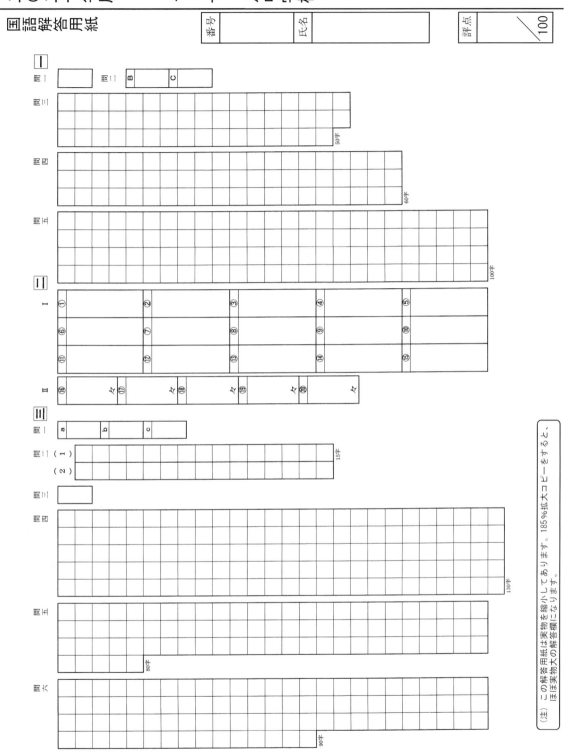

2020年度　　ラ・サール中学校

算数解答用紙

番号		氏名		評点	／100

1

(1)		(2)		(3)	

2

(1)	最小	最大
(2)	円	
(3)	cm²	
(4)	㋐ 度	㋑ 度

3

(1)	cm³	(2)	cm³, cm³

4

(1)	(ア) けた	(イ)	回
(2)	(ア) けた	(イ)	

5

(1)	秒後	(2)	回	(3)	秒

6

(1)	cm	(2)	cm	(3)	:

(注) この解答用紙は実物を縮小してあります。Ｂ４用紙に123%拡大コピーすると、ほぼ実物大で使用できます。(タイトルと配点表は含みません)

〔算　数〕100点(学校配点)

1 12点 2 28点 3 12点 4 16点 5 16点 6 16点 (以下推定配点) 1 各４点×3 2 各７点×4＜(1), (4)は完答＞ 3 各６点×2＜(2)は完答＞ 4 各４点×4 5 (1), (2) 各５点×2 (3) ６点 6 (1), (2) 各５点×2 (3) ６点

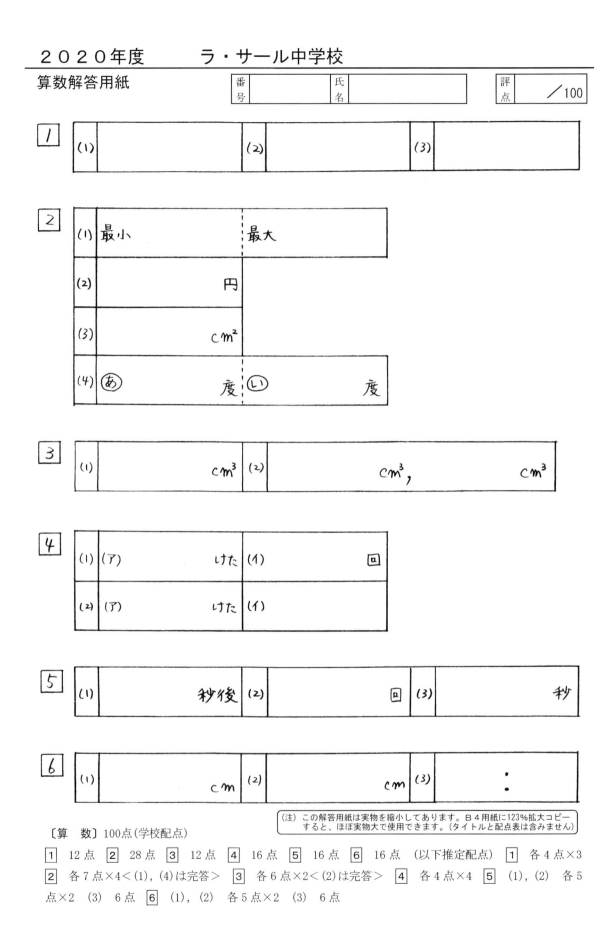

２０２０年度　ラ・サール中学校

社会解答用紙

番号　氏名　評点　／50

（注）この解答用紙は実物を縮小してあります。Ｂ４用紙に122%拡大コピーすると、ほぼ実物大で使用できます。（タイトルと配点表は含みません）

1
問１　問２(1)　(2)　問３　問４
問５　問６　問７　問８　問９

2
問１　問２　問３　問４
問５　問６　問７　問８ A　B　問９

3
問１　問２　問３　問４　問５　問６
問７　問８
問９　奥州藤原氏は、
問10　問11　問12　と　の間

4
問１(1) ①　④　(2)　(3)　(4) ①　②
問２(1)　(2) ⑤　⑥　(3) ⑤　果実　(4) ⑤　⑥
問３(1)　(2)

〔社　会〕50点(推定配点)

1　各１点×10　2　問１～問３　各１点×３　問４　２点＜完答＞　問５～問９　各１点×５＜問８は完答＞　3　問１～問８　各１点×８＜問２は完答＞　問９～問11　各２点×３＜問10，問11は完答＞　問12　１点　4　各１点×15

２０２０年度　　ラ・サール中学校

理科解答用紙

番号		氏名		評点	／50

1

①	②	③	④	⑤	⑥	⑦	⑧

⑨	⑩	⑪	⑫	⑬	⑭	⑮

2

	(1)	(2)	(3)	(4) A	(4) B	(5) A	(5) B
A	A:B　：	cm		cm	cm	cm	cm

(6)	(7)		B (1) ①	(1) ②	(1) ③	(2)
g	cm	g				

3

	(1)	(2)	(3)	(4)	(5)
A			mL	mL	

B

(1)	(2)
水素：酸素　：	が　mL

(3)
が　mL

(6)
mL

(4)

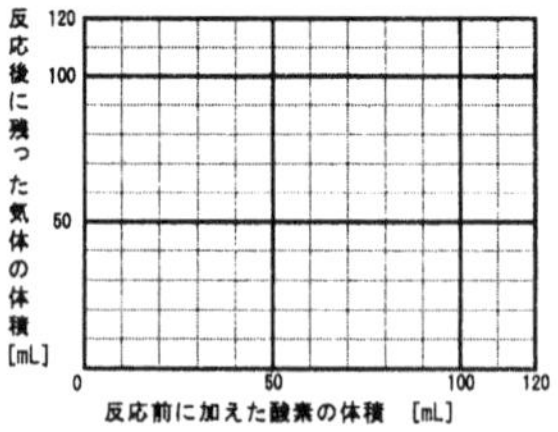

(5)

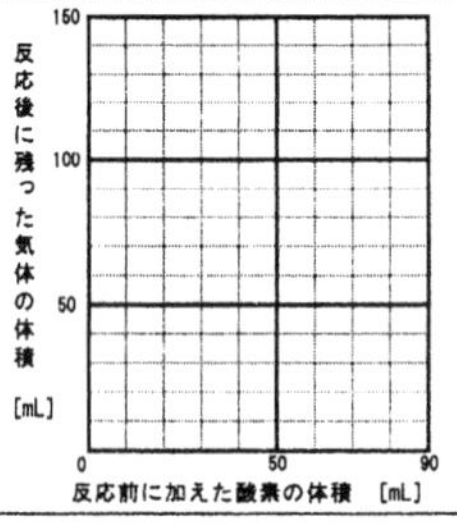

4

	(1)	(2)	(3)	(4)	(5)	(6) ①	(6) ②
A					g		

	(1) 図1	(1) 図2	(1) 図3	(2)	(3)
B					匹

（注）この解答用紙は実物を縮小してあります。Ａ３用紙に149%拡大コピーすると、ほぼ実物大で使用できます。（タイトルと配点表は含みません）

〔理　科〕50点（学校配点）

1 12点　2 13点　3 13点　4 12点　（以下推定配点）　1 ①，② 各１点×2　③・④ 1点　⑤ 1点　⑥・⑦ 2点　⑧ 1点　⑨・⑩ 1点　⑪ 1点　⑫・⑬ 1点　⑭・⑮ 2点　2 A (1)～(6) 各1点×6＜(4)，(5)は完答＞　(7) 2点＜完答＞　B (1) 各1点×3　(2) 2点　3 A (1)～(4) 各1点×4＜(2)は完答＞　(5) 2点＜完答＞　B (1)～(5) 各1点×5　(6) 2点　4 各1点×12

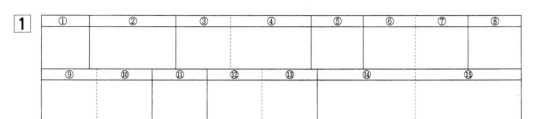

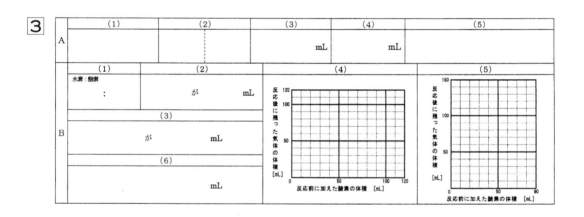

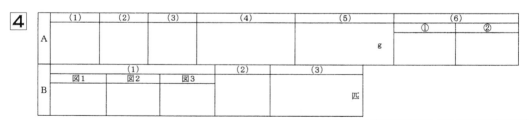

二〇二〇年度　ラ・サール中学校

国語解答用紙

番号　氏名　評点　/100

一

問一　60字

問二　問三

問四　70字

問五

問六　80字

問七　①　②　③　らない④　⑤

二

問一　A　B　C　問二　a　b　c

問三　問四

問五　120字

問六　40字

三

①　②　③　④　⑤

⑥　⑦　⑧　⑨　⑩

⑪　⑫　⑬　⑭　⑮

（注）この解答用紙は実物を縮小してあります。182%拡大コピーすると、ほぼ実物大で使用できます。（タイトルと配点表は含みません）

〔国　語〕100点(学校配点)

一　40点　二　45点　三　15点　(以下推定配点)　一　問1　6点　問2　3点　問3　4点　問4　6点　問5　4点　問6　7点　問7　各2点×5　二　問1　各2点×3　問2　各3点×3　問3，問4　各4点×2　問5　15点　問6　7点　三　各1点×15

２０１９年度　　　ラ・サール中学校

算数解答用紙

番号		氏名		評点	／100

1

(1)		(2)		(3)	

2

(1)		(2)	(ア)	円	(イ)	冊
(3)	$x=$	(4)	(ア)	cm	(イ)	cm^2

3

(1)	：	(2)	km

4

(1)	通り	(2)	通り	(3)	通り

5

(1)	cm^3

(2)

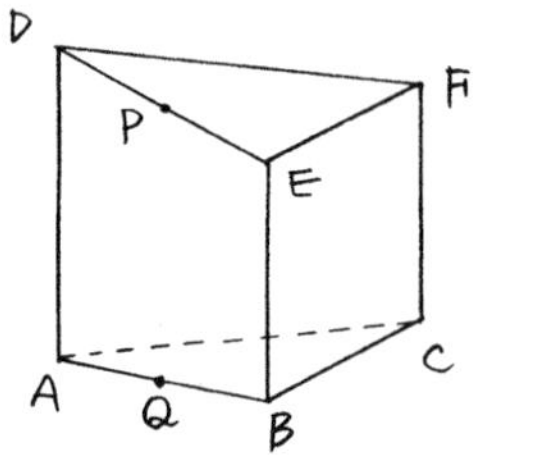

(3)

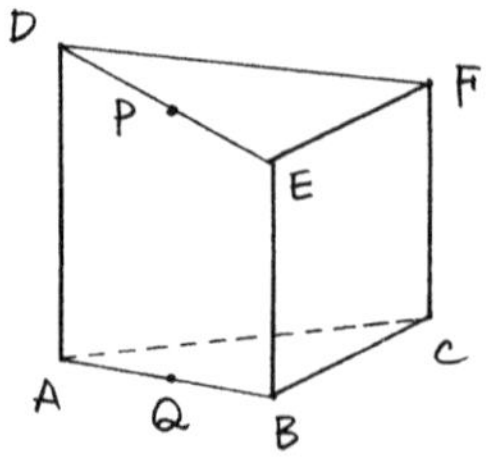

6

(1)	：	(2)	：	(3)	：

（注）この解答用紙は実物を縮小してあります。Ａ３用紙に154％拡大コピーすると、ほぼ実物大で使用できます。（タイトルと配点表は含みません）

〔算　数〕100点（学校配点）

1 12点　2 32点　3 12点　4 16点　5 14点　6 14点　（以下推定配点）　1 各４点×３　2 (1) ６点　(2) 各５点×２　(3) ６点　(4) 各５点×２　3 各６点×２　4 (1)，(2) 各５点×２　(3) ６点　5 (1) ４点　(2)，(3) 各５点×２　6 (1) ４点　(2)，(3) 各５点×２

２０１９年度　ラ・サール中学校

社会解答用紙

番号		氏名	

評点	／50

(注) この解答用紙は実物を縮小してあります。Ｂ４用紙に123%拡大コピーすると、ほぼ実物大で使用できます。(タイトルと配点表は含みません)

1

問１　問２　問３　問４　問５　問６　問７　問８

2

問１　問２　問３　問４

問５　X　Y　問６　問７

3

問１　1　2　問２　問３ (1)　(2)　問４

問５ (1)　新幹線　(2)　新幹線　問６　方式

問７　X　Y　Z　問８　問９

4

問１　あ　と　の間　い　と　の間　問２　問３

問４　問５　問６　問７

問８　問９　問10

問11

〔社　会〕50点(推定配点)

1　各１点×８　2　問１，問２　各１点×２　問３　２点　問４〜問６　各１点×４　問７　２点＜完答＞　3　問１〜問７　各１点×13　問８，問９　各２点×２＜問９は完答＞　4　問１〜問３　各１点×４　問４　２点＜完答＞　問５〜問９　各１点×５　問10，問11　各２点×２＜問10は完答＞

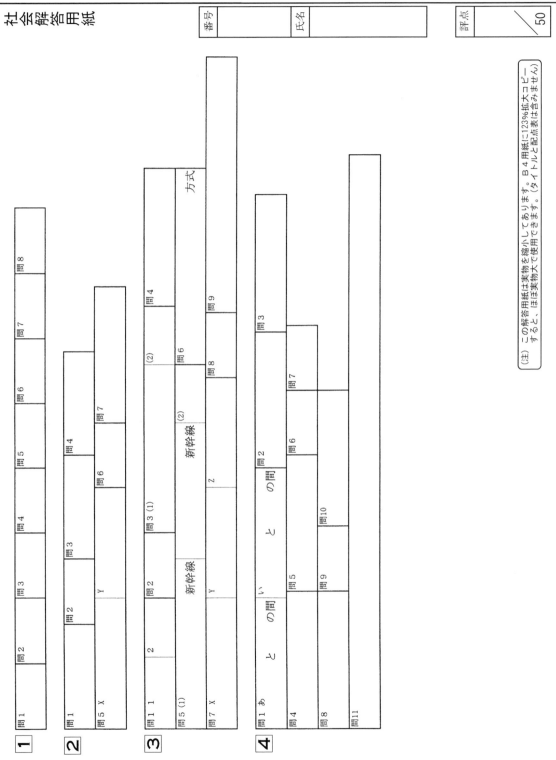

２０１９年度　　　ラ・サール中学校

理科解答用紙

番号		氏名		評点	／50

1

(1)	(2)	(3)	(4)	(5)
				太陽が固体であれば,

(6)	(7)	(8)

2

	(1)			(2)			(3)			(4)
	①	②	③	a	b	c	a	b	c	
A										

	(1)	(2)	(3)	(4)	(5)	(6)	(7)
B							

3

	(1)				(2)	(3)	(4)
	①	②	③	④			
A							

	(1)	(2)		
		A	B	C
B				

	(3)	(4)		(5)	
		①	②	③	④
B					

4

	(1)	(2)	(3)	(4)	(5)
A	度	度	度	度	度

	(1)			(2)	(3)	(4)		
	①	②	③			①	②	③
B				cm	cm			cm

（注）この解答用紙は実物を縮小してあります。A３用紙に152%拡大コピーすると、ほぼ実物大で使用できます。（タイトルと配点表は含みません）

〔理　科〕50点(学校配点)

1　10点　2　15点　3　10点　4　15点　(以下推定配点)　1　(1)～(4)　各１点×4　(5), (6)　各２点×2　(7), (8)　各１点×2　2　A　(1)～(3)　各２点×3＜各々完答＞　(4)　１点　B　(1)～(6)　各１点×6　(7)　２点＜完答＞　3　各１点×10＜Aの(1), Bの(1), (2), (4)は完答＞　4　A　(1)～(3)　各１点×3　(4), (5)　各２点×2　B　各１点×8

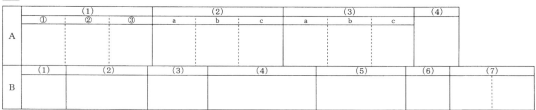

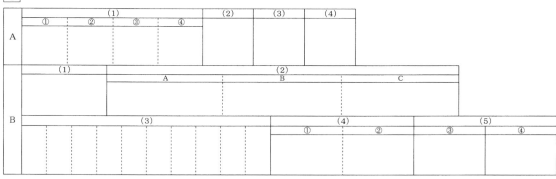

二〇一九年度　ラ・サール中学校

国語解答用紙

番号		氏名		評点	/100

一

問一

問二　20

問三　100

問四　10　15

問五　(1)　35　(2)　35

問六　120

問七　a　まれて　b　c　d　e

二

問一　a　b　c　問二

問三

問四　問五

問六　60

問七　30

三

①　②　③　④　⑤

⑥　⑦　⑧　⑨　⑩

⑪　⑫　み　⑬　びた　⑭　ける　⑮

（注）この解答用紙は実物を縮小してあります。182%拡大コピーすると、ほぼ実物大で使用できます。（タイトルと配点表は含みません）

〔国　語〕100点(推定配点)

一　問1，問2　各5点×2＜問1は完答＞　問3　8点　問4，問5　各4点×3　問6　10点　問7　各2点×5　二　問1　各2点×3　問2　4点＜完答＞　問3　6点　問4，問5　各4点×2　問6　6点　問7　5点　三　各1点×15

２０１８年度　　ラ・サール中学校

算数解答用紙

番号		氏名		評点	／100

/

(1)		(2)	あまり　分　秒	(3)	

2

(1)		(2)	(ア)　通り	(イ)　通り	
(3)	ア　度，イ　度				
(4)	cm^2	(5)	cm^3		

3

(1)	：	(2)	km

4

(1)	cm^2	(1)の図
(2)	cm^2	

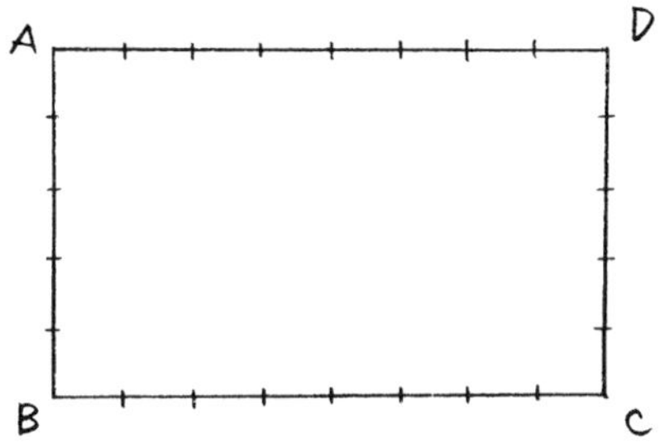

5

(1)	番目	(2)	番目	(3)	番目

6

(1)	cm^2	(2)	cm^2	(3)	cm^2

（注）この解答用紙は実物を縮小してあります。Ｂ４用紙に143%拡大コピーすると、ほぼ実物大で使用できます。（タイトルと配点表は含みません）

〔算　数〕100点（学校配点）

1　12点　2　32点　3　12点　4　14点　5　14点　6　16点　（以下推定配点）　1　各4点×3
2　(1)～(3)　各5点×4＜(3)は完答＞　(4)，(5)　各6点×2　3　各6点×2　4　(1)　各5点×2
(2)　4点　5　(1)　4点　(2)，(3)　各5点×2　6　(1)，(2)　各5点×2　(3)　6点

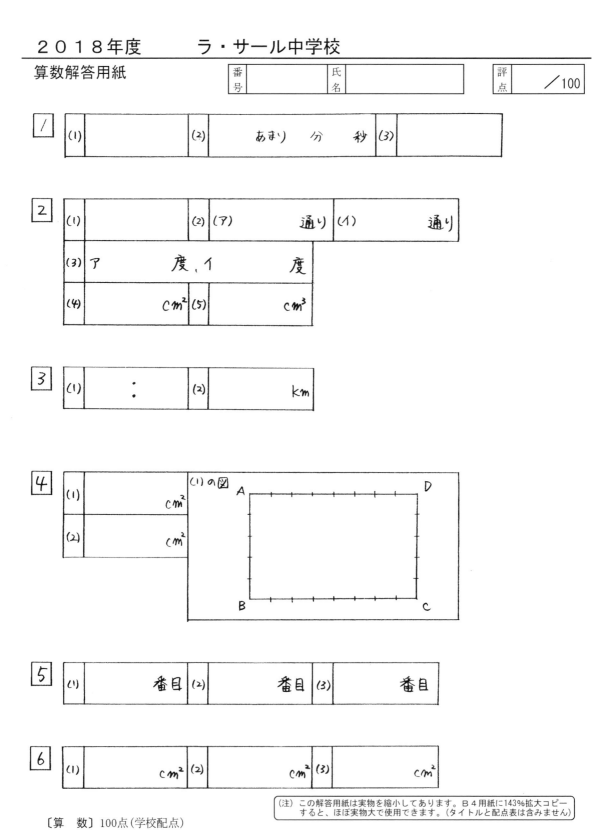

２０１８年度　ラ・サール中学校

社会解答用紙

番号		氏名		評点	/50

1

問1	問2	問3	問4	問5

問6　国	住民	問7	問8	問9

2

問1	問2	問3	問4	問5	問6	問7	問8

3

問1	問2	問3	問4　→　→	問5

問6	問7	問8	問9　→　→	問10

問11	問12　→															

問13　時代	問14　と

4

問1	問2　②　記号　市名　市	③　記号　市名　市

問3	問4　①	②	問5　ア　(1)　県	イ　県	ウ　県

問5　(2)　市	問6　②	④	⑤	問7　②	③	⑤

（注）この解答用紙は実物を縮小してあります。Ａ４用紙に104%拡大コピーすると、ほぼ実物大で使用できます。（タイトルと配点表は含みません）

〔社　会〕50点(推定配点)

1, 2　各1点×18　3　問1～問11　各1点×11＜問4，問9は完答＞　問12　2点　問13，問14　各1点×2　4　問1　2点＜完答＞　問2～問6　各1点×15＜問2は各々完答＞

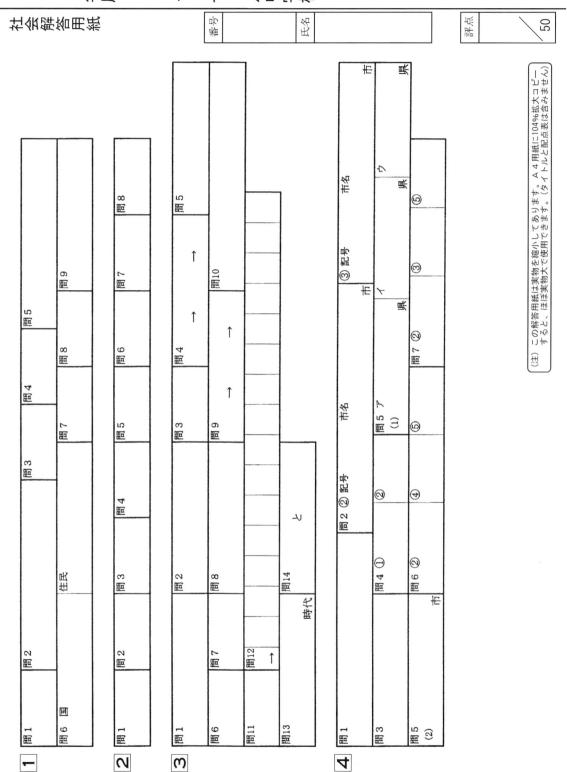

２０１８年度　ラ・サール中学校

理科解答用紙

番号		氏名		評点	／50

1

	(1)	(2)		(3)					(4)
		a	b	a	b	c	d	e	
A									
	(1)	(2)	(3)	(4)	(5)	(6)			(7)
						a	b	c	
B	極								

2

(1)		(2)	(3)	(4)	(5)
あ	い				
				mL	

(6)	(7)	(8)	(9)		(10)		
			①	②	①	②	③
				回			

3

(1)	(2)	(3)		(4)
		記号	理由	

(5)	(6)			(7)	(8)
	⑥	⑦	⑧		

4

	(1)		(2)		(3)	(4)	
	①	②	気体の名前	気体の性質		薬品	色の変化
A							

	(1)	(2)	(3)		(4)	(5)		
			①	②		①	②	③
B	g	g		%	g			

（注）この解答用紙は実物を縮小してあります。Ａ３用紙に147%拡大コピーすると、ほぼ実物大で使用できます。（タイトルと配点表は含みません）

〔理　科〕50点(学校配点)

1 15点　2 15点　3 10点　4 10点　(以下推定配点)　1 A (1), (2) 各1点×3 (3) a・b 1点 c・d 1点 e 1点 (4) 2点＜完答＞ B 各1点×7＜(6), (7)は完答＞ 2 (1)～(3) 各1点×4 (4) 2点 (5)～(10) 各1点×9 3 (1)～(7) 各1点×8＜(6)は完答＞ (8) 2点 4 A (1) 1点＜完答＞ (2) 2点＜完答＞ (3), (4) 各1点×2＜(4)は完答＞ B 各1点×5＜(3), (5)は完答＞

二〇一八年度　ラ・サール中学校

国語解答用紙

番号		氏名		評点	/100

一

問一　（30字）

問二　問三

問四　（30字）

問五

問六　（80字）

問七

問八　a ぴた　b　c った　d った　e

二

問一　問二

問三

問四　問五

問六

問七　（120字）

三

① む　② えて　③　④ じた　⑤

⑥　⑦　⑧　⑨　⑩

⑪　⑫　⑬　⑭　⑮

（注）この解答用紙は実物を縮小してあります。182%拡大コピーすると、ほぼ実物大で使用できます。（タイトルと配点表は含みません）

〔国　語〕100点（推定配点）

一　問1　5点　問2　2点　問3　3点　問4　5点　問5　4点　問6　7点　問7　4点　問8　各2点×5　二　問1　4点　問2，問3　各7点×2　問4，問5　各4点×2　問6　9点　問7　10点　三　各1点×15

平成29年度　ラ・サール中学校

算数解答用紙

番号		氏名		評点	／100

1

(1)		(2)		(3)	

2

(1)		(2)	男子　　人，女子　　人
(3)	cm^2	(4)	個
(5)	時間　　分		

3

(1)	g	(2)	%

4

(1)	：	(2)	：	(3)	：

5

(1)

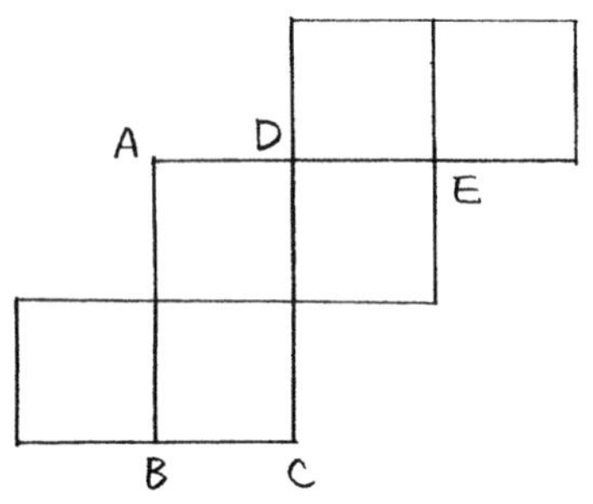

(2)	：

6

(1)	ア	(2)	イ cm　　分　　秒後	イ＋ウ cm　　分　　秒後
(3)	イ	ウ	エ	

（注）この解答用紙は実物を縮小してあります。Ｂ４用紙に143％拡大コピーすると、ほぼ実物大で使用できます。（タイトルと配点表は含みません）

〔算　数〕100点（学校配点）

1　12点　2　32点　3　12点　4　14点　5　14点　6　16点　（以下推定配点）　1　各4点×3　2　(1)～(3)　各6点×3＜(2)は完答＞　(4)，(5)　各7点×2　3　各6点×2　4　(1)　4点　(2)，(3)　各5点×2　5　各7点×2　6　(1)　5点　(2)　各3点×2　(3)　5点＜完答＞

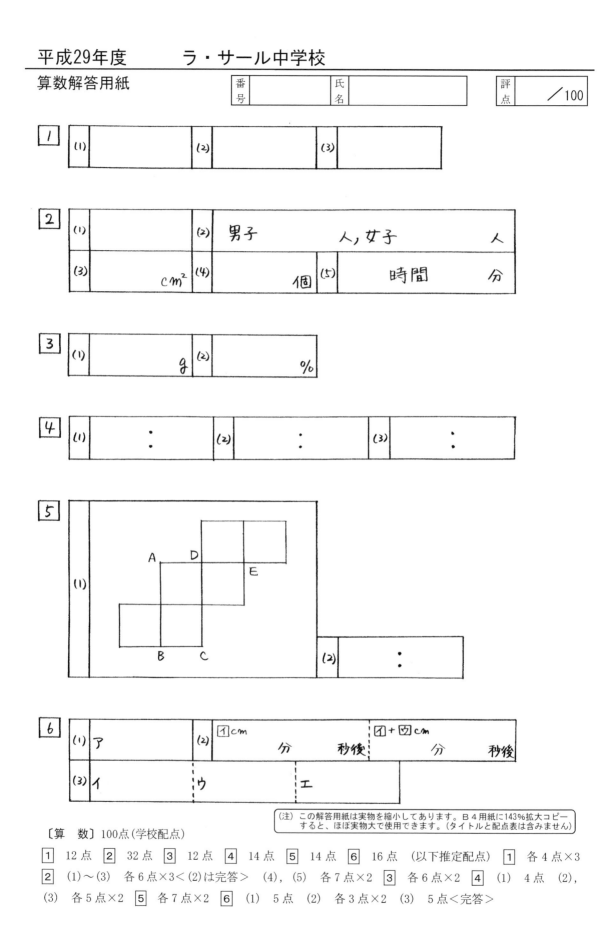

平成29年度　ラ・サール中学校

社会解答用紙

番号		氏名		評点	/50

1

問1　問2　問3　問4　問5 ア イ

問6　問7　問8 国名 記号

2

問1 1 2 3 4

問2 (1) A B (2) (3)

問3 (1) 地名 地形名 (2) 暖流名 寒流名

問4

問5　問6

3

問1　問2　問3　問4　問5　問6　問7　問8

4

問1　と　の間　問2　と　の間

問3 ア　と　の間　イ　と　の間　ウ　と　の間

問4　問5　問6

問7 →

問8　問9

(注) この解答用紙は実物を縮小してあります。B4用紙に120%拡大コピーすると、ほぼ実物大で使用できます。(タイトルと配点表は含みません)

〔社　会〕50点(推定配点)

1　各1点×10　2　問1～問5　各1点×15　問6　2点　3　各1点×8　4　問1～問3　各1点×5　問4　2点　問5，問6　各1点×2　問7～問9　各2点×3

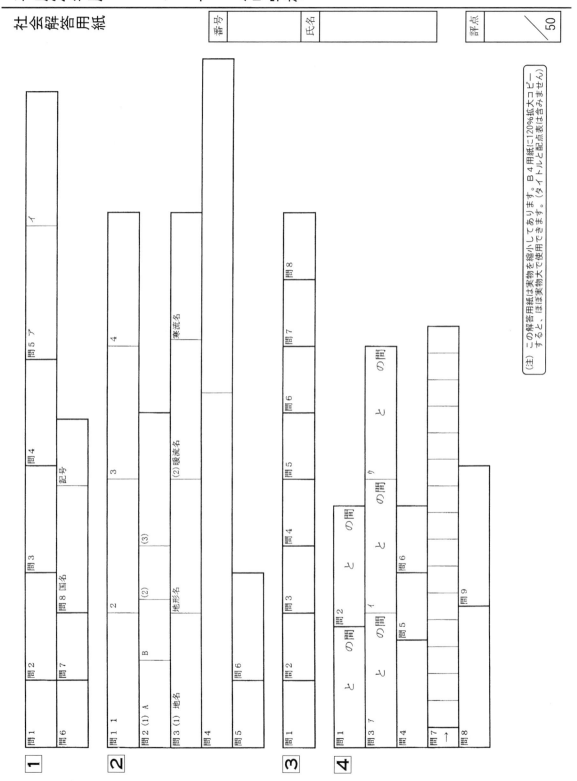

平成29年度　ラ・サール中学校

理科解答用紙

番号		氏名		評点	／50

1

	(1)		(2)				(3)
A	あ	い	あ	い	う	え	

	ア	イ	ウ	エ	オ
B					

	カ	キ	ク
B			

2

	(1)				(2)
A	あ	い	う	え	

	(1)	(2)	(3)	(4)	(5)	(6)	(7)	(8)	(9)
B				kg	kg				

3

(1)	(2)	(3)	(4)	(5)	(6)	(7)	(8)

4

A	(1)	A	D	Z
	(2)	①	②	
	(3)			

	(1)	(2)	(3)	(4)		(5)
B			g	g	℃	g

(注) この解答用紙は実物を縮小してあります。Ｂ４用紙に143%拡大コピーすると、ほぼ実物大で使用できます。(タイトルと配点表は含みません)

〔理　科〕50点(学校配点)

1　15点　2　15点　3　10点　4　10点　(以下推定配点)　1　各１点×15　2　A　(1)　各１点×4　(2)　2点　B　各１点×9　3　(1)～(6)　各１点×6　(7), (8)　各２点×2　4　A　各１点×4　＜(1)は完答, (2)は各々完答＞　B　(1)～(3)　各１点×3　(4)　2点＜完答＞　(5)　1点

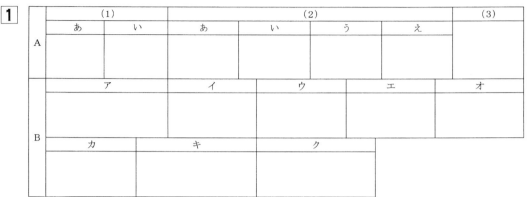

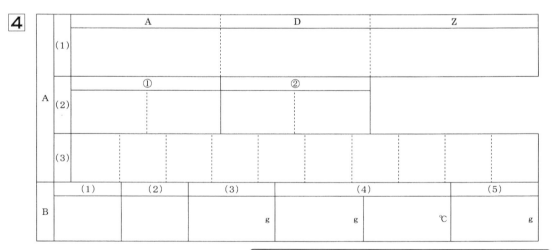

平成二十九年度　ラ・サール中学校

国語解答用紙

番号　　氏名　　評点　/100

一
問一 。
問二
問三 B 一 心　D 一 タ
問四 75字
問五 100字
問六 75字
問七 ① み ② ③ ④ ⑤

二
問一 A B
問二 50字
問三 40字
問四
問五
問六 70字

三
I ① ② ③ ④ ⑤
⑥ ⑦ ⑧ ⑨ る ⑩ る
II ⑪ ⑫ ⑬ ⑭ ⑮

(注) この解答用紙は実物を縮小してあります。A３用紙に167%拡大コピーすると、ほぼ実物大で使用できます。(タイトルと配点表は含みません)

〔国　語〕100点(推定配点)

一 問１　4点　問２　各２点×２　問３　各３点×２　問４　６点　問５　９点　問６　６点　問７　各２点×５　二 問１　各３点×２　問２　８点　問３　７点　問４, 問５　各５点×２　問６　９点　三 各１点×15

平成28年度　　　ラ・サール中学校

算数解答用紙

番号		氏名		評点	／100

1

(1)		(2)		(3)	

2

(1)	9□□9	(2)	m	(3)	cm²
(4)	通り	(5)	2gの玉は　　、3gの玉は		

3

(1)	%	(2)	g

4

(1)	：	(2)	cm²	(3)	cm

5

(1)		(2)	番目	(3)	番目と　　番目

6

(1)	cm²

(2)

(ア)

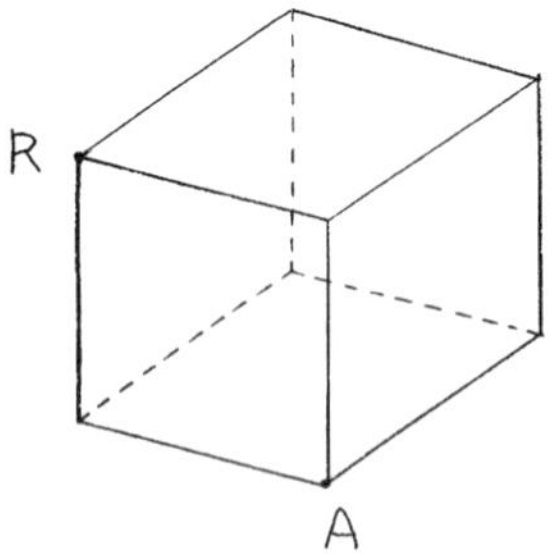

(イ)　　cm³

(注) この解答用紙は実物を縮小してあります。B４用紙に137%拡大コピーすると、ほぼ実物大で使用できます。(タイトルと配点表は含みません)

〔算　数〕100点(学校配点)

1 12点　2 32点　3 12点　4 15点　5 15点　6 14点　(以下推定配点)　1 各4点×3　2 (1)～(3)　各6点×3　(4), (5)　各7点×2＜(5)は完答＞　3 各6点×2　4 各5点×3　5 各5点×3＜(3)は完答＞　6 (1)　4点　(2)　各5点×2

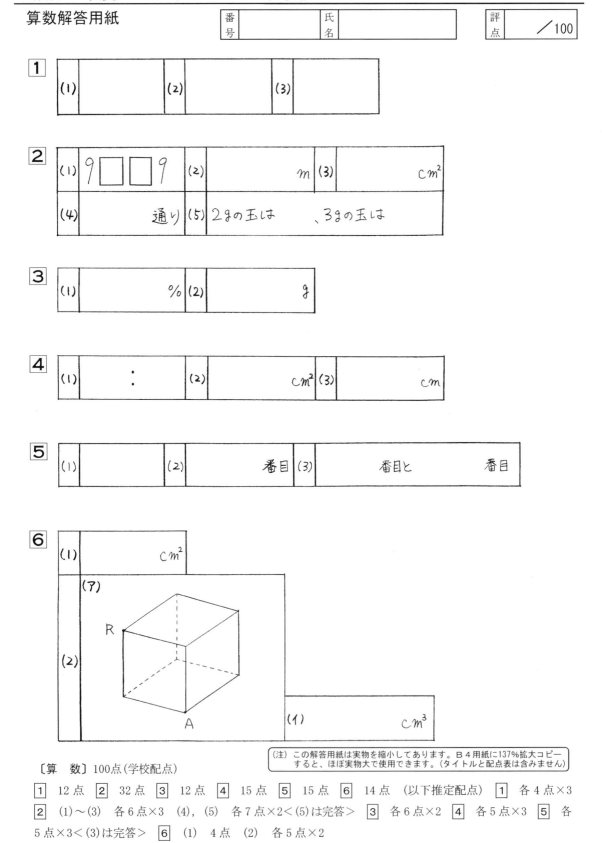

平成28年度　ラ・サール中学校

社会解答用紙

番号		氏名		評点	/50

(注) この解答用紙は実物を縮小してあります。A4用紙に111%拡大コピーすると、ほぼ実物大で使用できます。(タイトルと配点表は含みません)

1

問1 聖典　都市

問2　大名

問3

問4　問5　問6　問7　問8　問9

2

問1　問2　問3　問4　問5　問6　問7　問8

3

問1 1　2　3

問2 (1)　と　の間　(2)　と　の間　(3)　と　の間

問3 (1)　(2)　(3)

問4

問5　→

問6　問7　問8

4

問1 A 記号　府県名　B 記号　府県名

問2 D 記号　都県名　E 記号　都県名

問3 1　2　3　4

問4 1　2　3　4

問5 (1) 携帯電話　ピアノ　(2)

問6 (1) 河川名　県名　県名

(2) 湖名　県名　県名

〔社　会〕50点(推定配点)

1～3　各1点×32　4　問1～問5　各1点×14＜問1，問2は各々完答，問5の(1)は完答＞　問6　各2点×2＜各々完答＞

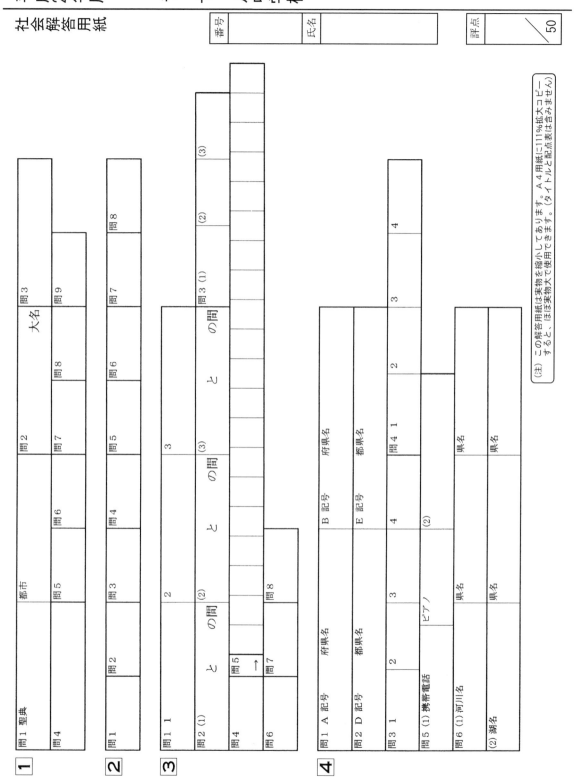

平成28年度　ラ・サール中学校

理科解答用紙

番号		氏名		評点	／50

1

(1)		(2)		(3)		(4)	℃
(5)	②	③	(6)	①	②	③	④
(7)	匹	(8)		(9)			

2

(1)		(2)	
(3)		(4)	
(6)	地層A	地層C	
(7)			

(5)

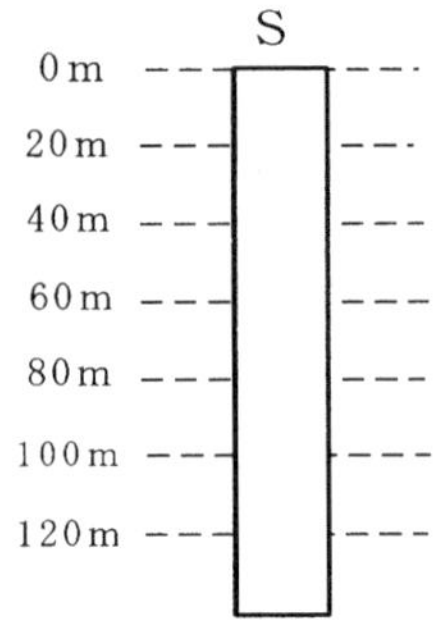

3

	(1)			(2)	(3)	(4)	(5)
〔A〕	①　と	②　と	③　と				

	(1)	(2)	(3)	(4)	(5)
〔B〕	℃	g	分　秒後	%	

4

	(1)	(2)	(3)	(4)			
〔A〕				①	②	③	④

	(1)	(2)				(3)	(4)	
		(a)			(b)		(a)	(b)
〔B〕		①	②	③				

(注) この解答用紙は実物を縮小してあります。B４用紙に137%拡大コピーすると、ほぼ実物大で使用できます。(タイトルと配点表は含みません)

〔理　科〕50点(学校配点)

1　15点　2　10点　3　10点　4　15点　(以下推定配点)　1　各1点×15<(2), (3)は完答>　2　(1)〜(4)　各1点×4<(2)は完答>　(5)〜(7)　各2点×3<(6)は完答>　3　各1点×10<〔A〕の(1), 〔B〕の(5)は完答>　4　各1点×15

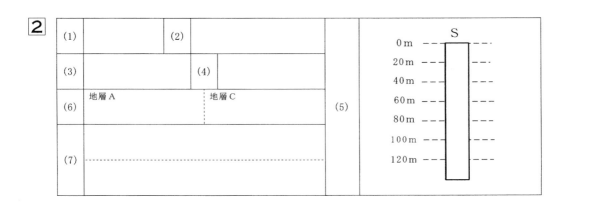

平成二十八年度　ラ・サール中学校

国語解答用紙

番号　　氏名　　評点　　／100

一

問一　Ⅰ　Ⅱ

問二

問三

問四　40

問五

問六　60

問七　120

二

問一　Ⅰ　Ⅱ　まって　Ⅲ　Ⅳ　Ⅴ

問二　A　B　C

問三

問四

問五　100

問六　80

三

Ⅰ　①　②　③　④　した　⑤

Ⅱ　⑥　⑦　⑧　⑨　⑩

⑪　⑫　⑬　⑭　⑮

（注）この解答用紙は実物を縮小してあります。175％拡大コピーすると、ほぼ実物大で使用できます。（タイトルと配点表は含みません）

〔国　語〕100点（学校配点）

一　45点　二　40点　三　15点　（以下推定配点）　一　問1　各3点×2　問2　6点　問3　4点　問4　7点　問5　4点　問6　8点　問7　10点　二　問1，問2　各2点×8　問3，問4　各4点×2　問5，問6　各8点×2　三　各1点×15

平成27年度　　ラ・サール中学校

算数解答用紙

番号		氏名		評点	／100

1

(1)		(2)		(3)	

2

(1)		(2)	
(3)	A:　　kg、B:　　kg、C:　　kg		
(4)	$x=$	(5)	AP：PB＝　　：

3

(1)	午前　　時　　分	(2)	午前　　時　　分	(3)	回

4

(1)	三角形CDE：三角形ABC＝　　：	(2)	AF：FB＝　　：

5

(1)

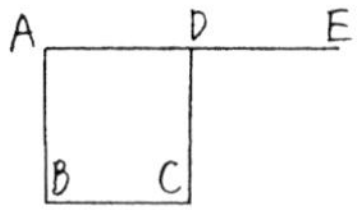

影の面積　　cm²

(2)

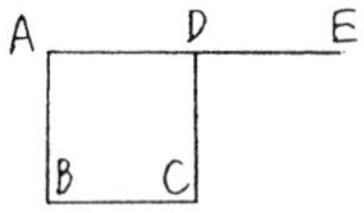

影の面積　　cm²

6

(1)	分　┊　m	(2)	km以下

（注）この解答用紙は実物を縮小してあります。A3用紙に149%拡大コピーすると、ほぼ実物大で使用できます。（タイトルと配点表は含みません）

〔算　数〕100点（学校配点）

1　12点　2　30点　3　15点　4　12点　5　16点　6　15点　（以下推定配点）　1　各4点×3
2　各6点×5＜(3)は完答＞　3　各5点×3　4　各6点×2　5　各4点×4　6　各5点×3

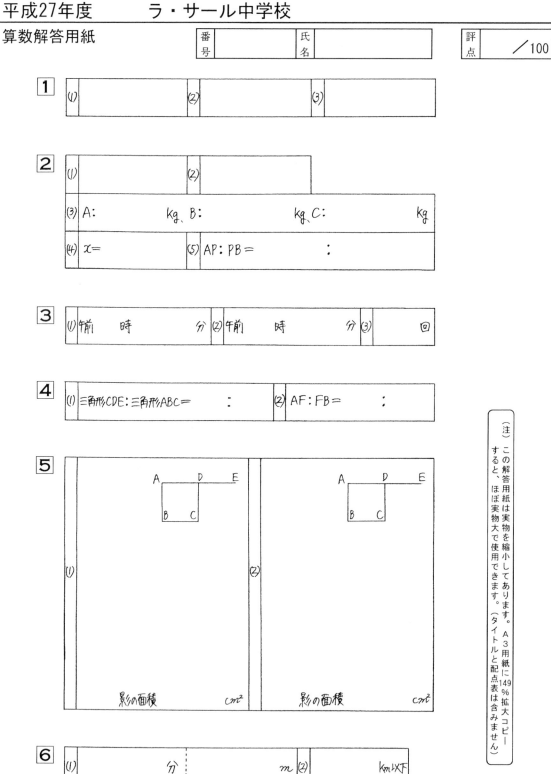

平成27年度　ラ・サール中学校

社会解答用紙

番号　　氏名　　評点　／50

1

問1 A	B	問2	
問3 →			
問4	問5 →	問6	問7	問8

2

問1	問2	問3	問4	問5	問6	問7	問8

3

問1	問2 (1)	(2)	(3)	問3 ①	②	③
問4 → → →	問5	問6	問7			
問8 → → →	問9 (a)					
問9 (b)						
問10	問11	問12 氏				

4

問1 1	2	3	4
5	問2	問3	問4	問5
問6	問7 (1)	(2) Ⅰ	Ⅱ
問8 → → →	問9 (1)	(2)	

〔社　会〕50点(推定配点)

1～4　各1点×50＜1の問1，問6，3の問1，問4，問8，問10，4の問8は完答＞

平成27年度　ラ・サール中学校

理科解答用紙

番号　　氏名　　評点　／50

1

〔A〕	(1) A:B:C = 　:　:	(2) a : b = 　:	c : d = 　:		
	(3) A 個	B 個	C 個	(4) ①	② e : f = 　:
〔B〕	(1) 秒	(2) m	(3) ① m	② 秒間	

2

(1)		(2)		(3)		(4)	7日前の月 / 11日後の月
(5)		(6)		(7)			
(8)	昼						
	夜						
(9)							

3

〔A〕	(1) C / E / G	(2)	(3)	(4)	
〔B〕	(1) g	(2) ①	②		
	(3) g	(4) g	(5) g		

4

〔A〕	(1) ① / ②	(2) 風 / 水	(3)	(4)
〔B〕	(1) 枚目	(2) 回転	(3) 枚目	
〔C〕	(1) ① ② ③ ④	(2) ⑤ ⑥ ⑦	(3)	(4)

〔理　科〕50点(学校配点)

1　15点　2　10点　3　10点　4　15点　(以下推定配点)　1　〔A〕　(1)～(3)　各1点×4　(4)　①　1点　②　2点　〔B〕　各2点×4　2　各1点×10＜(4)，(7)は完答＞　3　各1点×10＜〔A〕の(1)，〔B〕の(1)は完答＞　4　各1点×15＜〔A〕の(1)，(4)，〔C〕の(2)は完答＞

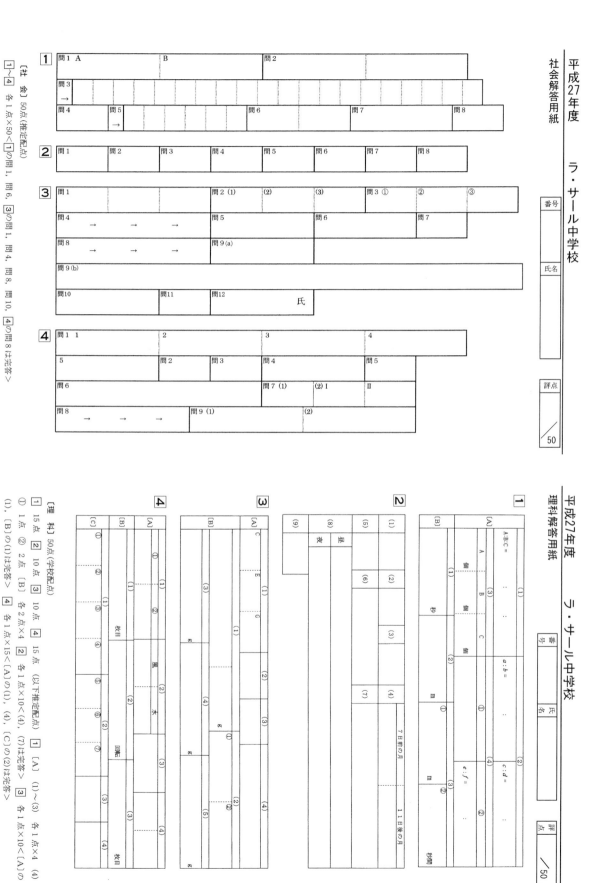

平成二十七年度　　ラ・サール中学校

国語解答用紙

番号　　氏名　　評点　／100

一

問一　70字

問二　60字

問三　50字

問四

問五　100字

問六　80字

二

I　①　②　③　④　⑤

⑥　⑦　⑧　⑨　⑩

⑪　⑫　⑬　⑭　⑮

II　①　②　③　④　⑤

三

問一　40字

問二

問三　60字

問四

問五　60字

(注) この解答用紙は実物を縮小してあります。A３用紙に167%拡大コピーすると、ほぼ実物大で使用できます。(タイトルと配点表は含みません)

〔国　語〕100点(学校配点)

一　50点　二　20点　三　30点　(以下推定配点)　一　問1～問4　各8点×4　問5　10点　問6　8点　二　各1点×20　三　問1　6点　問2　4点　問3　7点　問4　6点　問5　7点

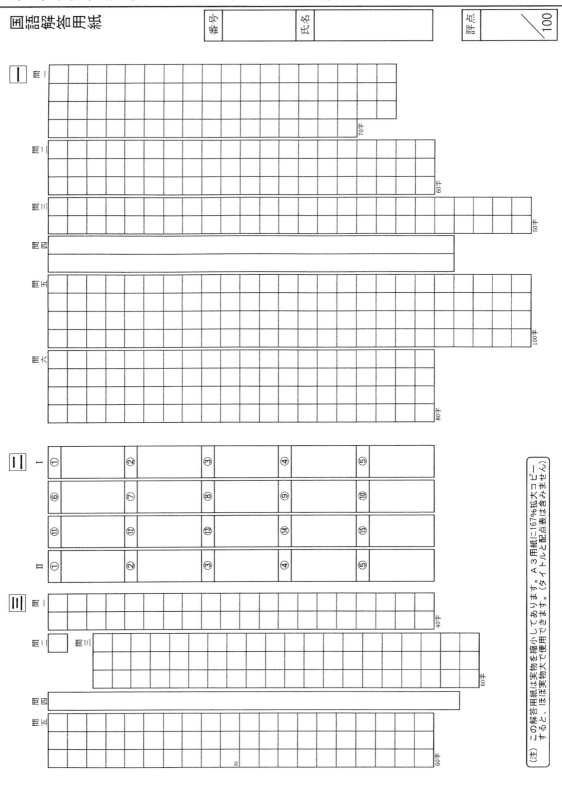

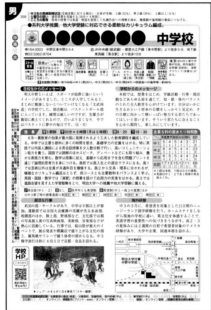

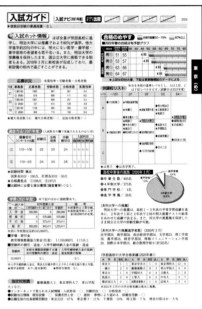

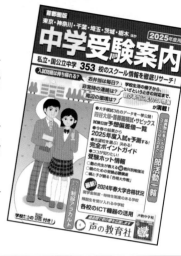